Fratris Gerardi de Fracheto O.P. Vitae fratrum ordinis praedicatorum : necnon Cronica ordinis ab anno MCCIII usque ad MCCLIV Volume 1 – Primary Source Edition

Dominicans, Gérard, de Frachet, d. 1271, Reichert, Benedikt Maria, 1868–

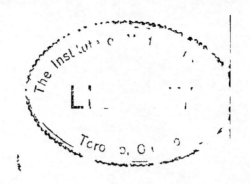

Incipit prologus in vitas fratrum... [medieval Latin text in Gothic script, largely abbreviated]

liber primus

VITAE FRATRUM ORDINIS PRAEDICATORUM

MONUMENTA ORDINIS FRATRUM PRAEDICATORUM HISTORICA.

FRATRIS GERARDI DE FRACHETO O. P.

VITAE FRATRUM

ORDINIS PRAEDICATORUM

NECNON

CRONICA ORDINIS AB ANNO MCCIII USQUE AD MCCLIV

AD FIDEM CODICUM MANUSCRIPTORUM

ACCURATE RECOGNOVIT

NOTIS BREVITER ILLUSTRAVIT

FR. BENEDICTUS MARIA REICHERT O. P.

———

VOLUMEN UNICUM

———

ACCEDIT PRAEFATIO R P FR J J BERTHIER

ET SPECIMEN CODICIS GANDAVENSIS IN TABULA PHOTOTYPICA

———

LOVANII

TYPIS E. CHARPENTIER & J. SCHOONJANS

6, VIA DICTA - DE BRUXELLES - 6

MDCCCXCVI

VENIT ROMAE, 10, VIA DICTA SAN SEBASTIANO, 10, APUD AUCTOREM

ET LOVANII APUD TYPOGRAPHUM

LIBELLIS 6

APPROBATIO.

Quum nos infrascripti, iubente ita R^{mo} Patre Magistro Generali Ordinis Praedicatorum, editionem hanc alteram tam diu exoptatam libri, cui titulus *Vitae Fratrum*, perlegerimus, eandemque nedum iuxta sanae theologiae, sed et historiae atque critices normas exactam intellexerimus, quin imo egregia eruditione et sedulitate perspexerimus curatam, hanc typis tradi et licite et congrue posse omnino iudicavimus.

Datum Friburgi Helvetiorum die 11ª Ianuarii 1896.

Fr. J. Berthier.   **Fr. P. Mandonnet.**

S. T. Lector.   *S. T. Lector.*

EDITIO Rmo PATRI FR ANDREAE FRUHWIRTH

MAGISTRO GENERALI FRATRUM PRAEDICATORUM

HUMILLIME OBLATA

AB EOQUE BENIGNISSIME ACCEPTATA

PRAEFATIO.

I. Quum R. P. Reichert illud optimi consilii sibi assumpserit, publici iuris *Vitas Fratrum* iterum faciendi, ab ipsoque rogatus sim nonnihil praefandi, hinc ego quam libentissime munus istud, viribus tamen imparibus, obeundum accipio.

Vitae igitur *Fratrum* id Fratribus Praedicatoribus sunt quod *Vitae Patrum* religiosis viris omnibus : eximium nempe simul et domesticum exemplum, quo magis ad zelum accendendi undique sunt.

Quis scripserit, quo movente, quibus circumstantiarum adiunctis, id egregie notaturus est editor, unde hisce penitus omissis, ad communiora exinde fluentia consectaria devenimus.

Hoc imprimis de vita Sancti Dominici notavit Gerardus a Fracheto, se nempe colligere « quasi spicas elapsas de manu metentium » (Lib. I, prol.) : quod dictum de omnibus ad Ordinis historiam hucusque exactam pertinentibus rursus utique dicendum est. Quam pulchrae autem, quam auratae spicae, nullus est qui statim non perspiciat.

II. Inde enim primo effulget qualis quantaque a principio exstiterit vulgo apud omnes idea Fratrum.

Praenuntiantur siquidem praedicatores quasi apostolici homines qui « veraciter praedicabunt, utpote qui officium (praedicatorum) habebunt, scientiam, vitam et nomen » (Lib. I, cap. II.); quibus « totus illuminabitur mundus », tanquam per « luminaria et multos splendores », tanquam per « fontem clarissimum et maximum » (Lib. I, cap. III.), qui impios « commoneant » (Lib. I, cap. I.), unde isti « illuminentur et mundentur » (Lib. I, cap. I.). Imo exhibent « processionem pulcherrimam albatorum », apudque ipsos invenire est « stabulum poenitentiae, praesepe continentiae, pabulum doctrinae, asinum simplicitatis cum bove discretionis, Mariam illuminantem, Ioseph perficientem et Iesum salvantem - (Lib I cap III)

III Ubi autem quaesiveris quanam ratione, quanam scilicet regula, tantum finem adepturi fuerint Fratres, extemplo tibi reponet Iordanis - Regula Fratium Praedicatorum haec est - Honeste vivere, discere et docere, quae tria petit David a Deo dicens Bonitatem, et disciplinam et scientiam doce me - (Lib III, cap XLV) Hinc quia - quaesivit a magistro Iordane quidam Frater, utrum utilius foret orationibus insistere, aut Scripturarum se studiis occupare, (iste) ait - Quid est melius semper bibere, vel semper comedere? Et utique sicut competit ista alternatim facere, sic et illa - (Lib III, cap XLV)

Hinc sanctus ipse Dominicus libros - in sinu portabat - (Lib I cap IV), hinc Fratres omnes scientiis sacris simul ac pietati studuerunt

IV Tanto autem fini quinam non impares inveniendi sunt! Adest autem, impellit Dei gratia Hi siquidem - ex consideratione vanae laetitiae - repulsi ad meliorem frugem tendunt, illi - consideratione sanctitatis Fratrum - allecti tanta exempla sectari satagunt, mox - virtute verbi Dei - aut - consideratione mortis - seu - poenarum praesentium vel futurarum - impulsi, mox - speciali revelatione - aut - speciali devotione et inspiratione Beatae Mariae - inducti novi Ordinis insignia induunt (Lib IV, cap VIII-XIV)

Pauci quidem primitus viam hanc excelsam ingressi sunt, ita ut - Praedicatorum Ordo tanquam pusillus grex (esset) et novella plantatio -, et subornetur - quaedam tentationis commotio inter Fratres - quae - in tantum deiecit eos pusillanimitate spiritus et tempestate ut multi eorum conferrent ad invicem ad quos ordines se transferrent timentes ne tanquam res nova et modicum roborata in nihilum deveniret -, modo autem tot visi sunt Fratres ut - totum mundum - implerent (Lib I, cap IV) Haud multo post enim unus Iordanis aestimatus est - plus quam mille traxisse ad Ordinem - (Lib III, cap IV)

Quippe qui - frequentabat civitates in quibus vigebat studium, unde quadragesimam uno anno Parisiis, alio Bononiae faciebat, qui conventus eo morante, apum alvearia videbantur, plurimis intrantibus, et multis ex hinc ad diversas provincias transmissis ab eo Unde cum veniebat multas fieri faciebat tunicas, habens

fiduciam in Deo, quod mitteret Fratres. Multoties autem tot ex
insperato intrabant, quod vix vestes poterant invenire, unde
semel in festo Purificationis recepit ad Ordinem praedictus pater
viginti et unum scholares Parisiis, ubi fuit maxima effusio lacrimarum. Nam Fratres ex una parte flebant prae gaudio, et saecu-
lares prae dolore de amissione seu separatione suorum. De numero
istorum fuerunt plures qui post rexerunt in Theologia in locis
diversis. Inter quos fuit etiam iuvenis theutonicus, quem Magister
pluries repulerat propter nimiam iuventutem, sed quia tunc alii
viginti se immiscuit, durum videbatur Magistro ipsum repellere,
cum circumstarent fere mille scholares, sed dixit coram omnibus
subridendo: Unus ex vobis furatur nobis Ordinem. Quod dicebat
propter iuvenem illum. Unde cum vestiarius non detulisset nisi
viginti paria vestium, oportuit quod Fratres exuerent se unus
cappa, alius tunica, alius scapulari, quia non poterat vestiarius
exire de capitulo prae multitudine scholarium qui adstabant.
Tamen iste Frater iunior in tantum profecit quod post fuit lector
et optimus praedicator. — Item frequenter obligavit dictus pater
Bibliam suam pro solutione debitorum scholarium qui intrabant -
(Lib III, cap XII)

Inter hos omnes Ordinem ingressos majores numero fuerunt
Artistae, pauciores vero Theologi et Decretistae. Cuius rei ratio-
nem reddens Iordanis ait: - Facilius inebriantur vino rustici qui
aquam consueverunt bibere, quam nobiles vel cives qui vina fortia
non reputant quia in usu habent. Artistae quidem tota hebdo-
mada aquam Aristotelis et aliorum philosophorum bibunt, unde
cum in sermone diei dominicae vel festi verba Christi et suorum
frequentia hauriunt, statim inebriati vino Spiritus Sancti capiuntur, et non tantum sua, sed et seipsos Deo donant. Isti autem
theologi frequentes audierunt talia, et ideo contingit eis sicut rustico sacristae, qui ex frequenti transitu ante altare irreverenter
se habet, et ad illud dorsum vertit frequenter, extraneis inclinantibus reverenter - (Lib III, cap XLV)

Sic igitur, invito diabolo, (Lib IV, cap XVII), repugnante
carne, (Lib III, cap XIV) multi egregiique adolescentes Dominici
partes et sortem demum amplexati sunt.

V. Quonam fervore opus aggrederentur illi antenati nostri
nullus enarrare valet. Attamen - ut nostri temporis devotio recalescat, et mentes in imis demersae in contemplatione coelestium

rapiantur orationum viror eniteat, et nostrae religionis fundamentum eluceat venturis, de fervore primitivorum Fratrum -
hoc solum notandum est, quod scil « temporibus duorum patrum
Dominici et Iordanis tantus fuit fervor in Ordine, quod nullus
sufficiat enarrare Siquidem Spiritus vitae erat in rotis, cuius virtute animalia ibant et revertebantur, movebantur et levabantur
secundum voluntatem Spiritus dirigentis - (Lib IV, cap I)
Hinc vix ullus inventus est qui officium - negligenter cursim et
irreverenter - recitaret (Lib III, cap VI), hinc in abstinentiis
nullus - carnes sine licentia - et ratione comedebat (Lib I,
cap XXII) hinc rursus - sani plurimi aquam bibebant - solum
(Lib I, cap IV), licet nullus ita abstinere debuerit ut - vix sub-
sistere - ac praedicare valeret (Lib III, cap XXIX), hinc in
lectis vix ullus nimium trahebat - sibi caligas » aut inventus est
sibi - laxans cingulum » (Lib I, cap V), et post Completorium
exactum et salutatam Virginem « non statim currebant ad quaternos volvendos, sed in ecclesia, vel capitulo, vel claustri angulis
latitantes, omnes suos actus examinatione strictissima percurrebant, et ex hoc disciplinabant se fortiter, aliqui virgis, aliqui vero
corrigiis nodosis, ne sonus eminus audiretur Post matutinas
autem pauci currebant ad libros, pauciores revertebantur ad lectos, paucissimi qui non confiterentur, antequam missam celebrarent -. (Lib IV, cap I)

In exteriorum usu, etsi - libros, et baculos et varium portarent
habitum - (Lib I, cap IV), imo et - honesto habitu » incederent
(Lib I, cap V), ipsis tamen nulli periculo, caeteris nulli scandalo
fuit, quum Patriarchae sui vestigia sedulo et continenter preme-
rent, qui « amorem suum ita tenebat fixum in Deum quod a rebus
exterioribus non solum magnis, sed etiam parvis et vilibus affectum retraheret, ut vestibus, libris, calceamentis, cingulo, cultello,
et aliis huiusmodi, quae vilia portabat, et curiositatem, vel nimiam decentiam in (Fratribus) reprehendebat frequenter » (Lib I,
cap XXIV)

Ubi vero nonnullus minus observantiarum studiosus appareret
extemplo poenis plectendus fuit, ita ut, prout fert legenda, diabolus aliquando ita responderet Dominico de capitulo agens
- Iste locus mihi infernus est, et quidquid lucror alibi, hic totum
perdo, nam hic monentur, hic confitentur, hic accusantur, hic
verberantur, hic absolvuntur Unde hanc domum super omnes

detestor - (Lib I, cap XVI) Cuius humilitatis exemplum et ipsi
Magistri Ordini praebuerunt, siquidem B Iordanis in aliquo
capitulo Generali - cum proclamaretur a Diffinitoribus de quocumque et diceretur ei quod excusare se posset, si vellet, humili
voce dicebat Nunquid credi debet latroni se excusanti - ? (Lib III,
cap XXI)

Summa ergo humilitate spiritus, intemerata castitate corporis,
altissima oratione mentis floruere Fratres (Lib IV, cap III) De
hac autem oratione, omnium virtutum fonte, haec notanda oppido
sunt, scilicet quod - rogavit (Iordanem) quidam Frater ut instrueret quid ad orandum sibi melius expediret, qui respondit
Bone Frater quidquid tibi maiorem devotionem excitat, huic
obsistere non omittas Nam ad orandum Deum salubrius tibi erit
quod affectum tuum fructuosius irrigabit - (Lib III, cap XLV)

Tantis tamen addicti virtutibus, hilaritate cordis omnia ad-
versa, etiam penuriam tolerarunt (Lib I, per totum et Lib III,
cap XXXV) imo et ipsos novitios aliquando Magister Iordanis
ita allocutus fuit - Charissimi, ridete fortiter -' (Lib III, c XLV)

Ubi, non de singulari probitate, sed de sociali, ut ita dicam,
ageretur, nec minor requisita ab omnibus fuit in coenobio sedu-
litas Istud enim qua exemplum inter Fratres narrabatur passim
- Cum quidam Frater procuratoris gerens officium pro absolu-
tione supplicaret instanter, (Iordanis) respondit Officiis frequenter
ista quatuor sunt annexa negligentia impatientia, labor et meritum A primis duobus absolvo vos, reliqua vero duo in remissionem peccatorem iniungo - (Lib III, cap XLV)

VI Quia autem Fratres non ad propriam salutem tantum sed
et ad alienam ordinarentur, hinc inquirendum quid tanto in officio
praestarent

Quid imprimis de officio sentirent, hoc habes in orationibus quae
pro Fratribus Praedicatoribus cuidam Cisterciensi monacho coelitus allatae narrantur, quaeque proinde sub oculis reponendae
sunt

- *Oratio* Corda famulorum tuorum, Domine illumina Spiritus
Sancti gratia, et ignitum eis eloquium dona, et iis qui tuum prae-
dicant verbum, largire virtutis augmentum Per Dominum, etc

- *Secreta* Famulis tuis, Domine, verbum tribue gratiosum, et
munera oblata sanctificans, corda eorum salutari tuo, quaesumus,
visita Per Dominum, etc

- *Postcommunio*. Conserva, Domine, famulos tuos Unigeniti tui corpore et sanguine suscepto, et tuum nuntiantibus verbum largitatem tribue gratiarum. Per eumdem Dominum, etc.

» Istas autem orationes Dominus Papa approbavit et concessit, ut dicerentur in missa ». (Lib. I, cap. IV.)

Suscepto huiusmodi fini omnes unanimiter intendebant, et quocumque terrarum dispergebantur animose Fratres :

Maiores quidem, cum Iordanis ita pronuntiaverit : - Non est consuetudo apud seminatores camporum, quod cum seminaverint agrum unum apportent ibi lectum suum, et iaceant ibi quousque videant quomodo semina fructificant : imo potius commendant semen et campum Deo, et vadunt ad seminandum in alio campo. - (Lib. III, cap. XLV.) Subditi iterum, quia « in quodam capitulo Generali Parisiis, cum incumberet aliquos Fratres mittere ad provinciam Terra Sanctae, dixit Magister Iordanis Fratribus in ipso capitulo, quod si parati essent bono animo illuc ire, quod hoc significarent ei. Vix verbum compleverat, et ecce vix fuit aliquis in illa multitudine quin faceret statim veniam cum fletu et lacrimis, petens mitti ad illam terram Salvatoris nostri sanguine consecratam -. (Lib. IV, cap. I.) Haud secus Africam aliasque regiones remotissimas et barbaras sponte petierunt Evangelii praedicandi causa. (Lib. I, cap. V, XXXII.)

Quo munere ut recte fungerentur Fratres admonebantur sedulo ut - omnibus omnia - fierent (Lib. III, cap. XLV.) et Iordanem imitarentur qui - circa verbum Dei et praedicandi officium... fuit adeo gratiosus et fervens, ut vix ei similis sit inventus. Dederat ei Dominus quamdam praerogativam et gratiam specialem, non solum in praedicando, sed etiam familiariter colloquendo, ut ubicumque et cum quibuscumque esset, ignitis semper abundaret eloquiis, propriis et efficacibus fulgeret exemplis, ita quod secundum conditionem cuiuscumque cuilibet loqueretur, cuique satisfaceret, quemlibet hortaretur; unde omnes eius eloquia sitiebant -. (Lib. III, cap. XI.)

Nullis periculis terrendi erant praedicatores (Lib. I, cap. XXXI.), nullis fatigationibus obruendi (Lib. I, cap. IV.), nullis vanitatibus alliciendi (Lib. III, cap. XX.). Modo eis exprobratur, non secus ac temporibus hodiernis fieret, quod praedicationibus coenam audientium retardent (Lib. II, cap. VII.), mox quod obstent saecularibus vanitatibus (Lib. III, cap. VI.); quinimo neque principum aut minis aut impietate deterrentur - Venit aliquando Magister Iordanis ad Fredericum imperatorem et cum sedissent simul et diu tacuissent, tandem ait Magister - Domine, ego discurro per multas provincias pro officio meo unde miror quod a me non quaeratis rumores Cui Imperator respondit Ego nuntios meos in omnibus provinciis habeo, et omnia scio quae fiunt per mundum. Cui Magister ait Dominus Iesus Christus omnia noverat sicut Deus et tamen a discipulis quaerebat Quem dicunt homines esse filium hominis? Certe vos homo estis et nescitis multa quae dicuntur de vobis quae vos scire plurimum expediret Dicitur autem de vobis quod ecclesias gravatis, sententias contemnitis, auguriis intenditis, Iudaeis et Saracenis nimis favetis, consiliariis veris non acquiescitis, Vicarium Christi et Beati Petri successorem qui pater christianorum et Dominus noster spiritualis est, non honoratis et certe haec personam vestram non decent Et ita curialiter ingressus eum de multis correxit (Lib III, cap XLV)

Haec sunt quae ex *Vitis Fratrum* quisque summa pietatis suae aedificatione percipere potest, innumeraque alia et de personis et de egregiis facinoribus discere pro libitu potest [1]

VII Ibidem innumera sanctorum exempla fulgent, ibidem Frater Clarus - vir bonus et magnae authoritatis et peritus in iure civili, qui etiam in artibus et iure canonico rexerat - (Lib I, cap IV), Frater Rolandus - cuius fama celebris et qui excellens in physicis habebatur - (Lib I, cap V), Frater Rao,- vir eximiae sanctitatis in abstinentiis et vigiliis animarum zelator praecipuus, et in Urbe famosus -, (Lib I, cap V), Frater Chabertus - fervens et gratiosus praedicator -, (Lib II, cap XXX), Frater Iordanis - speculum totius religionis et virtutum exemplar - (Lib III

---

(1) Quum in ultimo scilicet Abulensi Capitulo iussum sit documenta de Ordine Poenitentiae exquirere hic narratum praetermittere nullatenus licet negotio praedicto nonnihil optime confaciens. - Contigit semel quod quaedam nobilis et devota persona corrigiam eius (Iordanis) petiit et accepit Cum autem vir sanctus non haberet aliam accepit suam Post aliquantulum autem temporis cum Magister sederet in quadam recreatione cum Fratribus et corrigia illa quae fibulam habebat argenteam et finem penderet, accepit eam quidam Frater et elevans ait Quid est hoc, Magister? Numquid vos corrigiam argenteam portatis? Ille autem eam diligentius intuens ait Deus meus, quis apposuit haec? Certe ego numquam attendi istud Unde aedificati Fratres perpenderunt animum eius ad interiora intentum - Lib III cap XXII) Quo in facto hoc attendendum est illam nempe nobilem foeminam quae expetiit et obtinuit sancti viri corrigiam ita aggregatam fuisse Ordini Poenitentiae, seu recentius dicto Tertio Praedicatorum Ordini Quum enim corrigia Dominicanos (unde

prol cf totum eumdum librum), ipse S Dominicus (Lib I, per tot multique alii summa et sanctitate et scientia fulgent

Ibidem triumphatus diabolus apparet (Lib III, cap XXIX-XXXIV, et Lib IV, cap XV-XVI), ibidem devictae tentationes (Lib IV cap XVII-XXIV), ibidem miracula et prophetiae fulgent (Lib IV, XXV-XXVI), ibidem mors sanctissima Fratrum laudatur (Lib V, per tot)

Ita igitur cura R P Reichert prae manibus tibi apponitur opus iam diu curante summo Humberto, conscriptum, ne « oblivio quae iam plurima de cordibus Fratrum tulerat, omnia sepeliret » (Humb de Rom in Epist infra referenda), et - cum multis discretis Fratribus legentibus placuisset, et dignum approbatione iudicarent - (ibid) tunc temporis ab ipso Humberto publici iuris factum, ut praedicta legentes Fratres adverterent « quanta cura fuerit Providentiae supernae de Ordine - et hoc attendentes magis confortarentur « in amore eius - (ibid) opus quidem typis postea editum, cuius tamen iamdiu ab omnibus editio altera sufficientibus curis elaborata desiderabatur Hinc fiet ut - ex maiorum probitate Fratrum animi ad virtutum imitationem facilius inducantur « (Cap Gen an 1478)

Hasce ergo *Vitas* perlege, atque mox et tu exemplis sanctorum patrum proficies

« Intuere sanctorum patrum vivida exempla, in quibus vera

Dantes Dominicum « collegiei » vocavit *Pai* XI, 138) non secus ac corda Franciscales designaret, hinc aggregatio illa corrigiae traditione significata est, nullatenus autem scapularis, (quo nunquam, nisi recentiori aetate, usi sunt Fratres et Sorores de Poenitentia S Dominici Qua propter Rutebeuf poeta vix non coaevus dum illos calumniaretur, ita tamen ad vivum pinxit

> Oi ra unes simples faines
> Qui ont envelope les cols
> Et sont barbées comme cols
> Qu a ces caintes geus (sc Dominicanis) vont entor,
> Qu eles cuident au premier tor
> Tolu saint Piere sa baillie
> Et riche fame est mal baillie
> Qui n est de telle corroie cainte
> Qui plus bele est, si plus est sainte

Ita in poemate *Ie diz des Regles* Quis non videat describi quasi habitum antiquum Sororum Poenitentiae? Colligendum ergo B Iordanem illo et non alio titulo corrigiam piae mulieri concessisse Immo nonnulli suborri posset suspicio haec scil cingulum quo in carcere donatus est sanctissimus iuvenis Thomas Aquinas a cingulo praedicto vix differre

perfectio refulsit et religio et videbis quam modicum sit et pene
nihil quod nos agimus

- Heu! quid est vita nostra, si illis fuerit comparata?

- Sancti et amici Christi Domino servierunt in fame et siti, in
frigore et nuditate, in labore et fatigatione, in vigiliis et ieiuniis,
in orationibus et meditationibus sanctis, in persecutionibus et
opprobriis multis

- Per diem laborabant, et noctibus orationi diutinae vacabant,
quamquam laborando ab oratione mentali minime cessarent

- Dati sunt in exemplum omnibus religiosis, et plus provocare
nos debent ad bene proficiendum quam tepidorum numerus ad
relaxandum

- O quantus fervor omnium religiosorum in principio suae
sanctae institutionis fuit!

- O quanta devotio orationis! Quanta aemulatio virtutis! Quam
magna disciplina viguit! Quanta reverentia et obedientia sub
regula Magistri in omnibus effloruit!

- Testantur adhuc vestigia derelicta quod vere viri sancti et
perfecti fuerunt qui tam strenue militantes mundum suppedita-
verunt

- Iam magnus putatur si quis transgressor non fuerit, si quis
quod accepit cum patientia tolerare potuerit

- Ah! tepor et negligentia status nostri, quod tam cito decli-
namus a pristino fervore, et iam taedet vivere prae lassitudine et
tepore!

- Utinam in te penitus non dormitet profectus virtutum qui
multa saepius exempla vidisti devotorum! » *(De Imitatione Christi,
lib I, cap XVIII)*

Fr J J BERTHIER, ord Praed

INTRODUCTIO.

I Librum qui inscribitur - *Vitas[1] patrum ordinis Praedicato-rum* -, in hoc ordine iam primo eius saeculo pervulgatum neque extraneis uti patribus ordinis Sancti Benedicti et Canonicis Regularibus ignotum, compilavit frater Gerardus vel Geraldus de Fracheto Cuius de natalibus nonnisi pauca quaedam nobis innotuerunt scriptis Bernardi Guidonis, quae edidit el D. C Douais sub titulo *Les Freres Precheurs de Limoges*, textes latins, Toulouse 1892 patrem scilicet Gerardi nostri fuisse Petrum Geraldi de Francheto (vel Fracheto), qui - ex strenuo milite factus est frater devotus (in ordine Praedicatorum) - et qui - postquam Domino soli militasset ac de salutis nostrae hostibus gloriose triumphasset, coronam regni percepturus migravit e vivis VIII° idus augusti, anno circiter MCCLXV -.

Vitam ipsius Gerardi nostri fusius descripsit Bernardus Guidonis in - Cathalogo de prioribus provincialibus - repetitam a Quetif et Echard in - Scriptores Ord Praed - t I, p 259 et 260 Quam descriptionem a Quetif editam complere licebit inspicienti C Douais l c p 55 et - Acta Capitulorum Provincialium Ord Fr Praed, Premiere Province de Provence (1239-1302), nuper a C Douais (Toulouse 1894) proposita, ubi et in ipsis actibus et in glossis ab ipso Bernardo Guid margini ascriptis pluries Gerardi nostri fit mentio

- Gerardus (al Geraldus) de Fracheto Gallus Aquitanus, ex castro Luceti ad Lemovicas ortus, ordinem amplexus est Parisiis in coenobio S Iacobi, et e manibus Matthaei primi prioris accepit

---

1) Alii rectius *Vitae patrum* Accusativus vero *Vitas* qui ut plurimum occurrit, iuxta Rosweydum (Prooemium in *Vitae Patrum* apud Migne Patrologia Latina vol LXXIII, p 19) positus videtur ad analogiam tituli notissimi illius alterius libri cuius tituli originem praedictus el auctor l c relatis aliorum minus congruis explicationibus melius nostro iudicio explicat hoc modo - Michi vero occurrebat huius appellationis originem profluxisse ex veterum citatione, qui ita fere librum hunc citant licet verbo addito, ut patet hic in prima conclusione, ubi Gelasius ait - Vitas Patrum cum omni honore suscipimus - Gennadius - Petronius scripsisse putatur Vitas Patrum - Paschasius - Vitas Patrum iussus in Latinum transferre sermonem etc - Hinc igitur quia toties apud auctores legebant quidam *Vitas Patrum* eam appellationem τρισώς libro indidere Satis autem constat ex Gennadio supra citato, librum hunc olim recte in recto inscriptum *Vitae Patrum* -

habitum anno MCCXXV° die XI novembris, die festo S Martini — sic enim propria ipsius manu scriptum in quodam eius codice Carcassonae servato legit Soegius noster, — cf Douais, *Les Frères Precheurs*, l c p 7, — et die annuntiationis B Virginis immediate sequenti XXV martii inter manus B Iordani professus est, ut notavit ibidem, neque enim tum annus integer probationis exigebatur Ille autem ex primis nostris Patribus unus est, cui ob exordia nostra litteris consignata plurimum debemus Sed iam audiamus ipsum Bernardum Guidonis de eo loquentem Sic ergo ille ubi de Lemovicensis domus prioribus - Secundus prior successit fr Petro Cellani F Girardus de Fracheto Lemovicensis dioecesis, oriundus de Castro Luceti (quod etiam ab incolis Chaluz[1] vernacule dicitur) prope Lemovicas, gratiosus et dilectus Deo et hominibus, persona cunctis spectabilis, praedicator facundus et foecundus, anno domini MCCXXXIII° Praefuit et profuit annis XII — Quae assertio Bernardi corrigenda est secundum ea quae de seipso fr Gerardus scribit l l, cap V, § IX[a], p 23 Nam anno 1241 fungens officio prioratus construxit conventum Ulyssiponensem — Hic locum primum consulte dimisit, incommoda plura et ineptitudines prudenter advertens, et locum secundum, in quo nunc habitamus, discrete et sollicite emit, et B V Maria cum filio per suum Vicarium D Americum Palmutz canonicum Dauratensem[2] miraculose persolvit[3] De hoc require in Vitis fratrum lib I, cap VI, § XII Cum Fratres etc (infra p 48) Locum hunc multipliciter honoravit et promovit « Ubi vero de provin-

---

1) Chalus (Haute Vienne) — 2) Le Dorat (Haute-Vienne) — 3) Anno 1241 dicunt enim « Memorabilia pro Conventu Lemovicensi » « Anno Domini millesimo CC°LIII° in festo Nativitatis Beatae Mariae Virginis, transactis iam duodecim annis a mutatione fratrum de loco antiquo ad novum celebratum est iterum apud Lemovicam provinciale capitulum sub ven P fratre Gerardo de Fracheto Lemovicensi et priore provinciali octavo Paucis autem diebus ante capitulum translata sunt corpora I°, domini Durandi, episcopi Lemovicensis de capitulo ad medium chori ecclesiae, II°, domini Aymerici Palmut canonici, patroni nostri, et Guillelmi de Malmonte, etiam canonici Sancti Stephani, ad sepulcrum sibi paratum in muro ecclesiae iuxta ostium quod vadit ad claustrum cum his versibus leonicis

> Nostri patroni sunt hic, quorum Deus ossa
> Sic voluit poni sub eadem condita fossa,
> Noster ab hoc emitur locus, alterius fabricatur
> Nummis ecclesia Reddat sibi Virgo Maria

Douais l c p 52 nota 5 — Emit F Gerardus hunc secundum locum circa annum 1239 vel 1240, nam « anno 1241, in festo nativitatis Beate Dei genitricis Marie mutaverunt se fratres de primo loco ad secundum » (Douais. *Les Freres Precheurs*, l c p 6)

cialibus provinciae Provinciae idem haec habet - Octavus prior provincialis fuit F Geraldus de Fracheto, qui successit F Stephano Alvernhaez, electus in capitulo provinciali in Podio B Mariae (Anicii) celebrato anno domini MCCLI, erat autem tunc prior Massiliensis Hic in pace et aequitate rexit provinciam annis octo Fuit autem absolutus in capitulo generali Valentinensi anno domini MCCLIX Hic fuit dilectus Deo et hominibus praedicator ad clerum et populum gratiosus et in omnibus quae religionis sunt ad plenum instructus et a primaevis annis ingiter enutritus, gratia facundiae, genere et opinione praeclarus, verbo etiam aedificationis semper et ubique affluens gesta quoque Sanctorum et virorum illustrium, et antiquitates memorabiles gerens in pectore, et promens in tempore opportuno, vir ubique in optimis notus Plenus dierum[1] et operibus bonis in senectute bona migravit ad Dominum in Conventu Lemovicensi anno domini MCCLXXI IV nonas octobris, ab ingressu ordinis XLVI sepultus in claustro prope ostium Ecclesiae, ubi habentur[2] sculpti in lapide sequentes versus

- Frater Geralde de Fracheto pie valde
- Tertius hic a te capitur locus immediate
- Ordo, genus vita, discretio, lingua polita
- Fama, pudor, pietas te laudant pax, amor, aetas -

- Idem Bernardus pergit Quetif, in indice priorum domus Montispessulanae narrat Gerardum mox ut a provincialatu dimissus est anno 1259 eodem mense iunio electum in priorem dictae domus, eandem rexisse ad MCCLXVI[3] -

Hucusque Bernardus Guidonis

II Quibus muneribus ordinis Gerardus praeterea sit functus, quantopere a fratribus cultus fuerit ac dilectus, ex actis provincialibus iam plures citatis provinciae Provinciae apparet Remotus a prioratu Montispessulano in capitulo Tolosano, in eodem

_____

1) Aetatis sue anno LXXVI° — Bern Guidonis, fundatio et priores conventus Lemovicensis apud Douais Les Frères Precheurs de Limoges Toulouse 1892 — 2) Verba « ubi habentur » etc desumpta sunt ex Martene ampl coll tom VI, p 466 — 3) Acta Provincialia provinciae Provinciae Geraldum usque ad annum 1263 tautum Montepessulani priorem fuisse demonstrant « Iste sunt, sic legitur in actis capituli Tholosani 1263, absolutiones Absolvimus priores Tholosanum, Montispessulani » et in margine ad acta eiusdem capituli adnotavit Bernardus Guidonis « Diffinitores huius capituli provincialis fuerunt videlicet Frater Geraldus de Fracheto, prior Montispessulani absolutus ibidem » Douais l c p 96, not 4 et 6

capitulo elector magistri a fratribus est destinatus anno 1264[1] — In capitulo provinciali Lemovicensi anno 1266 iterum erat diffinitor[2] — Item anno 1266 in capitulo provinciali Petragoris (Périgueux)[3] — Item iam anno 1254, cum praelati quidam concitavissent papam contra Ordinem ratione privilegiorum mendicantibus datorum Gerardus magistrum generalem Humbertum tamquam socius comitatus est ad curiam tunc Neapoli commorantem (l I cap XXII[a])

Quapropter, si excipiantur anni 1225-1233, quo tempore quid fecerit Gerardus vel ubi egerit cum certitudine dicere non valemus, optimo iure asseri poterit eum per reliquum vitae suae religiosae cursum amplissimis muneribus honoribusque functum provinciae suae apprime utilem fuisse, id quod prae tanto illius primi temporis insignium fratrum numero in aeternam Gerardi nostri gloriam cedit Cuius rei Bernardus optimus est testis, cum eius vitam brevi describens paucis virum nostrum ita extollit - dilectus Deo et hominibus - — « praedicator facundus et foecundus » — - praefuit et profuit - — - in pace et aequitate rexit - — - plenus operibus bonis in senectute bona -

Duplici denique modo patres in capitulis provincialibus congregati diligentissime observant Gerardum nostrum honorificisque verbis prosequuntur, primo quidem exhortantes eum, ut summam in valetudine tuenda adhiberet curam   « acquiescat, inquiunt, prioribus super conservatione corporis sui[4] » tum vero quemlibet provinciae fratrem ad ea obligantes suffragia post mortem Gerardi, quae ut solummodo pro fratre ipsius conventus fiant, constitutiones praecipiunt[5]

Gerardus cum tantis iam a Bernardo Guidonis memoratis claret virtutibus, summo etiam amore studioque ordinem suum amplectebatur quod maxime ex eo apparet, quod piam bonamque fratrum in odore sanctitatis mortuorum vitam fratribus sequentibus tradere proposuit, ut inde quod imitarentur haberent Octo iam annis priusquam *Vitae fratrum* sunt editae, in actis capituli

---

1) Douais l c p 100 — 2) Douais l c p 111 not 6 — 3) Douais l c p 129 not 8 — 4) Act cap prov Lemov 1253 Douais p 55 — 5) Cap Caturci celebrati 1253 « III Item in hoc capitulo fuit concessum fr Geraldo de Fracheto, priori provinciali, quod post mortem suam fiat pro eo a quolibet fratre sicut pro fratre sui Conventus » Douais l c p 65 et in actis cap prov Montispessulani celebrati anno 1271 legitur « Reducimus ad memoriam de suffragiis que fratribus Geraldo de Fracheto et P Hyspano fuerunt olim concessa, scilicet quod post obitum eorum fieret pro eis sicut pro fratre unius conventus » Douais p 160

— X\ —

provincialis Montispessulani (1252 fratres admonentur · - quod
obitus miraculosos scriptos priori provinciali (fratres) mittant, et
ipse Magistro[1] - Quod Gerardi opera factum videri (' Douais
merito annotat, ipsumque Gerardum fuisse qui Humbertum
generalem ordinis magistrum permoverit, ut Vitas fratrum eden-
das curaret, verisimile admodum apparet Certum vero Gerardum
e scriptis illis, quae iubente Humberto e singulis provinciis de
vita honesta piaque morte fratrum eximiorum missa fuerant
composuisse librum, qui inscribitur *Vitae fratrum*, cui rei litterae Humberti Vitis fratrum praemissae afferunt lumen - Nos
autem huiusmodi, ait Humbertus, scripta tradidimus carissimo
nostro Geraldo Lemovicensi, tunc priori provinciali Provinciae
de *cuius industria in huiusmodi multam gerebamus fiduciam*,
rogantes et imponentes eidem quod perlectis et examinatis singulis, de hiis quae laudabiliora reperiret libellum aliquem ederet,
quod et fecit[2] -

Bernardus Guidonis loquens de compilatore libri Gerardi haec
habet - in quo (sc libro) suae religionis viventem imaginem legentibus posteris dereliquit[3] -

Hucusque de vita nostri Gerardi viri proculdubio laude dignis-
simi.

III Priusquam ipsas *Vitas fratrum* accuratius inspiciamus, pauca
de reliquis Gerardi operibus dicenda Ac primo quidem *Cronica
ordinis*, quae plerumque *Vitas fratrum* immediate sequitur,
mentionem meretur. Quae ab anno 1203 usque ad anno 1251
maxime memorabilia in ordine gesta sunt, fideliter refert. Cum
antea auctoribus Quetif et Echard[4], cronica Humberti esse
ferretur, nuper el P Denifle[5], historiae rerum medio aevo
gestarum peritissimus, codice Andagavensi demonstrat revera
cronicam esse Gerardi, nam in codice illo (n° 605 fol 113) ut
- Chronika fr Gerardi de Fracheto - exhibetur Cui sententiae
insuper favet stylus, qui tum in ipsis *Vitis fratrum* tum in cronica plane est idem, ut cuique attente legenti patebit Adde, quod
auctor cronicae bis lectorem ad *Vitas fratrum* remittit, semel
quidem indicando unde sumpserit materiam plurium partium
Vitarum fratrum iterum autem dum dicit - plura vero de eo

1) Douais p 49 not 9 — 2) Vide prologum p 4 — 3) Vide Quetif l supra citato —
4) Vide Quetif l c p 260 — 5) Denifle Archiv im litteratur u kirchengeschichte II Bd
p 170 Anm 2

(nempe fr Iordane) scripte sunt *in libri huius tercia parte* »
Unde sequitur Cronicam ordinis iuxta mentem Gerardi fuisse
quasi sextam seu ultimam partem *Vitarum fratrum*

Scripsit praeterea Gerardus - Chronicon ab initio mundi ad
sua usque tempora » quod Deo favente tempore opportuno nos
edituros speramus, quare hoc loco de opere ipso praeter titulum
nihil adicimus Curiosus lector interea adeat Quetif 1 c p 260

IV Ut iam ad *Vitas fratrum* redeat sermo, « tempus quo editum
fuit hoc opus, ex actis comitiorum generalium eruitur Anno itaque 1256 Parisiis ordinatum fuit, ut quod memoria dignum re-
scirent sodales, illud magistro ordinis quam primum scriberent
Cum autem exinde multa memorabilia ex provinciis omnibus
missa fuissent, ea Humbertus Gerardo commisit, qui laudabiliora
seligens opus iam anno 1260 confecerat quod eodem anno in comitiis Argentinensibus approbatum per ordinem publicum redditum
est[1] » Haec de prima operis evulgatione intelligenda sunt, postea
enim (1265-1271) ipse Gerardus plura addidit stylumque magis
magisque polivit

V Ubi vero liber sit scriptus pro certo ostendi non potest; cum
autem Gerardus absoluto prioratu Massiliensi et Montepessulano, fere continuo in conventu Lemovicensi egerit, ibidem *Vitas*
fratrum esse scriptas valde probabile videtur

VI Operis materiam auctor plerumque hausit tum e scriptis a
singulis provinciis ad generalem ordinis magistrum missis, tum
a personis, qui ipsi verbis litterisque plurima, quorum testes ocu-
lares fuerant, retulerunt, tum ex propria experientia, et maxime
e frequentibus quae officii causa instituit itineribus[2], tum ex libello
Iordani de initiis Ordinis, de quo ipse dicit « in quo multa continentur, ex quibus habita est materia supradictorum » (infra p 326)
Suo loco fusius et accuratius in notis additis fontes, ex quibus
hausit Gerardus, assignabuntur

VII Valor denique libri Gerardi nostri certe non parvus est
praesertim pro historia Ordinis fratrum Praedicatorum , unde rerum nostrarum scriptores ad eum recurrer solebante, ut ad fontem
principalem , omissis aliis v gr S Antonino, Antonio Senensi,

---

1) Quetif 1 c p 260 — 2) Anno 1241 invenimus eum in Ulyssiponensi conventu (infra p 23);
anno 1245 capituli generalis causa Coloniam usque et Treviros venit (Douais, *Les Frères*
Prêcheurs, 1 c p 32) anno denique 1254 curiam Neapoli tunc morantem una cum fratre
Humberto visitavit (infra p 57)

Henrico de Hervordia Bzovio, meminisse sufficit Annalium Ordinis Patris Mamachi et operis iam citati PP Quetif et Echard, qui auctores *Vitas Fratrum* doctissimis notis illustraverunt

Reliquit nobis Gerardus supplementum haud spernendum ad vitam S Dominici necnon narrationes egregias de vita B Iordani, e quibus secundi magistri generalis vivida imago elucet, quippe quem videmus itinerantem per Lombardiam, Galliam, Germaniam, transgredientem Alpes, miracula patrantem, ubique praedicantem praesertim in urbibus, ubi tunc temporis florebant studia, ex quibus praedicationibus ordini maximum incrementum provenit

Quibus laboribus fratres tunc prae omnibus incubuerint, Gerardus pariter nobis refert praedicationibus crucis, praedicationibus ad haereses delendas fidemque propagandam, tum apud Cumanos, Tartaros, Mahometanos, tum contra Waldenses, Albigenses, Pauperes Lugdunenses.

Certiores etiam nos facit de fundatione plurium conventuum, de circumstantiis fundationem concomitantibus, de illo nunc fere incomprehensibili concursu ad ordinem, cui episcopi, canonici, alii in dignitatibus constituti, praeclarissimi magistri, necnon religiosi aliorum ordinum divina quadam aemulatione nomen dederunt, de ingressu multorum, quorum studia, quibus operam dederunt ante conversionem, incolatum, familiamque auctor nobis refert, fratrum, qui suo tempore muneri prioris conventualis vel provincialis functi sunt, ex eo notitiam haurimus pariterque vitae ferventis priorum fratrum fere usque ad minima descriptae, necnon vitae minus exemplaris et apostasiae quorumdam meminit Gerardus, quo se amicum veritatis, nequaquam vero caecum laudatorem sui instituti nobis exhibet.

Fuit forsitan Gerardus noster nimis credulus, imo ut quibusdam videri possit aliqualiter superstitiosus, eo quod res, quae miraculosae esse videntur, nimis prolixe refert, sed quicumque totum librum legerit, non potest non fateri Gerardum esse virum veracem, talem se, qui nihil ut verum narret quod falsum esse scit, et quam scrupulose nobis indicaverit suos fontes et quam diligenter ipse de veracitate suorum auctorum inquisierit, fere ex unoquoque capitulo apparet (v gr 1 I, c IV, § IX)

De valore cronicae non est cur fusius dicamus, cum per se ipsum facile intelligatur,

VIII Librum suum Gerardus dividit in quinque partes

In prima agit : de pertinentibus ad inchoationem ordinis ;

» secunda refert multa de B. Dominico quae in eius legendis non habentur ;

» tertia refert multa de Fratre Iordano ;

» quarta agit de progressu ordinis ;

» quinta agit de pertinentibus ad egressum fratrum de hoc mundo. Sequitur appendix et cronica ordinis.

IX. Hucusque liber Gerardi typis prodiit, testibus Quetif et Echard (l. c.) Douaci 1619, in 4°, et Valentiae Aragonum 1657 curante Nicolao Figueres Aragono.

Partem eam, quae est de S. Dominico ex Codice Uxamensi ediderunt Bollandiani tom. I. ad diem IV mensis Augusti p. 545; iidem clarissimi Patres Bollandiani ediderunt tertiam partem huius libri, in qua describitur Vita B. Iordani, secundi magistri generalis, in Actis SS. ad d. 13. Febr. tom. II, p. 725-734. Insuper P. Mamachi in Annalibus S. Ord. Praed. vol. I. fere totam secundam partem et cronicam ex cod. Viterbiensi transcriptam pag. 300 et ss. amplissimo commentario illustravit pariterque Quetif et Echard in Script. Ord. Praed.; denique fere omnes alii scriptores Ordinis, plus minusve fideliter Vitas fratrum exscripserunt; ita v. gr. S. Antoninus, Antonius Scnensis passim.

Praeterea totum librum Gerardi intuitu editionis criticae futurae litographice edidit Adm. R. P. Cormier, Massiliae 1875. « Sequens exemplum, ait P. Cormier, libri de Vitis fratrum exscriptum est ex illo quod in Archivo Ordinis Romano asservatur, incompactum quidem et absque signo, bene vero perpetuis annotationibus per cl. P. Fr. Hermannum Christianopulum illustratum, et, ut videtur, ex originali m. s. Bibliothecae Chisianae depromptum, quod notatur : Arm. C. n° 751. cod. M. 8°. Huic pro posse nostro annectemus ad marginem variantes lectiones ex alio codice Archivi Ordinis, qui ex editione Duacensi videtur exscriptus et continetur codice miscell. a largo notato VV. ad calcem. Ex quo insuper accipiemus quaedam, quae in Chisiano codice non referuntur ». Citatur sub lit. A.; editione vero cura A. R. P. Cormier facta utimur loco codicis Chisiani eamque signamus lit. C.

X. Codices vitarum fratrum hodie adhuc plures exstant. Cl. P. Denifle in « Archiv für Litteratur und Kirchengeschichte des Mittelalters » vol. 2, p. 172 nota 2. citat sequentes : « Codex

Paris n° 18324 (XIII saec.), Leipzig Universitatsbibliothek
n° 818 (XIII s.), a nobis visus sign. sub lit. D, Paris Arsenal-
bibliothek n° 1030 (XV s.), Madrid Universitatsbibliothek n° 147
(XIII s.), Salamanca Universitatsbibliothek n° 2.3.3 (XVI s.) -
Alius codex invenitur Nurembergae in bibliotheca urbis (cent. IV,
n° 75) et Budapestae in bibl. Musaei Nationalis n° 156 (XIII s.)

P. Cormier praeter iam supradictos, quos edidit, enumerat
codices existentes Victoriae in bibliotheca conventus nostri
XIII s., Mantuae apud nostros fratres et Romae in bibliotheca
Vallicelliana (XIII s.), hunc codicem P. Berthier ex parte cum
codice Chisiano comparavit sicut et codicem Tolosanum (XIII s.)
nobisque pro nostra editione gratiosime fluctus sui studii transmisit, citatur sub lit. I, codex vero Tolosanus sub lit. F

Denique vidimus codicem Vindobonensis conventus extremo
saeculo XIII° vel ineunte saec. XIV° exaratum, cuius textus invenitur sub lit. E, Monacensem bibliothecae regiae n° 18622 (XV s.
1415), cit. sub lit. H codicem universitatis Gandavensis n° 534
(XIII s.) cit. sub lit. G, cuius descriptionem vide in ephemeridibus - Analecta Bollandiana - tom. III p. 209, codicem bibliothecae Regiae Bruxellensis (XIV s.), hunc pariter descripserunt
clarissimi Hagiographi Bollandiani in Catalogo Codicum Hagio-
graphicorum Bibliothecae Regiae Bruxellensis, quem ediderunt
1886 Bruxelles I p. 344, variantes lectiones huius codicis inveniuntur sub lit. B — Insuper vidimus et comparavimus pro
appendice codicem Sosatensem (Soest in Westfalia), citatur sub
lit. K

XI. In duplicem classem dividi possunt enumerati codices,
quarum primam repraesentant codices D, E, F, G, H, I, K (prima
operis compositio uti iam anno 1260 in comitiis Argentinensibus
approbata et per Ordinem publicata est), ad secundam classem
pertinent codices A et C, ex quibus eruitur Gerardum ipsum inter
annos 1265-1271 suum librum *Vitas fratrum* auxisse variis nar-
rationibus necnon stylo politiori ornasse Clare hoc probant lib. I,
cap. V, § IX (pag. 23), quo in loco se in Ulissiponnensi conventu
anno 1241 degisse refert, et l. l. cap XXII°. ubi se Neapoli una
cum fratre Humberto fuisse tradit Factam autem esse secundam
evulgationem post annum 1265 nobis demonstrat lib. II, cap. VII.
§ II (pag. 61), ubi Gerardus in ipso textu Guidonem Fulcodium
dicit dignitate papali ornatum, ad quam dignitatem Guido Fulco-

dius sub nomine Clementis IV nonnisi anno 1265 die 5 februarii evectus est, dum e contra ceteri codices hanc dignitatem Fulcodii vel omnino ignorant vel in margine tantum alia manu addunt

Idem dicendum est de duplici recensione cronicae ordinis, quarum primam iam ante compilationem *Vitarum fratrum* (1260) auctor scripsisse videtur, uti probant varii loci ex prima recensione cronicae desumpti et in ipsas Vitas fratrum translati omissis iisdem locis in secunda cronicae recensione Confer praesertim caput de morte fratris Iordanis (Vitae fratrum l III, c XXXVII, p 129, 130) et cronicam ad annum 1236 (p 329)

Codex Bruxellensis hoc singulare prae se fert quod eorum quae nos ll 1-3 exhibemus, ipse tantummodo cc 1-5 primi libri praebet, posito deinde integro libro quarto et quinto etiam cronicam ordinis addit, excepta rursus appendice quae post *Vitas fratrum* fere semper habetur, mutati sunt insuper librorum et capitulorum tituli totumque opus in 26 partes dividitur Mutationes istae suis locis in notis signantur

Et haec quidem de Vita et Scriptis fratris Gerardi de Fracheto sufficiant

XII Propositum nostrum in edendo de novo Vitas fratrum praecipuum est restituere archetypum textus manuscriptis antiquissimis, quantum potuimus, adhibitis, loca postea addita in appendice colligere, lectiones variantes fidelissime notare, necnon quasdam notas brevissimas geographicas et chronologicas pro posse ad meliorem cognitionem personarum, de quibus est sermo, addere, tempora denique plerumque incerta accuratius statuere, attamen a longioribus digressionibus et disputationibus supersedendum esse nobis videbatur eo quod talia in ephemeridibus Dominicanis historicis proxime edendis publici iuris facere intendimus

Exceptis interpunctionibus litterisque maioribus pro nominibus propriis quam fidelissime exhibuimus orthographiam, qualem invenimus in codice Viennensi, solum in scribendo litteram u consonantem per v ab illa recessimus, alias mutationes, nisi forte mendum aliquod fuit manifestissimum, expresse suo loco annotavimus Capitula in secunda recensione addita italicis quas dicunt litteris reddidimus et quandoque in notis adiecimus in extenso quaedam capitula, quae Gerardus ex aliis auctoribus desumpsit, ut lector per se ipsum videre possit, quousque hac in re se exhibuerit Gerardus fidelem

XIII Restat, ut referamus gratias eis qui nos opere, consilio, praestando libros vel quibuscumque modis adiuverunt imprimis A R P I Berthier qui non obstantibus multiplicibus laboribus modo gratiosissimo revisionem totius libri peregit necnon praefationem addere dignatus est, domino A Cauchie, professori universitatis Lovaniensis, domino Doctori Henrico Finke, professori academiae regiae Monasteriensis in Prussia, R P Hieronymo Mayer, bibliothecario abbatiae Engelbergensis in Helvetia, dominis bibliothecariis Monasteriensis et Lipsiensis bibliothecae, praesertim R D canonico Reusens, bibliothecario necnon professori universitatis Lovaniensis

Faxit Deus, ut quod initio in eius honorem conscriptum est opus, nunc denuo excusum eundem scopum feliciter consequatur dum ad aemulanda exempla Patrum filios movet, sed et quoscumque alios pios lectores

Scripsi Lovanii mense Augusto 1895

Fr Benedictus Maria Reichert
Ord Praed

TITULUS COMPLETUS

LIBRORUM PLURIES CITATORUM

I Acta Sanctorum quotquot toto orbe coluntur vel a catholicis scriptoribus celebrantur collegit, digessit, notis illustravit Ioh Bollandus operam et stud contulit Godefr. Henschenius Antwerpiae, Bruxellis et Tongerloae 1643-1794 Bruxellis 1845-1894

II. Acta Capitulorum Provincialium Ord Fr Praed Première Province de Provence (1239-1302) Auctore C Douais, Toulouse 1894

III Analecta Sacri Ordinis Fratrum Praedicatorum seu Vetera Ordinis Monumenta Recentioraque Acta, Reverendissimi Patris fr Andreae Fruhwirth, eiusdem ordinis Magistri Generalis, iussu edita Romae, Typis Vaticanis, 1893-1895

IV Annales ecclesiastici Caesaris Baronii, Od Raynaldi et Iac Laderchii denuo excusi et ad nostra usque tempora perducti ab Augustino Theiner Tom 1-28 Bar-le-Duc 1864-1875 Tom 29-37 Paris 1876-1882

V Annales Ordinis Praedicatorum, Auctoribus FF Thomas Maria Mamachio, Francisco Maria Pollidorio, Vincentio Maria Badetto et Hermanno Dominico Christianopulo, coenobii S Mariae super Minervam Prov Romanae Alumnis. Rom MDCCLVI

VI Année Dominicaine ou Vie des Saints, des Bienheureux, des Martyrs et des autres personnes illustres de l'ordre des Frères Prêcheurs

Nouvelle édition, Lyon X Jevain 1883-1896

VII Antonini S Florentini tertia pars historiarum Lugduni Apud Aegidium et Iacobum Huguetam 1543

VIII *Bayonne* Ceslas O P Vie du Bienheureux Réginald de Saint-Gilles Paris, Poussielgue, rue Cassette, 27 1872

IX Bullarium Ord FF Praedicatorum opera Fr Thomae Ripoll editum, tom I Romae 1730

X Chronicon Fratrum Ordinis Praedicatorum, in quo tum res notabiles, tum personae doctrina, religione et sanctitate conspicuae, ab exordio ordinis ad haec usque nostra tempora complectuntur Auctore P Fr Antonio Senensi Lusitano, eiusdem Dominicanae familiae alumno, nec non eiusdem Bibliotheca Ordinis fratrum Praedicatorum, Virorum inter illos doctrina insignium nomina et eorum quae scripto mandarunt Opusculorum Titulos et Argumenta complectens

XI *Ciacconius* Vitae et resgestae pontificum Romanorum et Cardinalium. Romae 1677

XII P Denifle Die Entstehung der Universitaten des Mittelalters bis 1400 Berlin, Weidmann 1885

XIII Denifle Archiv fur Litteratur und Kirchengeschichte des Mittelalters Berlin 1885 ff Freiburg im Breisgau, Herder

XIV Denifle Chatelain Chartularium Universitatis Parisiensis Tom I Paris typis Delalain, 1889

XV Etudes sur les temps primitifs de l'ordre de S Dominique Par le R P Antonin Danzas I-IV Le bienheureux Jourdain de Saxe, S Raymond de Pennafort Paris, Henri Oudin 1873-85

XVI B Iordanis de Saxonia, alterius Praedicatori Magistri opera ad res ordinis Praedicatorum spectantia, quae exstant, collecta ac denuo edita Cura Fr I I Berthier, Ord Praed Friburgi Helvetiorum, Typis Consociationis Sancti Pauli 1891

XVII *Migne* I P Patrologiae cursus completus series latina (P L) Parisiis 1844-55, 1857-1869

XVIII Scriptores Ordinis fratrum Praedicatorum recensiti a PP Iac Quetif et Iac Echard Tom I Lutetiae Parisiorum MDCCXIX

XIX Sutter (L) Die Dominikanerkloster auf dem Gebiete der heutigen Schweiz im 13 Jahrh Luzern Raber 1894

XX Thomae Cantipratani S Th Doctoris, Ord S Dominici et Episcopi Suffraganei Cameracensis Miraculorum et exemplorum mirabilium sui temporis libri duo Opera et studio Georgii

Colvenerii Alostensis, S Theol Licentiati et librorum in Acade-
mia Duacensi Visitatoris Duaci, ex typographia Baltazaris Bel-
leri sub circinio aureo, anno 1597

XXI Vie du Bienheureux Jourdain de Saxe, par le R P
Joseph-Pic Mothon des Frères-Prêcheurs Paris, Société Géné-
rale de Librairie Catholique, Victor Palmé, 1885

XXII Vincentii Bellovacensis speculum historiale Editio
Mentelliniana Argentorati 1473 fol max 2 voll

CODICES MANUSCRIPTI.

A = codex asservatus in Archivo Ordinis
B = " Bruxellensis
C = " Chisianus (ed Cormier)
D = " Lipsiensis
E = " Vindobonensis
F = " Tolosanus
G = " Gandavensis
H = " Monacensis
I = " Vallicellianus
K = " Sosatensis
L = " Viterbiensis ⎫
M = " Vaticanus ⎬ pro cronica Ordinis
N = " Barcinonensis ⎭

Incipit prologus *a*) in librum, qui dicitur vitas (sic¹)
Fratrum, compilatum ex exemplis illustribus, quae acciderunt
in Ordine vel de Ordine Fratrum Praedicatorum.

*Cum gloriosis Sanctorum Patrum exemplis, tam novi quam
veteris testamenti, quibus copiose mundus¹ abundat, turba
fidelium quasi quibusdam pinubus satiata² iam fuerit, quos
divina bonitas, penes unitatem paritatis³ reperiens, fregit
ac per⁴ ministros suos ipsis fidelibus discumbentibus iussit
distribui, restat ut eius mandato fragmenta ea, videlicet⁵ quae
in nostro⁶ Ordine Praedicatorum habentur digna memoria
colligantur, ne oblivione pereant vel⁷ neglectu, ait enim*
- Colligite fragmenta ne pereant *b*) - *Quae diligenter collecta, de*   Joh VI 12

a) Iste prologus deest in cod B D F G H I
Cod F *sic contrahit prologum* Incipit liber de vitis fratrum cum gloriosis sanctorum
usque ad neglectu *Hisce tamen mutatis* 1) mundus copiose — 2) iam fuerit saciata —
3) puritatis — 4) *om* per — discumbentibus — 5) scilicet — 6) *om* nostro — 7) aut —
b) *Deinde pergit* - Collegimus ergo in hoc volumine, quod vitas fratrum appellamus, et
coarctabimus ad titulos competentes exempla fratrum no(ta)biliaque ponentes Primo de
inchoacione ordinis et causis Dehinc de b Dominico, que in sua non habentur legenda
Post de sancte memorie magistro Iordane Quarto de progressu fratrum Quinto de felici
fratrum egressu, pariter et penoso et de aliis utilibus, prout in titulis singulorum patebit
Hoc facile, dulce et perutile fiet, maxime regina celi, domina mundi matre Jhesu Christi,
virgine gloriosa Maria nobis prestante auxilium, et graciam filii impetrante Ipsa igitur sic
in fundamentum et principium huius operis, que exstitit ut pie creditur et exemplis probatur, inicium ordinis, et est patrona, advocata, conservatrix et ductrix Hec autem que in
hoc volumine posita sunt, ad nos fuerint a bonis et veracibus narrata, et conscripta et per
multos et discretos ac devotos homines et auctoritate capituli generalis per rev patrem
magistrum ordinis nostri quintum, fratrem scilicet Humbertum de Romanis approbata
diligenter et collecta — *Post haec cod I dat tabulam generalem totius operis sub hoc
titulo* Incipiunt rubrice omnium istorum quinque librorum Liber primus habet octo
rubricas — *Variantes lectiones suo loco notantur*

facili duodecim cophinorum, id est duodecim Apostolorum implebunt mensuram — quorum ipse Ordo Praedicatorum, sive ipsi Praedicatores, numerum et officium repraesentant

Dicit enim glossa super tertium librum Regum[1], capite decimo, quod per duodecim leunculos stantes super sex gradus throni Salomonis designatur Ordo Praedicatorum Apostolicam vitam sequens

Colligemus ergo in unum volumen ad utilitatem legentium omnia exempla et illustria facta fratrum nostrorum, quorum laboribus et quorum sudoribus Ordo incoepit, et crevit, et quorum meritis perseverat, quae in nostro Ordine vel extra de ipso Ordine acciderunt, vel quae annexa fuerunt Ordini, de quibus potest haberi veritas et recordatio digna , ut discant posteri et sui Ordinis dignitatem, necnon manifeste attendant in quanta perfectione ambulaverunt priores Fratres, patres nostri , et sapere pro veritate, ac si per hoc caveant a sanctitate et fervore priorum Patrum esse degeneres, ac pudeat eos suae negligentiae et torporis Sed et hoc non tam facile quam dulce videri debet, maxime Regina coeli, Domina nostra Maria nobis praestante auxilium, qua de mandato Filii sui vincta est Praedicatoribus et facta est socia Praedicatorum, donec impleatur numerus electorum Ait enim Ruth (haud dubium quod Virgo Maria)

Ruth II 9) Praecepit mihi (supple Filius meus) ut tamdiu messoribus eius (sc Praedicatoribus) iungerer, quamdiu omnes segetes meterentur, id est colligerentur fideles Ipsa siquidem sit fundamentum et principium huius operis, quae exstitit (ut pie creditur et exemplis habetur) initium nostri Ordinis. Ipsa sit huius operis materia et consummatio, quae Ordinem impetravit a Filio, sicut in infrascriptis patebit exemplis[2].

In hoc vero libro, quem Vitas Fratrum censuimus appellandum, tali ordine procedemus Coarctabimus omnia exempla, ad certas videlicet materias et titulos componentes, ponentes circa principium quaedam de Beato Dominico, quae in sua non habentur legenda, et omnia per ordinem, quae de sanctae memoriae Magistro Iordane potuerint haberi Circa finem vero per se sigillatim de aliquibus Fratribus admodum gloriosis sub compendio subiungemus, describentes eos, qui aliquo notabili

---

1) vers 20 dr initia, cap III circa initium — 2) lib I cap I

motu mundum contemnentes. Ordinem sunt ingressi. Igitur Sanctum Spiritum, habitatorem eorum, qui in hoc libro conscripti sunt, invocemus, ut qui eis dedit exempla virtuosa perficere, det nobis incepto stylo ad utilitatem multorum scripto redigere. Rogamus autem lectorem ut, si aliqua invenerit digna admiratione et laude, laudet Dominum in illis, qui in Sanctis suis est laudabilis et admirabilis in suis operibus praedicatur. Si quae vero fastidierint eum, saltem saniori gustui dijudicanda relinquat, (attendens omnium palatum non similiter esse dispositum, et quod uni desipuerit alterum altero plus delectare) etiam si minima videantur. Si quae vero displicuerint, maxime ei qui alta sectatur, dente canino non mordeat, nec detrahat. Cui magna videntur impossibilia et aedificatoria tamquam vilia vilipendat, sed innocentia et charitas credunt uiti et de facili acquiescunt, quibus committimus opus praesens.

EXPLICIT PRIMUS PROLOGUS

Incipit prologus in vitas fratrum [1]

Dilectis in dilecto [2] Dei filio Ihesu Christo [3] fratribus predicatoribus universis, fr. Humbertus, servus eorum inutilis, salutem in patria et in via salutaribus semper exerciciis occupari. Salvator mundi, cui cura est de salute omnium seculorum, Spiritu suo Sancto misso in corda multorum, inspiravit [4] eisdem, ut quedam facta et dicta quorumdam [5] servorum suorum [6] laude digna et edificatoria in scriptis redigerent, ut tanto per generaciones venturas pluribus fierent in salutem, quanto efficacius ad posteros [7] perpetuaretur eorum memoria per scripturam. Sic Eusebius a) ecclesiasticam hystoriam, Damascenus b) librum Barlaam [8],

---

1) ita G titulus om E incipit prologus F I epistola venerabilis patris fratris Humberti magistri ordinis fratrum predicatorum de libello seu tractatu, qui intitulatur vitas (sic') fratrum D incipit fratrum ordinis predicatorum H incipit secundus prologus A C — 2) dilecto om A C — 3) Ihesu Christo om D G H — 4) spiravit C — 5) Dei add D — 6) suorum servorum A C H — 7) ad posteros om D — 8) Barlaamum C et Iosaphat add A

a) Eusebius Pamphil. ep Caesareensis in Palestina ç circa 340 eius opus citatum Migne P G vol XX, ab initio — b) Iohannes Damascenus ç c 760 Migne P G vol XCVI

Cassianus a) collaciones patrum, Gregorius b) dyalogum, Hiero-
nimus[1]c), Beda d), Florus[2]e), Odo f), Usuardus[3]g) diversa marti-
rologia, Gregorius turonensis h), Petrus cluniacensis i) et alii
quam multi multa opuscula de huiusmodi materia ediderunt[4].
Sane multimoda fratrum de diversis nacionibus relacione frequenter ad nos pervenit, quod multa contigerunt[5] in ordine et ordinis
occasione, que si scripto[6] commendata fuissent, multum valere
possent in perpetuum ad fratrum consolacionem et spiritualem
profectum Sollicitaverunt insuper nos[7] fratres multi Deo devoti,
ut super[8] huiusmodi scripto compilando curam aliquam nos[9]
apponere non pigeret, antequam oblivio que iam plurima de
cordibus fratrum[10] tulerat, omnia sepeliret Super his ergo[11]
habita collacione cum prioribus provincialibus in capitulo generali, quod anno Domini M° CC° L VI° fuit Parisius celebratum, de consilio eorum fuit fratribus universis mandatum, ut si
quid dignum memoria de predictis occurreret, illud[12] nobis signi-
ficare curarent Circa quod exequendum etsi multi de negligencia se non potuerunt[13] excusare, quidam tamen nobis[14] multa de
huiusmodi conscripserunt Nos autem huiusmodi scripta[15] tradidimus karissimo nostro fratri Geraldo[16] Lemovicensi, tunc priori
provinciali Provincie, de cuius industria in huiusmodi multam
gerebamus fiduciam, rogantes et imponentes eidem, quod[17] perlectis et examinatis singulis, de hiis que laudabiliora[18] reperiret,
libellum aliquem ederet, quod et fecit sicut[19] inferius continetur.
Cum autem multis discretis fratribus opus illud[20] legentibus
placuisset et dignum[21] approbacione iudicarent, Nos tandem de
approbacione multorum discretorum ac[22] bonorum fratrum illud

---

1) Ieronimus H — 2) Florencius, Beda D — 3) Ysuardus E — 4) condiderunt A C opuscula add D — 5) contigerint D — 6) que si scripta fuissent D — 7) nos multi fratres E
— 8) scilicet C — 9) nos om G — 10) fratrum om C — 11) igitur G H — 12) id E —
13) poterant E potuerint A F — 14) nobis om A C — 15) recepta add C D G H — 16) Gerardo
E — 17) ut H — 18) laudabilia G — 19) prout A — 20) id E — 21) dignum approbacione
multorum discretorum H — 22) et A

p 857 — a) Iohannes Cassianus ✝ c 435, abbas S Victoris prope Massiliam op cit
Migne P L XLIX, p 475 et ss — b) S Gregorius Magnus ✝ 604, op cit Migne P L
vol LXXVII — c) S Hieronymus ✝ 420 op c Act SS Boll Nov vol I — d) Beda Venerabilis ✝ 735 op c l c vol XCIV p 799 — e) Florus ✝ 860, op c l c CXIX, p 95 102 —
f) Odo op c l c CXXXIII — g) Usuardus op c l c vol CXXIII, p 599, CXXIV —
h) Gregorius Turonensis ✝ 594 II libri miraculorum Migne LXXI, p 706 — i) Petrus IX
abbas Cluniacensis, de miraculis libri II, Migne Cl. XXXIX, p 851

inter fratres duximus publicandum Nolumus[1] tamen quod extra Ordinem tradatur sine nostra licencia speciali[2] Vos ergo[3], karissimi, predicta legentes, advertite quanta cura fuerit providencie superne de ordine, et hoc[4] adtendentes confirmamini magis ac magis in eius amore[5] Consulimus autem et rogamus[6], ut qui negligentes nobis in scribendo[7] de supra dictis fuerunt[8], negligenciam corrigant diligenter Illi vero apud[9] quos aliqua similia contingent[10] in posterum, nobis vel magistro, qui fuerit pro tempore scribere non obmittant ut ad utilitatem ordinis hec post predictum opus scribantur, vel in locis debitis in ipso[11] opere inserantur[12] a)

·1·

Incipit liber Vitas (sic!) Fratrum [13]

Libellus[15] iste qui vitas (sic!) fratrum intitulari potest compilatus est de diversis narracionibus, quas fratres multi Deum timentes[16] et fide digni conscripserunt fratri Humberto, magistro ordinis

Habet autem partes V [17] Prima[18] Continet de pertinentibus ad inchoacionem ordinis Secunda multa[19] de beato Dominico que non habentur[20] in eius legenda[21] Tercia de magistro Iordane Quarta de progressu fratrum Quinta de egressu fratrum de hoc mundo

Prima pars[22] Quod Domina nostra ordinem fratrum predicatorum impetravit[23] a filio

Quod[24] orde iste[25] a multis previsus[26] est et pronunciatus[27]

Quomodo iste libellus vocetur, et de quo tractet et que sint eius partes [14]

---

1) noluimus — speciali add in cod L a manu rec in margine — 2) speciali licencia A — 3) igitur D H — 4) hec F — 5) ipsius amore D amore eius A — 6) et rogamus om A C — 7) in scribendo nobis A D F — 8) fuerint D E — 9) apud om C — 10) contigerint E contingunt H — 11) in omni C — 12) explicit prologus add A C explicit prologus in vitas fratrum Amen F — 13) titulus om E G incipit liber D F incipit vitas fratrum A C incipit fratrum predicatorum H — 14) hic titulus desumitur ex F — 15) liber F — 16) timentes Deum H dominum timentes A — 17) quinque partes A — 18) divisio libri in partes prima pars continet H — 19) multa om H — 20) continentur G — 21) in legenda eius non habentur A D — 22) tituli et capitula prime partis A C D capitula prime partis primum quod H incipiunt capitula prime partis et sunt VII F — numeri cap add D G — 23) impetraverit A C — 24) secundum quod H, et sic deinceps — 25) iste ordo A — 26) fuit previsus A — 27) prenunciatus E

a) Haec epistola Humberti, magistri ordinis, scripta est probabiliter immediate post capitulum generale anni 1260, quo anno auctor opus primum edidit cf Quetif I p 259a

Quod[1] glose multe et dicta sanctorum hoc idem[2] videntur sensisse.

Quod idem[3] ostenditur per multa que predicta sunt de diversis domibus ordinis[4]

Quod Deo est specialis cura de fratribus

Quod domina nostra speciali affectu et effectu ordinem diligit et procurat

Unde ortum habuit, quod salve regina post completorium dicatur[5] et de eius efficacia

---

Pars 1ª.   **CAPUT PRIMUM**

Quod domina nostra ordinem fratrum predicatorum impetravit a filio[6]

§ I Diligenti indagacione advertimus[8] divinarum mysteria scripturarum, clare cognoscimus Dominam nostram Beatam Virginem Mariam[9] generi humano[10] esse apud Filium intercentricem sollicitam, et piissimam[11] adiutricem, cuius precum[12] patrocinio temperatur severitas divine iusticie, ne pereant peccatores a facie Dei[13], cuius precum instancia mundo multa utilia conferuntur Quamobrem recte vocatur nebula media inter Deum et homines constituta effectum temperans ire Dei, vocatur et propiciatorium, quo mediante Deus nostris propiciatur delictis, condonans de facili multa et magna, que per eam poscuntur remedia, inter que hoc fuit potissimum, quod hunc talem ac tantum ordinem ad salutem humani generis a misericordia Dei precibus suis eduxit, sicut iam exstitit quibusdam manifestacione revelatum

§ II[14] Fuit *a)* ante institucionem[15] ordinis[16] fratrum[17] predicatorum monachus quidam, vitam ducens honestam, qui in quadam

---

1) hoc cap om A multe glose E — 2) idem om C — 3) id A C — 4) ordinis om A C 5) dicitur post completorium F — 6) qualiter beata virgo a filio suo hunc ordinem impetravit E — *Divisio in paragraphos a nobis datur* — 7) haec paragr om D E G H I et in editione Duacensi — 8) si diligenter advertimus F — 9) Mariam om F — 10) generi humano om F — 11) generis humani add Γ — 12) precum om F — 13) dei unde vocatur nebula inter Deum et homines estum temperans ire Dei vocatur etiam propiciatorium per quod Deus nostris propiciatur peccatis, condonans de facili et prestans liberaliter que per eam remedia postulant Inter que hoc unum fuit de potissimis, quod predicatorem ordinem a divina misericordia suis precibus impetravit, ut hiis exemplis patet — 14) de eodem A C incipiunt actus fratrum predicatorum Primo de inchoacione ordinis. Capitulum primum B *Praecedentia desunt in cod* B — 15) constitucionem E — 16) huius ordinis quidam F — 17) fratrum om G H

a) cf Mam 1 c p 398

infirmitate sua, raptus in extasi tribus diebus continuis sine exteriori motu et sensu permansit Ad[1] se vero rediens nulli dicere[2]
voluit, quid[3] vidisset Elapso autem aliquanto[4] tempore, cum iam
ordo iste creatus esset, contigit duos fratres in ecclesia, ubi erat
dictus[5] monachus predicare Unde[6] percunctatus diligenter ipsorum[7] fratrum[8] officium religionem et nomen[9] post predicacionem traxit eos[10] cum aliis[11] honestis ad partem et ait - Ea que
michi Deus[12], sua benignitate[13] revelavit[14], et silui, amplius tacere
non debeo[15] Quondam raptus in extasi tribus diebus et tribus[16]
noctibus, vidi dominam nostram matrem Dei Mariam[17] flexis
genibus et iunctis manibus pro humano genere Filium deprecantem, ut ipsum[18] adhuc[19] ad penitenciam expectaret Qui[20] sepius
piam matrem repellens tandem sic[21] instanti respondit - Mater
mea quid possum vel quid debeo[22] mundo[23] amplius facere? Misi
prophetas et patriarchas ad eorum salutem, et parum se corr exe-
runt, veni ego et misi apostolos, et me et ipsos[24] nequiter occiderunt misi martires, doctores et confessores quam plurimos[25] nec
illis acquieverunt, sed[26] quia non est fas, ut tibi aliquid denegem,
dabo eis predicatores meos[27], per quos[28] illuminentur et emenden-
tur[29] Sin autem vindicabo me[30] de illis et veniam contra[31] eos[32] -

1) adque mox rediens H — 2) declarare F — 3) quod I — 4) aliquo I — 5) dictus erat
F G H I in qua erat predictus D — 6) uuum A C E — 7) eorum B — 8) fratrum om B I
— 9) et add H -- 10) eos — et om I — 11) multis add B viis add D E G cum aliis viis
honestis ad H — 12) dominus I — 13) bonitate E — 14) revelavit; silui et amplius non
debeo tacere H — 15) non debeo tacere G — 16) tribus om E —17) Mariam Dei matrem E
dei matrem Mariam D — 18) eum F — 19) adhuc om I — 20) qui dans sepius pie matri
repulsam D F — 21) sibi E — 22) quid debeo aut quid possum D — 23) mundo om B illi
pro mundo F — 24) illos D F — 25) plures E — 26) tamen E — 27) meos predicatores D
— 28) ut per eos B — 29) emundentur D F I — 30) me om E me vindicabo D H —
31) contra illos D — 32) Redactio huius paragraphi multum differt in cod C qua de re con
suimus eam transcribere totaliter, idem valet pro paragr sequenti (§ III)

Fuit quidam monachus ante institucionem huius Ordinis, qui honestam ac laudabilem
vitam ducens secundum sui Ordinis instituta, in quadam infirmitate raptus in extasi stetit
tribus diebus et tribus noctibus continuis, nullum habens motum penitus atque sensum
Cum autem mortuus a monachis putaretur et ab aliis qui presentes adstabant conferrent-
que utrum eum traderent sepulture, post dictum temporis spacium ad se rediit, quasi de
gravi somno evigilans Cumque omnes admirarentur, et ab eo quererent, quidnam hoc
esset, vel vidisset, nihil aliud respondit nisi hoc solum - Modicum fui in extasi - cum
tamen tribus diebus et tribus noctibus fuisset in raptu Unde nec eis nec alicui alii de hiis
que viderat usque ad tempus definitum acquievit revelare Post autem, elapso aliquorum
annorum curriculo, cum iam ordo iste esset creatus et fratres iam spargerentur ad predicandum, contigit duos fratres venire ad partes illas, et in ecclesia ubi erat predictus monachus predicare Qui percunctatus diligenter tamquam rem novam ipsorum fratrum officium
religionem et ordinem, et habita veritate, post predicacionem traxit eos ad partes, advoca-
tis aliquibus sapientibus et discretis, et ait - Ea que mihi Deus sua benignitate placuit

§ III Ad confirmacionem autem[2] predicte visionis facit, quod quidam monachus grandevus et religiosus in abbacia Bonevallis a), cisterciensis ordinis, diocesis Viennensis, fratri Humberto*, qui postea fuit magister ordinis fratrum predicatorum narravit. « Tempore b), inquit, quo XII · abbates ordinis nostri a domino[3] papa b) missi fuerunt contra albigenses[4] hereticos, contigit quendam illorum[5] iuxta villam quandam transire, in qua quidam qui mortuus fuerat, revixerat, ut dicebant[6]. Misit ergo quendam monachum suum, ut inquireret veritatem et exploraret diligenter[7], quid vidisset.[8] Cui inquirenti[9] «Vidi, inquit, beatam[10] Mariam tribus diebus continuis flexis genibus coram filio pro populo deprecantem Cui Filius[11], commemorans beneficia, que mundo fecerat et econtra[12] mala que mundus rependebat, dixit[13] « Et quomodo possum amplius parcere[14] sic ingrato? » At virgo respondit «Bone fili, non secundum eius maliciam, sed secundum tuam misericordiam agas[15] » Tandem[16] eius[17] victus precibus Christus ait «Ad votum tuum adhuc faciam misericordiam[18], mittam eis predicatores, qui commoneant eos, et si quidem se correxerint, bene, sin autem non parcam » Hec, inquit, reverendus senex nobis narravit, quia in brevi tempore[19] vos[20] predicatores surrexistis[21] Quare sperari[22] potest indubitanter quod ordo

---

revelare et que usque nunc silui, quia vero video esse completa, amplius tenere non debeo Tali enim tempore raptus in extasi tribus diebus et tribus noctibus, vidi Dominam nostram, matrem Dei, omnibus illis tribus diebus et noctibus flexis genibus obnoxius pro humano genere Filium deprecantem ut adhuc eum expectaret ad penitenciam Qui in illo trium dierum spacio dans semper matri repulsam, tandem ultimo acquiescens, ei in hec verba respondit « Mater mea, quid possum vel quid debeo humano generi amplius facere? Misi patriarchas pro salute eorum, et modicum eis acquieverunt misi prophetas et parum se correxerunt, veni ego preterea et misi apostolos, sed et me et illos occiderunt, misi martyres, confessores, doctores et alios quam plures, per quos adhuc mundus se non correxit Tamen ad preces tuas (non enim fas est, ut tibi aliquid denegem) dabo eis et mittam predicatores, viros veritatis, per quos mundus illuminetur et emendetur Quod si factum fuerit, bene quidem sin autem, non restat deinceps remedium aliquod, sed vindicabo me de illis et veniam contra eos

1) ad idem I, de eodem om E G H alia visio Secundum B — 2) autem om E H — 3) domino Innocencio III papa H, papa Innocencio III G — 4) albigenenses B D contra hereticos tholosanos F — 5) illorum abbatum virum villam E — 6) dicebatur F H I — 7) diligentissime D F — 8) vident B I — 9) sic ille respondit add D — 10) virginem add B — 11) filius om B F I — 12) eque E econtia om D — 13) ait I et ait B — 14) parcere amplius D et quid possum amplius facere sic ingrato F — 15) agatur I — 16) tamquam F — 17) eius om D quasi add B — 18) hanc add F I — 19) quia brevi vos tempore G H — 20) vos om E post pro vos B — 21) apparuistis predicatores F surrexistis predicatores D — 22) suspicari F I

a) Bonnevaux non longe a Vienne — b) hoc accidit anno 1207 cf Mam I c p 170, 171, Analecta I p 72, ubi idem refertur a fr Ludovico de Preloino

vester[1] ad preces gloriose[2] virginis sit creatus. Unde[3] tantum
ordinem[4] debetis diligenter servare, et beatam[5] Mariam potissime[6] honorare[7]

§ IV. a) Frater quidam[9] minor[10], religiosus et fide dignus qui socius

---

1) noster L F — 2) beate B G I — 3) et add B D E F — 4) ordinem tantum G F —
5) beatissimam D — 6) paratissime G — 7) *Haec paragr. in cod. C sic sonat.* Ad confirmacionem predicte revelacionis accedit aliud simile quod retulit quidam sanctus monachus de abbacia Bone Vallis Ordinis Cisterciensis Diecesis Viennensis fratri Humberto,
qui postea fuit magister ordinis fratrum predicatorum. Narravit autem sic. — Cum dominus
Innocencius papa tercius misisset duodecim Abbates Cistercienses contra Albigenenses
hereticos, et unus illorum abbatum cum suo monacho per quamdam contratam transitum
fecisset, ubi erat magnus concursus virorum ac mulierum ad quemdam hominem hic suscitatum post biduum mortis sue, propter reverenciam honestatis sue proprie et Ordinis
timens id spectaculum illud accedere, deliberans tamen, misit monachum suum ut inves-
tigaret diligencius veritatem rei qua habita, quereret a suscitato si vidisset aliquid dignum
memoria. Qui iussa complens et sciscitatus a suscitato quid viderat, respondit inter cetera
se vidisse gloriosam Dominam nostram Virginem Matrem Dei continue tribus diebus et
tribus noctibus flexis genibus, iunctis manibus, fusis lacrymis, pro humano genere verbis
huiusmodi deprecantem et dicentem. — Fili, gratias non refero quod me in matrem tuam et
reginam celi eligere es dignatus. Sed et doleo vehementer quod anime pro maiori parte
damnantur, pro quibus paupertatis, vilitatis et asperitatis tot sustinuisti incommoda; ob
quam causam suppleo tue clemencie, Fili, quatenus, ne tam inestimabile precium pereat
animarum, ne preciosus sanguis tuus inutiliter sit effusus, aliquod adhibeas consilium
adhuc in animarum salutem. — Ad hec pie Matri sic Filius respondebat. — Pia Mater,
quid ultra potui aut debui pro humano facere et non feci? Numquid non pro salute
eorum misi patriarchas prophetas, apostolos martyres, confessores et doctores Ecclesie?
Numquid non meipsum dedi in mortem pro eis? Numquid debeo salvare peccatorem cum
iusto et reum cum bono? Hoc iusticie mee, non convenit, hoc meam maiestatem non
decet. Etsi misericors sum (vel sim) penitentibus, reprobis sum tamen iustus. Sed indica
michi, dulcis mater qualiter hoc facere debeam, quod requiris et facile impetrabis quod
petis. — Ad hec mater respondebit filio in hec verba. — Non est meum docere te, fili, quia
omnia nosti, qui es summa sapiencia patris; sed spero quod potes, si vis, adhuc periclit-
tanti populo invenire remedium. — Et talia mater pietatis per tres dies, supplicando et
replicando continue coram filio pro peccatoribus allegare non cessabat. Tandem die tercia,
magna cum reverencia, levavit Matrem, sic dicens. — Scio, dulcis mater, quod propter
defectum predicatorum anime pereunt, non habentes qui frangant eis panem scripturarum
sacrarum, qui eis veritatem annuncient, qui libros clausos aperiant. Precibus tuis igitur
inclinatus, mittam nuncios novos, ordinem predicatorum in mundum, qui populum voca-
bunt et attrahent ad solemnitates eternas et post claudemus ianuam omnibus dormitan-
tibus, sceleratis et vacuis. — Et tunc preparatis fratribus a filio in eo habitu, quem nunc
ferunt, miserunt eos simul mater et filius, dantes eis benediccionem et potestatem predicandi regnum Dei. Fertur autem post hoc monachum supradictum dixisse in monasterio
suo hoc verbum. — Nisi post mortem meam talis ordo surrexerit, deleatis me de kalendario
vestro, nec unquam pro me oretis. Ego enim predictos nuncios matris Dei minime sum
visurus. — [add. in C. Hec, inquit (Mgtr Humbertus) ille reverendus senex nobis narravit,
quia brevi tempore vos predicatores surrexistis, quare sperari potest indubitanter quod
ordo vester ad preces gloriose virginis sit creatus, unde et ordinem tantum debetis diligenter servare et beatissimam Mariam potissime honorare. [*finis addicionis cod. C*]
Ex iis revelacionibus datur manifeste intelligi quod una et eadem visio firmitatis iudicium
esset, eo quod fieret sermo domini et velocius compleretur — 8) de eodem A C, ad idem F.
alia visio. Tercium B, om. titulus D G H — 9) quidam om. E — 10) de ordine minorum C D

a) Hanc visionem accidisse anno 1215 constat ex IIᵃ red. huius operis. Eam refert Hen-

beati Francisci multo tempore fuit, narravit fratribus quibusdam[1], quorum unus hoc magistro ordinis[2] scripsit Quod, cum esset Rome beatus Dominicus et[3] pro ordinis confirmacione apud Deum et[4] apud dominum papam instaret[5], quadam nocte[6] orans, more solito, vidit in visione, ut sibi videbatur dominum Ihesum Christum stantem in aere et tres lanceas contra mundum vibrantem Cui ad genua procidens virgo mater rogabat, ut misericors hiis quos redimerat, fieret et iusticiam[7] misericordia temperaret Ad quam filius aiebat « Nonne vides quante iniurie michi fiunt[8], iusticia mea mala tanta[9] non patitur impunita » Tunc[10] dixit[11] mater[12] « Sicut tu scis[13] qui omnia nosti[14], hec est via per quam eos ad te reduces Habeo unum servum fidelem quem mittes in mundum, ut[15] verba tua annunciet, et convertentur et te querent omnium salvatorem Alium eciam servum[16] ei dabo in adiutorem[17] qui similiter operetur[18] » Tunc filius inquit matri « Ecce placatus suscepi faciem tuam[19], verumptamen ostende michi, quos vis ad tantum officium destinare » Tunc domina mater[20] beatum Dominicum[21] offerebat[22] domino Ihesu Christo Cui dominus « Bene et studiose faciet que[23] dixisti » Obtulit[24] et beatum Franciscum, et hunc similiter[25] salvator commendavit Beatus[26] igitur Dominicus in visione illa socium[27] diligenter considerans, quem ante[28] non noverat, in crastinum, cum cum in ecclesia reperisset[29], ex hiis que nocte viderat recognovit, et in oscula sancta[30] ruens et sinceros amplexus dixit « Tu[31] es socius meus, tu cur-

* 2'

---

1) de ordine fratrum predicatorum add C quibusdam om D — 2) ordinis om H I magistro Iordano ordinis A — 3) et om E — 4) apud deum et om B F I — 5) circa concilium Lateranense anno domini 1215 celebratum, nocte quadam orans vidit dominum in throno stantem sursum in aere et tenentem in manu tres lanceas quas volebat contra mundum vibrare C — 6) nocte quadam D — 7) sua add A C — 8) quante irreverencie fiunt libenter miserer, sed mea iusticia mala non C et add E — 9) tanta mala H — 10) ei add B H 11) ait A C — 12) ei add D F G — 13) filii add A C — 14) nosti ecce scio qualiter homines ad graciam tuam reduces A C — 15) et pro ut E — 16) meum add A C aliumque ei B, ei servum D — 17) socium C adiutorium A — 18) cooperetur B — 19) ecce suscepi faciem tuam placatus F I suscipio verbum tuum C — 20) nostra E divina mater F — 21) accipiens obtulit eum C accipiens offerebat eum add A — 22) ostendebat B — 23) quod E — 24) attulit H, ei add E obtulit similiter et D — 25) similiter salvator laudavit D salvator modo simili com A C — 26) sanctus D — 27) sanctum Franciscum loco socium C — 28) antea A H — 29) cum invenisset eum D F invenisset quem prius facie ignorabat ex C — 30) et in sancta ruens oscula et C — 31) tu — mecum om I

ricus de Hervordia in suo chronico ad an 1215, p 180 ed Potthast Textus a Potthast citatus tum a nostro, tum ab eo I egende auree Iacobi de Voragine quam edidit Dr Th Graesse (2 ed) Lipsiae 1850, p 470 differt — cf Mam Annal I, p 361, nota S Antonin, 3 p tit XXIII, cap III, paucis mutatis

res[1] pariter mecum, stemus simul et nullus adversarius[2] prevalebit, - visionem[3] eciam predictam[4] narravit et ex tunc facti sunt *cor unum et anima una*[5] in Deo[6]. Quod[7] et[8] in suis posteris[9] mandaverunt in perpetuum observari[10]

CAPUT SECUNDUM

§ I Apud Portas, domum[12] ordinis cartusiensis[13], Lugdunensis diocesis, fuit quidam prior[14] tante religionis[15], quod[16] apud eos[17] sanctus Stephanus nominabatur Hic[18] revelacione sibi facta a domino fratribus suis dixit[19] hunc ordinem fratrum[20] predicatorum in brevi[21] venturum Super quo reddens eos attentos, affectu speciali[22] rogavit et monuit, ut ordo iste[23] ab eis in omni amore et reverencia haberetur Quod[24] devotissime implent[25] recipientes fratres nostros[26] sicut angelos Dei

Quod ordo stea mul tis previsus est et pronunciatus [11].

§ II In provincia Arelatensi fuit quidam Aurasicensis[28] episcopus a), ordinis albi[29], qui ob multam religionem[30] ac opera virtuosa que fiebant ab eo[31] sanctus Dei habebatur ab omnibus[32], magis autem[33] propter graciam et predicacionis fervorem, qua[34] non solum in sua diocesi, sed[35] eciam per totam[36] provinciam singulariter excellebat Hic publice[37] et frequenter[38] asseruit predicatorum in brevi venturum, dicens « Ego modo annuncio

Item de eodem 27

---

1) currens A C — 2) adversarius nullus H nullus alter F — 3) visionemque predictam fideliter ei narravit C — 4) ei add H illam D — 5) Act Ap IV, 32 — 6) domino F I — 7) quod om B — 8) et om H — 9) in suos posteros I, in eorum posteris dante domino, conservabitur in aeternum Amen C — 10) in omni amore et reverencia add D — 11) *Loco tituli mitto huius libri praemissi, quem nos retinuimus cod E habet* Quomodo religiosi et sancti viri ordinem istum previderunt quod ordo iste in spiritu a multis previsus est et prenunciatus A C quod ordo a multis sanctis previsus est F quod ordo predicatorum a multis previsus est et prenunciatus D. alia revelacio de eodem B — 12) domum om B Portas secundum cellam ordinis F — 13) cisterciensis C — 14) frater F — 15) tante excellencie, sanctitatis A C — 16) ut apud omnes (omnes om F) eos sanctus Stephanus nominaretur A C F nominatur D — 17) omnes B — 18) qui A C — 19) predixit A B C H — 20) fratrum om G H — 21) in brevi om C esse add F 1 fuisse add C — 22) affectu quosdam spirituali C — 23) advemens add A C — 24) quod postmodum devotissime impleverunt et implent usque adhuc A C — 25) impleverunt H hodie implent B — 26) nostros om A B C F I — 27) ad Idem F I titulus om D H, item om A B C diocesi Aurasicensi add A C — 28) auraccnensis B aurasciensis E om A C — 29) cisterciensis C — 30) et honestatem ac eciam opera add A C — 31) cernebantur in eo C — 32) hominibus L, habebatur ab omnibus sicut sanctus Dei D — 33) adhuc add A C autem om B — 34) quo E — 35) verum A C — 36) arelatensem add A C — 37) aliquoties spiritu prophetico predicando asseruit nostrum ordinem esse venturum in hec verba dicendo Ego C — 38) spiritu add A F I

a) Guilielmus Helia Ord Cist episcopus Arausicensis (Orange) obiit 1221 (Gams I 592)

vobis[1] verbum Dei[2], sed in brevi venient qui vobis veraciter
predicabunt, utpote qui officium habebunt, scienciam, vitam et
nomen[3] Supersunt autem[4] aliqui qui eum dicentem[5] talia
audierunt[6]

Item
de eodem 7
§ III Domina Maria de Oignies[8] a), diocesis Leodiensis[9] b),
mire perfeccionis[10] et excellencie femina[11], cuius vitam magister
Iacobus de Vitriaco c), qui fuit cardinalis episcopus[12], descripsit[13]
mirabilem[14], cum in raptu[15], in quodam mentis iubilo esset,
dixit, et ex hoc[16] valde gavisa est, quod Spiritus Sanctus in
brevi ecclesiam visitaret et per sanctos suos predicatores illuminaret[17] Hoc[18] autem predixit decem annis antequam ordo insti-
tueretur[19] d)

Item
de eodem 20
§ IV In civitate Pysana fuit quedam venerabilis et devotissima
femina[21], de qua fertur, quod integra mente et corpore a Christo
domino fuit[22] annulo subarrata, et annulus in quodam monasterio
iuxta Pysas cum devocione[23] servatur Hec a Lucanis et Pisanis
sancta Bona[24] e) vocatur[25] Ista[26] inter multa que[27] predixerat

1) vobis annuncio G — 2) sicut scio add B — 3) Ego predico vobis modo, quod cito
venient illi qui aliter predicabunt, ut pote qui officium habebunt et nomen ego, inquit
F I — 4) Supersunt adhuc qui talia audierunt eum dicentem C superfuerunt autem
aliqui anno M° CC° L VIII° qui H, supersunt anno domini M° CC° L VIII° autem
aliqui qui G, autem om E — 5) loquentem B — 6) cf Mam l c p 400 — 7) titulus
om D H item om B C ad idem F — 8) ogilies E coguies H Ognes C origines B
— 9) in leodio leodiensis diocesis D — 10) vite perfecte A — 11) et add G H — 12) episcopus om B I — 13) scripsit G — 14) mirabiliter E isto ordine prophetavit add E mirabilem de hoc ordine predicit cum enim in raptu et quodam — 15) et add F G H I —
16) ex hoc om A C E — 17) visitaret et illuminaret per D H visitaret et hoc per
predicatores F — 18) hec D — 19) haec par in Cod C sic sonat Sancta Maria d Ognes
Leodiensis diecesis multe perfeccionis et excellencie femina de cuius vita mirabili
Dominus Iacobus de Vitriaco bone memorie, Cardinalis Tusculanus episcopus, magnae
pietatis et simplicitatis homo, longam et devotam conscripsit legendam, de hoc eodem
nostro ordine predixit futuro Sed et Dominus Fulco, Tolosanus Episcopus, magne vite,
et multe sciencie, in vita quam de ipsa beata Maria composuit, dixit quod per decem annos
ante nostri ordinis institucionem, cum ipsa esset in raptu, vidit quod Spiritus Sanctus in
brevi Sanctam Ecclesiam visitaret et per predicatores suos illuminaret Quod quibusdam
suis secretariis retulit ante mortem, multum de eo quod viderat gaudiosa — 20) ad idem F
item om A B C, titulus om D H — 21) matrona B — 22) fuerit B F I — 23) cum devocione om E devocione G H — 24) sancti dona E sancti dicitur G — 25) vocabatur B F I
— 26) ipsa D F —,27) que in spiritu prophetico predicebat F, que predicebat B

a) De B Maria Oigniacensi vide Bollandistas ad diem 23 iunii ubi et de vita eius a
Iacobo de Vitriaco scripta Vinc Bellov speculum historiale lib XXXI cap X § XI
Mam l c p 400 S Antonin 3 XIX, XII Thom Cantipratanus p 33 — b) Lüttich —
c) De Iacobo de Vitriaco vide Ciaconium p 554 Thom Cantipi 60, 73 — d) nempe an 1206
— e) De b Bona cf Act SS Boll VII 144, 858 (2ª, 141 2 869) obiit Pisae 29 maii 1207

hunc ordinem predicatorum predixit in brevi[1] venturum[2], sicut testati sunt[3], qui audierunt ab ea[4]

§ V Ioachim *a)* eciam[6] abbas et[7] institutor florensis[8] ordinis[9] de ipso predicatorum *b)* ordine[10] in multis libris[11] et locis scripsit, et describens ordinem et habitum monuit fratres suos, ut post mortem suam[12], cum[13] talis ordo exsurgeret[14] susciperent eum devote[15] Quod et fecerunt recipientes fratres cum cruce et processione quando primo venerunt ad eos[16]

Item
de eodem 5

---

1) in brevi dixit esse D — 2) futurum B F H I — 3) testantur qui audierunt F — 4) *cod C sic habet* In provincia Tuscie civitate Pisana fuit quedam mirabilis femina, de qua miracula et inaudita dicuntur que scilicet integra mente et corde a Christo fuerit annulata cuius annulus in quodam monasterio cum multa reverencia et devocione iuxta Pisas servatur Ostenditur mensa in qua Christus cum ea comedit, que pendet in sacristia cuiusdam alterius monasterii quod ipsa ordinavit Sepcies limina visitavit beati Iacobi Habuit secum semper comites eundo et redeundo Dominum Ihesum Christum et beatum Iacobum, ut dicunt, qui secreta sue sanctitatis noverunt Hec per diecesem Lucensem et Pisanis celebris et in multa devocione habebatur sed singulariter a monachis dictorum duorum monasteriorum et cuiusdam alterius prope Lucam, multe religionis qui omnes usque hodie matrem suam eam appellant Hec sancta Bona[3] vocatur ab omnibus Ipsa quidem, inter multa que spiritu prophetico predicebat, hunc ordinem nostrum predicatorum predixit futurum Qui[2] et nos multos qui eam viderunt — 5) cf not e et 20 § precedentis — 6) autem E D — 7) et om F — 8) floriacensis F I floriacensis in libris suis de hoc ordine, spiritu prophetico multa scripta reliquit, admonens fratres C — 9) monasterii D — 10) ordine predicatorum G spiritu prophetico add F — 11) locis et libris D E et in multis locis B F G H I — 12) in morte sua cum G — 13) quoniam iste ordo exsurgeret, devote et reverenter eum susciperent Quod postea fecerunt recipientes nostros, quando primo venerunt ad eos, cum processione C — 14) exiret B — 15) cum devocione B F — 16) illos F

a) Abbas Ioachim obiit 1202 cf de eo Denifle Archiv für Lit u K G d M A 1885 p 48-142 Monographie von Schneider 1873 Bollandistae Maii tom VII CLILLIEP, Hist des auteurs eccles S Thomas opusculum de errore abb Ioachim NATALIS ALEXANDER, Historia eccl — A G RUDELBACH, Hieronymus Savonarola und seine Zeit p 297 sqq Hamburg 1835 — I G ENGELHARDT Kirchengeschichtliche Abhandlungen Erlangen 1832 Vinc Bellov I XXX, cap 46 XXXI, 64 XXXII, 107 S Antonin III p tit 17, cap I Mam l c p 384, nota — *b)* Cf Vinc Bell XXXII, cap 105 *de prophetiis abbatis Ioachim, ubi haec ad nos spertantia scribit* - Ceterum abbas Ioachim in exposicione Hieronimi ita scribit Ab anno domino MCC et ultra suspecta sunt mihi tempora et momenta in quo novo ordine Ophni et Phinees sacerdotes et pontifices Dei, a romane rei principe captiventur capiatur archa ecclesie Heli quoque id est summus pontifex corruat, et quasi alter Mardocheus sub Aman in discrimine maneat Agagita Ipsam autem ruinam ecclesie tales necesse est predicare ac plangere, quibus et voluntaria voluntas arrideat, et doctrine spiritalis ac vite puritas in future tribulacionis aculeis non obsistat Tales ergo doctores et tales prophete mittendi sunt qui non solum inferiores homines sed eciam ipsos pontifices et prelatos fulgurent et non palpent Revelandi nimirum in proximo sunt doctores, predicatoresque fideles, qui et terrena carnaliaque corda omni plaga percuciant, et elatis ac tumidis magistris silencium suis studiis ponant Et licet ordo ille futurus ad obedienciam sit oriturus, tamen a prophetis est praenunciatus, et in apostolicis viris terci temporis ecclesiastici cursus a Deo cognitus et electus in vulva spiritualis ecclesie et perfecte doctrine sanctificandus, ac si alius Beniamin filius non tam doloris in pena, quam dextre

·3.

§ VI.· Sibilla eciam[2] aperte[3] de hoc ordine prophetasse videtur[4] et cum excellenti eloquio commendasse, sicut patet inspicientibus librum eius.

§ VII. *Sancta Hildegardis, cuius prophecias et dicta Eugenius papa approbavit et inter agyographa solempniter transtulit, sancto Bernardo et cardinalibus et multis prelatis presentibus hec de ordine predicatorum predixit dicens: Post tempus muliebre quod incepit ·M°·C°· in tempore virili, quod incepit ·M°·CC°·XV°· surgent viri fortes, et prophetabunt et omnia nova et vetera scripturarum et omnes sermones per Spiritum Sanctum effusos colligent et intellectum eorum sicut monile cum preciosis lapidibus ornabunt, et per hos et alios sapientes plurimi seculares boni fient et sancte vivent; et durabit ad errans tempus, in quo plurimi martires fient[5].*

CAPUT TERCIUM.

Quod multe glose[6] et dicta sanctorum hoc idem[7] videntur sensisse[8].

Quidam fratres studiosi[9] percurrentes glosas et scripta[10] sanctorum notaverunt[11], quod in dictis eorum frequenter notatus[12] est ordo iste et eius[13] officium in hunc modum:

Vers. 27.

§ I. ·III°· Regum ·IV·[14]: regis prefecti necessaria mense regis Salomonis cum ingenti cura prebebant in tempore suo. GLOSA[15]:

---

1) cf. not. a § praec. — 2) Sybilla similiter eciam F.; apertissime de isto ordine prophetavit et eum excellenti commendavit eloquio (eloquio commendavit F) A C F. — 3) ex parte B. — 4) predicasse iudicatur B. — 5) *haec paragraphus nonnisi in cod. D invenitur.* — 6) glose multe... sensisse videntur G. — 7) idem om. I. — 8) quomodo ex dictis et scriptis sanctorum ordo sit predictues E; quod ordo prefiguratus est in sacra scriptura B; hoc totum caput deest in edit. Duacensi. — 9) et devoti ac add. B. — 10) dicta I. — 11) notavere B. — 12) vocatus A B C. — 13) eius om. E. — 14) capite sic scribitur add. A C. (*sic deinceps*). — 15) Biblia Glossata, ed. Antwerpiana MDCXXXIV, quam in sequentibus citamus sub B Gl. vol. I, p. 701.

---

scilicet exultacionis in gloria. Tales in proximo pariet generalis ecclesia iam senescens; tales Rachel plorabit filios a rege impudenti facie, ac si altero Herode occidendos. Qui propter eam dicti sunt doloris filii, qui a contritis eis spiritualis religio pre angustia temporis non poterit consolari. Sed tamen et ipsi dextre filii dicuntur, quia unde in eis et pro eis mater ecclesia premitur, inde de eis et cum eis eterna patria iocundatur. Hi sunt fideles in doctrina, spirituales in vita, obedientes in pressura. Formatus est igitur ordo iste ad instar Hieremie in ecclesia generali, sanctificatus in observancia regulari, ne quis eum de vite merito reprehendat. Puto etiam quod sicut olim Deus patres elegit senes secundo apostolos iuniores, ita et nunc tercio pueros ad literam elegit propter eos quibus vetera viluerunt, ad predicandum scilicet evangelium regni, prelatis adulterantibus verbum Dei. Et sicut olim per Moisen et Iosue dominus Chananeos Israelitis subiecit, ac per Paulum et Barnabam idolatras stravit, sic eciam nunc per duos ordines futuros in illis presignatos gentes incredulas subigat et convertat. ·

Ne quid desit in domo[1] regis, ordo predicatorum[2] scribendo[3] et loquendo laborat, ut[4] in mensa domini habundet, unde nutriantur fideles

§ II. Item eodem X[5] XII leunculi stantes super VI gradus hinc atque inde[6] Glosa[7] per duodecim leunculos predicatorum ordo, apostolicam doctrinam sequens intelligitur[8] Hii super[9] VI gradus hinc atque inde stant, quia bonorum operum gressus hinc et inde doctrinis et exemplis munire certant

§ III Item primo[10] paralipomenon XX[11] factum est eo tempore, quo solent reges ad bella procedere, congregavit Ioab exercitum et robur milicie et vastavit terram filiorum Amon, perrexitque et obsedit Rabath[12] Porro[13] David manebat in Iherusalem, quando Ioab percussit Rabath et destruxit eam Tulit autem David coronam Melchom de capite eius Glosa[14] Ioab bellum inchoavit[15], David perfecit, Christus enim bellum agit, cum predicatorum ordo contra mundi potentes[16] scutum fidei opponit Sed[17] finis certaminis et triumphus ad Christum refertur *qui operatur in nobis velle et perficere* Qui coronam quam dyabolo[18] abstulit, sibi aptavit[19], fideles scilicet qui quasi coronam eum ambiunt — *unde benedices corone anni benignitatis tue* —

§ IV Item Hester II° : Duo eunuchi regis, qui ianitores erant[20] in palacii primo limine residebant, voluerunt[21] regem interficere quod Mardocheum non latuit — Interlinearis[22] super[23] Mardocheum id est ordinem predicatorem, et glosa marginalis[24] Possunt in duobus eunuchis scismatici et heretici notari[25], qui fraudis et[26] malicie venenum corde gestantes contra veritatem consiliantur[27], et eam credentibus auferant, et Christum id est fidem Christi in ipsis fidelibus interficiant Sed eorum iniquitatem sancti doctores manifestant, ut innocentes salventur et illi iusta ulcione[28] puniantur

Vers 20

Vers 1

Phil II 1.

Ps 64 12

Vers 21

---

1) domibus B — 2) predictus I — 3) discurrendo a discribendo E discurrendo et loquendo D — 4) unde F — 5) item eodem libro capite decimo A C — 6) hinc B I — 7) B Gl per significatui hi supra septem — 8) intelliguntur C — 9) supra B — 10) primo om E primo libro C — 11) decimo L — 12) Rabaht E — 13) porro om A C F — 14) B Gl I, p 1101 — 15) inchoat perficit B — 16) potestates A C I — 17) et add A C — 18) dyabolus B — 19) adoptavit B — 20) et add B G — 21) volebant E — 22) intelligitur per Mard ordo predicatorum B — 23) quod *pro* super A C — 24) magistralis A C — 25) nominari A C — 26) et om H — 27) conciliantores E — 28) iuxta ulcionem B —

Vers 2   § V Item infra X   Sublimitas qua exaltavit Mardocheum scilicet[1] rex Aswerus[2] Glosa[3] Ordinem predicatorum coram fidelibus et infidelibus

VII 1   § VI Item super[4] illo verbo canticorum[5] Umbiculus tuus sicut crater tornatilis[6] Augustinus[7] in sermone Hodie[8] virginale decus, ait «Quid per craterem, nisi predicatorum intelligimus ordinem[9], qui nimium mentibus auditorum celestis doctrine vina propinant easque inebriant »

Vers 4   § VII Item eccl X   Utilem rectorem[10] in tempus[11] suscitabit super illam, id est terram Glosa id est[12] Ordinem predicatorum.

Vers 20   § VIII Item eius[13] XXXVIII [14] Sicut[15] faber ferrarius sedens iuxta incudem[16] Glosa[17] Ordo predicatorum iuxta duram presentis vite laborem, qui spiritualia arma fabricat[18]

Vers 12   § IX Item in[19] eodem Sicut figulus sedens ad opus suum Glosa[20] Ordo predicatorum, qui per diversa officia ministerium suum[21] agunt[22], doctri* nam secundum auditores temperant[23], qui fragiles[24] infirmos[25] verbis et exemplis formant[26], ut vasa in honorem faciant[27]

Vers 11   § X Item in eodem L [28] In accipiendo ipsum stolam glorie et vestiri eum consummacionem virtutis[29] Glosa[30] Ordo predicatorum accipiendo stolam glorie et vestiendo se[31] consummacione virtutum, indicium dignitatis sue et ornatum[32] fidei et vestitum bone operacionis demonstrat

Vers 7   § XI Item Ieremie XXXVIII [33] «Audivit Ademelech[34] ethyops, vir eunuchus qui erat in domo regis, quod[35] misissent Ieremiam in lacum » Et post   «locutus est ad regem dicens Domine mi rex, male fecerunt viri isti, omnia quecumque[36] perpetraverunt contra Ieremiam[37], mittentes eum in lacum » Glosa[38]   Iste

1) scilicet om F — 2) et cetera add B — 3) B GL 1 c I, p 1657 — 4) supra B — 5) sexto capite add 1 septimo capite sic scribitur add A C — 6) numquam indigens poculis add P — 7) Avidus B — 8) hoc A C — 9) ordinem intelligimus I — 10) doctorem B D 11) in tempore I interpres A C — 12) id est om E B Gl 1 c II, p 2034 — 13) eiusdem H Isaie I — 14) capite sic scribitur A C — 15) sicut om A C — 16) suam add B sedens iuxta durum praesentis   H — 17) B Gl 1 c II p 2179 ordo pred durum arma spiritualia id est add A C B D — 18) fabricant F G — 19) in om E item idem in B — 20) B Gl 1 c V p 2178 textus glossae non invenitur vers 32, sed vers 22 eiusdem cap — 21) ministeria officia sua D — 22) agi H — 23) temperat H — 24) et add B I D — 25) infirmo C — 26) informat H — 27) faciat H — 28) quinquagesimo om B — 29) et vestiendo se consumma-cione virtutis F vestimentum consummans virtutum B consummacionem G virtutum I 30) B Gl 1 c II. p 2235 — 31) se vestiendo E — 32) ornamentum B — 33) XXXIII E — 34) Addemelech A C abymelech D — 35) quia B D I quem H — 36) queque E — 37) prophetam add D — 38) B Gl 1 c III 817, 818 Iste ethiops caritatis intuitu, iunque

ethiops eunuchus, qui timore et amore Dei compunctus, prophetam eripuit[1] significat[2] predicatores de gentibus[3] qui se ipsos castraverunt propter regnum celorum[4], qui vere[5] caritatis[6] instinctu inique oppressos[7] student verbo et exemplo de fovea perdicionis[8] eruere. Quod et nomen eius testatur Ademelech[9] enim servus regis interpretatur illius[10] scilicet[10], de quo dicitur[11] - *Rex*   Ps 91 *magnus super omnes deos,* - cui ordo predicatorum servit per verbum evangelii gentes associando fidei

§ XII Item Ezechiel[12] II Et ecce manus missa est ad me,   Vers 9 in qua erat involutus liber et expandit illam coram me *Gregorius in I parte Ezechielis*[13] - Sicut prophetam predicatorum ordo, sic per librum quem accepit[14] scripture sacre pagine designantur Liber autem involutus est[15], quia scripture sacre eloquium[16] obscurum, quod[17] profunditate sentenciarum involvitur, ut non facile sensu omnium penetretur Sed coram propheta liber expanditur, quia coram predicatoribus obscuritas[18] sacri eloquii aperitur

§ XIII Item Amos IX[19] Comprehendet arator messorem et   Vers 13 calcator uve mittentem semen GLOSA[20] Per hos omnes significatur[21] ordo predicatorum

§ XIV Item Math IIII[22] Vidit duos fratres GLOSA[23] Quia[24]   Vers 18 unitatem[25] fraterne[26] dileccionis approbavit sine qua nullus in ordinem[27] predicatorum admittitur

§ XV Item Luce XIIII[28] Misit servum suum hora cene dicere   Vers 17 invitatis, ut venirent GLOSA Gregorii[29] Hora cene finis est seculi[30], unde apostolus Nos sumus[31] « *in quos fines seculorum*[32] *devene-*   I Cor X 11 *runt* - In hoc[33] fine mittitur servus id est ordo predicatorum ad invitatos per legem et prophetas ut repulso[34] fastidio[35] ad gustandam cenam se preparent

§ XVI Item Bernardus in sermone de sancto Andrea[36] - Flu-

---

1) liberat prophetas B — 2) signat A C — 3) de gentibus om A C — 4) propter celorum regnum A C — 5) vero A C vere om D — 6) castitatis H — 7) iniquum oppressum A C — 8) predicacionis B desperacionis A C — 9) illius om B H — 10) scilicet om B — 11) dicitur om G — 12) Ezechielis B — 13) ecclesiastici A C super Ezechielem B *tertius citatus inuentur in opera omnia S Gregorii Magni Paris 1705, lib I, tom IX, p 1260* — 14) accipit D H — 15) est om I — 16) est add L — 17) quod om H qui L — 18) sacri eloquii obscuritas L — 19) prophetae nono capite scribitur sic A C — 20) B Gl I c IV p 1918 — 21) signatur L — 22) Item Math vidit dominus fratres B — 23) B Gl I c V p 89 — 24) quia om B — 25) veritatem A B C — 26) superne A C — 27) in ordine B H — 28) quarto A C — 29) Gregorii om B B Gl I c V 887 — 30) num in B — 31) sumus B Gl — 32) seculi Γ G — 33) hoc om B — 34) repulso om B — 35) fastidio om B — 36) S Bern opera omnia, ed Antwerpiana p 324 serm I, de mundis piscibus

vius[1] est ordo predicatorum, non permanens in eodem loco, sed extendens se et currens, ut diversas irriget terras[2].

---

1) quippe add. ed. Ant x. — 2) *In cod. F. hoc caput sic sonat*: Quod ad multiplicem utilitatem ecclesie missus est, auctoritatibus scripture et sanctorum probatur. Preterea ex dictis sanctorum colligitur studium, sciencia, vita, intencio et utilitas huius ordinis multa nimis. Legitur enim Gen. ·XXIII·, ut ait: Spelunca duplex, et ager arborosus ad sepeliendam Saram CCCC siclis argenteis a dominis terre ab Abraham emitur. Quod ad vacandum sapiencie et studendum accioni sub foliis anticorum verborum tamquam fructuosis arboribus, non aliter predicatoribus locus quietus acquiritur, ubi ad apostolicam doctrinam argenti nitore fulgentem per quam terrenis potestatibus ab ipsis eterna beatitudo suadetur. — Item al.: Emuit sepulcrum duplex, quod perfectus predicator exstinctam a desideriis carnis animam abscondit sub bone operacionis et contemplacionis regimine. Non enim ut perfectus predicator, qui propter contemplacionis studium operanda negligit, vel propter operacionis instanciam contemplanda postponit. Iuxta fontem servus stetit, qui predicatores sancti fluenta verbi considerant, unde colligant, qui vel quibus auditoribus verba committant. — Domine Deus: prius debet predicator orare, ut sermo decurrat et fructificet in auditoribus. — Palearum quoque et semen etc. Glosa: Predicatores auditoribus inpendunt spiritualia, a quibus recipiunt carnalia. — Item aqua in ydria predicacio in mensura. — Item surgens ante mane. Glosa: Studiosus predicator non vult diu inter carnales manere. — Inclinavit se et adoravit. Glosa: nichil sibi tribuens, sed gracie Dei. — Item festinus puer ad dominum redeat, quia predicatores cum auditorum vitam obtinent, Deo prebent, decenti (?) munere habent — Est igitur hic ordo previsus a sanctis et institutus a Deo, quia est ornamentum fidei et bone operacionis. — Gregorius I super verbo illo: In accipiendo stolam glorie et vestiendo se consummacione virtutum, ornamentum suum et vestitum bone operacionis demonstrat. — Item institutus est ordo ad caritates formaliter (!) Ubi vidit duos fratres Unitatem fraterne dileccionis probavit, sine qua nullus in ordine predicatorum admittitur. — Item: ad d·ec·is ecclesie complementum. Regum ·III·o: Regis prefecti. Glosa interlinearis: predicatores — Item: ne quid desit in domo regis: Ordo predicatorum describendo et loquendo laborat. — Item ad fulcimentum ecclesie: utilem rectorem... Glosa predicatorum ordinem. Fulsit ecclesiam Dei, et est utilis ad irrigandam terrenorum duriciam. Unde Bernardus in sermone B. Andree: Flumen, inquit, est ordo predicatorum, non permanens in eodem loco, sed extendens se, currens ubi diversas irriget terras. — Item utilis est scienciam (?) in studio et contemplacione auriendam et in predicacione fundendam. — Canticorum ·VII· Umbiculus tuus... Augustinus: predicatorum intelligimus ordinem, quia ut circa unum doctrine recipiet receptum effundit. — Item utilis est ordo ad scripturam exponendam. Ezechiel ·II·o: Ecce manus, in qua erat liber. Gregorius: Per Ezechielem predicatorum ordo; per librum divina scriptura, quam involutam suscipit, sed coram nobis expandit. — Item utilis est ad simplicitatem fidelium dirigendam, quam pervertebant heretici. Regum ·X·o super illud: ·XII· leunculi stantes super ·VI· gradus. Glosa Rabani: ordo predicatorum. Ipsi enim ut leones terrunt bestias id est hereticos, ne simplices seducant. — Item institutus est hic ordo ad devocionem fidei, quam ii confirmant (?) excitandam. Hinc (Luce: *addendum est*) ·XIIII· misit servum, id est ordo predicatorum. — Item ad hereticorum versuciam detegendam. Hester: Duo voluerunt in Regem insurgere, vagatur et canes heunuchi; quod Mardocheum... intelligitur ordo predicatorum, non latuit; vagatur, interpretatur abigens leticiam, heresim (?) tangencium quod bene hereticis competit, qui volunt occidere Christum, qui per fidem vivit in cordibus electorum, abigentes leticiam spiritualem, et decipientes videndo et tangendo sub specie familiaritatis, cum sint tamen heunuchi id est steriles et infructuosi. Sed Mardocheus, qui interpretatur amare conterens inpudentem tales inpudentes delegit, conterit et confundit. — Item institutus est ordo ad tirannorum maliciam refrenandam. Paral. ·XX· Congregavit Ioab exercitum. Glosa: id est bellum inchoat, cum predicatorum ordo contra mundi potestates scutum fidei opponit. — Item institutus est, ut quisque diligenter sciat opus suum probare. Eccli. ·XXXVIII· Sic

CAPUT QUARTUM

§ I Tempore *a)* quo fratribus[1] predicatoribus Bononie ecclesia beati Nicolai donata est scolaris quidam[2] bene instructus, sed vanitatibus admodum deditus, tali conversus est visione Videbat[6] enim quod quasi[7] nimia tempestas[8] inveniret eum[9] in campo et dum fugeret[10] ad domum quandam[11], invenit eam clausam. Pulsat et[12] recipi petit, cui hospita[13] respondit - Ego justicia hic habito, et hec[14] domus mea[15], quia tu justus non es, non intrabis in eam - Dolet[16] ille et aliam suspicit[17] et recipi petit Cui hospita - Ego sum veritas[18] nec te recipiam[19] quia veritas enim non liberat qui eam non amat - Vidit[20] terciam mansionem et petit recipi[21], sed audit[22] - Pax ego hic sum, sed[23] non est pax impiis, sed tantum hominibus bone voluntatis Verum[24] quia ego cogito cogitaciones pacis, et non afflicionis, utile consilium tibi do[25] Ultra me habitat soror mea[26] que[27] miseris semper auxiliatur Ad hanc

---

figulus sedens ad opus suum intelligitur ordo predicatorum Apostolus opus suum probat unusquisque — Item institutus est hic ordo ad daudum servicium Deo dignum Ierem XXXVII Ribanus Abdiamelech servus regis interpres id est Dei, cui ordo predicatorum digne servit —Item statutus est (sic)ad percipiendum eternum bravium Amos XX comprehendet aratol messorem et calcator etc Glosa per hos omnes predicatorum ordo significatur — Item Glosa super Exod Predicatorum purissima verba spem superne benediccionis exposcunt — Hest XI in fine Rex Assuerus exaltavit intellige coram fidelibus et infidelibus, Mardocheum, intelligitur) ordo predicatorum Scripta scilicet in libris Medorum intelligitur in memoria omnium nacionum Et quomodo Mardocheus verus iudeus non in manifesto et in carne tantum, sed et in abscondito et in spiritu Secundus a rege magnus apud iudeos et acceptabilis intelligitur gratus et acceptus plebi iudeorum, intelligitur christianorum fratrum suorum — Querens bona scilicet eterna populo suo, quem regit, et loquens ea que ad pacem pertinent Glosa in hoc sceculo et in futuro Quam speciosi pedes evangelizancium, et rogate que ad pacem sunt Ierusalem —1) previsa ACDFH — 2) tit om B L — 3) titulus om ACDFGHI similitudo mistica B — 4) quo fratres predicatores ecclesiam in honorem beati Nicolai acceperunt scolaris A C — 5) quidam om D L — 6) videbatur enim sibi (sibi om G) AG enim et B — 7) quasi om B — 8) tempestas nimia veniret super ipsum euntem in campum AC nimia tempestas F L — 9) euntem add D — 10) confugeret D F — 11) quam invenit clausam A C — 12) ut reciperetur H — 13) domus de intus add AC de intus add F — 14) est add ACD — 15) sed add B — 16) doluit C — 17) respicit BD suscipit vultum et aliam petit cui C — 18) hospita veritatis B — 19) recipio B G — 20) videt BFGH autem et add BII — 21) et recipi petit H, intrare BI petit ingredi A C — 22) audivit AC — 23) sed om H — 24) unde AC — 25) utile tibi dabo consilium H dabo BFGI —26) soror mea habitat AC — 27) que misericordia nuncupatur B

a) Anno 1219 Favore Domini Hugonis Cardinalis Ostiensis, qui viderat Rome puerum Napoleonem precibus S Dominici ad vitam revocatum, obtenta fuit a Domino Rodulfo de Faventia, Capellano Ecclesiae S Nicolai ad vineas, eademmet ecclesia cum domibus ubi modo adest Conventus, qui tunc coepit aedificari Mon Conventus Bononiensis Analecta O P vol I p 396 — Hanc conversionem mutatis omnino verbis refert Ant Senensis, l c p 18, 19 S Antonin verbotenus l c cap IV § II Mam l c ad an 1219 p 508

accede et eius monita comple - Et fecit sic Cui misericordia
occurrens[1], sic enim domina[2] vocabatur, ait - Si ab imminente
tempestate salvari[3] desideras, vade ad sanctum Nicolaum, ubi
habitant fratres predicatores[4], et invenies[5] ibi stabulum penitencie,
et presepe continencie, et pabulum doctrine[6], asinum simplicitatis cum[7] bove discrecionis[8], Mariam illuminantem et Ioseph
proficientem et Ihesum[9] te salvantem - Evigilat[10] ille et hec
ruminans devotissime, sicut sibi consultum fuerat, ita complevit[11]
Hoc magister Alexander a), vir honestus et verax super versu
illo[12] psalmi[13] « Misericordia et veritas obviaverunt sibi » in
scola[14] dixit, et in suis postillis notavit Hic[15] fuit multo tempore
doctor Bononie[16] in theologia et post factus est episcopus in Anglia, unde erat[17] oriundus

§ II Retulit frater Radulfus[20]b), vir bonus et[21] timens[22] Deum,
quondam capellanus dicte ecclesie beati Nicolai quam propter
amorem[23] ordinis resignaverat, et factus est frater[24], quod fuit
Bononie, antequam fratres venissent[25], mulier quedam despecta
mundo[26], sed Deo devota et cara, que cum oraret frequenter[27]
flexis genibus[28] versus vineam[29] quandam[30], ubi modo sunt[31] fratres et eam quasi fatuam deriderent homines[32], aiebat « Miseri
et fatui pocius[33] i sciretis qualia ibi[34] futura sunt et qui hic vos
futuri[35] hic mecum Deum adoraretis[36], nam per illos qui ibi
futuri sunt, totus illuminabitur mundus[37]

Ps 84 11
4

De[18] provisione
domus Bononien-
sis[19]

---

1) accurrens G, dixit add A C — 2) hospita de intus A C — 3) liberari B — 4) fratres
predicatores habitant A C — 5) et ibi invenies stabulum doctrine et intus presepe scripture
A C — 6) continencie et pabulum doctrine om C — 7) ac bone B — 8) et add A C —
9) puerum Christum te A C — 10) evigilans D — 11) fecit A C, sine mora complevit F —
12) illo om E illo versu D — 13) psalmi om D F — 14) scolis A B C F H — 15) hic om
A C — 16) Bononie doctor A C G H om B — 17) fuerat A C F — 18) tit desum ex cod E,
alia de codem XI B — 19) Bononiensis om E — 20) Rodolfus A C Rudolfus H, odul-
phus B — 21) ac B — 22) vir simplex et rectus quondam F — 23) quam amore B D —
24) frater ordinis predicatorium quod fuit Bononie quedam mulier (antequam fratres
venissent Bononiam) despecta mundo, sed devota et cara Deo valde A C — 25) venirent
B G — 26) mundo om B — 27) frequenter oraret A C — 28) ad locum add A C — 29) viam
B — 30) que illi erat add A C — 31) habitant B — 32) et homines et mulieres super hoc
eam quasi fatuam deriderent, dicebat illis o, miseri A C — 33) pocius om B — 34) ibi
om B, hic E — 35) sunt add B F — 36) quales ibi venturi sunt, non talia diceretis A C —
37) mundus illuminabitur Ex quo manifeste datur intelligi quod mulier illa sancta inflam-
mata Spiritu Sancto utilitatem huius nostri ordinis previdebat A C

a) De Alexandro cf Mam 1 c p 508, not 2 — b) Radulfus ingressus est ordinem 1219
Bononiae sub B Reginaldo 1220 praefuit iam novo Conventui S Nicolai, (Anal I, p 397)
1235 fuit in Conventu S Marie ad Gradus Viterbiensi, Bull Ord I, n° CXXXV et CXXXVI
de eo vide Quetif I, 125 b Mam 1 c p 507, et infra l V c IV § XIV lib V, cap V § XIV,
et supra p 19 not un

§ III Retulit frater Iohannes Bononiensis *a)* quod, antequam fratres predicatores Bononiam venissent[2], vinitores[3] viderunt in loco, in quo modo sunt fratres, luminaria et multos splendores

§ IV Frater[5] Clarus[6] *b)* testatus est, quod cum esset puer et cum patre suo qui bonus et fidelis erat, iuxta locum istum[7], quem modo habitant[8] fratres[9], quadam die transivit, dixit ei pater suus - Fili in loco isto auditi sunt frequenter[10] cantus angelorum, quod[11] est magnum pronosticum futurorum - Cui cum dixisset puer[12] - Forte sunt[13] voces hominum ludencium, vel monachorum[14] beati Proculi - respondit pater[15] - Alie sunt voces hominum et alie angelorum, et multum differentes[16] - Que[17] verba nunquam ab eius memoria exciderunt

§ V *Super summe necessariam translacionem domus Argentinensis c) de loco inconveniensissimo, ubi prius erat, extra muros in palude sita, ad eum, ubi nunc est, locum optimum civitatis, quod incredibile videbatur propter forcia et infinita impedimenta, voluit Deus quedam preludia permittendo pluribus honestis personis ostendere, quid sua manus omnipotens facere in posterum ad consolacionem humilium decrevisset Videbatur siquidem in sompnis uni honeste matrone, quod area illa, quam tunc nec in spe habebant fratres, sed nunc habent in re, plena esset perigrinis*

---

1) de eodem om G ad idem F, visiones alie de inicio ordinis XII B — 2) venissent Bononiam A C D Bononiam om F H — 3) vinee cultores B — 4) item D de eodem om B E ad idem F — 5) eciam add F G H — 6) Clarius H Clarinus F G Latinus C B — 7) illum A C G H istum om B — 8) habent C B fratres habent H — 9) cum add A C F I — 10) frequentes C frequenter sunt auditi G — 11) et *pro* quod L quod est futurorum A C — 12) Cui dixit pueri fuerunt forte D — 13) fuerunt E — 14) monachi B — 15) pater om L G — 16) distantes C — 17) que — exciderunt add C in margine

a) Obiit fr Iohannes 1235 ut notat Berthier l c de eo cf infra lib II, cap XVIII — b) Fr Clarus receptus est ad ordinem 1219 a B Reginaldo Bononie ita Mam I c p 507 Quetif I, 92b Ant Sen 16 Mon Conv Bon l c p 396 de eo dicunt fuit poenitentiarius papae Honorarii III et primus legit in ordine theologiam fratribus et cap V, § 1 — c) *De fundatione et translatione conventus Argentinensis haec legimus in Ann Llienardi Argentinensis Mon Germ Hist XVII, p 101, 102* Anno 1224 circa quadragesimam inchoata est domus fratrum predicatorum in Argentina extra muros sub domino Heinrico episcopo de Veringen — Anno 1251 intraverunt predicatores ad locum ubi nunc sunt sub domino Heinrico de Stalecken — Anno 1254, 6 kal Iulii inchoata est prima fossio fundamenti ecclesia fratrum predicatorium postea 6 kal Iulii positus est lapis primarius a domino Heinrico episcopo de Stalecke retro maius altare inter cornu dextrum et murum circa pedes 8 subtus terram, et nomen episcopi scriptum est in eodem et 4 kal Iunii inchoatus est murus — Anno 1255 in vigilia omnium sanctorum inceperunt celebrare divina in ecclesia sua no a — Anno 1260 consecrata est ecclesia predicatorum a domino Iacobo Metensi episcopo in capitulo generali, sub domino Walthero electo Argentinensi -

De eodem § V[b] *Atteri videbatur, quod ibi fuissent orta lilia pulcherrima in tanta multitudine, quod totam illam aream replevissent, et quod illa lilia subito fuissent comersa in fratres predicatores, oculos ad celum levantes, et creatorem omnium concorditer dulcissimis vocibus collaudantes*

De eodem § V[c] *Tercia non dormiendo, sed vigilando et movendo predixit tria futura, que omnia sicut predixerat, evenerunt Unum illorum fuit, quod patres predicatores post aliquot annos possessuri essent locum emmenciorem, sive eminentissimum civitatis. Et hec vocabatur Verudadis, femina famosa honestatis et devocionis, relicta vidua iudicis civitatis a)*

Item de eodem [1] § VI In Lombardia antequam fratres[2] haberent locum in civitate Cumana[3], quedam[4] potens domina, sed credens[5] hereticorum[6], vidit in visione maxima luminaria de celo veniencia[7] super[8] locum, ubi modo[9] habitant fratres Post modicum vero[10] tempus videns predictum locum fratribus datum hac[11] occasione ad fidem conversa est

De vino et melle [12] § VII Item per mensem antequam fratres predicatores[13] predictum locum haberent, quedam alia credens hereticorum[14] videbat in visione, quod ibi essent[15] duo magna vasa, unum plenum melle et aliud plenum vino, et quidam homines, qui noviter venerant, commiscebant utrumque et populo propinabant Bibentes autem huiusmodi[16] potum admodum delectati[17] currebant hyla-

---

1) aliud B item D — 2) predicatores add C — 3) commonensi B — 4) magna et potens domina vidua C nobilissima sed credens A — 5) falacis add B — 6) movens longe a civitate add C — 7) descendencia B — 8) super om H — 9) locum in quo modo F H locum ubi habitant modo fratres I in loco qui eminet civitati ubi sita erat ecclesia Sancti Iohannis Baptiste in qua visione delectabatur in tantum, quod cum alie domine dicerent « Recedamus » non poterat de visione evelli Mane facto autem venit de civitate quidam servus suus, et cum interrogaret eum si nova essent aliqua in civitate, respondit nullum aliud nisi quod data est Ecclesia Sancti Iohannis Baptiste de pede montis fratribus predicatoribus Et stupens interpretabatur eos significari per illa luminaria sibi ostensa, cuius rei causa ad fidem conversa est Frater autem, qui hoc retulit, fuit eius generalis confessor A C — 11) vero om E post paucum autem (B vero) tempus B F G I — 11) hac de causa B — 12) ut om A B C F G H I item D — 13) predicti Γ — 14) hereticis B G — 15) erant D E — 16) potum huiusmodi F hunc potum B — 17) A C h par, sic sonat Item quedam alia magna matrona credens [add sectam] hereticorum per mensem prius quam fratres haberent locum Cumis, vidit huiuscemodi visionem Videbatur enim sibi, quod in loco ubi modo fratres nostri habent claustrum essent duo magna vasa, unum plenum melle, aliud plenum vino Videbatur sibi postea, quod quidam homines, qui noviter veniebant ponebant mel in vino et e converso de uno vase in aliud permiscebant fortiter ac populo propinabant Bibentes autem potum huiuscemodi delectati currebant alacriter et

a) §§ V a b c desunt in edit Duacensi, et in B D F Γ G H I

riter[1] et festine cuius visionis post significacionem videns et
audiens[2] ad fidem catholicam est conversa

§ VIII Item[4] quedam religiosa persona vidit in sompnis in
loco ubi post habitaverunt fratres, fontem clarissimum et maximum, irrigantem totam urbem et homines et mulieres avidissime
currentes ad aquam[5]

§ IX Item[7] burgensis quidam de Montepesulano[8] laborans in
extremis vidit processionem albatorum[9] pulcherrimam in orto suo,
qui erat extra villam, et astantibus clamabat[10] — Ecce ortus
meus[11] talis[12] repletus est bonis hominibus, videte, videte[13], ne[14]
expellatis eos, non enim ad nocendum, sed ad iuvandum[15] venerunt Post mortem autem[17] eius fratres predicatores locum illum[16]
inhabitaverunt[18], et eis[19], qui hoc a predicto burgensi audierant,
narraverunt

§ IX[a] Antequam in civitate Ulyxbonensi a) haberemus conven-

De fonte

Item de proces
sione

Act VIII 10

festine Huius rei causa illa ad fidem conversa est nimirum intelligere volens fratres predicatores esse propriatores mellis et vini predicantes scilicet divinitatis dulcedinem simul
cum iucunditate humanitatis, haurientes hec de duobus vasis magnis novi scilicet et veteris testamenti cuius post virtute homines ad penitenciam currunt et ad Deum festinant
cuius visionis post significacionem videns et audiens ad fidem catholicam est conversa —
1) alacriter B — 2) audiens que G — 3) item F om tit A C G H alia apparicio ordinis
XIII B — 4) item om B — 5) aquas B A C haec paragraphus sic sonat Quedam alia
matrona que devotissima valde Deo et ordini fratrum predicatorum exstitit, vidit in
visione fontem unum clarissimum et magnum, in loco ubi nunc est claustrum fratrum
Cumis et inde descendebat totam civitatem irrigans ita ut multi currerent ad bibendum
de aqua fontis huius Post modicum vero temporis a visione hac fratres nostri venerunt ad
habitandum in loco predicto ubi devocio multa est et concursus magnus hominum et
mulierum ubi eciam mulieres ob magnum fervorem, eciam tempore nivium discalceate ad
predicacionem et missam conveniunt [Quae sequuntur desunt et in ed Duac] Nec hoc
silendum est, quod multi, qui ibidem fratres gravem domini manum super se senserunt,
ita ut vere possent dicere Hic est virtus domini Dei, que appellatur magna Ceterum
ex effectu significacionum harum revelacionum clare apparet quantam utilitatem iste ordo
(si quis diligenter advertat) contulit mundo in illuminacione gencium, in exstirpacione
heresium, in conversione peccatorum, in apericione scripturarum, in exstirpandis viciis,
in plantandis virtutibus Ex his igitur et pluribus sacre scripture auchoritatibus liquido
constat fratres predicatores esse luminaria celi, fontes paradisi, verbum vite continentes
et aquam sapiencie salutaris ad tocius humani generis salutem Cod F add Ex predictis
igitur auctoritatibus et exemplis patet quanta sit utilitas ordinis (in illuminacione gencium
in extincione heresium, in conversione peccatorum, in apericione divinarum scripturarum,
in extirpandis viciis in plantandis virtutibus, in premiis acquirendis — 6) tit om ABCH
tota par deest F I — 7) item om D item aliud D — 8) Montpelier — 9) abbatorum A C
— 10) dicebat B — 11) meus om B — 12) talibus A C — 13) videte om A C B — 14) ne
quis expellat B — 15) adiuvandum B — 16) vero B — 17) illum locum A C — 18) inhabi
tarunt A C habitaverunt B — 19) illi add L

a) Conv Ulissiponensis seu Lisbonensis (Lissabon) a Lusitaniae regibus Sanctio II et
Alphonso III anno 1241 fundatus est Anal 1, p 123

tum, fratres nostri in eodem loco, ubi constitutum est monaste-
rium, consueverunt predicare. Et paulo antequam ibi poncere-
mus conventum, mulieres quedam, que iuxta ecclesiam beate
virginis (que in monte est sita) super nostrum monasterium
morabantur, mirabilem quandam oculis carnalibus visionem
viderunt. Cum enim (sicut mos est tempore estatis) mulieres
ille ad lune claritatem filarent, subito viderunt celum aper-
tum, et scalam quandam mire pulcritudinis ex auro et argento
constructam versus ad ficum quamdam descendentem, iuxta
quam ego multociens predicavi, antequam ibi haberemus conven-
tum ; una igitur extremitas scale celum tangebat et alia ficum.
Post hanc autem scalam tres viros viderunt descendere in ves-
tibus aureis et argenteis mirabiliter adornatos : quorum primus
subdiaconus videbatur, qui crucem mire pulcritudinis portabat
in manibus, medius videbatur diaconus, hic portabat thuribu-
lum; tercius erat sicut sacerdotalibus vestibus adornatus. Hi
tres descendentes in terram totum locum monasterii nostri
circuierunt thurificantes ipsum. Postmodum vero redeuntes ad
scalam, per eandem progredientes introierunt in celum, scalam
interim attrahentes, et ab earum oculis est sublata. Mulieres
autem ille quandiu rem illam mirabilem conspexerunt, num-
quam cessaverunt Deum flexis genibus adorare. Mulieres illas
fratres nostri viderunt ; sed ego fratribus hoc ipsum credere
nolui, quousque michi viduam unam sancte conversacionis
duxerunt, que ibi tunc aderat, quum visio illa apparuerat :
et hec michi totam facti seriem enarravit. Ego autem in brevi
post hec qui habebam officium prioratus, in eodem loco construxi
monasterium authoritate generalis et provincialis capituli, in
quo fratres nostri die noctuque domino servientes a).

Item de eodem.[1] § X. Item narravit michi quidam civis honestus Lemovicensis,
quod bis in sompnis viderat processionem pulcherrimam albatorum[2] in loco b) quem post fratres[3] edificaverunt. Et[4] hoc antequam
fratres venissent, retulit cuidam sibi[5] familiari, qui postea ordinis

---

1) tit. om. D H; conversio alterius XIIII. B ; tota par. om. F I. — 2) abbatorum A C. —
3) fratres post A C. — 4) et om. H. — 5) sibi om. B.

a) h. par. deest in ed. Duacensi, cod. B D E F G H I. — b) Fratres nostri fundaverunt
conventum Lemovicensem (Limoges) anno 1219; de translatione huius conventus (S. Mar-
tialis) in alium locum vide infra lib. II, cap. XXXII: lib. I, cap. VI, § XII; lib. IV,
cap. XXIV, § XII.

nostri[1] factus est sacerdos[2], et eadem ab eo[3] michi[4] retulit se audisse[5]

CAPUT QUINTUM

Quod Deo est specia
lis cura de fra
tribus '
Qualiter dominus
suos consolatus
est in principio
ordinis 7

§ I Eo tempore[8], quo predicatorum ordo tamquam pusillus grex erat[9]. et ut novella plantacio[10], in conventu Bononiensi[11] suborta est[12] quedam temptacionis commocio[13] inter fratres et[14] tantum eos deiecta pusillanimitate spiritus et tempestate, ut multi eorum conferrent ad invicem[15], ad quos ordines se trans-ferrent[16], timentes, ne ordo[17] tamquam res nova et[18] modicum roborata in nichilum deveniret[19] Unde[20] duo de maioribus[21] impe-traverunt litteras a quodam legato a), qui tunc erat in partibus illis[22], ut ad aliquod cisterciensis ordinis monasterium transferre se possent Quas litteras cum fratri Reginaldo b), quondam sancti Aniani decano Aurelianensis[23], qui vicarius beati Dominici erat,

---

1) nostri om A C B — 2) qui postea frater ordinis factus est et sacerdos G — 3) eodem B — 4) michi om F — 5) audivisse A C — 6) ut iste om B I — 7) ut om A C D F G H conversio magistri Clari XX B — 8) eodem tempore B frater ille Rodulfus, de quo supra facta est mencio retulit, quod eo tempore, quando ordo predicatorum tamquam   A C — 9) fuit H — 10) planta novella A C — 11) in conventu Bononiensi om C B F — 12) est om G — 13) temptacio et commocio H — 14) que in tantum A C et om B D G in add B D G — 15) ad invicem om B — 16) transferre se possent A C conferrent B — 17) ordo om L G — 18) adhuc add A C — 19) deveniret H — 20) A C sic Huius tante commocionis fuit occasio quod duo fratres de maioribus, scilicet frater Theobaldus Senensis et frater Nycolaus Campanus cogitantes, quod non proficeret ordo impetraverunt a domino Ugone Episcopo Ostiensi, tunc in Lombardia apostolice sedis legato, postmodum domino papa Gregorio nono, ad aliquod monasterium cisterciensis ordinis transeundi quas litteras cum Magistro Reginaldo representassent, et ille fratribus convocatis admodum tristis et dolens eis expo-suit negocium Fuit fletus inter ipsos et commocio, scilicet dicta cepit subcrescere Tunc magistro Reginaldo in celum erectis oculis et corde loquente cum domino, in quo tota sua fiducia erat — 21) superioribus D — 22) qui — illis om F qui tunc in partibus erat illis G — 23) quondam aurelianensi decano, qui F

a) Nempe Hugolino (vel ut sec redactio habet Ugone) postmodum papa Gregorio Nono — b) Reginaldus per 5 annos docuerat Parisiis ante suum ingressum aegrotus Romae versus finem anni 1217, vidit b Virginem Mariam quae sibi habitum ordinis nostri ostendit et cuius intercessione sanatus ordinem amplexus est XII kal Januarii venit iussu B Dominici Bononiam, ubi usque ad exeuntem mensem Octobris 1219 mansit, quo tempore a B Dominico Parisios missus est circa finem mensis Januarii 1220 ibidem gravi morbo afflictus obiit paulo ante diem XII februarii nam hoc die qui sequebatur diem sepulturae Reginaldi, — apud monachos dominae nostrae de campis (Notre Dame des Champs) — ingressus est Iordanus ut infra probatur de Reginaldo lege Theiner Annal eccl tom XX p 399, nº 36 ad an 1218 Quetif I, p 89 S Antonin III, pars tit XXIII, c I, § II cap IV, § IV, V cap V, § II Mam I c 427 465 507, 542 nota 617 eius obitus et elogium Ana-lecta I, p 132 infra I III, cap IV, lib IV cap II cap X lib V cap II, § II insuper Bayonne Vie du B Réginald, Paris 1872 Cormier, le B Reginald d Orléans, sa vie et ses vertus

repraesentassent, et ille in capitulo causam cum dolore* multo[1]
exposuisset, fit[2] fletus ingens et commocio predicta magis[3]
succrescere cepit, et[4] fratre Reginaldo[5] erectis in celum[6] oculis,
et corde loquente ad Deum, in quo tota fiducia eius erat[7], frater
Clarus[8], vir bonus et[9] magne auctoritatis et peritus iure civili,
qui eciam in artibus et iure canonico reverat, et[10] postmodum
prior provincialis in Romana provincia[11], domini pape penitenciarius et capellanus, exorsus est loqui ad fratres et[12] eos multis[13]
racionibus confortare[14] Vix sermonem compleverat et ecce
magister Rolandus[15] a) Cremonensis, qui[16] tunc regebat Bononie,
cuius[17] fama celebris et excellens[18] in philosophicis[19] habebatur qui
eciam postea[20] primus b) inter fratres in theologia legit Parisius[21],
succensus spiritu Dei de mundo fugiens[22], solus venit ad fratres
et quasi ebrius spiritu, nulla prolocucione premissa, se recipi
postulavit Frater autem Reginaldus pre nimio gaudio, vestes
alias non expectans, exuto suo capucio statim induit eum et
sacrista pulsante campanam[23] et fratribus cantantibus Veni

---

1) ille coram fratribus in capitulo cum dolore multo F — 2) fuit B — 3) magna B —
4) tunc F — 5) Reinaldo D — 6) in celum erectis B D F H — 7) eius fiducia erat G —
8) de eo vide supra cap IV, § IV, de Sexto diocesis Florentine add B et S Antonin, l c —
9) et eruditus qui in F et eruditus qui in seculo in omnibus liberalibus artibus et in iure
canonico et civili eruditus qui fuit homo magne auctoritatis et postmodum C — 10) et
postmodum — capellanus om F — 11) et add B G H — 12) cepit add B — 13) modis et
add A C — 14) unde add B — 15) orlandus B — 16) qui — Bononie om F — 17) et pro
cuius I — 18) per totam add A C — 19) physicis A C D — 20) postmodum B — 21) cuius
fama celebris erat, succensus F — 22) fugiens et solum vestimentum scarletum, quo erat
indutus secum deferens solus venit ad fratres et pulsavit ad portam et introgressus quasi
homo ebrius Spiritu incontinenti nulla alia verborum prolocucione premissa ad ordinem
se recipi postulavit Et mirum valde fuit, quod qui prius a multis fratribus fuerat predica-
tus nec acquieverat exortatus tunc ita inspiratus a domino, ex se ordinem postulavit
Magister autem Reginaldus pre nimio gaudio, non expectato quod aliquis quereret vestimenta, exuto suo capucio, induit eum statim et fratre Guala c), qui tunc erat sacrista pulsante campanulam quamdam quae viginti solidos imperialium solum constiterat, et fratribus cantantibus Veni Sancte Spiritus, ut jam mos erat eorum, licet A C — 23) que
XX (XXII D XXX F) solidos imperialium solummodo (tantum B solum F G) constiterat add B D F G H

a) De fr Rolando vide Quetif I p 125a Denifle, Archiv II, p 204, de eius mirabili
salvatione infra cap V, § XV de motivo sui ingressus infra l IV c VIII de revelatione
obitus eius facta cuidam fratri infra l V, c IV § XIV Decessit circa 1259 nam ut constat
ex Monum Conv Bon Anal I, p 399, an 1255 adhuc fuit Lector seu regens Bononiae
— b) Primam cathedram in theologica facultate receperunt fr praedicatores anno 1229 post
15 Maii Fuit Rolandus primus magister et prius sententiarius ex Ord Praed , cuius
exstant Quaestiones super quatuor lib Sent multum extensae in Bibl Mazarine, n° 139
Denifle, Cartularium I p 91 in nota — c) Fr Guala receptus est a B Domnico 1219
Bononiae fuit institutor coenobii Brixiensis postea ibidem episcopus cf Vincent Bellov
XXXI, cap CXIV Antonin l a c IV, § XIV, Mam l c p 544, 609, 661 Theiner l c
ad an 1227, p 533, n° 23 Breviarium Ord Praed ad d 3 Sept

Creator[1] licet pre habundancia lacrimarum et gaudii uberitate
cantare[2] vix[3] possent, fit concursus ingens virorum ac mulierum
ac[4] scolarium et[5] tocius commocio civitatis[6] Renovatur[7] quedam[7] devocio nova in fratribus et omnis prior illa[9] temptacio
evanescit. Illi autem duo fratres prosilientes in medium, se male
fecisse fatentur[10] et renunciantes litteris perseveranciam ordinis
profitentur Sequenti autem[11] nocte predictum fratrem Rudolfum,
qui de priori illa fratrum commocione tristis admodum erat
huiusmodi[12] visione est dominus[13] consolatus Videbatur enim
sibi[14] videre Christum, et ex una parte beatam[15] Mariam et ex
alia[16] beatum Nycolaum, qui[17] manum sibi[18] super caput ponebat
dicens - Ne timeas, frater, quia omnia prospere[19] evenient tibi
et ordini tuo, domina nostra curam habente de vobis - Et statim
vidit[20] in aqua, que transit iuxta Bononiam[21], navem plenam
multitudine fratrum, et ait ei[22] beatus Nycolaus - Vides hos[23]
fratres? Ne timeas, quia tot sunt quod totum mundum implebunt -

§ II Retulit idem frater, quod cum quadam die[25] defecisset De miraculo vini [24]
vinum in quodam vasculo[26] infirmorum[27], nam sani[28] aquam
plerumque bibebant veniens infirmarius[29] cum multa compas-

1) spiritus add B F — 2) cant ne om B — 3) adstare non possent A C — 4) et F H —
5) ac eciam A C — 6) mirabilis add A C — 7) Reaccenditur quasi quedam devocio ingens
in fratribus redduntur laudes in communi et omnis illa prior temptacio penitus evanescit
A C renovaturque devocio illa prior G H renovataque devocio F — 8) quedam om
B — 9) omnis illa prior B G — 10) culpam suam humiliter cum lacrimis confitentes renun-
ciant litteris, perseveranciam ordinis pollicentes (profitentur A) A C — 11) vero A C
enim B — 12) hac B — 13) dominus visione consolatus G — 14) videbatur ei videre F —
15) virginem add A C B — 16) altera A C B — 17) qui beatus Nicolaus videns predictum
fratrem sic mestum spiritu vocavit eum ad se et manu super caput eius imposita ait - Ne
timeas frater, quoniam prospera omnia evenient tibi et ordini tuo, Deo curam habente de
vobis - Et respiciens dictus frater vidit quamdam navem in aqua que transit iuxta locum
fratrum, et in ea innumeram fratrum multitudinem, et ait illi - Vides hos fratres? Noli
timere, quia tot sunt quod totum mundum implebunt - Frater autem super iis que viderat
consolatus multum et letificatus de sui Ordinis firmitate consideravit et vidit et sic postea
asseruit quod omnia ex tunc magis prospere fratribus evenerunt A C — 18) sibi om F —
19) prospera B H — 20) videbat F — 21) iuxta urbem F — 22) illi F — 23, eos F —
24) tit om A C D F G H de procuracione vini XVI B item D — 25) Bononie add A C
dum add B — 26) vegeticulo C — 27) mensure unius corbe, veniens infirmarius, et tempt-
tans si aliquid esset et non inveniens, condolens multum infirmis predictum defectum
cum multa compassione retulit inter fratres (Sani autem plurimum aquam bibebant) Mos
vero erat beati Dominici qui tunc ibi iderat renunciato sibi aliquo defectu vel ad oracionem invitare renunciantem sibi defectum huiuscemodi vel utrumque simul quod et fecit
A C — C sic pergit Frater vero ille Ventura prior Bononiensis senex, cuius vita sancta
et laudabilis extitit, ait tunc fratri illi infirmario - Vade et tempta iterum, si sibi aliquid sit
de vino - Ivit frater et invenit vegetem illam plenam usque ad summum Unde fratres glorificaverunt Deum, qui curam habet de servis suis — 28) nam solam aquam F — 29) et add B

sione nunciavit beato Dominico, qui tunc aderat infirmorum defectum Qui statim suo more ad oracionem recurrens fratres, ut idem facerent[1] monuit verbo pariter[2] et exemplo. Post modicum autem dixit prior conventualis infirmario, quod id[3] vasculum elevaret et[4] illam diem quoquo modo transirent Qui veniens[5], ut[6] iuxta mandatum prioris[7] faceret, id[8] invenit plenum usque ad summum Unde fratres[9] glorificaverunt Deum, qui curam habet de suis a)

§ III Narravit sancte memorie frater Terricus Antissidorensis[11] b), qui fuit prior provincialis in Francia, quod cum quadam die non haberet aliquid[12], unde infirmarie et conventui provideret et domus Parisiensis, cuius tunc prior erat, multis esset debitis obligata, dicente procuratore, quod ad minus centum libre necessarie essent, et[13] ipse prior de his anxius[14] cogitaret ecce venit ad portam quidam mercator et eum faciens advocari dixit - Dominus talis in Grecia[15] obiit, et vobis legavit[16] has centum libras, accipe[17], et orate pro eo - Quas ipse recipiens Deo gracias egit et presentes fratrum necessitates cum huiusmodi[18] adiutorio expedivit

§ III* *Domina comitissa de Casho, quod dicitur Anguillana* c) *prope urbem, matrona ordini admodum devota et fide digna, priori Viterbiensi* d) *proprio ore narravit, quod dum quadam vice duo fratres conversi, frater Ramucius Urbevetanus et frater Dominicus Viterbiensis remissent ad eam, ad quoddam suum castrum, quod dicitur Crapalica prope Sutrium, in via qua itur ad urbem Romam, more solito pro fratribus aliquam*

1) fratres ad idem monuit verbo et exemplo F G ut idem facerent om B — 2) periit *loco* pariter E — 3) illud F ut illud B G — 4) ut A F G H — 5) nesciens F — 6) et B — 7) prioris om F G H — 8) istud H illud B F G — 9) fratres om B — 10) item D tit om A C G H alia provisio Dei XVII B tota paragr deest F — 11) Teodoricus Altissiodotensis C dicticus altissiodorens B G H Dietricus altissiodoriensis A — 12) aliquid om A B C H — 13) et *loco* cum H — 14) anxie B — 15) de gecia E — 16) ex cuius elemosina has C libras E — 17) recipite pro eo et orate H — 18) huius B

a) Hoc miraculum Mam 1 c p 547 refert accidisse anno 1219 Hoc autem anno non fi Ventura fuit prior Bononiensis, sed ille fi Radulfus de quo supra, et qui miraculum narrat, constat enim Venturam nonnisi 1220 habitu n recepisse a b Dominico (ex Mon Conv Bon Anal I, pag 397 qua de re hoc miraculum an 1221 ponendum est et sic omnia optime concordant — Ventura, quem etiam Bonaventuram appellant, Veronensis omni virtute ornatissimus coenobio Bononiensi provinciaeque Lombardiae praefuit Praeterea quod B Dominici postremam totius vitae exomologesim audisset, publicum gravissimumque de illius morum integritate testimonium dixit Mam 1 c p 543 — b) Antissiodorum=Auxerre — c) Anguillara distat a Roma circiter 6 hor — d) Conv Viterbiensis fund 1227 vel 1228 Mothon, p 333

eleemosinam petituri, ipsa fratribus quamdam mensuram
farine ad quantitatem unius palme dari mandauit, immo
proprus manibus assignauit Quam farinam idem fratres pro
deuocione comitisse predicte recipientes alacriter, in sero
comitissa recedente de sarculo ubi erat, in saccum quem fratres
secum detulerant, transferentes, mane redierunt ad domum,
secum datam farinam non sine gaudio reportantes, eo quod tunc
fratres paupertate non modica premebantur Mane comitissa
casu ad locum ubi fuerat farina veniens, saccum plenum farina
invenit eundem Tunc illa contra illos conversos plurimum
malignata, cepit eos intra se vehementer de superbia indicare,
quasi datam farine eleemosinam contempsissent, ac eam pro
vilitate portare spreuissent Deinde post paucos dies, unus de
ipsis conversis ad eam rediit, quem illa duris verbis et asperis
ad reprehendum non mediocriter est adgressa, querens ab eo
quare farinam datam ferre fratribus noluisset Miratur frater
et dolet de rebus tam duris, paciente tamen audiens, farinam
se portasse, sicut veritas fuerat, penitus asserebat - Quomodo,
inquit illa, farinam portastis, quia saccum meum plenum farina
inveni ? - Sicque domina comitissa pie veritas denegatur, et a
frabe, prout fuerat mera veritas asserclur instanter, vehemencius scandebat in cum [add editor huius cod in margine
patet sensus sed falsa est latinitas, nonne Sicque domina
comitissa, dum pie veritatem denegaret et a fratre | Tandem
post multam assercionem fratris sub quadam honesta admiracione
prolatam [in textu   prolata], converso credidit et acquievit
omnino, firmiter credens hoc miraculose meritis ordinis contigisse Ad maiorem tamen miraculi certitudinem diligenter ab
omnibus famulis suis (et) pedissecis inquisiuit, utrum aliam
in domum suam illo sero vel mane tempestive portassent, seu
portari vidissent Negauerunt prorsus famuli et ancille, quod
alia fuerit in domum illam farina portata vel visa portari
Qua in re indubitanter credendum est et tenendum, quod ille,
qui sub Elia propheta hydriam farine sine diminucione ser- III Reg XVII
uauit, ille procul dubio ad conseruandam simul et augmentan- 16
dam deuocionem et pietatem comitisse prefate, euacuatum
revera saccum noua et inuisa farina omnipotenti virtute repleuit
Hoc ipsum miraculum predictus prior sicut a iam dicta comitissa, ita a nominato fratre Dominico, converso, referente audiuit

§ III° Alio tempore frater Ioannes de Columpna a) prior

procincialis fratrum predicatorum Romane procincie, post-
modum autem Episcopus Messanensis, ad predictum castrum,
scilicet Cupralicam, cum supradicta comitissa hospitaturus
accessit Illa respersa non parua leticia, quod tantum hospitem
receperat, ad archam, unde denarios pro cena volebat accipere
quantocius properauit Cumque festina venisset ad archam, hos-
pitalitatis inimicus (non dubium demon) mox illi obstaculum
preparauit, nam clarem arche sollicita querens, nullatenus
eam potuit invenire Tunc de recuperacione omnino desperans,
clausam archam, ut ipsa veraciter probauerat, accepta quadam
clavi parua, sive paruula minus que ad aperiendam seram
arche penitus erat inepta, cum clavi tam paruulo fideliter ape-
rire temptauit Deinde post talem attemptacionem continuo fideli et
fideli (?) matrone ordinis, recepto hospite cum suis sodalibus
procurandis, archa, que clausum continebat talentum, patuit
reserata utique ut pie ac fideliter credi potest, non adiutorio
materialis clauis, quia sicut pretactum est, totaliter erat inepta,
Apoc III 7*sed pocius adiutorio illius qui claudit et nemo aperit, aperit et*
nemo claudit Et ne hoc factum videretur adiutorio clauuncule
nominate, nec primo unquam, nec postea cum ipsa potuit
amplius aperire b)

De cura divina circa
fratres.¹§ IV Narravit frater Hainricus[2] teutonicus c), quod circa
principium ordinis contigit duos fratres itinerantes ieiunos, cum
iam nona transiret[3], ad invicem querere, ubi comedere possent
in terra[4] paupere et sibi[5] multum ignota, adstitit autem[6] eis subito
vir quidam[7] magnus in habitu peregrino et ait « Quid confertis
Matth VI 33
inter vos modice fidei ? *Primum*[8] *querite regnum Dei et hec*
omnia adicientur vobis, credidistis Deo, ut pro eo omnia dimitteretis et nunc timetis, quod vos ipse dimittat impastos, hoc[9] vobis
5
signum* transibitis campum istum et in valle[10] sequenti villam[11]

---

1) h par om F tit om A C G H item D alia cap XVIII B — 2) Hemricus A C Hen
ricus de Culmine d) quod est iuxta castrum Landsberg oriundus add D — 3) transient A C
— 4) via B — 5) eis A C — 6) autem om B — 7) quidam om B — 8) primo A C —
9) erit add A C — 10) via B — 11) ecclesiam B

a) cf de eo infra lib IV cap XI, § III —*b)* IIIa, IIIb desunt in ed Duac cod B D E F G H
— *c)* Hainricus iste est Hainricus de Marsberg, non longe ab urbe Brilon, seu ut etiam
nominatur Hainricus senior De eo cf Thomam Cant 1 c p 435. Mam 1 c p 480
Quetif I, p 148, de motivo eius ingressus infra lib IV, c XIV § IV de miraculis ab eo
patratis infra lib IV, cap XXV, § IV — *d)* Culm et Landsberg opp in Borussia occiden-
tali Si cod D in assignando urbem natalem fr Hainrici non errat, habemus Hainricum
tum a Coloniensi tum a Marsbergensi distinctum Communiter tamen haec narratio Hainrico
Marsbergensi attribuitur

parvam invenietis et cum intraveritis ecclesiam, vos invitabit
sacerdos, et superveniet miles, qui ei vos[1] auferet violenter, et
illis pie altercantibus patronus ecclesie superveniet, qui vos et sacerdotem et militem largissime procurabit[2] Confidete ergo [3] semper
in domino et fratres vestros hoc exemplo in domino confidere faciatis[4] - Quibus dictis repente disparuit Illis autem[5] omnia ut predixerat, evenerunt Revertentes autem Parisius ipsi fratri Hainrico
et paucis, qui tunc ibi erant[6] pauperrimis fratribus omnia retulerunt[7]

§ V Cum fratres Masticonenses[9], a principio[10] sui conventus a),
multas et graves habuissent tribulaciones sibi illatas a[11] Guilhelmo de sancto Amore[12] b), canonico Masticonense[13], intantum[14]
ut in maxima paupertate et deieccione[15] vitam ducerent valde

Item de CC mar-
cis [8]

1) vos ei G H, vos eciam B qui vos auteret ei A C — 2) saciabit B — 3) igitur A C G H
ergo om B vos add. A C — 4) facite B — 5) vero B — 6) erant ibi H — 7) *Cantipratanus l c p 455 hoc idem sic narrat* Consimile prope duobus fratribus ordinis praedicatorum (ut per fratrem Henricum de Colonia, praedicatorem elegantissimum inter fratres,
indubitabili relatione didicimus) contigit in partibus Galliarum illo ordine noviter inchoato
Gradientibus namque duobus fratribus Praedicatoribus ieiuniorum tempore ante Pascha
cum iam instaret tempus prandii, hora nona et secum quaererent, quis fidelium eos ad
refectionem reciperet in terra rara hominibus et ignota subito affuit inter eos vir elegantis
formae et habitus peregrini, dicens Quid confertis inter vos fratres mei? Illis autem vere-
cundantibus dicere quid dixissent, ait eis Modice fidei de hoc inter vos dubii quaerebatis
quis vos ad receptionem reciperet in terra rara hominibus et ignota Christo credite veritati,
qui non haesitantibus et in se confidentibus repromisit, dicens Primum quaerite regnum
Dei et haec omnia adicientur vobis Credidistis in hoc Christo, ut temporalia ista pro illo
dimitteretis, et paupertate regnum seduli quaereretis et nunc de Christo diffiditis, ut vos
sine refectione, dimittat et non quasi filios pascat? Absit, et hoc vobis signum Transibitis
campum istum, et in valle quadam villam parvulam invenietis Illic intretis ecclesiam, invitabit vos presbyter affectu magno sed superveniet miles qui vos violenter aufer et sacerdoti Et cum vos deducet persona loci, qui aliter patronus dicitur maximis precibus a milite
obtinebit vos et ambos invitatores vestros, militem scilicet et presbyterium, vobis cum lau-
gissimis ferculis reparabit Confidite ergo in Deum, et fratres ordinis vestri exemplo isto
confidere faciatis Haec ut dixit repente disparuit Illi autem per ordinem, ut eis prae-
dixerat, omnia repererunt, et revertentes Parisios dicto fratri Henrico de Colonia, et fratribus quibusdam aliis, quae sibi contigerant retulerunt Et notandum quod non solum
Christus, sed et nobis in mensa eius angeli ministrabunt Unde ipse Christus, suos confortans, dixit *Ecce ego dispono vobis, sicut disposuit mihi pater meus regnum, ut edatis et* Luc XXII 29
bibatis super mensam meam in regno meo — 8) item D ut om A C G H cap XIX B —
9) Masticenses C Monasticonenses E — 10) creacionis sui add G H — 11) a magistro
wilhelmo uillde de sancto H — 12) tunc add B — 13) masticense F masticanense D
— 14) ita ut B — 15) deieccione om B

a) Conventus Masticonensis (Macon) fund circa an 1251 In cap Generali 1255 concessus
est pro provincia Franciae Anal I, 270 — b) de Guilhelmo de S Amore vide LeCler dans
Histoire litt de France (1847) XXI, 468-77 498-99 XIX, 197 215 Raynaldus an eccl 1256
19 24 Tillemont (Le nain de) Hist de G de St Amour dans sa vie de St Louis (1851) VI,
135 225 307 315

amaram, hoc inter alia eos precipue affligebat, quod gravati [1] erant magnis debitis, que solvere non valebant. Et ecce frater quidam [2] reverende sanctitatis et antiquus in ordine in sompnis videbat, regem Francie *a*) et dominum Hugonem *b*), cardinalem *c*), in angulo dormitorii cuiusdam [3] loci [4] tractantes ad invicem de relevacione domus [5] eiusdem. Factum est autem post modicum tempus [6], quod illorum [7] alter de Italia, alter de Francia misit ducentas libras [8] fratribus illis in elemosinam, ex quibus solverunt debita plenarie [9]. Et postea succedentibus prosperis in maiori consolacione vixerunt.

De monacho orante pro fratribus. [10]

§ VI. Narravit frater Bernardus [11], prior quondam [12] Antisidorensis [13] *d*), quod cum circa principium conventus illius in magna necessitate [14] esset [15] et non inveniret consilium vel [16] auxilium in [17] aliquo, recurrens ad dominum [18], ut cum iuvaret et dirigeret, devote rogavit. Et ecce [19] quidam canonicus ecclesie Antisidorensis, auctoritatis magne et dives valde [20] ingressus est [21] ordinem [22] et multa bona secum ad ordinem detulit, precedentes [23] relevans fratrum necessitates.

De canonico ordinem ingresso. [24]

§ VII. Fuit quidam monachus *e*) cisterciensis ordinis [25] in Tuscia in monasterio sancti Galgani prope Senas, magne simplicitatis et gracie et fame, propter que [26] ad curiam Romanam vocabatur

---

1) quod habebant magna debita omissione novitatis loci contracta que... G H; oppressi B. — 2) cuiusdam conventus add. G H. — 3) eiusdem B. — 4) loci om. H. — 5) conventus B. — 6) temporis D. — 7) illorum uterque misit... G H; alter illorum A B C. — 8) libratas A C. — 9) plene B C. — 10) tit. om. A D C G H; de eodem cap. XX. B; in codice D haec par. posita est ante nostram § IV; alium locum tenet etiam in ed. Duac; haec par. om. F. — 11) Bernardus om. B D; frater G prior. G; frater B cod. E. — 12) quondam om. A C G H. 13) altissiodorensis B D G H. — 14) magnis necessitatibus A C G H. — 15) essent et non invenirent A C. — 16) aut B. — 17) in fratribus vel in aliis recurrens G H. — 18) in oracione add. G H. — 19) post modicum add. A C G H. — 20) valde om. G. — 21) est om. E. — 22) ingressum ordinis peciit et multa et magna temporalia ad ordinem apportans precedentes necessitates revelavit, et ex tunc in omnibus tempore sui prioratus domus competenter habundavit G H. — 23) precedencium B. — 24) tit. om. A C D G H; aliud B. — 25) ordinis apud sanctum Galganum in Tuscia prope Senas, nomine frater Iacobus, magne... A C. — 26) quam A C.

a) nempe Ludovicum IX. — *b*) de fr. Hugone de S. Caro (St Chers) vide Denifle, Archiv. II, 204, 235, 238. Quetif 1, 194; Cantiprat. l. c. 58. Ant. Sen. Bibl. 116, 117, 118; Vincent. Bell. l. c. XXXI, 152; Henricus de Hervordia l. c. 190, 200. Theiner Annal. Eccl. ad. an. 1244, p. 280; 1246, n° 18, p. 323; 1247, n° 3 et 4, p. 363, 364; 1252, n° 18, p. 426; 1253, n° 6, p. 435; 1254, n° 31, p. 462; 1256, n° 19, 21, p. 508; infra l. IV, c. X, § II, in chronico ad an. 1254. — *c*) creatus est cardinalis 28 Maii 1244. — *d*) Conventus Antisodorensis anno 1240 a cap. Generali Bononiae acceptatus est pro provincia Franciae. Anal. l. c. p. 203, cf. cap. V, § III, nota 2. — *e*) de fratre Iacobo cf. infra cap. VI, § XIIa, §§ XIII, XIV, XV, XVI.

frequenter, cui[1] dominus multa revelavit et frequenter ei apparuit[2] Contigit autem duos fratres ad locum venire predictum[3], qui cum[4] rogaverunt[5], ut pro se[6] et pro toto ordine fratrum predicatorum dominum exoraret[7] Cum igitur[8] nocte post matutinum[9] oraret dominum et, ut simplex et devotus, quid potissime pro fratribus oraret, nesciret[10], apparuit ei dominus, ut sibi videbatur, dicens - Frater Iacobe accipe istas oraciones et sic pro fratribus predicatoribus ora - ORACIO[11] - Corda famulorum[12] tuorum, domine[13] illumina Spiritus Sancti gracia, et ignitum eis eloquium dona, et iis qui tuum predicant verbum, largire virtutis augmentum Per[11]

SECRETA Famulis tuis, domine, verbum tribue graciosum et munera oblata sanctificans corda eorum in salutari tuo quesumus visita Per[14]

POST COMMUNIONEM[15] Conserva, domine, famulos tuos unigeniti tui corpore et sanguine suscepto, et tuum nunciantibus verbum largitatem tribue graciarum Per[16] eundem

Istas oraciones dominus papa approbavit et concessit, ut dicerentur in missa[17]

§ VIII Duo fratres domus Magdeburgensis[19] a) in Theutonia   De milvo[1]

---

1) Senas, mire simplicitatis et gracie, nomine Iacobus, cui dominus F de quo magna et mira revelata sunt, et specialiter de gracia visionum et apertarum visionum et maxime cum celebraret missam Hic habens specialem devocionem et amorem ad ordinem nostrum, quem propter fructum predicacionis fervencius diligebat, multo affectu frequenter dixit - Corde desideravi, quod omnes boni clerici de mundo, qui erant in ordine suo pocius essent in ordine nostro ut possent fructum facere in verbo Dei » Dum vero simul apud Sanctum Galganum quidam fratres nostri, qui illic utiliter accesserunt, eum rogarent, ut specialem oracionem pro isto ordine faceret et sequenti nocte obnoxius et fervencius solito dominum precaretur pro ordine nostro, maxime ut sibi revelare dignaretur, quam oracionem posset facere pro isto ordine, scilicet fratrum predicatorum magis congruentem, ei oranti responsum est et revelatum, quod infra scriptas oraciones in missa pro isto ordine diceret, que ei fuerunt date in scriptis a domino Ihesu Christo, et dixit ei dominus Frater Iacobe, accipe istas oraciones et subito pro predicatoribus ora C — 2) et secreta sua aperuit H oranti add F — 3) predictum venire F predictum locum venire A et add E — 4) qui predictum rogaverunt D — 5) obnixe add F — 6) ut ipse et pro toto ordine predicto dominum F — 7) oraret B — 8) ergo A C E — 9) matutinas H — 10) nesciret visibiliter apparuit dominus dicens F — 11) oracio om F collecta H — 12) famulorum et cetera quas reperies in missali F (cetera om F) — 13) ut qui E et qui G H iis om B E H — 14) dominum nostrum add A B C H alia oratio add B — 15) complenda F post communio A C sequentia omnia usque ad librum quartum desunt B — 16) per dominum nostrum A C per et cetera G — 17) vide Missale Ord Praed ed Vivian. Romae 1823 orationes ad diversa pro predicatoribus p LXX — 18) ut om A C D E I G — 19) Magdeburgensis domus F madeburgensis F

a) Conv Magdeburgensis an 1224 fund Berthier I c p IX

3

missi a suo priore, cum caperent iter, ceperunt dubitare de via, nemo[1] erat a quo querere possent Suspiciens autem senior frater vidit milvum volantem, et ait « Dico tibi milve in virtute nominis[2] domini Ihesu Christi, ut nobis viam quam debemus[3] tenere, ostendas Et statim milvus de alto velociter[4] descendens, et prope terram volitans, de via in qua sedebant fratres[5], divertit ad dexteram, ubi erat via eorum, sed propter segetes longas eam videre[6] non poterant Surgentes ergo Deo gracias egerunt, qui dirigit servos suos[7]

De equis domini[8] 5' § IX * Religioso et venerabili[9] domino Eberardo[10] abbati[11] a) ordinis cisterciensis[12] in Theutonia[13] apparuit dominus in sompnis[14] dicens « Cras mittam ad te equos meos, et tu ferrabis eos michi " Quod ille evigilans exponere nesciebat Sequenti itaque die venerunt[15] duo fratres ad monasterium illud, quorum unus fuit frater Iohannes Theutonicus b), qui post fuit quartus ordinis nostri magister Quos[16] adhuc in locis illis ignotos[17] ordine, cum predictus abbas interrogaret de ordine, et cur libros[18], baculos et varium portarent habitum, et frater Iohannes eleganter respondisset Zach VI 1 17 ad singula[19] distinguens equos domini secundum[20] propheciam Zacharie, ostendens quia varii et fortes erant, parati[21] discurrere per orbem, et quod dominus nichil dimisit predicatoribus nisi virgam tantum, id est beatam[22] virginem Mariam, in qua confi-

---

1) nec erat F — 2) nominis om F G — 3) debeamus F G H — 4) velociter de alto F — 5) fratres sedebant F G H — 6) non poterant videre F — 7) A C sic hab Duo fratres nostri domus Magdeburgensis in Theutonia missi a priore suo in Confluenciam (Koblentz), cum essent in via per noctem, que dicitur *Langele Ampalimsone*, et mane suum ceptum caperent iter ceperunt dubitare de via nec quisquam erat a quo querere possent Tunc sederunt hesitantes quid facerent et suspiciens [in textu suscipiens] senior frater vidit quemdam milvum volantem et dicit ei " M lve dico tibi in virtute nominis Ihesu Christi ut ostendas nobis viam, quam tenere debemus " Et statim sine mora velociter descendit, quem admodum lauda (?) cum cantaverit in alto velociter descendit, ad terram et parvum precedens fratres per viam [A de via nota ed] in qua sedebant divertit ad dexteram, ubi erat via eorum, quam fratres propter segetes longas antea videre non poterant Et dixit senior frater iuniori fratri " Frater vadamus illa est via nostra " Ac sic erat Hoc autem factum non sibi, sed virtuti nominis Ihesu Christi adscripsit, qui specialem ubique curam gerit de suis fratribus — 8) tit om A C D F G H — 9) viro add F G H — 10) Ebrardo D F — 11) albi ordinis F — 12) in Salam add H — 13) in Theutonia om F — 14) nocte F — 15) veniunt E — 16) quorum F — 17) ignoto F H incognito G — 18) et add F H — 19) singula respondisset — 20) secundum — ostendens om F G H — 21) fortes parati erant F — 22) beatam om F G H

a) et Mam l c p 643 ad an 1224, locum abbatiae nominat Salemium (*Solem non longe ab urbe Constantia situm*) — b) De fr Iohanne Theutonico vide infra l IV, cap XVII, § IV cap XXV § X chronicon ad an 1241

derent, vel crucem quam predicarent, procidens abbas ad pedes eorum et devote deosculans[1] ait - Vere vos estis equi domini, quos promiserat michi - Statimque lotis pedibus eorum calciamenta nova et vestimenta iussit[2] proferri, et ex tunc[3] amicus ordinis intimus[4], factus est et benefactor[5] magnus[6]

§ X Cum Rome in die resurreccionis sante[8] prior provincialis De communione [7] in ecclesia fratrum predicatorum missam maiorem fratribus assistentibus celebraret vir quidam devotus retulit, quod viderat[9] quatuor pulcherrimos iuvenes ad quatuor[10] angulos altaris existentes[11] et[12] lintheum albissimum extensum super altare[13] tenentes, donec omnes communicati sunt[14]

§ XI In eodem conventu[16] fuit quidam[17] novicius valde fervens, qui quadam nocte quiescentibus fratribus, orans ante lectum, De novicio [15] subito audivit sonitum quasi deambulancium[18] per dormitorium Unde elevatis oculis, vidit tres in specie fratrum, quorum unus portabat crucem, alius[19] lagenam aque benedicte, tercius[20] autem cum aspersorio cellas singulas aspergebat Dictus vero novicius credens priorem esse, qui de consuetudine huiusmodi aspersionem faceret, cito lectum intravit, cooperiens se, ut ab eo sicut[21] ceteri

---

1) osculans H — 2) nova misit eis proferri   F — 3) exstitit *pro* ex tunc E — 4) unicus F — 5) maximus H — 6) A C *sic habent* Religioso et venerabili viro domino Eberardo Abbati de Salemannes Umbre Ordinis cisterciensis, Constanciensis Diecesis in Theotonia, quadam die, cum adhuc ordo noster novus esset, Christus Dominus in sompnis apparuit dicens - Cras mittam ad te equos meos, et michi sufferabis eos - Cum igitur evigilasset, incepit secum revolvere visionem et cogitare quidnam essent equi domini, quos ita studiose iussus fuerat a domino sufferare et non potuit se de interpretacione sompni expedire Die ergo sequenti venerunt ad istum cenobium frater Iohannes bone memorie, qui postmodum Episcopus et tandem magister ordinis est effectus, et cum eo frater Henricus de Iurisignia Hos autem cum dictus abbas vidisset, quia numquam huiuscemodi habitum viderat, cepit reverenter querere cuius professionis essent, et quid intenderent, sic per mundum cum libris et baculis et vario habitu incedentes Tunc frater Iohannes incipiens sibi de singulis reddere racionem et institucionem ordinis et causam institucionis ac modum vivendi per ordinem declaravit ostendens quod equi quadrige domini, qui erant varii et fortes, parati erant discurrere per orbem et quod nichil dimiserat dominus predicatoribus nisi virgam tantum, scilicet crucem suam quam annunciabant [A predicabant vel matrem] et matrem Virginem in qua sperabant ac specialiter confidebant Quo audito, dictus abbas devotus procidens ad pedes eorum et deosculans eos - Vos estis, inquit, equi domini fortes, quos promiserat michi - Statimque lotis pedibus eorum et cum gaudio introductis, nova calciamenta portari iussit, et vestimenta alia quecumque necessaria habuerunt, et deinceps spec alis amator et benefactor magnus ordinis extitit, quoad vixit — 7) ut om A C D F G H — 8) sancte om F — 9) devotus vidit visibiliter quatuor   F — 10) quatuor om A C — 11) assistentes A C F — 12) qui *pro* et A C F — 13) et ministros tenuerunt add A C F G et ante ministros tenuerunt add H — 14) communicarent C — 15) ut om A C D F G H — 16) in conventu eodem A C — 17) quidam om D E — 18) per ambulancium C — 19) alter A C — 20) tercius aspersorium cellas   I — 21) eo dormire sicut ceteri putaretur F

quiescere putaretur Venientes[1] ad cellam eius cum[2] sicut alios
aspeiserunt Dixit autem unus eorum[3] alteri ~ Ecce nos expel-
limus eos de dormitorio[4], de aliis officiis quis eos[5] expellet ? ~
Cui ille respondit ~ Alii sunt quam plures a domino missi, qui
alias domos circueunt[6], inde adversarios expellentes ~ Et hiis
dictis abierunt Novicius autem usque ad plures menses de hiis
omnibus nichil dixit, credebat enim priorem domus cum servito-
ribus hoc fecisse Postquam autem tale quid fieri[7] non vidit,
revelavit hoc magistro suo et de eius mandato multis fratribus
totum per ordinem[8] dixit

De fratre quem dominus consolabatur[9]

§ XII Quidam frater valde religiosus[10] ex cuius relacione hoc[11]
cognovimus, a priore Romano missus est ad predicacionem cum
quodam[12] maiori se[13] in diocesim[14] Tusculanam Venientes autem
ad castrum[15], quod dicitur Columpna, de sero ducti sunt ad quoddam hospicium, quod erat plenum multitudine rusticorum Considerans autem[16] frater idem paupertatem et laborem et asperitatem
ordinis et miserias in itineribus[17] sepe, pusillanimis effectus,
multum cepit dolere, ita quod[18] cum lacrimis lectum artuum[19]
et pauperem intravit Cum dominus Ihesus in sompnis[20] apparuit
dicens ~ Surge, frater, et audi, quid[21] dicam ~ Surgens ergo[22]
et tremens vidit post[23] Christum quendam fratrem in manu
tenentem baculum more fratris itinerantis, qui illo anno intraverat ordinem, et quem dimiserat sanum Rome, quando egressi
sunt Dixit autem ei dominus Ihesus Christus[24] ~ Ecce istum
assumpsi[25] michi[26] de vestro conventu[27], et duco cum mecum, tu
autem longo vives tempore et multos propter me pacieris labores Esto ergo[28] fortis, et consolare in omnibus laboribus tuis,
quia[29] ego veniam et te, ut istum, in meam societatem assumam. ~
Et hec[30] dicens abiit cum splendore[31] multo, illum no° vicium
secum ducens Frater vero[32], quod viderat, socio retulit, et cum
redissent ad conventum, invenerunt dictum novicium in[33] eadem

1) autem add G H — 2) ipsum A C F G — 3) illorum F — 4) et add D E — 5) expellit
eos H — 6) circumeunt A F circumirunt C — 7) fieri amplius F — 8) per ordinem totum
G totum per ordinem add C in marg — 9) ut sumitur ex L — 10) religiosus valde G —
11) hoc relacione I — 12) quodam om H — 13) se minore F — 14) diocesi Tusculana F
dicesim A C — 15) claustrum H — 16) autem om D E — 17) itinerantibus C — 18) itaque
cum C — 19) arctum A C — 20) in sompnis om F Christus add F — 21) quod C —
22) igitur A C F G H — 23) post se C — 24) dixit ergo eis dominus F — 25) assumpsimus
de A — 26) michi om F — 27) ordine C — 28) igitur G H — 29) ego — assumam add C
in marg — 30) hoc F — 31) multo splendore A C — 32) vero om H — 33) in om A C

die, qua hoc acciderat, vitam presentem finivisse[1] cum multa devocione.

§ XIII. In conventu Neapolitano *a*) cum quidam frater de ordinis exitu[3] graviter temptaretur, visum est sibi, quod staret[4] in choro fratrum[5], qui omnes erant[6] in stolis albis et[7] alta voce cantabant[8] responsorium : « Noli me derelinquere, pater sancte *b*). » Cui dominus respondebat : « Non ego te desero, fili, sed tu me derelinquis. » Evigilans autem frater se consolatum invenit et gracias agens Deo, in ordine roboratus permansit[9].

De novicio quem dominus consolabatur. [2]

§ XIV. Duo fratres Herpibolensis *c*) conventus in Theutonia[11] egressi ad predicandum venerunt ad quendam fluvium[12] et ex altera parte navem et nullum in ea viderunt, populum[13] eciam congregari in ecclesiam, quia festum erat, considerantes; cum nullus omnino esset, qui eos transveheret, dixit unus eorum[14] navicule : « Transi huc navicula, transi huc, in nomine Christi, quem cupimus predicare. » Statim illa Christo[15] obediens venit, nemine inpellente, licet fluvius admodum preceps esset[16]. Cumque intrassent et[17] non invenissent remum : ecce puellula[18], quasi annorum VIII, venit saltans[19] de precipicio montis remum in

De navicula et puella. [10]

---

1) finisse F: finisse vitam presentem in multa... G H: finisse vitam suam presentem... A C. — 2) tit. ex cod. E: in A C haec par. sequitur nostram § VIII; in cod. F sequitur hacc par. post nostram § XIV. — 3) ordinis de exitu H. — 4) staret om. E G. — 5) et add. H. — 6) erant om A. — 7) et om. A G. — 8) cantabat G: clamabant A. — 9) A C hace par. sic sonat : Ad istud eciam videtur accedere, quod accidit in Conventu Neapolitano, ubi cum quidam frater valde temptaretur de exitu ordinis, vidit in visu esse in choro coram multitudine clericorum in stolis albis, et coram eis alte cantare et dicere : « Noli me derelinquere, pater sancte. » Et responsum est ei : « Non ego te desero, Fili, sed si tibi sum carus, noli desistere ceptis. » Ob quam causam frater ille consolatus est et in ordine roboratus. — 10) tit. ex cod. E. — 11) Sifridus videlicet et Corradus add. A C F. — 12) videruntque ex altera parte fluvii naviculam stantem, et populum ad ecclesiam congregari tempore vespertino, quia festum erat ibidem. Quumque libenter subitto transissent, ut verbum Dei populo, antequam recederet [annunciarent et nemo erat : hec verba desunt in textu cod. C.] qui eos traduceret, dixit frater Sifridus ad naviculam : « Transi huc ad nos, navicula, transi huc. » Illa imperio fratris obediens, directo tramite ad eos, nemine impellente, licet fluvius admodum preceps esset; cumque intrassent naviculam nec invenissent in ea remum nec aliquid necessarium instrumentum, ecce puella parvula, quasi octo annorum, venit saltando de precipicio montis et dixit : « Fratres vultis transire ? » « Volumus » inquiunt. Illa intrans ad eos, remo, quem secum in collo portaverat, subito traduxit eos, et statim, eis traductis evanuit. Et mirati sunt fratres, gracias agentes Deo, intrantesque villam verbum domini subito predicaverunt C. — 13) plurimam congregari ad ecclesiam multitudinem quia... A. — 14) scilicet frater Sifridus de herridum navicule H. — 15) Christo om, G H. — 16) esset preceps H. — 17) et om. E: nec F G. — 18) puella H. — 19) saltando A.

a) Conv. Neapolitanus fund. 1231. Moth. l. c. p. 333. — *b*) ex responsorio III. festi S. Laurentii Martiris 10. Aug. Brev. Ord. p. 849. — *c*) Conv. Herbipolensis (Würzburg in Bavaria) an. 1229 fund. Mothon l. c. p. 335.

collo ferrens et[1] traduxit[2] eos, et statim evanuit Et[3] gracias agentes Deo fratres verbum domini sicibundo populo predicarunt[4]

De fratre Rolando
infirmo [5]

§ XV Cum frater Rolandus Cremonensis[6], magister theologie, iam supradictus *a*), arceticam gravissimam[7] pateretur in genu, ita quod[8] sibi videbatur, quod nervi uncinis ferreis extraherentur ab eo, alta voce clamavit[9] ‹ Domine Deus[10], ubi est verbum

I Cor X 13

apostoli tui, qui dixit *Fidelis est Deus*[11], *qui*[12] *non pacietur vos temptari super id quod potestis ?* Ecce deficio, nec possum amplius sustinere › Statimque[13] omnis dolor discessit, et hoc idem frater magistro ordinis enarravit[14]

CAPUT SEXTUM

Quod domina nos
tra speciali affectu
ordinem diligit et
procurat [15]
De fratribus natan-
tibus per flumen [16]

§ I Circa *b*) principium[17] ordinis cuidam fratri iniunctum fuit, quod iret ad cumanos causa conversionis eorum Qui ex hac obediencia graviter perturbatus[18], quendam heremitam sibi familiarem et verum Dei amicum rogavit[19], ut dominum pro se deprecaretur, quia vix credebat dictam obedienciam utilem sibi fore Ille autem, ut erat homo[20] pius et sanctus[21], sequenti nocte oravit pro ipso affectuosissime dominum[22] Qui[23] consolatus est eum huiusmodi visione Videbatur enim sibi videre quendam[24] fluvium magnum et pontem desuper, et homines diversarum religionum per ipsum pontem letanter, sed singulariter, transeuntes Fratres autem[25] predicatores non per pontem, sed per

---

1) quae *pro* et D G H — 2) transduxit E G — 3) qui H — 4) predicaverunt H — 5) tit ex cod E — 6) cremonensis theologus iam supradictus H de quo supra facta est mencio add A C — 7) gravissimam arceticam G — 8) ita ut sibi videretur ut A C — 9) extraherentur de corpore suo clamavit alta voce dicens domine A C — 10) Deus om F — 11) Deus est A C — 12) quod H — 13) et statim cessavit omnis dolor A C — 14) enarrat H — Ex his exemplis patet quod benignus Ihesus curam habet de fratribus specialem (in) omnibus tribulacionibus spiritualibus et temporalibus vel corporalibus eos multipliciter confortando add F — 15) om tit E specialissimo F — 16) tit ex cod E — 17) cuidam fratri circa principium ordinis iniunctum fuit ut (quod *ret* G) ad Cumanos A C G — 18) turbatus quam plurimum ac quendam eremitam sibi multum familiarem ascendit, quem sciebat multe puritatis et simplicitatis esse et amicum dei, exponens ei sue turbacionis causam et rogans eum humiliter, ut pro se dominum precaretur (deprecaretur A) A C — 19) rogavit pro se ut G — 20) vir A — 21) suscepto negocio sequenti nocte orans affectuosissime dominum, vidit huiusmodi visionem Videbat enim flumen magnum et desuper pontem et C — 22) deum F — 23) qui om A — 24) fluvium quendam A — 25) vero H postmodum autem vidit fratres predicatores non per pontem transeuntes sed natando per medium fluminis, quorum quilibet trahebat per se currum plenum hominibus A C

a) cf § I huius capituli — *b*) fratres ord nostri missi sunt ad Cumanos, ad quos iam S P Dominicus maxime ire desiderabat, anno 1228 per Gregorium IX, per bullam dat d 21 martii 1228 — cf Bull Ord I, p 28, n° XXIII et p 22, n° XI — cf Mam 1 c p 646

ipsum fluvium natantes, transire, quorum quilibet hominibus[1]
plenum currum trahebat Cum autem quidam eorum[2] pre nimio
labore in trahendo deficerent, vidit[3] beatam Mariam assistentem
deficientibus et[4] benigna manu sublevantem eosdem[5] et sic eius
adiutorio pertransibant Post transitum autem[6] fluminis cernebat
eos[7] cum illis[8], quos secum traxerant[9] in locis amenissimis[10] ineffabili gaudio exultantes Quam visionem cum fratri retulisset,
ex hoc roboratus frater[11] quam plurimum[12], iniunctam sibi obedienciam devote complevit[13], manifeste cognoscens, fratribus[14]
pro salute hominum[15] graviores aliis religiosis qui se singulariter[16] salvant, instare labores, sed fructuosiores[17] et[18] gaudio
plenos ineffabili[19], et[20] in hiis beatam virginem specialem[21] adiutricem

§ II   Cum quidam frater[23] anglicus nomine Iohannes[24] iniuncto
sibi quodam officio non modicum gravaretur, et periculum sibi
imminere timeret totum se contulit[25] ad rogandum[26] dominam
nostram et ecce ei instanti[27] et frequenter oranti[28] visum est,
quod ei appareret mater misericordie dicens   - Noli timere,
frater,* sed *viriliter age et confortetur cor tuum*, et exspecta
modicum, quia officium quo gravaris tibi erit[29] in[30] meritum et
coronam

De consolacione beate Virginis

6
Ps 26 20

§ III   Frater quidem[32] non modicum fide dignus narravit,
quod cum ingressus ordinem invenisset omnia contraria sue
complexioni[33] et consuetudini[34], fame et miseria tabescebat, et
timore duri lecti et pulicum non poterat[35] dormire Cuius tedio
prior compaciens misit eum extra[36] cum quodam predicatore ad
videndum, si forte in hoc aliquam alleviacionem sui tedii inve-

De fratre consolato[31]

---

1) hominum F — 2) in trahendo currum pre nimio labore deficeren' videbat dictus eremita beatam A C quidam eorum om F — 3) videbat F G — 4) et manum porrigendo subvenientem eisdem et sic eius beneficio pertransibant C — 5) eosdem om A — 6) vero C — 7) dictos fratres A C — 8) cum illis om F — 9) in mirabili gaudio et ineffabili exultacione in illis locis amenissimis commorantes qui m   C — 10) cum add F — 11) is frater E, frater om (F — 12) devote et hilariter add A C — 13) adimplevit C — 14) nostris add A C — 15) magnos et add A C — 16) singulariter se F — 17) fructuosos C — 18) sed F F G — 19) ineffabili plenos F — 20) et dominam nostram specialem curam habere de ipsis C — 21) specialem om H specialiter A F G — 22) haec par om F ut ex cod C — 23) frater om D cum frater Iohannes anglicus iniuncto C H quidam frater Iohannes anglicus G — 24) nomine Ioh add L a man recentiori — 25) obtulit H — 26) rogandum G H — 27) instanter H instanter et ferventer A C G — 28) apparuit mater A — 29) erit tibi A C — 30) ad A C H — 31) paragr om L ut ex cod C item D — 32) propter sui honestatem add A C G H — 33) complexioni sue A C — 34) sue add A C — 35) potuit G — 36) conventum add C

niret[1] Cumque[2] labore itineris insueti et aliorum lacesceret[3] corpore, et eciam[4] deficeret animo, cum fletu clamavit « O beatissima virgo, ut tibi et filio tuo servirem hunc ordinem intravi ; et ecce in inicio ipso[5] deficio Da michi, domina[6], virtutem, ut possim sequi fratrem et ordinem servare » Et statim sensit se suavissimo rore perfusum[7], et surgens velociter cucurrit post fratrem, et ex tunc sanus et fortis et letus ad omnia, que eciam prius[8] videre non poterat[9], libenter et amanter portanda rore[10] celi meritis beate virginis confortatus, cursum suum in gaudio finivit

De fratribus quos beata virgo sub pallio tenet [11]

§ IV Fuit in Lombardia femina quedam[12], solitariam vitam gerens, admodum domine nostre devota, que audiens novum ordinem predicatorum surrexisse[13], toto affectu desiderabat[14] aliquos de illis videre. Contigit autem[15] fratrem Paulum a) cum socio

---

1) invenisset F — 2) cum autem A C G H — 3) lacesseret A C — 4) iam G — 5) in ipso inicio H — 6) tuam *pro* domina G — 7) perfundi A C G H — 8) prius eciam A C G H — 9) potuit G — 10) amore C — 11) tit e cod E item D — 12) quedam femina A C H — 13) qui dicebatur ordo predicatorum, ac eciam plura et magna de ipsis fratribus audiens, tam de eorum predicacione ferventi, quam de ipsorum vita laudabili, toto affectu aliquos de illis fratribus desiderabat videre A C — 14) desiderans E — 15) semel duos fratres nostros per partes illas causa predicacionis transire, quorum unus, qui principalior erat, vocabatur frater Paulus, homo multe perfeccionis et fervoris, et specialiter in predicacione, in qua graciosus erat valde, per quem Deus fructum multum in pluribus partibus operatus est qui integritatem mentis et corporis dicitur conservasse Qui fratres illam mulierem visitantes a casu et verbis scripture (ut mos est fratrum) illam alloquentes, quesivit illa, de quo ordine essent qui cum respondissent se esse de ordine fratrum predicatorum, illico a devocione quam de eis antea conceperat, cecidit, omnino credens contraria, que de ipso ordine prius audierat Nam videns eos iuvenes (de novo enim tunc rasuram fecerant) et formosos corpore et admodum pulchros in tam honesto et pulcherrimo habitu, despexit eos in corde suo dicens « Quomodo possunt isti continere euntes per mundum? Existimabat vero fratres, priusquam eos vidisset, esse viros barbatos et cuiusdam rigide et aspere apparencie quasi de deserto venientes Clausitque fenestram suam et recessit ab eis Sequenti autem nocte apparuit sibi beata virgo turbata facie, eam durissime increpans et dicens « Ecce quod ab heri graviter offendisti me » Illa autem timens ac tremens, licet non esset sibi conscia de aliqua gravi offensa dixit « Nescio, domina, nec recognosco me dixisse vel fecisse vel cogitasse aliquid, quod ita grave debeat vobis videri, nisi forte si reputatis istam offensam quam istis fratribus cogitavi » Et illa « Hoc est inquit, de quo multum me offendisti et graviter An non cogitas, quod possum eos custodire ambulantes per mundum? Ut autem scias me illius ordinis specialem suscepisse curam ecce monstro tibi fratres quos heri vidisti » Et aperiens atque extendens ambas alas clamidis sue, ostendit ei multitudinem fratrum magnam et inter illos quos despexerat ante, dictos duos fratres in gremio suo stantes, per omnia sicut prius viderat dicens « Ecce vide, quomodo eos ipsa custodio » Quo facto prosternens se illa cum multo timore coram ea, et cum multis lacrimis ab ea veniam postulasset et accipiens et deinceps dicta reclusa reliquo vite sue tempore ordinem et fratres toto corde dilexit A C

a) Et Paulus probabiliter est idem cuius mors refertur infra l V, cap IX, § III, legitur enim in aliquibus codicibus, quod Venetiis infirmabatur Receptus est ad habitum a S Dominico Bononiae anno 1220, ut constat ex Mon Con Bon Analect I, p 397

suo[1] per partes illas predicando transire. Cumque divertissent ad illam[2] et more fratrum verbis divinis alloquerentur eam, quesivit illa[3], qui vel cuius ordinis essent. Et cum dicerent se de ordine predicatorum esse, considerans eos iuvenes et pulchros et in honesto habitu, despexit eos, estimans[4], quod tales per mundum discurrentes, non possent diu vivere continenter. Sequenti igitur[5] nocte visa est sibi astare[6] beata virgo, turbata facie dicens : « Ab heri me graviter[7] offendisti. An non putas[8], credis, quod ego servos meos valeam custodire iuvenes et per mundum pro salute animarum currentes[9]? Ut autem scias, me ipsos in specialem suscepisse[10] tutelam, ecce ostendo[11], quos heri contempsisti. Et elevans pallium[12] ostendit ei[13] multitudinem[14] fratrum magnam, et inter eos illos, quos despexerat ante. Unde dicta reclusa compuncta, ex tunc fratres dilexit ex corde[15], et hoc[16] per ordinem enarravit.

§ V. Quidam[18] subprior fratrum Parisiensium ad exortandum fratres, ut officium beate virginis[19] devocius dicerent, narravit illis hoc[20] in capitulo : Quidam, inquit, religiosus frater cartusiensis ordinis, antiquus, litteratus et beate virgini[21] quam plurimum devotus rogabat eam sepius et ferventer, ut eum doceret, qualiter ei[22] suum servicium complaceret. Cum igitur quadam die in ecclesia hoc oraret[23], videbatur[24] sibi quod beata virgo ante altare sedebat[25], et[26] accedens cum reverencia et tremore[27] rogabat[28] cum lacrimis, ut eum suum[29] beneplacitum facere edoceret. At illa in[30] ipsum respiciens et subridens ait : « Quod fit amato, fac michi, si vis ad votum servire[31]. » Et ille : « Quid domina. » Respondit : « Amatur, laudatur, honoratur. » Tunc ille prostratus ad terram[32] dixit : « Domina, doce me te laudare[33] et amare et

De amore et laude et honore beate virginis. [17]

1) suo om. F G. — 2) villam E; illam et more solito fratres verbis divinis alloquerentur... G H. — 3) illa om. G; eandem quesivit qui F. — 4) existimans F G. — 5) igitur om D E. — 6) nocte astitit ei beata F. — 7) graviter me H. — 8) credis F; putas om. G H. — 9) et per — currentes om F; discurrentes A. — 10) accepisse A. — 11) tibi add. A. — 12) vestes F. — 13) sub pallio suo add. F. — 14) magnam fratrum H. — 15) ex corde dilexit D F. — 16) exemplum add. F. — 17) tit. ex cod. E. — 18) frater Nicolaus de Lausanna tunc subprior fratrum Parisius *ita incipit* F. — 19) beate Marie F. — 20) illo hoc E; hoc illis G; hec illis D; illis in capitulo hoc exemplum F. — 21) virginis E. — 22) magis add. F. — 23) versus altare respiciens add. F. — 24) vidit ipsam virginem ante altare sedentem, et accedens... F. — 25) sederet H — 26) hic add. H. — 27) timore F. — 28) eam add. H. — 29) suum om. G. — 30) in om. F. — 31) si vis — servire om. G. — 32) iterum *loco* ad terram F G. — 33) laudare te F G H; amare te, laudare te, honorare te D.

a) idem narrat Ant. l. c. cap. III, § I pluribus mutatis.

honorare - Cumque se in lacrimis funderet[1], respondit[2] - Vade ad fratres, et ipsi[3] te docebunt[4] - Et cum ipse diceret - Domina[5], multorum ordinum sunt fratres, ad quos eorum me mittis? » ait - Vade ad fratres predicatores, quia ipsi sunt fratres mei, et ipsi te docebunt - Hac de causa venit ille cum aliquibus ordinis sui Parisius, ipsi subpriori[6] hoc referens et doceri exposcens[7] *

---

1) se totum in lacrymas funderet F — 2) domina mater illi add F — 3) illi F — 4) doce bunt te G H — 5) multorum domina G — 6) subprioribus referens et doceri exposcens Ipsa quidem est a fratribus amanda speciali affeccione tamquam mater Dei et nostra dul cissima Ipsa imnis et canticis spiritualibus laudanda tamquam omni laude dignissima. Ipsa specialissime et devotissime honoranda tamquam regina excellentissima, patrona poten tissima et efficacissima advocatrix F — 7) A C haec paragr sic sonat Eo anno, quo magister Raymundus de Penaforti cessit magistratu ordinis [nempe 1240 vide chronicon] frater Nicolaus de Lausana quia erat tunc supprior fratrum Parisiensium ad exhortandum fratres, ut devocius dicerent officium domine nostre, scilicet beate virginis, narravit fratri bus in capitulo hoc exemplum Quidam religiosus, inquit, cuiusdam ordinis, qui inter ordines gravior reputatur, antiquus in ordine suo, litteratus et famosus et devotus beate virginis rogabat ipsam in oracionibus suis, ut dignaretur eum docere, quomodo posset ei melius servire ad votum, et suum esset magis acceptum servicium Cum autem has preces multiplicaret fervencius de die in diem contigit quadam die, dum esset in oratorio fratrum suorum, et hanc oracionem recitaret instancius post multa lacrimas elevare caput et versus altare respicere vidit autem tunc beatam virginem ante altare sedentem et quendam religiosum cum cappa nigra ex latere eius stantem in modum confitentis, ut moris est fra trum qui gaudens et cogitans, quod tunc beate sue satisfieri peticioni paulatim accedens cum reverencia se ad pedes eius proiecit, rogans et interpellans eam cum lacrimis de his, que supra rogaverat Tunc illa respiciens in illum, qui iuxta eam erat in modum confitentis et subridens ait roganti » Quid vis « At ille » Doce me quomodo tibi debeam servire? » Et illa » Quid sit amato sive amico? » Quia nescio peto a te doceri « - Amatur, laudatur, honoratur » Et ille » Domina, nescio, quomodo te debeam amare, laudare et honorare » Cum autem illa ad hec nichil responderet, ille totum se effundens in lacrimis instabat, ut illa tria verba sibi exponeret Tandem beata virgo ei respondens » Vade, inquit, ad fratres et ipsi docebunt te « Tunc ille cogitans multa esse genera fratrum dixit » Domina, multa sunt genera fratrum, nescio ad quos fratres me mittis ego habeo fratres et Cistercienses et Cluniacenses, et Grandemontenses, et Premonstratenses, et de Valle Caulium, et Mino- res et Predicatores habent fratres » Tunc illa » Fratres predicatores sunt fratres mei, vade ad illos et docebunt te « Hac de causa venit ille cum aliquibus de ordine suo Parisius, hoc ipsi suppriori et aliquibus aliis fratribus referens Et iste fuit de ordine cisterciensi Cum autem supprior in capitulo hec verba fuisset recitatus, fit fletus ingens multe devo- cionis inter fratres, quorum unus plenus devocione et quodam sancto stupore prorupit in fletum et currens ante altare domine nostre clara voce dicebat » Domina Maria sumne ego de fratribus illis, quos tuos fratres appellas? » Nec mirum si domina nostra illum reli- giosum ad illa tria exponenda verba ad fratres ordinis huius mittebat, quoniam ipsa ab eis speciali quadam affeccione amatur ipsa in divinis obsequiis ab eis quadam sancta ordina cione et singulariter laudatur ipsa in predicacionibus quodam singulari dono et excellenti gracia a fratribus sic aliis honoratur Que tria tam in singularibus collacionibus quam in predicacionibus aliis pre omnibus docet et instruit Quis enim facile enumeret, quot et quanta per universum mundum ex instruccione fratrum ipsam ament, laudent et honorent Quoniam ipsa est specialiter amanda tamquam mater dulcissima, specialiter laudanda, tamquam omni laude dignissima, specialiter honoranda, tamquam regina excellentissima

§ VI Cum² frater a) quidam Lombardus fortissime temptaretur De fratre per beatam virginem consolato ¹
de ordinis exitu, flens clamavit ad beatam virginem³ «O domina,
in seculo⁴ invisti me, et modo derelinquis servum tuum⁵» Statimque visum est sibi, quod appareret ei beata mater subridens
et consolans eum Alia⁶ nocte videbatur sibi, quod portaretur a
duobus extra claustrum⁷, et timens clamavit «O domina, conserva
me in presencia⁸, et da michi graciam predicandi ad salutem
meam et aliorum⁹» Statim respondit ei beata Maria «Libenter»
Hec autem¹⁰ magistro ordinis scripsit

§ VII Frater Rao b) Romanus vir¹¹ eximie sanctitatis¹² in De beata virgine dormitorium bene dicente
abstinenciis et vigiliis et oracionibus animarum zelator precipuus
et in urbe¹³ famosus, frequenter retulit inter fratres¹⁴, quod frater

---

1) tit ex cod E et sic deinceps nisi aliter notetur — 2) cum frater Bene Lombardus F,
cum frater Bene esset fortissime temptatus exire ordinem C semel stabat in choro converso-
rum et flebat et dixit o beata (o domina A) in seculo invisti me et modo me vis derelinquere Et elevans oculos subito apparuit ei beata virgo super se in aere subridens et consolata est eum A C — 5) beatam Mariam dicens H — 4) ita add G — 5) derelinquis me
Statimque apparuit ei beata mater subridens et consolata est eum F me add G — 6) Item
alia vice post matutinas infra octavam assumpcionis dormiendo videbat, quod portabatur
(add in marg extra claustrum) a duobus et ipse dixit (A timens clamavit) o , A C —
7) extra claustrum om F — 8) penitencia A F G — 9) peccatorum Et ipsa respondit
libenter Et statim cepit benedicere eam, quod locuta fuerit peccatori Hec duo exempla de
fratre Bene, viro utique verace et honesto, ipsemet retulit et magistro scripsit A C —
10) hec autem secreto magistro G H, hec duo ipse frater, vir verax et graciosus, retulit
et scripsit magistro F — 11) vir sanctus et pius frequenter retulit F — 12) et perfeccionis add A C — 13) Rome multum add A C — 14) visionem huiuscemodi tacito nomine,
qui eam vidisset, quam et frater Iacobus de Benevento c) lector, homo maxime litterature et
authoritatis, et excellentissimus predicator, dixit se audivisse a fratre Ioanne Penuensi
aliquociens predictam visionem de ipso fratre Raone fuisse in hunc modum, Erat enim
idem frater Rao vigilans super omnes fratres in cella et orans, qui videbat multociens
beatam virginem in sero postquam fratres intraverunt lectum, aliquibus sociatam virginibus transeuntem per dormitorium et signantem fratres et cellas eorum Cumque quodam
sero respiceret et videret eam transeuntem sicut aliis vicibus, vidit dum transivit cellam
cuiusdam fratris quod non solum eum non benedixit, sed nec cellam eius aspicere dignata
est ponens ante faciem suam oram clamidis quam gerebat Ille vero notans fratrem, quis
esset (fuerat enim multum delicatus in seculo) et in die habens eum seorsum post multam
inquisicionem de eo fecit, ab eo queriens quomodo et esset, et qualiter, et post multam
admonicionem ut sibi caveret ab omni offensa Dei et nomine beate virginis et post rela-
cionem visionis, quam viderat invenit nichil in eo culpabile, quare benediccione beate
virginis caruisset, nisi hoc solum fecerat, quod in sero A C

a) Frater Bene, sic istum fratrem nominant cod A C F, fuit unus ex primis sociis B Dominici An 1221 fundavit simul cum fratre Fugerio conventum Senensem Mam 1 c 586 587
— b) De fratre Raone vide infra 1 IV c XV, § VII 1 V c IV, § XIII 1 V cap VII, § III
— Vinc Bellov XXXI cap CIV — Mam 1 c p 661 Eandem visionem mutatis mutandis
legimus apud Caesareum Heisterbachensem Ord Cist in lib miraculorum VII 11 ex
quo transferri videtur ad Ordinem nostrum, mediantibus probabiliter fratribus Ord Cisterciensis, tunc temporis ad ordinem nostrum transgressis Similem visionem vide infra
1 III, cap XXVII — c) De fr Iacobo de Benevento vide infra 1 III, cap XXVI

quidam vigilans in cella sua[1], vidit sepe beatam virginem, aliquibus sociatam sanctis, postquam fratres[2] lectos intraverunt transeuntem per dormitorium et fratres signantem. Quodam autem sero, cum eodem modo signando transiret, vidit eam cellam cuiusdam[3] fratris ponendo (h)oram clamidis sue[4] ante faciem transire[5]. Ille ergo notans cellam, in crastinum vocans fratrem illum, quesivit ab eo, quomodo sibi esset, et monens, ut se[6] ab omni offensa et negligencia caveret; et quod viderat referens, nichil aliud[7] in eo invenit illa[8] nocte culpabile, quare benediccione beate virginis caruisset, nisi quod in sero propter estum nimium[9] traxerat[10] sibi caligas, et laxans cingulum[11] nunc[12] unum humerum, nunc[12] alium extrahebat[13]. Fuerat quidem in seculo[14] nimium delicatus. Quibus[15] dum caruisset, vidit idem frater alia nocte ipsum cum aliis fratribus benediccionem a beata virgine recepisse. Creditur autem, quod ipse qui retulit, fuit ille[16] qui vidit visionem predictam.

§ VII[a]. *a) Fertur, et frater Gerardus Florentinus dicit se audirisse, quod frater Martinus Paduanus, cuius fama sanctitatis per totam Lombardiam claruit, huic simili visione consolatus est pluries. Fuit enim tante excellencie, quod maiora de eo credi veraciter possunt.*

De tribulacione
Parisiensi.

§ VIII. Tempore *b)* quo quidam magistrorum[17] Parisiensium universitatem contra fratres concitaverunt[18] graviter, et[19] cum

---

1) cella et orans vidit sepe beatam Mariam (beatam virginem F) aliquibus... F G. — 2) fratres om. G. — 3) fratris cuiusdam F. — 4) sue chlamidis F. — 5) pertransire G H; pertransiret F. — 6) sibi F G. — 7) aliquid F. — 8) illa — caruisset om. F. — 9) nimium estum A C. — 10) detraxerat H. — 11) et laxans cingulum om. A C. — 12) nec E; et modo unum humerum, modo trahens alium de tunica, refrigerium huiusmodi appetendo, inhonestatem incurrit, que beate virginis oculos offendebat. A quibus cum abstinuisset vidit frater predictus benediccionem cum aliis fratribus a beata... A C. — 13) extra habebat G. — 14) in seculo om. H — 15) A quibus ipsum cum aliis : fratribus benedictionem a b. Maria recepisse... F ; a quibus cum sibi caruisset D ; a quibus cum G H. — 16) ipse E. — 17) magistrorum in theologia concitaverunt universitatem Parisiensem contra fratres et ordinem, fuerunt fratres in tanta tribulacione, quod fratribus nescientibus fere quid esset agendum, ordinavit capitulum generale, quod tunc Parisius celebraretur, quod per totum ordinem fratres recurrerent ad dominum et ad beatam virginem advocatam nostram, et ad beatum Dominicum patronum nostrum, dicerent omni septimana in conventu prostrati septem psalmos penitenciales, et letanias cum collectis, et de beato Dominico, et de [A : pro] tribulacione. A C. — 18) concitant D ; et eos a sua societate amoverunt add. F — 19) et om F G; cum ergo E.

a) Haec paragraphus deest in ed. Duac; cod. D E F H. — *b)* Quantum ad dissidium inter magistros Parisiensis Universitatis et mendicantes vide Bull. Ord. vol. I, p. 276, 280, 301, 306. Visio haec accidit anno 1256; nam 17 Iunii huius anni data est sententia Alexandri. Bull. I, p. 306, n° CII.

ignorarent fratres, quid agere deberent, ordinaverunt in capitulo *a)* generali, quod per totum ordinem singulis septimanis[1] a fratribus prostratis septem psalmi cum letania et oracionibus de[2] beata virgine et[3] beato Dominico[4] pro tribulacione in[5] singulis conventibus dicerentur. Erat autem[6] in conventu Romano quidam frater[7] devotus, qui[8] parumper obdormiens, cum fratres dicerent letaniam, visus est sibi videre super cooperturam altaris dominum Ihesum Christum sedentem et beatam virginem iuxta eum, que[9] una manu brachium eius tenens, et alia manu extenta ad[10] fratres, ei prostratos et orantes ostendens, dicebat : « Exaudi eos, exaudi eos[11]. » Hec[12] autem idem frater narravit magistro *b)* ordinis, qui tunc Rome erat. Nec discredendum[13], quin[14] tunc beata virgo intercesserit et obtinuerit pro ordine, quia post modicum data fuit[15] sentencia[16] a domino papa Alexandro[17] *c)* pro ordine in negocio, quod contra universitatem habebat, in quo si succubuisset, magna iactura ordini inminebat.

§ IX. Scolaris quidam Flandrensis Parisius in quodam sermone compunctus ordinem predicatorum intravit[18]. Hunc in noviciatus sui principio Dei clemencia in magna dulcedine et cordis tranquillitate nutrivit; nam in sanctis meditacionibus non mediocri devocione succensus crebras a domino consolaciones recepit. Sed

---

1) septimanis dicerent 'VII' psalmos... F. — 2) et *pro* de G. — 3) de add. H. — 4) et add. F G.— 5) in — dicerentur om. F.— 6) Factum est autem, cum in conventu Romano, ubi tunc erant, dicerent fratres oraciones predictas, quod quidam frater devotus, existens ibidem obdormivit aliquantum, et visum est ei, quod super altare conventuale, in copertura quam vocant in partibus illis ciborium, erat quasi quoddam solarium, super quod in sede quadam sedebat dominus Ihesus Christus respiciens ad fratres prostratos in choro orantes et dicentes oraciones predictas. Astabat autem et beata virgo Maria ante ipsum, tenens ipsum, cum una manu per brachium, et cum alia manu, brachio extenso, ostendebat ei fratres prostratos orantes, et dicebat ei sic : « Exaudi, exaudi, exaudi eos. » Et sic disparuit visio. Frater autem quidam vite sancte et fame non modice tradidit michi in scriptis, urgente, ut puto, consciencia propter mandatum super huiusmodi revelandis [*vide prologum de hoc mandato*] et credo illum fuisse, cui huiusmodi visio apparuit. Non est dubium nec discredibile, quin beata virgo in diebus illis intercesserit pro ordine, cum fratres obtinuerint in omnibus illis arduis negociis in tempore illo, in quibus, si occubuisset ordo, perpetuo reputabatur destructus... C; autem om. E. — 7) valde add. F. — 8) qui vidit dominum Ihesum Christum super ciboriis altaris sedentem... F. — 9) *a verbo* que — Rome erat concordat A *cum* C. 10) ad om. F G. — 11) exaudi eos om. F. — 12) Rediens autem frater ad se hoc magistro ordinis nunciavit. Nec... F. — 13) dubium F : non est dubium quin beata virgo in diebus illis intercesserit A. — 14) quin beata Maria exaudita sit pro reverencia sua, quia tunc obtinuit ipsa pro ordine in hiis in quibus si subcubuisset perpetuo reputabatur destitutus. F. — 15) fuit om. E ; est A. — 16) pro ordine add. A. — 17) Alexandro om. A. — 18) intravit predicatorum G.

a) Capit. generale. Parisius 1 Iunii 1256 habitum. — *b)* Nempe Humberto. — *c)* Alexandro IV.

ne magnitudo divine consolacionis forsan eum in futuro extolleret, cum dominus urgeri stimulo temptacionis permisit Temptacio igitur exeundi ordinem eum tam grandis invasit, ut anime sue spreta salute modis omnibus exire[1] disponeret Quodam igitur sero, dum dicto completorio et regina misericordie per antiphonam Salve Regina devota a fratribus salutata, fratres ante altaria sese devote in oracione prosternerent, ille corde vagabundus, cellas[2] ingreditur, quomodo exire valeat machinatur Cumque locum aptum[3] non inveniret, per portam exire[4] ac portarium[5], si ei obstare voluerit[6], verberare disponit Cum igitur eundo versus portam ante altare beate virginis transiret, coram eius imagine, more solito genuflectit Dumque[8] dicta salutacione angelica ad eundum[9] surgere atemptavit[10], mox eum divina virtus ita immobilem tenuit[11], quod nullo modo de loco illo potuit se movere Iterum et iterum nititur surgere[12], vires excitat, ut se possit erigere, sed ac si esset vinculis alligatus, cogitur remanere Hoc[13] senciens ad cor redit[14], erga se Dei ac matris virginis misericordiam recognoscit[15], seipsum vehementer accusat, ac firmiter deinceps perseverare disponit Firmato igitur proposito remanendi, leviter exsurrexit, voluntatem quam habuerat, in confessione[16] aperuit, et postmodum in ordine diu ac laudabiliter vixit

§ X Frater quidam nobilis genere, sed[17] nobilior moribus, ac[18] dignus fide, narravit[19] de se[20] magistro[21] ordinis[22], quod cum[23] esset novus in ordine, adeo[24] graviter temptatus est[25], quod deliberavit exire ordinem Et cum iam[26] esset in via, sed adhuc intra domum, venit ei in memoriam[27], quod non acceperat licenciam a domina nostra, ad quam tunc specialem devocionem habebat

De fratre accipiente licenciam apud beatam virginem

---

1) ad seculum redire C — 2) cellam C — 3) apertum A C — 4) decievit exire A C — 5) portinarium C — 6) vellet, verberare disposuit H — 7) oravit H — 8) cumque H — 9) exeundum A C — 10) attemptaret D — 11) retinuit A — 12) surgere conatur — 13) hec A C — 14) redit et erga H redit A C — 15) et add A C — 16) palam add D C in marg — 17) sed om C multo add A — 18) et G ac prerogativa conversacionis eximie et dignus omni fide C — 19) narrat H — 20) de se narravit D — 21) magistro Humberto, qui hec eadem scripsit, quod F Humberto quod A — 22) quasi in secreto confessionis add C — 23) cum adhuc esset satis novus C cum adhuc (om adhuc D) esset novicius A D — 24) incurrit adeo graves temptaciones, que eum induxerunt ad hoc, quod die quadam deliberans omnino ordinem relinquere, posuit se in via Sed antequam claustrum fuisset egressus, venit eidem ad memoriam beata virgo Maria, ad quam devocionem quandam habebat, et dixit corde suo « Quomodo es ita rusticus, quod recedis, et saltem non acquiris licenciam a domina tua virgine gloriosa ? » Motus igitur ista cogitacione intrat ecclesiam, venit ante altare suum et dixit huiuscemodi verba A C — 25) est temptatus F G — 26) iam om H — 27) memoriam ei H

Cito igitur[1] intrans[2] ecclesiam venit ante eius ymaginem[3] et
ait - O domina mea[4], non possum amplius rigorem istius
ordinis sustinere Unde[5] veni licenciam accipere a te, et me tibi
commendo - Et ecce subito tanta febris cum invasit, quod stare
non poterat supra pedes, sed statim cecidit ante ipsum altare[7]
Transeuntes autem fratres et[9] cum vexari videntes ad infirmitorium portaverunt, et post multos dies sanatus est corpore et in
ordine confirmatus

§ XI Cum[10] quidam[11] creditor repeteret quinque marcas
argenti a[12] priore Libicensi *b*) in Theutonia, et ipsum vehementer
urgeret, pecut inducias prior[13] saltem usque ad vesperas, ut[14]
cum fratribus interim[15] deliberaret, quomodo expositis pignoribus
se posset expedire[16] Fratribus igitur[17] cum[18] priore sedentibus[19],
nec consilium invenientibus[20] ecce portarius venit dicens priori
- Quedam matrona[21] valde nobilis[22], ut videtur, ad portam stans
mandat[23], ut ad eam quam cicius[24] veniatis - Cumque[25] prior
venisset, invenit ibi[26] dominam[27] decentissime[28] forme, et valde[29]

De quinque marcis

1) ergo D F G H — 2) intus F — 3) altare F — 4) nostra gloriosa ego non A ait
virgo gloriosa ego non possum amplius ordinem istum sustinere C —5) illius sustinere G
— 6) et volo recedere, sed nolui complere propositum donec acciperem licenciam a te
domina mea et ideo venio modo coram te ut accipiam a te licenciam, et recommendo me
tibi Factum est autem dum hoc diceret, subito tanta febris invasit eum, quod pre tremore
non poterat stare super pedes suos, sed [add in marg C statim] cecidit ante altare add
A C — 7) potuit F G H — 8) altare ipsum F — 9) fratres audierunt cum gementem, et
recedentes deportaverunt eum ad infirmitorium nescientes rem gestam Sanatus autem
postmodum tam corpore quam mente confirmatus est in ordine, sed ipsius amator et zelator
precipuus et magne authoritatis, et utilitatis effectus, multos traxit ad ordinem et in hoc
graciam habuit specialem A C — 10) frater Bartholomeus studens domus Libicensis
dixit fratri Alberto *a*) priori provinciali Theotonie, quod cum quadam die creditor quidam
cum multa instancia repeteret quinque marcas urgenti a fratre Iohanne priore Libicensi
et ipsum A C — 11) quidam om F — 12) fratre Iohanne add F — 13) inducias prior
A C — 14) ut in meliori tempore deliberare posset cum senioribus (A fratribus) quomodo
A C — 15) iterum F — 16) a debito liberare C — 17) senioribus add F G — 18) suo
add A C — 19) sedentibus cum priore I in tractatu add A C — 20) et non invenientibus
consilium, per quod possent ita subito satisfacere creditoribus, ecce portarius (A portarius) venit et dicit A C — 21) matrona que valde nobilis videtur ad H — 22) et hono-
rabilis, quam umquam memini me vidisse stat ad portam et mandat vobis ut A C —
23) sciscitat D L — 24) quam cito H — 25) statim prior egreditur et cum venisset ad por
tam A C — 26) ibi dominam invenit H — 27) quam non noverat A C — 28) venuste
A — 29) et supra modum graciosi aspectus C

a) Ir Albertus (Magnus) electus est in priorem provincialem Wormatie 1254 anno 1259
comitiis Ordinis Valencenis habitis missionem ab onere provincialatus obtinuit Quet I 162
— *b*) Hoc accidisse in Lipsiensi conventu (Leipzig) et non in Lubicensi (Lubeck) constat
ex cod D, ubi scriptor in margine per *nota* specialem attentionem lectoris ad hoc factum
dirigit — Conv Lipsiensis fund an 1220 Mothon I c p 335

graciosi et honesti habitus et aspectus Que statim obtulit ei quinque marcas argenti dicens - Accipite hoc[1] interim, quousque dominus vobis amplius donet[2]. - Cum autem quereret prior, a quo hec opportuna donacio processisset, respondit - Non curetis, sed agite gracias[3] Deo[4], bonorum omnium largitori - Tunc prior letus ad fratres rediit[5], et quomodo Deus per quandam matronam eis[6] providerat, ostenso argenti pondere demonstravit Postea prior penitens[7], quod non diligenter[8] quesierat quenam domina illa esset, misit hinc inde pueros[9] per plateas, et nusquam potuit inveniri, vel[10] aliquid de ea sciri[11] Unde[12] fratres ex pia suspicione beate Marie, quod factum fuerat, ascripserunt

De VI milibus solidorum

§ XII Cum fratres Lemovicenses[13]a) propter multas ineptitudines locum suum mutare proponerent, nec pecuniam ad solvendum locum novum, quem emerant, vel dono vel mutuo habere possent[14], et[15] prior et procurator, qui tota die[16] per divites et amicos[17] discurrerant, nec[18] aliquatenus invenirent, ad vesperam lasso[19] et anxiato priore et querente, quid agere* posset, frater quidam honestus[20] et litteratus respondit - Ecce, karissime prior, fratres a domina nostra Ihesum sibi petunt ostendi[21], sexta

8

---

1) interim hoc E — 2) amplius vobis H, amplius donet vobis F accipite hoc argentum Et cum quereret ab ea, a quo hoc, opportuna domina, processisset, illa respondit C — 3) agite tantum gracias domino A C — 4) domino F — 5) letus rediit F — 6) eis om F — 7) penitencia ductus C — 8) diligenter a dicta matrona quesiverat, quenam esset, misit hinc inde per vicos et plateas et nunquam A C — 9) inde per vicos et plateas F G H — 10) nec aliud intelligi de eadem C — 11) sciri de illa F H — 12) tunc A C — 13) de Provincia add F — 14) habere possent A C F G H — 15) et om C G — 16) die om C — 17) avaros C — 18) nec (om nec G) possent aliquatenus invenire post vesperum A C F G H — 19) laxo C — 20) honeste preclarus et G H — 21) fratres Ihesum Christum a domina sibi querunt ostendi D

a) Conv Lemovicensis (Limoges) fundatus anno 1219 habuit pro priore 1241 Gerardum ipsum, sub quo conventus mutatus est cf de hoc pref Quetif I 259 b Dictus capellanus fuit Aimericus Palmutz canonicus Daurateusis Legitur de eo in memorabilibus pro conventu Lemovicensi Anno 1253 in festo Nativitatis beate Marie Virginis, transactis iam duodecim annis a mutatione fratrum de loco antiquo ad novum, celebratum est iterum apud Lemovicam provinciale capitulum sub ven P fr Gerardo de Fracheto Lemovicensi et priori provinciali octavo Paucis autem diebus ante capitulum translata sunt corpora 1° domini Durandi, episcopi Lemovicensis, de capitulo ad medium chori ecclesie 2° domini Aymerici Palmut, canonici patroni nostri et Guillelmi de Malmonte etiam canonici S Stephani ad sepulcrum sibi paratum in muro ecclesie iuxta ostium quod vadit ad claustrum, cum his versibus leonicis

Nostri patroni sunt hic, quorum Deus ossa

Sic voluit poni sub eadem condita fossa

Noster ab hoc emitur locus, alterius fabricatur

Nummis ecclesia Reddat sibi virgo Maria

Douais l c p 52 nota 5 de conventu vide infra l III cap 38

quippe feria erat, et fratres post eius sollempne completorium
salve regina cantabant. Prior itaque compunctus fratri dicto[1]
respondit : - Et ego quero sex milia solidorum ab ipsa domina
nostra per[2] ipsum Ihesum Christum[3], filium eius benedictum. -
Cum igitur mane missam beate matris[4] et virginis fratres sol-
lempniter celebrarent, ecce capellanus ecclesie Dauracensis[5], vir
nobilis et[6] honestus et litteratus advenit. Post mattutinas quippe[7]
ecclesie sue cum sociis suis[8] equitaverat[9] ·X· leucas, credo[10] a
beata virgine excitatus[11], et audita anxietate prioris post missam
peciit, ut fratres ad capitulum convocarentur[12]; quibus presentibus[13] ait : - Vos karissimi fratres locum novum[14] emistis, nec
patrocinium[15] habetis, nec aliquem invenistis, qui solvat. Beata
igitur Maria[16], quam[17] nocte et die laudatis[18], erit patrona vestra,
et ego servus eius solvam locum istum pro ipsa. - Cum ergo
gustasset modicum, ipsa die ad suam ecclesiam rediens, in crastino[19] sex milia solidorum Turoniensium fratribus Deum et dominam nostram[20] glorificantibus[21] super proprium equum[22] misit.

§ XII[a]. *Monachus ille Cisterciensis[24] de sancto Galgano, de
quo superius[25] in alio titulo facta est mencio, sicut fertur, cum
semel Pisis a) in conventu fratrum predicatorum in refectorio
cum ipsis fratribus comedisset valde modicum, quod vero sic fuit,
post comescionem vero habito eo dixit : « Domine Iacobe b) (sic
enim vocabatur monachus) quare ita parum, atque quasi nichil
comedistis, cum fratres habuerunt hodie bonam pictanciam ? »
Cui respondens ait : - Frater crede michi, numquam ita bene
comedi toto tempore vite mee. » Frater autem nesciens, quare
hoc diceret admirans ait : « Quomodo est hoc? Ego vidi, quod
vos parum comedistis. » Cui ille, aperiens, quod dixerat, ait :
« Ego numquam ita bene comedi, quia numquam talem habui
servitorem, sicut vos habetis. Apertissime namque hodie beatam*

De beata virgine
serviente in
refectorio. [23]

---

1) fratris dictis C: predicto fratri A. — 2) propter C H: propter Ihesum F G. — 3) dominum nostrum add. A: filium eius benedictum add. F. — 4) matris beate H: Marie add. A C:
beate Marie virginis F. — 5) diluracensis A G. — 6) et om. E. — 7) quidem F. — 8) suis
om. F G. — 9) per add. D G H. — 10) quod add. H. — 11) concitatus A C F G H. — 12) vo-
carentur C D G H. — 13) sedentibus A F. — 14) novum om. G. — 15) patronum A C D F. —
16) virgo A C. — 17) et add. G. — 18) laudastis H. — 19) crastinum A C F G. — 20) nostram
om. G H: gloriosam A C. — 21) glorificantibus om. G. — 22) proprio equo H. — 23) haec
par. om. A D E G H; tit. a nobis add. — 24) cisterciensis om. F. — 25) superius mencio
facta est, cum... F.

a) Conv. Pisanus an. 1221, fund. Anal. II, p. 95. — b) de fr. Iacobo cf. supra cap. V, § VII.

4

virginem Mariam dominam nostram vidi fratribus ministran-
tem, et omnia fercula ipsis fratribus apponentem. Super quo ita
fui refectus, quod pre leticia spiritus, parum aut nichil come-
dere potui. »

De beata virgine
tenente librum [1]
ante fratrem
predicantem.

§ XIII. Monachus[2] ille de sancto Galgano, de quo superius
mencio facta est, narravit, quod vidit aliquociens ipsam beatam
Mariam virginem tenentem librum apertum coram quodam[3]
fratre, qui predicabat; de qua predicacione fructus maximus est
secutus.

De beata virgine
dictante verba
predicacionis.

§ XIV. Frater quidam cum[4] semel suum ordinasset sermonem
provisione[5] sollicita[6], subito mutans materiam, predicavit de alio,
de quo non cogitaverat et multo melius. Aderat autem dictus
monachus, qui videbat[7], sicut postmodum retulit, beatam virginem
ei singula verba dictantem. Unde in tantum dilexit ordinem,
quod dicebat se velle, quod omnes boni clerici cistercienses[8] et
aliorum essent in ordine predicatorum ad operandum[9] animarum
salutem. Unde frequenter sequebatur fratres, et sollicite orabat
pro eis, ut superius patet[10].

De priore qui
subterfugere
voluit officium
prioratus.

§ XV. Accidit[11] semel in Tuscia, quod quidam frater, electus
in priorem a quodam conventu, onus subterfugiens prioratus die
quadam veniret ad locum, ubi[12] erat dictus frater Iacobus, sibi
valde familiaris. Rogavit autem[13] eum dictus prior[14], ut pro se
dominum et[15] eius[16] piissimam matrem[17] exoraret. Cum igitur
sequenti nocte apud Deum sollicite[18] instaret, vidit, ut ipsemet

---

1) librum om. E. — 2) idem monachus aliquociens in predicacionibus aliquorum fratrum
vidit beatam virginem... A C F. — 3) coram eis, quamdiu predicabant, de quorum predicacione illo tempore fuit plurimus fructus consecutus. C. — 4) cum E. — 5) previsione A C.
— 6) cum ventum est ad predicacionem, subito mutavit materiam predicans de eo quod
numquam prius previderat, sed longe melius, quam si prius previdisset, beata virgo ei
assistente et verbum ministrante. Aderat autem tunc. A C. — 7) qui vidit ipsam beatam
virginem stantem ante ipsum, et usque ad finem predicacionis ei librum apertum tenentem.
Visum est autem et audientibus et ipsi fratri, quod tunc melius, utilius et fervencius predi-
caverit, quam fecerit a longo retro temporibus. (Cetera desunt C.) — 8) ordinis cisterciensis
A H. — 9) operandam A. — 10) inferius patebit E. (cf. § VII, cap. V.) — 11) Accidit semel
quod quidam frater electus in priorem cuiusdam conventus in Tuscia et confirmatus, ipsum
onus subterfugiens prioratus, fugiens ac quasi abscondens, sicut Ionas a facie domini, qui
cum venisset ad quemdam locum. A C. — 12) et illuc dictum monachum advenisset contingeret, exposuit ei dictus frater pressuram animi sui super officio sibi imposito, utpote qui
ei multum erat familiaris. C. — 13) autem om. H. — 14) dictus prior om. H; prior om. G;
rogans eum ut pro A; rogans eum devote ut. . C. — 15) et matrem domini precaretur. Qui
eadem nocte dum sollicite... A C. — 16) eius om. H. — 17) matrem piissimam G H. —
18) et attente rogaret dominum, vidit dominam matrem (ut ipsemet narravit add. C. in marg.)
quasi paratam ad iter versus partes illas, ubi erat conventus, unde ille frater electus erat.
Qui dum (add. C. in marg. humiliter) quesisset ab ea... A C.

narravit, beatam virginem paratam quasi ad iter ad[1] partes illas,
ubi erat conventus ille, qui fratrem predictum in priorem elegerat
Et cum humiliter quesisset a domina nostra[2], quo pergebat[3], respondit - Vado ad conventum talem[4], curam habere fratrum,
qui[5] adhuc[6] non habent priorem - Hoc[7] igitur vir sanctus in
crastinum cum retulisset illi, compunctus acquevit accipere[8]
prioratum confidens[9] de adiutorio beate[10] virginis gloriose[11]   De processione [12]

§ XVI Idem[13] beatus vir narravit quod cum quadam nocte ad
fenestram quandam apud Viterbium[14] oraret, vidit extra muros
urbis[15] quandam processionem albatorum[16] cum multis luminibus[17]
ad[18] locum ubi domus fratrum est, procedentem et[19] personas
distincte videre poterat[20] et voces audire[21] Inter eas autem[22]
videbat quandam excellentem[23] dominam[24], cui omnes[25] reverenciam exhibebant Cui[26] cum sedes posita esset, in loco ubi nunc
est altare[27] fratrum, supervenit quedam[28] veneranda domina[29],
sparsis crinibus et veste concissa, et ad pedes[30] domine nostre
accurrens ait cum fletu - Domina mea[31], vindica me de adver-
sariis meis - Que respondit - Quare[32] rogas me? Videbis in
brevi mirabilem vindictam de eis - Et disparuit visio Post paucos
autem dies consilium quorumdam magnorum, quod contra ordinem dicebantur machinasse quodam miserabili infortunio est a
domino dissipatum ·   · 8'

---

1) versus G — 2) notia om D G H — 3) pergeret A C D H — 4) talem conventum habere
curam illorum fratrum A C — 5) quia G — 6) modo carent priore C — 7) quod cum dicto
fratri retulisset acquievit recipere prioratum   C — 8) accipere om E recipere A D —
9) confidens — gloriose om C — 10) beate om G — 11) gloriose virginis Marie A —
12) hic ponitur in cod F nostra § XVII — 13) idem monachus dum Viterbii quadam nocte
in palacio domini Reynerii cardinalis stans ad quandam fenestram, que respiceret versus
locum fratrum predicatorum vigilaret et oraret   A C — 14) apud urbium E — 15) civitatis A C — 16) albatorum om C venerabilem add A C — 17) luminibus multis H —
18) versus locum fratrum procedentem, cuius processionis personas A C — 19) qui *pro* et
H — 20) poterant H — 21) que sibi multum dulcissime videbantur add A C — 22) autem
om H — 23) superexcellentem A D G H — 24) in qua, *pergit* C processione erat quedam
veneranda persona distincta ab aliis, cui   C — 25) alie quasi domine add A C — 26) que
dum appropinquasset ad locum et sedes ibi posita sibi fuisset add A C — 27) chorus C —
28) alia add A C — 29) persona scissis vestibus et sparsis crinibus et proiecit se ad pedes
illius cum fletu rogans et dicens   A C — 30) ad pedes eius cadens (concurrens D) ait D H,
ad pedes occurrens ait G — 31) mea om A C — 32) quid D G H dicens ad quid rogas me
videbis in brevi vindictam mirabilem [A de eis] et inauditam et post hec disparuit visio
In brevi autem post exstitit illa captura miserabilis prelatorum apud Pisas nec dubium
quin ipsa fuerit ecclesia dominam nostram contra iniurias et inimicicias multorum prelatorum et magistrorum deprecantem, quas tunc specialiter contra ordinem attendebant A C
[Editor cod C notat 1241 Raynald   ad hunc annum]

§ XVII Quidam frater antiquus in ordine[2] et conversacionis honeste narravit, quod[3] cum[4] fratres dicerent matutinas beate virginis, vidit[5] ipsam[6] dominam nostram duabus comittantibus puellis[7] ad hostium dormitorii dicentem[8] « Fortiter, viri fortes » Hoc autem retulit prelato, ut moneret[9] fratres ad amorem beate virginis[10], et ut devocius dicerent officium eius

De matutinis beate virginis[1]

§ XVIII In conventu Urbevetano a) Tuscie, cum quidam religiosus[11] frater[12] infirmus recipisset ecclesiastica[13] sacramenta, et iam appropinquaret ad finem, cepit fixis oculis ad certum locum tremens[14] respicere, quod custos eius advertens[15] ait « Frater[16], rogo te propter Deum, ut[17] dicas michi, quid vides, et[18] si bonum est congaudebo, si vero malum, ut potero adiuvabo[19] » Cumque[20] multum cum super[21] hoc adiuraret[22], ille in quoddam verbum desperacionis prorupit, ac si totum perditum esset, quod in ordine laboraverat[23] Custos igitur valde perterritus estimans eum[24] ab *incursu et demonio meridiano* subversum, cepit[25]

De versu Marie mater gracie

Ps 90. 6

1) haec par in cod A C sequitur nostram § XXIIa in cod D nostram § XIX — 2) vir religiosus sancte et honeste conversacionis, quadam nocte, dum fratres in dormitorio dicerent, mattutinas domine nostre, vidit apertissime ipsam dominam nostram, duabus comitantibus puellis venientem ad ostium dormitorii et dicentem hec verba « Fortiter, fortiter, viri fortes », et recessit Hoc autem ita apertissime vidit, et audivit, sicut aliqua res magis clare videri et audiri (non) potest Quod secreto superiori, quia prior non aderat, referens rogavit, ut moneret fratres, ut circa devocionem ipsius domine nostre magis ac magis essent solliciti, et maxime in dicendo devote et reverenter eius officium Quod et fecit diligenter A C — In Massilia add F in marg a manu rec — 3) narravit quod om F — 4) dum F G H — 5) apertissime add F — 6) eam E — 7) puellis committantem stantem D — 8) hec fortiter add F G — 9) moneat E — 10) Cuidam eciam novicio apparuit ipsa beata virgo, et oras suas dicebat cum eo Cumque venissent ad responsorium elegit eam Deus et preelegit eam, abiit domina, eo multum affecto et consolato add F — 11) religiosus om A C — 12) A C sic pergunt iuvenis, qui fuerat optime conversacionis et dilectus a fratribus devenisset ad infirmitatem, de qua mortuus est et recepisset iam omnia ecclesiastica sacramenta, et quodam mane venissent omnes fratres ad missam, relicto secum solum uno custode cepit infirmus fixis et inverberatis oculis ad certum locum respicere Custos autem eius credens eum aliquid magnum videre, quod sic erat, verbis multum affectuosis rogavit eum dicens Frater Symon (sic enim vocabatur) rogo — 13) ecclesie F — 14) oculis tremens ad F — 15) attendens F — 16) Simo add F — 17) ut om E — 18) quod si bonum fuerit congaudebo tecum A C — 19) si contrarium confortabo te et adiuvabo C — 20) A C sic pergunt Ille vero nichil respondit, sed annuit manu, ut taceret Tunc vero cepit magis ac magis instare, ut diceret, quid videret Ille autem in quoddam verbum desperacionis prorupit, loquens in quodam verbo vulgato proverbio « Ite e ke Berta filò » quod sonat, quasi totum esset perditum, quod [A add in ordine] fecerat Custos autem eius multo pavore perterritus ac existimans — 21) super eum hec F multum frater hic eum D — 22) deprecaretur H — 23) laborat F laborasset H — 24) eum subversum a diabolo C — 25) confortabat eum verbis quibus poterat, maxime ne crederet ei, dicens illud evangeli cum quoniam mendax est et pater eius A C

a) Conv Urbevetanus (Orvietto) fund an 1233 Mothon I c p 333

cum consolari et dicere, quia *dyabolus est mendax et pater* Joh VIII 44
eius[1] et monens[2] eum, ut beatam virginem ordinis nostri patronam invocaret in auxilium Non tantum[3] suasit, sed eciam sua
instancia compulit, ut versum illum perutilem diceret *Maria,*
mater gracie[4] et cetera[5] Mira res statim ut ipsum[6] complevit
infirmus, in quoddam gaudium prorumpens ait mente pacifica et
facie mirabiliter serenata[7] « E[8] michi, frater, nonne vidisti[9]
beatam Mariam pugilem[10] et propugnatricem nostram catervam
demonum, que me terrebat[11], viriliter expellentem[12]? » Tunc[13]
convocatis fratribus, confessus[14] desperacionem predictam dicto[15]
cum multa devocione symbolo[16] et Te Deum laudamus in domino
obdormivit

§ XIX Fuit in eodem conventu conversus[17], ocia fugiens[18], De converso qui vidit beatam virginem
labores et omnem honestatem amplectens Hic in infirmitate
laborans, qua obiit[19], dum quadam die vigilans per infirmariam
respiceret, vidit[20] ut dicebat[21], beatam virginem transeuntem
cum quibusdam puellis habentibus[22] instrumenta et alia necessaria
ad faciendam locionem[23] Cumque[24] frater humiliter interrogasset
dominam nostram, quid facere vellet, ait « Venio lavare fratres

---

1) Ille vero tornans caput dixit « Omnes, omnes ad infernum papa, cardinales religiosi,
predicatores, minores, heremite et (alii) omnes » Astabat enim ibi diabolus, et dabat ei ista
intelligere Custos autem eius laborans omnibus modis, quibus poterat, a predicta despera
cione revocare, confortavit eum maxime, ut beatam virginem in suum adiutorium invocaret
Cum non solum suasit, sed quasi compulit, ut diceret illum versum *Maria, mater gracie,*
mater misericordie, tu nos ab hoste protege et hora mortis suscipe Mira res A C –
2) monet H monuit G — 3) solum F — 4) mater misericordie, tu nos add F , tu nos ab
hoste protege et hora mortis suscipe add G H — 5) et ecce L *stropha V hymni Quem*
terra, pontus, aethera Brev Ord p 11,* — 6) verbum *pro* ipsum E — 7) mente —
serenata om H — 8) haw H carissime michi F — 9) virginem *pro* beatam Mariam A C
— 10) pervigilem C — 11) terrebat me G H — 12) qui astabant expellentem viriliter A C
— 13) Tunc ad sui custodis exhortacionem dicto simbolo et Te Deum laudamus, et evocatis
fratribus a predicto custode et confessus omnem desperacionem predictam pure et humiliter postmodum obdormivit Hec dictator huiusmodi sicut audivit a custode predicto, quem
multi fratres per Tusciam noverunt, ita fideliter conscripsit A C — 14) omnem add F G H
— 15) dicto om G — 16) devocione simbolo E — 17) quidam conver-
sus frater G , quidam frater conversus, Andricus nomine, ocia F quidam frater Lantrinus
nomine, qui sancte opinionis habebatur a fratribus, utpote homo, qui omnem honestatem
amplectens, ociosa specialiter fugiebat Hic aliquandiu in A C — 18) et add F — 19) de
qua mortuus est A C — 20) aperte add F apertissime beatam virginem dominam nostram
intrantem cum quibusdam puellis concomitantibus eam A C — 21) ut dicebat om F —
22) habentem F, instrumentum habentem et C — 23) ad locionem faciendam A C —
24) cumque appropinquasset ad fratrem qui predicta videbat et interrogans (add C in
marg humiliter dominam nostram) quid facere vellet, respondit Venio lavare fratres ab
ista infamia talis civitatis, que orta est super eos A C

ab omni[1] infamia ista. - Fuerat[2] siquidem[3] apostata quidam ordinis, quem in tantum succendit dyabolus, ut non solum verba, sed eciam[4] multis paribus litterarum omni malignitate compositis ad emulos fratrum disparsis[5], ita per[6] civitatem et patriam diffamavit[7] fratres, quod vix respirare poterant[8], afiliccione[9] saturati. Ex tunc autem[10] cessavit infamia, capto illo mendace[11] et[12] apostata, et recognoscente, se illa falso[13] et maliciose confixisse[14].

§ XIX[a]. *In castro quodam Metensis dyocesis quedam honesta matrona peperit monstrum, quod nullam effigiem humanam corporis pretendebat. Quo viso, omnibus qui aderant, omnibus obstetricibus et pluribus aliis nobilibus mulieribus horror magnus et dolor incutitur pro compassione matrone. Cum igitur illis muscitantibus et non congratulantibus advertisset illa, quod non prospere evenerat, petens ait : « Date cito, quod genus qualecunque sit, quia laudandus est Deus in prosperis et adversis. » Quo oblato ab illis cum lacrimis et recepto apud se dixit : « Dormite iam, quia fatigate estis, et me quiescere paululum permittatis. » Illis igitur dormientibus cepit cum lacrimis dicere beate Marie : « O, o, o domina, cum tu sis regina misericordie, quare preces huius misere despexisti? Nonne semper rogavi te, ut in partu michi graciam digneris facere. » Et cum hec et hiis similia secum revolveret, levi sompno depressa vidit ad se introeuntem beatam virginem cum duabus puellis, quarum una cereum ardentem gestabat et altera pixidem cum unguento. Tunc beata virgo, accepto deformi partu, formavit sibi membra decentissime, et reposuit iuxta matrem, et baculum parvulum curvum superius et ad portandum aptum reposuit iuxta ipsum infantem. Statim autem dicta matrona evigilans, exclamavit pre gaudio dicens : « Tibi gracias ago, misericordie mater, quia consolata es me. » Accurrentes autem mulieres mirate sunt, et*

---

1) omni *om.* F H. — 2) fuerat enim quidam apostata ordinis nostri, quem intantum succenderat licia diaboli, ut non solum verbis, sed eciam fere sexaginta paribus litterarum per civitatem... A C. — 3) quidem F. — 4) eciam plus quam quinquaginta paribus F. — 5) dispersis A C F. — 6) totam *add.* A C. — 7) diffamaverat F H; et diocesim infamaverat A C. — 8) valerent saturati affliccione et miseria. Visum est autem predicto infirmo, que enigmata (quadam enigmatica visione?) visionem, quod beata virgo, quam viderat, se et omnes fratres lavaret. Dixit autem ille qui retulit dictatori horum, quod visum est manifeste post hec pro magna parte dictam cessare infamiam. Ex... A C. — 9) et miseria *add.* F G H. — 10) dicta *add.* F; dicta infamia cessavit A C; antedicta H. — 11) capto illo mendace *om.* F. — 12) et ille mendax apostata miserabilis est detectus. F: et *om.* A C G H. — 13) falso A C. — 14) confinxisse E.

Deo laudem dederunt Tunc devovit illa domina puerum inter-
cedens illum facere clericum secularem, et baculum diligencius
reservavit Igitur appositus litteris et inde missus Parisius a
sancte memorie magistro Iordane ad ordinem recipitur, et post
tempus ad domum Treverensem mittitur ab eodem, et visitans
parentes lete suscipitur ab ipsis Tunc igitur primo mater
intellexit misterium baculi, quod sibi dederat mater Dei Fac-
tusque est frater graciocissimus predicator, utpole qui ab ipsa
plena gracie ad hoc prius fuerat ordinatus et factus[1]

§ XX In conventu Podiensi Provincie a) frater Petrus[2] morti
appropinquans, presentibus fratribus et orantibus cepit caput
reverenter inclinare et palmas iungere et beatissimam[3] virginem[4]
devotissime salutare Cui cum astantes dicerent « Cur hoc
facitis[5] frater ? - ait - Nonne dominam nostram videtis, que me
sua[6] gracia visitavit ? - Sicque in domino obdormivit

De visitacione beate virginis

§ XIX In conventu Montispessulani b) fuit frater Leo[7] Dacus[8],
qui cum a quodam fratre[9] sibi caro visitaretur, nam infirmus
graviter erat, ait - Hac nocte vidi gratissimam visionem, ex qua
multam consolacionem recepi Vidi enim gloriosam[10] virginem[11]
venientem ad me et dicentem - Vis venire nobiscum ? - Cui cum
dicerem - Que estis vos domina ? - respondit - Ego sum mater
Dei - Cui dixi - Non credo, domina[12], quod vos sitis mater
Dei[13], nam[14] sum peccator[15] vilissimus, nec decet, quod tanta
domina veniat ad tantillum - Qua asserente - Ego sum mater
Dei - meam indignitatem respiciens, eadem iteravi Ipsa[16]
itaque[17] dicente « Non dubites, fili, nam ego sum mater Christi, -
respondi[18] - Domina, si vos mater Dei ego volo ire vobiscum »
Eodem die dictus frater circa vesperas obiit[19]

De fratre quem beata virgo in morte consolata est

9

---

1) hec par om A C D E G H — 2) Petrus Ioannis F Joannes *deletur* in G — 3) beatam
A C F G H — 4) que sibi visibiliter apparuerat add F — 5) facis A C F H — 6) que sui
gracia me A C sui G — 7) dictus Dacus A — 8) quidam G — 9) quodam caro fratre F
a caro sibi fratre A C G H — 10) gloriosissimam A C G H — 11) matrem add A C —
12) domina om F — 13) ego autem meam indignitatem considerans vobis (¹) ait non credo
quod sitis mater Dei D, domina mater Dei F ego autem indignitatem meam considerans
aio non credo A — 14) ego add G — 15) peccatorum H — 16) ipsa dicente F —
17) igitur D — 18) si vos estis mater Dei volo venire vobiscum Eadem itaque die A C —
19) obiit circa vesperas D F et duce domina ad dominum pervenit add F

a) Conv Podiensis (le Puy en Velau) fund an 1221 Anal I, p 204 — b) Conv Montis-
pessulanus (Montpellier) an 1220, fund Anal I p 271 — Idem refert, Mam I c p 631

De beata virgine
et beato Nicolao
et beata Kathe-
rina.
§ XXII. Frater Henricus a) Teotonicus, vir religiosus[1], fame magne et predicator excellens, narravit in sermone generali Parisius, quod quidam frater multe puritatis, et domine nostre multum devotus, in agonia positus[2], corde et facie mirabiliter letabatur. A quo[3] cum ipse[4] frater Henricus quereret tante leticie causas, cum omnes[5] fere horrere et timere consueverint[6] mortem, respondit : « Sicut in scolis consueveram existens[7] post matutinum[8] beate virginis, beati Nicolai et beate Katherine memoriam facere, sic et[9] in ordine feci. Vidi autem quadam die[10], quod beata Katherina[11] ad quendam[12] locum pulcherrimum me

Ps. 131. 14
ducebat dicens[13] : « Hec[14] est[15] *requies mea in seculum seculi.* » Et cum admirarer de pulchritudine loci[16] venit beatus Nicolaus, et[17] ad pulchriorem me duxit, et ait[18] : « *Hec requies mea in seculum seculi.* » Dum autem[19] pre loci pulchritudine stuperem, venit beata virgo et[20] ad alium locum ducens dixit : « *Hec requies tua in seculum seculi.* - Et ego loci iocunditatem considerans dixi : « Domina, non merui tam preclarissimum locum. » At illa : « Immo tibi et fratribus tuis predicatoribus, ego[21] hunc locum paravi, et a filio meo[22] impetravi[23]. » Propterea, inquit, cum gaudio expecto mortem[24], et ad locum illum[25] libens festino michi a regina celorum tam[26] dignanter ostensum, et sua misericordia preparatum[27].

---

1) et verax et in predicacione admodum graciosus narravit. F. — 2) positus in extremis, in magna leticia erat, ita quod corde... C. — 3) a quo dictus frater postulans sue tante leticie causam dixit : Miror te ita letanter mori, cum fere omnes cum quodam naturali timore mortem expectent. Cui ille respondit : Sicut consuevi, dum essem in scolis, post mattutinas et vesperas domine nostre facere memoriam beati Nycolai et beate Catharine, ita servavi in ordine... A C. — 4) ipse *om.* F. — 5) omnis E. — 6) consueverunt E. — 7) existens consueveram F. — 8) matutinas F G. — 9) et *om.* E F. — 10) visum est autem michi quadam die (A : nocte) quod beata Catherina duceret me ad quendam locum pulcherrimum dicens... A C. — 11) beata Kath. *om.* F. — 12) quendam *om.* F. — 13) et dicebat F. — 14) hic F. — 15) est *om.* H. — 16) et dum admirarer loci pulchritudinem. A C F. — 17) et duxit me ad... A C. — 18) dicens A C. — 19) et ibi pre loci amenitate D G H ; et ibi stuperem pulchritudine loci... A C. — 20) me add H ; et duxit me ad alium pulchriorem et dixit michi : hec est requies tua in seculum seculi ; et ego (domina non merui, tam preclarissimum locum add. C in marg. et F.) At illa : Immo tibi, quia hunc locum preparavi fratribus predicatoribus (add. C. in marg. et a filio impetravi). . A C. — 21) ego *om.* G. — 22) meo *om.* F. — 23) tunc ille : Domina, non sum ego talis predicator, licet habitum portem. Tunc respondit domina : Hic est locus tuus, veni, quia locus est fratrum ordinis tui. Propter hoc, inquio (A : inquit) cum tanto gaudio mortem expecto... A C. — 24) mortem expecto G H. — 25) illum locum H ; locum istum G. — 26) tam *om.* F. — 27) Huic b) autem revelacioni propiissime videtur congruere, quod dicitur Genesis vigesimo quarto capite : « *Quoniam hec est illa Rebecca,* » virgo pul-

Gen. XXIV. 16.
cherrima, et incognita viro, decoraque nimis, scilicet virgo Maria, cuius gracia in domo

a) Videtur esse Henricus senior de quo infra l. IV, cap. XIV, § III, Chron. ad an. 1222. — b) Haec additio et duae sequentes pagraphi desunt : A D E F G H et in ed. Duacensi.

§ XXII^a *Tempore, quo mortuo domino Frederico secundo, et filio eius Conrado, Curia Romana transivit apud Neapolim, prelati quidam in tantum concitarerunt dominum papam, qui tunc erat, contra fratres et ordinem, quod tulit sentenciam in sex casibus contra fratres, si facerent aliquid eorum, contra quam facere consueverant ante Cum adeo firmasset cor suum in hoc papa, quod nec precibus, nec racionibus, nec aliquo modo posset ab hoc avelli, et littere iam essent lecte in audiencia, et data copia illarum procuratoribus, qui volebant eas habere, fuerunt fratres, qui tunc erant in curia, ubi et ego tunc eram, in angustia memorabili et desolacione inexplicabili et dolore. Erat ibi tunc frater grandis auctoritatis, qui illas et alias graves constituciones et consuetudines pro ordine sustinebat In tanta igitur desperacione erat nesciens quid faceret Die quadam, cum conventus comederet, recurrit ad singulare refugium, virginem scilicet gloriosam et flexis genibus coram altari et imagine sua recommendans ordinem, rogavit cum multis lacrimis et cordis compunccione devota, ut in tanta necessitate succurreret Respondit specialis patrona ordinis et ait « In ista hora liberabitur » Et ecce subito rumores venerunt ad fratres, per quos post modicum est ordo ab huiusmodi periculis liberatus*

§ XXII^b *Novicius quidam domine nostre multum devotus, et fervens ad ea, que sunt sacre nostre religionis, dum quadam vice post matutinas oraret valde devote in ipsa oracione quodam levi sopore cepit obdormire Visum est sibi, quod quedam pulcherrima domina staret post eum, et appropinquans ad eum tenebat spatulas eius Ille vero ut conspexit feminam esse, quodam sancto timore expavit dicens « Deus meus, quomodo hac hora huc venerunt mulieres? » Sed illa blanda quadam et levi voce confortans eum, manifestavit se esse, que erat, et subiungens, invitavit eum, ut simul dicerent horas domine nostre Cui acquiescens incepit primam, dicens « Ave Maria, gracia plena etc » et illa respondebat ad singula Videbatur autem*

Labani id est Christi, animas dealbantis, preparatus est locus spaciosus Helisei servo Gen XXIV, *Habraam*, id est ordini predicatorum, quem ipse Helieser signat, et racione nominis, quod 28 34 interpretatur domini mei auxilium, et racione officii, quia servus, sicut exposuit *Gregorius* super illum locum Luce decimo sexto Et misit servum suum etc Significans per servum Vers 17 ordinem predicatorum et hic quasi omnes glose per istum servum habent predicatorem, sive predicatores accipiunt Vere iste moriens apparenti et loquenti sibi beate virgini dicere Vers 30 potuit cum Iacob *Iam letus moriar, quia vidi faciem tuam* Genesis quadrag sexto capite

novicio, quod ipsa partem suam diceret cum tanta suavitate et devocione, quod ex hoc miro modo eius accenderetur affectus; sed maxime, cum post capitula ipsa responsoria diceret. Cum vero per ordinem ventum esset ad nonam et ipsa diceret post capitulum : Elegit eam Deus etc., visum est novicio, quod tam dulciter verba illa proferret, quod ex hoc totus eius spiritus absorberetur in Deum. Cum autem disparuisset quod viderat, excitatus in tanta mentis exaltacione remansit, quod eciam ab exteriori faciei leticia se continere non poterat. Ubi vero in missa se ad acolytatum paravit, notabilis illa tanta exultacio per faciem se prebebat; quod attendens quidam eius consocius reprehendit eum, sed nichil proderat; qua de causa acolitatum fecit pro eo. Postmodum autem (cum) anxius iste scire vellet, quid ei contigerit, quia videbatur tanta leticia esse contraria, post multas preces aperuit ei quod viderat, rogans, ut nulli proderet eum. Illa autem mentis et faciei leticia multis temporibus perduravit.

Ecce[1] *quod ex istis clare apparet exemplis quantam curam et quam specialem beata virgo de fratribus huius ordinis*[2] *habeat, dum*[3] *predicant, dum vadunt, dum laborant, dum infirmantur, dum moriuntur, dum reficiuntur, dum affliguntur et vexantur et dum orant.*

CAPUT SEPTIMUM.

§ I. Bonorum[7] emulus, dyabolus, qui universorum dominum non timuit aggredi, Bononie[8] et Parisius, ubi eum maxime impugnabant fratres[9], ipsos ab inicio ordinis per se et suos satellites

1) in predictis clare patet exemplis... F. — 2) huius ordinis om. F. — 3) dum vadunt dum quiescunt, dum predicant, dum orant, dum laborant, dum anxiantur, dum reficiuntur, dum vexantur, dum diffamantur, dum infirmantur, dum eciam moriuntur. F. — 4) diceretur F : dicitur et eius efficacia G. — 5) tit. om. E. — 6) tit. ex cod. E. (et sic deinceps nisi aliter notetur). — 7) Ordinavit charitatis amatrix domina virgo mater ordinem, quem speciali amore complectitur, speciali eciam defensione (et potentissima defensione F.) tuetur. Bonorum autem emulus... *ita incipiunt* A C F. — 8) maxime add. A C. — 9) huius ordinis per se... A F.

a) De institutione antiphonae Salve Regina cf. B. Iordani libellum de initio ordinis (ed. Berthier) p. 36; Quetif. l. c. I. 96b in nota: Analecta I, p. 398 Mon. Con. Bon. ad an. 1224 : « Fratres Praedicatores ceperunt celebrare post completorium unam processionem de novo, exeuntes de choro in medio ecclesiae cantando Salve Regina: et multi de populo currebant ex devotione ad videndum et audiendum. » Insuper cf. Anal. l. c. I, p. 113, § VI. Adversus fratres daemonum insultus; § VII, de more apud praedicatores decantandi quotidie antiph. Salve Regina post completorium.

est aggressus Nam sicut dixerunt, qui tunc presentes fuerunt[1], huic fornacem ardentem super se cadentem monstrabat[2], et[3] illi formam delicate mulieris[4] amplectentis se pertendebat[5], huic asinum cornutum, illi serpentem ignitum offerebat, alii[6] ludibria et verbera[7] inferebat, intantum ut propter[8] noccium fantasmata et demonum illusiones vicissim cogerentur[9] fratres[10] custodire vigilias noctis super alios quiescentes Insuper et[11] aliqui in frenesim cadebant, et alias[12] horribiliter vexabantur[13] Ad singularem igitur spem, Mariam potentissimam et piissimam confugientes[14] fratres statuerunt, ut ad[15] honorem eius post completorium fieret sollempnis processio cum Salve Regina et eius oracione[16] Statim ergo[17] sunt fugata fantasmata, et vexati curati, et frater quidam[18], qui a demone vexabatur Bononie, et frater[19] quidam filius regis cuiusdam, qui insanus erat Parisius, plenissime liberati, et ex[20] tunc omnia prospere ordini successerunt[21] Bene placitam autem esse[22] Deo et matri sue huiusmodi[23] processionem, concursus populorum, cleri devocio, dulces lacrime[24], pia suspiria et admirande visiones declarant Multi enim viderunt, ut[25] dixerunt fratribus ad altare virginis egredientibus, ipsam virginem cum multitudine civium supernorum a summo celi progredi[26], dum[27] ad illud verbum[28] - *o dulcis Maria* - supplicarent[29], ipsam illis[30] benedicentem pariter[31] inclinare, et ipsis[32] regredientibus[33] ipsos[34] ad celos[35] reverti

§ II Marsilie a) fuit quedam devota[36] domina[37], nomine et nacione Lombarda, que, dum quadam die[38] stans ad[39] completorium fratrum, fuisset[40] singulari devocione affecta, in incepcione[41]

De quatuor oxtensis in antiphona salve Regina

---

1) nam — fuerunt om F — 2) minabatur C — 3) et om A C D F H — 4) mulieris delicate E — 5) retendebat A C I G — 6) alius D al is alia ludibria A C F G H — 7) dura verba C — 8) per G — 9) cogebantur A C F — 10) fratres cogebantur A C — 11) et om A C F — 12) alii A F H — 13) vexabant H — 14) confugentes E — 15) in E — 16) et eius oracione om F G — 17) enim A C — 18) nempe fr Bernardus, de quo Iordanus in suo libello de initio ord (ed Berthier) p 36 — 19) frater Garcias filius regis Navarre, qui F — 20) ex om F H — 21) evenerunt A C — 22) esse om F — 23) huiusmodi om F huiusmodi processionem esse Deo G — 24) et add F — 25) et C quod et H — 26) et add F G H — 27) cum C — 28) dulcissimum add A C — 29) inclinarent H — 30) illis inclinantibus pariter inclinare et ipsis regredientibus ipsam ad celum H — 31) et add D E — 32) in choro add A C — 33) reverentibus inclinare ipsam ad F — 34) ipsam A C F G — 35) celum A C F — 36) et honesta multa dum et ordinem nostrum diligens toto cordis affectu nomine A C — 37) mulier F — 38) semel A C — 39) in completorio A C — 40) quadam add A C — 41) dulcis add A G H, illius add F mox in ipsa incepcione A C illius gloriose antiphone C

a Conv Massiliensis (Marseille) an 1225 fund Anal I p 269

antiphone *Salve Regina*[1] fuit rapta in spiritu viditque quatuor admiranda[2] et nobis cum omni devocione recolenda Vidit quidem[3] ipsam reginam misericordie[4], cum fratres dicer*ent *spes nostra salve*, ipsos dulciter resalutantem, et cum dixerunt[5] *eya ergo advocata nostra*[6], ipsam ante filium pro fratribus procidentem et orantem[7], et cum subiunxerunt[8] *illos tuos misericordes oculos ad nos converte* vidit illam leto et[9] columbino intuitu[10] respicientem in fratres Post[11] cum cantarent[12] *et Ihesum benedictum*[13] et cetera, vidit ipsam in etate tenera gestantem filium, et ipsum omnibus et singulis cum multo gaudio pretendentem Hec autem omnia dicta mulier suo confessori scilicet fratri maturo[14] et discreto, licet laica esset, distincte et cum multis lacrimis[15] enarravit[16]

§ III Sancte memorie frater Iordanis[17] *a)* secundus huius ordinis[18] magister, scripsit in libello *b)*, quem de inicio ordinis edidit, quod sibi retulit vir quidam[19] sanctus et verax[20], se vidisse frequenter, cum fratres cantarent *eya ergo advocata nostra*[21], ipsam beatam Mariam ante filium procidentem et[22] pro ipsius ordinis dilatacione et conservacione devotissime supplicantem

§ IV In territorio Avinionensi[23] super flumen[24] Rodanum situm

.

1) regina om F misericordie add A C — 2) valde et nobis (valde om F) amanda, atque (et F) cum omni devocione omnibus recolenda A C F et nobis amanda et cum omni devocione omnibus recolenda G — 3) enim A C — 4) quatuor circa fratres facientem, secundum quatuor, que in illa antiphona dulci cantautui Primo enim cum fratres cantaverunt Salve Regina misericordie, vita, dulcede, et spes nostra, salve, vidit ipsam dulciter resalutantem fratres, et vicem rependeutem eisdem Postea cum processerunt in cantu et dixerunt A C — 5) dixerunt G — 6) vidit add A C H — 7) rogantem pro eis A C pro eis add F — 8) demum cum dixerunt A subiunxerunt G — 9) et iucundo aspectu C — 10) vultu A — 11) postmodum A C — 12) dixerunt C — 13) fructum ventris tui, vidit H fructum add G, fructum ventris tui nobis post hoc exilium ostende, o clemens, o pia, o dulcis virgo Maria, vidit ipsam tenentem (A gestantem) filium quasi in tenella etate et ipsum cum gaudio omnibus fratribus et singulis ostendentem (A pretendentem) Stetit enim in illo raptu usque post signum, quod post completorium fit Hec A C — 14) fratri Martino, viro religioso et discreto H fratri cuidam maturo A C — 15) in secreto add A C, lacrimis multis F — 16) Fuit autem tante sanctitatis et perfeccionis hec femina ut dum semel in conventu fratum de Marsilia episcopus ordinacionem celebraret, Spiritum Sanctum super omnes ordinandos vident descendentem, uno clerico seculari excepto add A C — 17) Iordanus A C H — 18) ordinis huius F — 19) quod retulit sibi quidam A C — 20) verus D F — 21) et cetera add F — 22) et om F H — 23) avionensi E — 24) fluvium A C H

a) de fratre Iordano (Iordane) vide infra, lib III et chron ad 1222 — *b)* Libellum hunc edidit P Berthier Haec sunt verba B Iordani «Retulit mihi vir Dei religiosus et fide dignus, frequenter se vidisse in spiritu, dum fratres cauerent Eia ergo advocata nostra, ipsam matrem domini ante filium prosternari praesentiam et pro totius ordinis conservacione precari (p 36)

est castrum nobile Tarasconis[1], ubi beata Martha, Christi hospita, venerabiliter requiescit. In hoc castro hospita fratrum, mater[2] domini Alphani[3] militis, devotissima Deo et ordini fuit, cui quod sequitur, revelatum est, sicut ex litteris venerabilis viri[4] et honesti et[5] litterati domini Gwidonis[6] Fulcodii a), qui post Podiensis episcopus factus est[7], dehinc Narbonnensis archiepiscopus[8], clare patet in hunc modum[9] : Viris religiosis patribus et dominis priori et fratribus predicatoribus in Montepessulano Gwido Fulcodii salutem et pacem. Instante nuper sancto[10] pentecoste, cum ordinis vestri generale capitulum b) apud nos celebrandum occurreret, soror mea[11], quondam domina[12] Maria de Tarascone, sanctorum congregacionem tam celebrem, tam[13] iocundam videre desiderans, per · XV· dies ante festum in villa sancti Egidii notos et proximos visitatura descendit. Cumque a pluribus matronis visitaretur, que suis edificabantur eloquiis[14] et exemplis, cepit a nonnullis earum[15] anxie sciscitari, quociens oracionem dominicam dicerent, matremve[16] domini salutarent, ut fratribus in capitulo congregandis suum dominus spiritum mitteret, materque misericordie eos[17] visitaret, et[18] a singulis earum, quod poterat, extorquebat. Laudanda certe sancta[19] mulieris devocio, sed magis admiranda prudencia ; minus quippe sibi[20] sufficere iudicans, quod iuxta patrimonii[21] vires fratrum plerumque[22] necessitatibus[23] temporale subsidium porrigebat, novo sed laudabili questus genere, satis, ut arbitror, honeste mendicans, spiritualis alimonie beneficia corrogabat[24]; impossibile reputans ab illo[25] preces plu-

---

1) Tarascon H. — 2) uxor F. — 3) Alphonsi A: Alfantii D. — 4) viri venerabilis G. — 5) et litterati om. D. — 6) Gwidonis om. A C. — 7) nunc autem papa Clemens nomine add. D in marg.; et exinde in Narbonensem archiepiscopum est assumptus, et exinde in Sabinensem episcopum cardinalem est assumptus et post in summum pontificem est electus, et vocatur quartus Clemens, add. F. — 8) postmodum cardinalis episcopus Sabinensis et post papa Clemens add. A C; dehinc — clare om. D G. — 9) in hunc modum om. F. — 10) festo Pentecostes A C F G H. — 11) nostra A. — 12) domina quondam mea de C F. — 13) quam A. — 14) alloquiis A G. — 15) eorum C. — 16) matrem vero A C; ve om. G. — 17) eos misericordie F ; sua gracia add. C. in marg. — 18) et om. F ; add. C. in marg. — 19) sancte A C F H. — 20) minus sibi quippe A C: sufficere sibi G. — 21) sui add. H. — 22) plurium C; plerisque A. — 23) necessitates E. — 24) courogabat A; errogabat F H. — 25) ab eo E; ab illo reputans H.

a) Guido Fulcodius ep. Podiensis (Puy) electus 1257; archiepiscopus Narbonensis 10 oct. 1259; card. Sabinensis 1261; papa Clemens IV. 5 febr. 1265, obiit Viterbi 29 nov. 1268. — De eo cf. Ciaconium p. 588. — b) Generale capitulum ap. Montepessulanum celebratum est anno 1247, die 19 mai. Quetif. I, p. 16.

Ps 144 13. rium[1] non exaudire[2], *qui fidelis in omnibus verbis suis* se
suorum congregacioni fidelium affuturum promittit, et multiplicatis intercessoribus sue thesauros eviscerat pietatis. Sane ad[3]
Montempessulanum cum sorore veniens, cum in die festo[4] tante
sollempnitatis officium celebraretur in ecclesia vestra[5], et ipsa
humi prostrata, oracioni tota[6] incumberet, iuxta morem, cepit
instantissime dominum deprecari, ut tot fratres in suo nomine
congregatos respiciens, quorum multi per tot terrarum spacia
laboraverant[7], eos sui spiritus lumine perlustraret; et si merita
deerant aliquorum, ipse de sue gracie plenitudine[8] nec non[9] aliorum meritis defectum illorum misericorditer suppleret. Cumque[10]
hec in animo volveret, inportune petens[11] et nichil hesitans,
ymnum *veni creator*, inchoante cantore, vidit flammam magnam descendere desuperius[12], que chorum cum fratribus usque
ad ymni[13] consummacionem involvit. Cumque rem visam consi-
derasset cum gaudio, nemini visionem dicens, nec suis ascribens
meritis[14], gracias egit Deo, qui sicut primos hominum visitaverat
piscatores[15], sic et[16] sue beneficia largitatis ad nostri temporis
predicatores extendit. Porro cum ad[17] eandem ecclesiam audiendi
completorii causa rediisset, et fratres illam dulcem antiphonam
salve regina cantarent[18], regina virginum ei*[19] apparuit visibiliter,
monens, ut ab eius pedibus non recederet. Vidit ergo ipsam chori
utramque partem lustrantem, singulis inclinare cantantibus, et
iuxta ceroferarios gradum[20] sistere usque ad finem oracionis;
dehinc celum rediens eam affectibus[21] secum duxit. Que[22] sibi
reddita tante gustu recreata dulcedinis, gracias[23] humiliter reddidit, in suo corde conferens universa. Nam et per triduum in
singulis completoriis hanc habuit visionem. Ceterum nec sorori
nec alii[24] seriem facti aperiens, tamquam mulier sensata et tacita,
clausa tenuit cuncta que viderat, donec egritudine vehementi
confracta, mortem quam diu, salvo divine consilio dispensacionis[25]
optaverat, imminere presensit. Tunc vero primum michi, dehinc
sorori et filio, post priori vestro[26] Arelatensi et tribus fratribus

---

1) plurimorum E. — 2) audiri A C F G H. — 3) ad om. A C. — 4) festo om. A. — 5) nostra
E. — 6) tota oracioni A C. — 7) laborant vel laboraverant C; laboraverunt A. — 8) plenitudine gracie E. — 9) et add. G H. — 10) igitur add A C G. — 11) petens om. D E. — 12) de-
supernis A C F G H. — 13) ympni H. — 14) nec suis meritis adscribens A C F. — 15) predicatores A. — 16) eciam A C F H. — 17) ad om. A C F. — 18) cantarunt H. — 19) sibi A. —
20) in gradu H. — 21) a fratribus A H. — 22) que igitur redita C. — 23) egit Deo humiliter A C.
— 24) alteri A. — 25) salve divine dispensacionis consilio H; disposicionis A. — 26) nostro G H.

cuncta per ordinem enarravit[1] Eodem tempore dicta domina
defuncta est, et in cimiterio fratrum Arelati *a)* sepulta, quia fratres[2] nondum conventum in Tarascone *b)* habebant

§ V Quidam frater[3] in Anglia, cum gravem incurrisset infirmitatem, nec a completorio conventus remaneret, cum cantaret
ut poterat, cum aliis salve regina, in illo verbo - misericordie -
compunctus rogabat dominam, ut eius in illa infirmitate misericordiam sentiret Statimque[4] raptus in spiritu vidit ipsam filium
quasi sanguinolentum in cruce sibi ostendentem et dicentem ei[5]
- Vide[6], quanta pro[7] te[8] passus est, ut non, cum pacieris[9] pusillanimis fias - Rediens autem[10] frater ad se et sanatum se senciens
Deo et matri misericordie gracias egit magnifice, et[11] magistro
ordinis hec secreto[12] descripsit[13]

§ VI[14] Frater quidam[15] vita, sciencia et fama preclarus, lector
in universitate Cantebrigie[16] retulit, quod quidam sanctus[17] vir
frequenter vidit globum lucis de celo super capita fratrum descendere, dum[18] antiphonam beate Marie post completorium devote
cantarent

§ VII Cum circa domum sororum Pruliani[19] *c)* grando et tempestas mirabilis sata contereret, sorores, coruscacione[20] territe,
ecclesiam intrantes, salve regina cum multa devocione cantaverunt, matrem misericordie rogantes, ut eas[21] et[22] terras suas,

---

1) narravit H — 2) fratres cum nondum A C — 3) de provincia Anglie, cum post mat
tutinas quamdam infirmitatem incurisset, de qua fere mortuus fuit, et tota die ei reman-
sissent circa cor doloris reliqie, nec ex hoc completorium dimisisset, sed cum aliis cantans,
ut potuit, devenit ad illam dulcem antiphonam salve regina misericordie, et quia multum
timebat noctem advenientem, ne sibi contingeret, quod sibi precedenti nocte contigerat,
dum in illo verbo misericordie beatam virginem rogaret dicens « Si tu es regina misericordie, senciam modo tuam misericordiam » A C — 4) Statim fuit raptus in spiritu, vidit
beatam virginem venientem ad se et filium suum ferentem in manibus sanguinolentum, ac
si eadem hora crucifixus fuisset et dixit ei A C statim   Γ — 5) et dicebat ei G H —
6) « Numquam tanta pro eius pacieris amore, quanta ipse pro te passus est » Et intuidens
eum in corde suo discessit Ipse autem frater senciens se ab omni dolore pristino liberatum,
gracias egit Deo   C — 7) propter H — 8) pro te om G — 9) pateris E — 10) autem —
senciens om F — 11) qui hoc ipsum scripsit magistro secrete — 12) sed veraciter add F
— 13) scripsit F G H conscripsit D — 14) haec par om Γ in A C sequitur nostram § VII
— 15) Sigerus H Severus A — 16) cantabriciense H Cantabrigie A C — 17) honestus
A C G — 18) cum A C — 19) Pruliam G — 20) coruscacionibus A C G H — 21) ut eis
terras G — 22) et om H

a) Conv Arelatensis (Arles) circa annum 1225 fundatur, anno vero 1231 in conv formа-
lem erigitur Anal I, p 205 — *b)* Conv Tarasconensis (Tarascon) anno 1250 inceptus,
1256 in formalem conventum erigitur Anal I, p 320 — *c)* De domo Pruliana vide infra in
chron ad an 1205

quibus sustentabantur, sua pietate salvaret[1] Mira res, sed ab eo
facta, qui imperat ventis et fulgura in pluviam facit Cum enim[2]
non solum in circuitu, sed fere ad iactum baliste omnia sata[3] contrita fuissent grandine, et vinee destructe, omnia, que sororum
erant, per Dei graciam et beate Marie adiutorium salva et integra
remanserunt[4]

---

1) servaret A — 2) enim om G — 3) grandinibus contrita fuissent A C G — 4) Explicit
prima pars libri, qui dicitur vitas (1) fratrum add A C explicit prima pars add D

DE BEATO DOMINICO [1]

---

1) Secunda pars Tituli et capitula IIe partis D incipit secunda pars libri, qui dicitur vitas(') fratruum, que continet de beato Dominico, que non habentur in eius legenda Tituli et capitula eiusdem partis Primo de progenie A C — Secunda pars, que continet multa de beato Dominico, que non habentur in eius legenda tituli et capitula IIe partis Primo G H secundus liber de beato Dominico XXX rubricas continens et totidem capitula F — 2) numeri om E F — 3) sancta A C H — 4) hereticos D — 5) oracione eius G — 6) homnino D E — 7) cap VI—X om F G — 8) eius add C sermones eius A — 9) cuius C — 10) ad reditum compulit A C D F H — 11) cap XII de puero suscitato et matre eius a quartana liberata (sanata A) Am E F G H — 12) de eo quod A C F H de eo quod clausa ianua bis intravit ad fratres D — 13) eum add A C F — 14) frangere de nocte silencium fecit F — 15) et operis add A C in marg — 16) demone F dyabolo H — 17) A C D G H contrahunt cap XXII et XXIII in unum om hoc cap F

CAPUT PRIMUM[19].

De progenie[20]
eius sacra.[21]

Non debet videri[22] superfluum, si ea, que ab ipsis compilatoribus legende beati patris nostri[23] Dominici *a)* fuerunt obmissa *b)*,

---

1) hoc cap. om. F. — 2) restincto. C F. — 3) de obitu suo quem predixit A C. — 4) tituli cap. XXIX, XXX et XXX om. F. — 5) qui om. A C F G. — 6) et postema a ruptura A C. — 7) ad invocacionem eius add. A C F H. — 8) sanato G; liberato A C F. — 9) ad invocacionem eius add. A C F G H. — 10) fuerunt (sunt F.) in aquis A C F. — 11) delete E. — 12) de fratre minore ab eo sanato add. F. — 13) sancta moniali D. — 14) de iuvene a cerofulis sanato add. F. — 15) curato F G H; et aliis quibusdam ex virtute reliquiarum eius sanatis (sanatis om. G) add. G H; cetera om. F G H. — 16) XXXIX de quodam iuvene a gerofulis sanato; XL de quibusdam tactu reliquiarum eius sanatis; XLI de curacione unius fratris; XLII de quartana ad eius invocacionem fugata. C. — 17) tactu A. — 18) sanata D; expliciunt tituli et capitula secunde partis huius libri, qui dicitur vitas (!) fratrum add. A C. — 19) tit. et num. add. in cod. E a manu rec. (et sic deinceps); incipit II pars add. D. — 20) sancta beati Dominici A C. — 21) sancta F. — 22) inutile nec add. A C. — 23) sancti add. A C.

a) De beato Dominico prae aliis legendi sunt Quetif. l. c. I. p. 1 et ss. Mamachi Annal. Ord. Praed. vol. I; clarissimi Bollandiani ad diem IV. Aug. ubi invenies praeclarum commentarium vitae S. P. N. Dominici; P. Lacordaire, Vie de S. Dominique. Parentes eius: Felix de Guzman et Iohanna de Aza; de ea cf. Brev. Ord. Praed. ad diem II Aug. — De eius fratre Manne Brev. Ord. Pr. ad diem 30 Iulii; Mam. l. c. p. 7; 373, 494; fuit praefectus monasterii Madritensis. Obiit 1229 (Berthier); Aut. Sen. in chron. p. 44. — *b)* « Tres potissi-

vel ignorata, quasi spicas elapsas de manu metencium colligamus

In primis igitur ad sanctitatis[1] eius argumentum dicimus, quod non solum parentes habuit honestos[2] et pios, sed et[3] duos germanos fratres viros valde perfectos[4], quorum unus presbiter[5] operibus misericordie in quodam hospitali se totum exponens in obsequium pauperum[6], fertur in vita et post miraculis claruisse Alter vero frater[7], Manes dictus, vir contemplativus et sanctus, Deo diu in ordine serviens, bono[8] fine quievit[9] Duo eciam nepotes eorum in ordine[10] sancte et laudabiliter vixerunt

CAPUT SECUNDUM.

Indicta fuit aliquando generalis contra hereticos[12] disputacio a), ad quam cum episcopus loci[13] vellet cum pomposa societate[14] procedere[15], - non sic, ait beatus Dominicus, non sic, domine[16] pater, contra tales oportet exire, pocius[17] humilitatis et aliis exemplis virtutum sunt heretici convincendi[18], quam[19] exteriori apparencia

De paciencia hylari qua hereticum couvertit [11]

---

1) ad ipsius sanctitatis indicium et perfecte vite eius A C ad sanctitatis ipsius I ad sanctitatem F G — 2) habuit parentes honestas A C — 3) sed dominos germanos H sed eciam duos D — 4) qui referuntur in vita et post mortem claruisse miraculis, quorum add A C — 5) sacerdos A C — 6) fratrum F tocius illius regionis hominum tamquam homo a deo dilectus graciam vindicavit Alter A C — 7) frater om F — 8) beato F — 9) Hic obiit et quiescit in monasterio quodam monachorum alborum in Hispania, ubi virtutibus et miraculis claruit Sanctus ibidem reputatur et honorabiliter custoditur prope altare, ibidem habens venerabile sepulcrum Duo add A C — 10) ordine sanctissime vixerunt F — 11) tit om D F — 12) hereticos aliquando A C F contra hereticos generalis disputacio D — 13) loci om F illus add A C — 14) et in quodam fastu equorum add A C — 15) accedere A C F — 16) domine om G — 17) pocius enim (G om enim) humilitate A C G — 18) convincendi sunt heretici A C her s convincendi G — 19) quam aliquo exteriori fastu sive apparencia, seu pugna verborum et quoniam ex aliquo timenda est disputacio, ar memus nos devotis oracionibus preferamus humilitatis insignia A C et discalceati omnes ad locum disputacionis pergamus ita pergit C

mum recensentur primi vitae S Dominici scriptores antiquior beatus Iordanus, eius in magistratu successor, qui et eum vidit Parisiis et Bononiae, et toto regiminis sui tempore ab anno 1222 1236, quae ad illum attinerent in suis per varia Europae regna visitationibus ab aequaevis et convictoribus diligenter inquisivit alter frater Petrus Ferrandi Lusitanus, vir eximius, de quo postea ab ipsis in Hispania sodalitatis nostrae incunabulis eidem aggregatus, tertius Constantinus Medices, Etruscus episcopus, exinde Urbevetanus, qui iubente Ioanne ab Wildeshusen IV ordinis magistro novam legendam scripsit ac edidit inter 1242 47, multa a Iordano omissa addens testibus usus, qui sancto annis pluribus familiariter convixerant Ex his tribus quartam adornavit beatus Humbertus V ordinis antistes, modo eadem aut totidem verbis aut stylo mollito referens, quaedam aliquando non quidem ex actis sed ex commentariis redundantia resecans, nova etiam identidem adiiciens, omnia ad leges chronologiae rectius concinnans, quam et pro lectionibus officii cum de sancto agebatur recitandum proposuit, et edidit anno 1252 » Quetif I, p 1 — a) cf de hoc Main ad an 1211, l c p 292

vel pugna verborum. Armemus igitur nos devotis oracionibus, et vere humilitatis indicia preferentes[1], discalciatis pedibus contra Goliad procedamus. ‚ Credidit episcopus viro Dei, et dimissis equitaturis discalciati pergebant[2]. Distabat autem locus per miliaria multa[3]. Dum autem irent, et[4] iam aliquantulum[5] dubitarent de via, quesierunt instrui[6] a quodam, quem credebant catholicum[7], sed revera hereticus erat[8]. « Optime, inquit[9], et libenter non solum viam[10] ostendam, sed eciam vos[11] illuc perducam ‚ [12]. Ducens ergo eos per quoddam nemus fecit eos intantum maliciose errare, per spinas et vepres ducendo, quod pedes eorum et crura fuerunt sanguine cruentata[13]. Vir igitur Dei[14] pacientissime ferens totum hoc, et in quandam laudem Dei[15] prorumpens, omnes ad laudem Dei et pacienciam hortatus est[16] dicens[17] : « Karissimi, sperate in domino, quia[18] victoria nobis proveniet, iam enim peccata nostra per sanguinem purgantur. ‚ Ille ergo[19] hereticus cernens mirabilem[20] et letam eorum pacienciam[21], et[22] viri Dei verbis bonis compunctus[23], fraudis venena detexit et heresim abiuravit. Venientibus autem[24] ad locum, omnia prospere successerunt[25].

CAPUT TERTIUM.

De submersis [26] eius oracione [27] restitutis. [28]

Antiquus quidam et honestus civis Caturcensis[29] a) narravit fratribus, hoc paratus iurare, quod[30] ipse vidit, cum esset in obsidione Tholose b) cum[31] comite[32] Montisfortis c), quod[33] peregrini de Anglia, limina beati Iacobi d) visitare volentes, propter

---

1) et add. A. — 2) discalceati sunt omnes; distabat... A C F G H. — 3) per multa milliaria A C. — 4) et in processu aliquantulum A C. — 5) aliquantulum om. F. — 6) instrui om. D E G H. — 7) quem catholicum existimabant. A C. — 8) qui add. A C. — 9) ait A C F. — 10) docebo vos viam A C; viam om. F. — 11) vos om. A C. — 12) sed eciam vicum ostendam. F. — 13) crura cruentati sunt undique. At vir dei hoc totum pacientissime A C. — 14) dei hoc totum... G H. — 15) iocundam add. A C F G H. — 16) hortabatur A C; exhortatus est F. — 17) dicens confidite, carissimi, et sperate in domino; peccata nostra iam purgantur per sanguinem; pro certo victoriam reportabimus. Ille... A C. — 18) quod F. — 19) autem A C. — 20) viri constanciam et letam omnium pacienciam... A C. — 21) statim compunctus A C. 22) et — bonis om. C. — 23) et conversus in corde maliciam et fraudis sue venenum detexit atque heresim abnegavit coram eisdem; duxit eos ad locum destinatum, et omnia eis prospere successerunt. A C. — 24) igitur F. — 25) eis add. E a manu rec. — 26) mersis F. — 27) oracione eius F G. — 28) resuscitatis A C. — 29) caturci E F G: nomine Petrus de Salvaniacho e). — 30) quod — quod om. H. — 31) cum — quod om. F G. — 32) Symone add. A C. — 33) quidam add. C.

a) Caturcensis conv. (Cahors) fund. an. 1225. Anal. I, 210. — b) Obsidio Tolose an. 1211. cf. Mam. l. c. p. 289. — c) de Symone de Montfort, cf. infra chron. ad an. 1205. — d) i. e. Compostella, ubi specialiter S. Iacobus veneratur. — e) Salvagnac prope Gaillac.

excommunicacionem vitantes intrare Tholosam, navem modicam[1] ascenderunt, ut fluvium pertransirent. Pre multitudine autem[2], nam[3] fere ·XL· erant, absorpta[4] est navis[5], et submersi sunt omnes, ita quod[6] nec[7] eorum capita apparebant. Ad clamorem autem percuncium et circumstantis exercitus excitatus[8] beatus Dominicus, qui in[9] quadam ecclesia prope fluvium[10] erat orans, exivit et[11] videns periculum toto[12] prostratus corpore[13], manibus in modum crucis extensis[14], amarissime flens[15] ad Deum clamavit, ut suos peregrinos liberaret a morte; et post paululum surgens[16], sumpta de Deo fiducia, imperavit in Christi nomine, ut ad ripam[17] venirent. Mira res, sed ab eo facta, *qui facit mirabilia solus*, statim videntibus multis, qui ad tam triste spectaculum aderant, super undas[18] apparuerunt[19]; cives[20] undique accurrentes extenderunt eis lanceas et hastas[21], et universos de fluctibus[22] incolumes[23] extraxerunt[24]*.

Ps. 71. 18.

' 11.

CAPUT QUARTUM.

In eisdem partibus Tolosanis accidit *a*), quod[28] cum[29] beatus Dominicus, qui causa predicacionis discurrebat frequenter, transiret[30] vado[31] fluviolum[32], qui vocatur Aregia *b*), in medio eius libri, quos in sinu portabat, cum[33] se[34] succingeret, ceciderunt. Qui Deum laudans venit ad domum cuiusdam bone matrone[35], nuncians ei suorum perdicionem librorum. Tercia autem die

De libris eius qni per[25] triduum in aqua fuerant[26], et hamo illesi reperti sunt.

---

1) barcam quandam (F. om. quandam) modicam A C F. — 2) eorum add. E. — 3) quia F. — 4) absorta E. — 5) barca C. — 6) itaque C H. — 7) eciam add. A C F G H. — 8) excitatus om. A C. — 9) in ecclesia beati Antonii prope... A C. — 10) flumen E. — 11) et om. E. — 12) toto om. E. — 13) toto corpore prostratus A C; et add. E — 14) expansis A C F G. — 15) atque corde et voce deum invocans, atque quasi cum pia fiducia imperans, ut peregrinos suos... A C. — 16) ad deum — surgens om. F; et ad ripam fluminis propius accedens, ipsos de fluctibus evocavit, et ut confestim surgerent et se erigerent, imperavit; qui statim videntibus cruce signatis multisque aliis, qui... C. — 17) litus H. — 18) universi add. A C. — 19) et tamquam super aridam consederunt, unusquisque in loco, ad quem adduxerat et rapuerat eum unda. Tunc qui stabant undique... A C. — 20) tunc F G H. — 21) hastas et lanceas A C G H. — 22) salvos et add. A C. — 23) et laudantes dominum add. F. — 24) extraxerunt incolumes D. — 25) per om. F. — 26) fuerunt A C. — 27) omnino E H. — 28) quodam die add. A C. — 29) cum om. F G. — 30) frequenter transiret om. E. — 31) vadum E. — 32) quendam fluvium C; ad fluvium F. — 33) et dum se H. — 34) se om. A C. — 35) que receperat ipsum hospicio et eum ob merita sanctitatis reverebatur quamplurimum. Cui cum dixisset suorum amissionem (A: perdicionem) librorum, cepit dicta matrona de hoc non modicum contristari. Cui dixit beatus Dominicus: Ne dolearis, mater, quia oportet nos pariter portare omnia, que contra nos deus ordinare disposuit add. A C.

a) cf. Mam. l. c. p. 293 ad. an. 1211. — *b*) Ariége.

post[1] piscator quidam[2], in aquam illam hamum proiciens, cum se piscem[3] habiturum speraret, dictos libros extraxit, sic penitus[4] illibatos, ac si in armariolo[5] aliquo fuissent cum magna[6] diligencia custoditi Quod fuit ultra modum mirabile, cum nec[7] pannum nec corium nec aliquod[8] conservatorium libri illi haberent Suscipiens autem illos[9] dicta matrona[10] cum gaudio patri beato[11] apud Tholosam transmisit

CAPUT QUINTUM

De vino augmentato

Quodam[12] die cum in partibus illis cum multis fratribus iter ageret, et[13] ad prandium nonnisi unum ciphum vini haberent[14], beatus pater[15] compaciens aliquibus, qui in seculo multum fuerant delicati iussit id[16] modicum fundi in vase magno[17] et[18] aqua[19] in habundancia[20] profundi[21] Erant autem[22] octo fratres, qui omnes habunde biberunt aquam vinum factam[23] valde bonum et superfuit illis[24] b)

CAPUT SEXTUM.

De pluvia quam a Deo impetravit [25]

Tempore[26] quo beatus Dominicus in Yspania apud Segobiam c)

---

1) post om F — 2) ad locum, ubi libri ceciderant, piscaturus accedens, cum hamum misisset in aquam et crederet piscem magnum extrahere, dictos A C — 3) piscem se G H se om F — 4) penitus om H — 5) armario A C Γ G H — 6) magna om A C — 7) nullum F nec pannum om H, cum nullum pannum cicatum, ubi fuissent involuti nec A C — 8) huius modi haberent libri A C — 9) eos F — 10) dicta matrona illos libros cum gaudio magno beato patri (add C in marg apud Tholosam) transmisit A C — 11) beato patri F G — 12) Quadam die cum in partibus illis (cum multis fratribus add C in marg) ambulans deberet prandere cum sociis et non haberet nisi modicum vini, quod posset modicus capere scyphus, et essent ibi fratres aliqui, qui fuerant multi delicati in seculo, quibus erat grave comedere sine vino, vir sanctus cum multo affectu cordis eius (eis) compaciens iussit illud modicum vini poni in vase magno A C — 13) et om F — 14) haberet F, non haberet nisi unum scyphum A — 15) Dominicus add H — 16) illud F G H — 17) de quo vix fundus vasis cooperiebatur add A C — 18) et postmodum aqua impleri C — 19) aquam A F G — 20) habundanciam F — 21) superfundi A F H, quod cum ad mandatum ipsius fecissent et haustum vinum fecisset apponi, dixerunt numquam se melius vinum bibisse Fuit autem numerus bibencium circa octo quod *pergit* C suffecit omnibus habundanter et superfuit. Hec duo miracula narravit frater Guilielmus Pelisso a) A C — 22) enim D — 23) aqua vinum factum F — 24) eis D — 25) cap VI— IX incl om F G de pluvia impetrata quam — impetravit add manus rec in marg E — 26) idem beatus pater H

a) fi Guillelmus Pellisso († 1268) natione Gallus, patria professioneque Tholosanus ex iis unus est, qui ordinem adhuc in incunabulis et recens institutum amplexi sunt, quippe ab haereticis Albigensibus gravissimas pro fide sustinuere persecutiones ab anno 1219 praesertim ad 1237, sed et strenue pro religione intrepideque decertarunt Celebriorum nostrorum inquisitorum in partibus Tholosanis in eo munere obeundo socius fuit, in iis praesertim circa 1233 Fr Arnaldi Citalani, quocum inquisitionem gessit Albiae Quetif l c I p 246 247 — b) cf Mam l c p 501, ad an 1219 Ant l c cap IV, § IX — c) cf Mam l c p 482 483, ad an 1218 , infra chronicon ad an 1218 Anal I, p 376 sqq de con-

domum accepit, accidit ut die quadam[1] extra muros dicte civitatis ingenti convocato populo predicaret Non autem latebat
eum populum pro[2] defectu pluvie multa tristicie materia[3] innodatum Cum instaret festum nativitatis dominice, et deficiente
pluvia nondum agricole seminare cepissent Post sermonis igitur
sui primordia vir Dei Dominicus[4] celitus[5] inspiratus, in hec
verba prorupit - Nolite expavescere fratres, confidite in[6] Dei
misericordia quia hodie[7] habundanti concessa a domino nobis[8]
pluvia, tristicia[9] hec nostra in gaudium convertetur - Sane tunc
temporis nullum pluvie apparebat indicium, quin pocius totus
aer solaribus radiis claritate fulgentibus, nec cuiusquam nubis
opposicione fuscatis serenissimus fulgebat[10] Eo ergo[11] cepto
insistente sermoni[12], tanta[13] tamque vehemens descendit pluvia
ut propter aquarum mundacionem vix possent ad civitatem
exire[14], certatim domos proprias repetentes Aguntur Deo gracie[15]
ab omni populo, *qui facit mirabilia solus*, quique servi sui   Ps 71 18
Dominici promissam tam velociter voluit producere[16] ad effectum.

CAPUT SEPTIMUM

Per idem tempus, cum idem servus Dei Dominicus[18] quodam   De impediente ser-
die festo in consilio iam dicte civitatis vellet proponere verbum   monem[1] cuius
Dei, omnesque qui convenerant, regales, quae tunc temporis eis   mortem predixit
misse fuerant, literas audissent[19], ait « Nunc[20] usque fratres
mei, terreni et mortalis regis audistis edicta, iam igitur[21] celestis
et immortalis mandata audite - Ad quam vocem nobilis quidam
secundum seculi fastum, sensu carnis inflatus, non solum audire
contempsit, verum eciam in verba indignacionis prorupit dicens
- Numquid non esset malum, quod verbosus iste detinens[22] nos
diem sermonibus a prandio impediret? » Dixit atque[23] equum, cui

---

1) quadam die. A C — 2) per defectu A C — 3) multe tristicie manere innodatum C
— 4) divinitus A — 5) celitus om A C — 6) de A C — 7) ex add C in marg — 8) nobis
domino A C — 9) vobis vestra A — 10) serenissime effulgebat A C D — 11) igitur A C D
— 12) ecce subito add C in marg — 13) tantaque A — 14) redire A C — 15) gracie Deo
A C D — 16) perducere A C D — 17) de sermonem impediente E — 18, vellet A C D —
19) audivissent A C D — 20) huc C — 21) igitur mandata A C D — 22) detinens diem sermonibus suis nos a prandio A C D — 23) incontinenti equum A C D

ventu Segobiensi Miracula in conventu Segobiensi patrata invenies in Historia General de
Santo Domingo y de su orden de Predicadores por fr Hernando «de Castillo» et in Historia
de Segovia por Diego de Colmares, cap XX, § VI, VII, VIII

insidebat incontinenti versus domum suam dirigens, que prope
erat[1], abiit murmurando Cui beatus Dominicus ait   - Ecce
nunc quidem[2] recedetis, sed antequam anni circulus evolvatur,
equus vester proprio[3], qui[4] nunc insidet, sessore carebit et ad
turris vestre eloboratum presidium, occupante interfectore, non
poteritis pervenire - Quod verbum ex Dei sentencia fuisse prola-
tum sequens eventus manifestissime comprobavit Nondum enim
anno peracto, idem nobilis eodem loco, quo ibat, cum sentencia
proferretur, fuit a suis emulis cum proprio filio ac consobrino
atrociter interemptus, dum ad turrim, quam sibi edificaverat, ut
posset evadere, festinaret

CAPUT OCTAVUM.

De fratre famelico
quem cibavit [5]

·11'

Post hec gloriosus pater in Ytaliam rediit a), quodam fratre
Iohane converso sibi associato Qui frater Iohannes inter Alpes
Lombardie subito cepit pre fame deficere, ita ut[6] ultra non posset
procedere, nec de terra pre lassitudine se levare, cui pius* pater
ait - Quid est, fili, quod non potes ire? - Et ille « Pater sancte,
fames[7] invasit me[8] - Cui iterum sanctus ait - Confortare, fili,
et procedamus paulatim, et perveniemus ad locum, ubi aliquam
refeccionem invenire possumus[9] - Cui cum ille nequaquam se[10] procedere posse responderet, sed usquequaque[11] deficere, vir sanctus
pietate, qua plenus erat, ac fratris miseracione commotus, ad solitum se convertens refugium, breviter oravit ad dominum, ac conversus ad fratrem ait   « Surgite, fili, et ite ad locum, et quod ibi
inveneritis, hucusque afferte - Surrexit ille, quamquam cum multa
difficultate et gressu, quo potuit, ad locum, qui ad iactum lapidis
distabat[12], tandem perveniens, panem unum miri candoris candidissimis[13] mappis involutum reperit, assumptoque eo ad virum
Dei sanctum[14] rediit ac de eius mandato de eodem pane paucum[15]
commedens, ad sufficienciam vires recepit. Interrogatusque a[16]
viro Dei, an[17], fame fugata, refectus posset incedere, respondit
se et[18] sufficienter refectum et optime posse prosequi[19] iter cep-

---

1) dirigens \ C — 2) quod A C — 3) eius add A C — 4) ei add D — 5) de fratre cui
panum celestem obtinuit A C D — 6) nec ultra posset   A C D — 7) ait add E — 8) me
invasit A C — 9) possimus A C D — 10) se posse procedere A C D — 11) videretur add A C
— 12) distare poterat A — 13) candidissimum C — 14) ad sanctum dei A C D — 15) paucum om A C D — 16) de \ C — 17) iam A C D — 18) esse pio et A C — 19) prosequi om E

a) cf Mam l c p 501 ad an 1219 infra chron ad hunc annum

tum[1], qui paulo ante non poterat se movere - Surgite erga[2], inquit, fili, et residuum panis mappis involutum in loco, in quo invenistis, reponite - Quo facto ceptum iter iterum[3] ceperunt

Cum autem aliquantulum processissent, frater[4] ad se reversus ait intra se - Deus meus, quis panem illic posuit, aut unde illic allatus fuit? an non et ego[5] lentus pariter et ignarus, qui nichil super hoc[6] attentus[7] requisivi? - Tunc ait ad sanctum - Pater sancte panis ille unde allatus fuit, aut quis eum illic posuit? - Tunc verus[8] humilitatis amator et conservator fratrem interrogavit dicens - Fili, comedistis quod sufficit vobis? - Et ille - comedi, - ait[9], - si, inquit, quod sufficit[10], comedistis, Deo gracias agite, ut dignum est, et nequaquam amplius inquiratis[11] - Hec dictus frater Iohannes a), cui contigit, postmodum in Hyspaniam[12] rediens fratribus enarravit, qui tandem associatus fratribus, qui de domini pape b) mandato ob fidem katholicam predicandam in[13] Affricam[14] ibant, Marochium perveniens[15] migravit ad dominum, cursu feliciter consummato

CAPUT NONUM

In c) civitate Segobina[16] fuit[17] quedam mulier Deo devota, apud quam aliquando sanctus Dei Dominicus hospitatus[18] saccineam tunicam[19], qua[20] loco cilicii ad tempus usus fuerat, deposuit, invento asperrimo cilicio et iuxta voluntatem suam admodum pugitivo Quam tunicam mulier multa[21] cum devocione suscipiens in arca sua inter preciora[22] queque reposuit, et diligencius quam regolem purpuram custodivit Accidit igitur, ut quadam die dicta mulier ad negocium expediendum[23] egrediens solam ac[24] clausam relinqueret domum suam, relicto ibidem sive[25] propter festinanciam, sive alia ex causa igne accenso[26]. Quo paulatim inva-

De tunica eius que ignem repressit

---

1) ceptum iter A C — 2) igitur E — 3) iro A C — 4) tunc C — 5) cecus et ignarus C 6) hactenus A — 7) attente A C — 8) vero A C — 9) ait comedi A C D — 10) vobis add A C D — 11) requiratis A — 12) hyspania E — 13) in om E — 14) Astrictam D — 15) veniens A C — 16) Segobia A C — 17) fuit add C in marg — 18) hospitans A fuerat add C — 19) tunicam add C in marg — 20) quam E — 21) cum multa A C — 22) preciosa A C — 23) expediendum om L — 24) atque A C — 25 sive propter festinanciam om E — 26 accenso igne E

a) De fratre Iohanne vide Mam 1 c p 371, 387 — b) Papa Honorius III mittit fratres nostros et fratres minores in Regnum Marochitanum bulla 7 Octobi 1225, cf Bull Ord Praed vol I, p 16, n° XXXIII — c) cf Mam 1 c p 483 ad an 1218

lescente, quidquid in pavimento domus erat[1], exustum est[2], nisi sola lignea arca, in qua servabatur tunica[3], que in medio incendii posita non solum non arsit, sed nec fumo fuit aliquatenus obfuscata. Rediens igitur mulier ac de tam vehementi miracula obstupescens[4], primo quidem gracias egit Deo et beato Dominico, hospiti suo, qui cum tunica sua eciam[5] totam substanciolam suam, quam pene totam in arca habebat repositam, ab incendio reservavit, ac retentis ob[6] devocionem tunice[7] manicis partem reliquam fratribus reservandam tradidit; que usque[8] hodie in conventu fratrum *a*) pro reliquiis conservatur.

CAPUT DECIMUM.

Quod Teotonice dono Dei locutus est.

Item beatus pater de Tolosa vadens Parisius per Rupem amatoriam *b*) transiens in ecclesia beate Marie pernoctavit devote[9], habens socium itineris sanctitatis et devocionis fratrem Bertrandum *c*), qui fuit[10] primus fratrum Provincie prior. In crastinum autem quosdam peregrinos Teotonicos obvios habuerunt in via; qui audientes eos psalmos et letaniam[11] dicentes, eis adheserunt devote; et ad villam pervenientes invitaverunt eos, et more suo dapsiliter[12] procuraverunt[13]. Sicque fecerunt per quatuor continuos dies. Quadam igitur die ingemiscens beatus Dominicus dixit socio suo : « Frater Bertrande, vere conscienciam habeo, quod* istorum peregrinorum carnalia metimus, cum eis spirituali non[14] seminemus. Unde, si placet, flexis genibus oremus dominum, ut lingue ipsorum intellectum[15] det nobis pariter et lopuelam, ut eis dominum Ihesum[16] anunciare possimus. » Quod cum fecissent, stupentibus illis, intelligibiliter[17] Teotonice sunt locuti; et per alios quatuor dies ambulantes cum eis et loquentes de domino Ihesu, tandem venerunt Aurelianum[18]. Cumque dicti

* 12.

---

1) reperit exustum nisi solam ligneam archam. C. — 2) est om. D. — 3) tunicam E. — 4) obstupens A C D. — 5) et E. — 6) ad A C D. — 7) misericordie A. — 8) usque add. C. in marg. — 9) de nocte H. — 10) primus fuit E. — 11) letanias A C F. — 12) dapsibiliter F. — 13) procurarunt E G. — 14) non om. H. — 15) det nobis intellectum E. — 16) Christum add. A C. — 17) inter se A. — 18) Aurelianis E.

a) Conv. Segobiensis fund. an. 1217. Mothon l. c. p. 328. — *b*) Rupisamatoria hodie Rocamadour prope Cahors sacer locus, quo quam multum confluebant perigrini. cf. Caes. Heisterb. Dial VII 24; Kaufmann, l. c. p. 84. — *c*) cf. Mam. l. c. p. 501. ad an. 1219; chronicon ad 1219. Antonin l. c. c. IV § IX; de fr. Bertrando Brev. Ord. Praed. ad VI. sept; infra cap. XIX.

Tcotoni vellent ire Carnotum, dimiserunt cos in strata Parisiensi, corum se oracionibus humiliter commendantes Altera vero die dixit beatus pater fratri Bertrando « Ecce, frater[1], ingredimur Parisios[2], si sciverint fratres miraculum, quod dominus fecit nobis[3], credent[4] nos sanctos, cum simus peccatores, et si ad seculares venerit, multe patebimus vanitati Unde per obedienciam prohibeo tibi, ne hec ante mortem meam alicui dicas » Sicque servatum est Post mortem[5] enim beati patris hec dictus frater Bertrandus devotis fratribus enarravit[6]

CAPUT UNDECIMUM.

Recepit[8] a) idem beatus pater quendam Apulum, qui dictus est De fervore oracionis eius qua recedentem fratrem[7] reduxit frater Thomas[9], quem ob innocenciam et simplicitatem[10] intantum[11] dilexit sancto quodam amore, quod a fratribus filius beati Dominici vocabatur Quadam autem[12] die[13] socii eius quidam, satellites diaboli, captantes opportunitatem, violencia[14] et fraudulencia ipsum[15] in quandam traxerunt vineam[16] et vestes seculares induerunt claustralibus spoliantes[17] Quo audito currunt[18] fratres ad patrem « En[19], inquiunt[20], filius vester ad seculum trahitur[21] a sociis[22] suis » Mox[23] sanctus ecclesiam intrans se in oracionem[24] prostravit Nec frustra, nam quante fuit[25] virtutis oracio eius[26], patuit per effectum Statim autem[27] ut dictus iuvenis camisia fuit indutus ad carnem, clamare cepit fortiter dicens[28] « En totus

1) nunc add H, quod nos add A C — 2) et add D — 3) quod fecit nobis dominus H — 4) crederent H — 5) post enim mortem D E — 6) et hoc tangit responsorium cum dicit Lingua verba transformat varia licet non ita plane add Γ — 7) ad reditum compulit add A C F G — 8) recepit semel beatus Dominicus quendam iuvenem Apulum A C — 9) de Smicella add A C — 10) suam add A C — 11) quadam sancta affeccione dilexit, quod a pluribus fratribus frater sive filius beati Dominici vocaretur A C — 12) vero A C — 13) quidam scolares socii sui (A eius) satellites A C — 14) pariter add A C — 15) cum A C — 16) vineam, ubi vestes seculares paratas habentes induerunt eum A C — 17) alias exuentes C dum autem hec fierent, currunt fratres ad beatum Dominicum En A C — 18) currerunt F — 19 eheu F heu A — 20, fratres add C — 21) trahitur ad seculum A 22) a consociis suis A F H a consociis suis om C — 23) Mox audito hoc verbo, ad oracionem confugit, nichil dicens fratribus currite post eum vel aliquid aliud Spreto autem omni humano auxilio, confugit ad ecclesiam et stans ante altare prostratus misericordiam Dei propulsavit Nec frustra quoniam quante fuerit virtutis eius oracio patuit per effectum Nam statim ut primo [add in marg dictus iuvenis] fuit indutus ad carnes camisia cepit clamare fortiter « Γn [A heu] estuor, en [A heu] totus uror » A C — 24) oracione F G — 25) fuerit I G — 26) eius oracio Γ G H — 27) enim D F — 28) Estuo en adeo add F

a) cf Mam I c p 599 ad an 1220

exuror. » Nec aliquo modo quiescere potuit, quousque[1] exutus camisia, religiosis vestibus est indutus, et ad claustrum reductus. Vixit autem postea multo tempore frater utilis et admodum graciosus.

CAPUT DUODECIMUM.

Cum idem pater per Franciam vadens castrum Castellionis *a*) venisset, contigit filium sororis capellani[3], qui[4] eum receperat hospicio, de solario cadere, et quasi exanimem a matre[5] et parentibus plangi. Quibus[6] beatus Dominicus compassus sese in oracione cum lacrimis prostravit, et[7] exauditus est[8] a Deo, et[9] puerum reddidit incolumem matri sue. Tristicia igitur conversa in gaudium, sacerdos avunculus pueri fecit convivium magnum, multis Deum timentibus invitatis. Cum autem mater pueri[10] aliis anguillas[11] edentibus non gustaret, quia paciebatur quartanam, beatus Dominicus frustum[12] anguille signans sibi dedit in nomine Christi dicens : « Comede in virtute domini salvatoris ». Comedit[13] et ab omni febre sanata est[14].

CAPUT DECIMUM TERCIUM.

Venit[16] aliquando beatus pater[17] ad quendam religiosum conventum[18], postquam omnes[19] lectos intraverant; et timens[20] eos inquietare prostratus ante portam cum socio rogavit dominum, ut sine eorum[21] inquietudine suis necessitatibus provideret. Mira res[22]; sic enim prostratos[23], ut erant foris, statim[24] invenerunt se intus.

Hoc idem ei accidit[25], cum esset in conflictacione hereticorum cum quodam converso cisterciensis[26] ordinis, viro valde devoto.

1) quosque exueret ipsam camisiam et pannos religiosos (sive religionis) indueret et ad claustrum esset reductus. Vixit autem in ordine multo tempore, multum ubique fuit, graciosus existens, multisque graciis preditus. A C. — 2) tit. om. E; hoc cap. om. F. — 3) dicti castri add. A C. — 4) que A C. — 5) et quasi exinauita (examinata *in textu*) matre H. — 6) qui C. — 7) et om. H. — 8 est om. A C G H. — 9) et om. A C G H. — 10) pueri om. E. — 11) anguillam A C. — 12) frustrum E. — 13) mulier add. A C. — 14) sanata est A C. — 15) de eo quod F G; de eo qui C. — 16) veniens A C. — 17) Dominicus *pro* pater A C. — 18) tarde valde add. A C. — 19) omnes ad quiescendum intraverant A C ; ad add. F. — 20) ne modicum eos inquietaret A C ; eos inquietare om. H; inquietari D. — 21) ipsorum A C. — 22) admiranda res valde A C. — 23) super genua add. A C. — 24) illico A C. — 25) advenit A C. — 26) cisterciensi, (de quo multa referuntur sanctitatis, digna memoria A C; et vellent, *pergit* C, intrare de sero ad quamdam ecclesiam, quam clausam iuvenientes et orantes foriusecus, sic deintus se invenere secundum domini voluntatem, ubi totum noctis spacium se oracioni dederunt. C; ordinis cisterciensis F G.

a) Mam. l. c. p. 512 hoc refert ad annum 1219, postquam S. Dominicus fuit Parisiis.

Venit[1] enim[2] sero ad quandam ecclesiam et clausam invenientes, dum orasset[3] ad hostium, subito se demtus[4] invenerunt, et totam[5] noctem oracioni dederunt

CAPUT DECIMUM QUARTUM

Cum[8] quadam nocte vir sanctus in oracione prostratus[9] iaceret, dyabolus invidens[10] de tecto ecclesie lapidem magnum proiecit tam fortiter iuxta eum, ut per totam ecclesiam sonitum faceret, ut scilicet eum ab oracionis instancia deturbaret Venit autem[11] lapis tam prope, ut[12] tangeret capucium cappe eius Cumque[13] vir sanctus[14] immobilis in oracione persisteret, dyabolus mox voce terribili eiulans confusus abcessit

De dyabolo qui iecit super eum lapidem [b], sed ab oracione non retraxit

CAPUT DECIMUM QUINTUM

Existente[17] autem ipso[18] in oracione, dum iam fratres dormirent[19], venit dyabolus in specie fratris quasi orans coram[20] quodam altari Sanctus autem miratus quod frater* ultra signum remanserat[21] manu[22] ei innuit, quod cubitum iret Cui ille capite inclinato[23] recessit Post matutinas autem[24] monuit[25] fratres[26] ne post ultimum signum in ecclesia remanerent Sic tamen falsus ille

De demone qui eum frangere[17] silencium de nocte fecit [16]

12[?]

---

1) venerunt H — 2) cito F — 3 orassent F G — 4) intus H — 5) illam add F H — 6) lapidem super eum F — 7) fertur tuisse Rome apud S Sabinam, nam ibi ostenditur lapis qui est mi (?) add manus rec in marg cod F — 8) A C sic hab Dum semel ipse vir sanctus de nocte multum devote oraret stans in pavimento or rect, dyabolus ab inicio plenus invidia, invidens oracioni tanti fervoris, de super tecto ecclesie arripiens unum lapidem multi ponderis proiecit tam fortiter iuxta eum, ut per totam ecclesiam magnum sonum redderet et tumultum, ut scilicet vel ab oracionis tanta instancia animum eius averteret Venit autem lapis iuxta caput eius et in aliquo tetigit de capucio cappe Ipse non plus se movit ac si una palea cecidisset Dyabolus autem virtutem tanti viri ferre non sustinens, mox clamans et eiulans voce terribili confusus abcessit dum Γ — 9, prostratus om H — 10 ei add F G — 11 eciam D — 12, eciam add F H et add G — 13) cum autem H — 14) sanctus vir D — 15 de nocte add A C — 16) quod eum frangere de nocte silencium fecit F — 17) consuetudo fuit illius in ecclesia facere noctis excubias existente A C — 18) idem E — 19) quiescerent A C — 20) uno altari quem beatus Dominicus respiciens miratus est, quod A C — 21 remanserit A C — 22) faciens signum manu, annuit, quasi quod iret requiescere Cui ille falsus frater caput inclinans recessit A C — 23) caput inclinans G H — 24) vero A C — 25 sanctus add F — 26' in capitulo, ne in ecclesia remanerent post signum Sic vero factum est secundo et tercio Tercia autem nocte cum ille frater oracionem, ut prius fingeret, accedit ad eum beatus Dominicus, et increpans eum dure dixit A C

a Main 1 c p 576 ad an 1220 hoc refert commorante S Dominico Rome — b) Hoc secundum Mam 1 c p 576, in 1220 Rome accidit

frater[1] et secundo et tercio fecit. Tercia igitur nocte, cum item[2] oracionem fingeret, accedens beatus vir et increpans eum[3] dixit : « Quanta inobediencia ista est[4]. Iam tociens dixi, quod[5] nullus remaneret et te iam tercio deprehendi ». Tunc ille[6] cachinnans, « modo, inquit[7], te feci silencium frangere[8] ». Cuius[9] vir sanctus deprehendens[10] astucias[11] audacter respondit : « Noli letari, miser, de eo, quod tibi non proderit; quoniam[12] ego super silencium sum, et possum, cum[13] michi viderit[14] loqui. » Ad[15] quod[16] ille confusus[17] recessit[18].

CAPUT DECIMUM SEXTUM.[19]

De demone quem circumeuntem officinas invenit.

Alia[20] vice invenit sanctus[21] dyabolum omnia loca domus circumeuntem. Cumque quereret, quare hoc fecerat[22], respondit : « Propter lucrum, quod inde recipio[23]. » Dixit ei[24] : « Quid lucraris in dormitorio? » Respondit : « Facio eos nimis dormire, tarde surgere, sicque a[25] Dei officio remanere, necnon eciam, cum possum, carnis stimulum[26] et illusiones immitto. » Inde[27] traxit eum ad oratorium[28] et ait[29] : « Quid in tam sancto loco lucraris? » Respondit : « O[30] quot feci tarde venire, et cito exire, et se[31] interim[32] oblivisci[33]. » De refectorio quoque interrogatus, respondit[34] : « Quis non plus, quis[35] non minus? » Hinc[36] ad locutorium[37] ductus, respondit cachinnans : « Hic locus est totus

---

1) ille falsus frater H ; sic vero falsus frater... A. — 2) oracionem iterum F. — 3) eum om. H. — 4) est ista E. — 5) quod fratres non remanerent post signum ; et ecce iam te deprehendi tercio A C. — 6) exultans et gaudens, modo te, inquit, feci A C. — 7) inquit modo F. — 8) frangere silencium G. — 9) cui vir sanctus eius cognoscens astucias audaciter... A C. — 10) apprehendens H. — 11) astuciam G. — 12) et add. A C. — 13) cum videbitur loqui H ; quando michi videbitur loqui ; non potes me decipere in hac parte. Ad... A C. — 14) videbitur F G. — 15) ad — recessit om. H. — 16) sic add. G. — 17) confusus om. F. — 18) recessit confusus A C. — 19) in cod. F. hoc cap. sequitur nostrum sequens. — 20) iterum add. F ; ferebatur a pluribus antiquioribus in ordine et personis fide dignis, quod semel sanctus Dominicus invenit diabolum circumeuntem omnia loca conventus. A quo cum quereret quare... A C. — 21) pater add. F ; vir add. H. — 22) quare venisset C ; facis H ; faceret A ; faciebat F. — 23) recipio inde F. — 24) sanctus add. F ; et ait ei beatus Dominicus, quid lucraris hic, ducens eum ad dormitorium? Et ille : Aliquid lucror hic, quoniam vel fratres nimium facio dormire... A C. — 25) ab officio D E. — 26) stimulos F G ; stimulos et pessimas illusiones eis immitto A C. — 27) dehinc A C. — 28) ecclesiam C. — 29) dixit A C. — 30) hos quos feci tarde venire, facio cito exire H. — 31) hic add. H. — 32) interim om. A C. — 33) oblivisci se ipsos ; inde sanctus pater diabolum traxit ad refectorium dicens : in quo tentas eos. Tunc de mensa in mensam saliens ait : quis... A C. — 34) ibi add. D. — 35) quis vero et non minus accipit. D. — 36) dehinc A C. — 37) trahens cum ait. Hic autem in quo lucraris? respondit... A C.

meus, hic veniunt[1] risus, hic[2] rumores, et verba proferuntur in ventum[3] - Cum autem ultimo traxisset eum[4] ad capitulum, cepit fugere et horrescere, et[5] ait - Hic[6] locus michi infernus est, et quidquid lucror alibi, hic totum perdo, nam hic monentur, hic confitentur, hic accusantur, hic verberantur, hic absolvuntur, unde[7] hanc domum super omnes detestor -

CAPUT DECIMUM SEPTIMUM.

Alia vice[8] invenit[9] sanctus dyabolum quasi manibus[10] ferreis tenentem cedulam, et ad lampadis lumen legentem, qui querenti ab eo, quid legeret, ait - Peccata fratrum tuorum. - Precepit ergo sanctus illi in Christi nomine, ut cartam dimitteret, quod et fecit, et invenit[11] ibi plura, super quibus fratres correxit

CAPUT DECIMUM OCTAVUM

Frater[12] quidam, vir bonus et discretus, dixit, quod VII noctibus vigilaverat, ut videret, qualiter beatus pater se haberet[13] in nocte Dixit ergo, quod in oracione modo stans, modo ingeniculans[14], modo prostratus, in tantum perseverabat, quousque sompnus eum arripiebat Qui[15] cum evigilasset, statim visitabat altaria, et ita usque circa[16] mediam noctem agebat Tunc autem fratres dormientes, quietissime visitans, discoopertos cooperiebat[17]. Quo facto rediens in ecclesiam continue orabat Dixit idem frater, quod cum frequenter iuvaret[18] eum ad missam, vidit, quod post sumptum corpus dominicum, se vertebat ad vinum et[19] aquam sumenda[20], sepe fluebant[21] lacrime ab oculis eius[22]

---

1) huc veneiunt C — 2) et F — 3) vanum C Cum autem ventum est ad capitulum, cepit quodam modo fugere et horrere [A horrescere] illud nec volebat ingredi A quo cum quereret, quare hec faceret, respondit dicens Quia quidquid alibi lucror, hic totum perdo, maxime quando servatur iusticia ex parte corrigentis et penitencia exhibetur ex parte correcti unde hic locus est michi infernus nam hic monentur fratres A C — 4) eum om F — 5) et orrescens ait F — 6) iste G — 7) hec est, inquit, officina, quam maxime odio et super omnes detestor A C — 8) de nocte vidit beatus pater Dominicus diabolum in ecclesia unam cedulam tenentem ad lampadis lumen et legentem, manus, ut dicunt aliqui, ferreas et quasi uncinatas habentem ad quem accedens beatus Dominicus et querens quid legeret, respondit Peccata fratrium tuorum Cum autem vellet beatus Dominicus cedulam illam habere, et teneret eam ex una parte, et diabolus ex alia, precepit ei vii sanctus in virtute Dei, ut illam dimitteret, quod et fecit Invenit autem ibi plura super quibus fratres correxit, quorum fuerunt transgressores A C — 9) vir add H — 10) manibus quasi F G — 11) invenit autem F, invenit autem plura in (G super) quibus G H — 12) fr Ioannes Bononiensis vii discretus et (F sanctus) bonus A C F G H — 13) habebat A C F — 14) geniculans C — 15) et cum F — 16) ad F — 17) cooperiens C — 18) invenit A C D F — 19) ad add H — 20) sumenda add E — 21) superfluebant F — 22) eius add C in marg

CAPUT DECIMUM NONUM.[1]

De efficacia verbi eius et operis.

Interdixit aliquando fratri Bertrando *a*), socio suo, ne suas, sed aliorum culpas defleret, attendens, quod pro peccatis suis se nimis affligebat. Et tante virtutis verba[2] fuerunt, ut ex tunc[3] pro aliis habundanter fleret, pro se autem flere non posset, eciam volens.

Cuidam[4] usurario sibi mencienti iusticiam et petenti eucharistiam, sacram porrexit[5] hostiam, que mox quasi carbo ignitus eius palatum adurere[6] videbatur, ut muliebris[7] ignis, qui puerorum viscera refrigavit[8] et combussit Chaldei[9] nequiciam. Unde compunctus conversus est, que male acquisierat restituens universa.

Dan. III. 48-50.

CAPUT VIGESIMUM.

De panibus multiplicatis.

Narravit frater Reginaldus[10], domini pape penitenciarius et post archiepiscopus Armachanus[11] *b*), vir valde religiosus, quod ipse presens fuit Bononie, quando procurator accedens ad virum[12] Dei Dominicum cepit conqueri, quod non haberet, quod apponeret ingenti fratrum multitudini, nisi tantummodo[13] duos panes. Quos domini imitator Dominicus iussit in modica frusta comminui, dataque benediccione confidens in domino, *qui dives est*[14] *in omnes qui invocant illum et*[15] *implet omne ani*mal benediccione*, fecit servitorem circumeundo per mensas apponere duo vel tria frusta dicti panis. Cumque sic[16] circuisset, et adhuc, superesset de pane, secundo circuivit ac tercio de dictis frustis parum[17] apponendo, et iterum quod modicum fuerat habundavit. Quid plura? Tociens circuivit et apposuit fratribus, quod omnes saciati sunt, et multo plus de pane sublatum est divino munere, quam per homines appositum foret[18].

Ps. 144 16.
· 13.

---

1) hoc cap. om. F. — 2) sua add. A C. — 3) ex tunc om H. — 4) qui D. — 5) perrexit G. — 6 adureret videbatur, ut ille ignis, qui puerorum refrigerat viscera H. —7) muliebri A C: mulcebris G. — 8 refrigavit visera A C D G. — 9) chaldei combussit D; caldeorum A C. — 10) Raynaldus A C F; Reinaldus D. — 11) almachauus D G H. — 12) ad virum Dei accedens G. — 13) nisi tantum nisi tantum modo (F. om. modo) A C F. — 14) est om. F. — 15) et om. F. — 16) semel A C F. — 17) supra add. C, similiter add. A C; parum om. H; pane circuivit secundo et tercio dedictis frustis parum similiter apponendo D. — 18) fuerat *ita corrigitur a man. rec. E. et C.*

a) De fr. Bertrando vide supra cap. X. — *b*) cf. Mam. l. c. p. 547 ad an. 1219. Quetif. l. c. 104, infra l. III, c. XXXVII; fr. Reginaldus Archiepiscopus Armachauus (Armagh) Hyberniae Primas constitutus est ab Innocentio IV. an. 1247. Bul. Ord. I, p. 256.

CAPUT VIGESIMUM PRIMUM.

Legista *a*) quidam Bononie civis[1] intravit[2] ordinem ; quem cum de domo carnales eius amici vellent violenter extrahere[3], timentibus fratribus, et volentibus mittere ad quosdam milites patronos, ut defenderent domum, ait beatus Dominicus : - Non indigemus auxilio militum, quia ego plus quam ducentos angelos video circa ecclesiam, qui missi sunt ad custodiam fratrum. » Recesserunt ergo illi nutu[4] divino territi et confusi, et novicius consolatus permansit[5].

De angelis quos ad custodiam fratrum vidit.

CAPUT VIGESIMUM SECUNDUM.

Quidam *b*) frater[7] ad serviendum infirmis Bononie positus[8] carnes que remanebant interdum[9] et[10] sine licencia comedebat. Quodam autem[11] sero cum hoc faceret, a dyabolo correptus cepit fortiter et terribiliter[12] clamare[13]. Concurrentibus[14] igitur fratribus beatus pater advenit, et compaciens fratri, qui graviter vexabatur, arguebat demonem, quod corpus sui fratris[15] intraverat. Dixit autem dyabolus : - Intravi in eum, quia meruit ; nam carnes infirmorum occulte et sine licencia comedebat[16] contra ordinacionem constitucionum tuarum. » Tunc beatus Dominicus ait : - Ego auctoritate Dei[17] absolvo eum a peccato, quod fecit. Tibi autem, demon, precipio in nomine domini[18] Ihesu Christi, ut exeas ab eo, et a modo[19] non vexes eum. » Statimque[20] liberatus est[21].

De fratre guloso quem a demonibus[6] liberavit.

CAPUT VIGESIMUM TERTIUM.

Super peccatis hominum[24] mirabiliter sanctus pater fuit[25] compaciens ; quando appropinquabat ville vel civitati, quam posset a

De compassione[22] eius ad peccatores[23].

---

1) Bononiensis civis E ; civis Bononie A C. — 2) in add. D E. — 3) vere add. A C. — 4) nuncii divino timore territi A C. — 5, in ordine add. A C. — 6) demone A C F. — 7) quidam conversus add. F. — 8' positus Bononie F. — 9) frequenter F. — 10) et om. A C F H. — 11, autem om. E : ergo F. — 12) horribiliter E. — 13) acclamare F. — 14) currentibus A C. — 15) fratris sui A C F G. — 16. sine licencia et occulte manducabat. F. — 17) domini A C. — 18) nostri add. A C F G. — 19, et araplius F. — 20) statim H. — 21) frater add. F H. — 22) passione F. — 23' cap. 25 et 24 in unum contrahuntur A C G et post peccatores add. et de (de om. G.) cavenda nota. — 24, et miseriis erat compaciens ita quod quantocumque appropinquaret alicui civitati vel ville, quam posset de aliquo loco eminenti videre, recitans [A : recogitans] miserias hominum et que in ea fiebant peccata, et quod multi descenderunt in infernum, totus effluebat in lacrimas. A C. — 25' fuit om. F G.

a) cf. Mam. l. c. p. 600 ad an. 1220. — *b*) cf. Mam. l. c. p. 547 ad. an. 1219.

longe videre, recogitans miserias hominum[1] et peccata, que fiebant in illa, totus in lacrimas[2] solvebatur.

CAPUT VIGESIMUM QUARTUM.

De cavenda nota.

Cum[3] autem post labores[4] itineris divertebat ad[5] secularc hospicium, extinguebat primo sitim ad aliquem fontem, vel ad aquam vicinam, timens, ne ex siti, que ob laborem[6] accenditur[7], plus bibendo, notam incurreret, quam non solum[8] in hoc, sed in omnibus supra modum cavebat.

CAPUT VIGESIMUM QUINTUM.

De abstraccione ab exterioribus.[9]

Amorem vero[10] suum ita tenebat affixum[11] in domino[12], quod a[13] rebus exterioribus non solum[14] magnis, sed eciam[14] parvis et vilibus affectum[15] retraheret, ut[16] vestibus, libris, calciamentis, cingulo[17], cultello[18] et aliis huiusmodi[19], que vilia[20] portabat, et curiositatem vel[21] nimiam decenciam in illis reprehendebat frequenter.

CAPUT VIGESIMUM SEXTUM.

De studio eius in libris caritatis.

Quesivit[22] quidam scolaris ab eo, in quibus libris studuerat[23]; videbat[24] enim eum optime predicantem, et[25] de scripturis ad placitum disserentem. Cui vir sanctus respondit[26] : « Fili, in libro caritatis plus quam in alio[27] studui; hic enim de omnibus docet. »

CAPUT VIGESIMUM SEPTIMUM.

De lubrico carnis odore manus eius restricto.[28]

Quidam scolaris[29] Bononie[30] admodum lubricus[31], venit in quo-

---

1) hominum om. F. — 2) lacrymis F. — 3) Si quando post laborem itineris contingeret eum declinare ad secularem (!) hospicium, extinguebat primo sitim ad aliquam vicinam aquam quam posset reperire, timeus ne ex habundancia sitis, que ex huiusmodi vie labore accenditur, plus bibendo relinqueret alicuius note vestigium. Quod non solum in hoc, sed in omnibus aliis supra modum cavebat. A C. — 4) laborem F G. — 5) ad om. F. — 6) a labore G H. — 7) extenditur G. — 8) solum om. D E. — 9) de cautela eius et abstractione... F: secularibus A C. — 10) eciam D F: vero om. A C. — 11) fixum ad (G H. in) Deum A C G H. — 12) in deum F. — 13) quod in huiusmodi (C. add. in marg. rebus) exterioribus A C. — 14) a add. A C. — 15) suum add. A C. — 16) in add. H; et videbatur in libris, vestibus, calceamentis... A C. — 17) corrigia, cultelino, quem raro portavit et aliis A C. — 18) cutello G: cultelino F. — 19) huiusmodi om. F. — 20) vilia sunt, vitabat curiositatem H. — 21) et H. — 22) quesivit ab eo semel quidam scolaris clericus, in quibus libris magis studuerat, forsan quia viderat eum. A C. — 23) amplius add. F; studuit H. — 24) viderat F. — 25) vel A C. — 26) respondit, plus studuisse in libro caritatis quam in aliquo alio, et bene quidem, quoniam hic est liber, qui docet de omnibus. A C. — 27) aliquo F G. — 28) restricto eius A C. — 29) fuit Bononie A C. — 30) Bononiensis E. — 31) labilis F ; labilis in vicio carnis, quod

dam festo ad domum fratrum, ut missam et sermonem audiret
Qui[1] cum beato Dominico celebrante ad oblacionem accederet
cum ceteris[2] sociis, subito in osculacione manus eius beate, tantam sensit fragranciam, quantam in vita sua non senserat umquam Mira[3] res[4] de odore percepto, sed admiranda magis! de
lubrico carnis in eo restricto sicut enim ipse testatus est, ex
tunc[4] sensit tantam[5] temperanciam carnis, quod sibi fieret facile
continere, cum id prius impossibile sibi[6] videretur[7]

CAPUT VIGESIMUM OCTAVUM

Visitavit[8] ipse beatus pater semel Bononie scolares quosdam
multum sibi[9] familiares Cumque[10] recedere vellet, eis inter cetera
transitum suum predixit, inducens eos ad mundi contemptum et
memoriam mortis - Vos[11], inquit, karissimi, scitote, quod non
ero diu in vita ista mortali - Quod rei probavit eventus[12] Nam
parum ante assumpcionem a) domine nostre[13] ad dominum est assumptus[14]

§ I[15] *Confirmatur autem ipsum sciisse plura de futuris per
hoc et illud quod habetur in sua legenda, quod hic sufficienter
interseritur*

Marginal note: Quod obitum suum predixit

---

etsi sepe confiteretur sue impudicicie lubricum, frequenter revertebatur in idem ideoque
iam ad tantum devenerat, ut diceret se penitus continere non posse Contigit autem in quo
dam festo, cum celebraret beatus Dominicus in domo fratrum dictum secularem venire ad
locum et causa predicacionis et misse, A C — 1) Qui beato Dominico missam celebrante
cum ad A qui post officium cum in et offerre cum aliis et oscularetur manus eius in ipsa
obsculacione subito sensit tantum ac talem odorem de manu eius exire qualem in vita
sua non senserat C — 2) ceteris om F G H — 3) Miranda res valde, de odore percepto,
sed magis admiranda de lubrico carnis restricto Subito enim tantam sensit temperanciam
carnis, ut diceret se posse deinceps illud leviter facere quod primo sibi difficillimum
videbatur et hoc congruum fuit valde, ut odor manus virginee expelleret fetorem luxurie A C miranda F — 4) tantum add H — 5) tantam sensit D F G — 6) sibi cm G H
— 7) videbatur H hoc autem congruum fuit valde, ut tactus manus virginee fetorem
luxurie aboleret add F — 8) visitaverat ipse beatus pater scolares cumque F quidam
alius scolaris fuit Bononie nomine Aflredus parum ante felicem transitum beati Dominici
dixit se audivisse ab eo de morte sua propheciam huiusmodi Visitaverat quidem beatus
Dominicus quosdam seculares multum sibi familiares ad ipsorum hospicium cum quibus
dictus scolaris erat A C — 9) sibi multum D H — 10) Unde inter alia verba que tunc
illis scolaribus dixit, transitum suum predixit hoc modo C — 11) Vos videtis modo me
vivere et corpore sanum, sed antequam veniat assumpcio domine nostre ego substractus
ero de vita ista presenti Quod rei eventus postmodum comprobavit A C vos, inquit, karis.
simi, modo videtis me sanum, sed antequam veniat assumpcio domine nostre, ego submotus
ero de vita ista mortali D F G H — 12) migrans ad dominum parum ante assumpcionem
beate virginis Marie C — 13) nostre om F G — 14) quod scolares illi diligentissime nota
verunt et post eius obitum fratribus retulerunt add A C — 15) h par om A D F F G H

a) Obiit S Dominicus VIII idus Augusti 1221, de eius morte cf M iii l c p 656 ss

*Nocte quadam in urbe Roma, dum sacris vigiliis apud catha-
cumbas excubaret ferventius, visio ei monstrata est Factumque
est in vigilia in matutinis, revertens domum, post signum cam-
panule vocat fratres, qui magna emittens suspiria, voce flebili
eos alloqui cepit, et verbum illud evangelicum, sed tremebundum
in medium protulit dicens - Fratres, ecce sathanas expetivit
vos, ut cribraret sicut triticum - Flebant autem fratres uberrime in verbis ipsius, sed et ipse cum flentibus flebat et amplius
Denique protulit verbum, quod sibi prophetice monstratum est,
dicens - Flete, inquit, fratres, quoniam duo ex nobis debent
ire ad vitam, et duo ad mortem - Ad quod verbum ulteriori
modo exterriti fratres acrius plorantes dicebant inter se « Numquid sum ego? » Quod postea impletum est, nam paucis diebus
elapsis, duo ex fratribus ordinem exeuntes, haud dubium, quin
ad mortem iverint Alii vero duo sarcinam corporis relinquentes, ad vitam pervenerunt perennem*

CAPUT VIGESIMUM NONUM [1]

De socio quem ad
Christum vocavit
defunctus
* 13'

Cum beati Dominici[2] corpus in ecclesia positum a filiis psalmis
et canticis spiritualibus cum lacrimis plangeretur* felicis memorie
frater Albertus, prior Bononie sancte Katherine[3], qui beato patri[4]
fuit valde familiaris, affuit Qui cernens amicum[5] planctum in
iubilum concitatus est[6] et ipse cepit gaudere Verum[7] sui miseratus ad corpus accedens in amplexus et oscula ruit, nec inde[8] surrexit, donec mortis[9] meruit habere responsum Unde surgens,
priori fratrum Bononie gaudens et letus ait - Boni rumores,
prior, magister Dominicus amplexatus est me[10] dicens[11], quod
hoc anno ibo post ipsum ad Christum[12] - Quod sequens probavit
eventus, nam ipso anno defunctus est

CAPUT TRIGESIMUM.

De scolari qui
absens eum
in gloria vidit

Contigit quendam scolarem honestum ab exequiis eius[13] quadam occasione deesse, qui tamen obitum eius audierat Nocte
autem subsequente[14] vidit in sompnis beatum Dominicum in ec-

---

1) hoc cap et tria sequentia om Γ — 2) beatus Dominicus A C — 3) sancte Catherine
Bononie A C — 4) beati patris A C G H — 5) amicorum E — 6) commutasse D G commutavit A commutatus est C H — 7) unde H — 8) modo C — 9) sue add H — 10) me
om A C — 11) enim add H — 12) anno post ipsum pergam ad Christum E — 13) eius
om F — 14) nocte sequenti A C

clesia beati Nicolai sedentem in cathedra, gloria et honore mirifice coronatum Cui dixit - Nonne vos estis magister Dominicus, qui mortuus estis? - Respondit - Non sum mortuus, fili, quia[1] bonum dominum habeo, cum quo vivo - Mane facto[2] pergens ad ecclesiam fratrum in loco illo sanctum sepultum reperit, ubi eum intronizatum in sompnis viderat, quod tamen penitus ignorabat

CAPUT TRIGESIMUM PRIMUM

Narravit frater Thabertus[3] a) de terra Sabaudie[4], fervens et graciosus predicator, qui post mortem multis dicitur miraculis claruisse, quod cum esset scolaris Bononie, in crastinum sepulture beati patris Dominici, vidit cum aliis multis quendam demoniacum ad sepulcrum beati patris adduci Qui cum esset ingressus, clamare cepit demon - Quid michi[5] vis, Dominice?[6] „ frequenter clamans et replicans - Dominice „, et sic super sepulcrum tractus est et a demone omnino[7] liberatus[8]

De demoniaco qui ad tumulum eius curatus est

CAPUT TRIGESIMUM SECUNDUM

Frater quidam plus quam sexagenarius, quem beatus Dominicus recipi[11] ad ordinem fecerat in conventu Lemovicensi[12], cum multis[13] annis emoroydas passus fuisset, auditis miraculis, que fiebant ad tumulum beati Dominici, antequam canonizatus fuisset b), ante altare se prosternens humiliter ait - Domine Ihesu Christe, qui per magistrum Dominicum[14] ad hunc ordinem me vocasti, si vera sunt, que audio, et[15] dictus pater potest aliquid apud te, sicut et[16] vere credo, queso, ut eius meritis ab hac turpi infirmitate me sanes - Statim igitur sanatus Deo gracias egit, nec umquam postea cum[17] illa infirmitate fedatus est, cum post per septenium vixerit

De fratre qui[9] ab emoroydis et post a ruptura[10] curatus est

---

1) quia habeo bonum G — 2) facto om G — 3) Cambertus C Chabertus A G — 4) Salsindie E — 5) quid michi et tibi, Dominice H michi add C *in marg* — 6) et add A C — 7) a demonio liberatus G — 8) tractus obsessus est a demonio liberatus H, tractus est a demone liberatus A C — 9) qui om A C G — 10) ad invocacionem eius sanato A C G — 11) recepit C — 12) lemonensi D Bononicusi ed Duac — 13) cum XX annis G H — 14) me ad hunc G — 15) ut possit A C — 16) et om E — 17) cum per septennium vixerit est illa infirmitate fedatus A C G H

a) De eo vide infra lib V, cap IX, § XI Quetif I, p 467 Mam 1 c p. 662 — b) B Dominicus canonisatus est a Gregorio IX V nonas Iulii 1234 cf chronicon, obiit proinde iste frater anno 1241 vel 1242

Idem frater in Caturcensi[1] *a*) conventu positus, ubi et obiit, cum beatum patrem canonizatum audisset[2], et cum fatribus Te Deum laudamus ob hoc devote cantaret, a ruptura, quam aliquibus annis habuerat, est subito et perfecte curatus, cum hoc[3] tantum dixisset : « O beate pater[4] Dominice, qui me ab alia turpi infirmitate curasti, ab hac quoque gravi meam libera senectutem. »

CAPUT TRIGESIMUM TERTIUM.

De surda que[5] recuperavit auditum.

In eodem conventu[6] cum prior fratrum[7] de miraculis beati Dominici populo predicaret, quedam monialis, que multis annis surda fuerat, beatum Dominicum invocans, plene recuperavit auditum.

CAPUT TRIGESIMUM QUARTUM.

De litteris canonizacionis que non sunt aquis delete.[8]

Dominus[9] Bartholomeus[10], cantor[11] Tripolitanus[12], veneranda persona, retulit[13], quod cum transfretaret, et fratres ei tradidissent[14] litteras canonizacionis beati Dominici de novo factas[15], transmarinis fratribus deferendas[16], contigit[17] ex vi ventorum et tempestate navem circa[18] quendam portum fraccionis sustinere iacturam. Unde[19] omnia, que[20] supra et infra erant, fuerunt deturpata et multipliciter lesa ; littere[21] autem predicte non sunt lese in aliqua parte, cum secundum naturam solo tactu[22] aliorum[23], que madefacta erant, saltem debuissent deturpari[24]. Quod non sine miraculo[25] Dei[26] providencia credidit[27] evenisse, ut honor

1) Catarcenensi C ; Carnocensi H ; Catucenci E. — 2) audivisset A C. — 3) hec A C D H. — 4) pater om. G. — 5) ad invocacionem eius add. A C G. — 6) Bononie add. C. in marg. — 7) fratrum add. C. in marg. — 8) que non fuerunt ab aquis destructe A C G ; destructe F. — 9) frater D. — 10) archidiaconus Masticonensis add. A C F. — 11) de clusa cantor ad A. — 12) et om. C E. — 13) de beato Dominico quiddam dignum memoria, nam cum A C ; dignum memoria, cum enim F. — 14) ei tradidissent om. A C. — 15) facte E F G : factas om. H : confecte ei commendassent ultramarinis (A : transmarinis) fratribus transferendas, contigit ex vi maris (A : ventorum) et tempestate navem fraccionis sustinere iacturam circa litus vel portum. A C. — 16) offerendas H. — 17) ei add. F. — 18) portum quendam F H. — 19) ubi omnia, que habebat, fuerunt turpata et quasi destructa : littere... C. — 20) que supra navim erant F ; que erant supra... A. — 21) littere autem ille nec in modico lese sunt. Quod fuit mirum valde, tum quia omnia alia fuerunt destructa et lesa et intus et extra A C ; tum, *pergit* C, quia littere solum ad humorem aque lesionem recipiunt. — 22) motu H. — 23) aliquorum A. — 24) turpari A. — 25) ex add. H. — 26) Deo providente creditur evenisse, ne honor A C. — 27) creditur F G H.

a) Conv. Caturcensis (Cahors) fund. an. 1225 pro prov. Provinciae. Anal. I, p. 210 ; pro conv. Lemovicensi vide supra l. I, cap. IV, § X, cap. VI, § XII, p. 24.

Dei in sancto suo eciam[1] in populis Syrie[2] non[3] subtraheretur. Nam[4] si[5] delete fuissent, annus et plus[6] transisset[7], antequam alie[8] prolate fuissent.

CAPUT TRIGESIMUM QUINTUM.

Cum[9] quedam navis recessisset de Trapis[10] a), civitate Sicilie[11], De liberatis a periculo maris. ut[12] Ianuam[13] b) perveniret, orta est tempestas tam valida et tanta insuper inundacio pluvie, quod et na·vi fractura et omnibus mortis periculum imminebat. Iam[14] velum cum temone[15] perdiderant, ·14. iam[16] navem alleviabant ab omnibus[17], que[18] in ea cara plurimum erant, iam omnes[19] alterutrum sua confidentes peccata[20] sanctos, quos in maris periculis invocare[21] mos est, flentes uberrime invocabant. Contigit autem, ibi esse quendam ordinis predicatorum fratrem, qui in illis invocacionibus nullam audierat[22] de beato Dominico fieri mencionem, quodam sancto zelo succensus eos ad invocandum beatum Dominicum hortabatur; et[23] dum[24] respondissent, se non consuevisse, nec eum cognoscere, frater de sancti[25] meritis[26] concepta[27] fiducia dixit : - Invocate illum ex toto corde et vovete ei[28] aliquam reverenciam facturos vos[29], et[30] pro certo[31] eius auxilium sencietis. - Emiserunt ergo[32] omnes votum[33] communiter, quod si eis sanctus succurreret, omnes simul cum cereis

---

1) hac de causa in... A C: eciam om F. — 2) transmarinis C. — 3) fuisset subtractus A C. 4) non enim forte usque ad biennium illuc littere alie fuissent transmisse et amplius... — 5) littere add. A F. — 6) amplius A F. — 7) transiret A F G. — 8) alie venissent F. — 9) dum A C. — 10) de Trapani A C; de Traperi F. — 11) Cilicie. G. — 12) Sicilie perventuraque Ianuam mare sulcaret, orta est tempestas in mari tam valida A C: et desuper, *pergit C*, inundacio aquarum tam admodum terribilis, ut simul hec et ipsi navi fracturam et omnibus in ea existentibus mortem post modicum minaretur. Iam... — 13) iam iam *pro* Ianuam F. — 14) ipsi vi maris add. A C. — 15) remone E H. — 16) iam mare navem de ganta abstulerat, iam ipsam navem ab oneribus (que — erant add. C. in marg.) alleviabant A C. — 17) honeribus F. — 18) que tamen cara G H; quantum cara F. — 19) omnes peccata sua confitebantur alterutrum, mortem de proximo expectantes. In tali ac tanto periculo constituti, quum omnes alta voce invocarent sanctos, illum et illum, quos in devocione habebant, et quos invocare in mari mos est, flerentque uberrime, contigit ibi esse quendam ordinis fratrem Guilielmum de Valencia, hominem multe devocionis ac magne ad Deum fiducie, qui in illis invocacionibus sanctorum nullam audiens de beato... A C. — 20) peccata confitentes E: — 21) invocari F G. — 22) audiens F. — 23) ubi dum illi respondissent, se non habere in usu, nec eum... A C. — 24) cum G. — 25) sanctis D. — 26) dixit frater, quadam de ipsius beati Dominici meritis... A C. — 27) accepta F. — 28) illi H: ei om. F. — 29) vos facturos H G: vos esse facturos F: vos ei facturos A C. — 30) et om. H. — 31) profecto F. — 32) igitur F. — 33) vocem H.

a) Trapani, urbs capitalis provinciae Trapanae in Sicilia. — b) Genua.

ardentibus[1], nudis[2] pedibus ad eius ecclesiam venirent[3]. Emisso itaque[4] voto, cum[5] omnes simul[6] clamarent « sancte Dominice, adiuva nos, » mox serenatur aer, tranquillatur mare, sedatur[7] tempestas, redditur[8] ipsa facies ponti iocundior; et[9] post[10] merorem leticia, exultacio post lamentum. Aguntur Deo gracie[11] in communi[12] et sanctus Dominicus commendatur. Cum autem omnes sani et incolumes Ianuam pervenissent, non[13] inmemores voti, statim cum ipso fratre et socio quod promiserant, compleverunt[14], processionaliter[15] discalciati cum cereis ardentibus ad locum fratrum et[16] altare beati Dominici devotissime[17] venientes.

§ I. *Quidam frater minor Bononie de* (deest hic aliquod verbum in codice) *inguinis vel amplius defluentibus intestinis multum affligebatur. Qui invocans beatum Dominicum de novo canonizatum, post prolixam oracionem aliquantulum soporatus vidit ipsum beatum Dominicum colligentem in anteriori parte scapularis sui defluencia intestina ipsius. Et statim expergefactus sensit se omnino curatum, et gracias agens Deo et beato Dominico hoc totum suis fratribus indicavit, per quos divulgatum est miraculum ad gloriam salvatoris[18].*

CAPUT TRIGESIMUM SEXTUM.

De sanetimoniali mirabiliter curata.

Et apud Tripolim, civitatem Syrie[19], quoddam monasterium feminarum, quod dicitur Magdalene, ubi quedam monialis[20] nobilis, nomine Maria de Bellomonte a) magne simplicitatis et innocencie fuit[21]. Hec[22] post multas graves infirmitates, quibus fuerat probata[23], tandem[24] in femore et pede tanta percussa est passione,

---

1) et cum add. G H. — 2) nudis pedibus om. F. — 3) sencietis auxilium. Animo autem ad verba fratris emiserunt votum omnes concorditer, quod si beatus Dominicus propiciaretur eis, omnes simul, cum essent in terra, discalceati venirent ad eius ecclesiam cum cereis ardentibus. Emisso... A C. — 4) autem A C. — 5) dum A C. — 6) altis vocibus (C : beatum Dominicum mox) serenatur... A C. — 7) cedit A C F. — 8) redditurque (lecius add. C) facies... A C F; redditurque G H. — 9) fit A C F; erat H; fuit G. — 10) prope F. — 11) gracias H; exsolvuntur laudes toto cordis affectu (*add. in marg.* et — cum) A C. — 12) in corde G H. — 13) non fuerunt segnes in exsolvendo, dum venerant, sed mox ipso fratre et socio, eo modo quo promiserant, devotissime comploverunt. A C. (*in marg. add.* C. cum cereis accensis. — 14) impleverunt D F G H. — 15) et add. H. — 16) ad add. F G. — 17) humiliter add. C. — 18) hucusque codicem F. comparavit R. P. Berthier cum cod. C; om. haec paragr. 1u cod. A C D E G H. — 19) Syrie civitatem E. — 20) iuvencula nobilis monialis nomine Maria de Biblio (A : Bellomonte) oriunda magne... A C. — 21) fuit om. A C. — 22) hec om. A C. — 23) examinata A C. — 24) tanta ac tali in dextro femore ac pede percussa... A C.

a) Beaumont en Dauphiné.

quod[1] per quinque menses se non potuit vertere, nec sustinere quod ab aliis verteretur[2]; sed iacebat continue supina[3] ex[4] adhesione lecti carnibus iam[5] consumptis. Illorum autem quinque mensium tribus primis tam acutis cruciabatur doloribus[6], quod eius clamoribus miserabilibus multum[7] inquietabantur[8] sorores. Unde pre doloris vehemencia septem diebus languit[9] sine cibo, et singulis horis expectabatur[10] exitus, maxime quia deficiente spiritu et vultu in pallorem converso[11] aliquando[12] sine sensu iacebat[13] et motu. Verum[14] post[15] illos · VII · dies cepit aliquantulum respirare, quia[16] femur cum tibia et pede factum est[17] quasi mortuum, et quasi lignum insensibile pulvinari innixum immobile iacebat. Igitur de consilio medicorum mater eius et consanguinei ordinaverunt, ut eam[18] de monasterio deportarent ad domum propriam, ut[19] liberius foveretur balneis et unguentis et aliis remediis[20] medicine, petita super hoc licencia et obtenta a quodam abbate, qui erat[21] ordinis illius visitator. Quod ubi[22] intellexit puella religiosa[23], recusavit omnino extra monasterium in domo secularium contra[24] consuetudinem ordinis commorari, et ne in periculosum exemplum traheretur membra virginea per vicos et plateas[25] ad balnea[26] deportari. Super quo cum corriperetur[27] a[28] sorore germana, que erat eiusdem monasterii monialis, et[29] per yroniam diceret: « Modo salvabit te Deus per sanctitatem tuam[30]; » matre eciam asserente, non esse modo tempus antiquum, in quo Deus[31] miracula faciebat, recesserunt[32] propter illius pertinaciam indignanter[33] eam sibimet relinquentes. Ipsa[34]

1) quinque mensium spacio non potuit de latere in latus se vertere, nec eciam A C. — 2) moveretur A C. — 3) resupina D G H. — 4) unde affligebatur vehementer corrosis ex... A C. — 5) et *pro* iam A C. — 6) in membris predictis add. A C. — 7) multum om. A C. — 8) sepe alie moniales, et ad hocus que perducta est dolorum vehemencia, quod pre debilitate nimia septem dies sine cibo corporali transibat et potu, sed singulis horis ipsius de corpore expectabatur egressus [A : exitus] maxime autem cum... A C. — 9) langwens H. — 10) eius add. H. — 11) mutato A C. — 12) aliqualiter A C. — 13) iaceret A C. — 14) unde H. — 15) post septem dies predictos A C. — 16) eo quod femur illud cum... A C. — 17) est effectum quasi mortuum et per duos menses sequentes vel circiter uni pulvinari innixum iacebat immobile et insensibile quasi lignum... A C. — 18) ut ea... deportaretur... A C. — 19) ut eam liberius facerent foveri balneis A C. — 20) beneficiis A C. — 21) erat illius monasterii visitator A C. — 22) ut A C H. — 23) religioso et tristi dolore recusavit. A C. — 24) preter stata et consuetudinem A C. — 25) et plateas om. A C. — 26) seu per villas deferri add. A C. — 27) corrigeretur H. — 28) a suis et a sorore... erat similiter monialis, ei per ironiam dicente... A C. — 29) et crebro diceret, modo non sanabit te H. — 30) absque cura humana add. A C. — 31) signa et add. A C. — 32) recesserunt ab ea nocte illa quasi propter ipsius pertinaciam indignate eam sibimet dimittentes. A C. — 33) indignantes H: indignater G. — 34) ipsam G.

vero[1] formidans, ne eam iuxta quod ordinaverant deportarent, totam se dedit[2] ad[3] dominum deprecandum[4] dicens : « Mi domine Deus[5], non sum ydonea te rogare, nec digna[6] exaudiri a te; sed rogo dominum meum beatum Dominicum, servum tuum[7], ut[8] sit mediator inter me et te, et[9] suis meritis et precibus michi impetret beneficium sanitatis. - Et tanta precum instancia, tantaque[10] habundancia lacrimarum interpellavit[11] beatum Dominicum, cui multum[12] erat devota, quod[+] data est ei in corde certa fiducia obtinendi[13]. Si quidem pater harum virginum[14], vir nobilis[15], dum viveret, multum devotus fuerat beato Dominico et ei filias et totam commendaverat domum suam. Cum igitur dicta[13] sanctimonialis[17] in nullo sentiret se[18] alleviatam, cepit familiari quadam obiurgacione beatum inclamare[19] Dominicum, eo quod eius preces[20] non statim[21] exaudisset. Quem[22] iteratis precibus[23] et lacrimis interpellans[24], in mentis extasi posita, vidit ipsum[25] cum duobus fratribus[26] aperta cortina, que ante[27] lectum eius pendebat intrantem. At illa, cum[28] esset ei datum cognoscere illum, simpliciter[29] de sua sanitate rogabat. Cui cum sanctus diceret: « Quare optas tantum sanari » respondit, quod[30] hoc[31] optabat, ut Deo devocius serviret, si tamen sue expediret[32] saluti. At ille, inquit : « Extende[33] tibiam tuam in nomine Christi.» Cui cum illa diceret, se nullomodo posse, ille de sub cappa proferens unccionem mire et inconsuete fragrancie[34], manu sua[35] sancta[36] perunxit, et statim

---

1) autem reformidans A C. — 2) contulit se totam A C. — 3) ad rogaudum dominum cum magno fervore animi et abundancia lacrymarum et suppliciter et humiliter valde dicens. A C. — 4) humiliter add. G H. — 5) domine H. — 6) digna om. H. — 7) servum tuum add. in marg. C. — 8) ut inter me et te suis meritis et precibus impleret michi beneficium H. — 9) et suis precibus et meritis a te michi A C. — 10) tanta eciam effusione A C. — 11) patro · num suum add. A C. — 12) admodum A C. — 13) optatam et tam instanter petitam sánitatem A C. — 14) istarum puellarum virginum A C. — 15) nobilis beato Dominico speciali devocione ipsas et totam, dum viveret, commendavit domum suam. A C. — 16) dicta om. H. — 17) obdormisset et expergefacta post sompnum statum suum in nullo sensisset immutatum cepit A C. — 18) se om. E H: se sentiret G. — 19) obiurgare C. — 20) preces eius H. — 21) preces eius minime exaudisset A C. — 22) que H. — 23) eum add. H. — 24) non minori quam prius instancia et fervore in mentis add. A C. — 25) beatum Dominicum *pro* ipsum A C. — 26) ordinis *add. in marg.* C. — 27) ipsius lectum dependebat A C. — 28) cum datum fuisset ipsum agnoscere, suppliciter eum de sua sanitate rogavit. Tunc cum interrogaretur ab eo, utrum multum desideraret sanari et quare, respondit A C. — 29) suppliciter D H. — 30) quod multum optabat, si tamen hoc sue expediret, videlicet ut devocius de cetero domino deserviret. At ille : Extende tibiam tuam (in nomine Christi *add. in marg.*C); qua respondente, se nullo modo posse, ipse de sub cappa protulit... A C. — 31) hoc om. H. — 32) expediret sue H. — 33) extende inquit G H. — 34) et add. A C. — 35) sua om. A C G. — 36) propria C; loca doloris add. A C.

perfecte[1] sanata tibiam extendit et retraxit Postmodum ait[2] beatus Dominicus - Hec unccio preciosa et dulcis est, nec non et valde difficilis - Cuius verbi puella cum[3] quereret racionem, sanctus respondit - Hec unccio[4] dileccionis Dei signum est et figura, que revera preciosa est quia[5] nullo precio comparari potest[6], quia in domis Dei nullum melius est Dulcis est, quia nichil[7] dulcius caritate[8], difficilis est, quia[9] cito perditur, nisi[10] valde caute custodiatur -

Ipsa autem nocte apparuit beatus Dominicus sorori sue in dormitorio quiescenti dicens - Ego sanavi sororem tuam - Que[11] statim ad sororem[12] currens invenit eam plene sanatam[13], Deo et sancto Dominico gracias referentem[14] Cum autem dicta puella se inveniret unctam eciam sensibili unccione[15], extergens cum bombacce[16], per dies plures apud se[17] illam unccionem[18] ex humilitate retinuit nulli dicens Tandem cogente consciencia matri sue et confessori suo, viro religioso, aperuit, ut docerent[19], quid

---

1) perfecta sanitate recuperata extendit tibiam libere et retraxit absque omni dolore A C — 2) dixit ei A C — 3) cum ipsa (A puella) quereret et ipse exponendo respondit A C — 4) sancte Dei dileccionis A C — 5) nullius rei temporalis porcio (A precio) comparari A C — 6) et quia nichil dulcius caritate H et quia Dei est melius A C — 7) est add A C — 8) est add D — 9) ad custodiendum scilicet, quia de facili amittitur, nisi sollicite [A valde caute] custodiatur Unde et eam monuit, ut circa sui et dileccionis Dei custodiam sollicite vigilaret Cepit autem vultu blando eam interrogare, qualiter quod circa sanitatem eius actum fuerat enarraret Que rogavit eum humiliter, ut ipsemet hoc revelaret et specialiter sorori sue germane Statim autem contigit, ut sorori sue in dormitorio quiescenti in suo lectulo videretur in sompnis, quod intraret quamdam ecclesiam, in qua statim occurrebat eius oculis imago beati Dominici in pariete figurata, que subito ex pariete cepit prodire quasi homo vivens, qui manu innuens advocavit ipsam monialem, que progrediens prostravit se ad pedes ipsius ipsum suppliciter deprecans pro sanitate sororis At ille respondit «Ego A C valde add D — 10) quia D — 11) Que post aliqua verba, que cum eo habuit expergefacta ad sororem suam accedens, quamvis non crederet visioni, ipsam gaudentem invenit et sanatam [add in marg plene Deo et sancto Dominico gracias referentem] Ambe autem cum visiones verbis et res visionibus comparassent, una cum matre sua Elisabeth nomine, religiosa plurimum et devote uberes persolverunt Deo et beato Dominico graciarum acciones Ecclesiam autem eius devocius visitantes ipsum miraculum per ordinem fratribus retulerunt Et ex tunc earum devocio magis ac magis exstitit et ad fratres et ad ordinem Cum autem illa excitata a sompno post visionem manu palpans invenisset se unctam sensibili unccione eciam habundante, extergens de ipsa aliquantulum cum bombace per dies plurimos apud se reponens celavit ex humilitate, timens ne sibi manis gloria subriperet, vel notam apud alias alicuius ostentacionis incurreret Tandem cogente reverencia et hoc matri sue revelavit et de ipsius consilio fratri Gregorio Hungaro, confessori suo, fratri ordinis predicatorum, ob habendum consilium quid faceret de ipsa sacra apud se reposita unccione Cum autem protulisset A C — 12) statim currens ad D statim ad sororem om H — 13) sanatam plene D C H — 14) agentem D — 15) unccione sensibili D — 16) se cum bombete D — 17) apud se ex humilitate illam C H — 18) unccionem retinuit D — 19) ut docerent om E

faceret de tam sacra apud se reposita[1] unccione. Cum autem protulisset, quod in bombacc[2] habebat, ipse confessor[3] et mater et soror[4] et[5] tam nova suavissimi odoris fragrancia sunt perfusi, ut nulla possent ei aromata[6] comparari, sicut quatuor[7] honeste persone senserunt[8]. Puella vero sicut ex tunc[9] sanata est, ita intus est[10] celesti unccione perfusa et divino amore succensa, in humilitate magna[11] Deo[12] serviens et fervore.

Hoc miraculum cum multa[13] diligencia examinavit et scripsit frater Ivo[14]*a*), prior provincialis fratrum in terra sancta, vir tocius sanctitatis et religionis apud Deum et homines graciosus[15], et[16] in linguis pluribus[17] optimus predicator. Quem rex Francie *b*) et regina transeuntes mare invenerunt illic[18] et specialiter[19] dilex-erunt et laudes eius magnifice[20] extulerunt[21].

CAPUT TRIGESIMUM SEPTIMUM.

De ydropico sanato. Fratres quidam transeuntes per terram[22] de Pedemontis[23] *c*) predicaverunt quedam[24] miracula de beato Dominico; quorum predicacioni interfuit quidam, qui habebat fratrem ydropicum, monstruose inflatum. Qui[25] rediens domum narravit fratri illa[26], que audierat miracula[27], monens eum, ut se[28] beato Dominico

---

1) reposita faceret unccione D. — 2) bombete D; quod in bombace habebat om. A C. — 3) frater A C. — 4) puelle add. A C. — 5) ac A C. — 6) in fragrancia add. A C. — 7) quatuor illi homines et persone H: sicut quatuor prime [A: persone] plurimum credibiles, que odoraverunt, testantur, quamvis post plures dies producta ipsa unccio esset dessicata. Sicut autem ad tactum illius sancte unccionis ipsa novam recuperaverat sanitatem, ita novum dileccionis divine affectum unccione interiori creditur concepisse, iuxta quod illi dixit beatus Dominicus, quod illa istius erat signum. Et hoc quod frater extorsit ab ore ipsius, quamvis cum magna difficultate et labore, eo quod ipsa humilitatem multam videbatur habere et graciam specialem, et plurimum gloriam pertimesceret: unde et dona Dei studiose abscondit. Hoc miraculum cum magna diligencia et sollicitudine examinavit et scripsit, usque ad monasterium illud vadens frater Ivo, Brito, quondam prior provincialis in Terra sancta... A C. — 8) et narraverunt add. D. — 9) extra G. — 10) est om. D. — 11) multa D G H. — 12) domino G. — 13) magna D. — 14) frater Ivo om. E; Themio H. — 15) graciosus om. A C. — 16) et om. E. — 17) linguis plurimis predicator admodum graciosus, immo quadam singularitate excellens [add. *in marg.* C: quem — extulerunt] A C. — 18) illic A H. — 19) spiritualiter G. — 20) mirifice A. — 21) Acta sunt hec anno gracie millesimo ducentissimo quarto, sacris diebus quadragesimalibus, regnante domino nostro Jhesu Christo, qui cum Patre et Spiritu Sancto vivit et regnat per omnia secula seculorum. Amen. add. A C. — 22) Italie que dicitur de Pedemontis add. D (C add. *hec in marg. cum* : in Lombardia). — 23) de pede monte in Lombardia G H. — 24) magnifica *pro* quedam miracula A C. — 25) et A C; et rediendo D. — 26) illa om. A C. — 27) beati Dominici add. A C. — 28) se ei voveret A C.

a) De fratre Ivone vide infra lib. V, cap. IV, § XI; Quetif. l. c. 1, p. 131. — *b*) scl. Ludovicus IX et Margarita. — *c*) Piemont.

devoveret, ut sibi sanitatem conferret; quod infirmus devotissime fecit. Et ecce[1] dormienti apparuit beatus Dominicus[2], et ventris[3] eius inmundicias extraxit, non inferens molestiam vel dolorem[4]; et[5] item manu sua sancta ventrem eius solidavit. Igitur expergefactus infirmus[6], sanum se inveniens, visionem[7] omnibus enarravit; et contra[8] omnium medicorum opinionem sanus et gracilis manens Deo et beato Dominico, curatori[9] suo, gracias multas egit.

CAPUT TRIGESIMUM OCTAVUM.

In Sicilia insula, villa[10] que dicitur Placia a), fuit[11] mulier multum Deo devota et fratribus[12] valde obsequiosa, viro[13] tamen suo non modicum adversante. Contigit autem, ut[14] estivo tempore vinum conven'tui fratrum deficeret. Unde[15] ipsa, nesciente viro, singulis diebus eis vinum mittebat. Cum ergo processu temporis, tum propter familie[16] multitudinem, tum propter missionis frequenciam fratribus vinum in vegete defecisset, contigit virum dicte[17] femine vinum petere de vase illo; et cum nullum[18] fuisset et nichil aliud quam fex[19] reperiretur, stupet ancilla et domine sue clanculo nunciavit. Que audiens remittit ad vegetem ancillam, et timens vehementer, ne maritus tumultum faciat, et inventa occasione eam a fratrum devocione retrahat[20], genibus in

---

1) illi add. A C H. — 2) ventrem eius apperuit D H. — 3) et ventrem eius opperuit (G : aperuit) et inmundicias A C G. — 4) vel dolorem *add. in marg.* C. — 5) et — igitur om. A C. — 6) et add. A C H: et se sanum G. — 7) visionem om. D E. — 8) contra opinionem omnium... A C. — 9) procuratori D. — 10) quadam add. A C. — 11) quedam add. A C. — 12) predicatoribus add. A C. — 13) viro (*in marg. add.* C. tamen) dicte mulieris predictam devocionem non modicum adversante et quam plurimum impediente. A C. — 14) quod A C: in... deficere H. — 15) quod cum mulier illa devota scivit, statuit, ut nescio [A : nesciente] viro fratribus necessitatibus subveniret. Quod et fecit per dies singulos vinum eis cum multa devocione mittendo quantum eis sufficeret. Verum cum iam processu temporis tam propter magnitudinem familie proprie, tam propter fratrum multitudinem vino in vegete deficiente totaliter, contigit virum dicte mulieris vinum petere de vegete illa. Cum missum fuisset ad vegetem, nichil aliud quam fex reperitur. Stupet ancilla, et domine sue sine strepitu [A : clanculo] nunciavit. Quod illa audiens iterum remittit ancillam ad vegetem, et requirit, an aliquo impedimento obturatum vegetis foramen vinum negaret; sed sicut veritas erat, sole feces remanserant. Domina autem vehementer timens ne maritus tumultum excitaret in domo et inventa occasione eam a fratrum devocione retraheret et eius propositum impediret genibus.... invocavit, cuius merita interpellans cum magna fiducia tercio ancillam remittit ad vegetem, ad quam cum murmurando rediisset,'tantam invenit copiam vini ac si... A C. — 16) proprie tum propter fratrum multitudinem vinum in vegete add. D G H. — 17) predicte H. — 18) missam *loco* nullum H. — 19) feces ibi reperirentur H. — 20) detrahat D.

a) Conv. Placiensis an. 1222 fund. Mothon l. c p. 362.

terra positis beatum Dominicum invocat[1], firmam de meritis eius
fidem concipiens Tercio ad vacuam vegetem[2] remittit, que murmurando rediens, tantam vini habundanciam reperit, ac si numquam aliquid fuisset[3] extractum Mira res et a domino vere
facta[4], vinum enim, quod illi[5] familie ad mensem et dimidium[6]
sufficere consueverat[7], tam familie[8] quam fratribus per quatuor
menses illud[9] Deo multiplicante[10] suffecit. De quo cum vir eius[11]
miraretur[12], audivit quendam fratrem, tacitis personis, in sta-
cione[13] publica[14] predictum miraculum predicantem Iam enim
domina illa fratribus narraverat[15] illud totum Unde domum
reversus requirit, quomodo[16] vinum[17] in tantum durare potuerit[18],
cum quadam cautela miraculum deridens Mulier[19] autem ipsum
pie[20] redarguens et miraculi seriem narrans, Deo et fratribus
eum fecit esse devotum Quod miraculum valde notum est in
partibus illis[21]

CAPUT TRIGESIMUM NONUM

De ydropico eius
medicina sanato

In eadem patria[22] castro, quod dicitur[23] Iohannis, fuit iuvenis
quidam, qui ydropisis morbo ventrem[24] turgiditate inflatum, ceteris membris tanta gracilitate debilitatis habebat, ut iam mortem
expectaret vicinam[25] At tamen paupertate[26] gravatus cogebatur
exire ad campos, ut fasciculum de lignis aportaret[27], qui[28] se ipsum
vix portare valebat Cum autem quadam die in campo iaceret,
et suam miseriam[29] querulis[30] vocibus[31] deploraret, inter fletus[32]
recolens, quod beatus Dominicus[33] ad se clamantibus subveniret,

---

1) et add G H — 2) ancillam add H — 3) fuisset aliquid D — 4) sicut luce clarior manifestum est vinum quod A C — 5) et add G — 6) vel duos add A C — 7) suffecisset C
— 8) omni add D — 9) illud om A C istud G — 10) procurante C — 11) dicte mulieris
A C — 12) quam plurimum add A C G H — 13) predicacione C — 14) predicantem et
dictum miraculum recitantem Iam A C — 15) recitaverat totum quod gestum fuerat A C
— 16) quantum D E — 17) vinum illud tantum H. illud tanto tempore A C — 18) potuerat
A C — 19) multipliciter H — 20) ipsum redarguens pie miraculi   E pie om G — 21) Ubi
mulier redarguens viri duriciam aperte ei declarans miraculi ordinem, confitetur et credit
nonnisi divina virtute hoc potuerit evenire Ideoque ex tunc uxorem libere fratres frequentare permisit et eis eleemosinas dare Huius filius ordinem predicatorum ingrediens retulit
postmodum omnia predicta se vidisse Quod miraculum satis est in partibus illis notum A C
— 22) terra C — 23) castrum add A C — 24) mira turgiditate ventrem E hydropisi morbo
totaliter occupatus, ventrem   A C — 25) ut vicinum exspectaret mortis eventum A C —
26) nimia laborans add A C — 27) reportaret A C — 28) cum vix se ipsum portare valeret
A C — 29) infirmitatem C — 30) querulosis D H — 31) clamoribus A C — 32) in illis
fletibus ad memoriam revocavit A C — 33) suum patrocinium implorantibus sanitatis beneficium largiretur et facto voto intra se, quod fratribus ordinis eius in Placia commorantibus
serviret A C

fecit votum intra se, quod fratribus eius commorantibus in Placia[1] serviret per annum, si eius meritis sanaretur[2]. Igitur antequam de loco[3] surgeret, audivit, ut sibi videbatur, fratrem[4] as-
tantem sibi, qui extendit manum suam versus arborem sambuci[5],
sub qua idem iacebat, et ait – Accipe folia huius sambuci et
tere et bibe sucum[6] et sanaberis – Quo dicto[7] disparuit. Surgens
autem[8] statim cum lapidibus trivit, expressit, bibit, et illico venter eius solutus est, et ipse plene curatus, et fascem[9] magnum de
lignis baiulans incolumis ad sua rediit miraculi seriem omnibus
narrans et valedicens matri ad domum fratrum de Placia venit,
et eis per annum, ut voverat, devote servivit. Per omnia benedictus Deus Amen[10]

CAPUT TRIGESIMUM NONUM[11]

In eadem insula et in villa Placie fuit iuvenis arte ficulus,
scrofulis tanta infirmitate gravatus, ut corrosione mirabili iam De quodam iuvene a
scrofulis sanato
non posset potum sumere, quin statim extra per guttur efflueret
Quem mater cernens morti proximum, beato vovit Dominico, ut
quem natura et medicorum suffragia non poterant adiuvare,
beati Dominici merita liberarent Facto autem voto, dicte mu-
lieri beatus Dominicus in sompnis apparuit, et an vellet filium
suum liberari requirit Que respondens et se hoc totis affectibus
velle Cui beatus Dominicus – Surge, et accipe folia pori pilatri
et vinde es(?) et commisce omnia simul terendo, et cataplasma in
carta de barbace super locum vulneris, et demitte novem diebus,
et sanabitur filius tuus – Surgens autem mulier de sompno,
sicut beatus Dominicus dixerat omnia fecit per ordinem Infra
quod dierum spacium puer plenarie liberatus est

---

1) Placencia F — 2) salvaretur H *perijit* C vidit vigilans fratrem unum astare sibi blande
querentem, an vellet sanari Quo respondente libenter, et votum quod voverat exponente
extendit fratri manum A C — 3) in quo iacebat vidit ut D G H — 4) unum add D —
5) que vicina iacenti erat, de qua ille non adverterat prius et dixit ei Accipe A C —
6) eius add D H eorum add G — 7) fratre, qui loquebatur A C — 8) vero puer folia illius
arboris in eodem loco cum lapidibus trivit et succum manu sua expressit et bibit Mira res
statim solutus est venter eius, et antequam de loco illo recederet totaliter liberatus est Qui
fascem magnum de lignis humeris suis imponens domum incolumis reversus est, miraculi
ordinem exponens omnibus audire volentibus et valedicens A C — 9) fasciculum H —
10) per — amen om G H — 11) hoc cap om A D F G H

CAPUT QUADRAGESIMUM.

De quibusdam ex virtute[1] reliquiarum eius sanatis.[2]

Civis quidam Leodiensis[3] a), villicus eiusdem urbis, morbum paciebatur in collo, pro quo loca sanctorum visitaverat multa; et cum minime curaretur, rogavit priorem fratrum predicatorum, ut secreto reliquias beati Dominici poneret super morbum. Quo facto perfectam recipit continuo[4] sanitatem. Hoc ipse prior michi narravit[5].

Alius de dicioribus eiusdem civitatis morbum gravem[6] paciebatur, ita quod de vita eius[7] penitus desperabatur; tantus enim erat eius[8] dolor et cruciatus, quod nec palpacionem medici poterat sustinere. Frater autem Lambertus, cum videret eius[9] affliccionem, per maximam exhortacionem[10] induxit eum, ut haberet devocionem ad beatum Dominicum, quia[11] dominus per eum fecit mirabilia[12] multa. Ille[13] statim devote rogavit, ut afferretur ei aqua ablucionis reliquiarum beati Dominici, qua super locum[14] aspersa, statim incepit[15] dolor minui et tumor evanescere; et[16] sic est perfecte curatus.

CAPUT QUADRAGESIMUM PRIMUM [17].

De curacione unius fratris.

· 15'.

Frater quidam in conventu Metensi[19] b) ab osse, quod supercreverat ei in iunctura, que est inter pugillum[20] et brachium, graviter paciebatur in manu, ita ut[21] timeret probabiliter amittere usum* manus; super quo frequenter a medicis et cirurcis[22] habuit responsum, quod non posset curari nisi per incisionem; quod tamen periculum erat[23] propter venarum et nervorum ibidem concursum. Contigit autem in vigilia beate Marie Magdelene, patrone in conventu predicto, quod duo fratres venientes de remotis partibus Theotonie hora, qua parabatur altare post

---

1) tactu A C. — 2) tit. om. — 3) Leodunensis C. — 4) continuo om. A C. — 5) michi om. D E; — de quartana eius et... cap. XL add. D. — 6) cum tumore magno et ulcere terribili add. A C G H. — 7) medici penitus desperabant A C; et ita de vita eius sui penitus desperabant; sui add. G. — 8) eius om. A C D. — 9) illius A C D. — 10) exhortacionem om. A C D H. — 11) quia per eum fecerat dominus (G : dominus fecerat) mirabilia. G H; quia per eum dominus fecerat A C. — 12) miracula D. — 13) autem add. A C. — 14) morbi add. A C. — 15) cepit A C. — 16) et om. H. — 17) dua cap. seq. om. D G H. — 18) tit. tum hic tum in enumeratione in initio libri deest E. — 19) Matheniensi E. — 20) pugnium A C. — 21) unde timeret A C. — 22) circulcis E. — 23) quod enim cum periculo erat A C.

a) Conv. Leodiensis (Liège) erectus est in conventum formalem an. 1229. Anal. I, p. 268. — b) Conv. Metensis (Metz) fund. an. 1219 pro provincia Frauciae. Anal. I, p. 270.

nonam introierunt[1] chorum ad benediccionem Frater autem, qui
paciebatur in manu, unus erat de preparantibus[2] cum sacrista
Qui dimittentes altare fratribus benediccionem dederunt, et surgentes a benediccione dixerunt - Detulimus nobiscum de pulve-
ribus beati Dominici, patris nostri - Frater autem, qui paciebatur
in manu, audito[3] nomine beati Dominici et adventu reliquiarum
eius, repletus devocione et mentis exultacione non modica, cepit
dicere corde et ore - Pater, pater, bene veneris ad nos -, et
sequendo fratres sacras reliquias ad altare[4] deferentes plaudens
manibus post eos incessanter - Pater, pater, bene veneris - cla-
mitabat[5] Et accedens ad altare reliquias recipiens[6] duabus manibus, et eas deosculans, subito est ab ossis illius periculo liberatus Et cum recederet ab altari, videns quasdam immundicias
circa lampadem in medio chori tangendo et mundando[7] manus[8]
aliquantulum sordidavit, et vadens ad[9] lavatorium, dum manus
lavaret, scivit tunc primo ab ossis illius periculo se[10] curatum,
et pre gaudio, illotis manibus, curens ad priorem, qui erat in
capitulo, curatum in adventu reliquiarum beati Dominici se
ostendit Quod cum esset mirabile in oculis fratrum et divulga-
retur per domum, frater quidam decumbens in infirmitorio, qui
doloribus[11] ventris gravissime torquebatur, hoc audiens peciit
devote, sacras reliquias beati Dominici sibi deferri, et ad tactum
earum alleviatum se a suis doloribus asseruit et sanatum

CAPUT QUADRAGESIMUM SECUNDUM.

Quidam frater conversus in conventu eodem[12] febre quartana
diutissime laborans, et iam gravissime afflictus, et[13] valde tur-
piter habens caput inflatum, dum in vigilia primi festi a) beati
Dominici horam sue accessionis expectaret, prior cum visitavit
Et dum quereret ab eo - Frater, quomodo vobis est[14] ? - Respondit - Accessionem meam expecto - Et prior ad eum - Potens
est dominus[15] meritis beati Dominici vos ab hac et ab aliis acces-

De quartana ad
eius invocacionem
fugata

---

1) introirent E — 2) parantibus A C — 3) audito — eius add in marg C — 4) ad altare
om A C — 5) clamabat A C — 6) accipiens A C — 7) add lampadem add A C — 8) in
num A C — 9) ad om A C — 10) esse add A C — 11) torsionibus A C — 12) in eodem
conventu A C — 13) et valde — dum om A C — 14) est vobis A C — 15) potens dominus est A C

a) Canonizatus est S Dominicus 3 Julii 1234 a Gregorio IX vide Bull I p 67 proinde
sanatio haec accidit die 4 Aug 1234, cum festum olim nonis Augusti celebraretur

sionibus liberare misericorditer - Et frater conversus ad priorem·
- Credo firmiter, quod si vos preceperitis[1] febri ex parte Dei et[2]
beati Dominici, ne me amplius vexet[3], quod curarer » Tunc prior
sumpta de Dei bonitate fiducia[4] et meritis beati Dominici, imperavit febri, quod dimitteret eum, et ne[5] amplius affligeret fratrem
illum Continuo dimisit eum febris[6], nec illam accessionem, nec
aliam sensit Similiter et ab inflacione capitis est plene liberatus
Hec retulit prior predictus frater Iacobus, vir magne fame, magistro ordinis nostri[7]

---

1) precipietis A C — 2) ex parte add A C — 3) vexaret A C — 4) bonitate et Dominici fiducia A C — 5) nec A C — 6) et add A C — 7) explicit secunda pars libri, qui
dicitur vitas (¹) fratrum add A C, explicit secunda pars add D

DE SANCTE MEMORIE FRATRE² IORDANE¹

---

1) tercia — Iordane om E — 2) magistro D G pars sancte memorie magistri Iordani
tituli et capitula eiusdem H incipiunt tytuli et capituli IIIᵉ partis D — 3) incipit tercia
pars libri, qui dicitur vitas (¹) fratrum, que continet multa pulcra et devota de sancte memorie fratre Iordane, secundo ordinis fratrum predicatorum magistro Tituli et capitula
eiusdem partis A C — 4) numeri om E G H — 5) mundicia eius A C D G H — 6) quod E
— 7) quem E — 8) illius E — 9) et ad fratres om E — 10) volens eum A C — 11) a add
I H — 12) clerico compuncto A C G — 13) quod quendam fratrem a febre curavit cap XVI
add in marg D — 14) et om E H — 15) penitencia A C — 16) consolabatur A C G —
17) vertit om E

Caput XXIII. De devocione eius ad beatam Mariam.

    XXIV. De beata virgine, que ei apparuit, et quedam[1] ordini impetravit.

    XXV. De beata virgine[2], que ei legenti cum angelis asstitit.

    XXVI. De ipsa virgine[3], quam cum filio fratres signantem vidit.

    XXVII. Qualiter[4] beata Maria quamdam ad eius consilium, quam liberaverat misit.

    XXVIII. Qualiter eum[5] infirmum dyabolus sub specie boni temptavit.

    XXIX. Qualiter ei sicienti potum mortis[6] dyabolus obtulit.

    XXX. Qualiter dyabolus cum eo pacem facere voluit.

    XXXI. Qualiter ei nocere voluit, sed non potuit.

    XXXII. Qualiter eum elacione decipere[7] temptavit.

    XXXIII. Qualiter eum per odorem decipere voluit.

    XXXIV. De leta paupertate ipsius.

    XXXV. De vino meritis eius meliorato.

    XXXVI. De muliere, quam a veneno et[8] peccato liberavit.

    XXXVII. De visione et miraculis in[9] morte eiusdem[10].

    XXXVIII. De obitus eius revelacione.

    XXXIX. De sanctimoniali ab eo consolata[11].

    XL. De carmelita in ordine suo[12] confirmato ab ipso[13].

    XLI. De miraculis ad eius invocacionem factis[14].

    XLII. De prudentibus responis et verbis eius[15].

CAPUT PRIMUM[16].

De mundicia[17]
magistri Iordanis. De sancto ac memorabili[18] patre nostro fratre Iordane *a*), secundo magistro ordinis predicatorum, et beati Dominici dignis-

---

1) quanta A C G. — 2) quod beata Maria ei A C D G. — 3) quod ipsam cum A C D G. — 4) quod D; quod beata Maria ad eius consilium quamdam, quam... A C G. — 5) eum diabolus infirmum E H. — 6) mortis potum A C. — 7) eicere G. — 8) a add. A C. — 9) et A C. — 10) eius D. — 11) de priorissa sanata. cap. XLI. add. D. — 12) in suo ordine G. — 13) ab ipso om. A C; de miraculo quod accidit Prage. cap. XLIII. add. D; de fratre murmurante punito, quem ad eius invocacionem sanavit. XLIV. add. D. — 14) hic tit. om. D. — 15) responsis eius et verbis E; expliciunt tituli et capitula tercie partis libri qui dicitur vitas (!) fratrum add. A C. — 16) in cod. E num. et tit. cap. non repetuntur; incipit III. pars de magistro Iordane. add. D. — 17) eius C G. — 18) memoriali A D.

a) Notas ad beatum Iordanem spectantes invenies infra in chron. ad. a. 1221. — Haec omnia fere verbotenus transcribit S. Antoninus l. c. cap. IX.

simo successore, aliqua cum diligenti[1] indagacione quesita, et que vidimus et audivimus ab eo iuvante[2] domino disseremus ad Dei gloriam[3] et[4] legencium utilitatem.

Imprimis[5] igitur dicimus eum tamquam speculum tocius religionis et virtutum exemplar[6], utpote virum, qui castimoniam mentis et corporis dicitur conservasse illesam.

CAPUT SECUNDUM.

Denique pietatem que secundum apostolum utilis est ad omnia, non solum in religione sed eciam existens[8] in seculo sibi plenissime vendicavit[9]. Erat enim[10] super miseros et afflictos pia gestans viscera, ita quod[11] raro vel numquam, licet[12] non multum pecuniosus esset, aliquis pauper sine elemosina recessit ab eo, sed maxime pauperi sibi primo mane occurrenti, eciam si non peteret, solitus erat dare.

De misericordia eius, qua primo pauperi dabat. I Tim. I 8

CAPUT TERCIUM

Semel contigit, cum ipse theologie[14] studeret Parisius a), et consuetudinis sue esset[15], omni nocte surgere ad matutinas quadam nocte sollempni[16] cum subito surgere, cum iam ad matutinas crederet esse[17] pulsatum. Unde solam[18] cappam super[19] camisiam induens et cingulo[20] se percingens, festinanter ad ecclesiam properavit. Cui[21] illico pauper occurrit elemosinam petens, qui nichil inveniens, quod pauperi daret[22], corrigiam dedit. Cum autem ad ecclesiam veniens eam clausam invenisset, quia pulsatum, ut crediderat, nondum erat, tamdiu permansit ante fores ecclesie, donec ministri surgerent et ecclesiam aperirent. Quam

De cingulo quod dedit et in crucifixo vidit.

1) indagacione diligenti E — 2) adiuvante E G — 3) ad gloriam ipsius G — 4) et om. H — 5) hic incipit cap. primum D — 6) et exemplar virtutum A C — 7) et add. A C — 8) existens om. A C — 9) dedicavit G H — 10) enim om. H — 11) que A C — 12) licet — sed om. H. licet — aliquis om. G — 13) de cingulo sive cintulo quam dedit et postea in crucifixo vidit A C — 14) studio Parisius operam daret A C D G H — 15) quasi add. G H — 16) subito surrexit cum H — 17) esset A C — 18) qui solum C — 19) solam add. in marg. C — 20) et corrigia se cingens et nichil aliud accipiens festinanter A C — 21) Obviavit autem sibi quidam pauper eleemosinam ab eo cum quadam instancia petens qui nichil aliud inveniens quod dare posset sibi corrigiam dedit. Cum autem ad ecclesiam pervenisset, et eam invenisset clausam, quia adhuc ad mattutinas pulsatum non fuerat, ut putabat [A crediderat], tamdiu permansit foris ante fores ecclesie, quousque surgerent ad mattutinas ministri et ecclesiam A C — 22) quod daret pauperi G

a) Circa annum 1218 et 1219 cf. Berthier libellum B Iordani et chron. ad 1221.

cum intrasset, et ante crucifixum oraret ipsum[1] devote et frequenter inspiciens, vidit[2] cum ipsa corrigia[3] cinctum, quam ante modicum pauperi dederat amore[4] crucifixi

CAPUT QUARTUM.

De ingressu illius[6] et visione fontis

Cum igitur iam bachelarius[7] esset in theologia, Parisius receptus a) est ad ordinem a beate memorie fratre Reginaldo[8], quondam decano sancti Aniani Aurelianensis, in cuius felici obitu b) visio mirabilis c) cuidam[9] religioso apparuit Videbat[10] enim in sompnis in[11] claustro sancti Iacobi d) Parisius fontem limpidissimum arefieri[12], post illum unum[13] magnum in eodem loco oriri, qui discurrens per urbis plateas, et inde per totam patriam[14] potabat, lavabat, et[15] letificabat omnes, et semper crescens usque ad mare curiebat

Revera enim[16] post obitum beati Reginaldi beatus[17] pater surrexit, qui primo legendo Parisius fratribus evangelium beati Luce graciosissime, et post[18] predicando discurrens per orbem, fere · XX annis, citra mare et ultra, verbo et exemplo annuncians Ihesum Christum Existimatur autem plus quam mille traxisse ad ordinem, gratus Deo, et ecclesie Romane prelatis[19] devotus, clerum et populum inducens ad penitenciam, et ad

· 16'

intrandum[20] regnum Dei invitans, consumma*vit autem beatus pater cursum suum cum beato Clemente in mari, et ibi ad Deum viam inveniens sine impedimento in potencias Dei[21] introivit.

---

1) crucifixum diligenter inspiciens A C — 2) vidit apertissime ipsum corrigia ipsa cinctum, quam ante modicum pauperi amore dederat crucifixi A C — 3) corrigia ipsa D G H — 4) amore dederat D G — 5) ipsius ad ordinem et de   A C — 6) ipsius G — 7) baccellarius A C — 8) Raynaldo A C — 9) suo add G — 10) videbatur enim in claustro   D — 11) et A C — 12) et add A C — 13) visum A C vivum G — 14) provinciam lavabat potabat   D — 15) et om A C D — 16) enim om E H — 17) dictus D G — 18) postea A C — 19) prelatis (A prelatus) et ecclesie Romane devotus A C G — 20) in add A C — 21) in Dei potencias A C G

a) Receptus est B Iordanus XII febr 1220 vide chronicon l c — b) de morte fi Reginaldi vide l I, cap V, § I, p 25 — c) Hanc visionem in suo libello de initio Ordinis (ed Berthier p 20) Iordanus in hunc modum narrat « Visum est autem alii cuidam ante mortem ipsius veluti si videret fontem quendam limpidum obturari, pro quo alii duo fontes protinus eruperunt Que visio an aliquid sibi verum voluerit, ego proprie sterilitatis conscius, interpretari non audeo [de se et fi Henrico Iordanus interpretari non audet hanc visionem pre modestia, de illis explicat vero Gerardus — Quetif I, p 93 a] Unum scio neminem apud Parisius preter duos ipsum ad professionem ordinis suscepisse, quorum quidem ego primus, alter vero fi Henricus, postmodum prior Coloniensis, mihi singulari affectu pre cunctis, ut puto, mortalibus in Christo carissimus, tamquam vere vas honoris et gratiae, quo graciosiorem creaturam me in hac vita vidisse non recolo » — d) de conventu S Iacobi vide infra in chronico ad a 1217, et Analecta l, p 129 et ss

CAPUT QUINTUM.

In religione tantum in eo pietas habundavit[2], ut frequenter De pietate eius ad pauperes et ad fratres [1] exueret tunicas[3], dum iret per vias, nudos[4] tergens[5] pro Christo[6], super quo fratres sepe reprehenderunt cum, ac eciam accusaverunt[7] eum[8] in capitulo generali Fratribus autem intantum[9] erat mansuetus et pius non solum compaciendo in infirmitatibus et[10] subveniendo secundum posse eorum necessitatibus, sed eciam interdum parcendo humanis transgressionibus, ut plus ipsa[11] pietatis virtute ipsa attraccionis mansuetudine fratres corrigerentur, quam austeritatis disciplina, quamvis et[12] hanc secundum tempus et locum et personas habere optime ab eo, qui docet de omnibus modum[13], doctus esset Temptatis autem et infirmis se pium et compassibilem exhibebat sua presencia sepius visitando, et eos verbis et exemplis et exhortacionibus et oracionibus[14] confovendo Unde consuetudo illi erat, ut[15], cum ad aliquem conventum veniret[16], visitaret[17] infirmos, ad mensam suam vocare novicios, et si essent aliqui temptati, inquirere, ut consolaretur eosdem

CAPUT SEXTUM

Contigit[18], cum[19] semel venisset Bononiam, quod fratres dixerunt ei de quodam[20] novicio turbato[21] ad exitum, fuerat namque De novicio quem a temptacione per oracionem liberavit adeo delicatus et singularis vite in seculo[22], vestibus, lectis, ornamentis, cibis, lusibus et ceteris delectacionibus carnis[23], quod nesciebat, quid esset affliccio vel angustia spiritus, nisi quantum se litterarum studio applicabat[24], in quo[25] tantum profecerat, quod

---

1) et ad fratres om F — 2) redundavit A — 3) se exuerat tunica A C se exuerit tunicas G — 4) tegens G — 5) tergens proximos super A C — 6) quod adeo sepe fecit, quod super hoc fratres G — 7) aliquando *add in marg* C — 8) eum om A C G — 9) tantum A C — 10) et om A C G — 11) sue add A C — 12) in E — 13) modum om G — 14) et oracionibus et exhortacionibus A C — 15) ut om A C G — 16) mox post receptam benediccionem et fratrum allocucione add A C — 17) visitare A C G — 18) autem add A C — 19) eum semel venisse E, semel, dum venisset Bononiam et (A quod) fratres ei referrent de A C — 20) fratre add A C — 21) et temptato ad exitum cuius condicionem sibi exposuerat per ordinem fuerat A C — 22) ut numquam a magnis temporibus sibi similis fuerit add A C in add G, nam in add A C — 23) super condicionem sui status et facultatum sue potencie se extendens, nesciebat quod (A quid) esset affliccio carnis vel molestia (A angustia) spiritus A C — 24) commodabat C — 25) in quo sollicitus erit valde et provectus, intantum ut sequenti anno potuisset commentari in legibus, si stetisset in seculo Asseruit namque multociens numquam in seculo infirmitatem aliquam habuisse, nisi semel et modicam, quando puer erat, rarissime fuisse iratum, numquam nisi in parasceve ieiunasse, raro unquam abstinuisse a carnibus, nisi in feriis sextis, numquam fuisse confessum, numquam preter pater noster eorum, que in ecclesia cantantur vel dicuntur se scivisse A C

in[1] sequenti anno posset in legibus commentari[2] Numquam infirmatus fuerat, raro iratus, numquam nisi in[3] parasceve ieiunaverat, rarissime a carnibus nisi in[4] feriis sextis abstinuerat, numquam confessus fuerat, et eorum, que in ecclesia dicuntur, nichil preter dominicam oracionem sciebat

Hic quadam die cum venisset ad fratres ex mera ociositate[5], cum negare nesciret, ordinem est ingressus, sed mox[6] penituit et[7] omnia, que videbat et senciebat, sibi mors altera videbantur[8] Comedere non poterat, aut dormire, et[9] licet in seculo vix fuisset iratus, intantum succendit cum temptacio, quod subpriorem, qui eum ad ordinem traxerat, percutere voluit cum psalterio, quod tenebat Sic igitur temptatum magister Iordanis[10] inveniens dictum fratrem[11], audiens quod Theodaldus vocaretur, cepit eum confortare ex ipso nomine, dicens - Theodaldus[12] dicitur quasi tendens ad alta -, et post aliqua monita ducens cum ad altare beati Nicolay monuit eum, ut flexis genibus diceret pater noster, nullam enim aliam oracionem sciebat

Ipse vero positis manibus super caput eius cepit toto cordis[13] affectu dominum deprecari[14], ut temptacionem ab eo auferret[15] Dum[16] igitur multum oracionem protenderet[17], videbatur novicio[18], quandam dulcedinem in mentem eius subintrare paulatim et[19] quandam cordis sentire tranquillitatem et[20] mutacionem Elevatis denique[21] manibus a capite[22] visum est sibi, ut postea pluribus fratribus[23] retulit, quod due manus stringentes[24] cor eius subito elevarentur[25] a mente[26] eius[27], et anima eius in magna tranquillitate et dulcedine remaneret[28] Remansit[29] adeo conso-

---

1) in om G — 2) conventare D G — 3) in om G — 4) nisi sextis feriis G — 5) ex nimia (A mera) curiositate A C cumalitate D G — 6) ex toto add A C — 7) quoniam A C — 8) nichil enim eorum, que fratres comedebant, comedere poterat nec A C — 9) quem in tantum succendit temptacio, ut licet in seculo rarissime fuerit turbatus, suppriorem qui eum predicaverat elevato quodam magno psalterio quod tenebat, tere percussit Sic A C — 10) Iordanus A C — 11) fratrem et habito ab eo, quod Thebaldus nomine vocaretur, primo cepit eum predicare et confortare ex nomine [proprio add in marg C] dicens Thebaldus hoc est tendens in altum [A dicitur tendens ad alta], et ductum eum post aliqua monita coram altari beati Nicolai, flexis genibus monuit eum ut oracionem pater noster, quam sciebat, diceret, nullam enim aliam sciebat A C — 12) Thebaldus G — 13) corde D E — 14) deprecari dominum, ut omnem temptacionem, quam frater sustinebat, auferret ab eo A C — 15) omnem temptacionem auferret ab eo G — 16) dum modo autem multum C — 17) non elevando manus a capite eius add A C — 18) sibi C — 19) sensibilem add A C — 20) tranquillitatem et om A C G — 21) itaque E — 22) a capite manibus A C — 23) plures add A C — 24) et prementes add A C — 25) elevaverunt E, elevaretur A — 26) mente et animus eius A C — 27) eius om D G — 28) Sic meritis et oracionibus viri sancti omnis illa temptacio a corde fratris depulsa est Frater vero remansit A C — 29) autem add D G

latus et fervens[1], quod[2] multos labores sustinuerit in ordine[3] et plura utiliter[4] fecerit in eodem

CAPUT SEPTIMUM

Oracionis gracia specialis sancto huic fuit collata a domino, quam nec cura officii[6] circa fratres, nec viarum[7] laboribus variis, nec aliqua[8] occupacione seu sollicitudine negligebat Mos eius[9] erat in oracione flexis genibus[10], iunctis manibus, erecto corpore, nec eciam diu sedendo orare[11] intantum, quod interim VIII miliaria quis posset ambulare de facili Maxime autem post completorium et matutinis horis[12] hoc faciebat[13] Lacrimarum autem erat multarum[14], propter quas oculorum infirmitatem gravem creditur incurisse In meditacionibus autem totum[15] se dederat[16] sive in domo sive in itinere, et in eis[17] miram dulcedinem senciebat[18] Et hic erat mos eius in via, totum tempus oracionibus et meditacionibus dare, nisi quando[19] divinum officium dicebat[20] vel de aliquo utili cum sociis conferret, quod tamen certa faciebat hora[21], et idem facere socios hortabatur[22] Unde sepe seorsum a fratribus ibat Aliquando autem *Ihesu nostra redempcio*[23] vel *salve regina* cum lacrimis cantabat alta voce per viam, et affectus totus intrinsecus ex meditacionibus et[24] dulcedine cordis aliquociens a fratribus oberrabat[25], nullus

De oracione et modo orandi et meditacione eius et qualiter se[5] in via habebat

17

17'

---

1) firmus C — 2) ut G — 3) postea add AC — 4) utilia AC — 5) se habebat in via AC G — 6) nec officiis AC — 7) viarum add in marg C — 8) aliqua om E — 9) suus E — 10) multum stare toto alio corpore erecto superius, manibusque iunctis Quod faciendo, nec flectendo aut sedendo vel movendo se ad aliquam partem, sic devote multociens perdurabat, ut octo millia potuisset quis faciliter ambulare AC — 11) orare sedendo G — 12) matutinas horas A — 13) sive persistens esset in domo, sive ex itinere rediens add AC — 14) ita ut vere posset dicere cum propheta Fuerunt *michi lacrime mee panes die ac nocte* (ps 41 4) propter quas creditur firmiter oculorum infirmitatem incurisse tam gravem Noverunt plene qui eius formam diligencius inspexerunt, quam crebro in oracione potuerunt cum audire plorantem quam frequenter videre in missa, in predicacione, in alio cum exhortacione et in aliis divinis obsequiis diutissime ac devotissime lacrimantem In AC — 15) se totum G — 16) dabat AC — 17) in quibus C — 18) senciebat dulcedinem AC — 19) vel cum fratribus officium diceret vel de collacione vel aliquo utili loqueretur quod certa hora faciebat AC — 20) dicebat officium G — 21) in die dicebat que fratribus, ut infra spacium illud itineris, quod eis assignabat, quilibet de collacione vel aliquo utili cogitaret et illud referret postea in communi C — 22) Ipse vero quasi semper seorsum ibat a fratribus, quasi per iactum lapidis vel tractum arcus Pluries autem salve regina, in quo afficiebatur et delectabatur quam plurimum, vel Ihesu nostra redempcio alta voce cum multis lacrimis cantabat in via Qui affectus AC — 23) Hymnus completerii pro tempore paschali — 24) ex add AC — 25) quem nisi perquirentes non sine multo inveniebant labore Nullus unquam cum ex devicione itineris turbatum vidit aut conquerentem aliquando, aut socios concrepantem [A culpantem], quin pocius AC

tamen turbatum ex deviacione itineris vidit[1] aut socios culpantem, quin pocius alios interdum turbatos[2] confortando dicebat « Non curemus[3], quia totum[4] est de via celi »

CAPUT OCTAVUM.

De panibus paupe
ribus datis et°
multiplicatis

Quodam tempore de Lombardia in Theotoniam vadens[6], venit ad villam, que Ursaria[7] a) dicitur, sitam in Alpibus, habens[8] secum duos fratres et unum clericum secularem, qui post factus est frater, qui eciam in illo loco deserto[9] necessaria ministravit Declinantes igitur[10] lassi[11] et famelici ad domum cuiusdam tabernarii[12], nomine Hunthai, rogabant, ut eis mensam[13] velocius et necessaria prepararet Et ille « Non, inquit, habeo panes, quia[14] ante vos transierunt hic[15] plures, qui omnes[16], qui reperti sunt, consumpserunt, duobus panibus exceptis[17], quos michi et mee familie reservavi Sed hii[18], quid sunt inter tantos? » Cui illi simpliciter dixerunt « Appone[19], karissime, quod habes, nam multum egemus » Appositis igitur illis duobus[20] panibus magister Iordanis[21] data benediccione cepit illos[22] per largas elemosinas inter pauperes accurrentes[23] dividere Unde[24] et hospes et fratres vehementer turbati dixerunt « Quid[25] facitis, domine, an nescitis, quod panes inveniri non possunt[26]? » Hospes eciam clausit hostium, ne pauperes intrarent, magister vero iussit, ut[27] aperiret[28], et iterum cepit dare, ita ut XXX elemosinas

---

1) aut conquerendo aliquando add D G — 2) interdum *add in marg* C — 3) curetis D — 4) hoc add A C — 5) ac G — 6) proficiscens ad quamdam villam, sitam in alpibus, que dicitur Ursaria (A Ursacia) A C — 7) Ursaria D E — 8) habens in comitatu suo duos fratres ordinis et quendam clericum secularem, nomine Hermannum de Paridilburne, qui post fuit frater noster, qui eciam tunc in illo loco deserto magistro et suis sociis necessaria A C — 9) eis add G — 10) ergo A C — 11) lipsi C — 12) tabernarii qui solebat recipere transeuntes, cognomine Huncai, rogabant eum, ut mensam eis et mense necessaria prepararet A C — 13) velocius mensam prepararet G — 14) nuper add A C — 15) hinc plurimi A C — 16) omnes panes, qui in villa inveniri potuerunt exceptis duobus panibus, quos michi reservaveram, consumpserunt Qui dixerunt A C — 17) exceptis panibus G — 18) hoc G — 19) apponite quod habetis, appositis C — 20) duobus illis panibus, sed parvis A C parvis G — 21) iordanis om A C — 22) incepit eos A C — 23) occurrentes — 24) ita ut hospes domus et fratres similiter vehementer turbati dicerent ad magistrum A C — 25) Nescitis quod defectum habemus in panibus et [add in marg etiam] hospes clausit ostium, ne pauperibus pateret decessus Magister C — 26) et add D — 27) quod G — 28) aperiretur [add in marg et iterum cepit dare] et intantum dispersit et dedit pauperibus, ita ut triginta tres eleemosinas de illis duobus minutis panibus pauperibus impertiret, adeo magnas ut singule possent singulis ad necessitatem sufficere in cena vel prandio, eciam si amplius non haberent Ita enim ipsi quantitatem eleemosinarum postea existimaverunt. Comederunt ergo ipsi A C

a) Ursaria = Ursein in Uri Mon Germ Hist XVI 399

daret adeo magnas, ut singulis sufficere possent Comederunt eciam ipsi quatuor, et saturati sunt, tantumque illis[1] superfuit adhuc[2], quod hospes cum uxore et tota familia ad unam refeccionem habuerunt[3] satis Tunc hospes viso miraculo dixit « Vere hic homo sanctus est », et noluit[4] a dicto clerico precium accipere prandii[5], sed implevit lagunculam eius vino, ut in via daret fratribus ad bibendum

CAPUT NONUM

Postea magister versus Turegum[6]a) dirigens iter suum in villa, que dicitur Zugii[7]b) quendam fabrum, qui fluxum sanguinis multis annis[8] per[9] nares passus fuerat[10], ita quod triginta vicibus inter diem et noctem fluebat, cognita fide et devocione ipsius[11] tactu manus[12] et oracione sua[13] in eodem instanti perfecte sanavit[14]

De fluxu sanguinis eius oracione restricto

CAPUT DECIMUM

Inde[15] veniens in villam, que dicitur[16] Urev c), invenit sacerdotem, quartana longo tempore laborantem, qui iam fere omnino corpore defecerat, et in medicos totam suam substanciam consumpserat, sed frustra Huic magister audita confessione sua[17], et imposita penitencia, suis precibus perfectam a domino obtinuit

De sacerdote a quartana sanato

---

1) eis adhuc superfluit [A superfuit] de panibus illis, quod hospes et hospita, ac eorum tota familia ad unam refeccionem consumere non possent A C — 2) adhuc superfuit D adhuc om G — 3) habuit G — 4) venuit A C — 5) expensarum dicens De cetero volo dominum istum et suos fratres recipere, quia sancti homines sunt, et de his, que michi dominus dedit, libentissime gratis et absque precio ministrare Implevitque lagunculam clerici vino A C — 6) Gorrigiam A Thuringiam E Coringiam corrig in Thuringiam G — 7) Rugii A Sugii S Antonin l c cap IX — 8) qui multis annis fluxum sanguinis A C — 9) ad A C — 10) quasi omnino defecerat quia quondam triginta vicibus inter diem et noctem paciebatur, ut dixit, cognita A C — 11) fabri A C — 12) sue add A C — 13) sua om A C — 14) curavit, statimque restricto sanguine, vires perditas recuperare cepit, et deinde fratribus semper beneficus restitit et devotus A C — 15) Idem magister Iordanis veniens ad villam quae vocatur Urem que est in valle Suiz, invenit sacerdotem ipsius ville quartanis febribus laborantem a longo tempore, qui fere iam et omnino in corpore defecerat et in rebus Tantum enim in medicinis consumpserat, licet frustra quod eciam necessaria non poterat invenire Huic A C — 16) vocatur Uren D G — 17) eius et penitencia imposita precibus suis continuo perfectam obtinuit sanitatem Idem Sacerdos postea duos fratres, Conradum videlicet de sancto Gallo d) et Henricum de More e) ad ipsam villam declinantes cum gaudio recepit et pedes eorum ipse lavit, gratiam ipsam quasi lacrimando commemorans et magistri Iordanis magnificans sanctitatem Cum A C

a) Zurich — b) Zug — c) Urev — Uren, forsan Uri respective Altorf? — d) Sanct Gallen — e) Henricus de More (Mure) pertinet ad familiam nobilem de Mure, cuius fit mentio in documentis ab an 1145 1398, et quae subdita erat Abbatissae de Zürich

sanitatem, sicut idem sacerdos post fratribus retulit cum lacrimis, beati viri magnificans sanctitatem

Cum autem alia vice[1] transiret per Alpes, faber quidam, qui ex calore fornacis visum amiserat unius oculi, ab eo cum crucis signo tactus, statim visum plene recuperavit[2]

CAPUT UNDECIMUM

De gracia predi candi, quam dede rat ei dominus

Circa verbum Dei et predicandi[3] officium dictus pater[4] fuit adeo graciosus et fervens, ut vix[5] ei similis sit inventus. Dederat enim ei dominus quandam prerogativam et graciam[6] specialem non solum in predicando, sed eciam in[7] colloquendo[8], ut ubicumque et cum quibuscumque esset[9], ignitis superhabundaret eloquiis, propriis et efficacibus fulgeret exemplis, ita quod secundum condicionem cuiuscumque cuilibet loqueretur, cuilibet satisfaceret, quemlibet oraretur Unde[10] omnes eius eloquia[11] siciebant[12], propter quod dyabolus ei plurimum invidens[13] de eo aliquando conquestus est, laborans si quomodo cum a predicacione posset[14] avertere sicut infra patebit[15]

De multitudine scolarium quos ad ordinem traxit
18

CAPUT DUODECIMUM

Frequentabat autem[16] civitates in quibus vigebat* studium[17], unde quadragesimam uno anno Parisius, alio Bononie sepe[18] faciebat, qui conventus eo ibi morante apium[19] quasi[20] alvearia videbantur, quam plurimis intrantibus et[21] multis exhinc ad diversas provincias transmissis ab eo[22] Unde[23] cum venerat[24], multas faciebat fieri tunicas[25], habens fiduciam in Deo[26], quod

---

1) autem alias G — 2) recuperavit plene G — 3) predicacionis A C — 4) dictus pater add in marg C — 5) vix umquam ei similis in hoc potuerit inveniri, quippe in quo refulserat quedam ad hoc virtus gracie singularis Dederat enim sibi dom A C — 6) efficaciam C — 7) familiariter add A C eciam familiariter colloquendo G — 8) loquendo C — 9) esset, sive cum religiosis et clericis, sive cardinalibus et prelatis, sive baronibus et militibus, sive scolaribus vel aliis cuiuscunque essent condicionis semper ignitis habundaret A C — 10) propter quod A C — 11) tamquam Dei mirabiliter add A C — 12) creditur enim et firmiter asseritur, quod ab eo tempore quo religiones esse ceperunt, nullus tot litteratos et magnos clericos induxerit ad aliquem ordinem, sicut ipse ad ordinem predicatorum add A C — 13) plurimum ei D et aliquociens add A C — 14) si quomodo posset eum i A C — 15) patebit inferius A C — 16) specialiter add A C — 17) studium, et quas noverat scolaribus habundare unde et frequenter quadragesimam A C — 18) sepe om A C — 19) apium om E — 20) quasi om G — 21) et om D E — 22) ab eo transmissis A C — 23) unde pluries faciebat fieri multas vestes A C — 24) veniebat D — 25) vestes A de novo add A C — 26) in domino, quod daret eos sibi, qui eas essent induturi, quod post modicum

reciperet fratres Multociens autem tot ex insperato intrabant, quod vix vestes poterant inveniri Unde semel in festo purificacionis recepit ad ordinem predictus magister XXI scolares[1] Parisius, ubi fuit maxima effusio lacrimarum, nam fratres ex una parte flebant pre gaudio et scolares[2] pre dolore de amisione seu separacione suorum[3] De numero istorum fuerunt plures, qui post[4] rexerunt in theologia in locis diversis Inter quos fuit eciam quidam iuvenis Theotonicus, quem magister pluries repulerat propter nimiam iuventutem, sed quia tunc cum alius[5] se immiscuit, durum[6] videbatur magistro ipsum repellere, cum circumstarent fere mille scolares, sed dixit coram omnibus subridendo - Unus ex vobis furatur ordinem nobis[7] - Quod dicebat[8] propter iuvenem illum Unde cum vestiarius non detulisset[9] nisi viginti paria vestium, oportuit, quod fratres exuerent se, unus cappa, alius tunica, alius scapulari, quia non poterat vestiarius exire de capitulo pre multitudine scolarium, qui astabant Tamen[10] iste frater iunior tantum[11] profecit, quod post fuit lector et optimus predicator

Item frequenter obligavit[12] dictus pater bibliam suam pro solucione debitorum scolarium, qui[13] intrabant

CAPUT DECIMUM TERCIUM

Cum[14] in quodam festo, facto[15] sermone, quendam scolarem reciperet, et plures[16] scolares adessent[17], verbum ad astantes dirigens ait - Si aliquis vestrum ad magnum festum et convivium iret solus, numquid omnes socii[18] adeo essent incuriales, quod nullus eum vellet[19] associare? Ecce[20] videtis tamen[21], quod iste ad magnum festum auctore[22] Deo[23] vocatus[24] est, num cum solum

De efficacia verborum eius

---

eo predicacionibus insistente sic cooperante Dei gracia contingebat Multociens vero et ex inesperato tot intrabant, quod fratres non poterant tantas et tam facile vestes habere Unde A C — 1) seculares A C — 2) seculares G — 3) sociorum E — 4) postea A C — 5) viginti add G — 6) durum A C G — 7) nobis om D — 8) dixit D — 9) tulisset G — 10) tandem A C — 11) intantum A C — 12) obligabat G — 13) ordinem add — 14) cum quadam vice, facto sermone, in quodam festo quendam A C — 15) sermone facto G — 16) plures ibi ad essent scolares stante ipso in medio capituli qui recipiendus erat, ut mos est ordinis, sermonem per hoc exemplum ad scolares direxit dicens Deus meus, si aliquis vestrum invitatus ad magnum festum et ad magnum convivium A C — 17) adessent scolares D G — 18) socii om A C — 19) dignaretur A C — 20) et vos videtis, inquit, quod iste A C — 21) karissimi G — 22) auctoritate A cuia C — 23) dei L domini invitatus solus ingreditur et nullus se ei sociare dignatur Mira res valde verbum enim eius tante efficacie tanteque virtutis fuit, quod mox unus scolaris, qui nullam prius ad ordinem veniendi habuerat voluntatem, prosilivit in medium dicens A C — 24) invitatus G

permittitis[1] abire? Mira res! verbum enim eius tante virtutis fuit[2], quod mox quidam scolaris, qui prius nullam voluntatem intrandi habuerat[3], in medium prosiluit[4] dicens « Magister, ecce ad verbum vestrum ipsum[5] associo in nomine domini nostri Ihesu Christi » Et sic cum eo pariter est receptus

Cum quidam frater temptaretur et supra modum doleret, quod non poterat[6] accessum habere ad ipsum[7], invenit ipsum vigilias dicentem[8] pro mortuis, et tunc frater incepit vigilias[9] dicere cum ipso[10] ex parte obposita Et cum versiculum illum diceret frater Ps 26 13 14 « *Credo videre bona domini* » et cetera[11], et magister responderet devote et morose *Expecta dominum, viriliter age, et*[12] *confortetur cor tuum, et sustine dominum* », recepit frater in hoc verbo, tamquam ore prophetico prolato, magnam consolacionem Finito[13] vero officio dixit frater « Magister, bene respondistis michi » Et[14] ille[15] « Quomodo fili ? » Et frater « Cum dicerem, inquit, modo in officio *credo videre bona domini in terra vivencium*, vos respondistis michi *Expecta dominum, viriliter age, et confortetur cor tuum, et sustine dominum* », et vere michi videtur, quod oportet me facere ista si volo videre bona domini[16] in terra vivencium » Super quibus verbis gaudens magister consolatus est eum dulciter , et[17] sic qui temptatus venerat, consolatus discessit

CAPUT DECIMUM QUARTUM.

De nobili qui volens[18] eum occidere, viso eo, conversus est

Cum idem magister Padue *a*), ubi tunc erat studium magnum instantissime predicaret, recepit quendam[19] Theotonicum, genere nobilem[20], etate floridum[21], moribus graciosum , cuius magister et[22] socii prescientes ingressum, tamquam ministri dyaboli, quan-

---

1) permittetis G — 2) erat D — 3) habuit D mox add G — 4) prosilivit G, prosilut D — 5) eum A C me add D — 6) potuit G — 7) ad eum habere D, quadam die cum veniret ad ipsum, invenit eum G — 8) dicentem vigilias A C G — 9) vigilias om E — 10) eo E — 11) *pro* et cetera A C *scribunt* in terra vivencium, et magister respondit — 12) et om A C — 13) et finito officio dixit ei magister A C G, finito — dulciter om D — 14) at G — 15) et ille — dulciter om A C — 16) videre dominum G — 17) et qui *add in marg* C — 18) volens eum A C — 19) scolarem add A C — 20) genere, pulcherrimum corpore add A C, et add G — 21) et add A C — 22) et aliqui scolares socii eius, satellites diaboli, cum voluntatem eius ad intrandum ordinem ex aliquibus perpendissent indiciis, tamquam ministri sathane, quandam   A C

a) De studio Paduano tunc temporis vide Denifle, Die Universitaeten d Mittelalters I p 277 ss — Iordanus Paduae praedicabat annis 1229 et 1237 Denifle l c p 282 — De B Iordani praedicationibus Paduae habitis et Berthier *B Iordani opera omnia ad res ordinis Praed spectantia Friburgi 1891* (p 76, 77)

dam mulierem secundum carnem formosam cum eo in camera clauserunt[1], ut[2] per voluptatem[3] carnis eius mentem[4] averterent a proposito sancto Sed[5] Christus in eo vicit, et ad ordinem cum[6] forcius traxit, qui eciam postmodum magistrum suum ad ordinem induxit

Denique pater eius potens et dives valde alium[7] filium non habebat[8] Unde audiens ingressum filii et ad mortem turbatus cum multo comitatu venit Lombardiam, proponens firmiter, quod vel filium rehaberet, vel occideret magistrum Iordanem Cum ergo quodam[9] die cum socis equitans magistrum Iordanem obvium haberet, turbato vultu et rabido[10] clamore cepit quasi ab alieno[11] fratre querere, ubi esset magister Iordanis, nesciens illum esse Ille vero memor Dei, qui ait Iudeis *Ego sum* leta facie et humili corde respondit - Ego sum magister Iordanis Mox[12] ille sancti viri virtutem presenciens ex verbo veritatis, prosiliens de equo ad pedes eus humiliter se prostravit, peccatum, quod contra eum in corde conceperat[13], cum lacrimis confitendo, et ait - Iam de filio[14] consolacione recepta[15] promitto tibi, quod cum[16] isto apparatu, antequam ad terram meam redeam, vadam ultra mare in servicium Dei Quod et fecit[17], habens in comitatu fere centum equitaturas

Joh 18 16

---

1) concluserunt D G — 2) sic add A C — 3) voluntatem D — 4) mentem eius a tali proposito sancto perverterent A C mentem eius G — 5) sed iuvenis animo et proposito firmus omnem illam temptacionem suggestione diaboli procuratam devicit, venitque ad ordinem qui magistrum suum postmodum ad ordinem traxit A C — 6) traxit eum A — 7) secundum A C — 8) sed ad istum tota pertinebat hereditas, et vocabatur Averardus Qui audiens de introitu filii ad mortem turbatus est et veniens cum multo comitatu in Lombardiam proposuit et in corde firmiter statuit, quod aut retraheret filium aut magistrum Iordanem occideret Contigit autem eum in tali proposito existentem obvium quodam die habere magistrum Iordanem qui turbato vultu et clamore rapido quesivit ab eodem [add C in marg quasi ab aliquo fratre] Ubi est magister Iordanis? nesciens eum esse Ille ut totus erat Dei, memor illius quod dixit - Ego sum - Iudeis querentibus eum ad mortem [A add leta facie et humili corde respondit] simili voce respondit «Ego sum, inquit, magister Iordanis» Sed stupenda res valde! qui sicut illi ceciderunt retro, audito verbo Ihesu, sic iste cecidit ante A C — 9) quadam G — 10) rapido F — 11) alio D G — 12) Nam virtutem sancti viri, ex verbo in corde presenciens, mox prosiliens de equo C — 13) firmaverat A C — 14) meo add A C — 15) non curo eum amplius extrahere in mundo sed promitto tibi, quod cum omni isto apparatu cum quo veni diabolo suggerente ad opus eius perpetrandum, sic antequam ad propria redeam A C — 16) cum om G — 17) fecit, viso filio prius, qui habebat in comitatu suo fere centum equitaturas Unde constat, quod verba eius non solum in predicacione, sed eciam in prolocucione quacumque mirabilis erant virtutis, sicut patet (per) exemplum de quodam fratre immediate (subjunctum) A C

CAPUT DECIMUM QUINTUM

De fratre spiritu blasphemie tempta-to, quem verbi efficacia sedavit [1]
Quidam frater fuit[2] in quodam conventu vicino Bononie, qui ob nimiam[3] contemplacionem et investigacionem de Deo intantum cecidit in[4] nubilum cordis, ut iam sibi videretur[5] credere[6], quod Deus non esset[7] Contigit autem priorem illius conventus ire Bononiam[8], qui per ordinem dicti fratris tribulacionem magistro Iordani exposuit, et quomodo nec suasionibus, nec scriptorum auctoritatibus[9], nec oracionibus fratris[10] poterat temptacio mitigari Cui magister ait « Prior dicas ei[11], quod ipse ita bene credat[12] ut[13] ego » Prior vero rediens ad conventum suum[14], statim ut verbum magistri fratri retulit, quasi de gravi sompno evigilans ipse frater[15] atque a quadam extasi rediens[16] dixit[17] « Certe[18] verum dixit magister Ego enim optime credo, quod Deus sit » Statimque[19] ab omni illa temptacione blasphemie[20] est liberatus[21] ad plenum

CAPUT DECIMUM SEXTUM.

De compuncto cleri-co, cui continen-ciam impetravit [22]
Quidam clericus Rauciomensis[23] b) diocesis dum confiteretur semel Parisius ipsi viro Dei[24], et inter cetera[25] cum lacrimis con-

---

1) de fratre, qui incidit in scrupulum temptacionis E — 2) quidam fuit frater Favencie a), qui D quidam frater fuit Favencie, religiosus et devotus valde, qui C — 3) nimiam devocionem contemplacionis et investigacionem de Deo, dum vellet scire, quid esset Deus, in tantam profunditatem cecidit cogitacionum et nubilum cordis A C — 4) in om G — 5) videretur sibi D G — 6) credere om G — 7) hoc autem cum priori et aliquibus de domo dixisset et super hoc multiplicibus oracionibus persuaderetur ab eis, quod et quomodo in illa sua dubitacione tenendum esset, vel se quomodo deberet habere, nullo modo poterant eum a tali cogitacione avellere, quin de die in diem in illis se haberet anxium, ut iam sibi videretur omnino, quod Deus non esset add A C — 8) Bononiam ubi tunc erat magister Iordanis, cui per ordinem tribulacionem et temptacionem dicti fratris exposuit (add C in marg et quomodo nec suasionibus nec scripturis, nec oracionibus fratris poterat temptacio mitigari) Qui respondens dixit priori « Prior dicatis illi fratri ex parte mea, quod ipse ita bene credit, ut ego » Qui Favenciam rediens, statim ut verbum sancti viri, sicut dixerat, fratri A C — 9) nec scripturis nec G — 10) fratrum G — 11) ex parte mea add C — 12) credit D — 13) sicut G — 14) ad conventum suum igitur rediens prior D G — 15) ipse frater om A C D — 16) rediens extasi dixit (C add in marg Certe verum dicit magister) A C — 17) ait D — 18) certe om D — 19) sicque virtute verbi viri sancti a temptacione illa (C add in marg blasphemie) A C — 20) ab omni blasphemia D — 21) liberatus est G ad plenum liberatus est A C — 22) de clerico qui factus est continens ad verbum viri dei E — 23) de diocesi Sanctonensi A C sanctonensis G arbonensis D — 24) ipsi magistro Iordani A C — 25) cetera peccata sua diceret se continere non posse, dixit ei magister Iordanis videns in eo habundanciam lacrimarum et ex intimo corde illi compaciens, concepta firma de Deo fiducia A C

a) Conv Faventinus fund 1223 Anal I, 715 — b) Rouen

quereretur[1]. quod continere non posset, pius pater ex intimo
corde ipsi[2] compaciens firma de Deo concepta fiducia ait
- Dico[3] tibi, karissime, quod numquam amplius hec carnis incontinencia prevalebit contra te - Quod[4] et completum sancti
viri meritis ipse clericus multis fratribus in confessione apperuit
gracias agens Deo

CAPUT DECIMUM SEXTUM (A) [5]

Frater quidam in conventu Francofordiensi a), Engelbertus b)
nomine, quem magister Iordanus iuvenem receperat, infra an-
num noviciatus sui gravissima febre laboravit, quem cum mul-
tum debilem et gravatum dictus magister conspiceret dixit *- Si*
fidem, inquit, fili, habes, ab infirmitate tua cicius posses libe-
rari - *At ille cum responderet se firmiter credere, magister*
Iordanus imponens sibi manum dixit *- In nomine domini*
recipies[7] sanitatem, et statim ab omni febre sanatus[8] est -

De febricitante
sanato [6]

CAPUT DECIMUM SEPTIMUM.

Exivit quodam tempore[10] de Lausanna volens[11] videre episcopum c), qui in vicino erat, quia valde se mutuo a longis temporibus[12] diligebant. Cum ergo plures eum fratres precederent, et

De animali silvestri,
quod se ei domes-
ticum prebuit [9]

---

1) conquereretur cum lacrimis D — 2) illi G — 3) Promitto tibi, carissime, quod numquam amplius de ista incontinencia carnis temptaberis C — 4) quod et factum est, sicut
ipse clericus postea retulit pluribus fratribus cum multa devocione (A add in confessione)
Retulit eciam hoc ipsum cuidam fratri minori, qui vocabatur frater Dominicus Caturcensis,
guardianus tunc de Ponte d), quod et ipse postea retulit fratri Bernardo de provincia Provincie Non solum autem ad homines, sed ad animalia verba sua virtuosa fuerunt, sicut in
isto sequenti immediate patebit A C — 5) hoc cap om C E G — 6) quomodo fratrem a
febre curavit D — 7) recipe D — 8) curatus D — 9) de animali silvestri, quod se ei domesticum prebuit E — 10) ipse magister Iordanis add A C — 11) vadens ad locum vicinum
videre dominum Bonifacium, episcopum Lausanensem, quia valde A C — 12) longo
tempore et habuit magister plures fratres in comitatu suo, insuper et subthesaurarium
Lausanensem Cum ergo in ascensu montis cuiusdam fratres procederent magistro Iordane
cum [A sacrista colloquente de Ihesu sequeretur] subthesaurario aliquantulum subsequente, ecce migale [A mustela] coram fratribus pertransivit, et quam fratres acclamabant,
velociori cursu ad antrum, ubi exierat dicta bestiola recurrebat Igitur fratribus subsistentibus ante antrum, supervenit magister et dixit - Quid hic statis? - Qui dixerunt - Pulcherrima bestiola et candidissima intravit hic in totam cavernam [A caveam] O magister
utinam vidissetis eam - Tunc A C

a) Conventus Francofordiensis fund circa an 1230 de hoc conv Koch, Das Dominikanerkloster zu Frankfurt Freiburg Herder 1892 — b) fr Engelbertus obiit 1250, in
odore sanctitatis Koch l c p 129 — c) Episcopus Lausanensis (Lausanne) fuit Bonifacius
ord Cist 1231 11 III — 15 VII 1239, quo anno resignavit obiit 19 II 1258 Gams l c I
p 284 — d) Pons prope Seugne

ipse cum sacrista[1] Lausanensi colloquens de Ihesu sequeretur; ecce mustela coram fratribus pertransivit Igitur fratribus subsistentibus ante antrum, quod intraverat, magister superveniens ait « Quid hic statis? » Dicunt ei « Quia pulcherrima et candidissima bestiola intravit in caveam istam » Tunc magister inclinans se deorsum[2] ait « Egredere[3] pulchra bestiola, ut nos te videamus ». Statim illa egrediens in os foraminis, fixo intuitu[4] respiciebat in eum Tunc magister substernens anterioribus pedibus eius manum suam[5], aliam manum[6] duxit frequenter[7] per caput eius et dorsum[8], quod totum mustela sustinebat Cui dixit magister « Mox[9] revertere ad locum tuum, et benedictus[10] dominus[11] creator tuus » Statim ergo in antrum se bestiola[12] recepit Et[13] hoc narravit predictus sacrista

CAPUT DECIMUM OCTAVUM.

De eo quem consolacione sua et fratrum oracione retinuit [14]

In[15] promocione ordinis sicut ad attraccionem scolarium super omnes erat sollicitus, ita[16] ad conservacionem receptorum super omnes erat discretus Refulserat enim in eo quedam[17] gracia specialis, ut numquam culpa sua vel negligencia sua[18] perdiderit[19]

Joh 18 9

aliquem, ut[20] cum Christo dicere possit *Pater[21], quos dedisti michi, non perdidi ex eis quemquam* Unde accidit[22] Parisius, quod cum quidam[23] novicius temptaretur ad exitum[24], pius pater

---

1) thesaurario D — 2) ad foramen add A C — 3) bona bestiola in nomine domini, ut ego te videam Statim bestiola venit et stans in ore foraminis respiciebat magistrum fixo intuitu Tunc A C — 4) bestiole A C eius om G — 5) unam A C — 6) alia manu E — 7) multociens A C — 8) blandiendo sibi et hoc mirabile mansuetissime sustinebat Cui cum aliquamdiu blanditus fuisset dicebat ad eum dicens A C — 9) modo G — 10) sit creator tuus Statimque bestiola se recepit in secrecioribus antri sui, et omnes qui aderant de viso miraculo mirabantur Huius fama miraculi iam multis annis fuit celebris apud fratres et subthesaurarius predictus, qui interfuit et vidit fratri Achilli a), priori Basiliensi b) retulit viva voce et ego frater Lambertus audivi de domino Petri Senescalli Lausanensis, qui et ipse interfuit A C — 11) sit G — 12) bestiola se G — 13) et om G — 14) quod numquam sua culpa aliquem novicium perdidit E — 15) Preterea in A C — 16) ita postquam erant in ordine ad eorum conservacionem (A discretorum super omnes erat) super erat discretus A C — 17) ad hoc add A C — 18) sua om D G — 19) perdidit E — 20) ita ut vere posset dicere illud evangelicum dictum (C *add in marg* pater) quos A C — 21) pater om A E — 22) semel add A C — 23) frater Henricus Theotonicus add A C — 24) ordinis quem add A C

a) Achilles de Allschwiler signat inter 1255 1258 ut prior plures chartas ad conventum Basiliensem spectantes — *b)* Conv Basiliensis fund an 1233 de hoc conventu cf *Sutter, Die deutschschweizerischen Dominikanerkloester im 13 Jahrhundert, in Katholische Schweizerblaetter 1893, p 470 et ss de fr Achille ibid p 478 Finke, Dominikanerbriefe, p 64*

omni, qua poterat consolacione[1], fovebat eum[2] Cumque ille nullam consolacionem reciperet, sed vestes et res[3] suas instanter repeteret, dixit ei magister quod[4] crastinum eum licenciaret, erat autem dies pentecostes et fratres ad capitulum convenerant generale Peracta[5] igitur processione in capuceis albis, et omnibus rite peractis, dictum novicium[6] in capitulum vocans coram omnibus monuit dulciter, et rogavit suppliciter, ut maneret, ne[7] a tam sancta societate recederet, dyabolo suadente Tandem cum ille in nullo emolliret cor suum, misit eum in vestiarium, ut pannos reciperet seculares Interim[8] ipse fratribus dixit - Propulsemus adhuc misericordiam Dei et flexis genibus *Veni Creator Spiritus* legendo dicamus -

Mira res, sed amanda ! Nec dum ymnum compleverant, et ec'ce ille[9] totus imbre lacrimarum perfusus in medio[10] capituli se proiecit, petens[11] misericordiam[12] et ordinis perseveranciam deinceps promittens[13] Aguntur Deo gracie fratribus exultantibus cum timore de fratre ab ipsa profunditate[14] tartari liberato Profecit autem frater ille[15] postmodum in[15] vita et sciencia, utilis lector et graciosus predicator existens[17]

19

---

1) consolacione, qua poterat, eum fovebat D ipse magister, sicut potuerat, omni qua potuerat consolacione fovebat, ut cor eius ab illa pessima temptacione abstraheret, quem cum fuisset allocutus multociens et in nullo proficeret, illeque e contrario instaret ad exitum pannos seculi quotidie repetens, dixit ei magister Iordanis, se eum licenciarum in crastinum, qui erat dies Pentecostes et celebrabatur capitulum generale A C — 2) eum om G — 3) res et vestes G — 4) in add G — 5) Peracta vero processione sequenti die, ut moris est fratrum, in capuciis albis celebratisque solempniis, habuit dictum fratrem in capitulo coram omnibus fratribus, et ibi allocutus eum omni dulcedine monuit, rogavit suppliciter, ut maneret, ne a tanta et tam sacra societate et devota congregacione discederet, diabolo suadente, asserens et affirmans, nullam esse in toto mundo congregacionem illi presenti congregacioni, que tunc astabat, equalem, nec esse aliquam per totum mundum, de qua posset ita verisimiliter credi recepisse Spiritum Sanctum, ut fecerunt apostoli, nec fuisse ad eius recepcionem ita digne paratam, sicut est, inquit, congregacio hec, que hic hodie astat Ille vero frater ex iis nec in modico emollivit cor suum Tunc misso eo ad vestiarium, ut sibi panni seculares darentur, magister Iordanis, cuius fiducia tota erat ad Deum, dixit fratribus - Propulsemus semel adhuc et nunc misericordiam Dei, flexis genibus dicendo, Veni creator Spiritus, legendo solum, si quo modo respiciat eum dominus Mira res A C — 6) dictum fratrem G — 7) nec a tanta et tam G — 8) tamen add G — 9) iste D — 10) medium D — 11) petens humiliter de hoc, quod fecerat, veniam et ordinis perseveranciam ac stabilitatem deinceps promittens Aguntur ergo domino gracie in communi, letantur fratres de fratre ab ipsa fauce tartari revocato Profecit . A C — 12) veniam G — 13) repromittens D G — 14) fauci G — 15) frater ille om D — 16) in om D — 17) quod totum sollicitudini magistri Iordanis ascribitur, qui in quadam sui apericione secreta, et alium laudavert sed tamen ostendit, quid esset add A C

CAPUT DECIMUM OCTAVUM (A) [1].

De mirabili et singulari que ei dabatur divinitus gracia, cum predicare deberet.

Iam de illo sancto et venerabili viro fratre Henrico[2], primo Coloniensi priore, in seculo sibi socio et in introitu ordinis, quem ipse in quodam suo libello a) describit, multa perfeccione prefulgidum, amica quadam et collacione secreta, inter quosdam sibi privatos aliquociens retulit rem omni consideracione mirandam. Dixit enim, quod post mortem ipsius fratris Henrici raro vel numquam benediccionem accipere predicaturus accessit, ut predicatorum mos est, quia ipsum venerabilem fratrem viderit assistentem sibi cum multitudine Angelorum atque dantem sibi benediccionem, que predicatoribus dari mos consueri solet. In quo et dantis et recipientis ostenditur prerogativa gracie et glorie singularis. Nec credat aliquis, quod hoc ex aliquo laudis favore retulerit, sed solum edificacionis exemplo.

CAPUT DECIMUM NONUM.

De humilitate sua et qualiter honorem declinavit. [3].

Fuit[4] adeo humilis, quod omnem pompam seculi et[5] honores sibi oblatos discrete et[6] sapienter sciverit declinare; unde cum semel adveniret Bononiam, et tota civitas eius prescito adventu processionaliter sibi exire obviam vellet, humiliter concito[7] gradu declinavit a turba, et girans per quasdam semitas[8] civitatem[9], a tergo venit ad domum fratrum; quod fuit pluribus in[10] exemplum.

CAPUT VIGESIMUM.

De paciencia eius [11].

Quidam frater demoniacus fuit Bononie, cui[12] casu solito contigit[13] in claustro magistrum habere obvium, et elevata manu dedit ei fortissimam alapam. Sanctus autem pater, ut erat preditus[14] paciencie et humilitatis virtute, alteram mox paravit[15] maxillam. Qui virtutem eius non ferens, inclinato capite mox verecundus[16] abscessit.

---

1) hoc cap. om. A D E G. — 2) cf. supra ad cap. IV. notam 3. et chron. ad 1222. — 3) quod honores sibi oblatos sapienter declinavit. E. — 4) eciam add. A C. — 5) omnes add. A C. — 6) et pacienter valde A C. — 7) conscito D. — 8) civitatem D: et vias per quasdam semitas strictas civitatis a tergo ad domum fratrum (Predicatorum *add. in marg.* C.) A C. — 9) nescienter add. D. — 10) ad G. — 11) de obsesso fratre, qui ei dedit alapam. E. — 12) cui contigit eunti per claustrum sine custode obvium habere magistrum Iordanem, qui elevata manu dedit ipsi magistro fortissimam alapam in maxilla. Sanctus... A C. — 13) cui contigit in claustro... G. — 14) ut erat preditus. G. — 15) parabat D; ut erat virtute paciencie et humilitate preditus mox paravit et alteram... A C. — 16) verecundatus A C.

a) nempe in iam pluries citato libello de initio ordinis.

In capitulo autem[1] generali multum elucebat[2] eius humilis
paciencia Nam cum[3] proclamaretur a diffinitoribus de quocumque et diceretur ei, quod excusare se posset, si[4] vellet, humili
voce[5] dicebat   - Numquid credi debet latroni se excusanti ? -
Quo verbo[6] multi[7] edificati sunt

CAPUT VIGESIMUM PRIMUM

Cum invalescente[9] gravi infirmitate ex toto unius visum[10] oculi
perdidisset convocatis fratribus in[11] capitulum dixit   - Fratres
agite gracias[12] Deo, quia ego iam unum perdidi inimicum[13], sed
et[14] rogate dominum, ut alium[15] si sibi placet[16] et michi expedit,
reservare dignetur -

De amissione unius oculi et qualiter se consolabatur[8]

CAPUT VIGESIMUM SECUNDUM

Sed quis posset dicere[17], quomodo se ab exterioribus colligens
totus[18], interius esset, ut[19] nichil de forinsecis cogitaret vel[20] per-
penderet[21] Contigit enim semel, quod quedam nobilis et devota
persona corrigiam eius peciit et accepit, et cum vir sanctus non
haberet aliam, accepit suam Post aliquantulum autem temporis
cum magister[22] sederet in quadam recreacione cum fratribus et
corrigia illa que fibulam habebat argenteam et[23] finem, penderet,
accepit eam quidam frater et elevans ait   - Quid est hoc magis-

De abstraccione eius ab exterioribus et de cingulo quod non advert t.

---

1) autem om A C — 2) elucescebat A C — 3) cum coram definitoribus generalis capituli
proclamaretur, secundum morem ordinis de quocumque dicto vel facto, et diceretur ei,
quod posset se excusare, si vellet A C — 4) cum F — 5) humiliter D — 6) verbo cum ex
intima cordis humilitate proferret, multum edificati sunt fratres A C — 7) multum G —
8) quod deo gracias egit amisso oculo E — 9) quadam sua add A C — 10) visum unius
A C G — 11) ad A C G — 12) gracias agite deo, quod ego iam perdidi unum G — 13) inimicum unum D — 14) et om A C G — 15) alterum D — 16) placeret D placet ad suum
honorem et ordinis profectum et si michi expedit A C — 17) sufficienter exprimere A C —
18, ita erat sibi interius (A internus' A C — 19) ut parum aut nihil de istis forinsecis A C
— 20) atque A C — 21) Unde contigit semel, quod quedam magna persona nobilis valde et
devota sibi et ordini corrigiam suam pie devocione peteret et obtineret ab eo [A cum autem vir
sanctus] [qui ad quam²] recurreret, aliam non habens, accepit et illius domine corrigiam Unde
post spacium temporis, cum esset senis, et in quodam pratello in quadam recreacione sederet cum fratribus, et illa corrigia subtus scapulare penderet, in cuius summitate erat plastes
[A fibula] argentea, accepit eam quidam frater et in altum elevans dixit - Quid est hoc
magister ? [C add in marg Numquid vos corrigiam argenteam portatis ?] - Ille vero curio-
sius et diligencius eam intuens et admirans dixit - Deus meus, [A quis apposuit hec]
quid est hoc ? Certe ego numquam nec vidi nec perpendi usque adhuc - In quo multum
edificati sunt fratres considerantes Et ex hoc manifeste perpendes animum suum fore oc-
cupatum ad alia, et circa interiorem sollicitum, nec attendere ad ista exteriora A C —
22) Senonis a) add A C — 23) et viderent accepit G

a) Sens

ter[1]? — Ille[2] autem eam diligencius intuens ait · Deus meus, quis apposuit hoc? Ecce[3] ego illam[4] numquam attendi[5] » Unde edificati fratres perpenderunt animum eis ad interiora intentum

CAPUT VIGESIMUM TERCIUM.

De devocione eius ad beatam Mariam ·
Fuit[7] quam plurimum devotus domine nostre beate Marie[8], utpote quam sciebat esse sollicitam circa promocionem et custodiam ordinis, cui eius[9] adiutorio preerat ipse[10]

Stetit aliquando frater quidam curiosa[11] devocione explorans et auscultans ipsum[12] ante altare beate Marie devocius orantem, et sepius ave Maria cum pondere dicentem Quem sanctus pater oscitantem deprehendens ait · Quis es tu? — « Ego sum, inquit, filius vester Bertoldus a) · Cui ille · Vade, fili, quiescere · Cui ille[13] « Non magister, immo volo, quod dicatis michi, quid modo orabatis[14] » Tunc sanctus cepit ei exponere[15] modum oracionis, et specialiter ad beatam Mariam[16] de quinque psalmis secundum litteras huius nominis Maria, quod primo diceret · *Ave maris*

Ps 119 et 118, 17 *stella*, deinde[17] *magnificat, ad dominum cum tribularer*[18], *retri-*

---

1) numquid vos argenteam corrigiam portatis D G — 2) ipse D — 3) certe D — 4) illam om D G — 5) illud add D — 6) virginem A C, ad virginem Mariam G — 7) autem add A C erat G — 8) regine celi, quam et potissimum diligebat, utpote quam ex manifestis insigniis noverat esse sollicitam   A C — 9) cui ipse preerat, et eius specialem habere tutelam, cui laudes multas reddebat sollicitus Stetit   A C cuius E — 10) ipse om D — 11) quadam add A C — 12) ipsum magistrum Iordanem ante altare [C add in marg ante altare beate Marie devocius orantem] stantem, quem ipse magister multo diligebat affectu, et speciali cura circa eum erat intentus, nutriens in devocione et specialibus promovens documentis Erat enim iste Theotonicus, nobilis genere devotus admodum et purus Qui sic intente auscultans, audivit eum, cum in oracione processit ad laudes virginis, premisisse hoc verbum, cum multa gravitate dicens « Suscipe verbum, dulcissima virgo Maria, quod tibi a domino per angelum transmissum est » et postea dicebat « Ave Maria » etc Et iste erat mos suus verbum istud premittere, cum laudes virginis dicere volebat Deprehensus est autem frater oscitando nolens Quem magister Iordanis senciens « Quis es tu, inquit? » At ille « Ego sum frater Bertholdus filius vester » (sic enim vocabatur frater ille) Cui « vade inquit, dormi, fili » « Non, magister ait, immo volo quod dicatis michi, quod modo dicebatis » [A orabatis] Tunc cepit sibi exponere quedam de modo oracionis eius et specialiter ad beatam virginem de quinque A C — 13) qui respondit D G — 14) orabitis G — 15) exponere ei — 16) et add G — 17) deinde diceret pro prima littera huius nominis Maria, que est M Magnificat secundo diceret pro secunda littera eiusdem nominis que est (om C A ad dominum cum tribularer postea diceret pro tercia littera que est) R retribue servo tuo, deinde diceret in converteudo, pro quarta littera, que est I postea diceret ad te levavi, pro quinta littera, que est A et in fine singulorum psalmorum pro (A post) gloria patri diceret ave Maria cum genuflecione   A C — 18) ad te levavi *ponitur bis* in D E G *loco* ad dominum cum tribularer, *quod nunc in praedicta salutatione dicitur*

a) Iste frater Bertholdus estne idem ac ille famosus praedicator in Landshut, de quo Theiner Annal Eccl ad an 1253, p 446, n° 33 ?

bue, *in convertendo* et *ad te levavi*, et[1] in fine singulorum post Ps 125 Ps 122
gloria[2] *Ave Maria* cum genufleccione, et adiecit - Dicam tibi
exemplum, fili[3], per quod videre poteris, quam bonum sit, ipsam
matrem domini[4] laudare[5]

CAPUT VIGESIMUM QUARTUM

- Frater[7], inquit, quidam stabat ante lectum suum orans[8] vidit
beatam virginem quibusdam comitatam puellis per dormitorium
euntem et aspergentem fratres et cellas eorum, unam[9] puellarum
aquam benedictam portantem, pertransitque[10] cellam cuiusdam
fratris, quem non aspersit Ac qui hec videbat, cucurrit ad pedes
domine dicens - Obsecro, domina, dic michi, que es tu? et quare
hunc fratrem non aspersisti - Cui illa respondit « Ego sum[11]
mater Dei, et veni visitare hos fratres⁺ Istum[12] autem non as-
persi, quia non est paratus Dic ei, ut se paret[13] Diligo quidem[14]
speciali amore ordinem tuum[15], et hoc inter alia multum habeo
gratum, quod omnia, que facitis et dicitis a laude mea incipitis,
et in ea finitis Unde impetravi a filio meo, ut nullus in ordine
vestro[16] possit diu in mortali persistere, quin[17] aut cito peniteat,
aut extra pronciatur, ne ordinem meum fedet *a*)

De beata virgine
que ei apparuit, et
quedam[6] ordini
impetravit

19'

---

1 et om E — 2) patri add D — 3) fili om D mi add A C — 4) laudare eam C laudare
ipsam matrem Christi A, Christi D — 5) et nos qui maxime teneamur add A C — 6' quanta
A C — 7) frater inquit, stabat semel in dormitorio circa lectum suum Respiciens autem
vidit quamdam dominam pulcherrimam et formosam, quibusdam comitantibus puellis euntem per dormitorium in aspergendo aquam benedictam super fratres et cellas et lectos sin
gulorum, una illarum puellarum deferente vas aque benedicte Pertransivit autem unum
fratrem, quem aspergere noluit At frater qui hec videbat, festinans cucurrit et prosternens se
humiliter tenuit pedes eius dicens Rogo te, domina, propter dominum, dic michi que sis
(C add in marg et quare — aspersisti) At illa Ego A C — 8) et add D G — 9) una
portante G — 10) autem G — 11) Ego sum virgo Maria, mater Ihesu Christi et veni A C
— 12) Istum — paret add in marg C — 13) preparet G — 14) enim A C — 15) tuum
quoniam inter alia, que facitis michi, hoc unum habeo valde gratum, quia omnes opera-
ciones vestras, et omnia, que dicitis et facitis per totum diem a me incipitis et finitis in
laude mea et impetravi a filio meo, ut nullus in ordine tuo possit in peccato mortali diu
consistere, [A persistere], quin aut peniteat, aut cito deprehendatur, aut extra pronciatur, ·
ut tantum ordinem fedare non possit [A ne ordinem meum fedet] Ille autem quesivit
« O domina, dic michi, illum fratrem quare non aspersisti? » Quia, inquit, non est paratus
dic illi, ut paret se » Et post hec discessit A C — 16) tuo G — 17) aut cito deprehendatur
add D G

a) cf supra l I, cap VI § VII, p 13, ubi similis visio narratur *De salutatione nominis Marie
legenda sunt quae P Esser hac de re scribit in Historisches Jahrbuch, vol V, p 98* « Es
ist irrtuemlich, wenn der selige Jordanus als Urheber der salutatio nominis Mariae bezeich
net wird (z B bei Surius am 13 februar) Uebrigens wurde dieselbe in ihre nachheitige

CAPUT VIGESIMUM QUINTUM

Quod beata Maria
ei legenti cum
angelis apparuit [1]

In nocte Circumcisionis dominice, cum secundum morem[2] Parisius dictus pater nonam legeret leccionem, quidam frater[3] obdormiens vidit quandam pulcherrimam dominam stantem in pulpito, habentem coronam auream[4] in capite, et pallio mm decoris ornatam, respicientem intentissime[5] in legentem Cum autem finisset leccionem[6], illa librum accipiens de manu ipsius[7], cepit mature ante ipsum per gradus descendere, hinc inde assistentibus sanctis fratribus[8], unus aliquantulum calvus maior et dignior videbatur, qui baculum portans in manu, quasi viam faciens, ipsam dominam antecedebat Frater autem, qui hoc videbat[9],

1) quod domina nostra visa est stans ad pulpitum leccionum E — 2) cum semel Parisius secundum morem ordinis magister Iordanis nonam A C — 3) fratei in choro in sede sua levi quodam sopore obdormiens, ita tamen quod bene, ut sibi videbatui audiret eum legentem, vidit quamdam dominam pulcherrimam stantem post ipsum in pulpito A C — 4) auream om A C — 5) attentissime A C — 6) leccionem et se vertebat ad eam, illa recepto libro de manu ipsius cepit anteire, et per gradum pulpiti reverenter et mature descendere ante ipsum In ipsis autem gradibus erant multi famuli, intei quos videbatui unus esse maioi (et dignior add C in marg) calvus quidem, qui et baculum habens in manibus ipsam dominam ante euntem magistrum, quasi viam faciens precedebat Fratei A C — 7) illius G — 8) fratris sanctis inter quos unus G — 9) vidit A C

Fassung (mit Antiphonen, Orationen, etc) zuerst von einem Zeitgenossen des sel Jordan gebracht, der vielleicht noch aus den Haenden des hl Dominicus selbst das Ordenskleid erhielt, naemlich Bartholomaeus von Trient Er selbst berichtet dieses Er schrieb um 1240 ein noch ungedrucktes Leben der Heiligen, in welchem er zunaechst (cap 198) einen Kriegsmann, erwaehnt « der zu Ehren der 5 Buchstaben des Namens der allzeit zu verehrenden Jungfrau Maria fuenfmal Ave Maria sprach », dann aber (cap 213) berichtet er « Quod nostrae Dominae placeat, ut nominis eius memoria habeatur pro nostra salute, ex multis potest perpendi, sed et ex hoc quod legitui ipsam quosdam psalmos, initia sui nominis continentes, cuidam sibi devoto obtulisse, quos fratrem Jordanem sanctae memoriae novi frequentasse (Dasselbe berichtet Frachet in den Vitis FF Praed p 3, cap XXIV) et ego de concilio fratris Iohannis, Episcopi nunc, tunc magistri ordinis Praedicatorum, antiphonas, versus, collectas, litteris psalmorum similes, addidi, et sunt aliqui (qui) usque nunc frequentant Hi sunt psalmi Magnificat, Ad te, domine, levavi, Retribue, In te Domine speravi, Ad te levavi oculos meos (Mitgeteilt bei Tombelli, Mariae ss vita ac gesta, cultusque illi adhibitus, p 2, diss XXII, quaest III, quaestiunc 3 (VI, 127) — Der Ursprung dieser salutatio nominis Mariae waere nach Vincenz von Beauvais in Jerusalem zu suchen Er erzaehlt naemlich (Specul hist Venet 1494, lib VII, cap 116 quidam archiepiscopus Cantuariensis ecclesiae olim a curia Romana revertens, in abbatia S Bertini quae est apud S Audomarum, hospitatus est Et die crastina ductus in capitulum sermonem aedificationis cum fratribus habuit Quo finito indicavit eis, quod cum esset apud Beneventum, audisset a quodam viro religioso, qui de partibus Hierosolymitanis erat, quod in illa terra quinque psalmos, incipientes a singulis litteris nominis B Mariae, in honorem et memoriam ipsius frequentare multi consueverant Hucusque P Esser cf Thom Cant lib de apibus p 543 et ss ubi loquitur de quodam monacho, Iosberto nomine, recitante hanc orationem devote, e cuius iam mortui ore, oculis et auribus quinque rosae erupuerunt

estimans ipsam esse beatam virginem, et precedentem beatum[1] Paulum vel beatum Dominicum, qui circa finem[2] fuerat calvus factus[3] Accedens autem[4] frater ille ad magistrum quesivit, an illa leccione aliquid sensisset dulcedinis, ei, quod[5] viderat, manifestans[6]. Qui ad verba eius arridens, noluit aliquid revelare

CAPUT VIGESIMUM SEXTUM

Narravit[8] idem pater fratribus in capitulo, quod quidam frater devotus vidit, et suspicati sunt fratres, quod ipsemet fuit[9], in eodem conventu Parisiensi, cum in festo purificacionis fratres inciperent invitatorium « Ecce venit[10] » et cetera, quod domina nostra processit cum filio ad altare, ubi sub tronum paratum sedit, dulcissime respiciens fratres ad altare iuxta morem conversos Cum autem ad gloria patri inclinarent, ipsa apprehensa filii dextera eos et totum chorum signavit a)

Quod ipsam cum filio fratres signantem vidit [7]

CAPUT VIGESIMUM SEPTIMUM.

Nobilis[12] quedam et valde pulchra puella relicta a patre suo sub custodia patrui sui, dum speravit ab eo tutelam, incidit in cor-

Quod beata Maria ad eius consilium quandam quam liberavit, misit [11]

---

1) beatum om D E G — 2) finem vite sue fuerat aliquantulum calvus Adiit postea ipsum memorie sancte magistrum Iordanem, querens ab eo, si in illa A C, autem om D — 3) factus om G — 4) et accedens ad G — 5) que E — 6) et ei manifestabat D — 7) quod in purificacione visa est domina nostra E — 8) referente fratre Iacobo de Benevento b), qui fuit magne auctoritatis in ordine, et fuit maximus lector et excellentissimus predicator, qui hoc in capitulo fratium Parisius se asserunt audivisse, ab eo, qui tunc temporis secundum morem ordinis tenebat capitulum, ad argumentum devocionis eius ad beatam virginem, et hoc exemplum adiicimus In festo si quidem purificacionis domine nostre, dum de nocte fratres convenissent coram magistro Iordane staute in loco prioris, statim cum inciperent quatuor fratres invitatorium C — 9) fuerit A foret D — 10) Ecce advenit [A venit] domi nator dominus processit domina nostra cum filio in brachiis versus altare, super quod videbatur esse paratus thronus, et super thronum sedit virgo [C add in marg dulcissime] respiciens fratres, qui versis vultibus iuxta morem ordinis stabant contra altare Finito autem toto invitatorio, cum fratres inclinarent ad gloria patri, beata Virgo accepit dexteram manum filii sui et fecit signari [A add vos et] totum chorum fratrum statimque disparuit visio Hoc totum nulli datum est videre de fratribus, nisi magistro Iordani, qui quanta fuerit perfusus consolacione, dum hoc videret, qui audit, excogitet Hanc autem visionem ad sollicitandum torporem fratium pluries tacito nomine suo nostris fratribus recitavit A C — 11) de puella desperante propter recidivum E — 12) quedam nobilis et (valde add in marg C) pulchra puella relicta sub fratris sui patris custodia dum C

a) Similem visionem hab Caes Heist l c VII 12 Anton Sen Bibl I c p 125 — b) De fr Iacobo de Benevento vide supra l I cap VI, § VII Quetif I 648, Denifle, Archiv II, 230

ruptelam[1] Denique[2] impregnata bis, eo suadente procuravit aborsum, et impregnata tercio cum patruo non audebat[3] resistere, in
baratrum[4] desperacionis corruit, nulli audens facinus revelare
Unde cum quodam cultello tam valide se percussit, ut ipsum
ventrem miserabiliter aperiret Diri ergo vulneris dolore sauciata, sed Dei misericordia visitata de peccato suo toto corde
compungitur, et cum lacrimis ad matrem misericordie conversa,
ut solita pietate sibi[5] succurreret, ne saltem anima cum corpore
periret Mox[6] beata virgo ei astans et corporis conferens sanitatem precipit, ut se totam[7] consilio magistri Iordanis, qui in brevi
venturus erat, submitteret[8] Quod[9] ipsa devotissime complevit, et
ordinem Cisterciensem[10] intravit in sancto proposito perseverans

CAPUT VIGESIMUM OCTAVUM

Temptavit[12] eum malignus semel, cum esset Parisius[13] infir-

1) passa est corruptelam C — 2) Cernens enim ille mirum decorem puelle, nec non et
opportunitatem perpetrando negocium, quod in tenebris ambulabat, suggerente maligno
spiritu, concepit dolorem et pepepit iniquitatem Deinde ab eo corrupta et impregnata, et
iterum bis ambo pariter procuraverunt aborsum Cum autem in tanto facinore perseveraret
invita, nesciens neque valens resistere patruo, qui tamquam pater credebatur ab omnibus,
impregnata tercio in desperationis fatatium corruit [C add in marg nulli audens facinus
revelare] Nam peccati sui, immo peccatorum magnitudinem cogitans, arripiens quemdam
cultellum, quem habebat ad manum, tam valide se percussit, ut ipsum ventrem mirabiliter
et miserabiliter aperuit Dum autem vulneris sauciata doloribus, utpote que appropinquabat iam morti non solum corporis, sed eciam anime simul, misericordia Dei subito visitata,
super peccati sui immanitate toto corde, miro dolore, compungitur, et conversa tota in
preces et lacrimas matrem misericordie precabatur, cui devota aliquando fuerat, cui aliquando in aliquo obsequium fecerat, ut sibi sua solita benignitate in illa tanta necessitate
succurreret, nec anima simul periret cum corpore A C — 3) auderet G — 4) in baratrum
add in marg G — 5) illi F G — 6) Mirum valide! Mox beata virgo visibiliter astat sibi,
et ei plene sanitatis beneficium conferens, precepit, ut se totam consilio A C — 7) toto E D
— 8) committeret A C — 9) De cuius consilio et mundum reliquit et religionem intravit
Quod totum illa sine cunctacione devote implevit initians ordinem monalium Cisterciensium,
de ipsius magistri Iordanis consilio [C add in marg et in sancto proposito perseverat]
Ex quo patet et immensa misericordia regine misericordie, et ipsius sanctitas viri scilicet
magistri Iordanis, ad cuius beata virgo ipsam iam dictam puellam dirigebat consilium Nunc
autem de angustiis diaboli contra eum dicere opere precium est A C — 10) eo monente
add G — 11) alium titulum ac in indice habet hic E de multiplici dolo et invidia diaboli
contra eum, et primo, qualiter eum infirmum diabolus sub specie boni temptavit A C —
12) Temptavit igitur malignus semel sub specie sanctitatis eum miro modo decipere Nam
cum esset Parisius [C add in marg infirmus] venit diabolus ad portam in forma cuiusdam
venerande persone petens deduci ad eum [A magistrum Iordanem] Qui cum fuisset deductus et fratribus coram astantibus aliquos ad invicem habuissent sermones, ut gracia
visitacionis fieri consuevit, postulavit fratres secedere, quasi habiturus cum eo secreta col-
loquia Separatis inde aliquantulum fratribus, in hunc modum exorsus est loqui ad eum
Magister tu es caput istius [C add in marg sanctissimi] ordinis, qui tantum placet Deo
(A et quasi) in te oculi universorum fratrum respiciunt Quod si grande vel parvum a te
exierit contra religionis fervorem, alicuius relaxacionis vestigium, cum humana natura A C
— 13) Parisius om G

mus, sub mira fraudulancia sanctitatis, veniens enim ad portam in forma venerande persone, peciit se ad magistrum Iordanem deduci Cum ergo ductus cum eo aliquos habuisset familiares sermones, postulavit fratres secedere quasi secreto locuturus cum eo. Quo facto sic ait   - Magister tu es caput huius sanctissimi ordinis[1] universorum fratrum, quod si parvum vel grande quid a te exierit[2] contra religionis fervorem relaxacionis vestigium, cum natura humana prona sit ad declinandum[3], tu exinde penam reportabis[4] a domino, et in tanto ordine relinques exemplum dissolucionis et turbacionis materiam, es enim infirmus, sed non intantum[5], ut non possis carere culcitra et a carnibus abstinere[6] Quod si cras vel post cras non fiat[7] eadem dispensacio fratri[8] plus vel eque infirmo, fiet inde iudicium, murmur et[9] turbacio[10] orietur Unde rogo et consulo[11], quod sicut actenus[12] fuisti religionis exemplum in aliis, ita te prebe*as et in istis » Sic ergo versipellis ille colorans licenciatus recessit, ruminando aliquid ac si diceret psalmos Credidit homo Dei simpliciter verbis eius, et abstinuit multis diebus ab illis Unde intantum crevit eius debilitas, quod vix sustinere valebat Revelatum est autem ei a domino quod, qui illa suggesserat, dyabolus erat, qui eius vite et eius[13] predicacionibus invidebat

· 20

CAPUT VIGESIMUM NONUM

Alia vice cum[14] transiret per Bisuncium[15]a),antequam fratres ibi domum[16] haberent, contigit eum graviter[17] infirmari[18] Quadam[19]

Qualiter ei sicienti potum mortis dyabolus obtulit.

---

1) ordinis et quia in te respiciunt oculi universorum fratrum   G. — 2) exierit a te G — 3 ad declivium C — 4¹ reportabis penam A C — 5) tali infirmitate A C, tantum D — 6) et abstinere a carnibus A C — 7) facta fuerit A C fiet G — 8) illi qui grandem vel minorem infirmitatem habuerit fiet A illi A — 9 murmur et om C — 10) et turbacio om A — 11) consulo et rogo A C — 12¹ usque nunc in omnibus fuisti forma sanctitatis et religionis exem plum, ita te prebeas et in his Et sic versipellis ille per hec et his similia verba sua colorans ac licencians se, ab eo recessit, vadens ruminando aliquid ore, quasi homo religiosus diceret psalmos et horas Credit homo [C *add in marg* Dei simpliciter verbis eius, et abstinuit multis diebus ab illis] simpliciter abstinens a predictis Unde subtractis reme diis corporis, intantum crevit infirmitas et debilitas pariter, ut fere usque ad mortem deveniret Revelatum est autem sibi a domino ipsum fuisse diabolum, qui predicta ei in forma illius venerande persone suggesserat, quia eius vite   A C — 13) eius om G — 14) dum A C — 15 Bisancium C — 16 conventum A C — 17) graviter *add in marg* C — 18) ibidem add A C — 19) Qui cum quadam die fortissime febribus estuaret, ac quasi in immensum sitiret, ut mos febribus laborancium, ecce quidam iuvenis cum mappa ad collum quod

a) Conv Bisuntinus (Besançon) an 1224 fund Anal I p 207 Episcopus tunc temporis ibi exstitit Gerard de Rougemont 30 I 1221 — III 1225 Gams I, p 514

ergo die cum vehementer febribus estuans in inmensum sitiret, ecce iuvenis hominis mappam albam a collo[1] lagenam vini portans in una manu, et ciphum argenteum in alia, obtulit ei dicens « Magister, ego porto vobis optimum potum, de quo bibatis secure, quia in nullo nocebit » Qui non ignorans astucias eius, commendavit se Deo, signans se signo sancte crucis, statimque disparuit

Nec[2] silenda devocio, quam episcopus et alii habuerunt ad eum ex hiis, que viderunt in eo insigniis sanctatis[3], ob cuius reverenciam[4] multa precum instancia conventum pecierunt et obtinuerunt[5].

CAPUT TRIGESIMUM.

Qualiter [6] dyabolus cum eo pacem facere voluit

Locutus est ipsi magistro Iordani dyabolus quinque[7] per[8] quendam, quem obsessum tenebat, minas et maledicciones[9] ingeminans, et multas de eo querimonias faciens[10], quod ei sua predicacione multas animas subtrahebat et ait « O cece[11], ego tecum feriam pactum, quod numquam fratres tuos temptabo spiritu[12] vel corpore vexabo, si promittas, quod numquam de cetero predicabis » Cui vir sanctus respondit « Absit a), quod fedus incam cum morte et pactum faciam cum inferno »

---

dam vasculum [A lagenam vini] ferens in una manu et [A. scyphum argenteum] quamdam pulchram cuppam in alia, quasi paratus ad serviendum dixit ei O magister, ego porto vobis optimum potum, de quo bibatis secure, quia numquam amplius sicietis [A quia in nullo nocebit] Qui timens, ne esset ficcio diaboli, sicut erat, commendans se domino, ac repellens eum crucis signaculo, ait in hec verba « Recede a me, cum omnibus ficcionibus tuis » Qui statim evanuit AC — 1) ad collum G — 2) nec cetera desunt in cod A , nec silendum est de devocione, quam episcopus Bisuntinus et canonici maioris ecclesie habuerunt ad eum C — 3) sanctitatis insignis C — 4) et ordinem tenerrime diligentes multa C — 5) ubi usque hodie ipsorum ad ordinem et fratres specialis devocio perseverat Iacente autem eo in infirmitate sua, et fere usque ad mortem, cum quadam die id peticionem suam portassent ei canonici corpus Christi subito exivit de lecto et se in terram prostravit, ac eciam communicavit cum tanta devocione ut merito de meritis sanctitatis eius aperte cognoscerent Hec referens de eo ille Stephanus Bisuntinus de quo supra facta est mencio, adiecit ad hoc quod semel uxori sue quedam futura predixit C — 6) cum eo dyabolo A C — 7) quinque om A C — 8) fratrem quendam, quem tenebat obsessum A C — 9) maledicta in eum ingeminans A C, et maledicta ingeminans D G — 10) faciens de sue predicacionis fervore, propter quam animas a sua potestate tollebat Et dixit « O cece, ego volo pactum tecum huiusmodi facere, si promittis michi, inquit, numquam de cetero predicare, et ego promitto tibi numquam in perpetuum aliquem fratrem tuum temptare » Cui vir sanctus potenti voce respondit Absit A C — 11) ecce ego G — 12) spiritu om G

a) Notat Quetif l c I, p 96, not k ad verba Absit etc « Digna Iordano responsio, quae et in vitis fratrum lib III, cap XXX eadem habetur, adeo ut certissimum sit Iordanum nec per levem temporis morulam pactum a daemone proposito assensisse, sed mox

CAPUT TRIGESIMUM PRIMUM.

Quidam alius frater fuit Bononie demoniacus, qui adeo fortis erat, quod funes omnes rumpebat et vincula[2]; et[3] frequenter in fratres seviens eis multas molestias inferebat. Semel ergo[4] toto corpore ligatus et resupinus in lecto dicit[5] magistro astanti : « O ecce, si te modo haberem, confringerem te totum ». Quem magister statim iubens dissolvi dixit : « Ecce solutus es, fac quidquid potes ». Ille vero non potuit se movere.

Qualiter[1] ei nocere voluit, sed non potuit.

Tunc iterum ait : « O si nasum tuum tenerem[6] inter dentes[7] ». Sanctus autem inclinans se ad os eius posuit nasum suum, quem ipse in nullo potuit ledere, sed labiis contingens nasum sancti[8] levi tactu lambebat[9].

§ *Quidam*[10] *alius frater fuit Bononie demoniacus, qui dixit fratribus : « Fratres rogate dominum pro illo ceco, qui modo Neapoli a) predicat. Gaudet enim multum, et vana gloriatur diabolus, quando potest futura predicare ». Qui statim penitens de verbo quod dixit : « Non credatis michi, ait, quoniam ego mentitus sum ». Fratres autem notaverunt diem et horam, et invenerant postea, quod ipse eadem hora et die tunc magister Iordanis predicaverat Neapoli, quando demon Bononie ista predicaverat.*

De eodem.

CAPUT TRIGESIMUM SECUNDUM.

Alia vice[13], cum fratres omnes vituperaret, advenienti magistro

Qualiter eum[11] elacione decipere[12] temptavit.

---

1) diabolus add. A C. — 2) omnes funes et vincula frangebat. A C. — 3) qui *pro* et. A C. — 4) vero cum magister Iordanis adesset, et ipse frater obsessus quasi toto corpore esset ligatus, stans resupinus per longum dixit ad eum : « O cece, si te possem contingere, te totum discerperem ». Quem magister Iordanis mandans dissolvi, dixit ei : « Ecce solutus es, modo fac, quod potes ». Ille... A C. — 5) dixit G. — 6) si haberem nasum tuum A C. — 7) morsibus detruncarem quidem eum libenter. Ille vero inclinans se ad eum posuit nasum prope labia sua, quem ipse labiis leviter contingens, sive pocius lambens, in nullo potuit ledere. A C. — 8) sancti nasum D. — 9) lingebat D. — 10) haec paragraphus om. D E G. — 11) eum om. A C. — 12) eiicere C. — 13) demoniacus ille cum fratres omnes tribularet, et Bononie frequenter vituperaret, ac non deferret alicui, adveniente semel magistro Iordane, mira quadam reverencia assurrexit eidem, laudans et commendans eum de predicacionis gracia speciali, de religionis fervore, de sanctitate et de omni perfeccione virtutum, ut sic per hoc posset eum in vicium elacionis deducere. Sed... A C.

exhorruisse et indignabundum subito a se et a suis propulsasse. Novi Thomam Cantimpratanum lib. II de apibus cap. 57, § 48, p. 481, narrare Iordanum primo daemoni acquievisse, coelitus vero postea monitum foedus fregisse. Sed cui potius credas an Cantimpratano an Iordano de se testanti? Cantimpratanus utique ut usu venit, et quotidie experimur, a quibusdam non recte audita, sed aucta et interpolata narrantibus hoc acceperit et scripserit, sed iam Iordano ipso audito circumscribendum et omnino expurgendum. » — a) B. Iordanus Neapoli praedicavit, cum iturus esset in Terram Sanctam au. 1236. Anal. I. 117.

Iordani mira[1] reverencia assurgens, laudavit eum de predicacionis singularis[2] et religionis fervore, et omni perfeccione commendans, ut per hoc posset eum in elacionem deducere. Sed vir sanctus maligni astucias non ignorans, ipsum sua[3] humilitate confudit

CAPUT TRIGESIMUM TERCIUM.

Qualiter[7] eum per odorem decipere voluit

Cum esset beatus pater[5] Bononie, tantis eum temptator perfudit odoribus, ut ipse manus suas absconderet, ne aliis redolerent, veritus eam, de qua nondum sibi conscius erat, prodere[6] sanctitatem Si gestaret[7] calicem, tanta de ipso prodibat odoris[8] suavitas, ut totus de inmensitate dulcedinis miraretur, sed non est passus spiritus veritatis maligni diu durare fallacias Nam cum quadam

Ps 34

die celebraturus psalmum *Iudica domine nocentes*[9] pro pulsandis temptacionibus[10] diceret, et illum[11] ruminaret versum[12] *Omnia ossa mea dicunt*[13], *domine, quis simili tibi*, tam[14] mira devocione perfusa est, ut revera viderentur[15] ei omnes medulle ossium[16] Dei spiritu irrigari Tunc igitur rogavit dominum, ut si odor diabolicis[17] ageretur insidiis, sua gracia revelaret Mox[18] per spiritum cognovit, hoc antiqui hostis esse[19] figmentum, ut eum precipitaret per inanem gloriam; et tunc cessavit ex[20] manibus eius ille deceptorius odor Hoc a) in suo libello magister[21] descripsit et Parisius novicius, me presente narravit

---

1) quadam add G — 2) de predicacionis gracia singulari, de religionis G — 3) sua om G — 4) dyabolus add A C — 5) Iordanis add A C — 6) perdere C — 7) gustaret C — 8) odore D E G — 9) me add A C G — 10) efficacem add A C — 11) illum om A C — 12) versiculum A C G — 13) dicent A C G diceret et cetera, domine   D tibi add G — 14) tam om D — 15) videretur ei omnes medullas ossium Dei   A C — 16) ossium om E — 17) ut si diabolicis odor dictus ageretur A C G — 18) moxque A C — 19) exstitisse G — 20) gloriam inanem et ex tunc cessavit a A C G — 21) ipse magister Iordanis [G deest Iordanis] descripsit et novicius Parisius A C G

a) En ipsa verba B Iordanis l c (ed Berthier, p 35 ex quibus etiam patet Geraldum plura vel botenus transscripsisse « Denique cum quadam vice Fratrem illum (Bernardum nempe) nobis praesentibus graviter afflixisset, coepit simulare turbationem gravi voce et dicere Ecce odor, ecce odor, ecce odor, et post pusillum effusa super illum fratrem odoris illius suavitate, horrorem et despectum (in) se pari vultu ac voce simulatione demonstravit Dixitque mihi Scisne quid modo abhorream? Ecce angelus huius fratris suavissimus his eum odoribus consolaturus advenit, et in eius consolatione grave mihi tormentum incussit Sed ecce profer tibi de thesauris meis alterius modi odoramenta, quibus ego visitare consuevi Moxque ut verbum protulit sulphureis aerem respersit foetoribus, intendens eorumdem successione praecedentis illius suavitatis palliare fallaciam Igitur cum et mihi fecisset similia, ego multa perplexus ambiguitate diffidebam quidem de meritis, sed tamen hesitabam incertus, quocumque pergerem mira circumfusus fragrantia Vix ipsas manus audebam extrahere, veritus eamdem (de) qua nondum conscius eram mihi, prodere suavitatem,

CAPUT TRIGESIMUM QUARTUM.

Semel cum iret dictus pater cum multis fratribus[2] ad capitulum generale Parisius, quadam die[3] dispersit fratres per[*] villam[4] ad panem pro prandio querendum[5], mandans, ut[6] ad quendam fontem propinquum convenirent. Qui cum reportassent modicum panis grossi, qui vix[7] quatuor suffecisset, prorumpens[8] sanctus in vocem[9] exultacionis et laudis, verbo et exemplo fratres hortatur[10] ad idem[11]. Quod cum mulier quedam[12] e vicino vidisset, male edificata dixit : - Cum vos sitis religiosi, quomodo ita mane et tam iocunde letamini? - Intelligens autem ab eis, quod propter defectum panis sic exultabant in domino, pro quo pauperes erant[13], cucurrit ad domum et adtulit eis[14] panem et vinum et caseum in habundancia se eorum oracionibus recomendans[15].

De leta paupertate eius.
· 20'.

---

1) ipsius G. — 2) fratribus Parisius ad generale capitulum. A C. — 3) quodam mane A C. — 4) querere panem A C. — 5) querendo G. — 6) ut quilibet rediret ad quemdam fontem ibi propinquum A C. — 7) vix forte suffecisset duobus (A : quatuor). — 8 vir add. A C. — 9) laudis et gaudii A C. — 10 hortabatur A C. — 11) idem, qui omnes in tantam exultacionem et quamdam spiritualem leticiam proruperunt, quod mulier quedam e vicino illos considerans [A : vidisset] male edificata redarguit eos dicens : - Non estis vos religiosi? Quomodo ita vane letamini [A : ita mane et tam iucunde letamini] -: sed ubi intellexit ab eis sue leticie causam, quia propter. A C. — 12) quedam om. G. — 13) erant, ex hoc edificata quam plurimum, ivit velociter et attulit eis habundanter panem et vinum et caseum dicens : - Si de tam modico exultatis et redditis gracias Deo, volo vobis exhibere maioris leticie causam, se eorum -. A C. — 14) eis om. G. — 15. commendans. D G.

Si gestarem calicem, ut interdum fieri solet, pro hostia corporis domini deferenda, tanta de ipso calice prodire videbatur miri odoris suavitas, ut totus possem per immensitatem tantae dulcedinis immutari. Sed passus non est spiritus veritatis maligni spiritus in longum durare fallacias. Nempe dum quadam die divina celebraturus in quodam loco psalmum istum : *Iudica Domine nocentes me*, pro pulsandis tentationibus efficacem cum aliqua attentione spiritus perorarem, etiam istum ruminarem versiculum : *Omnia ossa mea dicent, Domine, quis similis tui?* repente tanta super me effusa est odoriferi dulcoris immensitas, ut revera viderentur omnes medullae meorum ossium irrigari. Stupescens ergo et tali plus solito raritate percussus, oravi ad dominum, ut si diabolicis hoc ageretur insidiis, sua gratia revelaret, nec iam calumniari sineret pauperem a potente, cui aliunde certus non adiutor. Mox ut oravi ad dominum (in ipsius laudem refero, tantam recepi spiritus illustrationem intrinsecus, tam indubitatum per infusam veritatem plene securitatis indicium, ut iam omnino nihil ambigerem, cuncta haec fraudulenti hostis extitisse figmenta. Iamque ex tunc revelato iniquitatis arcano, cum fratrem istum de diabolica tentatione certum fecissem, ab utroque nostram cessavit illius odoris immissio. Atque ex tunc mala loqui coepit et turpia, qui prius sermones multos devotione plenus nobis narrare consueverat. Cui cum dicerem : Ubi nunc sunt pulchri sermones tui ! Respondit michi : manifestum est nunc meae fraudis consilium, manifestam iam volo exercere malitiam -. Quetif. l. c. I. p. 96. b. in nota 1 ait : -Historia praedicti fratris (Bernardi) obsessi in vitis fratrum p. 3. per varios articulos divisa habetur, adeo ut nescias, an de eodem an de diversis narretur. Ex hac autem relatione patet de eodem obsesso eodemque daemone agi. Vide Acta SS. tom. II. febr. p. 729 n[is] 37, 38, 39 ; pag. 736, n° 89: p. 737, n° 8, et pag. 738, n° 9 -. Anal. l. p. 117, not. 1.

CAPUT TRIGESIMUM QUINTUM

De vino meritis
eius meliorato

Quedam domina[1] in Francia[2] devota Deo[3] recipiebat fratres[4] libenter, licet viro[5] admodum displiceret Cum igitur recepisset magistrum Iordanem cum sociis[6], et cum[7] essent in prandio, contigit[8] supervenire maritum, et dissimulato dolore[9] posuit se ad mensam[10], ut[11] autem invenit bonum vinum illam[12] fratribus propinasse, magis dolens clamavit ministro « Vade cito, et[13] porta de vino[14] meliori, quod est in vegete illa[15] ». Hoc[16] autem yronice dixit[17], quia illud[18] erat corruptum, ut perturbaret uxorem Ivit nuncius attulit et[19] propinavit, quo gustato inventum est[20] in summa excellencia bonum Ille[21] igitur in famulum turbatus rabida voce dixit « Quare non apportasti de illo dolio, quod dixeram tibi ? » Respondit[22] se pro certo tulisse Secundo remittitur et[23] idem invenitur Tunc furiose[24] surgens ivit, hausit, gustavit et optimum invenit Et ex corrupto vino in bonum converso, tunc[25] ipse in melius conversus, est factus[26] amator fratrum et uxorem iuvans ad elemosinas dandas

CAPUT TRIGESIMUM QUINTUM (A)[27]

De quadam domina
sibi devota

Retulit idem magister Iordanis semel edificacionis causa de quadam nobili domina vidua sibi multum devota, quod duodecim annis fuerit impugnata a spiritu blasphemie de nomine

---

1) prope manens add D — 2) in Alvernia C — 3) Deo et fratribus, quos libenter recipiebat hospicio, licet viro suo gratum non esset. (A admodum displiceret, cum igitur quadam) cum quadam vice recepisset A C — 4) fratres recipiebat G — 5) eius add D G — 6) suis add A C — 7) iam A C G — 8) contigit vinum suum redire ad domum, et dissimulato C — 9) corde A — 10) ad manducandum cum eis ubi A C — 11) ubi D — 12) illam preparasse pro fratribus habens dolorem super dolorem, cum quodam clamore dixit ministro A C — 13) et om A C — 14) de illo vino meliori A C — 15) illa om D in tali vegete A C — 16) ista D — 17) dicebat ironice A C — 18) id D, illud erat vinum pessimum et corruptum, ut sic per talem modum occultum fratrum refeccionem et uxorem turbaret Accessit autem ille et detulit et propinavit — 19) et om D G — 20) vinum add A C G — 21) Ille autem in maiorem exardescens insaniam rapida voce dixit quare non portasti michi de vino (A dolio) de quo dixi tibi ? Respondit se firmiter (A pro certo), de illo hausisse Secundo A C — 22) dixeram tunc respondit E — 23) et sic ut prius invenitur Tunc ille cum quadam furia surgens, ivit ipse, hausit [A gustavit et optimum invenit atque] et invenit, atque cognovit meritis magistri Iordanis vinum illud a corrupcione pristina esse mutatum et conversum in optimum sicque ex hoc seipsum convertens a sua malicia, deinceps fuit fratrum amator et uxorem suam permisit liberius in fratres hospitalitatis graciam exercere Hoc multis fratribus notum, quod sic prior provincialis Francie per ordinem enarravit A C — 24) cum furia ivit ipsemet G — 25) dominus G — 26) factus est G — 27) hoc cap om A D E G

domini; ob quam causam se ipsam non reputans semper in ecclesia ultimum locum tenebat, timens eciam vel ad altare respicere. Post elapsum predictum tempus cum iam Deus eam oculo sue misericordie respexisset, cogitavit magister Iordanis apud se impossibile esse, quod mulier, que tanto tempore sic legitime in tam forti temptacione certaverat, quin aliqua dona spiritualia recepisset a domino. Unde super hoc semel secreto interrogans eam attencius, invenit eam consolari speciali privilegio de eo, quod prius temptata iam fuerat. Nam dum corpus Christi elevaretur in missa, videbat eum in specie pueri super omne cogitatum humanum pulcherrimi, et hac visione non semel et iterum tantum, sed multociens humili sermone, licet immeritam dixit se consolatam fuisse. Ex qua re manifeste datur intelligi, quod sicut per ea per que peccat homo, per hec et torquetur, sic de his, de quibus homo temptatur, et obtinet postmodum mirabiliter consolari. Unde ex multis in vitis patrum potest clarere exemplis. Hec duo fratres antiqui retulerunt.

CAPUT TRIGESIMUM SEXTUM.

Mulier[1] quedam propter gravium peccatorum frequentem[2] recidivacionem lapsa in desperacionem ut se occideret, venenosam araneam deglutivit. Morte autem appropinquante compuncta cepit cum lacrimis matrem misericordie invocare. Audivit itaque vocem dicentem sibi : « Frater Iordanis, magister ordinis[3] predicatorum venturus est modo, eum[4] voca, dicens, te a me esse missam ad eum; confitere illi et salva eris ». Venit sanctus et confessa est peccatrix, et cum vomitu peccatorum araneam et venenum evomit[5], Deo[6] gracias agens, plenissime est sanata[7].

De muliere quam a veneno et peccato liberavit.

CAPUT TRIGESIMUM SEPTIMUM.

Anno domini · MCCXXXVI ·[9], idibus februarii idem magister

De visione et miraculis in[8] morte eiusdem.

---

1) Mulier quedam propter frequentem peccatorum recidivacionem lapsa est in desperacionem. Sepe igitur se iugulare vel suspendere appeciit: sed natura abhorrente venenosam araneam deglutivit. Cepit ergo flere, et morte appropinquante compuncta, ut potuit, matrem... A C. — 2) frequenter E. — 3) fratrum add. A C. — 4) ipsum G; ipsum adi, et dic te esse missam a me, et confitere illi et sanaberis. A C. — 5) evomuit A C. — 6) dans Deo gracias A C. — 7) sanata est G; sanata est et liberata, et virgini et eius filio exstitit devota, et ipsius ministro, videlicet viro sancto magistro Iordani. A C. — 8) et A C. — 9) 1235. C.

Iordanis, qui in Terram Sanctam iverat[1] ad visitanda loca sacra[2], obiit, ut patet ex[3] litteris infrascriptis :

» « Venerabilibus et dilectis priori et conventui[4] Parisiensi.
» Fratres[5] Gotfridus[6] et Reginaldus[7] a), domini pape penitenciarii,
» salutem et spiritus sancti consolacionem.

» Noveritis, quod inundante maris sevicia ac suo impetu pro-
» pellente ad litus galeam[8], in qua dulcis pater noster magister
» Iordanis cum duobus fratribus erat[9], ipse et nonaginta[10] novem
» persone alie[11] ab hoc seculo nequam transierunt. Super hoc
» tamen, karissimi, non paveat cor vestrum, quia nobis orphanis
» pius pater et Deus[12] consolacionis remedium[13] post tempestatem
» providit tranquillum. Nam cum iacerent corpora inhumata, ut
» testantur, qui de illo naufragio evaserunt, qui ea[14] tradiderunt
» propriis manibus sepulture, luminaria de celo super eos singu-
» lis[15] noctibus effulserunt ; sed et cruces super eos multe vise
» sunt et a multis. Ad quod miraculum loci incole influentes
» tanti odoris fragranciam hauserunt, quod iuxta testimonium
» eorum, qui post visa miracula eos tres sepelierunt[16] usque post
» X · dies odor nimius ab eorum manibus non recessit. Sed et
» per circuitum sepulture eiusdem odoris suavitas lacius emana-
» vit usquequo fratres de Achon[17] b) venerunt cum barca[18] et eos
» ad[19] suam ecclesiam transtulerunt, ubi dictus pater quiescit[20],
» et multis multa[21] beneficia[22] prestat.
» Per omnia benedictus Deus. Amen.[23] ».

CAPUT TRIGESIMUM OTAVUM.

De obitus eius revelacione.

In conventu Lemovicensi[24] c), qui fuit de primis[25] ordinis, erat

---

1) iverat sanctam G. — 2) et fratres add. G. — 3) in G. — 4) conventui fratrum predicatorum Parisiensium A C G. — 5) frater G. — 6) Godofridus A C; Godefridus D. — 7) Reigi-
naldus D: Reynaldus A C. — 8) *in cod. D. man. alia scribit super galeam* id est navem :
galeiiam D. — 9) scilicet fratre Geraldo clerico et Iwano converso cum nonaginta novem
personis aliis, qui omnes mortis vinculo absoluti, liberati sunt ab hoc seculo nequam, *add.
manus rec. in marg.* D ; — 10) viginti A. — 11) alie multis (A G : mortis) vinculis liberati
sunt a (G : ab hoc) seculo nequam. A C G. — 12) tocius add. A C G. — 13) et add. A C D. —
14) et qui eos A C; eos G. — 15) singulis—super eos *add. in marg.* C. — 16) sepeliverunt D.
— 17) de Achon *add. in marg.* C. — 18) cum barca om. E: archa G. — 19) in A C G. —
20) pater choruscat miraculis et D G. — 21) multa multis G. — 22) miracula E. — 23) amen
om. G. — 24) Limonicensi C. — 25) conventibus add. A C.

a) De fr. Godfrido et Reginaldo cf. Quetif. l. c. I. p. 105: supra l. II. c. 20, p. 80. — b) Conv.
Achonensis (Akko) an. 1229 fund. Berthier l. c. p. 10 — c) « Locus fuit receptus a fr. Petro

frater *a*) quidam[1], qui multo affectu diligebat[2] magistrum Iorda-   · 41.
nem; qui diu antequam citra Alpes innotuisset transitus eius,
stabat semel in ecclesia post[3] matutinas orans[4]. Cumque dominus
illustrasset voce celesti[5] cor eius, subito obdormivit, cum prius
orasset pro magistro devote, quem esse audierat ultra mare. Et ecce
videbatur ei, quod[6] esset in ripa cuiusdam aque late admodum
et profunde, in[7] qua videbat mortuos multos quasi de aqua recenter[8] eductos. Et cum hoc considerans miraretur, videbat ipsum
magistrum[9] quasi ab inferioribus[10] aque subito emergentem[11],
fixum in cruce, iocundiorem[12] solito, extensis manibus et pedibus
quemadmodum[13] solet beatus Andreas depingi, alacriter sine aliquo adiutorio ascendentem in celum[14]. Quem cum predictus frater aspiceret et stuperet[15], beatus pater illi[16] blande subridens ait :
« *Nisi ego*[17] *abiero, paraclitus non veniet ad vos* ». Quo dicto   Joh. 16,
elevatis et[18] confixis in cruce manibus cum ipsa[19] cruce ferebatur
ad celum. Quo disparente videbat[20] dictus frater sigillum eius
iacere[21] in terra. Cum igitur post innotuisset sibi[22] obitus eius et
modus, quid portendebat[23] visio plenius intellexit[24].

---

1) quidam frater A C. — 2) diligebat multo affectu D. — 3) circa D. — 4) horas. A C. —
5) rore celi A C; rore celi illustrasset D G. — 6) quasi D. — 7) in cuius littore videbat; in
aqua E. — 8) recenter de aqua; reparante E. — 9) Iordanem add. A C. — 10) interioribus
A C D: dicte add. A C. — 11) indutum habitu ordinis add. A C. — 12) et pinquiorem amplius add. A C. — 13) quasi ad modum (quo) solet pingi beatus Andreas apostolus, fiducialiter et alacriter. A C — 14) celos ascendentem A C; celo G. — 15) intuens eum add. A C.
— 16) et A C. — 17) enim A C. — 18) quasi add. A C. — 19) quam ferebat add. A C. —
20) videbatur dicto fratri, quod sigillum (eius add. in marg. C.) videret in terra. Cumque
postea (sibi add. in marg. C.) innotuisset obitus eius [obitus eius et modus : A) intellexit
firmiter, quid sibi vellet hec visio. — 21) iacere om. D. — 22) sibi innotuisset D G. — 23 pretendebat G. — 24) Fuit autem frater iste multe religionis et authentica persona in ordine.
Hic prior Lemovicensis existens narravit hoc postmodum fratri, qui hec compilavit, secreto
tamen. Ceterum de miraculis eius, que in loco mortis sue contigerunt et que in multis
mundi partibus evenerunt, et que specialiter in Achon, ubi allatum est corpus eius, subse-
cuta sunt, non est nunc nostrum enarrare per ordinem, cum fuerint in quantitate non modica. Tamen ad laudem et gloriam tanti sancti aliqua pauca et excellencia valde huic operi
inseremus. add. A C.

Cellani, qui fuit socius B. Dominici, missusque fuit illuc ab eodem de Parisius anno Domini 1219. Hic fuit ibidem primus Prior » (Bern. Guidonis l. c.) cf. Analecta l. c. I. p. 268
et supra l. I. cap. VI, § XII. — *a*) Frater iste videtur mihi esse frater Stephanus de Salha-
naco, prior Lemov. de 1250-1259, de quo Bern. Guidonis apud Martène l. c. p. 466 loquens
ait : « fuit in omni satu et gestu suo religionis speculum aspicientibus ». cf. notam 24.

CAPUT TRIGESIMUM NONUM.

Eo tempore fuit in Brabancie partibus in Aquiria[1] a) monasterio Cisterciensis ordinis sanctimonialis quedam, virgo grandeva, nomine Lutgardis[2], per quam dominus[3] multa miracula fecit in vita et eciam post obitum eius. Hec beato patri[4] Iordani valde nota extitit et devota[5]. Huic[6] cum quadraginta annis in sanctimoniali habitu domino deservisset iamque pre senio et lacrimis non videret[7], in ipsa vigilia nativitatis Christi beatus pater apparuit[8] in hunc modum. Cum enim ipsa ab hora prima[9] usque ad sextam orasset nec solidam devocionem sentiret, tedere cepit et in hec verba prorupit : « Bone domine, quid hoc pacior? Certe si aliquem amicum in celo vel in terra, qui pro me[10] oraret[11], haberem, talem cordis duriciam non sentirem ». Hec illa cum lacrimis dicente[12] ante mentis eius oculos frater quidam tam fulgidus[13], tam[14] gloriosus apparuit, quod cum pre claritatis magnitudine non agnovit. Unde stupescens ait[15] : « Quis es domine ? » Et ille : « Ego sum frater Iordanis, quondam magister ordinis predicatorum. Ego de hoc seculo ad gloriam transivi, et inter apostolorum et prophetarum chorus sublimatus sum[16] et missus ad te, ut te in festo isto gratissimo consolarer[17]. Tu ergo[18] iam secura esto, quia in proximo est, ut a domino[19] coroneris[20] b). Psalmum[21] vero :

Deus misereatur nostri cum collecta de spiritu sancto, que[22] me rogante pro ordine nostro dicere promisisti usque in finem tuum, dicere non omittas ». Post hec disparuit, eam in tanta consolacione, quantam numquam prius habuerat[23], derelinquens.

Hec eadem fere etsi modo[24] alio dictus venerabilis pater cuidam fratri ordinis revelavit, et quod in ordine sublimium prelatorum in celo locatus esset, honorabili scemate demonstravit. Hec autem in vita ipsius beate Lutgardis per ordinem sunt conscripta[25].

1) Aquaria A E. — 2) Liegardis C G; Liobgardis E; Idegardis D. — 3) Deus A C. — 4) beato Iordani patri E. — 5) devota exstitit et nota A C. — 6) hec A C D. — 7) non videret et lacrimis G. — 8) ei add. A C — 9) diei add. in marg. C. — 10) nunc add. A C D. — 11) orarent E. — 12) subito add. A C D. — 13) lucidus G. — 14) tamque A C D. — 15) dixit D. — 16) sum om. A C. — 17) consoler E. — 18) igitur E. — 19) deo D. — 20) cureris (sive coroneris) A C. — 21) psalmus G. — 22) que om. E. — 23) habuerat prius E. — 24) et similia dictus G. — 25) descripta A C.

a) Aquiria (Aywiéres) in Brabantia Wallonica distat Bruxella quatuor nostratibus leucis, duabus Nivellis. (Boll. Act. SS. XIII febr. cap. VI.) De vita S. Lutgardis Boll. l. c. 23. iunii; Thomas Cant. l. c. p. 308; Ioseph Broeckaert, S. I. Vie de sainte Lutgarde, Bruxelles 1874. — b) Obiit S. Lutgardis 16. iunii 1246; eius vitam a fr. Thoma Cantipratano scriptam habes ap. Boll. Act. SS. ed. I[a] die 23. iunii; visio haec a Gerardo narrata ibid. p. 254.

CAPUT QUADRAGESIMUM [1].

Frater quidam de ordine Carmeli ad recedendum[4] temptatus, audito quod frater Iordanis submersus fuisset, magis ac magis turbatus hec apud se dicebat : « Vanus est omnis homo[5], qui servit Deo; aut iste bonus homo non fuit, qui sic periit, aut Deus non bene remunerat eos, qui serviunt sibi ». Cum igitur ad mane[6] recedendum firmasset[7] animam, ipsa nocte apparuit ei persona pulcherrima cum luce immensa circuiens ipsum[8]. Tunc tremens et stupens orabat dicens : « Domine Ihesu Christe, adiuva me et ostende michi[9], quid hoc sit ». Et statim respondit : « Ne turberis, frater karissime, quia ego sum frater Iordanis, de quo tu[10] hesitabas; et salvus erit omnis, qui usque in finem servit domino Ihesu Christo ». Et disparuit ipso[11] in omnibus consolato.

Hec ipse frater[12] et prior eiusdem ordinis, frater Symon[13], vir religiosus et verax nostris fratribus narraverunt[14].

De carmelita in ordine suo[2] confirmato.[3]

CAPUT QUADRAGESIMUM PRIMUM.

De miraculis ad eius invocacionem factis.[15]

§ I. Dictus pater[17] sororem excellentis vite instituit priorissam in monasterio quodam sororum. Que post multos annos, cum laudabiliter ministrasset in illo officio, incidit in paralisim, ita ut de loco moveri non posset sine subsidio ministrancium sibi. Unde frequenter instantissime peciit ab illo[18] officio absolvi, sed conventu reclamante numquam[19] potuit obtinere, eo quod utilior videretur[20] ad regimen eciam sic languida, quam alia quecumque[21]. Post obitum autem magistri Iordanis, cum nonnulla miracula dicerentur a multis ad invocacionem nominis eius facta, accidit, ut prandente conventu faceret a duobus sororibus in gestario se portari in ecclesiam ante altare; et emissis sororibus devote rogavit beatum Iordanem, quem firmiter credebat cum

De priorissa ad eius invocacionem sanata.[16] a)

« 41 ».

---

1) hoc cap. sequitur nostrum cap. 41, § I. D. — 2) in suo ordine A C G. — 3) ab ipso add. G. — 4) de suo ordine add. A C. — 5) omnis homo om. A C; homo om. D. — 6) mane om. E. — 7) formasset animum A C; animum D. — 8) eum A C D. — 9) inde A C. — 10) tu om. G. — 11) remanente add. A C. — 12) frater om. G. — 13) Smios E. — 14) narravit A C. — 15) hic tit. om. E; *divisio in paragraphos non invenitur in codicibus.* — 16) tit. om. C D G; de priorissa ab eo sanata A. — 17) magister Iordanis add. A C. — 18) se add. G. — 19) nichil E. — 20) ab omnibus add. A C. — 21) accidit autem quadam die post obitum dicti magistri, cum. A C D G.

a) Idem narrat Thomas Cant. l. c. p. 78, 79, omittendo factam esse sanationem ad invocacionem B. Iordanis.

Christo glorificato[1], ut impetraret ei a domino, quatenus vel cito
moreretur, ut sic[2] sorores amplius[3] non vexaret, vel[4] impetrare
posset a prelatis ordinis beneficium absolucionis ab officio, quod
exequi non valebat, vel daretur sibi virtus et sanitas, per quam
fieret idonea[5] ad ipsum officium exequendum Statim igitur sensit
sibi quandam virtutem infundi divinitus[6], et cepit prius unum
pedem, deinde alium ponere extra gestatorium, deinde surrexit
et cepit deambulare per chorum[7], quasi temptans, si vere sanata
esset Interim audivit nolam refectorii pulsari, surgente a prandio
conventu[8], et processit obviam conventui ad ecclesiam venienti
cantando psalmum[9] Miserere mei Deus Quam cum vidissent
iuniores sorores prime[10] processionaliter de refectorio[11] exeuntes,
mirabantur, si[12] priorissa esset, que contra consuetudinem sic ambulabat erecta Cantorissa autem cum antiquioribus ultimo exiens
de refectorio cum vidisset deambulare recte, quam reliquerat in
gestatorio[13] paulo ante, obmisso Miserere mei Deus[14] incepit alta
voce Te Deum laudamus, et conventu altissime cantante, audientes vicini clamorem insuetum[15] et timentes insultum ab aliquibus[16] fieri in sorores venerunt cum armis parati defendere
illas[17], sed cum rem[18] ex ordine ab ipsa priorissa per fenestram
audirent, Deum pariter laudaverunt

§ II Fuit in Praga, metropoli Boemie, quidam civis nomine
Gunsicus[20], cognomento Albus, qui habuit uxorem[21] nomine
Elizabet, que partui propinqua frequenter fetum iam animatum
senserat[22] in utero, ut solent sentire[23] gravide mulieres Sed tribus diebus antequam pareret, non sensit; pro quo multum timebat et in se turbabatur[24] Cum autem[25] nocte partus graviter
laboraret, devovit infantulum, si masculum esset sancto Iordani,
magistro ordinis predicatorum, affirmans impossibile eum non
esse sanctum, cuius vitam et doctrinam tam gloriosam sepius
audierat, si autem femina esset[26], devovit sancte Elizabet a), que

Da matrona cui filium resuscitavit, qui mortuus fuerat natus[19]

---

1) glorificatum D G — 2) sic om G — 3) amplius sorores A C — 4) ut add A C — 5) valeret effici ydonea D — 6) de intus E — 7) presbiterium G — 8) conventu a prandio G —
9) psalmum om G — 10) primo E — 11) de refectorio processionaliter A C — 12) vera
add G — 13) gestario G — 14) deus om E — 15) inconsuetum A C — 16) magnis add
A C malignis add D — 17) eas E — 18) hoc E — 19) de eodem cap II C, de puero matri
reddito A om tit D G — 20) Consicus A C, Cunsicus D G — 21) uxorem habuit A C —
22) sensit G — 23) iam add A C — 24) turbabatur in se E — 25) autem ante partum graviter A C — 26) esset om A C

a) Canonizata est S Elisabeth a Gregorio IX, cal iunii 1235 cf Theiner l c ad hunc an
n° 113

de novo fuerat tunc[1] canonizata. Nato igitur[2] infante quesivit ab obstetricibus, utrum masculus esset vel femina. Responderunt masculum esse, sed mortuum. Tunc mater cepit inconsolabiliter eiulare, incessanter patrocinium invocans[3] beati Iordanis, ut sibi redderet filium suum. Cumque hoc ageret pene a noctis medio, faciebat semper aspici[4] infantem. Tandem ut cercius experirentur[5], si viveret, tempore hiemis posuerunt puerulum in aquam[6] frigidissimam, et nulla signa vite perceperunt in eo. Consolabantur autem[7] dominam, que[8] astabant, beati Iordani auxilium implorantes. Et dum diesceret[9], fecit iterum aspici puerum et ecce inventus est vivus. Unde gracias agens Deo et beato Iordani, imposuit filio nomen Iordanis in miraculi testimonium, quod per ipsum fecerat Deus. Et dum[10] signum daretur ad primam in domo a) fratrum predicatorum, misit pro fratribus ad illud[11] miraculum examinandum. Missi fuerunt frater Timo[12], Polonus, tunc lector Pragensis, et frater Symon, quondam archidyaconus, tunc subprior, postmodum prior domus eiusdem; qui venientes ad locum invenerunt universa, sicut in narracione pretacta[13] sunt, cunctis qui aderant sic[14] se habere atestantibus.

Ceterum[15] de miraculis, que in morte[16] contigerunt et que in multis partibus evenerunt, et que specialiter in Achon, ubi sanctum corpus eius est alla*tum[17], facta sunt describere[18] supersedemus ad presens.

· 22

§ III. In iunctum fuit[20] fratri cuidam, qui sciencie et auctoritatis alicuius[21] videbatur, quod iret ad remotum conventum et sibi incognitum[22]; quod ipse moleste accipiens ibat tota die de in-

De fratre percusso propter murmuracionem, [19]

---

1) tunc fuerat A C. — 2) ergo A C. — 3) invocans patrocinium E. — 4) respici ad infantem A C G. — 5) experiretur C. — 6) quadam E. — 7) autem om. A C. — 8) qui (D : que) astabant, sed illa tamquam mater perseverabat beati Iordanis auxilium implorando. A C D. — 9) dies esset A. — 10) cum E. — 11) illud om. A: istud add. in marg. C; idem G. — 12) Thymo G. — 13) tacta C. — 14) vere add. E. — 15) ceterum — presens om. A; pro cod. C. vide cap. 38 notam 24 p. 131. — 16) in loco mortis sue contigerunt G. — 17) allatum est. D G. — 18) describere om. D: de sancto dei pro describere E. — 19) de eodem cap. III. C; de fratre murmurante punito, quem dominus ad eius invocacionem sanavit A D; tit. om. G. sicut et in sequentibus. — 20) fuit om. E: iuncta fuit G. — 21) alicuius sibi videbatur, ut iret ad quendam conventum. A C. — 22) et fuit sibi assignatus frater, qui iret cum eo; add. A C: incognitum sibi G: quod, pergunt A C, ille moleste non mediocriter ferens, ibat.

a) Primitivis Fratribus Ordinis nostri Pragam an. 1222 advenientibus, Rex Przemislaus Ottogarus I ecclesiam in honorem S. Clementis et penes ipsam domum edificavit, et illos honestis fundationibus ditavit anno 1226. Anno 1239 fratres ord. nostri ad novum conventum S. Clementis ad pedem montis a Wladislao edificatum se transtulerunt. Schematismus pro prov. Imperii pro anno 1894, p. 7.

iuncta sibi obediencia[1] murmurando[2], dicens frequenter « Quid
feci aut quid merui ego? quare hoc iniunctum est michi? quis
consuluit[3], quis piocuravit hoc michi[4] ? » Cum igitur quadam
die[5] audiente socio murmuraret, subito percussit eum dominus[6],
cui nichil est[7] occultum, et ad terram prostratus, omnibus fere
sensibus est privatus, inflata erat facies et os inflatum, et lingua
quam maxime ingrossata ipsum os ita videbatur implere, ut merito
crederetur a Deo propter peccata percussus Frater autem[8] qui
eius socius[9] erat, hoc videns multo timore et[10] dolore perterritus,
timens[11] confusionem[12] suam et ordinis, quid faceret[13] penitus
ignorabat Tali autem[14] perturbacione sollicito illi venit in mentem, Deum per meritum magistri Iordanis, qui tunc obierat,
humiliter invocare, ait ergo - O magister Iordanis, pie pater,
tu qui ordinem hunc sic exaltasti, sucurre nunc michi, filio tuo[15],
ne ordo tuus confundatur in facto fratris huius[16] Domine Deus,
per preces et merita servi tui magistri Iordanis[17] libera nos a[18]
periculo isto » Dehinc conversus[19] ad fratrem alta voce clamavit
dicens « Frater, recogita, quod propter peccata tua[20] et[21] murmur, quod cotidie[22] replicabas, hoc[23] contigit tibi, unde fac votum
Deo et magistro Ioidani in corde tuo, quod si te liberaverit,
cessabis a murmure et obedienciam tuam in pace complebis »
Infirmus[24] ergo ad verbum eius compunctus et ad se aliquantulum[25] rediens, annuit[26] nutu, nam voce non poterat, se ita factu-

---

1) penitencia A — 2) et dicendo quid A C — 3) aut add E — 4) Ego faciam hoc, ego
faciam illud et similia huiusmodi Cum autem quadam die, audiente socio, cantilenam sue
impaciencie et murmuraciones replicaret, ecce subito percussit eum ulcio divina, [A dominus, cui nihil occultum] tam valide, quod eum ad teriam prosternens, privavit fere sensibus omnibus nam loquelam ex toto perdiderat inflata facie visum abstulerat, audire non
poterat, nisi alte clamaret, alia membra corporis movere non poterat, sed iacebat in teria
quasi corpus exanime Os maxime inflatum erat, et lingua ingrossata ipsum os ita videbatur implere, ut merito omnis, qui viderat cogitare posset, hunc nonnisi propter peccata sua
percussum Frater autem eius socius videns hoc multo dolore et timore perterritus A C —
5) taliter add D G — 6) deus G — 7) est om G occultum est D — 8) vero D — 9) socius
eius D G — 10) ac G — 11) et add G — 12) ibi add A C — 13) aut quo se verteret penitus nesciebat A C — 14) autem cogitacione sollicitus (A sollicito) occurrit sibi memoria
magistri Iordanis (qui tunc obierat add in marg C) et venit in eius mentem ipsius implo-
iare auxilium et dixit in hec verba A, magister Iordanis, bone et pie pater, tu qui ita
istum ordinem promovisti, decorasti et exaltasti A C — 15) in hoc periculo add A C —
16) istius A C — 17) Iordanis servi tui G — 18) de A C — 19) versus E — 20) tua peccata E
— 21) et propter murmur, quod tu (om tu G) cotidie A C G — 22) tota die E — 23) hoc
periculum tibi tam grave evenerit, sed fac A C — 24) ille vero ad verbum fratris corde .
A C — 25) aliquantulum add in marg C — 26) aliquo nutu quia A C,

rum Miranda Dei ulcio, sed[1] plus dignacio[2] admiranda[3], statim
enim ut frater fecit[4] votum in corde et ad magistrum Iordanem
preces[5] devote direxit, mox recepit plene beneficium sanitatis[6],
obedienciam non solum pacienter, sed et hylariter[7] complens

Hec uterque[8] eorum in diversis locis positi fratri Humberto
magistro ordinis concorditer retulerunt

CAPUT QUADRAGESIMUM SECUNDUM

§ I Laycus quidam interrogavit magistrum[11] Iordanem dicens
- Magister valet[12] tantum pater noster in ore nostro qui sumus
laici et ignoramus virtutem eius, sicut in ore clericorum, qui
sciunt, quid dicunt ? - Respondit magister - Tantum valet sicut
lapis preciosus tantum valet in manu illius, qui ignorat virtutem
eius, sicut in manu illius, qui scit virtutem eius -

De prudentibus responsis eius et verbis[9]
De responso ad laycum de pater noster[10]

§ II Venit aliquando magister Iordanis ad Fridericum a) imperatorem, et cum sedissent simul et diu tacuissent, tandem ait
magister - Domine, ego[14] discurro per multas provincias pro
officio meo, unde miror, quod[15] a me non requiritis rumores[16] -
Cui imperator respondit « Ego[17] nuncios meos in omnibus provinciis et curiis habeo, et omnia scio, que fiunt per mundum[18] »
Cui magister ait - Dominus Ihesus Christus omnia noverat sicut
Deus, et tamen a discipulis suis[19] de se querebat dicens - *Quem
dicunt homines esse filium hominis?* - Certe vos homo estis, et
nescitis multa, que dicuntur de vobis, que vos scire plurimum
expediret Dicitur enim de vobis, quod ecclesias gravatis, sentencias curie[20] contempnitis, auguriis intenditis, Iudeis et Sarracenis nimis favetis, consiliariis veris[21] non acquiescitis, vicarium
Christi et beati Petri successorem, qui pater christianorum et
dominus vester[22] spiritualis[23] est, non honoratis, et hec certe[24]

Quomodo correxit imperatorem[13]

Matth 16 13

---

1) sed plus admiranda eius dignacio, quoniam statim ut (A statim enim ut) ille frater
infimus fecit votum in corde et alius frater, scilicet socius eius ad magistrum A C —
2) dei add D — 3) miranda E — 4) fecit frater G — 5) petens E — 6) sanitatis denique
et obedienciam (non solum sed add C in marg) pacienter et hylariter complevit, vicium
murmuris et hoc amplius non incurrens Hec A C — 7) hylaris E — 8) utriique E —
9) tit om E responsis et verbis eius G — 10) tit om A C D — 11) fratrem E — 12) tantum valet lapis nobilis in E — 13) de eodem cap II A C tit om A G et sic in sequen
tibus, nisi aliter notetur — 14) ego om G — 15) quia G — 16) queratis A C queritis D G
— 17) ego habeo A C — 18) in mundo G — 19) suis om G — 20) curie om A C G
— 21) vestris G — 22) noster D — 23 specialis A C G — 24) certe hec non decent vestram
nobilitatem A C certe hec personam vestram D

a) Fredericum II (1211-1250)

vestram personam non decent ~ Et ita curialiter ingressus[1] eum de multis correxit

§ III Cum ab eo quidam quereret, quam regulam haberet, respondit « Regulam fratrum predicatorum, et[2] hec est eorum[3] regula[4] honeste vivere, discere et docere que tria petit David a Deo dicens[5] « *Bonitatem et disciplinam et scienciam doce me* ~

§ IV Secularis quidam dixit eidem magistro « Magister, quid est quod nos seculares quandoque dicimus* inter nos, quod postquam fratres vestri et[6] minores venerunt, numquam fuit bonum tempus in terra[7] sicut ante? » Magister repondit « Possem hoc negare, si vellem, et ostendere contrarium, sed ego monstrabo[8] vobis, quod iustum est Postquam enim nos venimus in mundum[9], docuimus mundum cognoscere peccata multa, que ante[10] non cognoscebat, et ab illis nolunt cavere, unde sunt illis graviora, quia peccatum scienter commissum gravius est Propter peccata vero hominum graviora Deus immittit in terram[11] sterilitatem sicut dicit propheta « *Posuit terram fructiferam*[12] *salsuginem a malicia inhabitancium in ea*, et ideo iuste immittit Deus modo sterilitates[13] et tempestates Et plus dico vobis nisi corrigatis vos, ex quo scitis, quid debetis facere et a quo debetis cavere, adhuc peius faciet vobis quia ipsemet[14] qui non mentitur dicit in evangelio « *Servus sciens voluntatem domini*[15] *et non faciens, plagis vapulabit multis* ~

§ V Tempore quo frater Iohannes Vicentinus Bononie a) predicans fructum mirabilem fecit, et totam fere Lombardiam miraculorum et predicacionis gracia commovit et[17] ad se videndum et

---

1) aggressus E — 2) et om G — 3) eorum om G — 4) eorum regula om A C D — 5) a deo dicens om A C — 6) vel E — 7) nec attulit fructum ita bene sicut ante add A C nec portavit ita bene terra sicut ante add D G — 8) monstro G — 9) mundo E — 10) prius E — 11) terra E G — 12) in add G — 13) sterilitatem A C G — 14' ipse E — 15) sui add G — 16) de eodem om D G E, et sic deinceps — 17) et om C

a) Cap generale, de quo hic agitur, celebratum est Bononie XI iunii 1223, « Eodem anno (1223), legimus Anal l c l p 398 in Mon Conv Bon , frater Iohannes de Vicentia venit Bononiam praedicare cum tanto fructu, ut auditores ubique concurrerent, miraculis multis composuit inter dissidentes pacem, vanitates renunciari fecit a feminis et processionem nudis pedibus conventu omnium generalem fecit Datum fuit (ei) a rectoribus civitatis, ut statuta corrigeret et visibiliter apparuit super eius caput signum Crucis, ac docuit primus obviantibus ad invicem dicere « Deus te salvet » De fr Iohanne vide infra l V c IV, § XIV, ubi aliqua visio eius narratur insuper Mam l c p 601 Theiner l c ad an 1233, p 78, nis 33, 34, 35, 36, 37, 38 Curiosus lector adeat Bull Ord vol 1, ubi multa documenta de fr Iohanne inveniuntur, v g p 48, 51, 56, 57, 58 59, 116, 174, 175

audiendum[1] trahebat, venerunt nuncii Bononiensium[2], quos vocant ambaziatores[3], magni[4] et litterati, ad magistrum[5] existentem[6] tunc in capitulo cum diffinitoribus et aliis fratribus, qui
convenerant ad capitulum generale Pecierunt igitur ex parte
tocius communitatis, quod[7] fratrem Iohannem predictum non
removerent de civitate illa, inter multas raciones illam[8] pretendentes efficaciter et multum ponderantes, quod seminaverat in
civitate[9] verbum Dei graciose et fructus, qui sperabatur secutu-
rus de eius predicacione totus posset in eius absencia perdi Magister autem, commendata corum devocione et benevolencia
quam habebant ad ordinem, respondit in hunc modum « Boni
domini, illa racio, quam vos allegatis, ut frater Iohannes debeat
hic morari, quia seminavit[10] verbum Dei, et posset fructus perire,
si recederet, non multum movet nos, quia non est consuetudo
apud seminatores camporum[11], quod, cum seminaverint agrum
unum, apportent ibi lectum suum et iaceant ibi quousque videant,
quomodo semina fructificent, immo pocius commendant semen
et campum Deo[12] et vadunt ad seminandum in alio campio[13]. Ita
fortassis expediret, quod frater Iohannes iret ad seminandum
verbum Dei alibi, sicut de salvatore scriptum est « *Quia et aliis* Luc 4, 43
civitatibus oportet me predicare verbum Dei », verumptamen
propter amorem, quem habemus ad civitatem, habebimus consilium super peticione vestra a sociis nostris diffinitoribus, et faciemus tantum pro vobis, dante Deo, quod debet[14] sufficere vobis

§ VI Cum esset magister[15] Iordanis in quadam abacia Cister- De eodem
ciensi, circumdederunt eum multi de monachis et dixerunt ei
« Magister, quomodo poterit durare ordo vester, quia non habetis,
unde vivatis, nisi[16] elemosinas? et scitis bene quod[17] licet sit vobis
modo[18] devotus mundus, tamen scriptum est[19] in ewangelio, quod
refrigescet caritas multorum, et tunc non habetis elemosinas et Matth 24, 12
deficietis » Respondit magister cum omni mansuetudine « Ostendo vobis racionabiliter ex verbis vestris, quod prius deficiet
ordo vester, quam noster, respiciatis in ewangelio et invenietis

---

1) mundum add E — 2) Bononienses E — 3) ambaziatores vocant G — 4) magistri A C D
— 5) Iordanem add A C — 6) exeuntem tunc in capitulum D — 7) ut E — 8) illam (hanc
G) pretendentes efficacem A C G — 9) illa add A C — 10) vobis add A C D — 11) agro-
rum E — 12) deo et campum G — 13) campo alio E — 14) debebit G — 15) frater D —
16) per add A C — 17) quod om E — 18) modo sit vobis G , modo mundus vobis devotus
A C — 19) cum scriptum sit E

quod istud - *refrigescet caritas multorum* - scriptum est de[1] tempore illo, quando habundabit iniquitas et erunt persecuciones[2] intollerabiles Tunc autem bene scitis, quod persecutores et tiranni illi habundantes iniquitate auferent vobis bona vestra temporalia, et tunc vos, qui non consuevistis ire de loco ad locum et querere elemosinas, necessario deficietis Fratres autem nostri tunc dispergentur et facient[3] fructum maiorem sicut apostoli, quando dispersi fuerunt tempore persecucionis, nec ita terrebuntur, immo ibunt de loco ad locum, duo et duo, et querent victum suum, sicut consueti fuerant Et plus dico vobis, quod* illi, qui vobis auferent, dabunt eis libenter, si recipere voluerint, quia multociens iam experti sumus, quod raptores et predones cum magno gaudio volunt nobis dare[4] frequenter de illis, que auferunt aliis, si recipere vellemus

De eodem § VII Cum magister Iordanis dedisset semel in via unam de tunicis suis uni ribaldo, qui simulabat[5] se pauperem et infirmum, accidit quod portabat[6] eam ad tabernam Frater autem, qui hoc vidit, dixit magistro - Ecce, magister quomodo bene dedistis tunicam vestram? nam[7] ribaldus ille portavit eam ad tabernam - Respondit magister - Sic feci, quia credidi, quod multum indigeret tamquam pauper et infirmus, et videbatur valde pium ei[8] succurrere, adhuc iudico, melius amisisse tunicam quam pietatem -

De eodem § VIII Cum papa Gregorius a) commisisset inquisicionem quorumdam monasteriorum quibusdam fratribus, et ipsi non servato iuris ordine, deposuissent quosdam abbates, quia invenerant eos malos, et essent de hoc papa et cardinales turbati intantum, quod[9] vellent revocare, quod fratres fecerant, superveniens magister et volens eos[10] placare dixit « Pater sancte, michi[11] accidit, quod[12] cum vellem declinare ad aliquam abbaciam Cisterciensem, inveni interdum viam communem, que ducit ad portam ita longam et circularem, quod[13] tedium erat michi et sociis

1) et E — 2) persecutores A C — 3) ut faciant F — 4) voluerunt dare nobis E — 5) simulavit C — 6) portavit A C D — 7) nam — tabernam om A C — 8) sibi A C, ei valde pium G — 9) ut C D — 10) omnes F — 11) frequenter add A C D — 12) quod om A C — 13) que tedium michi erat A C D

a) Gregorius IX commisit per bullam datam die 4 sept 1227 inquisitionem (visitationem) monasteriorum fr Ioachim S Mariae et fr Iordani, prioribus, et fratri Gandulpho Bull Ord I p 23, n° 14 Theiner l c ad 1227, p 545, n° 64

tantum ciruire, cum abbacia esset prope[1] et ante oculos meos,
et tunc aliquando ivi per prata et sic[2] cicius perivi[3] ad portam.
Si tunc michi[4] dixisset portarius[5] : « Non intrabitis, quia per
viam rectam non venistis, revertamini retro et veniatis per viam
usitatam, alioquin non intrabitis. » Nonne nimia esset duricia ?
Sic pater sancte, licet fratres non venerint[6] per viam iuris, que
forte videbatur eis nimis prolixa ad deposicionem[7] istam, cum[8]
bene fuerint digni huiusmodi abbates, sicut potestis de facili scire,
si volueritis inquirere, sustineatis, si placet, quod factum est, per
quamcumque viam ad id[9] ventum sit. »

§ IX. Cum semel quereretur ab eo, cur artiste a) frequenter ordinem intrarent et theologi et decretiste b) tardius[10], respondit : « Facilius inebriantur bono[11] vino rustici, qui aquam consueverunt bibere, quam nobiles vel cives, qui vina fortiora non reputant, quia in usu habent. Artiste quidem tota ebdomada aquam Aristotelis et aliorum philosophorum bibunt; unde cum[12] in sermone[13] dominice vel festi verba Christi vel[14] suorum hauserint, statim inebriati vino spiritus sancti capiuntur, et non tantum sua sed et se ipsos Deo donant. Isti autem theologi frequenter audiunt[15] talia, et ideo contigit eis, sicut rustico sacriste, qui ex frequenti transitu ante altare irreverenter se habet, et ad illud[16] dorsum vertit frequenter, extraneis inclinantibus reverenter[17]. »
De eodem.

§ X. Cum venisset aliquando ad quorumdam magnorum episcoporum[18] conventum, et quererent, quomodo episcopi, qui de tantis ordinibus assumebantur[19], se in episcopatibus minus bene habebant : « Hoc, inquit, vobis imputate; quamdiu enim de nostro fuerunt ordine, nos bene correximus eos; sed hec dissolucio, quam eis imponitis, in ordine vestro accidit eis. Preterea ego[20] multis annis fui in ordine isto nec recordor, quod a me vel alio prelato nostro vel capitulo generali vel provinciali dominus papa,
De eodem.

---

1) prope esset et tunc E. — 2) sic om. G. — 3) perveni A C D. — 4) michi om. A C. — 5) portarius (A C : portinarius) : frater per quam viam venistis? et ego dicerem : Veni per prata illa: et ipse diceret : non venistis per viam rectam, revertamini... A C D G. — 6) iverint A C D. — 7) posicionem E. — 8) cum fuerint d.gni deposicione huiusmodi G. — 9) ad hoc deventum est A C D. — 10) rarius A C. — 11) pociori E. — 12) cum om. A C. — 13) dici add. in marg. C. — 14) et servorum (A G : suorum ferventer hauriunt. A C G. — 15) audierunt. G. — 16) illum A C: ipsum D. — 17 reverenter inclinantibus E. — 18) episcoporum om. A. — 19) assumebantur in episcopatibus, se minus A C. — 20) propterea ergo ego C.

a) artista = liberalium artium peritus, vel auditor philosophiae. — b) decretista = qui studet iuri canonico.

vel aliquis legatus vel aliquod[1] capitulum cathedrale pecierit, dari unum bonum episcopum, sed ipsi vel amore parentum, vel alia minus spirituali causa eligunt sibi ad placitum, unde non est, quod imputetis[2].

De eodem

§ XI Item[3] dixit, quod non erat mirum, si fratres nostri in episcopatu se minus bene habeant[4], quam alii religiosi, quia[5] magis contra suam professionem[6] faciunt[7], cum nos nec in speciali nec in generali[8] possessiones habeamus Unde ipsi cum ad proprietatem veniunt[9], magis faciunt contra suam professionem quam alii religiosi, qui hec[10] saltem in generali habere possunt

27'

De eodem

§ XII Cum in quodam capitulo generali propter gravem infirmitatem non posset conventui predicare, tandem rogatus, ut aliquod[12] consolatorium eis diceret[13], ingressus capitulum ait «Fratres[14], in[15] hac septimana frequenter dicimus - *Repleti sunt omnes spiritu sancto* Scitis autem, quod plenum non impletur ab alio, sed pocius effunditur quod infunditur[16] Sancti igitur apostoli repleti sunt a spiritu sancto, quia evacuati erant a spiritu suo, et hoc eciam in psalmo cantamus[17] *Auferes spiritum eorum, et deficient*, a se scilicet, ut proficiant[18] in te, *et in pulverem suum revertentur* Et sic *emitte spiritum tuum et creabuntur*, quasi diceret David Si tua gracia voluntatem[19] et sensum singularem et privatum amorem a se evacuaverint, tuo sancto spiritu replebuntur » Quo verbo fratres multum[20] edificati sunt[21]

Act II, 4

Ps 103, 29.

Ut levitates caveamus[11]

§ XIII Semel monens fratres, ut levitates caverent, ait « Michi et aliis[22] prelatis accidit sicut pastori, qui magis gravatur custodia unius hirci quam centum ovium Sic magis unus insolens gravat prelatum et turbat conventum, quam alii fratres ducenti, qui sicut oves[23] pastores sequuntur, et sibilum eius intelligunt, nec socios relinquunt[24], sed simul vadunt, stant, accubant, comedunt, bibunt, capite inclinato herbas colligunt[25], in omnibus fructuose, in paucis tediose Sed aliqui ut hirci turbantes pasto-

---

1) aliquod *add in marg* C — 2) nobis imputandum A C, nobis imputetis G — 3) alias D item alias G — 4) habeant A C G — 5) qui D — 6) religionem A C — 7) quam alii religiosi add D — 8) nec in speciali nec in generali *corrigitur in* numquam G — 9) venerint A C G — 10) has F — 11) de eodem A C tit om D G — 12) verbum add A C — 13) diceret eis A C — 14) frequenter in E — 15) in om A C G — 16) pocius infunditur super plenum E — 17) cantamus in psalmo A C — 18) perficiant C — 19) propriam add A C G — 20) multum fratres G — 21) fuerunt A C — 22) veris A — 23) domini add C D G deum add A — 24) derelinquunt E — 25) et add A C

rem et gregem, discurrunt, perstrepunt, in socios capita inpin-
gunt, et[1] alta saliunt, viam non tenent[2], sata aliorum ledunt[3],
nec[4] virga nec pastoris clamore prohibentur[5], et ad ultimum
brevem caudam id est curtam penitenciam[6] habent ; et ideo
quandoque feda sua ostendunt[7]. Pro Deo[8], karissimi, fugite
huiusmodi mores hircinos[9] et estote[10] oves Dei. »

§ XIV. Semel[12] monens fratres, ut ociosa caverent, ait : « Videtis, karissimi, quod inperceptibiliter[13] quantumcumque alte[14] inci-
piatur psalmus, paulatim vox cantancium frangitur et cadit. Sic
quantumcumque bona verba incipiamus dicere et[15] alterutrum[16]
conferre, paulatim ex humana corrupcione ad vana prolabimur.
Sed qui bonus est et hoc percipit, debet facere sicut cantor in
choro, qui in locis competentibus elevat vocem ; sic bonus vir
casum[17] ociosorum verborum advertens, debet interponere aliqua
verba vel exempla grata, ut interrumpat nociva. Eodem modo
cum ex carnis corrupcione paulatim non solum a verbis, sed
eciam a solito religionis fervore tepescimus[18], nos invicem excitare debemus. »

§ XIV[a][19]. *Fiebat mencio semel coram eodem magistro*[20] *de
quodam fratre*[21] *magno et bono, quod deberet fieri episcopus.
At ille :* « *Magis vellem videre eum*[22] *portari in feretro ad
tumulum*[23]*, quam in cathedra exaltari ad episcopatum.* »

§ XV[24]. Quidam nobilis de Teotonia dominus[25] secundum mundum matris[26] magistri eiusdem[27] abstulit[28] vaccam ; ipse autem
magister quendam filium eiusdem nobilis iuvenem traxit ad ordinem[29]. Cum ergo quidam ex parte predicti[30] nobilis multum con-
quererentur ipsi magistro, quod filium istum[31] abstulisset domino
illi, respondit in quodam solacio ad placandum eos in hunc modum : « Vos scitis, inquit, secundum consuetudinem Teotonie[32],
quod si quis fecisset iniuriam matri alicuius, et filius vindicaret

*Ad cavenda ociosa
verba.*[11]

*De filio nobilis
quem abstulit pro
pignore.*[11]

---

1) ad A. — 2) et add. G. — 3) ledunt loca C ; ledunt sata aliorum A. — 4) nec — prohibentur om. A C. — 5) cohibentur D. — 6) pacienciam A C D. — 7) ostenduntur E. — 8) domino A C. — 9) nocivos D. — 10) ut add. D. — 11) de eodem A C ; tit. om. D G. — 12) simul
A C. — 13) imperceptibile E. — 14) alte om. E. — 15) vel G. — 16) vel alternatim C. —
17) ut casum ad ociosa verba advertit, debet. C ; causam A. — 18) deponimus E. — 19) haec
par. om. A C E. — 20) Iordane add. D. — 21) viro add. D. — 22) eum videre D. — 23) ad
tumulum om D. — 24) § XV et sequentes ponuntur in cod. D in IV[a] parte post cap. de
fervore de translacione beati Dominici. — 25) dominus de Theotonia A C. — 26) matri C.
— 27) eiusdem magistri E. — 28) sibi add. E ; abstulit vaccam matri illius G. — 29) et magister receperat filium eiusdem domini ad ordinem. D ; iuvenem om. G. — 30) eiusdem E.
— 31) suum A C ; illum D G. — 32) Theotonicorum E.

m eum, nullus in Teotonia deberet habere hoc[1] pro malo Cum
ergo[2] dominus vester et meus fecerit iniuriam matri mee aufe-
rendo sibi vaccam, quomodo debetis vos vel[3] ipse habere pro
malo, si ego abstuli sibi vitulum id est filium[4] ? »

De exemplo asini
dato Templariis [5]

§ XVI Cum idem[6] magister invitatus fuisset a Templariis
ultra mare, quod faceret eis collacionem aliquam, sed nesciret[7]
nisi valde parum de Gallico et ipsi essent Gallici, exposuit se
libenter ad dicendum[8] Cum autem essent[9] in quadam platea, et
ipsi ante ipsum[10], contigit, quod ante oculos[11] habebat quendam

21

murum altum, quasi ad staturam hominis Volens autem* eis in
principio[12] dare intelligere, quod licet[13] nesciret de Gallico nisi
parum, tamen confidebat, quod ex uno verbo modico Gallico
intelligerent totam[14] magnam sentenciam, dixit sic « Si unus
inquit, esset asinus[15] ultra murum illum, et elevaret caput, ita
quod[16] videremus[17] auriculam eius, iam omnes intelligeremus,
quod ibi esset unus asinus totus, itaque[18] per modicam partem
intelligeremus totum, ita accidit interdum, quod si in una[19] sentencia magna dicatur unum verbum modicum, per illud intelligitur tota sentencia, licet alia fuerint[20] Teotonica. »

De noviciis
ridentibus [21]

§ XVII Cum[22] idem magister duceret secum multos novicios,
quos receperat in quodam loco, ubi non erat conventus[23], accidit,
quod in quodam hospicio, cum diceret completorium cum eis et
aliis sociis suis[24], unus incepit ridere et hoc[25] alii videntes[26], fortiter inceperunt[27] ridere Quidam autem de sociis magistri incepit[28] eos per signa[29] compescere, at illi magis ac magis riserunt[30].
Tunc dimisso completorio et dicto benedicite[31], incepit magister
dicere illi socio suo « Frater, quis fecit vos[32] magistrum noviciorum nostrorum ? quid pertinet ad vos eos corrigere[33] ? » Et
conversus ad novicios dixit « Karissimi, ridete fortiter et non
dimittatis propter istum[34] fratrem, ego do vobis[35] licenciam, et
vere bene debetis gaudere et ridere, quia exivistis de carcere

---

1) hoc habere G — 2) igitur E — 3) et A C G — 4) id est filium om A C D G — 5) tit
om A C D G — 6) cum sancte memorie magister E — 7) cum sciret valde C — 8) discen-
dum E — 9) esset E — 10) eum E — 11) suos add A C D — 12) in principio eis A C —
13) licet add in marg C — 14) unam add A C G — 15) asinus esset A C G — 16) ut A C
— 17) unam add A C — 18) que om A C — 19) una om E — 20) sint A C D — 21) tit
om A C D G — 22) autem add A C — 23) ad quendam conventum add G — 24) suis om
A C — 25) et alii hec A C G — 26) similiter add A C G — 27) ceperunt D — 28) cepit E
— 29) signum A C — 30) videbant A C D — 31) et data benedicione E — 32) quis te
(A vos) fecit A C — 33) corrigere eos G — 34) illum F — 35) vobis do G

dyaboli, et fracta sunt dura[1] vincula illius, quibus multis annis tenuit[2] vos ligatos. Ridete ergo, karissimi, ridete ». At illi in[3] hiis verbis consolati sunt in animo et post ridere dissolute non potuerunt.

§ XVIII. Cum magister idem[5] predicaret semel[6] Parisius de commorantibus diu in peccato, et occurreret ei, quod peccatum vocatur in scriptura[7] porta inferni, dixit : « Si quis veniens hodie ad domum istam videret unum scolarem sedentem in porta, similiter cras, similiter multis diebus, nonne de facili cogitaret[8], iste scolaris intrabit[9] ordinem ? Quomodo ergo non est credibile, quod illi intrent[10] tandem[11] infernum, qui tam diu sedent in porta? »

§ XIX[12]. Idem magister dixit[13] : « Sicut cementarius, qui indirectum[14] murum reparare satagit, quosdam lapides extrahit absconditos et percutit prominentes, sic in emissione fratrum prelatum oportet facere, ut videlicet[15] illos, qui nimis latitare cupiunt, ad accionem dirrigat, et alios, qui nimis exponi volunt, intus retineat. »

§ XX. Idem magister in predicacione solebat eundem sermonem aliquociens iterare. Quod cum obiceretur ei, respondit : « Si aliquis collegisset bonas herbas et illas ad faciendum pulmentum cum[16] studio preparasset, essetne conveniens illas abicere et pro colligendis aliis[17] laborare? »

§ XXI. Idem dixit : « Si studuissem in alia facultate tantum[18], ut in hoc verbo apostoli : *omnibus omnia factus sum*, magister iam in illa potuissem exstitisse[19]; semper enim studui, qualiter aliis me conformarem et me non[20] deformarem ; nunc[21] videlicet[22] me conformando militi, nunc religioso, nunc clerico, nunc temptato. »

§ XXII. Idem magister quendam[23] apostatam ad ordinem resumere nitebatur ; et cum de hoc[24] consensum fratrum quereret in capitulo, et unus non consentiret, dixit magister : « Etsi[25] hic modo multa peccata fecerit, forsitan adiciet multo plura. » Sed cum ille assereret se de hoc[26] non curare, magister respondit[27] :

De peccato quod dicitur porta inferni.[4]

I. Cor 9, 22.

---

1) dira E. — 2) detinuit A C. — 3) in om. G. — 4) tit om A C D G. — 5) idem magister A C D. — 6) semel om. A C. — 7) in scriptura vocatur A C: vocaretur D. — 8) cogitabit G. — 9) in add. A C. — 10) illi non intrabunt D. — 11) in add. A C G. — 12) § XIX et sequentes usque ad IV. lib. om. G. — 13) dixit idem magister A C D. — 14) dirutum A C. — 15) ut nunc illos A C. — 16) cum studio om. E. — 17) colligendo alias E. — 18) si tantum studuissem... quantum in hoc... A C. — 19) magister iam potueram ita in textu E; *quod corr. in iu illa iam esse potuissem a man. rec. in marg.* — 20) et non me A C. — 21) sicut (A : videlicet) me nunc... A C. — 22) nec E. — 23) temptatum add. A C. — 24) et de hoc cum A C. — 25) etsi peccata hic .. A C D. — 26) de hoc assereret... A C D. — 27) ait A C.

« Certe, frater, si vos unam pro isto fudissetis guttam sanguinis, sicut Christus pro ipso[1] sanguinem suum dedit, aliter curaretis. » Tunc ille in se reversus et confusus[2] in terram se proiecit et libenter concensit.'

'24'.

§ XXIII. Quidam frater timorem habuit de elemosinis, quas cotidie comedebat, quia per oraciones tot beneficiis respondere difficile videbatur. Cum igitur illi de hac materia loqueretur[3], conquerenti et dubitanti sic respondit magister : « Cum sint spiritualia inpreciabilia respectu temporalium, constat illa in infinitum his precellere et esse incomparabiliter eis[4] meliora. Unde sciatis certissime, si pro omnibus elemosinis quas comedistis[5], unam pater noster dicitis devote, plenarie persolvistis ».

§ XXIV. Cum quidam frater procuratoris[6] gerens officium pro absolucione supplicaret[7], statim[8] respondit : « Officiis ut frequenter, ita quatuor sunt annexa : negligencia, impaciencia, labor et meritum. A primis duobus absolvo vos[9]; reliqua duo in remissionem peccatorum vobis[10] iniungo ».

§ XXV. Quidam frater accusavit fratrem[11] alium in capitulo, quod manum tetigit[12] mulieris. Qui ait : « Mulier bona fuit ». Tunc ille, qui presidebat, respondit : « Pluvia bona est et terra bona[13]; lutum tamen ex eorum comiccione generatur ; sic et manus viri, licet bona sit, similiter et mulieris, ex comiccione tamen illarum cogitacio nonnumquam vel affeccio mala surgit ».

§ XXVI. Quesivit a magistro Iordane frater quidam[14], utrum utilius sibi foret oracionibus insistere vel scripturarum se studiis occupare. Qui ait : « Quid est melius semper bibere aut[15] semper comedere? Utique sicut ista convenit[16] alternatim fieri, sic et ista ».

§ XXVII. Rogavit eum quidam frater, ut instrueret eum, quid ad orandum sibi melius expediret. Qui respondit : « Bone frater, quidquid tibi maiorem devocionem excitat, huic insistere non omittas. Nam ad orandum[17] salubrius tibi erit, quod affectum tuum salubrius[18] irrigabit[19] ».'

'25.

---

1) isto A C. — 2) et confusus om. A C. — 3) de hac materia illi loqueretur, illi (A : ille) sic dubitanti respondit, cum... A C D; loqueretur om. E. — 4) incomparabilia esse meliora E. — 5) sive comedetis add. A C. — 6) procuracionis E. — 7) instanter add. A C D. — 8) statim om. A C. — 9) vos absolvo E. — 10) vobis om. A C D. — 11) fratrem om. A C D. — 12) tetigerat A C: tetigerit D. — 13) bona om. E. — 14 quesivit quidam frater a... D; quidam frater A C. — 15) vel A C D. — 16) et utique sicut illa competit. D; competit alternatim fieri ista, sic et illa. A C. — 17) id add. A C. — 18) fructuosius A C D. — 19) Ihesus add. E; explicit tercia pars libri, qui dicitur vitas (!) fratrum, ubi continentur multum pulchra et devota de fratre Iordane, secundo ordinis fratrum predicatorum magistro. Deo gracias. Amen. add. A C.

DE PROGRESSU ORDINIS.

Cap. I[2]. De fervore fratrum primitivorum.
- II. De vigore discipline et perfeccione virtutum.
- III. De virtute humilitatis.
- IV. De virtute continencie.
- V. De virtute oracionis.
- VI. Contra negligenciam divini officii[3].
- VII. De virtute confessionis.
- VIII. De causis inducentibus ad ordinis ingressum[4], et primo de consideracione vane[5] leticie.
- IX. De intrantibus ex consideracione sanctitatis fratrum.
- X. De intrantibus ex virtute verbi Dei[6].
- XI. De intrantibus ex consideracione penarum presencium vel futurarum.
- XII. De intrantibus ex speciali revelacione sibi facta.
- XIII. De intrantibus ex speciali devocione et inspiracione beate Marie.
- XIV. Quod dyabolus ordini[7] sibi contrario maxime insidiatur.
- XV. De correccione[8] facta per demones super quosdam minus religiosos.
- XVI. De temptacionibus noviciorum.
- XVII. De temptacione gule.
- XVIII. De temptacione proprie voluntatis[9] et sensus pertinacia.
- XIX. De temptacione curiositatis philosophorum[10].
- XX. De temptacione ambicionis.
- XXI. De temptacione indignacionis.
- XXII. De temptacione per fantasias.
- XXIII. De revelacionibus et consolacionibus fratribus factis a Deo.
- XXIV. De fratribus, qui miraculis claruerunt in vita[11].

---

1) de progressu ordinis om. E: incipit quarta pars: tituli et capitula eiusdem partis. A C D G. — 2) num. om. D E G. — 3) hic tit. om. G. — 4) ab ordinis ingressu E. — 5) leticie vane E; vane om. G. — 6) de intrantibus ex consideracione mortis add. A C G. — 7) ordini maxime sibi... D. — 8) correpcione A C. — 9) voluptatis E. — 10) presbiterorum D. — 11) de fructu, quem fecit Deus per ordinem. cap. XXV. add. D.

CAPUT PRIMUM [1].

De fervore fratrum primitivorum. [2]

Temporibus [3] primitivis tantus fuit fervor in ordine, quod nullus sufficiat [4] enarrare; siquidem spiritus vite erat in rotis, cuius virtute animalia ibant et revertebantur [5], movebantur et elevabantur secundum voluntatem spiritus dirigentis.

Videres utique per ordinem fervorem mirabilem; alios protractis [6] suspiriis post cotidianas et puras confessiones, amaris [7] singultibus, altis clamoribus, sua et aliorum peccata lugentes; alios in oracionibus noctem iungentes [8] cum die, centenis et ducentenis genufleccionibus laborantes.

Videres ecclesiam raro vel nunquam [9] sine orantibus esse; unde cum [10] plerique a portariis querebantur, in ecclesia facilius quam alibi poterant inveniri orantes [11].

Denique quidam valde religiosus [12] frater retulit, quod infra paucum tempus · C · fratrum confessionem audierat generalem [13], quorum invenit plures [14] integritatem anime et corporis [15] conservasse, non sine magna oracionis instancia et religionis custodia, quibus ipsa castitas maxime custoditur. Ceterum plures illo sancto fervore succensi, non prius ab oracione surgebant [16], nisi aliquam specialem [17] graciam a domino [18] impetrassent. Unde unus dixit, quod non poterat in nocte quiescere, nisi prius se lacrimis irrigasset.

Retulit [19] alter magne auctoritatis se vidisse, dum staret in oracione ante altare Bononie, alterum ferventem [20] spiritu toto corpore elevari a terra.

Eodem [21] tempore quasi festivum quoddam fratres [22] completorium expectabant, recommendantes se invicem multo cordis affectu; pulsatoque signo, de quibuscumque locis ad chorum

---

1) Hic in cod. B. fol. 9, incipit pars II, de fervore priorum fratrum. Primum. — 2) fratrum primitivorum om. E. — 3) Ut nostri temporis devocio recalescat et mentes in imis debmerse (D : submerse) in contemplacione celestium rapiantur, oracionis viror (D : oracione virorum) eniteat, et (ut D) nostre religionis fundamentum eluceat venturis, de fervore primitivorum fratrum digna imitacione aliqua proferamus. Temporibus enim duorum patrum Dominici et Iordanis tantus fuit... A D; temporibus duorum patrum primitivis Dominici et Iordanis tantus fuit... G. — 4) sufficit D. — 5) et add. E. — 6) protractos G. — 7) a malis E. — 8) iniungentes C — 9) vel numquam om. B. — 10) cum om. E. — 11) orantes poterant inveniri A C; inveniri poterant orantes. D. — 12) valde religiosus quidam frater... B. — 13) generalem audierat B. — 14) plurimos D; sexaginta A C G. — 15) corporis et anime A C D G. — 16) surgentes B. — 17) graciam specialem E. — 18) deo E. — 19) autem add. B. — 20) fleutem E. — 21) eo E. — 22) fratres om. E.

festinancius properabant, ubi completo officio. et tocius mundi
regina nostrique ordinis advocata devotissime salutata[1], se disciplinis duris subiiciebant[2]. Post vero quasi pro peregrinacione
quadam[3] altaria omnia[4] visitabant, humiliter procumbentes[5],
tanta producentes ab intimis flumina[6] lacrimarum, ut si esses a
foris, crederes plangi funus quoddam[7], quod[8] positum esset in
medio. Quod plerique secularium[9] explorantes viderunt et audierunt et quam plurimum[10] edificati sunt, et ex hoc[11] ordinem
aliqui intraverunt.

His peractis non statim currebant ad quaternos volvendos, sed
in ecclesia vel in[12] capitulo vel claustri angulis[13] latitantes omnes
suos actus examinacione strictissima* percurrebant consciencias
suas[14], et[15] ex hoc disciplinabant se fortiter, aliqui virgis, aliqui
nodosis[16] corrigiis, ne sonus eminus[17] audiretur[18]. Post matutinas
autem pauci currebant ad libros, pauciores revertebantur ad
lectos[19], paucissimi, qui non confiterentur antequam celebrarent.
Cum autem claresceret, pulsabatur[20] signum ad missarum celebracionem. Tunc ad unum fratrem plures[21] concurrebant gracia
ministrandi, et inter eos sancta vertebatur[22] contencio, quis
prior[23] sacerdotem[24] de tam sacro[25] ministerio invitasset.

De devocione autem ad beatam virginem quis dicere posset?
Dictis enim[26] eius matutinis[27] devote astantibus, ad altare eius
devocius percurrebant[28], ne illud tantillum spacium ab oracione
vacaret. Post matutinas autem et completorium beate virginis
altare[29] Quandoque ordine triplici ambientes[30] in gyro, se et ordinem devocione mirabili[31] ipsi domine[32] commendabant. In cellis
eciam[33] habebant eius[34] et filii crucifixi ymaginem ante oculos
suos, ut legentes et orantes[35] et dormientes ipsas respicerent, et
ab ipsis respicerentur oculo[36] pietatis.

1) salutata devotissime B — 2) subiacebant E — 3) per (D om per) peregrinacionem
quandam A C D — 4) altera altaria B — 5) et add A B C — 6) fluvia A C — 7) quoddam
om D — 8) quod om F — 9) scolarium F, seculares A C — 10) plurimi C — 11) ex
his aliqui ordinem A C D aliqui ordinem intraverunt aliquando B — 12) in om G —
13) angulo latitantes examinacione L — 14) consciencias suas om B G — 15) et quia
hoc faciebant disciplinabant G — 16) et add B — 17) ut sonus eminus redderetur C
eminencius D — 18) in conventu, ubi non erant ultra XXX fratres, vidi ego plus quam
XX cum ciliciis, aliquos cum ferreis cincturis ad carnem add D G — 19) lectum B —
20) pulsabant B — 21) plurimi A C D G plus E multi currebant B — 22) videbatur A C,
versabatur D — 23) prius se D — 24) sacerdotem om E — 25) pio B — 26) autem A B C
— 27) matutinis eius devote ad altare B — 28 currebant B — 29) altare beatissime (B beate)
virginis A B C — 30) ambigentes D G — 31) devocione mirabili om E — 32) beate virgini B
— 33) autem A C — 34) beate virginis ymaginem et filii sui crucifixi B — 35) orantes et
egentes B — 36) oculis E

In serviciis autem mutuis se prevenientes in infirmaria, in hospicio in mensa, in locione pedum, beatum se reputabat, qui poterat alium in huiusmodi anteire Oh quociens[1] fratres exuebant[2] se cappas, tunicas, sotulares[3] et exhibebant fratribus peregrinis eciam[4] et incognitis prius[5] Tanta erat[6] in serviendo devocio et faciei hylaritas[7], ut non hominibus, sed Deo et angelis servire viderentur Aliquis quandoque in hoc tantam dulcedinem sensit[8] ut pre cordis leticia ipsas[9] occulte deoscularetur[10] scutellas In observacione autem[11] silencii mirabiliter erant fratres tunc temporis devoti Fuit eciam[12] aliquis[13] qui abstinenciam vinum non bibendo aliquando per octo dies pertraxit[14], alius, qui cum ei offerebatur scutilla saporem[15] eius, aquam superfundens frigidam diluebat, alius[16] tota XL stetit non bibens nisi semel in die, nec loquens nisi interrogatus Multi raro pictanciis utebantur, multi ne notam in speciali incurrerent[17], modo ab isto[18], modo ab illo cibo abstinebant omni die sibi de[19] oblatis aliquid subtrahentes In predicando autem verbum Dei, ad quod ordo a principio deputatus est, Deus super eos[20] effunderat fervorem, ita quod multi eorum non cum tuta consciencia comedere ulla die audebant[21], nisi uni vel pluribus predicassent, in quibus[22] spiritus sanctus supplebat ex interiori unccione, quod eis extra[23] deerat ex sciencia acquisita, nam multi multos converterunt ad penitenciam solum cum[24] textu septem canonicarum, quas cum[25] ewangelio beati Matthei beatus Dominicus frequenter fratribus[26] inponebat

In quodam capitulo generali Parisius, cum incumberet aliquos fratres[27] mittere ad provinciam Sancte[28] Terre a), dixit magister Iordanis fratribus in ipso capitulo[29], quod si qui parati essent[30] bono animo illuc ire[31], significarent[32] ei Vix verbum impleverat[33],

---

1) aliquociens E — 2) se exuebant E, tenebant B — 3) scapulare C, scapulares B — 4) eciam om B — 5) prius om B — 6) erat tanta E — 7) hylaritas faciei A B C — 8) tan tam sensit B — 9) quandoque add B — 10) oscularetur B — 11) eciam B G — 12) autem A C — 13) alius qui abstinenciam in bibendo aliquo G qui per abstinenciam in non bibendo aliquid B, in non bibendo aliquando (A aliquid) A C D — 14) contraxit B — 15) senciens add D — 16) per totam B — 17) incurrent in speciali A C — 18) modo ab isto cibo, modo ab alio A B C — 19) de sibi oblatis abstinentes B — 20) eum D E G, tantum add C B, minum add A D — 21) audebant ulla die B illa D — 22) in quibus quivis supplebat quod ei B — 23) extra om A C — 24) modo F — 25) in B — 26) fratribus om B — 27) fratres om B — 28) terre saucte A C G — 29) capitulo fratribus B — 30) bona voluntate et animo illuc eundi B — 31) quod add A C quod hoc add G — 32) significaverant B — 33) compleverat A

a) Hoc capitulum sub nomine cap lacrimarum notum est celebratum fuit anno 1230, duobus annis post erectionem provincie Terre saucte

et ecce vix fuit aliquis[1] in tanta multitudine, quin[2] faceret statim[3] veniam cum fletu et lacrimis petens mitti ad illam terram salvatoris sanguine consecratam. Frater autem[4] Petrus Remensis a), tunc prior provincialis in Francia hoc videns surrexit et facta venia[5] cum aliis, locutus est magistro in hunc modum. - Bone magister, aut karissimos fratres istos[6] michi dimittatis, aut mittatis[7] me cum eis, quia et ego paratus sum cum eis ire ad[8] mortem. -

Mandavit[9] dominus papa Innocencius b) priori provinciali Francie c), quod aliquos fratres mitteret ad Tartaros propter quedam, que audierat d), sperans de fructu vie illius. Recitatum est[10] mandatum[11] in capitulo provinciali[12], et ecce tot et tanti fratres se obtulerunt, quod fletus mirabilis[13] capitulum illud[14] occupavit, nimirum aliis cum lacrimis[15] petentibus huiusmodi[16] obedienciam, aliis[17] flentibus pro tam caris et dilectis fratribus et[18] se ingerentibus ad labores inestimabiles et mortes frequentes, flebant alii pre gaudio, quia habebant licenciam[19], flebant alii pre dolore, quia licenciam obtinere[20] non poterant. e)

Frater Humbertus f) magister ordinis[21] circa principium officii sui mandavit fratribus ubique quod[22], si qui voluntarii essent ad transfretandum ad barbaros et linguas barbaras addiscendas[23] propter[24] nomen domini dilatandum, suum circa hoc animum

26

---

1) vix aliquis fuerat B — 2) qui non AC — 3) veniam statim B — 4) autem om D — 5) in sancta venia B — 6) nostros ACD meos B nostros add G — 7) me mittatis F — 8) in E usque ad B — 9) mandatum B — 10 autem add DF — 11) illius B istud add AC istud in G — 12) Francie add G — 13) mirabiliter B — 14) idem capitulum AC illud capitulum BG — 15) inenarrabilibus add G — 16) huiusmodi om B — 17) inconsolabiliter add G — 18) et om AC — 19) licenciam quam aliquando obtinere non poterant E — 20) habere — 21) ordinis om B — 22) ubicumque E — 23 addiscendum ABCD — 24) propter ordinem dilatandum, nomen suum circa animum B

a) fi Petrus Remensis fit circa annum 1212 episcopus Agennensis, de eo vide Quetif l c I, 115 Mam l c p 641 Ant Senens p 190 infra cap XXIII, § III — b) Hoc mihi accidisse videtur anno 1253 nam die 20 tobi huius anni Innocentius IV committit episcopo Tusculano, ut ex fratribus nostris et Minoribus ad praedicandum Tartaris destinandis, nonnullos creet episcopos Bull Ord I, p 226 nº CCXCI — c) Prior provincialis tunc extitit fi Humbertus 1244-54, cui praecessit Hugo de S Charo — d) A S Ludovico IX anno 1248 fi Andreas et fi Iohannes de Carcassona Ord N nuntii missi erant ad Tartaros Quetif I p 140 mandatum hoc in Bull non inveni — e) De fratribus missis ad Tartaros, eorumque itineribus, laboribus, negociis, etc vide Vinc Bell XXXII, cap 252 Bergeron, Recueil des voyages faits en Asie dans le XII-XV siecle, la Haye 1735, 4 tom I S Antonin III, p tit XIX, c V, § III — f) fi Humbertus electus est in magistrum generalem Ordinis anno 1254 de quo vide infra in chronico litteras, quibus Humbertus fratribus commendat studium linguarum orientalium, invenies ap P Denifle Cart l c I p 317 datae sunt medio iunio 1256 Parisiis

intimarent eidem Quis digne valeat enarrare, quot et quanti fratres et de quam[1] remotis nacionibus ad hoc[2] non solum semen gerentes[3] se obtulerunt, sed per aspersionem sanguinis et[4] beatam mortem filii Dei adiurarunt eundem, ut ipsos mitteret, sciens eos paratos ad mortem propter[5] fidem et gloriam salvatoris[6] in gentibus attolendam

De fervore autem, quem dominus accendit in fratribus circa translacionem a) beati Dominici non solum Bononie, sed eciam[7] per totam Italiam et fere ubique[8] per ordinem, non solum in predicacionibus, sed crebris apertisque miraculis que lingua narrare[9], quis stilus exarare sufficiat[10] ! Ideo totum Deo relinquimus[11], qui[12] hoc plenius novit[13], qui est benedictus in secula Amen[14]

CAPUT SECUNDUM

De rigore disciplme et perfec cione virtutum[15]

Tantus[16] rigor circa corrigenda vicia et maxime proprietatis vicium servabatur, ut modicum[17] acceptum aut[18] datum sine speciali licencia perimeretur[19]

Unde contigit Bononie, quod cum[20] quidam frater[21] quendam pannum vilem sine licencia recepisset, hoc comperto[22], beate[23] memorie magister Reginaldus b) eum[24] in capitulo fortiter disciplinavit et pannum coram omnibus concremavit in claustro in medio fratrum[25] Cum autem dictus frater[26] non recognosceret culpam, nec se vellet humiliare ad disciplinam, sed pocius murmuraret, ait vir Dei fratribus, ut violenter eum ad disciplinam pararent Quo facto magister Reginaldus[27] erectis ad celum oculis ait[28] cum lacrimis « Domine Ihesu Christe, qui famulo tuo Benedicto c) dedisti virtutem ut per disciplinam a[29] corde

---

1) tam E et quam de A B C —2) ad hoc non solum se gratis obtulerunt, sed et per A C D adiuraverunt G — 3) semen gerentes om B — 4) per add A B C — 5) propter mortem et   B — 6) salvacionis A C — 7) et A C — 8) ubicumque D E — 9) enarrare   exornare A C — 10) sufficiat exarare B — 11) illi add B — 12) de add B — 13) et omnia bene scit add in marg C — 14) amen om B D Γ — 15) et perfeccione virtutum om E correccio fratrum de excessibus Secundum B — 16) sanctus vigor corrigendi vicia et maxime vicium proprietatis E — 17) modicum sine licencia speciali acceptum vel datum graviter punietur A B C — 18) vel G — 19) graviter punietur D G — 20) cum om B G — 21) conversus add G — 22) comparato E — 23) bone B — 24) conversum G — 25) in medio claustri inter fratres B — 26) conversus add G — 27) Reginaldus om A B C — 28) cum lacrimis ait A B C D — 29) a om F

a) De ipsa translatione et Iordanum lib de initio ordinis ed Berthier, p 46 48 — b) de fratre Reginaldo supra l I, cap V, § I lib III, cap IV accidit hoc an 1219 — c) cf de hoc S Gregorii M dialogorum librum secundum de vita et miraculis S Benedicti cap IV. ed Mittermueller, p 22, notam

monachi sui expelleret[1] demonis aculeum, da, queso, ut huius[2] virtute discipline ab huius fratris anima dyaboli[3] temptacio expellatur[4]. - Dedit ergo[5] disciplinam tam magnam, ut fratres moverentur ad fletum. Frater autem surgens cum lacrimis ait : - Gracias ago, tibi[6] pater, quia vere a me dyabolum expulisti; manifeste enim sensi quendam serpentem exiisse e[7] renibus meis. = Et sic proficiens factus est valde bonus et humilis frater[8].

§ II*a*). Quidam frater temptatus de exitu ordinis et deprehen- De utilitate disci-
pline.[9] sus, cum vellet[10] domum exire, ductus est ad capitulum coram fratre Reginaldo Bononie, et ipso culpam non[11] recognoscente dixit frater Reginaldus, ut se pararet ad disciplinam; quo facto incepit cum fortissime[12] disciplinare, et modo vertens[13] se ad eum percuciendo fortiter[14] dicebat : - Exi[15] demon =; modo vertens se ad fratres dicebat[16] : - orate, fratres =; sic volens per disciplinam et oracionem[17] fugare demonem de[18] corde ipsius[19]; cum autem diu sic[20] fecisset, exclamavit ille et dixit : - Pater, audi me =. Quo respondente : - Quid dicis[21], fili? - Ait ille : - Vere[22] dico tibi, quod[23] dyabolus recessit, et promitto tibi stabilitatem =. Quo audito gravisi sunt fratres gracias agentes Deo; et ille in ordine confirmatus remansit[24].

§ III *b*). Dum[25] iret quidam frater[26] ad quandam sibi iniunctam De portante pecu-
niam.[9] obedienciam, obviavit beato Dominico a predicacione redeunti. Post aliqua ergo verba quesivit ab eo sanctus, an aliquam portaret pecuniam; sensit enim eum in spiritu[27] non regulariter ire. Dictus ergo frater se deprehensum videns, humiliter se habere confessus est[28]; quam statim iussit proici et ei condignam pro huius excessu[29] penitenciam iniunxit.

---

1) compelleret A B C. — 2) huiusmodi. E G. — 3) diabolica E. — 4) compellatur B. — 5) ei add. B G. — 6) tibi ago B E. — 7) a A C; de G. — 8) et sic proficiens valde factus est bonus... A C [?]: valde bonus est factus et humilis frater D: valde sanctus bonus et humilis frater factus est. B. — 9) tit. ex cod. B. — 10) vellet domum exire E. — 11) culpam non om. B. — 12) cepit se fortiter B. — 13) revertens G. — 14) fortiter pecuciendo E: percuciebat eum fortiter et dicebat B. — 15 ab eo add. A C D. — 16) ait B. — 17) oracionem volens B. — 18) a A C. — 19) illius B. — 20) sic diu D G: sic fecisset diu A B C. — 21) vis et quid dicis, et ille ait : vere... B. — 22) vere om. E. — 23) quia A B C. — 24 remansit om. B. — 25) cum D. — 26 conversus add. G. — 27) in spiritu eum. A B C. — 28) confessus est se habere B. — 29) excessu om. E.

a) Accidit hoc anno 1219; cf. Mam. l. c p. 509. — *b*) cf. Mam. l. c. p. 528 ad an. 1220.

CAPUT TERCIUM

De virtute humi
litatis [1]

§ 1 De[2] quodam fratre *a*) Hyspano, viro eximie[3] sanctitatis et
auctoritatis praeclare, qui in seculo fuit in statu magno, narravit
venerabilis pater magister[4] Humbertus, qui eius socius et valde[5]

---

1) de humilitate E tit om G et perfeccione virtutum add A, de precipua sanctitate
cuiusdam fratris V B — 2) de fratre Egidio Hyspano narravit D — 3) nimie E G —
4) magister om D E — 5) valde om B

a) Iste fr est Egidius Hyspanus, ut ex hic dictis et ex iis, quae infra l V, c III, § VI, sequuntur « Frater Egidius Hyspanus, vir auctoritatis et veritatis indubitatae, fratri Humberto
cuius fuit circa noviciatum (*uterque circa finem anni 1225 Parisiis novicii erant*) socius
carissimus » eruitur et revera cod A hoc in loco incipit de fratre Egidio Obiit 14 maii
1265, de eo Quetif I p 241 Ant Senens Chron p 121 et ss haec de eo scribit fr Gilius
vel (quod idem est) Aegidius, natione Portugallus, vir sanctissimus, in conventu nostro Sancterenensi vitam vivere desiit, et ibi tumulo traditus obiit anno dom 1265 ipso die Ascensionis Domini et vivens ac vita functus quam plurimis miraculis coruscavit Hic Aegidius
fuit natus in oppido quod Voazella dicitur, et est situm in dioecesi Viseensi, ex parentibus
nobilibus, et summae authoritatis apud regem Portugalliae Nam Sancio maiori dicto, Portugalliae regi fuit eius pater a consiliis, et regiae maior domus, ac arcis et urbis Conimbricensis praefectus, et ita factum est, ut favore regio, antequam Aegidius praefatus nostri
ordinis habitum susciperet, Bracarensis, Conimbricensis ecclesiarum et Igaedetanae factus
fuerit Canonicus et etiam rector ecclesiae B Irenae Virg et Martyris, et etiam ecclesiae
Cherusciensis Is Aegidius fuit a parentibus Lutetiam missus ad litterarum studia, et dum
eo pergeret, iuvenili ardore cupidus evolvebat animo, quomodo in re litteraria posset celebris evadere, et nomen magnum sibi comparare Dumque ista versatur in animo, fit illi in
via obvius Daemon in forma peregrini, id ipsum quod ille intendens Id eoque hanc occa
sionem nactus Daemon, illi insinuavit, ut necromantiae arti perdiscendae se appeteret, et
quod om illa quae optabat, consequeretur promisit, dummodo ille fide Catholica abnegata,
Chirographum illi suo sanguine conscriberet quod Daemonis foret servus perpetuus Paruit
Aegidius et Toleti haesit per annos aliquod Necromantiae operam navans Demum post
aliqua tempora tactus a Deo, illi arti et mundo nutotum vale fecit et veluti alter Cyprianus,
qui et primo fuit magicis artibus detentus, et postmodum sanctitate insignis evasit, nostrae
religionis habitum suscepit Paleutiae, ord nem nostrum adhuc moderante fratre Iordano
Saxone, et voto professionis ibidem emisso, Sancterenum venit et ibi multum religiose
conversatus fuit aliquamdiu, et postmodum Lutetiam missus pro studio Theologico, in quo
sedulam navavit operam, et fuit in illa facultate doctor creatus, et postea factus provinciae
Hispaniae moderator non tam in unum collectis suffragiis, quam viva voce et consensu
omnium simul acclamantium, ut olim de b Ambrosio ad episcopatum evecto legitur, dignum provincialem Aegidium Fuit itaque Aegidius postquam a magicis artibus resipuit
bonis operibus plenus Nam carnibus semper abstinuit cum foret sanus infirmus autem se
medicorum consilio tractari permisit, vino in coena nunquam, in prandio vero ob stomachi
frigiditatem utebatur sed modico nimiumque lymphato In adventu et in quadragesima et
per totum annum quartis feriis et sextis, in pane et aqua ieiunabat, et exemplo P nostri
Dominici, singulis noctibus etiam ad sanguinis effusionem usque tres disciplinas suscipie-
bat, duro etiam cilicio indutus erat, et ferrea zona carnem praecinxit, cuius cornua clave
clausa faciens, tunc clavem in Tagum fluvium proiecit Celebris huius sancti memorie agi
tur Dominica infra oct Ascensionis Domini et quamplurimum infirmi intercessione et
tactu cinguli ferrei, quo ipse vivens usus fuerat sanitatem recuperant quotidie Haec magister Andreas Resendius in vita illius quam composuit, in quatuor lib distinctam, quae
in eodem conventu Sancterenensi servatur manu scripta De eo insuper infra cap V, huius
libri cap XVII, XXV, § V, l V, cap III § VI

familiaris fuit diu in[1] Parisiensi conventu et cum eo in eadem
camera[2] infirmus, quod fuit tantarum virtutum[3], quod[4], cum
fratres essent in scolis, ipse ibat ad cameras et quas inveniebat
deturpatas, mundabat[5], sordes infirmarie efferebat[6], que[7] appo-
nebantur[8], quamvis contraria et[9] esset[10] medicus cum graciarum
accione sumebat Cum[11] aliquis eo indigebat in aliquo statim
dimissis[12] omnibus, se totum ei pronto animo et leta facie[13] exhibebat, et non tantum[14] corporalia, set et oracionem et devocionem
et similia propter[15] fraternam caritatem dimittenda factis et verbis
docebat, neminem offendens[16], maioribus in omnibus[17] acquiescens, semper aut[18] orans aut[19] legens aut docens aut meditans, [20']
studium minus utile pro modico reputans, licet esset magne
litterature, vitas patrum et sanctorum audiebat et referebat libenter, festinare ad predicacionem et fructum[20] circa alios, se neglecto,
plurimum approbabat[21] Omnes sancta sua conversacione edificans
ad amorem ordinis et sancte paupertatis et vere obediencie animabat Vix umquam temptati novicii ducebantur ad eum quin
multum consolati redirent, infirmos autem ipse infirmus multum[22]
suis consolacionibus recreabat monens, ut non curarent de medicinalibus[23], sed in fide Christi quod apponeretur letanter acci-
perent et optime proficeret[24] illis[25], quia plus poterat[26] gracia
quam natura, Christus quam Galenus[27] Cum autem aliqui se[28]
fundebant per rumores et[29] secularia verba, tacens et aliquantulum
sustinens[30] paulatim et quasi insensibiliter[31] in miscendo verba
de Deo transferebat eos curialissime ad salubriorem materiam,
ita ut[32] in eius presencia non possent verba ociosa durare Vix
notari[33] poterat, quod semel in anno verbum ociosum diceret[34],
de loco suo numquam recedebat pro aliqua recreacione vel alias,

---

1) in Parisius et in conventu cum E Parisius cum   D — 2) in domo fratrum infimus
C — 3) tante virtutis A C — 4) quod humilitatis et obediencie et aliarum virtutum insignia
multa vidit (D add in eo) Cum enim fratres essent (D enim essent fratres) in C D quod
om F — 5) et add B — 6) lavabat scutellas et ollas quantum valebat occulte, nichil reni-
ciens add D — 7) sibi commedenti add B — 8) sibi omnia add D — 9) et esset medicus
om D et ipse licet esset B — 10) bonus add C in marg — 11) cum autem aliquis se eo B
— 12) dimissis statim I — 13) se ei add G et prompto animo letaque facie B — 14) solum
A B C D — 15) pro, ter fraternitatem B — 16 et add A C — 17) in omnibus om —
18) autem A G — 19) et G — 20) studium I et fructum facere B — 21) reprobabat A B C D G,
reportabat L — 22) multis C — 23) seduccionibus B — 24) proficerent E — 25) eis B —
26, poterit B — 27) Galyenus B G — 28) aliquid fundebant rumores E — 29) vel D E —
30) et add B — 31) insensibiliter quasi C — 32) ut non possent in A B C — 33) nominari
A C — 34) diceret ociosum G diceret verbum ociosum B

nisi pro[1] causa necessitatis vel utili[2], erat autem ita[3] raptus in[4] sanctis meditacionibus et[5] contemplacione[6], quod interdum[7] fratres supervenientes ad visitandos infirmos sedentes[8] iuxta se non advertebat, et[9] post, quasi reductus de alio seculo, assurgebat[10] eis et eos[11] recipiebat gaudenter[12], quasi de novo venissent

Scripsit eciam ipse de Ispania predicto magistro, quod erat quedam lux intrinseca, qua[13] eciam in hac vita illuminantur[14] corda sanctorum, sicut exteriores oculi exteriori luce, et de hoc certus[15] esset, quod[16] non assereret sic[17], nisi fuisset expertus Unde[18] et frater quidam, qui socius eius in via fuerat, dixit eidem magistro, quod ipsum aliquando[19] vidit in via sedentem subito et raptum in spiritu non attendentem exteriora, et post redeuntem ad se cum multo genitu, de eo scilicet[20] quod ab illis superioribus[21] illuminacionibus abstrahebatur, dolentem

§ II[22] Frater quidam honestus et verax, dum longo tempore in puritate multa domino in ordine deservisset nec sensisset de illis consolacionibus et dulcedinibus Dei[23], quas legebat et[24] ab aliis pregustari audiebat frequenter, nocte quadam stans ante crucifixum[25] lamentabiliter cepit de domino conqueri[26] in hec verba « Domine, audivi a[27] te, quod omnem creaturam in mansuetudine et bonitate precellas, ecce iam[28] servivi tibi annis pluribus vias duras propter verba labiorum tuorum custodiens et voluntarie[29] me totum sanctificans[30] tibi, et scio[31] domine, quod si alicui tiranno quartam[32] partem servicii fecissem[33], aliquod michi[34] fecisset, aliquod michi ostendisset benevolencie signum[35], aut dulciter colloquendo, aut aliquid tribuendo aut secretum aliquod committendo[36] vel saltem corridendo[37], tu autem, domine, nullam

---

1) pro om D E — 2) utilitatis B — 3) i'a om F — 4) in — quod om E — 5) et om G — 6) contemplacionibus B — 7) interdum om D E — 8) quandoque add C D quoque add A quoque eciam add G que add B — 9, et om B et post — eos om E — 10) assurgens D — 11) eos om B et eos om D — 12) gaudens E — 13) que illuminat E — 14) illuminabartur C D G — 15) cercius asseret E — 16) quia B — 17) sic om B — 18) unde a fratre quodam qui C — 19) aliquando om A B C — 20) videlicet B — 21) supernis et internis A C D G supernis abstrahebat B — 22) hic incipiunt C D G cap III B partem III de humilitate Primum — 23) dei om B — 24) et om E — 25) crucem B — 26) de domino se queri cepit in E — 27) de B G — 28) iam om D E — 29) voluntarium C voluntati tue me totum tibi B — 30) sacrificans tibi servando toto conamine mei (B nostri) ordinis instituta, et A B C — 31) et scio om G — 32) quandam E partem quartam B — 33) exhibuissem, aut aliquid tribuendo, aut aliquid ostendisset benevolencie, aut dulciter colloquendo aut aliquid secreti committendo Tu autem domine michi nullam B — 34) michi — michi om A C D G — 35) signum benevolencie D — 36) promittendo D — 37) corrigendo E.

dulcedinem infudisti, nullum[1] benevolencie signum ostendisti;
iam, domine, tu qui[2] ipsa[3] predicaris dulcedo, michi crudelis es
et durior michi es[4], quam essent tiranni[5]. Quid est[6], domine,
hoc aut quare hoc? - Cum igitur hec et multa hiis similia diucius[7] iteraret, audivit subito semel et[8] secundo strepitum magnum
ac si[9] ecclesie minaretur ruina[10]; sed et supra tabulatum eius
tantum audivit strepitum ac si multi canes dentibus ungulis[11] cor-
roderent tectum. Quo audito vehementissime territus[12] et toto
corpore tremens, subito vidit retro se quendam horribilem vultum[13], qui cum grandi vecte, quem ferebat, eum in renibus
percussit[14] et ad terram prostravit. Ipse itaque cum nullatenus
surgere[15] posset, rependo[16] ad[17] unum altare se trahens, non
potuit procedere[18] amplius pre dolore. Fratres igitur[19] ad primam
surgentes et eum[20] multis doloribus invenientes[21] ad infirmariam
deportaverunt, tante[22] causam egritudinis nescientes[23]. Iacuit
igitur[24] trium hebdomadarum[25] spacio et sibi et aliis fetebat, in
tantum[26] quod vix ei servire poterant[27], nisi naribus obturatis;
viribus autem resumptis et[28] de sua[29] presumpcione correctus, ad
locum, in quo percussus fuerat, rediens, ut ubi iram[30] meruerat,
ibi[31] misericordiam impetraret. At ait : « Mi domine, peccavi[32] ·
in celum et[33] coram te; minor[34] sum omnibus miseracionibus tuis
et indignus magnis beneficiis[35] tuis; tu[36] domine, iuste verberasti
me, sed pie sanasti[37]. » In faciem[38] ergo se[39] prosternens petebat
veniam iterum et iterum[40] super hiis, que stulte cogitaverat et
leviter locutus fuerat contra Deum. Et ecce vox facta est ad
eum[41] : « Si vis quas affectas consolaciones habere et dulcedines
spiritus, oportet, ut vilem ita te reputes sicut[42] vermem et lutum,

· 27.

---

1) nullum signum A B C. — 2) qui tu E. — 3) ipse iam E; ipsam G; predicaris ipsa B. —
4) michi es om. A B C. — 5, quam tiranni essent E. — 6) quid est hoc, domine, aut (et G)
quare A C D G; quid est hoc domine, aut quid est hoc B. — 7) similia diucius om. B. —
— 8) et om. E. — 9) ac si multi canes tectum dentibus, unguibus et oribus raderent B. —
10) ecclesia minaretur ruina A C D. — 11) canes tectum unguibus A C; unguibus G. —
12) eterritus E. — 13) vultu A C D. — 14) percussit (B. add. in) renibus et prostravit ad
terram. A B C. — 15) surgere nullatenus G. — 16) repente E. — 17) ante A B C; autem ante
altare D. — 18) procedere om. G. — 19) autem A B C. — 20) in add. B G. — 21) afflictum
add. E. — 22) caute D. — 23) ignorantes B; necessitates E. — 24) ergo A C G. — 25) hebdomadarum VIII spacio sibi... E. — 26, intantum om. E. — 27) quod ei fratres servire non
possent B. — 28) et om. E. — 29) de sua correptus B. — 30) tantum B. — 31) ibi om. B G.
— 32) ey, mi domine, inquit, peccavi E. — 33) et commemor sum coram omnibus commi-
seracionibus tuis. E in textu. — 34) vilior D. — 35) graciis A C D G; graciis magnis B. —
36) tu autem iuste domine B. — 37) me om A C B D. — 38) facie E; in faciem ergo se B. —
39) se igitur E. — 40) intantum E. — 41) ad eum facta est A B C; videlicet add. B. —
42) ut A C.

que[1] calcas „ Quo audito valde[2] consolatus surrexit, gracias Deo agens[3] et humilitatem ex tunc ardenter et libenter amplexus[4] est et sollicite prosecutus[5]

Hec autem narravit magistro ordinis frater, cui hoc[6] creditur contigisse, qui magne perfeccionis et auctoritatis postea fuit in ordine[7]

§ III Ad[8] humilitatis virtutem videtur accedere, quod cuidam fratri Teutonico accidit, qui illuminatus a Deo[9] cepit suam miseriam cognoscere et Dei misericordiam cogitare Occurrit enim ei verbum illud[10] *Descendit cum illo[11] in foveam*, et cogitans, quam misericorditer Deus exemisset[12] eum de tantis[13] periculis, raptus est in amorem Dei et miram devocionem[14] et pre[15] amore languescebat[16] iacens tribus diebus nec[17] comedens, neque[18] bibens[19] nisi quantum fratres in os eius[20] cochleari modice infuderunt[21] In tantam autem ex humilitate devenit tranquillitatem[22] cordis, quod nichil eum poterat perturbare

Sap 10 13

CAPUT QUARTUM

De virtute continencie[23]

§ I Fratrem quendam decorum corpore et admodum simplicem mulier quedam, ferens speciem sanctitatis multo tempore concupivit[24] Quem miris quibusdam et coloratis decepcionibus in tantum seduxit, ut usque ad noctis et cubiculi[25] secreta silencia dulciter colloquendo pertraheret[26], usque tunc[27] concupiscencie sue[28] venena occultans[29], expectabat infelix[30], ut ille aggrederetur opus nepharium, quem iam concupiscencia captum esse[31] credebat, eo solo, quod in tali loco et tempore solus cum sola femina loqueretur Sed *mentita est iniquitas sibi*, nam frater, licet fatue, tamen innocenter sedens[32], nichil immundicie cogitabat. Ubi ergo[33] sensit misere illius affectum subito quasi damulla[34] de loco

Ps 26 12

---

1) quod B — 2) valde om B — 3) et deo gracias egit B deo gracias agens A C D G — 4) amplexatus B — 5) persecutus B E G — 6) hoc om B — 7) de eodem H add B — 8) ad humilitatem videtur B — 9) domino A C — 10) istud A C G — 11) eo A B C — 12) extraxisset A B C D — 13) multis B — 14) mira devocione E — 15) post G — 16) languebat B — 17) neque B D — 18) nec A C G — 19) nichil add E G, nisi quod A C — 20) cum add G — 21) infundebant A B C — 22) in tantam autem humilitatem devenit et tranquillitatem E G — 23) ut om E quarta pars de continencia I B — 24) concupivit om E — 25) cubilis A C, noctis crepusculum D — 26) protraheret D — 27) per add E — 28) sue om B — 29) inculcans E — 30) infelix illa ut E — 31) esse om B — 32) ibidem add A B C — 33) enim B — 34) avicula *corr super* domicella E

et manibus subtrahens[1] exiliit et aufugit. Cum autem istud esset[2] omnino celatum, contigit sancte[3] memorie magistrum Iordanem, qui tunc temporis illic[4] aderat, ad quendam vexatum a dyabolo fuisse deductum, ut oraret pro eo[5]. Cum ergo vir sanctus demonem adiuraret, ut a Dei creatura exiret, respondit, se non exiturum nisi superveniret[6], qui in igne extitit nec[7] fuit combustus. Cum autem hoc sepius[8] dixisset[9], nullum[10] specificans mirabantur[11] qui audiebant, nescientes quid facerent. Unde secundo et tercio dictum[12] magistrum, quem sciebant virum sanctum et honestum[13] et iustum ad visitandum obsessum venire rogaverunt. Contigit ergo, cum magister tercia vice venisset[14], ut[15] dictus frater socius eius esset, statimque[16] in eius ingressu demon exivit clamans. Frater autem cum audisset a magistro precedencia advertens, que facta fuerant, magistro retulit in secreto et cum lacrimis precedencia[17] universa[18].

§ II a). De illo[19] venerabili et sancto fratre Dominico, quodam[20] Hispano, qui socius fuit[21] quandoque beati patris Dominici[22], relatum est[23] a fide dignis, quod, quia mimos et meretrices expelli fecit de curia regis b), quedam peccatrix[24] et pulcra mulier[25] submissa est ab aliis, ut in confessionis specie inpeteret illum instanter pariter[26] et ardenter; cuius fraudem et inmundiciam considerans vir sanctus respondit : « Diu est, quod tale opus non feci, et modo sum senex[27] et refrigui, nisi[28] igne fuerim calefactus. » Iussit ergo, ut in crastinum rediret[29] et[30] locum secretum pararet[31] et aptum operi tali. Preparans igitur ignem copiosum et se extendens in eo invitabat miseram, ut ibi iaceret[32] cum eo. Illa vero[33] cernens tantam virtutem in eo[34] et quod non solum in

---

1) se trahentis exivit (exiliit D G) A C D G: se trahens B. — 2) illud B; esset istud E. — 3) bone E. — 4) illuc G. — 5) ut exhibet (?) E; ut curaret eum B. — 6) veniret frater A C; frater veniret B G. — 7) et non B. — 8) sepius hoc D. — 9) diceret A B C. — 10) enim add. E; nichil G. — 11) mirabiliter E. — 12) dictum om. E. — 13) et honestum om. A C D; iustum B. — 14) veniret D. — 15) et E. — 16) que om. E. — 17) precedencia om. E. — 18) ad idem. II. add. B. — 19) hoc G. — 20) quodam om. A D. — 21) fuit socius A B C; quandoque fuit D. — 22) beati Dominici patris nostri B. — 23) audivimus A C; est om. G. — 24) procax A C D. — 25) mulier procax et pulchra B. — 26) pariter om. B. — 27) senex refrixi et refrigui, ubi igne calefactus factum (?) E. — 28) in add. D. — 29) rediret in crastinum A B C. — 30) ei add. B D G; cum add. E. — 31) pararet secretum A B C. — 32) ibi cum eo A C; cum eo iaceret B. — 33) autem D G; dum E. — 34) in eo virtutem A B C.

a) Idem multis mutatis Thom. Cant. l. c. p. 283 ss.; B. Iordanus (ed. Berthier p. 16): de fr. Dominico vid. Mam. l. c p. 369; Ant. Sen. Chronicon p. 117; obiit an. 1230. — b) Alphonsi de Castillia (Iord.).

corpore, sed[1] nec in vestimentis eius nullum[2] erat combustionis
vestigium compuncta et eiulans cepit alta voce[3] clamare, ita
quod notum factum est[4] miraculum multis

§ III' Denique[6] multos novimus et de pluribus[7] audivimus.
qui muro[8] continencie circumsepti grandia huiusmodi pericula
evaserunt Quorum uni semel· in loco opportuno offerebatur
voluptas mulcens et blanda valde, et ex altera parte gladius occi-
sionis, nisi daret consensum, sed ipse[9] virtute continencie vitavit
periculum anime et virtute sapiencie periculum corporis et[10] sue
et ordinis fame Ait enim   - Mea[11] karissima domina, ego lum-
bare ferreum et cilicium porto, deponam illa et[12] die crastina ad
vos veniam secundum beneplacitum vestrum - Et sic decipiens
illam a[13] dyaboli temptacione liberatus est

27'

CAPUT QUINTUM

De virtute oracio
nis [14]
De devocione circa
vulnera Christi [15]

§ I Frater quidam Teutonicus, magne vite et fame, a puericia
consueverat habere passionem Christi et eius vulnera in magna
reverencia et amore et[16] singulis diebus dicebat ad illa[17] V [18] vul
nera - adoramus te Christe et benedicimus tibi quia per crucem
tuam[19] redemisti mundum, ʺ quinque[20] venias faciendo et totidem
pater noster, rogans[21] Christum, ut daret sibi timorem suum
pariter[22] et amorem Huic autem, sicut ipse postea narravit[23], visibiliter[24] apparuit Christus dominus dans[25] de singulis vulneribus
suis[26] bibere miram dulcedinem, qua percepta omnis mundi
dulcedo et consolacio[27] in amaritudinem est illi conversa

De veneracione
Marie [28]

§ II Idem frater consueverat venerari beatam virginem[29], cor
eius quo in Christum credidit et ipsum amavit, uterum[30] quo
eum[31] portavit, ubera quibus eum lactavit, manus eius tornatiles
quibus ei servivit, et pectus[32] eius in quo recubuit, virtutum
omnium apotecam specialiter[33] venerans, ad singula faciens

1) sed om G — 2) ullum B G — 3) alta voce cepit B — 4) quod factum est notum E —
5) de eodem III add B — 6) eciam add F — 7) plurimis B — 8) mira continencia cir-
cumspecti E, nimio zelo continencie circumdati B — 9) ipse om B — 10) et om D E —
11) mi L G, om E — 12) et om F — 13) a om F — 14) tit om E — 15) iste tit om
A C D G, de memoria passionis IV B — 16) et om E, amore et om B — 17) ad illa dicebat E — 18) quinquies A — 19) sanctam E — 20) quandoque E quinque rogans (om B)
add in marg C — 21, orans A C — 22) pariter om B — 23) sicut postea ipse narravit A C
— 24) visibiliter om A C D — 25) ei add E — 26) suis om E — 27) consolacio illi in
A B C — 28) tit om A B C D G — 29) et add A C B — 30) uterum om E — 31) ipsum B
— 32) manus — pectus om G pectus — recubuit om A C — 33) venerans specialiter cum
quotidie ave B

frequenter singulas venias cum totidem ave Maria, adaptando illi[1] virtutes, quibus meruit fieri[2] mater Dei, scilicet[3] fidem, humilitatem[4], caritatem, castitatem, benignitatem et pacienciam, et rogabat[5] eam, ut eas sibi a domino impetraret. Huic autem apparuit beata virgo in sabbato quodam[6] et de singulis[7], quas[8] in veneracione habebat, propinabat[9] ei virtutes, pro quibus oraverat, sensibiliter infundens[10]. Frater igitur postposito studio vacans oracioni mira dulcedine continue fruebatur. Quod advertentes[11] fratres accusabant eum frequenter, quod[12] se inutilem ordini reddebat, non studens. Tunc frater rogavit eum[13], quod partem illius dulcedinis in scienciam commutaret, qua ad eius honorem utilis fieret[14] animabus. Exaudivit igitur illum[15] dominus et infudit ei[16] scienciam, quam prius non noverat, et modo Teotonice et Latine predicat[17] graciose, magno eciam consilio pollens.

§ III Quodam[19] fratre in Anglia, lectore et predicatore admodum devoto, in domo cuiusdam[20] militis existente, subito succensus est ignis magnus in domo, in qua[21] cenabant, deficiente autem aqua et omni humano consilio, et magis[22] ac magis igne invalescente, cum[23] socius eius cum familia discurreret et clamaret, ipse[24] in oracione prostratus ignem oracione repulit et extinxit ita[25], ut nullum eius vestigium appareret[26]. Hoc autem frater nec[27] ostendens[28] ad gloriam, nec celans ad edificacionem scripsit magistro[29] ordinis, nec alii homini[30] dixit[31].

De fratre qui evadit incendium [18]

§ IV Duo fratres, dum mitterentur ad quendam conventum et obedienciam hilariter adimplerent, contigit eos pluvie tempestate nimia[33] obumbrari, quam expavescentes nimium ceperunt ad invicem dicere - Forte non acceptat Deus[34] obedienciam nostram - Dum igitur[35] nullum viderent locum[36], ad quem divertere possent[37], venit in mentem unius miraculum, quod fecerat domi-

De fratribus qui signo crucis pluviam repulerunt [32]

---

1) illis D G illas A C — 2) fieri meruit A C D effici B — 3) videlicet B — 4) humilitatem om G — 5) rogabatque B — 6) quodam sabbato A B C — 7) et singulas quas B — 8 que G — 9) propinavit G — 10) infundens om B — 11) quo advertente E — 12) ut B — 13) dominum B E — 14) esset D, fieret utilis A B C — 15) eum D — 16) illi D — 17) predicabat E — 18) tit ex cod E miraculum V B — 19) tempore add B — 20) cuius dum — in qua om E militis om B — 21) ubi G — 22) et magis om E et igne magis A B C D — 23) et socius curreret B — 24) solus add C — 25) ita extinxit ut A B C ita quod D — 26) remaneret sive appareret B — 27 non D — 28 obstestans A C, obtestans B — 29) fordam add in marg C — 30' unquam add A C — 31) idem frater cum in via quadam semel esset admodum fatigatus vidit ymaginaria visione Christum in cruce extensum et suos se intuentes piissime confortantem add D — 32) tit ex E aliud de pluvi VI B — 33, nimia tempestate pluvie B — 34, dominus I — 35) ergo B — 36) locum viderent E — 37) possent divertere A C possent om B

nus beato Dominico *a*), pluviam ab eo et[1] eius socio removendo; et excitatus in spem et ad[2] oracionem conversus, fecit signum crucis contra tempestatem imminentem et statim[3] ad dextram et ad[4] levam se dividens[5] permisit transire fere per[6] leucam eos intactos, nec una gutta cecidit super eos, cum eam viderent ex utraque parte cadentem[*].

§ V. Miles quidam Ispanus cruce transmarina signatus, cum votum retardaret implere, in bello quodam occisus est. Qui filio suo apparens crucem gravissimam baiulans, rogavit, ut sui misereretur[8]. Filius autem eius industrius et litteratus, intelligens patrem voto crucis gravari, pro ipso crucem assumpsit. Cum igitur venisset Bononiam, ut de Brundisio[9] navigaret, invenit quosdam scolares sibi notos, qui ordinem predicatorum intraverant. Quos devote visitans, interrogatus exponit causam itineris in adiutorium patris. At illi, ut ordinem intraret[10] ortantur, promittentes anime patris eius plus proficere[11]; crucem vere[12] sic tollere, et Christum[13] et oraciones fratrum et altaris sacrificium[14] animas efficacissime ad lucem et requiem trahere sempiternam. Consensit sociis et factus[15] frater cepit devote et libenter servire celebrantibus et, ut orarent pro anima patris sui, humiliter deprecari.

Contigit autem illis diebus fratrem quendam[16], virum valde bonum ire[17] Florenciam civitatem, ubi demon[18] quidam per os cuiusdam obsessi[19] varios eventus et acta hominum referebat; qui inter cetera[20] multis astantibus[21] retulit[22], quod fratres predicatores[23] sibi suisque predicando, ad confessiones trahendo, orando, celebrando[24] multas inferebant iniurias et militem quendam Ispanum, qui in bello occisus fuerat, eorum[25] missis liberatum a penis, et de voto[26] et processu filii et[27] ingressu[28] ordinis seriatim narra-

---

1) ab add. B. — 2) ad om G. — 3) et add. E. — 4) ad om. B. — 5) pluvia add. B. — 6) per leucam abire intactos A C G; et add. B D G; eos fere per leucam abire B; intactos — cum om. E. — 7) tit. ex E; aliud miraculum 'VII B. — 8) misereatur E. — 9) Brandusio B. — 10) intret B. — 11) quam add. D E — 12) vero om. B; veram D. — 13) et Christum om. A C B; sic per se add. E; sequi add. G. — 14) et add. E; ut... traherent. B. — 15) factus om. E. — 16) Albertum add. D; Albertum nomine add. A B C. — 17) ad add. B D. — 18) eciam add. E. — 19) per — obsessi om. B. — 20) coram add. G. — 21) assistentibus A C; multis astantibus om. B. — 22) dixit B. — 23) deo et sue matri devoti add. A B C. — 24) celebrando om. E. — 25) suis B. — 26) crucis add. G; crucis et de processu filii seriatim. B. — 27) et — seriatim om. A C — 28) eiusdem ad ordinem D.

a) Hoc miraculum a S. Dominico patratum narrat b. Iordanus in suo lib. de initio ordinis; ed. Berthier, p. 31.

bat Dictus vero frater Albertus hoc audiens et nesciens premissa, verba demonis non curavit Post hoc rediit Bononiam et quadam die sedens cum fratribus, inter quos et predictus erat novicius, audivit in ecclesia[1] strepitum, eo quod quedam demoniaca fuerat[2] ad altare beati Dominici adducta Cuius occasione[3], que Florencie audierat et viderat, retulit seriatim, quod frater ille Ispanus audiens et exultans[4] in spiritu, Deo et fratribus gracias multas egit, et statum patris et causam itineris[5] et cetera per ordinem narrans in ordine confirmatus est[6]

§ VI Duo fratres Ispani, qui Parisius in theologia studuerant dum ad suam redirent provinciam, ad terram Pictavie *a)* devenerunt Cumque a mane usque ad[8] vesperam ivissent[9] afflicti[10] et fessi esurire ceperunt Erant autem prope villulam[11], in qua pauci homines et pauperes morabantur Frater autem, qui amplius erat fessus, volebat[12] ut ibi cibum quererent hostiatim, alius autem qui[13] magis esuriebat, monebat, ut ad meliorem sed ad[14] magis distantem[15] irent, ne si minus comederent, postea[16] deficerent in via Tunc qui lassus erat[17] valde, volens alium[18] consolari, ait - Nonne Deus, frater[19], potens est in villa paupercula sufficiens nobis prestare[20] convivium? - Cui alter - Scio, inquit, quod potest, sed non consuevit - Tunc alius ait - Noli timere, karissime, quia in hac villa[21] modica nobis dominus[22] necessaria ministrabit - Cumque sic loquerentur ecce castellana sancti Maxencii[23] *b)*, dives et nobilis domina, cum filio suo et familia multa[24] supervenit Que videns fratres admodum fessos, affectuosissime precepit filio suo dicens - Fili descende et amore Dei et[25] mei fratres istos predicatores[26] repausa[27]. - Qui ad mandatum eius[28] descendens pastilla optima piscibus bonis ferens[29] farsita[30],

De confidencia
Dei [7]

1) in ecclesia om D E — 2) fuerat illuc adducta B C erat D — 3) occasione om F — 4) auscultans E — 5, et introitus add D — 6, In huis ergo datur intelligi non esse ti turn vota sua differre, utile cito persolvere, posse ea in melius commutari, beneficia vivorum defunctis valere, demonis cogi quandoque vera sibi dicere, Deum suos devotos diversimode consolari solere add D — 7) ut ex cod B — 8) ad horam sextam ivissent A B C D — 9 nimis essent I — 10, fessi et afflicti A B C afflicti iam D — 11) illam A C D erat villula B — 12) volebit ire ibi ut B — 13, qui om E — 14) ad om A B C D — 15 villam add B G — 16) post G postea om B — 17 qui fessus fuerat B — 18) alium om E — 19) frater, nonne A B C frater Deus D — 20) parare A B C — 21) non add E — 22) dominus (B deus) nobis A B C D — 23) Mauricii D F — 24 magna D multa familia A C G — 25 dei et om E — 26) predicatores om D — 27 repasca E — 28 statim add A C D G qui statim ad B — 29) ferens om A C D G — 30) farsita G forsitan B

a) Poitiers — *b)* Castellum S Maxentii prope Pictavium versus meridiem

que sue matri erant parata, accepit et[1] vinum et caseum et ova, panem quoque[2] recentem et alios[3] pisces obtulit fratribus habundanter, frequenter invitans, ut oblata cum gaudio susciperent, quia pauperes Dei erant et multum laborare debebant[4], et in aliis locis vix aliqua invenirent; postquam[5] autem[6] mirabili affectu cum multis iuvenibus devotis ministraverat[7] eis, maior fratrum ait minori : « Oremus dominum[8], ut iuvenem istum, qui nobis tam devote servivit, ipse[9] custodiat et ad vitam beatam[10] perducat. » Flexis ergo genibus, dicto : *veni creator spiritus* cum *pater noster* et oracione, valedicentes iuveni et eum sepius[11] domino commendantes abierunt. Aliquanto autem transacto tempore[12], alter eorum de Ispania veniens[13] ad capitulum Parisius generale, in conventu fratrum[14] Pictaviensium[15] a) dictum iuvenem iam factum fratrem invenit, stupensque[16] ait priori : « Unde est iuvenis iste? » Cumque illum filium castellane audisset, vocavit eum et ait illi[17] : « Reducis, frater, ad memoriam, qualiter ad preceptum matris duos fratres, qui de Parisius veniebant[18] in tali loco pavisti? » — Bene, inquit, recolo et Deo gracias ago[19], quia oracionibus eorum[20] dominus[21] ad istum ordinem me[22] adduxit ». Et frater ad eum : « Ego, inquit, sum unus ex illis, qui frequenter tibi[23] oravimus vitam beatam et exitum beatum[24]; interea[25] conare, karissime, ut perseveres, et sic certe[26] pervenies ad finem beatum. »

Hec frater Egidius de Portugallia b) scripsit, vir tocius sanctitatis, qui fuit[27] prior provincialis in Ispania, fama, litteratura, et auctoritate perspicuus[28], qui fuit unus ex illis duobus.

CAPUT SEXTUM.

<small>Contra negligentes divinum officium.[29]</small> Fuit[30] in Anglia frater David, valde religiosus vir et devotus, qui in[31] infirmitate, qua obiit, raptus ad iudicium audivit beatam

---

1) et om. E. — 2) quoque om. E. — 3) pisces alios (obtulit om. E) E. — 4) quia add. B. — 5) cum add. B. — 6) autem om. D. — 7) ministravit E. — 8) deum add. B. — 9) Christus B. — 10) bonam G. — 11 et sepius eum E. — 12) ipse add. E G. — 13) veniens Parisius ad... A C D G: generale Parisius B. — 14) predicatorum add. in marg. C. — 15) in conventu Pictaviensi B. — 16) que om. E. — 17) illum et ait ei B. — 18) venientes de Parisius B. — 19) ago om. E. — 20) eorum oracionibus E. — 21) deus A C: dominus om. D. — 22) me ad istum ordinem D. — 23) tibi om. E. — 24) vitam bonam B: et exitum beatum om. E. — 25) et ecce (G : ecce) bonam vitam in te video: (bonam in te vitam video : G) conare. . D G: interea — hec om. A B C. — 26) certe sic G. — 27) eciam add. G. — 28) precipuus A C D. — 29) hec par. et seq. invenitur G. post § XVI, cap.VII, tit. om. E. pars V. de negligenciis vitalis in divino officio I. B. — 30) frater quidam, nomine David... A B C. — 31) in om. E.

a) Conv. Pictaviensis an. 1219 fund. Anal. I. p. 274. — b) De fr. Egidio vide supra l. IV, cap. III, p. 154, iufra XVII.

virginem conquerentem de hiis, qui suum officium cursim et[1] irreverenter dicebant Cui filius dominus Ihesus Christus respondebat[2] - Mittamus hunc ad fratres suos, ut premuniat eos, ne et ipsi similia committant - Rediens igitur ab extasi predictus[3] infirmus, et[4] erigens se in lecto, quod audierat[5], nunciavit, exhortans fratres, quod regine celi[6], beate Marie, horas dicerent cum maiori devocione, et hiis dictis postmodum decessit[7]

§ II In eadem Anglie provincia cum frater Ricardus[8] a) iam exanimis esset, subito clamavit[9] - Heu, heu[10] vobis, qui[11] divinum officium[12] negligenter dicitis, quia conqueruntur anime de purgatorio, quod ita tarde et tepide solvitis, quod eis debetis Et pauca superaddutis - Heu, beata virgo conquesta est filio, me presente, de vobis, quod istud modicum, quod dicitis de ea, indistincte[13] et indevoto dicitis corde, quod quasi pro nichilo deputatur[14] Ego autem audivi[15] melodiam in celo, qualem nullus nec cogitare posset in terra[16] Hiis dictis in domino obdormivit

§ III Quidam frater antiquus in ordine et conversacionis honeste narravit, quod dum[18] fratres dicerent matutinas beate virginis[19], vidit ipsam dominam nostram[20] puellis duabus comitantibus ad hostium dormitorii dicentem hec[21] - Fortiter fortiter[22], viri fortes - Hoc autem retulit prelato, ut induceret[23] fratres ad amorem beate virginis et ut[24] devocius dicerent officium eius

Quod beata Maria visitavit fratres sui officii [17]

CAPUT SEPTIMUM[25]

In conventu Lingonensi[27] b) fuit quidam frater, virgo a nativitate, qui propter suam mundiciam, quam in seculo et in claustro habuerat, non sicut moris est fratrum, bis vel ter in ebdomada[28],

De virtute confessionis [26]

---

1) et om E negligenter et cursim et B — 2) Ihesus dicebat B — 3) frater add B — 4) et om E — 5) audiverat A C — 6) celi om B — 7) negligencia defunctorum H add B — 8) Raaneus D — 9) exclamavit A C D — 10) heu om A C — 11) qui negligenter officium dicitis A C — 12) videlicet mortuorum add B — 13) distracto A C D distracto dicitis corde B — 14) reputatur D E — 15) talem add E — 16) terris hiis dictis quievit in domino B — 17) tit et B — 18) cum F G — 19) Marie add B — 20) nostram om E G nostram comitantibus puellis A C dominam nostram cum duabus puellis hoc dicentem B — 21) hec dicentem D dicentem sic L G — 22 fortiter ad om E — 23) moveret A C, moneret B D — 24) ut om E — 25) pars IV B — 26) tit om E, primum add B — 27) Litigonensi E — 28) hic pon confitebatur B

a) Iste frater Richardus forsitan est ille Richardus Nisachel (Fitzacker) Anglicus, magister in theologia, qui scripsit super omnes libros sententiarum Vide de eo Denifle Archiv II p 234 Quetif l c I, 118 obiit circa 1248, de eo infra I V, c V, § III — b) Conv Lingonensis (Langres) an 1230 fund Anal I p 269

sed in mense semel vel in quindena, confitebatur. Accidit autem,
quod[1] quadam nocte per visum ad iudicium tractus[2] est. Videbatur autem[3] sibi[4], quod[5] super montem magnum valde, videbat
sedem et supra[6] eam Christum et beatam virginem iuxta eum;
totus autem[7] mundus stabat in valle, et omnes singulariter ante
iudicem cogebantur venire; cuius sentencia alii ducebantur ad
requiem, alii ad supplicium trahebantur, alii autem ad purgatorium. Adductus autem frater ille ad iudicem[8] sentenciam accepit,
ut in[9] purgatorium iret. Tunc beata virgo intercedens pro eo ait :
« Quare fili et domine, hunc mittis illuc ? Delicatus est iuvenis
et tantas penas[10] non poterit[11] sustinere; preterea[12] mundus est
carne, et[13] de ordine, qui tot tibi et michi servicia facit ». Cui
Christus respondit : « Hoc facio, quia raro confitebatur; tamen
tuis precibus ei modo indulgeo ». Frater igitur[14] ad se reversus
hanc negligenciam correxit et fratribus multis hoc retulit*.

' 20.
De monacho quem
dyabolus traxit
per ordinem.[15]

§ II. Cum quidam frater iaceret[16] prostratus in oracione post
completorium ante quoddam altare Bononie, accepit eum dyabolus et traxit eum[17] per pedem retro usque ad ecclesie medium;
quo clamante concurrerunt[18] fratres plus quam ·XXX·, qui in
locis diversis orabant per ecclesiam; qui tractum videntes et non
trahentem, nitebantur cum[19] tenere, nec poterant. Unde perter-
riti valde plenis manibus proiciebant aquam benedictam super
eum,. sed[20] nichil proficiebat[21]. Frater autem quidam senex proiciens se super eum[22] pariter[23] trahebatur. Tandem post multa
conamina ductus est frater ante altare beati Nicolai, et[24] advenienti magistro Reginaldo unum mortale[25], quod numquam dixerat[26], confessus est, et a tractu dyaboli liberatus[27].

Sed mirum[28] de silencio, quod tunc post completorium ita stric-
tissime servabatur[29], quod in tali ac tanta vexacione nullus fuit,
qui vel verbum modicum sit locutus.

De delectacione
in cantu.[30]

§ III. Frater quidam de provincia Romana, qui[31] in seculo

---

1) quod om. E. — 2) est raptus B. — 3) enim D. — 4) sibi om. E. — 5) quod esset super...
videbat sedere supra eum .. E. — 6) super A C D. — 7) autem om. B E. — 8) purgatorium E.
— 9) ad A C D. — 10) tantam penam E. — 11) potest B. — 12) quia B; propterea E. —
13) eciam quia ordinis est qui... B. — 14) ergo A C; autem B. — 15) tit. ex B. — 16) asta-
ret E: staret A C D. — 17) eum om. G. — 18) concurrere B. — 19) eum om. E; eum pedibus B.
— 20) sed — proiciens om. E. — 21) proficiebant B D G — 22) qui add. B. — 23) penitus D.
— 24) et om. E. — 25) peccatum mortale B; mortale add. in marg. C. — 26) confessus erat
B. — 27) liberabatur E. — 28) valde add. A B C. — 29) tenebatur A B. — 30) tit. ex B. —
31) qui in cantibus et cantacionibus multum fuerat... B.

multum in audiendis et cantandis[1] secularibus cantilenis fuerat
delectatus[2], nec adverterat quod[3] confiteretur huiusmodi vanitatem[4], in infirmitate gravi positus, dictos cantus quasi continue
in aure[5] et cerebro habebat, et inde non delectacionem ut prius,
sed vexacionem et penam non modicam sustinebat Quadam ergo
die surgens de lecto, licet[6] multum gravatus ad lectum[7] prioris
sui, qui secum in eadem domo[8] iacebat, venit et sibi dictam tribulacionem aperuit, et de illis vanitatibus humiliter est confessus[9]
Cumque ab illo absolutus fuisset, statim omnis illa resonancia[10]
que resultabat in eius cerebro, ex toto recessit

§ IV Quidam frater magne auctoritatis in ordine, vite et fame
preclare in provincia Lombardie a) narravit, quod cum esset
novicius tempore beati Dominici, et[12] in[13] quadam nocte post
matutinas[14] ante altare paululum obdormisset, audivit vocem
dicentem sibi - Vade et rade iterum[15] caput tuum - Qui evigilans interpretatus est[16], quod moneretur iterum confiteri, et
melius dicere circumstancias omnes Unde ante[17] beatum patrem
Dominicum se prosternens, confessus est ei[18] omnia cum confi-
cione et maiori attencione, quam prius fecisset, qui postmodum
cum paululum recepisset quietis vidit angelum descendentem de
celo et in manu portantem coronam auream miro modo ornatam
et appropinquans posuit in capite eius Evigilans ergo[19] frater se
multum consolatum invenit et gracias egit Deo

§ V In conventu Narbonensi b) cum frater quidam infirmus
vellet confiteri priori, dixit ei prior - Frater karissime, expecta[20]
me usque post processionem, quia festum assumpcionis domine
nostre est hodie, et post statim revertar - Cui frater ait[21]
- Ideo[22] volo confiteri, quia hanc processionem ego[23] faciam cum
angelis et beata virgine, domino concedente - Confessus est igitur et post modicum obdormivit in domino

(marginal notes:)
Admonicio cuius
dam fratris super
confessione sua
facienda [11]

Quod frater deside
rabat confiteri
propter mortem
vicinam [11]

---

1) tractandis B F — 2) delicatus F — 3) advertit ut L advertebat B — 4) vanitates et
in B — 5) quasi in cerebro continue habebat B in aure add in marg C — 6) sed B —
7 ad lectum om F locum B — 8) infirmus add G — 9) confessus humiliter A C —
10) resonacio B G — 11) ut ex B — 12) et om L — 13) in om B G — 14) matutinum G
post matutinas om B — 15) istud E iterum rade D — 16) interpretabatur B — 17) altare
add E — 18) ei om A B C — 19) autem D — 20) expectans E — 21) ait om E — 22) ego
add B — 23) hanc ego D G ego om A C

a) cf Mam 1 c p 600 ad an 1220 Tempore beati Dominici novitii fuerunt Bononiae
fr Ventura et fr Stephanus Hyspanus, quorum uterque postea fuit prior provincialis Lombardiae Uni eorum hoc accidisse non est improbabile — Mon Conv Bon Anal I 397 —
b) Conv Narbonensis (Narbonne) anno 1220 fund Anal I 272.

Quod dyabolus fudit aquam benedictam [1]

§ VI In conventu Lausanie a) fuit quidam novicius, qui cum fuisset confessus plene, ut sibi videbatur[2] nocte precedente communionem videbat in sompnis, quod dyabolus staret ante illum[3] et diceret « Tu credis, te bene confessum, sed[4] certe in carta ista[5] sunt multa, pro quibus es meus » Cum autem ille[6] quereret cartam videre[7] nec dyabolus vellet ostendere, sed fugeret cum carta, visum est fratri, quod dyabolus allideret pedem ad vas aque benedicte, quod ibi erat, et cadens cartam invitus dimisit, quam frater avide elevans, inveniebat in veritate aliqua, que non fuerat confessus Et statim evigilans et illarum[8] plene recordans, ea confessus est[9], et licet dyabolus hoc fecerit[10], ut ipsum[11] in

29'

tristiciam deiceret[12], tamen Deus pius et bonus* ei hoc in bonum convertit[13] Predicta[14] confessor[15] eius, vir sanctus et dignus fide, magistro ordinis enarravit

CAPUT OCTAVUM [16].

De causis inducentibus ad ordinis ingressum, et[17] prime de consideracione leticie vane[18]

Cum magister[19] Rolandus Cremonensis b), de quo in primo libro supra facta est mencio, in festo quodam haberet de scarleto novas et[20] preciosas vestes, et in[21] sollempnibus epulis interfuisset cum sociis, et totam illam diem in ludis et vanitatibus et huiusmodi[22] vana gloria transegisset[23], in[24] sero ad se reversus et tactus a Deo intrinsecus ait « Ubi est festum, quod fecimus, et[25] leticia illa tota[26], quo abiit? » Videns ergo, quod omnis mundi leticia cito[27] transit et in dolorem convertitur, sequenti die ordinem est ingressus, in quo multis annis deservivit domino, sanctitate et fama et[28] sciencia et[29] doctrina preclarus

CAPUT NONUM

De intrantibus ex consideracione sanctitatis fratrum [30]

§ I Cum quidam magnus clericus Parisius vicinus fratribus, iacens in stratu suo nocte sabbati audisset fratres matutinas in

---

1) tit ex B — 2) videbatur confessus B — 3) eum E — 4) certe om E — 5) ista om E — 6) ille om E — 7) in carta videre E — 8) eorum E — 9) est confessus ea E — 10) fecit A C hec add D — 11) ipsum om F — 12) duceret F et ne communicaret add B G — 13) vertit E — 14) hec add B — 15) confessione E — 16) pars VII B — 17) et om G — 18) vane leticie A C vane om G — 19) frater de quo supra B — 20) ac B — 21) in om E — 22) et huiusmodi om B E — 23) transisset E exegisset B — 24) ad D — 25) in E — 26) illa tota om B — 27) cito om E — 28) et om A C — 29) ac B — 30) de intrantibus ex intuitu sanctitatis fratrum De quodam clerico Secundum B

a) Conv Lausanensis (Lausanne) circa an 1230 fund Anal I p 268 — b) cf supra lib I, cap V, § I, p 26, infra lib V, cap IV, § XIV

honorem beate virginis alta voce[1] cantantes, a Deo inspiratus[2] cepit mente revolvere et se[3] reprehendere dicens « O miser ego, quod[4] istis[5] Deum laudantibus hic volutor » Mane igitur facto[6] cum multa devocione ordinem est ingressus

§ II Cum fratres Bononie[8] post completorium duras reciperent disciplinas, quidam scolaris levis et lascivus eos per quandam aperturam inspexit[9], et unde debuit edificari, suum auxit peccatum Nam inde recedens, ad quendam socium suum venit dicens « Ego venio a magis[10] stultis hominibus, qui sunt in toto mundo, a predicatoribus scilicet, qui sicut asinos verberant se[11] et lacerant totos » Socius autem eius tactus cordis[12] compunccione rogavit eum, ut hoc ostenderet illi Qui sero sequenti[13] ducens cum ad locum « Vide[14], inquit, fatuos homines, quid faciunt? » Ille igitur non ex curiositate vel derisione, sed ex devocione intuens diligenter, compunctus ait intra se « Si isti viri sancti ita[15] se affligunt et verberant propter Deum quid faciam ego infelix[16] peccator? » Illustratus ergo a Deo[17], hac de[18] causa ordinem est ingressus

Conversio alterius [7]

CAPUT DECIMUM[19].

§ I Cum sancte memorie frater[22] Reginaldus[23] a), quondam Aurelianensis decanus, Bononie ferventer predicacioni insisteret, et plures[24] magnos clericos et magistros attraheret, magister Moneta[25] b), qui tunc in artibus legens in tota Lombardia famosus erat, visa conversione tantorum, cepit timere valde, ne caperetur in sermone illius Unde eum[26], quantum poterat, declinabat, et omnes scolares suos[27] verbo et exemplo advertebat a predicacione illius. In festo autem sancti[28] Stephani c), cum scolares

De intrantibus ex
virtu e verbi Dei [20]
De ingressu fratris
Monete [21]

1) voce matutinas B — 2) inspiratus a Deo B L — 3) ipsum add B — 4) quid B — 5) istis om E — 6) venit ad fratres et add G — 7) tit ex B — 8) Bononienses L — 9) aspexit B — 10) magnis B — 11) se verberant B E — 12) cordis om E G — 13) qui sequenti die ducens F — 14) vides E — 15) ita om E — 16) peccator infelix D, et add A C G — 17) deo E G — 18) de om A B C hac de causa om D — 19) cap VIII *add man rec in marg* G — 20) tit om F — 21) tit a nobis add , et primo de conversione magistri Monete VIII B — 22) cum sanctus Reginaldus bone memorie B — 23) Reinaldus D — 24) alios add B — 25) magister quidam qui (r — 26) cum deletur G — 27) et add E — 28) beati G sancti om B

a) De B Reginaldo vide supra I I, c V, § I p 25 I III, c IV p 102 I IV, c II p 152 — *b)* de fr Moneta, Mam I c I, p 467 ad an 1218 Quetif I, 122 Denifle, Archiv II 232 Ant Sen Bibl p 177 obiit 1235 (Berthier, p 11) — *c)* Venit B Reginaldus die 21 decembris Bononiam 1218 ubi mansit usque ad exeuntem mensem octobris 1219 proinde conversio

magistrum predictum ad sermonem attraherent, nec ipse vel
propter scolas vel propter aliud excusare se posset, dixit eis
- Eamus prius[1] ad sanctum Proculum, ut[2] audiamus missam »
Iverunt igitur, et non tantum unam, sed et tres audierunt[3] Tunc
instantibus[4] illis ait - Eamus nunc ad sermonem ». Veniens
ergo invenit eum adhuc[5] predicantem, et maiorem ecclesiam ita
plenam, quod intrare non potuit[6] Unde stans ad fores ecclesie et
Act VII 55 auscultans in primo verbo est captus, quod tale erat[7] - *Ecce,*
inquit, *video celos apertos* - Ecce, inquit, in presenti, in evidenti[8]
aperti sunt celi ad introeundum Quilibet, si vult, potest per
ianuas apertas intrare Videant et timeant miseri[9] negligentes,
ne eis, qui claudunt Deo[10] cor suum et os, et manus, regnum
celorum claudatur, et introire non possint Quid igitur[11], karissimi, tardatis? Ecce aperti sunt celi - Finita ergo predicacione
venit ad eum predictus magister[12] compunctus[13] verbo Dei, et ei
statum suum et occupaciones exponens, in manibus eius[14] pro-
30 fessus est, et quia erat multipliciter impeditus de licencia* ipsius
fratris Reginaldi, per annum et amplius remansit in habitu seculari, non inutiliter tamen, sicut enim multos prius ab eius predicacione averterat, sic postea quam plures non solum ad
predicacionem, sed eciam ad ordinem adduxit[15] Trahebat[16]
illos[17] ad sermones[18], et modo hunc[19] modo illum ad ordinem
inducebat, et cum[20] singulis quasi de novo profitebatur[21] Ingressus autem[22] ordinem, qualis in omni sanctitate fuerit, quantum in
verbo et doctrina et heresium confutacione profecerit a), non de
facili scribi posset

De ingressu fratris
Humberti 25 § II Frater quidam b), qui magnum locum tenuit diu[24] in

---

1) primum A C — 2) et G ut audiamus unam B — 3) audieit B hoc autem faciebat, ut
deduceret tempus, ne inti assent sermoni add A B C — 4) astantibus B E G — 5) venit et E
igitur A C — 6) poterat B — 7) est B — 8) tempoie add B — 9) negligentes miseri E G
— 10) deo claudunt B G — 11) ergo tardatis B ergo tardatis carissimi A C — 12) magister
predictus A C G magistei Moneta D — 13) deo et add E — 14) eius om E suis B —
15) deduxit E — 16) enim add D — 17) eos A C G — 18) sermonem B D — 19) et add E
— 20) de E — 21) profitebatur de novo A C — 22) igitui A B C — 23) tit a nobis add de
ingressu alterius fratris V B — 24) diu om A B C diu tenuit G

fi Monetae locum habuit die 26 decembris festo S Stephani ingressus est proinde ordi
nem vel circa finem anni 1219 vel initio an 1220 — a) - Moneta scripsit summam quandam
perutilem ad fidei catholicae defensionem et haereticae pravitatis extirpationem contra
haereticos Cathaios etc incipit Tempus faciendi Domine etc - et dicitur Summa Monetae
Totam quoque Logicam dilucide tradidit brevi compendio propter minus eruditos - Ant
Senens Bibl p 177 — b) Ut ex chronico constat (ad annum 1254) hic sermo est de fi Hum-

ordine, cum missus fuisset satis iuvenculus Parisius ad scolas et tunc vidisset[1] ordinem fratrum predicatorum exsurgere, et memor esset ordinis Karthusiensis[2], cuius ordinis[3] fratres solebant recipi[4] in domo patris sui frequenter, in oracionibus suis petebat a domino, ut concederet sibi mori in ordine karthusiensi vel fratrum predicatorum Licet autem[5] ex dono gracie divine caveret a multis peccatis et propter spem salutis interdum portaret cilicium occulte et aliquas elemosinas faceret, et ad officium divinum in festis, et quasi omni die ad ecclesiam beate virginis, et ad sermones quasi semper et libenter veniret, tamen nec ad predicacionem magistri Iordanis[6], qui tunc multos commovebat[7] nec alicuius alterius ad ordinis movebatur[8] ingressum Cum autem, postquam reverat in artibus, audiret iura[9] canonica, interdum in mane, sociis suis nescientibus, ibat ad scolas theologie Contigit autem in quodam die festo, auditis vesperis in ecclesia sancti Petri de Bobus[10], in cuius parochia tunc[11] morabatur, recedentibus scolaris aliis, ipsum remanere ad vigilias mortuorum Cum autem ventum esset[12] ad lecciones dicendas, incepit capellanus ecclesie dicte[13], qui satis simplex homo videbatur, sed bonus, ipsi loqui in hunc modum, - Karissime, estis vos parochianus meus? – At ille respondit – Domine, moror in tali domo - Eo sacerdos - Bene, ergo estis parochianus meus, et ideo volo liberare animam meam de vobis - Et post[14] « Scitis vos, quid[15] promisistis[16] domino in baptismo? - At[17] ille « Et quid promisi ego? - Et sacerdos - Vos, inquit, promisistis, vos abrenunciare sathane et omnibus pompis eius[18] - Sacerdoti enim vos baptizanti et querenti – abrenuncias sathane et[19] pompis eius? – ille qui vos portabat[20] et loquebatur pro vobis, respondit pro vobis - Abrenuncio - At ille - Quare dicitis vos hec[21]? » Et

---

1) vidisset tunc A C G — 2) carthusiensis ordinis L cysterciensis D — 3) ordinis om B — 4 recipi om E reperiri D — 5) enim B — 6) Iordanis magistri E — 7) commovebat ad ordinis ingressum E — 8) monebatur D — 9) canonica iura in E — 10) de bobus om B — 11) cuius hunc parochia A B C — 12) est A C G — 13) dicte ecclesie B G — 14 pauca add A C — 15) quod D — 16 vos add A C — 17) et G — 18) eius Ille enim qui portabat vos et loquebatur pro vobis, respondit pro vobis sacerdoti vos baptizanti et querenti Abrenuncias Abrenuncio B — 19) omnibus add G — 20) portavit E — 21) autem add F G

berto, qui fuit prior provincialis Franciae ab anno 1244-1254 1254 electus est mag ord efi quae P Berthier scribit de eo in praefatione ad B Humberti de Romanis opera de vita regulari Vol I, p 1-25 Romae 1888

sacerdos : « Karissime, propter hoc, quia[1] multi scolares sunt[2], qui multum se cruciant ad crucibulum[3] et multa[4] sustinent longo tempore Parisius in[5] studendo, et tamen totus finis studii eorum[6] non est nisi pompa sathane ». Dicunt enim in corde suo : « Quando studueris Parisius et magister fueris[7] in ista et in illa facultate, rediens ad terram tuam, eris famosus[8], reputaberis magnus clericus, honoraberis ab omnibus[8], dabuntur tibi beneficia, ascendes ad dignitates, et huiusmodi »; et quid est hoc[9] nisi pompa sathane? Karissime, caveatis vos a tali intencione in studio vestro, · et videte, quomodo multi et magni[10] magistri et clerici relinquunt mundum et[11] intrant ad sanctum Iacobum, advertentes nunc[12], quod fere[13] omnia, que sectantur homines in mundo pertinent ad pompam sathane ».

Cum autem hec diceret sacerdos, ecce finita leccione una, clericus incepit responsorium[14] : *heu michi, domine, quia peccavi nimis in vita mea; quid faciam miser, ubi fugiam* nisi ad te, Deus meus*; et sic verbum sacerdotis ex una parte, et cantus clerici predictus[15] ex alia, quasi due[16] tube intrantes ad cor eius, commoverunt[17] eum in quandam inusitatam compunccionem et habundanciam ·lacrimarum. Recedens ergo[18] inde, quocumque ibat et ubicumque[19] stabat, gestabat verba predicta infixa[20] in visceribus, et precipue id[21] verbum responsorii predicti : *quid faciam, miser, ubi fugiam?* Cum autem hec[22] revolveret quasi continue in corde[23], videbatur sibi[24] quedam vox in anima sua respondere : « Non est, quo fugias, nisi ad sanctum Iacobum ad fratres predicatores ». In illis autem diebus, cum more solito iret ad beatam virginem ad orandum[25], tanta[26] data fuit ei[27] multociens gracia compunccionis et devocio lacrimarum et affeccio cordis inconsueta, quod ultra modum[28] desipiente sibi mundo[29] post pau-

· 30'.

1) quia propter hoc E: propter hoc om. B. — 2) sunt scolares G: Parisius add. B. — 3) crubiculum E; crucibulum om. B. — 4) multi E. — 5) in om. E. — 6) eorum studii E; se cruciant et multa sustinent in studendo et totus... B. — 7) fueris magister D G; et... fueris add. in marg. C: Parisius in ista vel illa facultate eris famosus, rediens ad terram tuam eris magnus... dabuntur tibi dignitates et... intencione et studio... B. — 8) et add. E. — 9) hoc om. E. — 10) et magni om. A B C; et om. D. — 11) et om. E; Iacobum om. D. — 12) nunc om. B D. — 13) quod omnia que sequuntur B. — 14) officium mortuorum resp. IV, scilicet add. B. — 15) predictus om. B E. — 16) due om. B. — 17) commovere B. — 18) ille add. E. — 19) quocumque B. — 20) infixa om. B. — 21) illud D G; id om. A C; verba... predicta B. — 22) hec om. B E. — 23) revolveret in corde cotidie B. — 24) sibi om. E. — 25) adorandam B D G. — 26) tanta om. E. — 27) ei om. E; data fuit gracia B. — 28) modum om. D E G. — 29) despiciens sibi mundus E.

cos dies ivit ad fratres sibi notos ad[1] sanctum Iacobum et ordinavit cum eis[2] de ingressu suo[3] post solucionem debitorum quorumdam. Interim[4] autem locutus est domino Hugoni a), qui factus
est postea cardinalis[5], qui fuerat magister suus, et revelavit ei
propositum suum, confidens[6] quod eum non impediret, quia bonus
homo erat et bachelarius iam in theologia[7]. Quo audito ipse
gracias Deo[8] agens confortavit[9] eum dicens : « Sciatis, magister,
quod ego[10] hoc idem proposui, sed non possum statim intrare,
quia habeo expedire quedam negocia[11], sed intrate secure, et
sitis certus, quod ego vos sequar. »

In festo igitur beati Andree b) ipse, et dominus Hugo in
sequenti XL in cathedra beati[12] Petri c) ordinem sunt ingressi.

Narrant autem multi, qui adhuc supersunt de villa d) predicti[1]
fratris, quod, cum mater sua peperisset eum et hoc denunciatum
fuisset patri suo oranti tunc in ecclesia, eo quod uxor sua[14] laboraverat[15] in partu, tanto gaudio perfusus est, quod, sicut dixit[16],
numquam[17] de aliquo filio[18] vel filia, quamvis multos habuerit,
tantum[19] gaudium habuit, licet iste fuerit[20] ultimus inter omnes.

Porro quidam frater eius germanus, qui Bononie et Parisius
studuerat[21] in iure[22] canonico, antegenitus, qui eum multum
dilexerat, eius exemplo commotus, intravit ordinem Carthusiensium[23], illum complexioni sue magis reputans competere[24] quam
nostrum. In quo videtur eius[25] peticio supradicta cum augmento
completa, dum ipse in[26] nostrum[27], frater vero suus, qui unum
cor erat cum eo, ordinem Carthusiensium[28] intravit, ubi[29] sanctissime vixit[30].

§ IV. Tempore e) quo[32] beate[33] memorie magister Iordanis

De intrantibus ex
virtute predi-
cacionis magistri
Iordanis.[31]

1) apud E G. — 2) cum eis om. B. — 3) suo om. B; suo ingressu A C. — 4) intantum E;
autem om. B. — 5) Hugoni cardinali qui fuerat B. — 6) fidens E. — 7) sacre theologie B.
— 8) agens Deo G; egit Deo B. — 9) confirmavit A C; confortans eum et B. — 10) quia et
ego idem B; ego om. E; et ego A C. — 11) domini mei Wilhelmi de Sabaudia, cum quo
sum nunc, sicut scitis add. D. — 12) sancti B E. — 13) dicti B. — 14) sua add. B E. —
15) laboraret A C; laborabat D G. — 16) ipse retulit A. — 17) aliquando C. — 18) de filio
aliquo E. — 19) numquam gaudium (tale) A C. — 20) fuerit iste E. — 21) studuit A C.
22) autem add. E. — 23) carthusiensem B G; introivit B. — 24) competere om. E. — 25) ipsi
G; ipsius B. — 26) in om. B G — 27) in tantum E. — 28) carthusiensem B G. — 29) in quo G.
— 30) et usque hodie vivit add. G. — 31) conversio magistri Qualteri. VI. B; tit. a nobis add.
— 32) quodam E. — 33) sancte B.

a) De fratre Hugone cf. infra in chronico ad an. 1254; supra lib. I, c. V, § V. — b) Festum
S. Andree 30. novembris; annus ingressus eius 1225. — c) Celebratur hoc festum die 22. febr.:
ingressus est proinde Hugo 1226. — d) i. e. de Romanis (Romans) in Burgundia. — e) Predicavit B. Iordanus anno 1229 et 1231 Vercellis; prima vice isti XIII sunt ingressi ordinem.

predicabat Vercellis, nam tunc studium ibi erat, in paucis diebus · XIII · magnos clericos[1] et litteratos traxit ad ordinem. Erat autem ibi magister Gualterus[2] Teutonicus, regens in artibus et[3] in medicina valde peritus, qui conductus erat magno salario[4] ad legendum. Hic[5] audiens magistrum Iordanem[6] venisse ait sociis et[7] scolaribus suis : « Cavete, ne eatis ad predicacionem eius, neque verba eius audiatis aliquando[8], quia[9] sicut meretrix polet sermones suos, ut capiat[10] homines ». Sed mira res et a domino facta; quia[11] qui alios retrahebat ab eo[12], ipse primus[13] captus est in sermone illius, immo verius Dei; et cum sensualitas misera vellet eum ab ordinis ingressu[14] retrahere, claudens utramque manum pugnis quasi calcaribus percuciebat latera sua dicens sibi : « Tu ibis illic, vere tu illic ibis ». Venit ergo et receptus est et fuit ibi[15] multis exemplum salutis.

§ IV. Fuit eciam[17] ibi quidam[18] alius magnus clericus in iure peritus[19] qui audiens ingressum · quorumdam scolarium amicorum suorum, oblitus librorum, quos ante se tenebat apertos, quos nec eciam[20] clausit, oblitus eciam[21] omnium, que in domo sua habebat, solus quasi amens[22] factus cursim festinabat ad fratres. Cum autem obviasset cuidam sibi noto, et quereret[23], quomodo sic solus currebat[24], non sistens[25] gradum, hoc solum respondit : « Ego vado ad Deum ». Venit[26] autem ad locum, ubi se receperant fratres quia nondum domum ibi habebant, et inveniens magistrum Iordanem et[27] fratres congregatos, proiecto quodam mantello serico, prostravit se in medium quasi ebrius, nichil aliud dicens nisi hoc : « Ego sum Dei[28] ». Magister autem[29] Iordanis, nulla alia facta examinacione vel responsione[30] premissa, hoc

· 31.
Conversio cuiusdam
magni in iure
periti.[16]

---

1) scolares A C. — 2) Gualterius E; Galterus C; Walterus A; de eo infra l. IV. cap. XXV, § II. — 3) et physice peritissimus. A. — 4) stipendio A. — 5) qui A B C. — 6) Iordanem om. B. — 7) sociis suis cum scolaribus D. — 8) aliquando om. E. — 9) qui A B C. — 10) ad capiendos B. — 11) quia om. E. — 12) retrahebat alios B. — 13) prius B. — 14) ab ordine B. — 15) ibi add. E: et fuit — salutis om. B. — 16) tit. ex cod. B. — 17) eciam om. B. — 18) quidam om. A C. — 19) et in iure peritus E. — 20) eciam nec E. — 21) eciam om. B. — 22) amens fecit cursum et festinabat. E. — 23) interrogetur B. — 24) curreret B. — 25) figens E. — 26) veniens A C D. — 27) et om. D E. — 28) ego sum dei add. B G. — 29) autem om. A C E. — 30) reprensione A C.

Inter alios quos traxit ad ordinem fuit optimus et probus theutonicus magister Godescalcus, canonicus Traiectensis, et quidam alius theutonicus, canonicus Spirensis, studens in iure canonico, qui erat rector theutonicorum Vercellis. — Lettres du B. Jourdain de Saxe. Cit. a P. Denifle : Die Universitaeten des Mittelalters I, p. 290 ss. — cf. et Denifle Cartul. l. c. p. 131 ubi invenitur ep. B. Iordani quam scribit fr. Stephano, provinciali Lombardiae, de fructu praedicationis suae Vercellis habitae. — De studio Vercellensi lege Denifle l. c. p. 290.

solum respondit - Ex quo sitis Dei et nos in nomine eius consig-
namus[1] vos ei[2] - Et surgens induit eum Hec autem duo narravit, qui interfuit[3] illis, et hec vidit et audivit et unus de illis
fuit

§ V Duo scolares *a)* Parisius fuerunt[5], qui cotidie officium beate De ingressu fratris
Iordanis et Henrici[4]
virginis[6] dicebant, quorum unus habebat propositum intrandi
ordinem predicatorum, et socium sepius[7] ad idem inducebat Cum
autem die quadam[8] dicerent vesperas beate virginis, subito ille[9],
qui non habebat propositum, tanta devocione compunctus est,
tantoque lacrimarum imbre perfusus[10], quod se non poterat sustinere In qua devocione sensit cor suum in melius inmutatum
et completo officio dixit socio suo - Amodo non contradicam
tibi, quoniam[11] veniam ad illam bonam[12] societatem, ad quam me
tociens invitasti[13] - Ex condicto igitur iverunt illa[14] nocte ad
matutinas ad ecclesiam maiorem[15] beate Marie Erat autem[16]
secunda dominica adventus Auditis igitur[17] matutinis devote,
contulerunt ad invicem, in[18] quo magis fuissent affecti Unus
ergo ait - Multum commotus sum in exposicione beati Gregorii
super evangelium - *Erunt signa*[19] - Alius autem dixit « Ego
autem[20] multum[21] consolatus sum[22] et commotus in responsorio
illo[23] *docebit nos*[24] *vias suas* et cetera, et maxime in versu, qui
ait[25], ut michi videtur *Venite, ascendamus ad montem domini*[26]
et ad montem[27] *Dei Iacob*, ad litteram enim videtur, michi[28] quod
invitat nos dominus, ut intremus[29] domum sancti Iacobi, que
domus Dei est, et in monte sita - Intraverunt igitur, et sanctissime conversati sunt

§ VI Frater Petrus de Lucinis[31], vir magne sapiencie[32] et De ingressu fratris
Petri de Lucinis[30]
auctoritatis preclare, cum adhuc existens in seculo frequenter de

---

1) assignamus B C — 2) Deo A B C — 3) interfuit et fuit unus ex illis B — 4) tit a
nobis add , quomodo studentes Parisius intraverunt ordinem VIII B — 5) fuerunt Parisius A C D — 6) Marie *loco* virginis A B C — 7) sepe B — 8) quadam die B G — 9) ille
om E — 10) est add E G — 11) quin iam D — 12) beatam A C — 13) et add E — 14) ea
B — 15) maiorem om B — 16) que B — 17) autem B — 18) et F — 19) *evangelium
erunt signa est de prima, non de secunda dominica adventus, homiliam vide Brev Ord
Pr p 93* — 20) autem om B G — 21) dixit add B E — 22) sum om B — 23) *resp* VIII
dom II*e adventus, pariter et versiculus* Is II 3) — 24) vos G, dominus add B — 25) nobis
add A C — 26) dei A C — 27) domum D G — 28) michi om E — 29) in add E —
30 quomodo fr Petrus de Querens intravit ordinem IX B tit a nob add — 31) Quirinis
C D G Quarnis E — 32, sciencie G

a) De ingressu B Iordanis et fr Henrici de quibus hic est sermo cf quae ipse B Iordanis
scribit in suo libello de initio ordinis (ed Berthier p 21)

ingressu ordinis cogitaret, propter quandam[1] sapienciam, qua pollebat, differebat de die in diem, deliberans et multum circa hoc cogitans diversa consilia[2] pertractabat. Factum est autem, dum quodam sero dicendo[3] completorium de beata virgine prose-

Ps. 12.

queretur illum psalmum : *Usquequo[4] domine, oblivisceris me in finem; usquequo avertis faciem tuam a me*, et diceret[5] sequen-tem : *Quamdiu ponam consilia in anima mea*, subito tantus impetus compunccionis et lacrimarum in eum irruit, quod plus nichil potens[6] dicere, corruens se prostravit[7] et dimissis[8] habenis lacrimarum[9], hoc solum volvebat et revolvebat[10] in corde : *Quamdiu ponam consilia in anima mea*[11]; *usquequo exaltabitur inimicus meus super me*; *respice et*[12] *exaudi me, domine deus meus; illumina oculos meos*[13], *ne umquam obdormiam in morte*. Et sic[14] completorio completo[15] noctem transiens[16], remota dila-cione, ordinem intravit in brevi.

De intrantibus ex consideracione penarum presen-cium vel futura-rum.[17]

· 31ᵛ

CAPUT UNDECIMUM.

§ I. Frater Guerricus[18]*a*), qui diu[19] in diversis locis sectatus studia in logicalibus[20] et quadrivialibus· et naturalibus et in medicina et excellenter in ordine post[21] rexit[22] in theologia Pari-sius[23], retulit sui introitus ad ordinem hanc causam fuisse. Semel

Gen. V, 3.

enim dum audiret legi in ecclesia : *Vixit Adam centum*[24] *tri-ginta annis et mortuus est* et cetera[25], que sequuntur de morte[26] illorum, qui tantum vixerunt, stupefactus et perterritus et com-punctus[27] ait : « Deus meus, omnes[28] moriuntur eciam illi, qui tantum vixerunt. Quid faciamus[29]? et nos eciam moriemur ». Hac

---

1) quandam om. B. — 2) in corde suo add. G. — 3) quodam dicente B. — 4) usquequo — et diceret om. B. — 5) diceret frequenter versum A B C. — 6) nichil plus poterat C; valens A. 7) prostravit hoc solum volvens et revolvens cum lacrimis : Quamdiu... A. — 8) diversis alveis lacrimarum C. — 9) lacrimis D. — 10) et revolvebat om. E. — 11) quamdiu — mea add. A C G. — 12) respice et om. A C G. — 13) meos om. A C; et cetera add. D; ne — morte om. D. — 14) in add. A C; completo completorio G. — 15) completo om. A C. — 16) tran-siens ordinem intravit in brevi remota dilacione B. — 17) tit. om. E; conversio fratris Guer-rici subtilis magistri. X. B. — 18) Guericius E. — 19) et add. A C G. — 20) loicalibus D; studia et in... B; legalibus E. — 21) postea E. — 22) rexit om. A C. — 23) Parisius om. E. — 24) nongentis om. E; nongenta A B C. — 25) iterum E; et cetera om. B. — 26) mortibus D E G. — 27) et compunctus om. D E. — 28) qui add. E. — 29) faciemus B E G.

a) De fr. Guerrico de S. Quintino, Flandrensi vide infra l. IV, cap. XIII, § XI; l. V, c. IV, § XII. — Denifle, Archiv. II, p. 206; Cartul. Univ. Paris. I, p. 158; Quetif. I, 113; Cantiprat. l. c. p. 58; Mam. l. c. p. 627; Année Dominicaine, avril, p. 336; obiit 1250.

ergo[1] utili et[2] sancta cogitacione compunctus ordinem intravit, cuius vita quam sancta et[2] doctrina quam utilis et clara fuerit[3], notum est toti ordini[4] et ecclesie Dei[5]

§ II Fuit quidam frater[6] Florencie a), nomine Octavianus[7] nobilis genere, sed nobilior moribus, in[8] oracione devotus[9], predicacione graciosus, qui sue conversionis[10] retulit hanc causam fuisse Cum studeret Bononie, contigit eum cuidam funeri[11] interesse, et[12] cum[13] corpus traheretur de feretro, ut in tumulo poneretur, videns caput dependens, et quod quasi res inanimata et[14] vilis et fetida sub terra cito abscondebatur, compunctus et inspiratus a Deo mortis memoriam et timorem concepit, unde ordinem est ingressus et vitam[15] consummavit in eo[16]

§ III Frater[17] quidam valde nobilis et[14] nepos cuiusdam cardinalis cum iuvenculus a patruo[18] suo b) cardinali missus[19] fuisset Parisius et a sancte memorie magistro Iordane[20] induceretur, quod ordinem intraret, et[21] a quodam magno clerico retraheretur[22], cumque[23] illi promisisset, quod non intraret, prius quam ei super hoc iterum[24] loqueretur, quadam die ivit ad locum, in quo ille manebat, ut[25] ei suum denunciaret ingressum; et hoc eciam[26] de licencia magistri Iordanis[27], qui dixerat, quod confidebat in Deo, quod non subverteret eum[28] Cumque[29] eum diucius quesisset[30], ecce invenit eum defunctum in medium[31] chori cuiusdam abbacie Parisiensis iam delatum Unde ex subita illius morte[32] magis accensus[33] quod conceperat[34] complevit devote

Hic autem[35] tante constancie et fervoris fuit in suo noviciatu, quod cum data fuisset audiencia magistro suo[36], ut loqueretur

---

1) vero E, igitur B D — 2) et om B G — 3) fuit D E — 4) ordini et om E — 5) conversio Octaviani XI add B — 6) quidam Florentinus B — 7) nomine Octavianus om E G Octavanis C — 8) et E — 9) et add E — 10) conversionis causam retulit A B C, causam hanc G — 11) cimiterio E — 12) et om E G — 13) cum B E — 14) et om B — 15) sanctam add B G — 16) conversio cuiusdam clerici add B — 17) frater Iohannes de Columpna (A add Romanus) cum iuvenculus A C D, dum frater B — 18) iuvenculus om E, cardinalis missus fuisset Parisius cum iuvenculus B — 19) fuisset missus E — 20) Reginaldo B — 21) et om B E G — 22) retrahebatur B E D G — 23) autem E, que om B — 24) iterum om B — 25) ut scilicet illi denunciaret suum ingressum quod eciam E — 26) autem A C — 27) Reginaldi qui dicebat B — 28) eum om G — 29) et ecce invenit G quem cum B — 30) quesisset diucius A B C — 31) medio B D E — 32) ipse add G iam add B — 33) est et add E — 34) promiserat E — 35) et E et fervoris om E devocionis D — 36) seculari add E

a) De conv Florentino vide chronicon ad 1219 et lib I, c V, § I — b Ingreditur fr Iohannes an 1226 (Mothon I c p 57), de eo vide Quetif I, 148 Bull Ord I, p 230, 411 415 obiit anno 1290 archiep Messanensis existens cf supra I, c V, § IIIb — De patruo eius Card Ioh Columna vide Ciaconius l c p 543

coram fratribus multis[1], adeo confudit eum in suis responsis[2], licet multum esset iuvenis, quod ille stupescens[3] abscessit.

Misit autem papa Gregorius[4] ad instanciam avunculi sui litteras preceptorias, ut veniret ad eum, et preceptum super hoc ad prelatos ubicumque inveniretur. Sed ille[5] hoc presciens cum fratre quodam fugit[6] per diversa loca[7] per Franciam, per[8] Teutoniam latitans ne posset inveniri, nec aliquis eius occasione excommunicacionem incurreret[9]. Quantos[10] autem labores[11], quantas paupertates[12] sustinuit sic usque ad tempus sue professionis, quis[13] sufficeret enarrare? Erat autem mirabile, quod interdum nuncii querentes eum cum litteris papalibus et sentenciis[14] erant in eadem domo[15] cum eo nec eum poterant invenire.

CAPUT DUODECIMUM.

De intrantibus ex consideracione penarum presencium vel futurarum.[16]

§ I. Quidam doctor[17] grammatice apud Novariam a), urbem Italie, cum vovisset se predicatorum ordinem intraturum et iam certum diem[18] assignasset[19] apud Mediolanum fratribus, retractus[20] a scolaribus et seculi vanitate, ivit ad villam aliam, ut ibi doceret[21], ne fratres tam frequenter videret. Sed eodem[22] die, quo prevaricatus est pactum[23], visum perdidit et sic per tres dies permansit. Tandem peccatum cognoscens et confitens visum recepit et ordinem intravit, et in eo[24] devote[25] permansit[26].

- 32.

§ II. Fuit quidam scolaris Bononie nimium delicatus, de quo[27] semel, secundo[28], tercio visum est* cuidam fratri[29], quod si[30] moneretur ordinem intraret. Venit ergo ad subpriorem fratrum[31], qui eius compatriota erat et quod[32] viderat, revelavit; ille autem respondit : « Diviciis et deliciis plenus vix poterit deserere vicia

1) multis om. A B C. — 2) responsis suis E ; responsibus B. — 3) stupefactus cum suis A B C; ille cum astantibus stupefactus abscessit. G. — 4) Gregorius papa E. — 5) ipse B D. — 6) fugiens E. — 7) pro Ihesu add. E. — 8) in E. — 9) incurreret excom... E. — 10) quot B C G; quod D. — 11) et add. A E. — 12) quantam paupertatem A ; paupertates sic sustinuit per biennium quis posset enarrare? E. — 13) posset et add. G. — 14) et sui avucunculi erant in E. — 15) domo erant A C D G. — 16) tit. om. E; quod quidam intrans ordinem prius amiserit visum. XIII. B. — 17) doctor om. A C. — 18) cum certum assiguavit diem apud... B; diem om. G.— 19) fratribus om. A B C ; fratris apud Mediolanum G. — 20) retentus A B C. — 21) doceret ibi A C. — 22) ea B ; eadem G. — 23) pacto E. — 24) eodem A C. — 25) devotus D E. — 26) quod quidam iuvenis nolebat audire de deo, sed post venit ad ordinem. XIIII. add. B. — 27) de quo om. E. — 28) et add. E. — 29) cuidam fratri om. A B C D G. — 30) quod E. — 31) frater A C. — 32) et sibi quod D: ter add. A C G.

a) Novara non longe a Mediolano.

adolescencie sue ᵕ Cumque frater omnia possibilia Deo assereret, cogitans supprior, quod res a Deo[1] fieret, ivit ad domum illius Sed cum intraret cameram et eius[2] delicacionem in lecto et vestimentis[3] attenderet, expavit nec[4] voluit sibi aliquid loqui. Sed[5] scolaris timens, ne ipsum ad ordinem inducere vellet, ait Frater[6], si vultis michi aliquid dicere, nolo audire, nisi promittatis michi, quod nichil de Deo dicetis ᵕ Tunc supprior respondit « Loquamur[7] de patria et de[8] parentibus nostris[9], et in fine tantum[10] duo verba de Deo dicam[11] ᵕ Qui ait « Bene, sed cavete[12], quod non plura dicatis ᵕ Cum igitur diucius familiariter fuissent locuti[13], surgens supprior ait « Recedo, sed illa duo verba, que promiseram dico Scitis vos, domine[14], qualem lectum[15] habebunt in alio seculo, qui non penitent in isto? ᵕ Respondit « Non ᵕ At[16] ille - Isayas propheta[17] ostendit dicens . *Subter te sternetur tinea, et operimentum tuum erunt vermes* - Et exponens ei verba, licenciatus ab eo redit[18] ad conventum Ille autem in tanta meditacione remansit[19] istarum tinearum et vermium, quod nichil aliud poterat cogitare[20], quam cogitacionem per ludos et solacia et[21] risus[22] volens removere[23] non poterat, sed magis ac magis ei illabebatur[24]. Sicque amaritudinem, quam ex hoc senciebat ferre non sustinens[25], post dies aliquos ordinem intravit, eligens in lecto duro et paupere residuum vite transire, ut post mortem in celum[26] portaretur ab angelis[27], magis quam hic lascive in stratu suo et postea sepeliri in inferno cum tinearum et vermium corrosione perenni[28] quorum hic nec cogitacionem[29] per dies aliquot[30] potuit tolerare[31].

§ III. Narravit bone memorie magister Iordanis de quodam iuvene nobili, pulcro et delicato, quod cum intrasset ordinem predicatorum, suadebatur sibi a quodam magno[32] et litterato et

1) domino A C G — 2) eius om B — 3) vestimentisque B — 4) nec de huiusmodi voluit aliud (A aliquid sibi A B C — 5) et add G — 6) fratri B frater om E — 7) loquemur A C D — 8) de om G — 9) vestris A C — 10) et tantum in fine sermonis nostri B — 11) vobis add D, vobis dicam de Deo A C — 12) vobis add B — 13) locuti diucius A C G — 14) Recalde add A C — 15) locum C — 16) ait A C — 17) propheta om E, Isaias propheta om B — 18) redit B G — 19) mansit B — 20) cogitare per ludos vero et solacia et risus sociorum volens amovere a corde et non poterat B — 21) et om G — 22) ac risum (G risus) sociorum A C G, per risus et solacio et ludos sociorum volens D — 23) amovere C D G, a corde add G — 24) invalescebant B — 25) prevalens B — 26) potaretur in celum E — 27) angelo C — 28) corrupcione om perenni E — 29) cogitaciones E — 30) aliquos D E — 31) sustinere E conversio alterius iuvenis delicati in seculo XV B — 32) magistro add F

amico parentum suorum, ut ordinem exiret, dicebat « Melius est, ut[1] modo exeas sine peccato et nota[2], quam postea, cum[3] tu, qui tenerrimus es, tam durum ordinem[4] non poteris[5] tolerare » Cui iuvenis ille respondit « Causam, quam vos[6] michi allegatis[7] ad exitum[8], hanc ego[9] scio fuisse motivum ad meum ingressum Cogitavi enim[10] apud me dicens, si nullam asperitatem sustinere possum[11] in seculo, quomodo illas penas intollerabiles et invariabiles[12] sustinere[13] potero in inferno? Ideo decrevi istam[14] in presenti sustinere asperitatem, ut in alio seculo eternam non paciar, sed[15] cum pauperibus[16] pauper hic, ut[17] sim dives in regno celorum »

CAPUT DECIMUM TERCIUM.

De intrantibus ex speciali revelacione sibi facta [18]

§ I Frater Iacobus, prior quondam Bononiensium[19] fratrum[20] predicatorum, retulit pluries fratribus, quod quidam advocatus magnus[21] et ipsi[22] valde dilectus, habuit sibi socium[23] karissimum, qui cum ex infirmitate iam esset ad mortem, rogatus ab ipso promisit ei, quod infra XXX^{um} diem[24] ad ipsum[25] veniret Obiit[26], et cum[27] instaret XXX^{us} dies, apparuit ei, et interrogatus, qualiter sibi[28] esset, respondit, se in purgatorio esse Interrogatus de pena respondit « Si montes et omnia visibilia hec arderent, meo[29] non possent equiparari ardori[30] » Interrogatus, si in purgatorio esset remedium, respondit - Habemus interdum, sed magnum detrimentum paciuntur anime[31] modo propter guerras[32] inter papam et imperatorem a), quia eis multa per[33] interdictum suffragia subtrahuntur,* et cotidie multe anime evolarent, si misse solite dicerentur - Interrogatus an[34] pax futura[35] esset, re-

'32'

---

1) quod E ut exeas modo D — 2) et nota om B — 3) cum enim tu tenerimus sis tam   A — 4) ordinis E — 5) certe add A C — 6) vos om A B C — 7) assignatis D — 8) exeundum B — 9) ingressum fuisse D — 10) enim om E — 11) possum sustinere A C D — 12) inenarrabiles A B C G, inenumerabiles D — 13) sufferre D G — 14) istam om D E — 15) et cum pauperibus esse pauperem hic ut sim   A C — 16) Christi esse add B — 17) ut om E — 18) tit om D E, pars octava de spiritualibus revelacionibus fratrum Primum B — 19) Iacobus quondam prior Bononie fratium   D — 20) fratium om B — 21) magnus om G — 22) ipse A C — 23) socium sibi A C G valde add B — 24) XXX dies E — 25) veniret ad eum B — 26) autem add A C — 27) iam add D G — 28) ei E — 29) in eo E meo om A G modo B — 30) eo comparari A C — 31) anime om E, nostre add B — 32) guerram E, propter papam et imperatores discordantes quia   B — 33) propter A C D, per interdictum om B — 34) si A B C — 35) esset futura D

a) Gregorius IX an 1239 Fridericum II imp anathemate percellit Theiner l c ad 1239, p 189 ibidem de bello Friderici contra papam

spondit « Pax nullo modo fiet, quia peccata hominum hoc[1] merentur » Dixit ergo[2] ei iterum « Quid est de statu meo? » Respondit - Tu in malo statu et officio es[3] » At ille[4] « Quid ergo faciam? » Respondit « Fuge cito de mundo[5] » Et ait « Quo fugiam? » Respondit « Ad ordinem fratrum[6] predicatorum ». Et statim disparuit Ipse ergo[7] compunctus venit ad dictum[8] fratrem et ei omnia enarravit[9] et disponens de rebus suis ordinem intravit et frater factus est[10]

§ II Fuit quidam decanus[12] in quadam civitate Francie, sciencia, genere, diviciis et potencia clarus[13] Hic infirmitate correctus[14] a domino, de salute anime sue cogitans ait intra se « Ha, domine Deus meus, quid faciam, ut fieri[15] salvus possim? ad quem recurram[16]? cuius invocabo auxilium? mi domine Deus[17], indica michi[18] » Intantum autem hec cogitacio eius animum[19] occupavit, ut[20] nichil aliud[21] dicere poterat aut eciam[22] cogitare Cum igitur[23] in hac prece magnum noctis spacium pertransisset, modicum soporato astitit[24], ut sibi videbatur, Christus dominus ei[25] dicens « Si vis salvus fieri, intra ad servos meos » Qui cum quereret, qui essent[26], respondit « Intra ordinem predicatorum » Mane igitur[27] facto vocavit sacerdotem, ut sibi corpus Christi offerret Fit concursus amicorum luctus familie, timor[28] eorum, qui illum[29] carnaliter diligebant[30]. Astante ergo multitudine cum sacerdos vellet sibi corpus domini dare[31], ait « Ideo feci corpus Christi afferri[32], ut in eius presencia, ante quem[33] nullus debet mentiri, referam, que[34] michi in nocte hac contigerunt ». Et narrans predicta per ordinem subiunxit « Ex quo ipse Christus ita michi consuluit[35], nolo ultra tardare[36] » Et statim misit ad fratres, ut sibi habitum ordinis afferrent sine mora[37]. Cum autem amici et famuli[38] alta voce lugerent et a proposito eum[39] vellent avertere, ille contra[40] clamans ait « Foras, foras[41],

Quomodo Ihesus vocavit quendam decanum ad ordinem [11]

1) quia hoc D, hec A C — 2) qui dixit ei B — 3) es om F — 4) ait illi B C D — 5) mundum B — 6) fratrum om B — 7) vero B D — 8) predictum B — 9) narravit B E — 10) intravit factus frater B factus est frater D — 11) tit ex B — 12) Andegavis civitate A D — 13) preclarus D — 14) correptus A C D — 15) salvus fieri E, possim fieri salvus D — 16) curram D E — 17) meus add D E — 18) michi om E — 19) animam eius D — 20) quod B G — 21) aliud eciam dicere posset aut E — 22) eciam om D — 23) ergo A C autem B — 24) sibi add B — 25) sibi E — 26) erant E G — 27) autem E — 28) clamor D, rumor A C — 29) eum B D — 30) dilexerunt D — 31) ministrare D — 32) auferri B afferri om E — 33) ante cuius presenciam B — 34) quod contigerit G — 35) consuluit michi D — 36) ut non tardarem, nolo tardare B — 37) sine mora afferrent (B auferrent) A B C — 38) familia eius (D om eius) lugerent alta voce D E — 39) illum E — 40) e contra A B C, e converso D — 41) foras add in marg C

predam sequitur ista turba[1], non hominem ». Indutus ergo et[2] ad domum fratrum portatus post aliquod temporis[3] spacium cursum[4] suum presentibus fratribus et orantibus finiens cum multa devocione in domino[5] obdormivit. Habuerunt autem[6] fratres multam consolacionem[7] de eo[8], tum quia prius ordini non fuit[9] devotus, tum quia[10] magnum fuit[11] vere[12] conversionis exemplum, et quia multos illis libros, quibus valde indigebant, reliquit.

Conversio cuiusdam notabilis atque ditissimi legiste. [13] § III. In civitate[14] quadam[15] Francie contigit quendam magnum et peritissimum legistam graviter infirmari, deliciis affluentem et valde rebus secularibus implicatum. Qui cum, decano[16] illius ecclesie et quibusdam canonicis presentibus, fecisset[17] libros, quos multos habebat, et vasa argentea quam plurima coram se apportari, ut ex eis conderet testamentum, subito levi quodam[18] depressus est sompno. Illis autem pacienter expectantibus, ut ex illo sompno eius[19] natura aliquantulum mutaretur[20], subito evigilans[21] dixit[22] : « Attrahe navem ad ripam ». Cumque dicerent astantes : « Vos[23] aliena loquimini », respondit[24] : « Nequaquam, novi[25] que dico ». Qui cum quererent ab eo[26], quid vidisset, dixit : « Videbatur michi, quod essem in mari in parvula navi veniebantque porci nigri[27] qui me submergere nitebantur[28]. Cumque clamarem ad dominum, vidi in ripa[29] duos homines stantes cum albis capuciis et nigris cappis[30], et[31] cum ab illis auxilium cum lacrimis[32] postularem, dixerunt : « Veni[33] secure; extendentesque manus trahebant me[34] ad litus, et sic* evigilans dixi, que audistis ». Cumque illi respondissent[35] bonum esse sompnium dixit : « Non est, inquam[36], sompnium, sed veritas; venient[37] enim huc statim fratres 'predicatores, qui me in societate sua[38] recipient et de periculo[39] seculi liberabunt ». Cumque[40] adhuc ita[41] loqueretur, duo fratres intraverunt cameram, ubi erat; vidensque eos gavisus est valde, et cum multa devocione et[42] iunctis[43] manibus postula-

* 33.

---

1) turba ista B D G. — 2) et — portatus om. B E. — 3) tempus spacium finiens presentibus B. — 4) vite sue A. — 5) in domino om. D. — 6) autem om. B. — 7) multas consolaciones D. — 8) de eo om. E; ab eo B — 9) fuerat A C; erat B. — 10) eius add. E. — 11) fuit om. E. — 12) vere om. G. — 13) tit. ex B. — 14) Ambianiensi (Amiens) add. A D. — 15) quadam om. A D. — 16) Ambianiensi add C D. — 17) fecisset multos B; curasset A. — 18) quodam levi A C. — 19) eius om. E. — 20) iuvaretur A C. — 21) evigilat E. — 22) ait : trahe... B. — 23) vos om. A B C. — 24) ait B. — 25) enim add A B C. — 26) qui cum quereretur B. — 27) nigerrimi A B C. — 28) volebant D. — 29) in ripa om. B. — 30) cum albis et nigris capuciis E. — 31) et dum cum lacrimis B. — 32) et clamore add. A C G. — 33) venite E. — 34) me om. B. — 35) dicerent B. — 36) dixit, inquio, non... E. — 37) veniant E; venientque statim huc B. — 38) sua om. E. — 39) periculis B G. — 40) cum E. — 41) ista B G. — 42) et om. B. — 43) erectis D.

bat[1], ut eum recipere dignarentur Ipsi vero prius habito consilio cum fratribus, eum receperunt, et cum[2] multa devocione cum eis[3] permansit et post aliquot[4] dies cum magna fiducia in sancta confessione decessit

Hoc autem ipsi[5], qui interfuerunt, nobis diligenter omnia narraverunt

§ IV. Frater Hainricus Teutonicus a), vir sanctus[6] et in predicacione clero et populo admodum graciosus, narravit hanc fuisse causam ingressus sui Habebat patruum militem in oppido[7] Montis martis, qui eum nutriri et doceri fecerat et[8] Parisius in suis expensis tenebat Qui in Teutonia defunctus[9] apparuit ei dicens ‹ Sume in remedium pene, qua ego[10] crucior, crucem transmarinam[11], que modo predicatur, et cum de Iherosolima redieris, invenies Parisius novum[12] predicatorum ordinem, quem intrabis, eorum paupertatem non verearis et non[13] despicias[14] paucitatem, quia in gentem[15] multam et in salutem plurium[16] convalescent › Sumpta igitur[17] cruce et voto completo, cum redisset de transmarinis[18] Parisius, invenit paucos fratres, qui de Tolosa venerant[19], et de novo acceperant[20] domum, et sine aliqua hesitacione intravit ad eos. Ubi post[21] apparuit ei dictus[22] patruus gracias agens, quod eius adiutorio erat purgatorio liberatus

Quomodo frater Henricus Theutonicus ordinem intravit

§ V Frater Petrus de Albenacio[24] b), qui in Provincia fuit prior et lector, et[25] sancte et feliciter cursum[26] suum in ordine[27] consummavit, narravit se venisse ad ordinem in hunc modum Cum ipse, inquit[28], in civitate Ianuensi[29] in phisica practicaret[30] essetque iam[31] ordini obligatus, pauperes Lugdunenses, qui et[32] Valdenses[33] c) dicuntur[34], in tantum animum eius[35] perverterunt, ut in

Quomodo frater Petrus de Albenacio venit ad ordinem [23]

---

1) postulavit E — 2) cum om D — 3) permansit cum eis E — 4) aliquos E — 5) illi B, hoc autem ipsi fratres qui *add in marg* C — 6) sanctus nec non predicacione preclarus et populo C — 7) oppido marsborchensi castri martis B — 8) eumque B — 9) defunctis om B — 10) ego om A C G, quam pacior B — 11) ultramarinam B — 12) novorum E — 13) nec A B C — 14) despiciens E — 15) gentem plurimum convalescat E — 16) plurimorum B — 17) ergo E — 18) partibus add D — 19) advenerant B — 20) acceptarant B — 21) postea B — 22) dicens E — 23) tit ex B — 24) Alberaco E, Albenacton C Albenaton A Albenatiio D — 25) et om E — 26) tempus D — 27) in ordine om B — 28) ipse inquit om B — 29) Parisiensi D — 30) predicaret in E physice operam daret A , legeret B , *in cod C desideratur aliquod verbum* — 31) esset quidam E — 32) et om A C, qui om B — 33) valdenenses E — 34) dicuntur om B — 35) eius animum A C

a) De fr Henrico (Seniore) de Marsberg vide infra l IV, c XXV, § IV, supra l I, c VI, § IV, Quetif I, 148 Cantiprat l c p 341 de adventu fratrum Parisius cf chron ad 1217 — b) Fr Petrus de Albenatio Aubenas) Obiit circa 1245, cf de eo Quetif I, 177, infra cap XV, § V — c) De heresis Waldensium origine et progressu, de heresi pauperum de Lugduno vide Mam l c p 174 et ss , 180 et ss

magno esset dubio, quos[1] pocius sequeretur, inclinabatur[2] tamen magis ad Valdenses[3], quos ibidem invenerat, eo[4] quod plura[5] humilitatis exterius[6] et[7] virtutum pietatis signa in illis[8] videret, fratres vero[9] iocundos et[10] nimis pomposos extra considcrabat. Sero igitur[11] quodam anxius de hiis, dum nesciret quid faceret, genibus flexis et flens largiter[12] Deum toto corde rogavit, ut sua misericordia revelaret, quid sibi[13] in illo dubio esset faciendum. Cum ergo post oracionem paululum[14] obdormisset, videbatur sibi, quod ibat per quandam viam in sinistra nemus habens[15] opacum, in quo Valdenses videbat[16] diversos ab invicem, vultus tristes habentes[17], a dextris autem apparebat murus[18] quidam pulcerrimus, longus valde[19] et[20] altus, iuxta quem diu ambulans tandem[21] venit ad portam et introspiciens videbat pratum amenum[22] valde, arboribus consitum, floribus picturatum, et in eo multitudinem fratrum predicatorum in modum[23] corone facies[24] iocundas habencium et erectas ad celum, quorum[25] quilibet elevatis manibus corpus Christi tenebat Cumque visione huiusmodi[26] vehementer delectaretur[27], et ad eos affectaret[28] intrare, astitit ei[29] angelus, qui erat custos porte et ait « Huc non intrabis[30] modo » Cum ergo fleret fortiter, excitatus[31] est ˙ et invenit se perfusum lacrimis et sensit cor suum exillaratum a priori illa tristicia, et post dies aliquot[32] expeditis quibusdam[33] ad que tenebatur, ordinem predictum[34] intravit[35].

˙33ʳ

Hoc[36] ego ab ipsius ore audivi et plura alia[37]. Erat[38] valde contemplativus et illi plura dominus in ordine et de ordine[39] revelavit

Conversio cuiusdam
iuvenis [40] § VI Fuit in Tuscia, dyocesi Florentina[41], iuvenis quidam, qui ab ipsa puericia voluntatem habuit domino serviendi, quem

---

1) ad quos pocius frequenter inclinabatur cum magis (?) E — 2) inclinabat B — 3) qui tunc publice ibi stabant eo A D — 4) eo om B — 5) plurima B — 6) extrinsecus A C — 7) virtutum et pietatis A — 8) in illis om E — 9) autem nimis pomposos et iocundos D — 10) iocundos et om B — 11) ergo A C — 12) flens largiter om E, flensque B — 13) sibi in illo dubio esset E — 14) modicum D — 15) habentem A C — 16) diversos videbat E, diversos sibi (sive?) divisos ab B — 17) trahentes A — 18) nemus quoddam pulcherrimum D — 19) longius — iuxta om B — 20) et om E — 21) tandem om A B C — 22) valde amenum D E, valde om E — 23) in medio E — 24) facies — celum om B add in marq C — 25) et B — 26) huiusmodi visione D — 27) declinaretur ad E — 28) haberet affectum intrandi D — 29) ei om D — 30) intrabitis E — 31) expergefactus E — 32) aliquos D — 33) aliquibus D — 34) predicatorum A C — 35) introivit B, intravit predictum D — 36) hec ego et plura alia ab A C. hoc ergo ego B — 37) et plura alia om B — 38) enim add A B C E — 39) plura de ordine et in ordine Deus B — 40) tit ex B — 41) Florencia D, dyocesis florentine B

simplicem et[1] ad bonum affectum invenientes heretici seduxerunt
et ipsum credentem de eis multa bona propter apparenciam sanctitatis, quam in eis videbat, ad se penitus pertraxerunt Cum
autem[2] quadam die ipse et quidam[3] alius hereticus perfectus[4]
starent[5] ad solem, dixit ille alius isti « Ecce quomodo nos lucifer
calefacit[6] ! Qui auditum[7] exhorrens ait « Quid est[8] quod dicis?
Et ille « Nescis tu[9] adhuc, quod dyabolus hec[10] visibilia fecit?
Qui stupefactus[11] ex his convocans omnes maiores eorum[12],
quos potuit, dixit « Ecce, iam annis XII fui vobiscum et nullus
dixit michi[13] adhuc, quod ista scilicet[14] visibilia[15] dyabolus omnia
fecerit[16] Si ergo hoc michi[17] secundum scripturam, quam tene-
mus, probatis, paratus sum acquiescere; si autem ego vobis contrarium[18] probavero, vos errorem istum deponite et acquiescite
veritati[19] » Facta igitur inter eos magna[20] disputacione, cum
nichil possent probare[21], confusi recesserunt ab eo. Ipse autem
recludens se in quadam camera dedit se multo fletui, et proruperunt[22] flumina lacrimarum, acceptabile sacrificium Deo[23] Cum
igitur[24] diu Deum orasset[25], ut ei ostenderet, quam viam teneret,
venit ei in mentem, ut testamentum novum acciperet et in eo
quereret viam[26] sibi salutis ostendi[27], et dicto pater noster cum
multo fletu cultellum[28] quendam[29] inmisit[30] per testamentum[31], et
aperiens in nomine Christi cuspidem eius invenit super hoc
Sinite eos, ceci sunt et duces cecorum Et infusa celitus luce secu- Matth XV 14
ritatis vidit[32], quod dominus ei dicebat, ut cecos illos[33] dimitteret,
cum non esset apud eos via vere[34] salutis Sed adhuc remanens
in alio dubio dixit « Ecce, pie domine[35], docuisti me, quid
fugiam[36], nunc doce me, quo vadam Dicunt enim[37] Iudei, Sarraceni, Valdenses, Romani apud se esse viam[38] salutis » Iterum
ergo orando, ut prius[39], misit canipulum[40] in librum[41] et aperuit

1) et om B E — 2) ipse quadam die hereticus perfectus et quidam alius starent D —
3) quidam om A — 4) et quidam alii add C — 5) staret E — 6) calefecit E — 7) auditu B
— 8) quid est, ait D — 9) tu om B D — 10) ista D — 11) et add A C D, ex his om B —
12) eorum om B — 13) michi om E — 14) quod add D — 15) omnia add A B C D — 16) fece
iat E — 17) michi hoc D — 18) ostendero et add B — 19) veritati om B — 20) disputacione
magna E — 21) et add E — 22) prorumpebant B — 23) acceptabile deo E — 24) ergo
A B C — 25) orasset deum A C deum om G — 26) novam add E — 27) salutis sibi ostendi A C salutis quereret sibi ostendi G — 28) cultellinum A C — 29) quendam om B
— 30) intrusit A C — 31) textum B — 32) audit E — 33) illos om B — 34) vere om E
— 35) domine om E — 36) quid faciam E sed add F — 37) enim Sarraceni, Valdii B
— 38) vitam C — 39) ut prius om B — 40) manipulum in libram ubi prius B — 41) librum
ut prius A C

Matth XXIII 2 et in cuspide sic invenit[1] *Super cathedram Moysis sederunt scribe et pharisei, omnia ergo, que[2] dicunt facite, secundum vero[3] opera eorum nolite facere* Et[4] videns, quod hoc melius conveniebat doctoribus Romane ecclesie[5], statim confirmatus est in fide vera[6].

Post modicum[7] autem[8] intrans ordinem nostrum, multo tempore se habuit in fidei defensione, viriliter[9] disputando, predicando et detegendo hereticos et catholicos confirmando

De iuvene intrante contra voluntatem patris [10] § VII Cum fratres inducerent ad intrandum[11] quendam scolarem de Tuscia[12], et pater eius retraheret illum[13] verbis multis, a[14] nimio dolore, quem ostendebat ex ingressu alterius filii[15], qui per annum ante factus fuerat[16] frater, iuvenis compunctus[17] cepit rogare dominum[18], ut sibi beneplacitum suum ostenderet, an scilicet[19] patri deberet acquiescere, an ordinem intrare. Nocte igitur quadam vidit in sompnis quandam domum pulcram[20], que non habebat tectum nisi celum, in cuius medio ibat[21] scala usque ad celum[22] pertingens Videbatur eciam sibi quod ad illam domum veniebant omnes anime salvandorum, et videbat[23], quod inter

* 34 alias[24]* anima fratris sui erat ibi Cum ergo[25] videret[26] animas omnes ascendere et[27] animam fratris sui, volebat et ipse vehementer ascendere, sed non poterat se movere Unde flens et eiulans[28] dicebat[29] « O si intrassem ordinem[30] predicatorum, modo[31] in celum cum fratre meo ascenderem » Cum hoc replicaret plorando et[32] orando, excitatus est et cognovit, quod dominus ipsum vocabat[33], et statim relictis omnibus et patre[34] ad ordinem convolavit

Conversio magistri Nycolai [35] § VIII. Anno domini M° CC° L° II° magister quidam, regens in artibus apud Salamanticam[36] *a*), urbem Ispanie, ubi studium tunc[37] vigebat, cum in mane cuiusdam dominice venisset cum

---

1) et invenit in cuspide D — 2) quecumque B — 3) vero om E — 4) et om E — 5) ecclesie Romane D G — 6) in vera fide est confirmatus A B C — 7) postmodum B D — 8) autem om E — 9) et D, scilicet E — 10) ut ex B — 11) ordinem add A B C — 12) Tuscia ad intiandum et D — 13) eum B — 14) ex A a om E et B G — 15) sui add A C — 16) fuit G — 17) compunctus om E — 18) deum B — 19) videlicet B, si E — 20) pulcherrimam E pulchiam non habentem B — 21) erat A B C — 22) tectum G — 23) videbatque B — 24) animas add B D — 25) autem E — 26) videret alias ascendere D — 27) eciam A — 28) evigilans E G vigilans A C — 29) ait D — 30) fratium add D — 31) modo om — 32) orando plorando D G et *add in marg* C et orando om B — 33) vocavit B D — 34) et add E — 35) ut a nobis add conversio cuiusdam magistri B — 36) Salmaticam E, Salmanticam G, Silmanciam D — 37) tunc om A B C

a) Conv Salmantinus (Salamanca) fund 1225 vel 1226 Mothon l c p 328

multis scolaribus[1] ad domum fratrum, ut sermonem audiret[2], subito facta est inundacio magna pluviarum[3], ita quod[3] commode non potuerit[5] exire[6] Unde supprior domus dictum magistrum ad prandium invitans, cum eum retinere non posset, tradidit ei[7] cappam fratris unius, ne sua vestimenta fedaret Qua induta dixit supprior in presencia multorum scolarium et doctorum, qui in capitulo erant - Protestor ego hodie, et vos omnes sitis testes, quod magister Nicolaus habitum nostrum assumpsit » Quod[8] magister predictus[9] videns[10] et deridens concessit[11], et exiens domum cum multo risu et cachinno tota die illa per plateas et domos scolarium discurrens, cappam illam[12] portavit Ipsa autem nocte corripuit eum gravissima febris continua, de qua[13], cum ipse et medici sibi[14] valde[15] timerent, ipse preces ad Deum convertit perterritus[16] Audivit igitur vocem dicentem sibi « Credisne tu, quod ego velim haberi in reverencia et honore[17] personas[18] tantum[19] predicatorum? immo et habitum et vestes eorum Et quia tu non reverenter[20] illum tractasti, scias, quod nisi tibi[21] precaveris[22], non feres[23] impune » Hec vox ter[24] ab eo vere[25] audita est[26], non in sompnis, ut dixit[27] Unde territus vocavit fratres et habitum, quam deridendo portaverat, cum reverencia et multa devocione suscepit ad Dei gloriam et suam salutem et ad[28] edificacionem multorum[29] Hec omnia ipse frater magistro[30] ordinis scripsit

§ IX Frater quidam a), vir[32] fame eximie[33], excellentis status[34] De conversione fratris Alberti [31] in ordine, cum adhuc iuvenculus studeret Padue, ex[35] admonicionibus fratrum et maxime ex predicacionibus magistri Iordanis habebat sepe voluntatem intrandi ordinem, sed non plenam. Avunculus enim eius, qui ibi erat, contradicebat ei Unde et

---

1) secularibus D — 2) audirent A D — 3) pluviarum magna G — 4) que A B C G — 5) potuerunt A B C G, potuerant D — 6) exire om A — 7) et A C — 8) qui B — 9) dictus D — 10) videns B D G — 11) abscessit B — 12) illam om A C — 13) et pro de qua B — 14) sibi om B D — 15) valde sibi A C G — 16) ultra modum add A B C, valde add G — 17) honore habere D — 18) personas om E — 19) tantum om B — 20) irreverenter A B C G — 21) tibi om E — 22) precaveas A — 23) feire E feres om B — 24) tibi E — 25) vere om A C — 26) et add A C — 27) ipse (ipsemet B) retulit A B — 28) ad om A C G — 29) multorum om G — 30) magistro ordinis plenarie scripsit A C, plenarie magistro D Iordani pro ordinis E — 31) ut a nobis add quam utile sit audire verbum Dei de quodam alio patet IX B — 32) valde E — 33) eximie et sanctitatis magne, qui excellens fuit in physica et prior provincialis in Theutonia, frater Albertus Theutonicus, magister (Albertus add in textu) in theologia, cum adhuc D — 34) atque sciencie add A — 35) ex om E

a) De fr Alberto cf Quetif I, 162-164

iurare ipsum[1] compulit, ne infra certum tempus iret ad domum fratrum. Post[2] quod transactum veniens frequenter ad fratres firmabat[3] propositum, sed timor, ne exiret, fáciebat eum multociens vacillare[4]. Quadam autem nocte[5] vidit in sompnis, quod intrasset[6] ordinem et quod post modicum[7] exisset. Evigilans ergo mirabiliter est gavisus eo quod non intraverat, in animo suo dicens : « Nunc video, quod illud[8], quod timebam, eveniret michi, si umquam intrarem ». Contigit autem eadem die, cum interesset[9] sermoni magistri Iordanis, qui inter cetera loquens de temptacionibus dyaboli, quomodo subtiliter decipit[10] aliquos, ait : « Sunt[11] aliqui, qui proponunt relinquere mundum et ordinem intrare ; sed dyabolus facit eis impressiones in sompnis, quod intrent et post exeant[12] et equitantes vel[13] in rubeis vestibus vel solos vel cum dilectis inveniunt se, ut[14] eis timorem intrandi incuciat, quasi[15] non possent[16] perseverare, vel si iam intraverint[17], ut terreat[18] atque conturbet eos ». Tunc iuvenis miratus[19] vehementer post sermonem accessit ad eum[20]* et ait[21] : « Magister, quis revelavit vobis cor meum ? » et exposuit ei omnes predictas[22] cogitaciones suas et sompnium. Magister[23] autem firma[24] de Deo percepta fiducia multis modis confortavit eum contra huiusmodi temptacionem[25]. Ille autem ad verba eius[26] ex toto conversus et omnem[27] moram rescindens[28] ordinem intravit[29]. Hec autem ipse[30] frater[31] narravit sepius[32].

34

Visio que traxit quendam decanum ad ordinem.[33]

§ X. Decanus[34] quidam de Flandria monebatur sepius a quodam antiquo fratre predicatore[35], quod secularibus pompis renuncians ordinem[36] intraret[37]. Sed[38] ille timens, quod cibis avidis[39]

---

1) eum A C; ipsum om. B; ipsum iurare D. — 2) post transactum tempus veniens... E. — 3) firmavit D. — 4, vacillari E. — 5) vice B. — 6) introisset B. — 7) iterum add. A C. — 8) id B. — 9) die interesse B; cum interesse D. — 10) decepit A C. — 11) autem add. E. — 12) quod postea exeunt B. — 13) vel om. E G. — 14) ut scilicet sic timorem incurrant intrandi A C; ut scilicet sic eis (sic eis om. B) timorem incuciat intrandi B G; sic add. D. — 15) quasi perseverare non... A B C. — 16) possint D. — 17) intraverunt E. — 18) eos add. A C; contereat eos atque conturbet B. — 19) miratus (B : add. ergo) iuvenis A B C. — 20) magistrum D. — 21) ei add. D. — 22) predictas om. B. — 23) dixitque ei magister Iordanis firma de Deo percepta fiducia : Promitto tibi, fili, quod si intraveris, numquam de cetero exibis ; replicans ei pluries verbum istud. Ille ergo ad verba eius excusso corde conversus et omnem... D. — 24) summa A C; firmando Deo G; firmavit eum multis modis contra temptaciones has... B. — 25) temptaciones G. — 26) ad... eius om. B. — 27) omnem om. B; *add. in marg.* C. — 28) respuens corr. man. rec. in marg. E. — 29) introivit B. — 30) sibi *pro* ipse A C; omnia ipse G — 31) frater Albertus narrans dixit, quod ad omnes quas habuit in ordine temptaciones sive a dyabolo sive a mundo, recordacio promissionis illius sancti viri erat ei remedium singulare. Sepius... D. — 32) sepius om. A B C G. — 33) tit. ex B. — 34) decanus — a quodam om. E. — 35) predicatore fratre E. — 36) nostrum add. A C G. — 37) intravit E. — 38) sed om. A C. — 39) aridis B.

uti non posset, cum[1] diu delicate vixisset, item[2] quod pedes ire
non posset, eo quod corpulentus erat[3] nec sine equo dimidium
miliare[4] ire valebat, ab ordinis retrahebatur[5] ingressu Cum
igitur super hiis fluctuans, frequenter ad dominum clamaret[6],
vidit in sompnis mensam cum[7] albis panibus ante se positam, et
dicebatur ei[8] quod bene talibus uti posset[9] Videbatur iterum[10]
sibi, quod fratrum chorum intrabat, ubi omnes erant in albis, et
quilibet dabat sibi miram[11] pixidem cum aromaticis speciebus[12]
Videbatur ei eciam alia nocte, quod[13] iter quoddam erat facturus
per maximas nives, et cum[14] timeret multum, videbat in medio
illius magne nivis semitam quandam rectam et liberam[15] et pul-
cherrime[16] stratam Quibus a domino monitus[17] intravit ordinem,
et ut[18] a fratribus sui conventus audivi[19], valde potens a domino
factus est ad ieiunia[20] et labores itineris et ad cetera gravia tole-
randa pro Christo Ipse autem frater et confessor eius[21], qui
ipsum ad ordinem[22] induxerat, secreto michi omnia predicta narraverunt

§ XI Frater quidam[24], vir religiosus et Parisius in theologia
magister, cum studeret Bononie et frater Guerricus a), qui tunc
legebat ibi[25], per se et fratres multos ad ordinem illum[26] induceret[27], de die in diem magis indurabatur[28] Adveniente autem die
parasceves[29], cum ivisset audire officium ad aliam ecclesiam, quia
timebat[30], ne, si veniret[31] ad fratres, eum moverent[32] ad ordinem,
et in tam compunctiva[33] die timebat[34], quod se continere non
posset, quin ad ingressum ordinis moveretur Invenit psalterium
et aperuit, et ipsi statim[35] ille versus[36] occurrit *Nisi conversi
fueritis, gladium suum vibrabit[37], arcum suum tetendit et paravit[38]*, ad quod verbum quasi ad se missum divinitus, subito

Conversio cuiusdam
magistri Parisius
studentis [23]

Ps 7, 13

---

1) eo quod B — 2) item om G — 3) esset B — 4) non *add in marg* B — 5) trahebatur E
— 6) clamaret ad dominum A C clamans frequenter B — 7) cum om B — 8) dicebat sibi
C E sibi D G — 9) uti posset om E — 10) item E, eciam D — 11) sibi miram om E.
unam B D G — 12) cum aromatibus et speciebus B — 13) quod om D — 14) cum venisset
et B — 15) et rubetam *in marg* C — 16) pulcherrimam B E — 17) commonitus A B —
18) ego add B G — 19) quod add B — 20) ieiunandum C — 21) eius om E — 22) ad
ordinem ipsum A B C — 23) ut ex B — 24 frater Florencius Picardus vir D — 25) ibi
om B — 26) illum om E — 27) duceret D adduceretque B — 28) inclinabatur A C, diem
neque ducebatur D — 29) parasceve B E — 30) timuit D — 31) venisset B — 32) mone-
rent B D G — 33) compungitiva A C et vitam compunctivam diu timebat D — 34) timebat
om B — 35) statim om B — 36) versus ille A C — 37) vibrabit et cetera B — 38) illum
add A C G

a) De fr Guerrico vide supra cap XI, § I, huius partis

ultra quam dici posset[1] commotus, in lacrimas resolutus clausit librum, et surgens statim ivit ad fratrem Guerricum, et nullis aliis verbis premissis, in quadam ebrietate spiritus ait : « Frater Guerrice, non tardetis ». Quod verbum cum non intelligeret frater et miraretur[2], adiecit ille : « Pulsate ad capitulum ». Tunc frater intelligens motum animi eius, et gaudens festinanter ad[3] capitulum fecit[4] pulsari. Et receptus est cunctis admirantibus et laudantibus Deum de tam mirabili et festina conversione eius[5], qui[6] non per mensem, non per diem distulit, nec eciam ad suum hospicium est reversus. Hec[7] omnia ipse frater fratribus enarravit.

CAPUT DECIMUM QUARTUM.

§ I. Narravit frater Tancredus[9]a), de quo fit mencio in vita beati patris [10] Dominici b), quondam prior Romanus, quod, cum ipse miles esset[11] in curia imperatoris, et quadam die considerans statum suum periculosum[12], toto corde orasset beatam virginem, ut eum dirigeret ad salutem[13], vidit in sompnis ipsam dicentem sibi : « Veni ad ordinem meum ».* Cumque[14] ille evigilasset, Bononie existens[15], et iterum orasset instanter[16] beatam virginem et iterum obdormisset, apparuerunt[17] ei duo viri in habitu predicatorum, quorum unus senex dicebat[18] ei : « Tu rogas beatam virginem, ut dirigat te ad salutem ; veni ad nos[19] et salvus eris ». Evigilans autem et non inveniens[20] ordinis habitum, quia[21] nondum viderat fratres, se delusum sompno reputabat[22] ; et surgens mane rogavit hospitem suum, ut eum duceret ad ecclesiam, ut missam audiret. Qui duxit eum ad ecclesiam beati Nicolai, ubi de novo venerant fratres predicatores. Cumque intrasset[23] claus-

*35.

---

1) possit commotus et totus in A B C ; possit dici commotus et totus G. — 2) intelligens frater miraretur E ; admiraretur G ; cum frater non intelligeret... ait : B. — 3) ad om. E. — 4) pulsari fecit E. — 5) eius om. E ; eius conversione B D G. — 6) quia B. — 7) hec — enarravit om. D. — 8) tit. om. D E ; G add. a man. rec. conversio fratris Tancredi, quem beata virgo vocavit ad ordinem. B. — 9) Tancodemus E. — 10) patris om. B. — 11) ipse esset miles A B C. — 12) et add. D. — 13) semitam salutis D. — 14) que om. E. — 15) Bononiam exisset E. — 16) instanter om. B C ; instanter orasset G. — 17) apparuere B. — 18) dixit B. — 19) veni add. G. — 20) huiusmodi add. A C G ; huius add. B. — 21) quia — fratres om. B C. — 22) reputabat se sompno delusum A B C. — 23) intrassent E.

a) De fr. Tancredo, Quetif. I, 90, 91 ; Mam. 508, nota 2, 573, 575, 661 ; Vinc. Bellov. XXXI, cap. CXIIII. — b) In vita B. Dominici a B. Iordano conscripta (ed. Berth. p. 31) ; a fr. Constantino n° 25, apud Quetif: intravit ordinem an. 1218, quo anno Ordini data est eccl. S. Nicolai ; obiit, ut notat Berthier l. c. p. XI, anno 1230.

trum, statim occurrerunt ei duo fratres, quorum unus erat[1] prior fratrum, scilicet frater Richardus senex, quem ille statim recognovit, quia ipse[2] esset[3] vere, qui[4] eadem nocte apparuit[5] ei; et disponens de rebus suis ordinem ibidem[6] intravit.

§ II. Quidam iuvenis[8] Burgundus rogabat frequenter et ferventer[9] beatam virginem, ut dirigeret viam eius, daretque sibi graciam veniendi ad illum ordinem, qui sibi magis esset acceptus; et dicebat quadam speciali[10] affeccione versiculum istum : *Notam fac michi, domine[11] viam, in qua ambulem, quia ad te levavi animam meam.* Hic autem cum propositum haberet intrandi[12] alium ordinem, visum est sibi ex inspirato, quod preces eius, quas ad beatam virginem fuderat longo tempore, divinitus eum[13] ad ordinem predicatorum dirigerent[14] maxime quodam magistro[15], viro sancto et litterato, dante consilium, quod secure posset resilire ab alio[16] proposito, si ad predicatores, qui magis ecclesie Dei erant[17] necessarii, introiret. Intrans ergo, domina ducente, ordinem, qui ei prius satis[18] devotus, factus est ei[19] tanto devocior post, quanto eius circa se amplius[20] senserat graciam specialem. Nam quadam nocte, dum[21] quiesceret, vidit, ut sibi videbatur, ipsam beatam Mariam cum duabus virginibus[22] venientem ad se cum suavissimi[23] odoris fragrancia[24]; et elevans se, ut videret, si hoc verum[25] et non tantum in visione esset, audivit vocem aperte dicentem sibi[26] : « Persevera, sicut bene incepisti ». Et consolatus est multum.

§ III. Sancte[28] memorie frater Hainricus a), primus Coloniensis prior, cum a socio suo[29] magistro Iordane, qui[30] iam se intra-

Quomodo beata virgo quendam in ordine honoravit. [7]

Ps. 142. 8

Conversio fratris Henrici primi prioris Coloniensis. [27]

---

1) erat om. E. — 2) ipse om. D. — 3) erat A B C. — 4) in add. D. — 5) apparuerat A C D. — 6) ibidem ordinem A B C. — 7) tit. ex B. — 8) iuvenculus D; Burgundus iuvenis E. — 9) et ferventer om. A C; ardenter G. — 10) spirituali E. — 11) domina G. — 12) ad add. E. — 13) eum om. E. — 14) dirigerent om. A C E. — 15) magistro om. A B C; magno viro sancto G. — 16) ab alio om. B: ab illo (A G : alio) resilire A C G. — 17) magis erant A B C G. — 18) satis om. E G. — 19) est ei om. B. — 20) amplius om. E G. — 21) cum E. — 22) puellis E. — 23) suavissima D. — 24) fragrancia odoris G. — 25) verum esset D. — 26) dicentem sibi aperte B E. — 27) tit. ex B. — 28) bone A C. — 29) sancte memorie add. B. — 30) qui iam intraturum noverat in ordinem E.

a) Fr. Hainricus Iunior intravit ordinem cum B. Iordano die XII. februarii 1220; anno 1221 vel 1222 erectum est coenobium Coloniense, cuius primus prior Hainricus fuit. — cf. de ingressu utriusque chronicon ad an. 1222. Quae hic Gerardus de Henrico scribit desumpta sunt ex libello B. Iordani de initio ordinis: en eius verba : « Eadem igitur nocte cum ad matutinas ecclesiae B Virginis perrexisset, perduravit ibidem usque ad diluculum orans et deprecans matrem Domini, quatenus eius voluntas ad hoc propositum flecteretur. Et cum nihil, ut sibi videbatur orando proficeret, sentiens adhuc cordis duriciam, super se ipso

turum voverat. ad ordinem moneretur, in ecclesia beate virginis
pernoctans Parisius rogavit[1] dominam, ut dirigeret iter suum.
Cumque, ut sibi videbatur, nichil orando[2] proficeret[3] pre duricia
cordis, super se ipso[4] compati cepit et[5] dicere : « Nunc o[6] virgo
beata, quod me non dignaris[7] experior, et quod non est michi[8]
pars in pauperum Christi collegio ». Siquidem urgebat[9] cor eius
perfeccionis evangelice appetitus, quia ei[10] monstratum fuerat,
quam[11] secura coram districto iudice paupertas assistat[12]. Viderat enim in sompnis se[13] inter iudicandos ante tribunal Christi
oblatum[14], et cum innocentem et de nullo sibi[15] conscium[16]
putaret evadere, quidam a latere iudicis ait : « Tu, qui astas, dic
quid aliquando[17] pro domina[18] reliquisti ? » Qui perterritus[19] ad se
rediit[20], visioque disparuit. Hiis[21] igitur monitus optabat pauper
fieri, sed obstabat segnicies voluntatis. Itaque cum iam de ecclesia
in qua orando vigilaverat, se ipsum redarguens et mestus absce-
deret[22], subvertit fundamentum[23] cordis eius ille, qui humilia
respicit. Et obortis[24] lacrimis ac[25] resoluto spiritu se totum coram
Deo cepit effundere, et contrita est omnis illa duricies in spiritu
'35' vehementi, ut quod[26] ante gravissimum videbatur * iam suave
fieret et iocundum. Surgens igitur in[27] illius fervoris impetu et[28]
ad magistrum Reginaldum[29] properans votum vovit et solvit[30]
post paucos dies cum dicto socio intrans[31].

Hic est ille frater Hainricus in principio ordinis[32] graciosissimus predicator et iuvenis, quem amantissimus eius magister
Iordanis fertur[33] vidisse post mortem a) in[34] multitudine angelorum

---

1) rogabat ipsam A C D G. — 2) orando om. E. — 3) proficere B. — 4) ipso om. E. —
5) ac B. — 6) nunc beata virgo E. — 7) digneris B. — 8) quod michi non B E. — 9) iun-
gebat E. — 10) ei om. A C. — 11) quanto A B C. — 12) existat D. — 13) se in sompnis E ;
in sompnis om. D. — 14) oblatos C. — 15) sibi om. E. — 16) senciens add. in marg. C. —
17) aliquando om. B. — 18) domino B G. — 19) territus B G. — 20) redit E. — 21) hinc D ;
hinc ergo admonitus B ; hic .. admonitus A C. — 22) absconderet E. — 23) fundamentum E.
— 24) abortis A C E. — 25) ac om. B. — 26) cui E. — 27) et E. — 28) et om. B E G. —
29) Minaldum C. — 30) et solvit om. E ; deo add. D. — 31) intravit G. — 32) in... ordinis
om. E. — 33) testatus est E. — 34) inter multitudinem B.

compati cepit, et parare recessum dicens intra se : Nunc o virgo beata quod me non digneris, experior; non est mihi pars in pauperum Christi collegio. Si quidem urgebat cor ipsius
professionis illius appetitus, quam inesse sciebat voluntariae paupertati, quoniam aliquando
monstratum erat ei a Domino, quam secura coram vultu districti iudicis paupertas assis-
teret. » Iord. l. c. ed. Berth. p. 20; Quetif. I, p. 93b, 94a. — a) Obiit fr. Henricus die 23. oct.
(fest. S. Severini) 1225 cf. litt. B. Iordani (ed. Berthier, p. 108, 112) Mothon l. c. p. 48-54.

et sibi benediccionem conferentem[1] ad predicandum efficaciter verbum Dei

§ IV Quidam scolaris Parisius singulis fere diebus ecclesiam beate Marie visitans et se ei cum lacrimis committens, rogabat eam sepius et ferventer, quod cum ad statum illum adduceret[3], qui sibi magis placebat[4] Cum autem dictus iuvenis carnis stimulis[5] acriter temptaretur, a quodam malo socio inductus ad meretrices ibat[6], sed pius dominus piis precibus sue matris viam eius spinis sepivit, nam sicut ipse michi testatus est[7], cum iam ante lupanar esset, de platea se movere non potuit factus immobilis quasi lapis, et stupefactus et in se reversus ait ⸗ Ibo ad beatam virginem, quia sencio[8], quod[9] ad istas vadam domino[10] non placet ⸗ Statimque libere solutus et[11] solus ad ecclesiam ivit et beate virgini cum multis lacrimis gracias egit, quod eius servaverat castitatem Et post paucos dies, ipsa domina dirigente, ordinem predicatorum[12] intravit

§ V Quidam scolaris a), dum aliquantulum Parisius studuisset[13] in artibus et ad theologie studium[14] se vellet transferre, visitata patria recommendavit se multum affectuose[15] oracionibus cuiusdam abbatis, sancti viri et devoti beate virgini valde Quadam ergo die cum iret[16] Parisius, ut theologiam audiret, reducens ad memoriam sanctitatem et devocionem illius boni[17] abbatis[18], subito commotus est tanta contricione[19] spiritus et inundacione lacrimarum, quod super equum[20] se tenere non potuit, sed clamabat cadens in terra[21] et eiulabat[22] fortissime[23] a lacrimis se continere non valens Puer autem, qui eius equum tenebat causam tanti fletus inquirens, cum ille nichil ei dicere posset, cepit pariter[24] flere cum illo In illo igitur[25] fletu promisit Deo et beate Marie servire illi[26] perpetuo supplicans, sibi inspirari ab eis[27], ubi et quomodo[28] hoc impleret Tunc inspiratum est ei, quod veniret Parisius et ordinem predicatorum intraret, qui

Quomodo beata virgo liberavit quendam a fornicacione ²

Conversio cuiusdam scolaris qui beatam virginem valde dilexit ²

---

1) sibi conferentem bened A C sibi dantem B — 2) tit ex B — 3) advocaret E perduceret B — 4) placeret B — 5 stimulis carnis E — 6) fuit B — 7) retulit B — 8 sencio via ista Deo non placet E — 9) ut B — 10) deo B E — 11) et om D — 12) predicatorum om B — 13) studuisset Parisius B F — 14) ad theologiam B — 15) affectuose om B — 16) net om E dum iret B — 17) sancti A B C — 18) sancti add D — 19) contricione E — 20) suum add B — 21) cadens clamabat G cadens in terra om B in terra om A C G — 22) et eiulabat om E — 23) fortasse E — 24) puer B — 25) ergo A C, autem B — 26) illi om G illis B — 27) eo A E — 28) quando B

a) Hunc scolarem Mam l c p 626, Ricardum nominat

13

tunc de novo florebat[1]. Cum ergo venisset Parisius et novitatem et[2] paupertatem et[2] austeritatem ordinis illius simul et suam debilitatem consideraret[3], sociis eciam quibusdam de predicatoribus[4] multa mala dicentibus, licet[5] falsa, cepit omnino[6] titubare. Unde[7] dans se oracioni rogabat instanter Deum, ut sibi ostenderet, quid sue saluti esset[8] utilius. Dum ergo[9] has preces iteraret ferventer, apparuit ei in sompnis quadam nocte beata virgo Maria .et ostendit ei[10] locum fratrum et modum recipiendi et habitum et quoddam[11] appendicium, in quo loco capituli fratres conveniebant, et quomodo ibi[12] vestiebantur et a quibus personis. Quibus ipse compunctus[13] venit[14] ad fratres et receptus est; locum autem et habitum et modum et personas recipientes ita per omnia invenit, sicut[15] in visu[16] noctis ostendit[17] piissima virgo[18] mater domini.

Hic autem unus fuerat[19] de fratribus Burgundis, qui primi nostrum[20] ordinem intraverunt, per quem dominus multarum animarum salutem operatus[21], cuius conversacio sancta et sana[22] doctrina fuit et fama preclara[23].

CAPUT DECIMUM QUINTUM.

Quod dyabolus ordini sibi contrario maxime insidiatur. [24]

· 32

§ I. Antequam fratres predicatores essent in[25] provinciis pluribus·, in quibus nunc per graciam Dei sunt et fructum faciunt, qui non perit, contigit duos fratres venire Bononiam ad capitulum generale a); quibus occurrit[26] quidam cursor succinctus ad iter et[27] adiungens se dictis fratribus quesivit, quo irent. Qui responderunt : Quod[28] Bononiam ad capitulum generale. Quesivit iterum, quid debebat[29] fieri in capitulo; illi[30] responderunt autem[31], quod debet ibi ordinari[32], quod fratres predicarent per

---

1) florebant C. — 2) et om. B E. — 3) considerans E; considerando C; et add. E. — 4) predicacionibus B. — 5) sed B. — 6) animo A B C. — 7) unde in oracione E. — 8) quid sibi utilius esset ad salutem G. — 9) igitur E. — 10) ei om. G. — 11) quendam E. — 12) ibi om. B E. — 13) compunctus om. E. — 14) mane add. B G. — 15) ut sibi in... G. — 16) visu in nocte E. — 17) ostenderat D G. — 18) domina E. — 19) fuit unus A C G; de fratribus unus D. — 20) ordinem nostrum E G. — 21) est add. G. — 22) sana et sancta E. — 23) et fama preclara om. E. — 24) tit. om. E; G. add. a man. rec; pars nona : quod dyabolus aliquando fratribus predicatoribus insidiatus sit. I. B. — 25) in omnibus provinciis B. — 26) occurrit dyabolus, ut cursor B C; occurrit quidam ut... A G. — 27) et om. E G. — 28) quod om. E. — 29) deberet B. — 30) illo om. E. — 31) eciam (eciam om. B) quod debebat A B C. — 32) deberet ordinari D.

a) Accidit hoc 1220 vel 1221.

diversas provincias mundi Quesivit iterum, an aliqui in Ungariam vel in Greciam irent[1] « Ibunt, Deo[2] dante, quam 'plures » Tunc cursor ille dedit saltum in aera[3] exclamans terribili voce « Ordo vester confusio nostra[4] » et statim evanuit quasi fumus Venientes[5] autem fratres Bononiam narraverunt omnia beato Dominico et fratribus ad capitulum in nomine[6] domini congregatis

§ II Antequam[8] fratres predicatores Florencie a) locum haberent, audite sunt voces terribiles et ululatus demonum[9] per annum ibi[10] plangencium[11], quod fratres locum intrarent illum[12], qui eis[13] a multis annis fuerat dedicatus, utpote receptaculum multarum spurciciarum, que ibi fiebant, erat enim[14] lupanar Has autem voces non tantum[15] fratres, sed multi de vicinia[16] audierunt

§ III Frater quidam[17] Viterbiensis conventus in Tuscia cum[18] esset orans in ecclesia, quadam nocte apparuit ei dyabolus in umbra turpissima, ut sibi videbatur, terrens eum, qui fugiens exivit in claustrum, ibi quoque[19] insecutus est eum Frater autem intravit capitulum, et[20] tunc[21] ait ei dyabolus « In talem locum intrasti, in quem[22] te sequi non possum, sed adhuc contra te prevalebo » Quod et[23] factum est, nam suadente[24] dyabolo exivit ordinem, sed miserente Deo[25] ad ordinem est reversus.

§ IV Fratrem quendam, Martinum nomine[26], virum valde honestum et litteratum per tres annos continuos[27] insecutus est dyabolus apparens ei sub formis diversis, ut eum terreret. Quem cum sancte memorie magister Iordanis secum duxisset Romam, et quodam sero in biblia sua[28], que pulcra erat, legeret, venit dyabolus in specie monachi[29] nigerrimi saltans coram[30] eo modo

Quod demones fecerunt magnum ululatum fratribus ingressis Florenciam 7

Quomodo dyabolus non audebat intrare domum capituli 7

Quod dyabolus tribus annis persecutus est fratrem Martinum et quomodo ei apparuit 7

1) iterum an in Ungariam aliqui irent E, responderunt (fratres add B) add A B C — 2) domino E — 3) et add E — 4) nostra confusio E — 5) venerrent Bononiam et narraverunt E — 6) nomine Ihesu Christi E — 7) tit ex B — 8) anno quo fratres predicatores receperunt locum Florencie, qui (B add modo) sancta Maria Novella vocatur (dicitur B) audite A B C — 9) demonum quasi (quasi om B) per annum omnibus noctibus plangencium A B C — 10) ibi om D — 11) plorancium D — 12) illum intraverant A B C — 13) demonibus per multos annos B — 14) quasi add A B C ibi add D — 15) solum B — 16) de viandantibus C, de vicinis A, vicinio audiere B — 17) conversus add D — 18) cum frater B E — 19) ibique B — 20) et om E, et ait illi G — 21) tunc om B — 22) quem non te sequor E — 23) et om D F — 24) suadente C — 25) domino D — 26) nomine om B — 27) continuos om B — 28) sua om B — 29) monacelle B D — 30) coram eo saltans D

a) Florenciam venerunt fratres an 1220 VI id nov obtinuerunt S Mariam Novellam, Mam 1 c p 603 et 604

ad unam partem, modo ad aliam et dicebat « Idolum, idolum[1] »
Cuius[2] dicti causam cum[3] frater quereret, respondit[4] « Quia[5] tu
bibliam istam[6] pro Deo fecisti[7] » Cui cum frater diceret[8] « Cur
me tantnm persequeris? » respondit[9] « Quia[10] totus meus es »
Et abiit[11] Tunc frater admodum timidus, licet de nullo peccato
sibi[12] conscius esset, venit ad magistrum Iordanem[13] exponens
ei omnia que dyabolus fecerat et dixerat illi[14] et addidit[15] « Non
video, quid michi possit[16] obicere nisi bibliam istam, unde[17]
resigno eam vobis, facite de ea, quidquid vobis[18] placuerit »,
Magister ergo Iordanis, tamquam a Deo illuminatus intelligens
astuciam[19] inimici[20], qui per istum modum volebat impedire studium fratris et animarum profectum, ait « Et ego[21] eam in
nomine domini concedo tibi, ut proficias in ea » Ex tunc itaque
cessavit[22] dyabolus ab infestacione fratris propter suam humilitatem et patris oracionem

Quomodo quidam
demoniacus vera
predixisse coactus
est [23]

§ V. Quidam frater a) demoniacus fuit[24] Bononie tempore[25] magistri Iordanis, qui fratribus multas vexaciones et
iniurias inferens tam die quam nocte falsa multa seminabat et
vera aliquando[26] dicere cogebatur, exponebot eciam[27] aliquando
scripturas, quamvis prius illarum inscius esset[28]. Cum ergo quadam die fratres in scolis essent[29] et nullo modo de infirmaria[30]
audiri possent[31], nec aliquis de astantibus sciret, quid ibi dicebatur[32], ait « Modo disputant capuciati, an Christus sit caput
ecclesie », cum mira[33] indignacione et vultu turbulentissimo[34]
sepius hoc repetens, ac si multum de hoc[35] ipse doleret ' Huic
cum[36] diceret « Miser, cur temptas fratres et animas pertrahis
ad peccatum, cum tibi ex hoc penam maiorem accumules? » respondit - Non facio, quia peccatum placeat[37] michi, immo fetet,

`'36'` (margin)

1) idolum om E — 2) cui A C — 3) cum om A C — 4) demon add B — 5) cur D —
6) quasi add D, tibi add B G — 7) tibi add D — 8) cui frater dixit B — 9) demon add B
— 10) cui D — 11) abiit, frater admodum timidus et licet B — 12) sibi om A C —
13) Iordanem om D E G — 14) ei B — 15) addit E — 16) posset B — 17) unde vobis eam
resigno A B C — 18) placuerit vobis E G — 19) astuciam E — 20) diaboli B E — 21) ego
in nomine domini tibi eam concedo, ut in ea proficias A C G — 22) dyabolus cessavit E —
23) tit ex B — 24) fuit demoniacus A C — 25) beate (bone B) memorie add A B C —
26) dicere aliquaudo E G — 27) eciam om E — 28) inscius esset illarum A B C — 29) fratres essent in A B C — 30) ad infirmariam E — 31) possent audiri A C — 32) dicebatur
ibi C, diceretur, ait demoniacus B — 33) ira et D, multa A B C — 34) turbulento D —
35) de hoc om B — 36) magister add B G — 37) placet E michi placet B

a) De fr Petro de Albenacio cf supra c XIII, § V

sed propter lucrum[1] hoc facio sicut ille magister qui mundat cloacas Parisius, non quia[2] fetor cum non gravet, sed omnia sustinet propter lucrum

§ VI Frater Petrus de Albenacio[4] *a*), vir sanctus et devotus, cum esset in conventu Ianue[5] et oracioni ferventer instaret, vidit quadam nocte, ut sibi videbatur[6], multitudindm demonum[7] super claustrum et officinas fratrum, qui multis et gravibus[8] aspergebant sordibus[9] locum Post hec vidit castra sanctorum angelorum accurrencium ad locum et expellencium demones cum suo fetore Unus autem[10] angelus subsequens[11] cum turibulo pleno odoramentorum omnia loca circuibat fetorem expellens demonum et fumo suavissimo cuncta replens

§ VII Dixit frater Rao[12] Romanus supradictus *b*), quod non habebat membrum aliquod[13] in suo corpore, in quo non sensisset penas et flagellas[14] sibi a demonibus illata Cui aliquando visibiliter[15] apparens dyabolus terribilibus oculis[16] comminabatur, semel eciam, cum frater[17] ante crucifixum stans oraret, opposuit se dyabolus umbram ei[18] faciens, ne crucifixum videret Cumque nec sic[19] frater ab oracione cessaret, fecit gestus risibiles et os vertebat versus orantem, ut saltem affectus[20] eius in aliquo impediret

§ VIII Cum[21] frater quidam multum religiosus tempore domini[22] Innocencii quarti *c*) super quendam ligatum demoniacum[23] devote oraret, cepit clamare dyabolus per os eius[24] « O que[25] mala michi facitis, vos[26] predicatores et vestri minores, sed[27] in brevi vindicabimus de vobis ». Cumque[28] frater eum per crucifixum adiuraret, ut diceret[29], quomodo, coactus[30] respondit « Duo de magnis principibus nostris exierunt contra vos, unus ut

---

1) lucra E — 2) quamvis D, quin fetoi (eum add G) gravet EG, non quia delectet fetoi B — 3) tit ex B — 4) Albanaton D E Albenaton C — 5) Ianuensi B — 6) ut — videbatur om B — 7) demonum qui officinas B — 8) miris et multis D — 9) fetoribus aspeigebant A C D giavibus fetoribus aspergebant B G — 10) unus angelus autem D E — 11) subsequens om B — 12) Rao om E — 13) aliquod in suo corpore om B D E G — 14) flagella B G — 15) apparens visibiliter A B C — 16) terribilis ecencis (?) E — 17) fiatei stans ante A B C — 18) ei umbiam E — 19) sic om E — 20) affectum B G — 21) dum bene religiosus D — 22) domini om E G — 23) demoniacum ligatum B E — 24) per os demoniaci dyabus B — 25) quot A C D — 26) vos om E G — 27) nos add E — 28) que om E — 29) ei add B — 30) coactus om B

a) De fr Petro de Albenacio cf supia c XIII, § V — *b*) De eo supra lib I, c VI, § VII — *c*) Innocentius IV, 1243-1254 cf quae de perturbacionibus ordinis Gerardus habet infra lib IV, cap XXIV, § VI et in append n° VIII

prclatos et principes concitet[1] contra vos, alius ut[2] vos mutacionibus locorum ct[3] cdificiorum et[4] opinionum[5] impediat et[6] perturbct.

CAPUT DECIMUM SEXTUM.

§ I. Circa principium[9] ordinis cum frater quidam de conventu Bononiensi[10] ivisset Favenciam et sine licencia accepisset ·XL· solidas[11] et unam corrigiam et rediens Bononiam hoc non fuisset confessus, eo dormiente ante matutinas[12] irruentes in eum demones portaverunt cum[13] in quandam vincam vicinam[14] de novo a fratribus emptam[15], ct eum verberantes multos paxillos super dorsum eius fregerunt et abierunt eo[16] semivivo relicto. Post matutinas autem fratres ad clamorem cius venerunt reportantes[17] eum corpus lividum habentem[18] et ulcera[19] in capite et facie et in manibus inflaturas, que vix sanata[20] sunt.

§ II. Ianue[22] cum quidam frater cum priore suo dura verba et quasi rebellia habuisset et nocte irreconciliatus iret ad cameras, quc distabant, acceperunt eum demones et virgis multis et grossis verberaverunt[23] cum intantum, quod vix potuit redire ad lectum. Qui emendacionis[24] et verbera et verba ostendens aliquandiu[25] iacuit languidus; in cuius rei indicium[26] inventa sunt a fratribus multa baculorum fragmenta, quibus eum demones verberaverant[27].

§ III. In conventu Bononiensi contigit quendam fratrem conversum subito[28] a demone gravissme vexari[29]. Conversi ergo surgentcs, quia[30] iam lectos intraverant, vocaverunt* magistrum suum, dehinc[31] beatum Dominicum, qui tunc in domo erat[32]. Qui mandavit eum[33] ad ecclesiam deferri[34], quem vix decem[35] fratres portare potuerunt[36]. In ingressu[37] autem ecclesie exsufflans extin-

---

1) continet E. — 2) ut om. E. — 3) et om. B. — 4) et librorum add. B G. — 5) oppressionumque B. — 6) ac B. — 7) fraterna A C. — 8) tit. om. E; pars. X : quomodo demones quosdam fratres propter suas excessus correxerunt; primum. B. — 9) principia E. — 10) Bononie G ; conventus Bononiensis B. — 11) solidos ·XL· G. — 12) matutinum C B. — 13) eum om. B. — 14) vicinam om. A B C. — 15) acquisitam B. — 16) eo add. iu marg. C. — 17) deportantes E. — 18) eum habentem corpus (B. lividum) et... B G. — 19) vulnera E. — 20) sanate B D ; insanata E. — 21) tit. ex B. — 22) similiter Ianue D. — 23) verberavere B. — 24) emendaciones et verbera ostendens E. — 25) aliquando diu E G ; aliquantulum iacuit B. — 26) remedium E. — 27) verberaverunt E G. — 28) subito om. E. — 29) vexari gravissime A B C. — 30) quia lectum... B. — 31) et hinc A. — 32) qui tunc erat A B C. — 33) eum om. E. — 34) referri E. — 35) decem om. E. — 36) potuerunt portare A C. — 37) ingressus autem ecclesie ianuas exsufflans E.

xit omnes lampades uno flatu Cum ergo multis modis demon
cum vexaret, dixit ei beatus Dominicus · « Adiuro te per Christum, ut dicas, quare vexas fratrem istum, et quando et quomodo
hunc intrasti » Qui respondit « Vexo eum, quia meruit, bibit
enim heri[1] in civitate sine licencia et sine signo crucis Unde
tunc intravi[2] cum[3] in specie bibionis, immo ipse me bibit cum
vino » Inter hec factum est signum ad matutinas et ait demon
« Amodo hic remanere non possum, ex quo[4] surgunt capuciati ad
Deum laudandum[5] », et[6] recedens dimisit fratrem quasi mortuum
iacentem in terra Fratres autem tulerunt[7] eum ad infirmitorium,
et mane sanus[8] surrexit nesciens, quid sibi accidisset Hec autem
narravit magistro frater, qui interfuit

§ IV In conventu Senensi[10] Tuscie fuit frater quidam, qui de
proprietatis vicio culpabatur Hic[11] cum super quandam rupem
altam iuxta infimariam staret, subito nullo impellente corruit.
Qui cum[12] caderet, vidit iuxta se[13] umbram nigram[14] dicentem
« Iudicium Dei est, iudicium Dei est[15] » Ad quem toto corpore
conquassatum cum prior vocatus venisset, narravit[16], que viderat
et audierat, et[17] per totum annum vix convaluit, sed peccata
peccatis accumulans ordinem est egressus

De fratre proprie-tario[9]

CAPUT DECIMUM SEPTIMUM.

§ I Cum Frater[19] a) quidam Ispanus, qui post[20] fuit[21] magne
auctoritatis et religionis[22], in suo[23] noviciatu de vestitu[24] et lecti
duricia gravaretur, utpote[25] qui multum in seculo fuerat delicatus, confessori suo huiusmodi[26] temptacionem humiliter revelavit,
cui ille respondit « Frater karissime, recordare, quod in seculo
lascive vixisti, et ideo in redempcionem delicacionis[27] illius et in
remissionem[28] peccatorum tuorum[29] modo duriciam istam non

De temptacionibus noviciorum[18]

---

1) heri om B — 2) in add A C G — 3) eum om B — 4) ex eo quia E, quia D — 5) ad
laudandum Deum G — 6) et om D F — 7) attulerunt B — 8) sanatus A B C — 9) tit om
A C D G quomodo quidam frater a diabolo punitus est propter vicium proprietatis IV B
— 10 Senonensi E Senonis D — 11) autem add A B C — 12) dum B — 13) se om B —
14) magnam D E — 15) iudicium Dei est om semel B E — 16) ait B — 17) et om D E —
18) tit om E verba consolatoria cuiusdam in ordine propter ordinis asperitatem gravati
V B — 19) cum frater Egidius de Portugallia (D Partigalia) in A D — 20) postea B
— 21) qui — fuit om G — 22) devocionis G — 23) suo om A C in suo noviciatu om B
24) vestium A C — 25) ut qui B — 26) huius B — 27) illius delectacionis A B C — 28) redempcionem B remissionem om G — 29) tuorum peccatorum B E

a) De fr Egidio cf supra lib IV, cap III, VI

solum pacienter, sed eciam[1] libenter suscipe, quia dominus erit tecum ». Que verba ita[2] sunt cordi eius infixa[3], quod ex tunc[4] predicta temptacio cessavit[5], et que prius ei gravia[6] videbantur, facilia facta sunt consideranti, quod propter[7] hec consequeretur remissionem omnium[8] peccatorum.

§ II. Idem frater[10] in seculo multum fuerat facetus et[11] iocundus et hominibus affabilis valde. Cum autem[12] in ordine se vellet ad silencium coarctare et vagos refrenare discursus, estuabat et spiritum non poterat continere; immo videbatur sibi, quod flamma quedam[13] combureret pectus[14] et guttur eius, si diucius taceret[15]. Quadam igitur die illustratus spiritu attendens, quod huiusmodi ardor dyaboli[16] temptacio esse posset, firmiter statuit apud se, quod se in loco et[17] in silencio contineret[18], eciam si totus comburi et cremari[19] deberet. Videns igitur Deus propositum et firmitatem animi eius[20], spiritum vertiginis ab eo removit, intantum[21] ut iam ei[22] dulce esset tacere et in[23] uno loco et libenter secum[24] sine animi anxietate morari; et datum est ei in hoc[25] super omnes habere graciam specialem. Hec autem scivit per eum[26] magister ordinis[27], qui diu cum eo Parisius in[28] infirmaria[29] in una camera, stetit nec recordatur[30], quod umquam[31] audierit eum ociosa dicentem, sed vel consolantem desolatos vel de divinis loquentem vel[32] humiliter tacentem. Numquam aliquid, cum egrotaret quasi continue[33] et bonus medicus esset, nisi quod ei offerebatur, quesisse, sed omnia cum graciarum accione sumpsisse[34], eciam[35] que complexioni vel consuetudini vel infirmitati[36] contraria videbantur. Quia[37] igitur omnem sollicitudinem suam proiecit in Deum, ipsi[38] fuit cura de eo, et post multas[39] temptaciones et infirmitates adeo fortificavit eum[40], quod post graciosus predicator et utilis lector et laboriosus prior provincialis in Hispania multis annis permansit[41] in tot occupacionibus parum aut nichil de priori sanctitate et religiositate obmittens.

De eodem : quandam difficultatem habuit in observancia silencii.[9]

---

1) eciam om. E. — 2) ita om. B E. — 3) ita add. E. — 4) et *pro* ex tunc E. — 5) ei cessit D. — 6) contraria B. — 7) per B. — 8) omnium om. E. — 9) tit. ex B. — 10) Egidius add. D. — 11) et om. E. — 12) autem om. B E. — 13) quedam om B E. — 14) pectus suum (eius B) et guttur B G. — 15) taceret diucius A C. — 16) diabolica temptacio esset E. — 17) et om. B. 18) contineret om. B. — 19) crepare A C D G; concremari B. — 20) eius om. E. — 21) ut iam intantum G. — 22) iam ei om. B. — 23) in loco uno... sine anxietate animi B E. — 24) vellet et posset *add. in marg.* C. — 25) hiis A B C. — 26) per eum om. E. — 27) *nempe frater Humbertus.* — 28) in om. E. — 29) infirmaria Parisius stetit in una... E. — 30) recordaretur E. — 31) unquam quod B. — 32) et G. — 33) assidue C; quotidie et medicus... B. — 34) suscepisse B E. — 35) et A C. — 36) sue add. E. — 37) cum E. — 38) ei B. — 39) multas — infirmitates om. A C. — 40) preter spem *add. in marg.* C. — 41) et add. E.

§ III.[1] Fuit[2] frater quidam valde nobilis de partibus Romanis, quem cum secum duceret magister ordinis, frater Iohannes, Parisius ad proficiendum[3], consanguinei eius ipsum rapuerunt[4] in via, confidentes de domino Frederico, quondam inperatore[5], cum quo ipsi tunc[6] erant ; ducentes autem[7] eum ad castrum remotum, ibique[8] tenentes eum quasi per annum et caventes, ne frater aliquis[9] vel littera fratris posset ad eum devenire[10]. Induxerunt eum per amicos[11] et modis quibus poterant[12] ad resiliendum a proposito suo[13] ; sed Dei virtute in eo agente, nec ad dimittendum[14] habitum vel[15] faciendum contra ordinem in aliquo eum[16] flectere potuerunt. Desperantes autem de mutacione animi eius dimiserunt eum. Et ipse ad fratres rediens missus est Parisius[17] et factus est magister in theologia et excellentis sciencie et ordinis magna columpna a).

§ IV. In provincia Francie in conventu Bisuntino[19] b) fuit quidam novicius, qui temptacionibus agitatus[20], cum firmiter apud se statuisset, quod ad seculum rediret, ut venditis quibusdam, que iure hereditatis ad eum spectabant[21], post cum illa pecunia ad ordinem reverteretur, ut sibi fallax temptacio promittebat[22]. Ecce[23] talia in corde volvente[24], frater quidam venit ad eum rogans, ut non irasceretur de hoc, quod sibi narraret ; quo asserente[25], quod non haberet pro malo aliquid[26], quod ipse diceret[27], ait ille ; « Vidi in sompnis, quod quidam iudex asperrimus cum multitudine effrenata servorum[28] inordinato tumultu inter[29] se fremencium veniebat, et corda in collo tuo posita et vestimentis ordinis circa collum revolutis, te[30] sic nudatum ad suspendium

'37'
De iuvene valde nobili qui contra voluntatem parentum ordinem intravit. [1]

Quomodo quidam proposuerat exire ordinem, sed inspiratus mansit. [18]

---

1) tit. ex B; haec par. om. D. — 2) frater... Romanis fuit B. — 3) proficiendum Parisius A B C. — 4) rapuere B. — 5) quondam imperatore om. G. — 6) tuuc om. E. — 7] autem om. E. — 8) ubi G; eciam add. A C. — 9) aliquis om G. — 10) venire B. — 11) amicos eum et B E. — 12) potuerunt A C — 13) suo om. G. — 14) mutandum E. — 15) nec A C. — 16) con pro eum E. — 17) et excellentis sciencie et ordinis magna columpna est effectus. B. — 18) tit. ex B. — 19) Bysencion B; Bisentino D E. — 20) est add. E. — 21) pertinebant postea B. — 22) promittebat temptacio E. — 23) eo add. G; et ecce B. — 24) revolvente B. — 25) consenciente C. — 26) aliquid om. G. — 27) hoc add. A C D; quod ad ipsum diceret, quia sciebat quod ad bonum suum hoc diceretur (B : diceret) ait... B G. — 28) suorum B E. — 29) intra C. — 30) te ad suspendendum sic nudum (A : nudatum) ducebat A B C D. —

a) C. add. in marg. « Is putatur fuisse S. Thomas Aquinas, cui hoc ipsum contigit; » fratres eius rapuerunt eum anno 1243 de Italia Parisius proficiscentem, libertatem ei reddiderunt 1244. Cf. pro hoc varias vitas S. Thomae, et Quetif. I, 271. De fr. Iohanne Teutonico vide infra cap. XXV, § X; supra l. I, cap. V, § IX et in chronico ad. an. 1241. b) Conv. Bisuntinus (Besançon) 1224 fund. Anal. I, 207.

ducebat, et nulla[1] super te misericordia moveri[2] volebat. Ego vero[3] pre timore iudicis et multitudine servorum[4] territus, stans a longe et plorans, ad te accedere non audebam. Propter ea, frater karissime, videas statum tuum[5] et ne temptacio aliqua te seducat ». Novicius ergo[6] conscius sui propositi et[7] conferens hoc cum illo timore correctus[8] ait : « Dicatis michi, pro Deo[9], si vidistis, quod me suspendisset ». Respondit : « Non vidi amplius ». At[10] ille considerans, quod dyabolus reducendo eum[11] ad seculum duceret[12] eum ad inferni[13] patibulum, promisit incontinenti, quod Deo et beate Marie in perpetuum in hoc ordine deserviret, vilipendens illam hereditatem terrenam[14], que fere[15] vitam[16] subripuerat ei celestem et veram.

De quodam novicio apostata. [17]

§ V. In eodem[18] conventu Bisuntino frater quidam[19] bonus vidit in sompnis dominum quasi indignatum cuidam novicio et quasi cum ira[20] dicentem ei : « Recede a me, quia non es dignus hic pollutus cum mundis remanere[21]. Et videbatur fratri[22], quod novicius ille intrabat cameras et inde[23] redibat; quam visionem probavit rei eventus; nam facto mane[24] quidam novicius, cui Deus vere[25] erat iratus, vestes seculares a quibusdam sibi furtive delatas[26] in privatis induit et[27] exivit.

De alio novicio temptato de fide, cui in sompno ostensa est hec sequens oracio. [28]

§ VI. In eodem conventu cum quidam novicius multipliciter[29] temptaretur de fide et a priore confirmaretur frequenter et ab eo monitus oracioni instaret, quadam nocte ostensum est ei, ut hanc oracionem diceret sepius[30] : « Deus, qui iustificas impium et non vis mortem peccatorum, famulum tuum de tua misericordia confitentem celesti protege[31] benignus auxilio, et[32] assidua proteccione conserva, ut tibi iugitur famuletur et nullis temptacionibus a te[33] separetur[34]. Per dominum[35] »; quam tamen[36] numquam viderat nec[37] audierat, nec scriptam alicubi[38] credebat. Quam in

---

1) nulla volebat... A B C; nulla misericordia super te... D. — 2) inflecti B. — 3) vero om. A B C. — 4) suorum B E. — 5) meum E. — 6) vero E. — 7) et om. D E. — 8) est add. E; correptus A C D; correctus om. B. — 9) propter Deum B. — 10) et E. — 11) cum om. E. — 12) deduceret eum D. — 13) inferni om. E. — 14) terrenam om. E. — 15) fere om. E. — 16) vitam om. D G. — 17) tit. ex B, *qui complete sic sonat : pars XI: de apostasia fratrum, et primo de quodam novicio apostata; primum*. — 18) in conventu Bysoncio B. — 19) quidam multe perfectionis D. — 20) ita E. — 21) remanere cum mundis A B C. — 22) illi D; fratri om. E. — 23) inde om. E. — 24) frater add. E. — 25) cui vere Deus A B C. — 26) illatas B. — 27) per fenestram *add. in marg.* C. — 28) tit. ex B. — 29) mirabiliter B. — 30) oracio contra temptaciones add. B. — 31) protegas D. — 32) et — famuletur om. B. — 33) nullis a te tempt... D E G. — 34) amen add. B. — 35) per Christum Dominum nostrum. A C D G; nec add. D E. — 36) oracionem add. in marg. C. — 37) vel B E G. — 38) nec alicui scriptam A C; nec alicubi scriptam fore credebat. B.

visione in tantum ruminavit[1], quod eam didicit ex corde. Mane autem facto, cum hoc narrasset[2] priori, didicit[3] eam et[4] in missali scriptam[5] pro temptatis dicendam; et ex hoc est[6] quam plurimum confortatus, sed non ad plenum[7] adhuc illa[8] temptacio recessit. Dicebat ergo illam oracionem sepius[9] et devote. In diebus autem illis attulerat frater quidam* reliquias[10] de[11] panno intincto[12] sanguine beati Petri martiris a), qui miraculose exierat de quadam particula tunice, in qua idem sanctus pro fide Christi accepit[13] martirium; unde plures de civibus[14] Bisuncii[15] venientes cum multa devocione petebant, ut ampulla cristallina, in qua[16] dicte reliquie erant, perfunderetur[17] vino et bibentes multi curati sunt de infirmitatibus suis. Cum autem quadam die dictus novicius iuvaret ad missam[18] essetque incredulus istis[19] miraculis, venit quedam mulier petens sibi fieri vinagium[20] dictum[21]. Dum ergo frater inclinasset vasculum, in quo erant dicte reliquie, versus vas, quod attulerat mulier, ut reciperet[22] vinum, subito multe gutte sanguinis ceciderunt[23] de vasculo illo[24] super pannum sericum, qui erat in altari; et una gutta vasculo tam fortiter adhesit, quod a priore cum panno frequenter superducto non potuit exsiccari. Quo viso frater ille Dei misericordia ad sui et aliorum confirmacionem existimans factum fuisse[25] miraculum, gracias agens Deo, a pristina temptacione liberatus est. Miraculum[26] autem[27] predictum factum est notum in[28] eadem civitate.

§ VII. Fuit[30] in conventu Gandavensi Flandrie[31] b) quidam novicius[32], qui propter graves temptaciones ordinem dimittere volebat[33], hac maxime de causa, quia[34] cum[35] in seculo divitem ecclesiam haberet[36], quam fideliter regebat et multas elemosinas

*38.

Quomodo quidam temptatur de exitu ordinis, sed beata virgo confortatur eundem. [29]

1) ruminabat D; ruminaverat — didicerat A C; nunciaverat B. — 2) diceret E. — 3) dicit A C. — 4) et om. A B C; vide missale Ord. Praed. ed. Larroca (p. 89) nº 22. — 5) et add. B. — 6) est om. E. — 7) plenum temptacio illa A C; plenum omnis illa B. — 8) omnis add. D. — 9) sepe B. — 10) reliquias om. B. — 11) in E. — 12) in add. E. — 13) excepit D E. — 14) civibus beneficium receperunt cum multo devocione venientes petebant B. — 15) Bisuntiius A C; Bisencii D. — 16) in qua erant A B C. — 17) perfunderentur E. — 18) quendam fratrem ad missam et esset (essetque : B) dictis (illis : B) miraculis A B C. — 19) illis D. — 20) vinanum E. — 21) predictum A B C. — 22) acciperet E. — 23) cecidere B. — 24) suo E. — 25) fuisse om. B. — 26) miraculum — civitate om. B G; miraculum notum autem factum est per totam Bisuncii civitatem. A. — 27) autem om. C. — 28) per totam Bisencii civitatem D. — 29) tit. ex B. — 30) fuit quidam novicius in Flandrie, nomine Baldendiuus qui D. — 31) Flandrie om. E. — 32) nomine Balduiuus add. in marg. C. — 33) volebat dimittere A B C. — 34) quia om. E; quod A C D. — 35) cum om. A C D. — 36) haberet ecclesiam A B C.

a) De S. Petro Martyre cf. infra lib. V, cap. I, § II. — b) Conv. Gandavensis (Gent) an. 1221 fund. Anal. I, p. 266.

faciebat, modo aliorum[1] elemosinas comedebat[2], nec dare nec alicui subvenire valebat, nec predicare, nec visitare infirmos, nec confessiones audire, cum hec libenter in seculo[3] facere[4] consuetus fuisset. Igitur fratribus eum frequenter monentibus[5] cum consolari (sic) non posset[6], sed fixe regredi vellet, quodam mane post longam oracionem ei[7] obdormienti ante altare beate virginis apparuit[8] dicta domina nostra, ferens in manibus suis duos ciphos[9], ut sibi videbatur, et ait[10] : « Flevisti et sitis, bibe modo ». Cumque biberet, ait[11] : « Quid bibisti? » Respondit[12] : « Vinum[13] turbidum, insipidum et fecibus mixtum ». Et[14] illa iterum alium cyphum porrigens[15] ait : « Bibe de isto ». Quod cum fecisset, ait : « Quid bibisti? » Respondit : « Vinum optimum, limpidum[16] dulcissimum et[17] defecatum ». Et ait illi beata Maria : « Sicut est magna distancia eorum, que bibisti[18], sic[19] multo[20] maior[21] inter vitam bonam[22], quam duxisti in seculo, et illam[23], quam in isto[24] ordine accepisti ; nec timeas, nec lacesses[25] quia ego auxilium tibi[26] prebebo[27] » ; et disparuit visio ; et frater in ordine confortatus[28] postea[29] factus est lector bonus et predicator devotus.

§ VIII. In conventu Senonensi a) novicius quidam temptatus de exitu ordinis, cum multas et graves temptaciones amplius sufferre non posset, confessus est cuidam bono fratri, qui post multas consolaciones ait illi : « O miser, quid cogitas? Christum et matrem eius[31] elegisti, et nunc vis reprobare bonum et eligere malum? Accipe cingulum[32] tuum, et liga per collum, et proiciens[33] te ante altare beate virginis dic ei ex corde[34] : O domina mea, ego[35] servus tuus, ego servus tuus, suscipe me in bonum, *et non confundas me ab expectacione mea* ». Sic fecit, et statim cessavit temptacio. et post[36] factus est predicator bonus atque[37] devotus.

§ IX. Quis autem posset enarrare modos varios et subtiles, quibus adversarius multos et multociens temptavit novicios?

De novicio volente ordinem exire, sed perseverante. [30]

Ps. 118, 116.

Quod multis modis dyabolus novicios temptavit de existu ordinis. [30]

1) alienas A C. — 2) commendabat E. — 3) in seculo libenter D E. — 4) facere om. B. — 5) commonentibus cum eum B. — 6) possent D E. — 7) et dormicionem B. — 8) eidem add. B. — 9) sciptos A C. — 10) Baldewine add. C D. — 11) cumque bibisset illa ait B. — 12) respondit om E. — 13) vinum—vinum om. B. — 14) dum add. E. — 15) iterum porrigens A C. — 16) limpidissimum B; et add. E. — 17) et om. B G. — 18) nunc add. E. — 19) sic om. E. — 20) et add. A C. — 21) est add. B. — 22) beatam B. — 23) istam B E G. — 24) isto om. E G. — 25) lentescas D: lacescas E. — 26) tibi om. E. — 27) prebeo G. — 28) confortatus E G. — 29) post A C D G. — 30) tit. ex B — 31) eius *add. in mary.* C. — 32) angulum B. — 33) proicies... dicens ei ex corde B. — 34) ex corde om. E. — 35) sum add. E. — 36) post om. E. — 37) et B.

a) Conv. Senonensis (Sens) circa an. 1224 fund. Anal. I, 369.

Consuevit enim eos temptare multipliciter, ut eos a statu religionis deponat, nunc per assumpcionem indiscreti fervoris et abstinencie nimie, ut fecit[1] in magistrum Iordanem[2] a) nunc per relaxionem vite, et obmissionem[3] corum, ad que ordo tenetur, ut patet in delicato[4], qui laxaverat caligas propter estum, quem beata virgo nec aspicere[5] est dignata[6], nunc per nimium affectum parentum vel carorum suorum,* nunc per turbaciones[7] ad eos, cum non faciunt voluntatem eorum, de quibus, cum se volunt novicii vindicare, quandoque se ipsos impugnant, nunc per recordacionem[8] carnalium voluptatum, nunc per terrorem[9] sompniorum, nunc[10] per displicenciam sociorum, nunc per affectum librorum et aliquando eciam[11] vilium[12]

Vidi ego[13] novicium temptatum graviter, quod canem parvulum, quem nutrierat[14], non poterat videre, et magis afficiebatur ad illum, quam[15] ad omnia, que dimiserat, quamvis secundum mundum[16] multa et magna essent, temptat[17] eciam[18] per angustiam[19] cordis, nunc per diversas infirmitates corporis, nunc per linguas adultorum, nunc per iudicia detractorum et aliis multis[20] modis, et merito milleartifex appellatur, quia oculi eius[21] septemplices sunt et gentes interficere non cessat Unde ab eius insidiis debent omnes sibi cavere, et in pura et in[22] frequenti confessione ipsum detegere et magis paternis[23] quam suis consiliis adherere

CAPUT DUODEVIGESIMUM

§ 1 In provincia Polonie b) quidam frater aliquando[25] dispensavit et forte sine causa racionabili, cum duobus fratribus[26], ut comederent carnes cum eo[27] in itinere constituti Nocte itaque insecuta, cum parumper[28] obdormisset, vidit in sompnis[29] dyabo-

De temptacione gule [24]

* 38*

---

1) fecit temptans magistrum B — 2) magistro Iordani G — 3) obmissionem om B — 4) fratre quodam add B — 5) respicere quidem B — 6) dignata est A C — 7) turbacionem B G — 8) cogitacionem B C D — 9) terrores B fervorem E — 10) nunc per — nunc om B, uunc per diplicenciam sompniorum add in marg C — 11) eciam om E — 12) rerum add B — 13) ergo B — 14) nutrierat A C — 15) quam — dimiserat om E — 16) seculum B — 17) temptacio per E — 18) nunc add G — 19) angustias B — 20) multis aliis G — 21) oculi add A B C D — 22) in om B — 23) patrum A C B peccatum abhorrere quam A — 24) tit om E et vicio propritatis add B C capitulum primum add B — 25) aliquando om E — 26) conversis add G — 27) cum eis in itinere constitutus (constitutis C D) — 28) parum E — 29) in sompnis om D

a) Cf supra lib I, c VI, § VII — b) Prov Polonia an 1228 est erecta ut patet ex chronico

lum intrantem ad locum[1], in quo iacebat[2], et quesivit, quid que
reret. Qui ait : « Veni visitare fratres istos[3] qui comederunt
carnes ». Hoc prior provincie[4] illius scripsit magistro ordinis[5].

De canonico
regulari qui
ordinem predi-
catorum
intravit. *

§ II. In eadem provincia quidam canonicus regularis venit ad
ordinem nostrum ; tunc[7] temptatus de carnibus, quas alibi[8]
comedebat, ad suum rediit claustrum. Post hoc infirmatus est
graviter, et in extasi[9] posito[10] videbatur ei, quod ad iudicium
trahebatur, et carnes, quas comederat, ponderabantur[11] coram
illo[12]; tandem reversus ad se, super hiis territus, ad ordinem
rediit et in eo[13] permansit.

Quomodo qui-
dam proposuerat
comedere
quandam tur-
tam occulte. *

§ III. Frater quidam temptatus de gula quandam caseatam,
quam turtam[14] Lombardice vel tartam Gallice vocant[15], sibi
procuravit occulte[16], cogitans, quod eam comederet in secreto.
Cum ergo eam in quodam loco abscondisset et stans in choro ad
horas cogitaret[17], ubi et quomodo[18] occultius eam comederet,
quidam frater spiritualis[19] vidit dyabolum ante illum tripudiantem
cum quadam turta in manibus et eam sibi[20] sepius offerentem.
Qui super eo[21] vehementer miratus, completo officio, fratrem
illum traxit ad partem, querens ab eo, quomodo sibi[22] esset, et
an[23] aliquam temptacionem haberet. Qui respondens se[24] bene
esse[25] nolens dicere vel non aduertens temptacionis sue miseriam[26], audivit[27] ab eo, que[28] in horis viderat ; et expavescens et[29]
cum lacrimis confitendo[30] rem, sicut erat, a peccato et[31] temptacione liberatus est per graciam Dei.

CAPUT UNDEVIGESIMUM.

De temptacione
proprie volun-
tatis et sensus
pertinacia. **

§ I. Quidam frater preter prioris sui lincenciam ·X·[34] solidos,
quos de quadam elemosina communi[35] habuerat, occultavit, ut,
si de aliquo[36] indigeret[37], acciperet[38]. Qui postea gravem infirmi-

---

1) in locum intrantem D. — 2) iacebant D G. — 3) istos om. E. — 4) provincialis scripsit D.
— 5) Iordane E ; Humberto D. — 6) tit. ex B. — 7) et A C D G. — 8) aliquando B. — 9) extasi om. E. — 10) positus B D G. — 11) portabantur A C ; ponebantur D. — 12) eo B. —
13) ordine D. — 14) turta G. — 15) vocant om. B. — 16) occulte om. A C. — 17) cogitaret
om. E. — 18) quomodo occulcius eam comederet E ; quando B. — 19) spiritualiter E. —
20) sibi add. in marg. C ; manibus eam eidem B. — 21) hoc... ammiratus B. — 22) secum B.
— 23) eciam si E. — 24) se om. E G ; sibi B. — 25) et add B E. — 26) miserias B. — 27) autem
add. A C. — 28) quod D G. — 29) et om. G. — 30) et confessus G. — 31) a add. A C. —
32) vel C. — 33) tit. om. D E G ; de temptacione cupiditatis A ; de quodam proprietario qui
pene dampnatus fuerat. IV. B. — 34) quatuor D. — 35) communi elemosina B E. — 36) aliquando A B C ; in aliquo G. — 37) de illo add. D. — 38) reciperet C ; de illis acciperet A ;
unde meritis (suis add. D) exigentibus postea (postea om. D) gravem... A D ; ad eos recurreret B.

tatem incurrit; cui iam morti propinquanti cum frater Iohannes[1] quidam[2] astans diceret : « Gaude, frater, quia ad Deum[3] vadis; memento[4] mei, dum bene tibi fuerit ». Ille respondit : « Nequaquam, nam in opposita fenestra dyabolus astat[5] faucibus paratus[6] meam infelicem animam paratus devorare, quia proprium usque adhuc reservavi ». Tunc frater[7] stupens, multis racionibus et exemplis de misericordia Dei ad[8] confidenciam eum inducens inclinavit et rogavit, ut vocato priore[9] proprium redderet, et[10] de eo, quod male[11] fecerat, peniteret. Quo facto, cum a priore absolutus fuisset, statim demon quem viderat aufugit[12]; unde infirmus in lacrimis[13] resolutus est celitus spe infusa, et postmodum in pace quievit.

§ II. In[15] quadam domo sororum fuit quidam frater[16] conversus, qui in quadam infirmitate[17] videbatur habere spiritum prophecie. Cum igitur multa multis[18] prediceret, et quidam[19] inde derideret eum, quia in verbis eius[20] nullam habebat fidem, ait : « Frater, dic michi[21], quid michi continget? » Qui[22] respondit : « Miser, miser, redde denarios, quos furatus es;* unam[23] salmatam[24] feni sororum vendidisti et denarios abscondisti. Hoc ergo erit de te[25] : Hoc anno morieris nullo fratre presente ». Quod et[26] completum est; nam dum esset[27] in quodam loco in[28] custodia rerum monasterii sine socio fratre, apostema in gutture eius ortum[29] ipsum subito suffocavit.

Quomodo quidam frater publicavit quendam furem ipsum deridentem.[14]

30'.

§ III. In provincia Romana in conventu Perusino a) frater quidam fatigatus officio nocturnorum in festo beati Augustini exivit in laudibus de choro, et ivit dormitum. Vidit ergo in sompnis beatum Augustinum in fratris habitu[31] assistentem sibi et dicentem : « Modo fecisti propriam voluntatem ». Et cum abiret, clamavit frater : « Quid faciam domine[32]? » Respondit :

De quodam tepido fratre.[30]

---

1) Bononiensis add. A D. — 2) quidam om. A D. — 3) dominum D. — 4) que add. B. — 5) stat B. — 6) apertis faucibus E. — 7) ille add. B C G; Iohannes add. A D. — 8) ad om. E. — 9) vocando priori E. — 10) quod add. D. — 11) male om. D. — 12) affugit E. — 13) lacrimis B E. — 14) tit. ex B; sequentia om. usque ad cap. XXIV. D. — 15) apud S. Sixtum Rome fuit... A. — 16) frater om. B. — 17) sua add. B. — 18) multis multa prediceret, quidam, ut derideret A B C. — 19) et quidam om. E; quidam ut G. — 20) suis B. — 21) michi om. B. — 22) qui om. E. — 23) unam — feni om. E. — 24) samnatam G. — 25) hoc — te om. B — 26) et om. E. — 27) esset Tyburi in A; cum esset B. — 28) et custodia add. B. — 29) exortum B. — 30) hic incipit cap. de temptacione proprie voluntatis et sensus pertinacia in A B G; tit. ex B, qui sic sonat complete : Pars XIII. De vicio proprie voluntatis et primo de quodam tepido fratre. Primum. — 31) eum add. G. — 32) domine om. E.

a) Conv. Perusinus fund. 1220, vel ut alii volunt 1233. Anal. II, p. 94.

« Penitenciam age ». Et continue surgens venit ad capitulum ad sermonem, qui fratribus fiebat.

Quam malum sit nolle acquiescere suis superioribus. [1] § IV. Cum frater quidam[2] valde religiosus[3] et devotus et bonus lector multo fuisset tempore, tandem incidit in quasdam novas opiniones, que a pericioribus[4] erronee sunt[5] iudicate. Cum autem frequenter monitus, ut dimitteret illas, nollet acquiescere, demum[6] a magistro et diffinitoribus capituli generalis rogatus est, et[7] flexis genibus, ut resipisceret[8], ne gravem ferre in illum[9] sentenciam cogerentur[10], Qui in suo sensu pertinax noluit obedire. Frater autem quidam antiquus in ordine et prior sanctus homo et verax, vidit dyabolum sedentem super caput ipsius[11] in capitulo, cum super hoc conveniretur et obstinaciter responderet. Et hoc suo familiari alii dixit hoc pacto, quod si[12] alicui diceret, nullo modo exprimeret nomen eius[13].

CAPUT VIGESIMUM.

De temptacione curiositatis philosophorum. [14] § I. Quidam frater in Anglia cogitans philosophice[15] polire sermonem, quem erat scolaribus facturus[16], obdormiens in cella cum[17] hoc cogitabat[18], vidit in sompnis[19] dominum Ihesum sibi[20] bibliam afferentem, que tamen multum exterius erat fedata[21]. Quam cum frater diceret deturpatam, ait Christus aperiens eam et ostendens[22] ei pulcritudinem intrinsecam : « Imo[23] valde pulcra est[24], sed vos philosophiis vestris sic[25] deturpatis eam.

Quod inanis philosophia vitanda est. § II. Alius frater Lombardus ibidem existens in studio cum cogitans hesitaret[26], utrum phisicis vel theologicis operam daret, apparuit ei[27] in sompnis quidam rotulum tenens in manu, in quo legit nomina[28] defunctorum, de quibus dicebatur quam[29] graviter torquebantur; et querenti causam, responsum est[30], quod propter suam philosophiam[31]; et ita edoctus[32] est, in quo melius esset ei studere.

De alio fratre qui raptus ad iudicium acriter percussus est propter inanem scienciam. § III. Retulit frater quidam, quod cum multo ipse[33] affectu

1) tit. ex B. — 2) alias add. A C; quidam frater alias B G. — 3) religiosus valde. C. — 4) sapientibus sunt B. — 5) sunt erronee G. — 6) deinde A B C. — 7) et om. B. — 8) respiceret E. — 9) in illum ferre G. — 10) cogitarentur E. — 11) eius E. — 12) alii add. G. — 13) suum B. — 14) tit. om. E; Pars XIV de curiositate vitanda maxime in predicacione ad populum. Primum. B. — 15) phisice B; propouere et add. E. — 16) facturus scolaribus A B C. — 17) cum om. E. — 18) cogitaret B. — 19) in sompnis om. E. — 20) sibi om. E. — 21) defecata C; defedata A G — 22) ut ostenderet B. — 23) primo E. — 24) erat E. — 25) sic om. C; sic eam deturpatis A. — 26) excitaret C. — 27) ei om. E. — 28) quorumdam add. B G. — 29) quod A B C. — 30) ei om. E. — 31) punirentur add. B. — 32) doctus A C. — 33) ipse om. E.

studeret in philosophia, quadam nocte ad[1] iudicium raptus est et dictum est ei, quod non erat frater, sed philosophus Unde iussus denudari est durissime verberatus[2] Redditus[3] autem sibi sensit per quindenam fere[4] in dorso[5] dolores[6] et[7] omnium[8] confracciones membrorum, ac si fuisset vigilans corporaliter flagellatus

§ IV Quidam prior, vir bonus[11] in sermone ad fratres et clerum asseruit se vidisse in Anglia rusticum simplicem et omnino illiteratum demoniacum factum[11] nunc Grece, nunc Latine nunc Anglice[12], nunc Gallice ad omne quod querebatur, astutissime respondentem A quo cum quereret frater, an ipse in celo creatus fuerit[13], respondit, quod sic Interrogatus, quis spiritus esset dixit[14], quod superbie, interrogatus, an dominum viderit, ait[15], quod sic, adiuratus autem, quod diceret, quomodo esset Deus trinus[16] et unus, se totum quasi in globum contrahens et tremens respondit - Taceamus nos creature de his, que nec[17] loqui nos decet, nec potest hoc dici -

§ V In Romana provincia frater quidam temptatus de sciencia rogabat dominum[19], ut[20] sibi daret eam[21] et vias ad scienciam Dei sua gracia aperiret[22] Vidit ergo huiusmodi visionem Offerebatur ei in visu[23] noctis liber quidam magnus questionibus fidei plenus et in fine sic erat scriptum - Magister nichil dicit hic[24], sed vult, quod permittatur ei[25] servire Christo in simplicitate sua -

CAPUT VIGESIMUM PRIMUM

§ I Quidam frater aliquando cogitavit se dignum[27] episcopatu et in eo[28] se multa bona facturum proponenti, cum hanc cogitacionem suam post matutinas in oracione recogitans[29], vias suas vehementer[c] dampnasset et[30] ex toto corde cum multis lacrimis orasset Deum, ut eum[31] conservaret in evangelica paupertate[32] ab

1) Dei add A B C — 2) est denudari et durissime verberari B — 3) rediens A — 4) fere om G — 5) dorsum E in dorso om A C — 6) dolorem in dorso G — 7) ac A C — 8) omnino E — 9) ut ex B hic incipit cap XXI in cod C — 10) et litteratus add A C G — 11) factum demoniacum E — 12) nunc Anglice om Γ — 13) fuisset B — 14) respondit superbie A B C — 15) respondit B — 16) unus et trinus se quasi totum A C — 17) neque A C nos nec loqui nec decet dici B — 18) ut ex B — 19) deum A B C — 20) ut eam sibi daret A C quod sibi eam G — 21) eum om B — 22) appareret L — 23) visione B — 24) ad hoc B — 25) ei om B — 26) ut om L Pars XV de ambicione fugienda Primo de quodam de episcopatu temptato Primum B — 27) dignum se A C — 28) eodem B — 29) recogitans in oracione A C — 30) et om E — 31) cum in promissa et ewangelica paupertate servaret ab A B C G — 32 sensisset add L

honoribus et diviciis illibatum, et in hiis obdormisset, apparuit ei spiritus[1] bonus, ut sibi videbatur, dicens hec[2] : « Affectus parentum carnalis[3], favor popularis, malicia temporis, occupacio rei familiaris, amissio boni spiritualis, scandalum tui ordinis et incertitudo finis sint tibi cause fugiende dignitatis ; scriptum quippe est[4] : *Iudicium durissimum[5] hiis, qui presunt, fiet.* » Qui statim evigilans hec eadem[6] manu sua scripsit[7].

§ II. Cum frater quidam[9] ambularet per viam, incepit fingere in corde suo, quid faceret, si esset episcopus factus[10]. Et cum hoc cogitaret, subito cecidit in lutum profundnm ; et reversus ad se dixit sibi : « Surgite, domine episcope, bene contigit vobis[11], quia bene decet talem episcopum talis locus ». Et forte si[12] verum fuisset, quod cogitabat, cecidisset in peius[13] lutum multorum peccatorum[14].

CAPUT VIGESIMUM SECUNDUM.

§ I. Cum frater *a*) quidam[16], vir sanctus et discretus, Neapoli[17] existens, paululum post matutinas obdormisset, videbatur, quod diceret fratribus in capitulo hec verba : « Fratres, propositum patrum nostrorum[18], qui ordinem hunc[19] fundaverunt[20], fuit : non discedere ab eo nec propter temptaciones carnis, que blande sunt, nec propter temptaciones mundi, que vane[21] sunt, nec propter turbaciones[22] demonum vel hominum, que graves sunt, sed omnia superare[23] propter amorem Christi ». Et surgens idem frater[24] eadem fratribus enarravit.

§ II. Idem[26] ea die, qua factus fuit prior provincialis[27] Romane provincie, cum moneret fratres, ut sibi[28] alterutrum a turbacione caverent, hoc exemplum eis dixit[29] : « Cum quidam frater[30] turbasset me, inquit[31], et iniuste et[32] post paucos dies decessisset

---

1) Dei add. A B C. — 2) hec dicens A B C. — 3) carnalium A B C. — 4) est quippe G. — 5) in add. E. — 6) eadem om. A C. — 7) conscripsit G. — 8) tit. ex B. — 9) quidam frater G. — 10) factus om. B. — 11) tibi A C — 12) et si forte ac si... E. — 13) penis E. — 14) peccatorum multorum A C ; scilicet multorum B. — 15) tit. om. E : Pars XVI. De indignacione fugienda. Primum. B. — 16) Nicolaus de Iuvenacio. add. C : Iuvenancio B. — 17) Neapolim B C. — 18) nostrorum om. B. — 19) hunc ordinem A B C. — 20) fundavere B. — 21) varie B. — 22) temptaciones B. — 23) sufferre E — 24) idem frater om. B. — 25) tit. ex B. — 26) idem frater eadem A B C. — 27) provincialis om. A C. — 28) se E. — 29) dedit A C. — 30) frater quidam A C. — 31) inquit om. A C ; inique B. — 32) et om. E.

a) Fr. Nicolaus de Iuvenacio construxisse dicitur conventum Perusinum. cf. S. Antonin. 3. p. tit. 23, cap. IV et IX ; infra l. V, cap. IV, § XIII.

me non pacato, quadam nocte apparuit michi[1] alibi in infirmitate
iacenti ; et cum peteret a me veniam, et recordarer defunctum[2],
dixi : « Vade, frater[3], pete veniam a domino Ihesu[4] Christo, in
cuius manu es ». Qui recedens a me[5], cum peteret veniam a
Christo[6], ut dixeram[7] ei, respondit ei dominus : « Non concedo
tibi veniam, nisi prius impetres eam[8] ab eo, quem offendisti ».
Unde rediens eadem[9] nocte ad me et verba Christi[10] michi renuncians, iterum veniam peciit et accepit[11] et dixit michi : « Vide
frater Nicolae, quam malum est[12] offendere fratrem et quam grave
sit[13] non pacare[14].

§ III. Fuit Rome quidam frater, qui valde dure portabat procuratorem conventus; cui ad pacificandum cor suum iniunxit[16]
prior, cui hoc retulit[17], unum pater noster dicere omni die pro
illo[18]. Qui[19] ex hoc magis ad illum turbatus est, et maiori odio
inflammatus. Quadam[20] igitur die infirmus subito factus est quasi
mortuus et[21] ex improviso cepit clamare : « Ad inferna[22] », et
maledicere fratribus et ordini suo. Tandem orantibus fratribus
ait : « Mater Dei, mater Dei, adiuva me ». Visum autem erat
sibi, ut ipse retulit, quod in igne ardentissimo propter suam
iracundiam[23] positus erat, et ideo[24] propter penas intollerabiles
desperans blasphemabat; precibus autem fratrum ad invocacionem
beate Marie restitutus est sibi[25] et in argumentum veritatis exco-
riatus est totus[26].

De pena fratris qui
dure portabat
procuratorem.[15]

CAPUT VIGESIMUM TERCIUM.

§ I. Anno ab incarnacione[28] domini · M°·CC°·XXX°· predicante
magistro Chunrado a) in Teutonia contra hereticos, et ab ipsis
fideliter martirizato, hereticus quidam, seductus a demonibus,
fratrem quendam predicatorem sibi dilectum[29] ad heresim invita-

De temptacione per
fantasias.[27]

---

1) in sompnis add. A C G. — 2) defuncti B. — 3) et add. A C G. — 4) Ihesu om. B. — 5) a
me om. B. — 6) a domino Ihesu Christo B. — 7) ut dixerat E. — 8) eam om. B. — 9) ea E.
— 10) Christi nuncians B. — 11) recepit A C. — 12) sit E. — 13) est E. — 14) offendit add. B.
— 15) tit. ex B. — 16) adiunxit A C. — 17) detulit E; qui hec retulit A. — 18) procuratore
add. B. — 19) cui A C. — 20) quadam — subito om. E. — 21) et om. E. — 22) ad infra *rep.*
A B C. — 23) maliciam. B. — 24) id eo om. E. — 25) sibi sensus et fidei lumen, et emenda-
tus totus fuit. E. — 26) totus fuit B G. — 27) tit. om. E; pars XVII, de fantasiis vitandis.
Primum B. — 28) ab incarnacione om. E. — 29) derelictum B.

a) Agitur hic probabiliter de aliquo de heresi Stadingorum, de quibus lege Rayn. ad
anno 1233, p. 81 et ss.; de morte Chunradi l. c. p. 83, n° 48: Bull p. 51, n° LXXX. Thom.
Cantimprat. l. c. p. 402 — De simili miraculo, Année Dominicaine avril, p. 799: Antonin.
l. c. c. X, § I.

bat. Cum videret omnibus modis[1] resistentem ait : « Si ipsum Christum et matrem eius et apostolos et sanctos mecum sencientes[2] ostendero, credes? » Frater autem cogitans eum fantasia deceptum[3], respondit[4] : « Non inmerito tibi credam, si vere probabis[5], quod promittis ». Tunc hereticus gavisus noctem statuit, qua compleret. Frater autem secreto et reverenter corpus Christi in pixide sub capucio ante pectus ponens perrexit orans devote Deum[6], ne illi[7] aliqua illusio prevaleret. Cum autem duxisset eum hereticus ad specum[8] vicini montis*, viderunt[9] subito palacium preclare fulgens aromatibus et redolentem[10] domum et thronos[11] in circuitu positos ex auro, in quibus rex fulgore corusco circumdatus de albatorum multitudine et iuxta eum regina pulcerrima residebat. Hanc, ut vidit hereticus, cadens in faciem adoravit. Frater vero accedens propius extraxit pixidem, et obtulit regine in solio[12] residenti dicens : « Si celi et terre regina es, ecce filius tuus, adora[13] eum ut Deum[14] ». Statim fantasia illa omnis evanuit[15], et tante tenebre facte sunt, quod vix egredi potuerunt. Hereticus igitur conversus est ad Christum et una cum fratre dicto[16] hoc fratri Chunrado, priori provinciali Teutonie, narravit, qui predicta fratribus multociens narravit[17], tacitis nominibus personarum et loci.

§ II. Frater quidam conventus Parisiensis in oracionibus[19] et lacrimis quasi continuis[20] studium et[21] scolas et sermones dimiserat, totus devocioni intentus. Cui dyabolus in forma beate virginis frequenter apparens[22] revelabat multa, et eius statum multum laudabat. Cum autem hoc fratri Petro Remensi[23]a) tunc priori domus[24] narrasset, iunxit[25] ei, quod si rediret, spueret in faciem eius ; « quia si est, inquit, beata virgo, humilis est et non indignabitur, sed excusatam habebit obedienciam tuam ; si vero[26] dyabolus est, superbus est et confusus recedet ». Que[27] cum frater

Margin notes:
40.

Quomodo dyabolus delusit quendam fratrem devotum in specie beate virginis. [18]

---

1) omnibus modis om. E : quem cum videret... B G. — 2) sedentes C ; consencientes A G. — 3) deludi et deceptum esse B. — 4) ait B ; respondit om. E. — 5) probaveris A C. — 6) orans Deum devote G ; dominum B. — 7) illis A. — 8) aspectum E. — 9) videre E. — 10) aromatibus redolens et thronos ex auro in... A C ; redolere B. — 11) thronos om. E ; domum et om. B G ; thronos eciam B G. — 12) throno B. — 13) eum adora ut A C G. — 14) dominum B. — 15) evanuit om. G. — 16) predicto E. — 17) recitavit A C. — 18) tit. ex B. — 19) oracione A C G. — 20) continuus A B C. — 21) et om. A B C. — 22) ei add. B. — 23) Cremonensi B C. — 24) priori domus om. E. — 25) iniunxit B. — 26) non E. — 27) ei add. B.

a) De fr. Petro Remensi vide supra l. IV, cap. I, § VI.

compleiet, indignatus diabolus ait - Maledictus tu et[1] qui te
docuit ista -, et confusus aufugit[2] ex tunc numquam ei apparens

§ III Frater quidam devotus narravit, quod, cum nocte qua- Quomodo frater qui
dam post matutinas cellam ad studendum intrasset[4], mox ut dam post matutinas volens studere oppri
oculos iaciebat[5] ad librum, sompno deprimebatur Cumque mebatur sompno [5]
faciem frequenter confricaret[6], nec sic[7] torpor ille recederet impaciencia motus dixit - Deus bone, quid est quod pacior? Cur cum
satis dormierim contra solitum[8] michi prevalet sompnus? - Mox
autem[9] vocem audivit - quia nondum clause[10] sunt porte - Et cum
diceret - quomodo porte clauduntur? - Respondit ei vox - A ver-
tice usque ad pectus et ab aure[11] in aurem - Quod frater advertens[12] statim signum crucis[13] fecit et ait - *Declinate*[14] *a me* Ps 118 115
maligni, et scrutabor mandata Dei mei - Moxque a temptatore
inmissa dormitacio[15] illa recessit

CAPUT VIGESIMUM QUARTUM

Quidam novicius circa principium ordinis[17] multe[18] devocionis De reveiacionibus et
existens, dum quadam nocte oraret ante lectum suum, vidit consolacionibus fratribus factis a
dyabolum in specie simee pergrandis ut sibi videbatur, cum ira Deo [16]
magna frementem et dicentem audivit[19] « Ecce isti convenerunt
hic contra me, sed ego vindicabo me[20] de illis, succendam enim
domum istam cum eis - Quod dictus frater timens adiuravit eum
ex parte Dei omnipotentis[21], ne[22] faceret Unde iratus[23] dyabolus
saltavit super eum dicens - Et tu[24] adiuras nos, qui nuper
unus[25] eras de nostris? Ecce[26] tu morieris ». Et premebat eum
tam fortiter, quod nec loqui nec in[27] aliquo iuvare se poterat
Tunc revolvit in animo suo trinitatis beate memoriam et libero
corde dixit - *in nomine patris* -, cum autem « *et filii* - cogitavit,
os liberum sensit, et dicens - *et spiritus sancti* » manu expedita
se signavit, et statim dyabolus ad cellam alterius fratris[28], eo

---

1) et om E — 2) affugit F — 3) tit ex B — 4) intiaret E — 5) poneret B iacebat E —
6) fricaret B — 7) sibi A C — 8) quam solito C cum satis enim dormierim plus solito B
— 9) iam G, autem om B — 10) quod aperte sunt porte E — 11) usque add A C —
12) audiens F — 13) sancte add B — 14) discedite B — 15) dormicio B — 16) tit om E,
pais XVIII De consolacionibus fiatrum Primo quomodo quidam novicius vidit dyabolum
in specie simee magne Primum B — 17) ordinis om E — 18) magne B — 19) audivit om
A C — 20) me om E me vindicabo G — 21) omnitotentis Dei E — 22) hoc add B —
23) ira fremens A C, ira furens D G cum ira furens B — 24) tu om A C — 25) novus B C
unus om E — 26) certe A B C — 27) in om A C G — 28) fratris fugit eo G

dimisso, fugit et cepit[1] in carta scribere machinaciones malicie sue. Frater autem hec videns, cum non auderet se movere nec excitare fratres, salutacionem beate virginis[2] dicebat devote; quod inimicus[3] non substinens[4] cum ira magna cartam, quam[5] scripserat[6], dentibus laniavit[7], et cum magno strepitu fugit, concuciens vasa quedam, que extra cellarium invenit. Quem strepitum plures[8] se audisse dixerunt.

Quomodo quidam dyabolus eumdem fratrem predictum opprimere pulsus est per ave Maria.[9]

§ II. Eidem fratri alia vice apparuit dyabolus volens eum opprimere, ut sibi videbatur; sed ille se signabat[10] et salutacionem beate Marie dicebat, quam multum contra omnes hostes valere[11] audierat; quam dyabolus timens ab eo fugit[12].

Quomodo beata virgo obtulit filium cuidam fratri.[9]

§ III. Idem frater cum iam ·XXX· annis et amplius in ordine[13] stetisset, et[14] in quadam urbe predicacioni insisteret, cum post matutinas leviter obdormisset, videbat, ut sibi videbatur, quod beata virgo sibi filium offerebat pro predicacionis mercede. Unde hac visione mirabiliter[15] consolatus· stetit fere per ·VIII· dies in iubilo mentis[16].

· 40'

Alia visio eiusdem.[9]

§ IV. Idem frater, cum[17] in festo beati Petri martiris de triplici aureola predicasset, post matutinas sequentes visum est sibi, quod in choro fratrum intrans videret choros martirum et confessorum et virginum, et quod beata virgo cum beato Petro martire[18] in medio eorum stabant, cantantes cum cantantibus de leticia sempiterna canticum cum triplici alleluia et antiphona *lux perpetua lucebit*[19] *sanctis tuis, domine*[20]; qui[21] accedens de mandato domine nostre[22] cantabat cum eis; post quod accipiens beata virgo eum ante Christum ponebat dicens : « Fili, et hunc offero tibi. »

§ V. Idem frater, cum genibus flexis[23] semel coram altare beate[24] Marie suorum peteret veniam peccatorum[25], in quadam extasi videbat, quod accederet ad osculandos pedes pueri Ihesu[26], quem virgo[27] in gremio tenebat, de quibus mirabilem dulcedinem comedebat ut favum mellis; et reditus sibi[28] ruminabat et masti-

---

1) cepitque B. — 2) Marie B. — 3) diabolus B. — 4) subsistens E. — 5) ante *add. in marg* C. — 6) scripsit E. — 7) laceravit B. — 8) fratres add. A B C; fratrum add. D. — 9) tit. ex B. — 10) se om. E. — 11) valentem E. — 12) fugit ab eo A C; ab eo om. B. — 13) stetisset in ordine A B C. — 14) et om. E. — 15) est add. B. — 16) mentis iubilo A C. — 17) cum om. E. — 18) cum beato Dominico venire in... E. — 19) lucebit om. E; luceat G. — 20) antiph. ad. Bened. temporis Paschalis. — 21) et E. — 22) nostre *add. in marg.* C. — 23) genibus — altare om. E. — 24) virginis add. E. — 25) peccatorum veniam. B E. — 26) Ihesu om. E. — 27) virgo tenebat A C; virgo Maria tenebat B. — 28) reversus B.

cabat et quasi mellis dulcedinem senciebat in suis labiis[1], huius[2] consolacionis exempla a predicto fratre secretissime audivit[3], qui ea indicavit, et dixit[4], quod est tantus[5] et talis, ut hec et[6] maiora de illo dici possint[7]

§ VI Frater[9] a) quidam qui erat[10] magister Parisius in theologia, Alia visio de proteccione ordinis [8] cuius vita et sciencia nota est et perutilis ecclesie Dei[11], vidit in sompnis Parisius eo tempore, quo magister ordinis contra quosdam[12] ordinem vastare volentes[13] in curia domini pape pugnabat[14], quod fratres[15] multum attoniti[16] starent respicientes in celum, et dum respexissent[17] diu, dicebant ‑ Vide, vide ‑, et videbat ipse cum aliis in celo[18] scriptum litteris aureis scriptum istud[19] ‑ *Liberavit nos dominus de inimicis nostris et manu omnium, qui oderunt nos* ‑, quod est secundum translacionem, qua Romana ecclesia utitur in psalmo[20] Eodem autem[21] tempore illa littera gravis[22], que contra fratres data[23] ab Innocencio fuerat, est[24] a domino Alexandro, successore illius[25], Dei gracia revocata[26]

§ VII Apparuit eciam eidem fratri soror sua defuncta in Quomodo eidem fratri apparuit soror sua mortua [27] sompnis dicens, se in purgatorio esse, sed post quindenam inde debere exire Et cum[28] quereret ab ea de alio fratre suo[29], respondit, quod iam[30] in paradiso erat Et cum quereret iterum[31] ab ea, an ipse in brevi migrare et[32] salvari deberet, respondit ‑ Tu quidem, si perseveraveris, salvus eris, sed alio modo venies quam[33] nos ‑ Post quindenam vero apparuit ei ille[34] frater suus, quem in paradiso esse audierat[35], nuncians ei salutem sororis a quo cum quereret, an ipse salvaretur, respondit ‑ Non oportet te querere, frater[36], de hac re, tu enim in bono statu es,

---

1) in suis labiis senciebat B G — 2) hec B — 3) audivi E, audivit om G — 4) dixitque B — 5) talis et tantus A C — 6) his add B — 7) et credi add A B C G — 8) tit ex B — 9) Is frater sanctus Thomas de Aquino fuit *add in marg a man rec* D — 10) fuit A B C frater qui fuit G — 11) doctor *pro* Dei E — 12) eosdem B — 13) volventes E — 14) pugna vit vidit quod B — 15) fratres attenti C — 16) attenti starent respiciendo B — 17) respexit E diu respexerunt dixerunt B — 18) celis A E — 19) id D E aureis istud G — 20) psalmis B psalmos D — 21) eciam A C — 22) littera gravis E — 23) data fuerat G — 24) est om E — 25) suo B — 26) revocatur E — 27) tit ex B, *ubi legitur* cuidam *pro* eidem — 28) cum om E — 29) alio suo fratre A C — 30) iam om A C — 31) iterum om B — 32) vel E — 33) ad E quod C quo A — 34) ille om B — 35) audierat esse E — 36) te, frater, querere A C G

a) Frater iste est S Thomas, qui an 1253-1254 Parisius legebat Litteras Innocentii IV et Alexandri IV vide Denifle Cart I c I p 267 die 22 dec 1254 Alexander res omnes suo pristino statui restituit cf Rayn ad 1254, p 476 n° 70 Bull I, p 267, n° 2, vel Wadingus Annales Minorum tom II, ad 1254, n° 2, et supra lib IV, cap XX, § VIII

sed tene, quod[1] habes et persevera, sicut cepisti[2]; et scias pro certo, quod nulli aut pauci de ordine tuo[3] dampnantur[4] ».

Alia visio eiusdem.[5] § VIII. Cum cancellarius Parisiensis disposuisset a) dictum fratrem[6] ad legendum in[7] theologia licenciare, in crastinum dictus frater[8] ipsa nocte vidit[9] in sompnis, quod quidam dabat ei

Ps. 103, 13. librum et dicebat : « *Rigans montes de superioribus suis, de fructu operum tuorum saciabitur terra* ». Unde ipse frater in principio suo hoc idem accepit pro themate.

Quomodo dominus in die cene quendam iuvenem communicavit.[10] § IX. De quodam fratre iuvene Theutonico, honesto et admodum[11] devoto, narravit sancte memorie magister Iordanis, quod Christus dominus in die cene ipsum communicavit, et in die parasceves passionem Christi totam in corpore suo sensit; eratque mirum quod dicebat[12] illi, ut se pararet ad illam vel illam passionem et neminem inferentem videbat, sed tamen singulas senciebat.

Quomodo quidam frater simplex non litteratus satis certificatus est de perseverancia ordinis.[10] § X. Retulit frater Albertus Theutonicus b), quod cum ipse[13] esset prior provincialis Theutonie. receptus fuit quidam novicius insufficiens in[14] sciencia et etate, licet suppleret[15] devocio et alia bona[16], quod decrat de illis[17]. Hinc[18] cum fratres ei comminarentur ludo[19], quod provincialis expelleret cum de ordine predicatorum, ipse, quia[20] hoc ultra modum timeret, contigit[21], quod in nocte purificacionis verba[22] illa Symeonis attenderet : « Putas,

· 41. videbo[23], putasne durabo? » et cetera[24]. Unde miro modo" affectus[25] post matutinas se ad oracionem prostravit, et totus resolutus in lacrimas[26] cepit illa verba[27] retorquere ad se dicens : « Domine Ihesu, putasne te[28] unquam videbo, putasne[29] in ordine isto durabo? » Cum ergo mira cordis affeccione verba illa[30] frequentissime diceret, audivit vocem dicentem sibi : « Tu videbis me et in[31] ordine isto perseverabis. »

---

1) que E. — 2) accepisti B. — 3) vestro B. — 4) dampnabuntur A B G. — 5) tit. ex B; *pro* eiusdem *leg.* in sompnis. — 6) Thomam *add. in marg.* C. — 7) de A C G. — 8) cancellarius B. — 9) vidit — ei *om.* E. — 10) tit. ex B. — 11) admodum *om.* G. — 12) dicebatur B G. — 13) ipse *om.* B. — 14) in *om.* A C. — 15) sed supplebat eius B. — 16) opera *add.* B; in illo *add.* A. — 17) illi B. — 18) hic D E: hunc B. — 19) illud E; terrerent ludendo B; ludendo D. — 20) ipseque B. — 21) et contingit E; timeret et in. B. — 22) verba *om.* E. — 23) videbone durabo E. — 24) et cetera *om.* A C. — 25) affectum cordis ostendens post B. — 26) lacrimis B E. — 27) verba *om.* E. — 28) te unquam videbo putasne *om.* E. — 29) in isto perdurabo ordine B. — 30) illa *om.* A B C. — 31) me et in *om.* E.

a) Mense februarii 1256, vide Bull. I, p. 298, n° LXIV. — b) B. Albertus Magnus au. 1254 Wormatii provincialis Teutoniac est electus et usque ad 1259 provinciam rexit. Quetif. l. c. p. 162b.

§ XI. Cum frater quidam in noviciatu suo corpus suum ieiuniis et vigiliis et ceteris[2] laboribus debilitasset adeo[3], quod[4] se ipsum sustinere[5] non posset, prosternens se in oracione cum multis lacrimis exclamavit : - Domine, tu scis et ego confiteor, quod erravi, quia contra fratrum consilium nimium me vexavi; sed quia tibi soli placere studui, respice in me et miserere mei, ut ea, que ordinis sunt, cum fratribus meis facere possim -. Statim autem sensit se ab omni molestia liberatum et pristinas vires recuperans multis[6] annis domino[7] fideliter deservivit.

De fratre qui seipsum per indiscrecionem debilitaverat.[1]

§ XII. Fuit frater quidam devotus in conventu Lemovicensi a) multis temptacionibus a dyabolo stimulatus et corporis infirmitate quadam verecunda pariter et verenda[8] gravatus. Cepit ergo matrem misericordie devocius invocare frequenter in oracione pernoctans, et quia singulis[9] cellis illius conventus depicta est crucifixi ymago, utpote liber vite expansus et liber de arte amoris[10] Dei, cepit sepius oculos corporis et cordis[11] ad crucifixum levare, unde veniret[12] auxilium sibi. Demum[13] magis ac magis affectus incepit[14] lambere[15] pedes eius, et sumpta fiducia ipsum devote amplecti. Quadam ergo nocte post multas lacrimas, cum oscularetur et lamberet pedes ymaginis Christi, sensit cibum dulcissimum, et[16] omnia mella et aromata sapore et odore vincentem influi ori suo, qui non solum cor, sed et[17] corpus letificat et[18] corroborat. Quo allectus[19] ab omni humana consolacione abstractus est solum[20] solacium reputans legere et orare. Hic quadam nocte cum post multas oraciones et laudes[21] ad beatam virginem paululum obdormisset, vidit, ut sibi visum fuerat[22], ipsam venientem ad se duabus honestissimis comitatam[23] puellis; que consolans eum super[24] diversis temptacionibus suis et corporis infirmitate, quam vehementer timebat, obtulit ci tria poma[25], que in sua[26] manu tenebat. Quibus cum ipsum cibasset, ait : - Iste cibus erit tibi in fortitudinem[27] ad sustinendos labores et in medi-

De quodam graviter temptato, sed a domina nostra confortato.[1]

---

1) tit. ex B. — 2) ceteris om. E ; ceterisque B. — 3) adeo om. G. — 4) quod om. E. — 5) substeutare A C. — 6) multis annis domino deservivit E. — 7) Deo B. — 8) verecundia pariter et reverencia E. — 9) omnibus B. — 10) de amore Dei B. — 11) cordis et corporis G. — 12) veniet E G. — 13) demum E G. — 14) incepit G ; concepit B. — 15) lampavere B. — 16) et om B. — 17) eciam D ; eciam corpus letificabat et corroborabat A C G. — 18) atque B D. — 19) illectus B. — 20) solum om. B. — 21) oraciones et laudes E. — 22) erat A C ; fuit D G ; videbatur B. — 23 comitata A C. — 24) super om. E. — 25) pulcherrima add. A C ; tria poma om. B. — 26) sua om. A B C. — 27) fortitudine A C.

a) De conventu Lemovicensi cf. supra lib. I, c. IV, § X ; c. VI, § XII ; lib. II, c. XXXII.

cinam[1] contra omnem infirmitatem mentis et corporis tui ». Qui evigilans invenit se consolatum[2] pariter et sanatum ; unde domino et domine matri eius gracias magnifice egit.

§ XIII. Vir religiosus et verax, frater Petrus a) de Sezana[4], Gallicus, qui[5] fuit prior et lector in ordine, conversionem cuiusdam Saraceni scripsit et retulit in hec verba : « Tempore, inquit, piissimi imperatoris Ioannis veneram Constantinopolim cum fratribus aliis a domino papa missis pro sedanda, si fieri posset, modernorum contradiccione Grecorum. Eo[6] tempore venit illuc quidam saracenorum monachus, paternarum suarum tradicionum vehementissimus emulator, virtutibus quidem[7] politicis miro modo extrinsecus[8] adornatus[9], simplicissimo aspectu, vilissimo habitu, modesto incessu, sermone raro ; sed intus vacuus erat. Cum autem[10] fratribus[11] colloqueretur in porta, querens eos avertere et post se discipulos trahere, ego vocatus[12] adveni. Miratus sum, fateor, tantam[13] in eo composicionem, quantam apud nos in nullo, meo iudicio, videram[14] umquam ; sed paulo post cum[15] blasphemasset dominum Ihesum Christum dicens, purum[16] hominem* esse[17], non Deum, exhorrui vehemencius et fidei graciam meritumque plus solito senciens[18] in me ipso, fratres conpescui et indicto silencio, interrogavi Sarracenum, si in lege eorum esset[19] scriptum, ut[20] quicumque in potestate eorum contra Machometum blasphemiam[21] diceret, sine ulla misericordia decapitaretur ? Respondit, quod sic ; et intuli : « Et tu[22] igitur a nobis decapitandus es, vel Machometi lex est iniusta, et hoc evidenter ostendo ; nam si ille, qui coram Sarracenis Machometum blasphemaverit, quem prophetam Dei summi[23] asseritis, non tamen Deum, iusta lege occiditur[24], eodem modo et ille[25], qui coram

'41'

---

1) medicinas E. — 2) confortatum E. — 3) tit. ex B. — 4) Sarianua A ; Sesana C ; Sanica A ; Sesmana B ; Sezaria S. Antonin. l. c. — 5) qui om. E. — 6) quo A C ; eo tempore om. B. — 7) quidem om. B. — 8) extrinsecus om. B. — 9) ornatus B. — 10) ergo A B C. — 11) fratribus om. B ; add. in marg. C. — 12) advocatus B. — 13) tantam om. E ; tantam in eo fateor D. — 14) viderat E. — 15) cum om. G. — 16) purissimum E. — 17) esse om. B. — 18) senciens plus solito B E. — 19) erat A C. — 20) ut om. B. — 21) blasphemiam om. B D E G. — 22) tunc igitur aut decap. E. et tu igitur A C ; et igitur a nobis decapitandus G. — 23) summi om. B. — 24) iusta lege occidunt, ubi possunt A ; occiditur, ubi possunt D G ; iuxta legem (eorum add. B) occiditur. B C. — 25) et ille — iustiori om. E ; et ille om. B.

a) Anno 1233 per bullam dat. die 18 maii. Bull. vol. I, p. 50, n° LXXVII, papa Gregorius IX mittit dictum fratrem Petrum de Sezana (Sézanne) fr. Hugonem et fr. Petrum ex ord. Praed. et fr. Aymonem et fr. Radulphum ex ord. Minorum, legatos ad imperatorem Iohannem Brennensem (1230-1237) ; de hac missione cf. Rayn. l. c. ad an. 1233, p. 69 et ss. — Quetif. l. c. I, 103, 911 ; Ant. cap. X, § II.

christianis blasphemaverit Christum, quem non tantum prophetam, sed eciam[1] omnium Deum et dominum prophetarum confi-
temur iusta lege, immo iustiori occidetur[2] ab eis Legem igitur
patere quam ipsemet pro tuo Machometo tulisti[3] -

At ille obmutuit Tunc ego[4] subiunxi - Noli timere, non morieris, lex enim Machometi iusta non est, verumptamen, quia Deum[5]
blasphemasti, non impunitus evadis[6] - Et cum hoc castellano
imperatoris mandassem[7], misit continuo duos de suis, qui blas-
phemum ad carcerem traxerunt[8] Ingressus igitur carcerem
predictus monachus ille, die illa et sequenti non manducavit
neque bibit, sed sedit super lapidem orans quasi immobilis ut
testati sunt nobis alii, qui in carcere[9] vincti erant Post hec
cogitavi ego visitare illum et cum socio, qui Grecum et Latinum
sciebat veni ad carcerem hora diei prima Invenimus autem
eum[10] super lapidem illum[11] sedentem, sed cum[12] vidit nos,
surrexit et ait - Audite, queso, sermones meos ↴ et addidit
- Priusquam[13] veniretis obdormivi super lapidem istum, et videbatur michi videre abbatem meum partem panis teterrimi[14] afferentem michi, deinde vos supervenire, panem quoque unum
integrum[15] et splendidum afferentes[16] michi, et invitare me ad
esum illius - Statimque[17] ego, frater Petrus panem unum integrum et candidum, quem ignorante socio mecum detuleram,
obtuli[18] et pauperi et famelico dedi, dicens - Ecce veram fecit
dominus visionem tuam, accipe panem hunc et manduca ↴
Quem[19] cum accepisset[20], aio ad eum[21] ↴Interpretacionem quoque
visionis veraciter tibi ostendam Partem panis tetri[22] et feti,
quem vidisti, quo canes pasci solent[23], certissime noveris esse
Machometi doctrinam, quam faucibus avidis vorant homines
feri[24] et fedi et irracionabiliter contra veritatem latrantes[25]
exterius tantummodo delectati, sed corde vacui et inanes,
propter quod et partem illius panis vidisti[26] in manu tui abbatis,
qui tibi hanc doctrinam miseram propinavit Porro panis unus

1) et B — 2) occiditur ab eis per legem quam L, iuxta legem immo iustius occidetur B
— 3) intulit G — 4) ergo A C — 5) dominum B I — 6) evades B G — 7) mandasset B —
8) traxerunt ad carcerem A B C — 9) incarcerati E — 10) illum F — 11) cum A C —
12) ut B — 13) vos add A C — 14) tetri E — 15) integrum unum F splendidum et integrum B — 16) auferentes B — 17) statim ille frater E — 18) obtuli om A C — 19) qui A C
— 20) prompto animo pro aio E — 21) ad eum — 22) teti B teterrimi quem B — 23) canes
edere solent et porci E, et porci add G — 24) feri A frenetici E — 25) latentes F —
26) indidisti L

et integer et splendidus dominus[1] Ihesus Christus est, qui suos pascit et reficit sciencia et doctrina, panis, inquam, vivus, qui de celo descendit. Hic est[2] panis supersubstancialis[3], splendor glorie et figura substancie Dei, qui sumitur totus a singulis, et unus[4] et integer semper manet[5], quem tu heri blasphemasti, quem[6] tamen ad credendum et ad adorandum offerimus tibi ». Discessimus igitur hiis dictis, et post non multum de nostro mandato de carcere dimissus venit ad fratres Minores a), qui remiserunt eum ad nos; et doctus diligenter a fratribus et[7] per ·XL· dies in orto domus nostre, in quadam veteri Grecorum ecclesia solus commorans cibo parvissimo subtentatus[8], simbolum fidei didicit et oracionem dominicam; et ex toto corde ad Deum[9] conversus die conversionis beati Pauli baptizatus est[10] et Paulus vocatus. Quem multo tempore vidimus domino devote et humiliter servientem. — Per omnia benedictus Deus[11]. Amen.

Quidam maluit intrare caminum quam videre dyabolum.[12]

§ XIV. Quidam[13] frater de nocte in tantum et tam horribilem erupit clamorem in dormitorio, quod prior et fratres excitati concurrerunt ad eum. Allato[14] vero lumine cum prior alloqueretur eum[15], ipse nichil respondebat[16], sed in mirabili horrore constitutus[17], ut videbatur[18], fixos oculos inmobiliter tenebat[19] versus quendam locum[20]. Sic ergo transacta nocte, cum in mane aliquantulum quievisset, vocatus est a priore et inquisitus, quid habuisset[21], dixit, quod viderat dyabolum, cuius horribili visione ita territus fuerat. Prior autem quesivit, cuiusmodi figuram

---

1) noster add. E. — 2) est om. B. — 3) superstantialis. E. — 4) vivus A. — 5) supermanet G. — 6) quod E. — 7) et om. B E. — 8) substentatus om. E. — 9) ad Deum om. B. — 10) et om. A C. — 11) Deus om. E. — 12) tit. ex B. — 13) Narravit quidam frater, quod in quodam conventu fuit quidam alius frater, qui de nocte... G; quidam frater nocte quadam in tam horribilem... B. — 14) apportato autem G. — 15) ei E. — 16) respondit B. — 17) constitutus om. E. — 18) ut videbatur om. E. — 19) tenebatur E. — 20) locum tenebat A B C. — 21) ille se excusans dixit, quod non poterat aliter fecisse: viderat enim diabolum in horribili visione et ita territus erat. Prior autem qui deridens eum dixit: cuiusmodi figuram habebat? Et cum super hoc, ut responderet, instaret, dixit frater : Vultis, quod dicam vobis? Et prior : « volo. » Et frater : « nescio, inquit, eum vobis plene describere, sed hoc vobis sufficiat intelligere de figura eius; dico vobis, quod si esset ex una parte fumus ardens et ex alia figura illa, pocius eligerem intrare fumum ardentem quam respicere figuram illam. G.

a) De fundatione conv. Constantipolitani vide Anal. vol. I, p. 565 et ss.: ex ista fr. Petri narratione clare constat ordinem nostrum iam ante 1233 vel saltem hoc anno conventum Constantinopoli habuisse, et quidem distinctum et separatum a conventu fr. Minorum. Unde ea quae Quetif. I, p. 460 scribit : « iam anno 1232 et antea Constantinopoli domum habebat ordo, sed postea duas habuit... » non amplius in dubium revocari possunt. — Relatio fr. Petri subterfugisse videtur auctorem articuli in Analectis. l. c.

habebat; et frater : - Nescio[1], inquit, plene cum vobis[2] describere non possum[3]; sed dico vobis[4], quod si esset de[5] una parte clibanus* ardens et ex altera[6] figura illa, quam vidi, plus[7] diligerem intrare in eum, quam respicere illam figuram dyaboli[8]. -

§ XV. Cum Ludovicus iuvenis, primogenitus gloriosi[10] Ludovici, regis Francorum egrotaret Parisius *a*), frater quidam in conventu Parisiensi, nichil sciens de eius infirmitate[11], vidit in sompnis quod rex stans in pulpito[12] eminenti coronam haberet in manibus, et duo eius filii, scilicet Ludovicus predictus et Philippus secundogenitus, stabant iuxta cum unus a dextris et[13] alius a sinistris. Cum autem deberet[14] ipsam coronam inponere Ludovico[15], tamquam primogenito[16], rex eam[17] alteri inponebat. Recommendatus est autem puer infirmus oracionibus[18] in capitulo a priore; quod audiens frater predictus retulit, quod viderat[19] in sompnis; et post paucos dies mortuus est ille primogenitus, ut creditur indubitanter[20] propter suam sanctam innocenciam et mores optimos assumptus est in celum; et frater alius[21] factus est heres regni.

' 42.

Quomodo quidam frater previdit mortem filii regis Francorum.[9]

CAPUT VIGESIMUM QUINTUM.

Cum fratres Minores de Albia *b*) diu laborassent ad querendam aquam nec invenerunt[24], supervenit frater Mauricius *c*) de conventu Tolosano *d*) missus ad predicandum alumpnus[25] nacione, nobilis genere, corde humilis, habitu vilis, vere[26] paupertatis amator, et contra hereticos fervens et efficax predicator; qui fratrum minorum[27] labori[28] compaciens, Deum invocans ostendit eis locum dicens : - Hic in nomine domini nostri[29] Ihesu Christi[30]

De fratribus qui miraculis claruerunt in vita.[22] De fratre Mauricio.[23]

---

1) nescio om. E. — 2) eum vobis plene A C. — 3 non possum om. B. — 4 vobis dico A C. — 5) ex A B C D. — 6 alia B. — 7) pocius (plus B D) eligerem A B C D. — 8) respicere figuram B: figuram dyaboli om. A C: diaboli om. D. — 9 tit. ex B. — 10) gloriosissimi... Francie B. — 11 quadam nocte add. G. — 12) publico E: sedens in throno coronam G. — 13) et om. E; ad dexteram et... B. — 14. vellet G. — 15) Ludovico ipse sublatus in altum celum ascendit. Convocatum est autem capitulum ipsa die et commendatus est puer ille oracionibus fratrum: quod audiens... G. — 16) tamquam primogenito om. E. — 17) eam capiti alterius imponebat E. — 18. fratrum add. G. — 19) videbat E. — 20) indubitanter om. B. — 21) eius B. — 22) tit. om. E: eadem parte: quomodo aliqui claruerunt miraculis in vita. Primum. B. — 23) tit a nobis add. — 24) invenirent A C. — 25) alimannus B. — 26) verus D E G. — 27) minorum om. E G. — 28) laborum E. — 29) nostri om. A C D. — 30) Ihesu Christi om. B.

a) Anno 1259: cf. Theiner l. c. ad 1259, tom. XXII, p. 45, n° 47. — *b*) Alby. — *c*) De fr. Mauricio, qui anno 1249 Albiae in domo fr. Minorum obiit et sepultus est, cf. Antonin. 3. p. hist. tit. XXIII, cap. X : Ant. Senens. Chron. p. 70; infra l. V, cap. IX, § IV. — *d*) De conventu Tholosano vide chronicon ad ann. 1250.

fodite, et invenietis ». Statimque ipsum[1] foderunt puteum, qui usque hodie manat[2] habundantem aquam prebens et sanam.

§ II. Frater Gualterus a) quondam prior et lector fratrum in Argentina b) Theutonie, humilis, devotus, misericors, postquam tenuerat capitulum sororum[4] de Columbaria c), quedam officia diversis sororibus iniungebat. Tunc[5] soror Chunegundis, que febribus vexabatur, ait[6] : « Et michi, pater, quod officium datis? » Respondit : « Febres tue tibi pro officio sint ». Illa ergo noluit amplius uti medicinalibus[7] dicens, quod officium sibi iniunctum teneret, donec ab eodem[8], qui iniunxerat, illud[9] absolveretur. Nec credebat, quod interim[10] ei aliqua medicina prodesset. Peractis igitur ·VI·[11] vel ·VII· septimanis secundum ordinacionem[12] prior dictus[13] ad locum rediens, sororis illius devocione audita, et eius misertus dixit coram multis : « Ego in nomine Christi ab officio istarum[14] febrium te absolvo ». Que[15] se humiliter prostravit ad terram, et ex tunc plenissime est sanata.

Idem frater Gualterus, cum staret in secreto misse vel familiari oracione, visus est a multis, ut ipsi[16] retulerunt, in aera elevari, nullo nisi divino miraculo substentatus.

Idem[17] cum committeret cuidam fratri quoddam[18] officium, ait frater : « Dicite febri, quod recedat a me, et ego faciam, quod iubetis[19] ». Tunc prior crucem faciens[20] contra eum ait : « Cesset amodo febris tua in nomine Christi » ; statimque frater curatus est.

Cum idem[21] prior[22] pro quadam puella, que votum emiserat castitatis, preces ad Deum effunderet[23], mirum in modum verba[24] oracionis conversa sunt ei in amaritudinem fellis. Ex[25] quo intellexit vir Deo plenus, quod oracioni eius puelle merita[26] resiste-

---

1) illi A C G; ibi B D. — 2) manet aquam prebens habundantem. A C G. — 3) tit. om. D E G; quomodo fr. Gualbertus sauavit quandam sororem febricitantem. II. B. — 4) sororibus A C D. — 5) tunc soror cum gaudio que... C. — 6) illi add. A C D. — 7) medicinalibus uti amplius noluit A B C. — 8) illo B. — 9) eciam E: id G. — 10) intantum E: ei interim A C. — 11) ·V· E; autem sex B. — 12) ordinem A. — 13) predictus A B C. — 14) istarum om. E. — 15) cum E. — 16) postea add. B. — 17) prior add. in marg. C. — 18) quoddam om. B. — 19) iubes E. — 20) faciens crucem A B C. — 21) frater add. E. — 22) prior om. A B C. — 23) funderet B. — 24) verba om. E. — 25) super quo intellexerat B; ex quo — quod add. in marg. C. — 26) merita puelle A C.

a) Fr. Gualterus videtur idem esse cuius ingressus narratur supra cap. X, § IV; infra l. V, cap. IX, § VIII. Cantipr. p. 136, 200, 391. Ant. Sen. l. c. p. 108. — b) Conv. Argentineusis (Strassburg) fund. 1224, cf. supra l. I, cap. — c) Conv. sororum Columbariensis (Colmar) fund. 1232. cf. Les annales et la chronique des Dominicains de Colmar, p. 10; ed. Girard 1854.

bant, quod rei eventus probavit, nam immortali sponso menciens
nupsit in brevi mortali

Item, cum[1] in[2] Argentina soror quedam demoniaca multum
tribularet sorores, dictus frater Gualterus dedit se ieiuniis et[3]
oracioni fervencius et[4] cum quodam fratre vadens ad domum
sororum, vidit, ut sibi videbatur, angelorum multitudinem gra-
diencium[5] secum et dicencium « Missi sumus tibi in adiutorium » Cum ergo obsessam iusisset[6] adduci[7], antequam[8] ipse de
oracione surgeret, exivit ab ea demon, eam quasi mortuam derelinquens, sed sancti viri oracione in brevi convaluit plene

Idem* frequenter pro defunctis celebrabat et ei datum est sepe   42'
statum[9] cognoscere animarum, utrum scilicet[10] essent in requie
vel[11] in penis, et quantum ibi stare debebant Cuidam familiari
suo defuncto[12], quem in penis duobus annis esse debere[13] cogno-
verat, tam per se quam per alios[14] impetravit plenam[15] liberacio-
nem post VI[16] ebdomadas Unde idem defunctus ei celebranti
apparuit[17] de sua liberacione gracias agens Deo[18]

Idem frater, cum esset[19] in Columbaria in domo fratrum minorum a) orans volvebat[20] in corde[21] amaritudinem dominice passionis, et[22] ex tunc sensit in suo corpore[23] in V locis vulnerum
domini tantum dolorem, quod se continere non potuit, quin cum[24]
magno rugitu clamaret Unde in illis quinque locis sepius amaritudinem senciebat

Idem[25], cum quodam tempore[26] scire desideraret, quantus fuerit
dolor beate virginis in filii passione, visum est ei, quod cor ipsius
gladius pertransiret[27]

§ III Cum quidam frater Guilhelmus b) Theutonicus[29], valde   De fratre
religiosus[30] et magnus animarum zelator, semel predicaret et   Guilhelmo [28]

---

1) cum om E — 2) in om B — 3) ieiuniis et om B — 4) et quodam fratre issumpto
vadens E. — 5) gaudencium A B C gaudencium secum G — 6) vidisset F cumque
vidisset B cum ergo fecisset obsessam G ivisset D — 7) et add E. — 8) antequam ab
oracione cessaret B — 9) sepe animas B — 10) scilicet tunc C — 11) an B — 12) defuncto om C — 13) esse debere om F debere om B — 14) alium E — 15) plenam om B
— 16) septem B — 17) ei apparuit celebranti C — 18) haec par add in marg C — 19) es
set om G — 20) volebat E — 21) sua add A C — 22) et om D L G — 23) corpore suo
A B C — 24) cum om A B C — 25) item E — 26) frater add E — 27) pertransisset E
penetraret B — 28) ut om D l G quomodo frater Guilhelmus predixit cuidam impedienti
sermonem penam suam III B Beullus (?) I — 29) theutonie A C S Anton l c —
30) devotus magnus dum semel B

a) Conv Columbariensis Ord nostri nonnisi an 1275 est inceptus, et an 1278 in tota-
lem erectus Anal l, p 264 — b) De fr Guilhelmo, cf Quetif I, 136a

quidam de turba predicacionem suis clamoribus perturbaret[1],
nec eum frater corrigere posset, dixit ei omnibus audientibus :
- Scito pro certo, quod hinc[2] non transibis[3] inpune. - Qui[4] egressus de loco contumaciter, mox amens efficitur, et ab amicis, ne[5]
alios ledere possit, ligatur. Decem ergo septimanis peractis, dictus frater ad eundem locum revertitur cum fratre Teophilo, qui
cum eo fuerat prius. Rogatus ergo ab amicis insani hominis
iniuriam oblivisci et dominum pro ipso[6] precari, fusa oracione
super eum amentem, eum dominus restituit pristine sanitati[7].

Idem frater Guilielmus sororem quandam tercianis febribus[8]
laborantem, orando restituit sanitati[9], dicens : - Vade, et age
gracias Deo[10] -.

De fratre Hain-
rico seniore.[11] § IV. Domina castri cuiusdam filium morbum caducum habentem a multo tempore adduxit ad fratrem Hainricum seniorem[12]
Theutonicum, rogans, ut pro eo[13] dominum precaretur. Qui victus instancia domine, oracione facta coram omnibus et filio manu
inposita, perfectam ei impetravit continuo sanitatem.

Idem frater Hainricus, hospitatus apud quandam matronam
relictam cuiusdam militis, eius[14] filium iam[15] morti proximum
oracione sua et socii, quem secum compulit[16] ad orandum, de
morte revocavit ad vitam.

De fratre susci-
tante gallum[17] § V. Duo fratres Hispani missi[18] ad predicandum venerunt ad
Matritum[19] ad sorores, quibus beatus[20] Dominicus b) dedit habitum sancte religionis. Cum ergo[21] alter eorum in quadam domun-
cula de verbo Dei proponendo sororibus cogitaret, gallus quidam
sui cantus frequencia[22] fratris[23] animum perturbabat. Et licet
inportunum gallum fugasset pluries, nichilominus rediens, suis
eum cantibus tediabat. Frater igitur[24] motus arrepto fuste gallum
percussit, qui interiit statim[25]. Quod cum idem[26] frater vidisset,
considerans levitatem suam et dampnum sororum, dolens[27] de[28]

---

1) turbaret E. — 2) hoc D G ; hinc om. E. — 3) transibit D G. — 4) igitur E. — 5) ne om.
E ; ne se et alios D ; se cum aliis A ; ab amicis se secum alios G. — 6) eo A C. — 7) de eodem
add. B. — 8) febris E ; febribus triduanis B. — 9) sanitatem E. — 10) Christo A B C G. —
11) tit. om. D E G ; de miraculis fr. Henrici, qui (quibus!) in vita claruit. III. B. — 12) scilicet add. D. — 13) ipso B. — 14) cuius E. — 15) iam om. A B C. — 16) contulit ad E G. —
17) tit. om. D E G ; de duobus fratribus predicatoribus, quorum unus suscitavit gallum
mortuum B. — 18) iussi E. — 19) Nioloricum E ; Maudricum S. Ant. l. c. X, § III. —
20) beatus om. E. — 21) ergo om. E ; autem B. — 22) inportunitate B. — 23) fratris om. E.
— 24) ira add. E. — 25) statim periit B. — 26) idem om. E. — 27) se add. A C. — 28) ex G.

a) De fr. Henrico sen. vide supra l. I. cap. VI. § IV ; lib. IV. cap. XIII. § IV. — b) Pro
hoc lege chron. ad an. 1218.

eo quod fecerat, accepit mortuum gallum[1] in manibus et ait :
« Domine Ihesu Christe resuscita illum[2], tu[3] qui cum fecisti et
omnia potes; et per graciam tuam[4] cavebo michi de cetero ab
huiusmodi levitate ». Statim gallus de manibus evolavit[5] in terram et excussis alis cantavit, non tamen inportune sicut prius.

Hec[6] frater Egidius[7] Hyspanus a) dixit et[8] scripsit magistro,
quod[9] ab ipso fratre, cui acciderat, hoc audivit, cui tamquam sibi
fidem adhibuit, eo quod esset frater verax et bonus.

§ VI. Capellanus quidam Hyspanus[11], cum de uno oculo penitus nil[12] videret, fidem habuit, quod si frater Laurencius b), predicator, manum[13] super eius oculum poneret, sanaretur. Rogatus
ergo frater oculum tetigit et statim ille visum recuperavit[14].

De fratre Lau-
rencio Hyspa-
no.[10]

Idem[15] frater Laurencius cuidam iuveni, qui[16] rogatus ab eo[17]
nolebat parcere cuidam inimico[18], dixit : « Scio[19], quod impediris
a demone[20], quem portas ». Quo dicente nichil sibi et demoni, vir
sanctus recessit; et ecce infra triduum[21] est a demone arreptus
corporaliter et miserabiliter[22] vexatus. Veniens ergo ad fratrem
Laurencium et humiliter ei obediens, perfecte curatus est.

§ VII. Fuit in conventu c) Mediolanensi frater quidam, Robaldus nomine, mire puritatis[25] et sanctitatis homo. Ad hunc accesserunt[26] quidam credentes heretici[27] animo illudendi[28]. Unus
igitur eorum[29] simulans se febricitantem[30], cum invenisset eum
ante quoddam altare, cum ficta humilitate et palliata devocione
dixit[31] : « Propter » Deum, sancte frater, me febricitantem[32] signa,
quia spero firmiter, quod tu me liberabis a febre ». Cui frater

De fratre Ro-
baldo[23], mire
stanctitatis
viro.[24]

· 43.

---

1) gallum om. E. — 2) eum, tu qui creasti omnia et potes B. — 3) ut A C. — 4) ego add.
B G. — 5) avolavit A B C: in terra B E: ad terram D. — 6) hec om. E. — 7) Egidius supra —
dictus inter cetera scripsit A. — 8) dixit et om. B G. — 9) qui B. — 10) tit. om. D E G: de
miraculis quibus claruit fr. Laurencius. Sextum. B. — 11) Hyspanus — fidem om. E. —
12) non G. — 13) manus B. — 14) recepit B. — 15) dictus B. — 16) cum. E. — 17) ab eo om.
G. — 18) inimico suo B. — 19) socio E. — 20) a demone arreptus est et corporaliter vexatus.
E. — 21) in triduo B. — 22) misere B. — 23) Tobaldo A C. — 24) tit. om. D E G; quomodo
fr. Robaldus hereticum febricitantem fecit. VII. B. — 25) sanctitatis et puritatis A B C. —
26) accessit E. — 27) hereticorum A. — 28) illudentes animo B. — 29) eorum om. B. —
30) febrietatem E. — 31) ait B. — 32) febrietatem signa; frater respondit igitur ego... E.

a) De fr. Egidio cf. supra l. IV, cap. III: c. V: c. XVII — b) fr. Laurentius est unus ex
primis sociis S. Dominici. Mon. Conv. Bon. Anal. I. 596. — c) De coenobio S. Eustorgii
Mediolanensi (Mailand) cf. Mam. l.c. p. 606. Incoeptum est (Mam. p. 543) a fratre Robaldo de
Albingaunia et Iacobo Arboldo. Robaldus etiam Tobaldus vocatus vel Tibaldus de Albinga
(Albenga prope Genua) studuit Bononiae et receptus est ad habitum ab ipso P. Dominico,
praedicante Bononiae a. 1220, ut constat ex Mon. Conv. Bon. Anal. I. 597.

13

respondit[1] : « Ego rogo Deum, quod si febres habes[2] eas auferat tibi ; si[3] non habes, quod[4] eas tibi transmittat ». Ille vero magis instabat dicens : « Frater Robalde, vos estis sanctus homo nec debetis[5] sic loqui, sed pocius signare me[6] et continuo liberabor ». Respondit frater : « Quod dixi, dixi. » Tunc hereticus cum confusione recessit ; sed antequam ecclesiam exisset, arripuerunt[7] eum fortissime febres, et non reversus ad socios ivit ad domum suam et posuit se in lectum[8], quia febres vehementer crescebant. Tunc vocata uxore sua, que katholica erat, rogabat, ut[9] statim mitteret pro fratre Robaldo. Que cum[10] differret, iterum et iterum[11] postulavit, ut mitteret pro eo. Cum autem misisset[12] mulier, distulit[13] frater venire usque in[14] alterum diem, ut ille melius vexaretur. Ipso tandem adveniente[15] confessus est[16] maliciam cordis sui. Post confessionem ergo peccatorum suorum et omnis heresis abiuracionem, fecit super eum signum crucis et oravit pro eo ; et statim febris cum errore discessit[17].

Idem frater in faciendis concordiis tantam habebat graciam, quod quadam die, qua[18] multos ad concordiam reduxerat, cum vidisset quendam, cuius frater fuerat interfectus et ex alia parte eius[19] interfectorem, vocatum eum duxit ad fratrem occisi, et rogabat eum, quod propter Deum sibi suam[20] redderet pacem[21]. At ille totus turbatus, ac si de novo videret[22] fratrem occisum, cepit odium, quod ad[23] illum habebat, verbis et[24] signis et minis ostendere. Quod[25] dictus frater attendens de Dei omnipotencia et benignitate confisus, ait : « Precipio tibi in nomine Dei omnipotentis, qui fecit celum et terram, qui in cruce pro nobis passus est et suis crucifixoribus pepercit et pro eis oravit, quod[26] antequam pedes moveas, cum isto facias pacem[27] ». Mira res! Pedes movere non potuit, quousque mandatum perfecit. Audiens autem hoc alius frater eius, indignatus valde venit[28] contumaciter, ut[29] interficeret illum[30]. Quem sanctus vir de ferocitate convertens ad

1) dixit B. — 2) habeas auferet tibi B. — 3) vero add. B. — 4) quod om. A B C. — 5) deberetis E. — 6) me om. A C. — 7) acceperunt E G. — 8) lecto B E. — 9) quod A B C. — 10) admirans add. in marg. C. — 11) et iterum om. B. — 12) mitteret B. — 13) distulisset E: distulit usque... B G. — 14) ad E. — 15) convertente E; veniente B. — 16) ei add. E G. — 17) cum errore om. E; horrore B. — 18) qua om. E. — 19) eius om. E. — 20) Christi B. — 21) quod sibi suam pacem redderet propter Deum A C; suam sibi G; suam om. B. — 22) fratrem videret E; suum add. B. — 23) circa E; adversus B. — 24) et om. B G. — 25) quem... accedens E. — 26) ut E. — 27) pacem facias G. — 28) et seviens pro venit B. — 29) ut contumaciter interficeret illum A C. — 30) eum E.

mansuetudinem precepit, ut illum incontinenti ducerent[1] ad[2] domum suam et comederent secum et in crastinum redirent cum eo, ut instrumentum[3] pacis fieret inter eos; qui plenarie[4] fecerunt, quidquid imperaverat[5] servus Dei.

§ VIII. Fuit in provincia Hispanie venerabilis et religiosus frater Petrus Sendre[7] a), nacione catallanus, ferventissimus predicator, per quem adhuc viventem Deus multa miracula fecit, inter que per testes iuratos inventum est[8], quod ·XIII· ceci illuminati, surdi ·IIII·, claudi[9] ·VII·, contracti ·V·, infirmi quasi ad mortem ·XXIIII·, qui[10] tactu manus eius et[11] ad invocacionem nominis Ihesu Christi perfecte sanati sunt[12].

Mulier quedam curva et toto[13] contracta corpore fecit se afferri[14] ad predicacionem illius; cumque propter pressuram ad eum venire non posset, post recessum populi accepit[15] cortices salicum, super quos frater[16] sederat, et invocata beata virgine et fratre Petro, predicatore eius, cum eis tetigit iuncturas[17] membrorum suorum; statimque membra eius[18] ceperunt cum sonitu quasi cera distendi; et ex tunc erecta est magnificans Deum.

Cuidam mulieri, que ex retencione[19] urine graviter torquebatur, dedit idem[20] frater aquam benedictam in[21] potu[22], statimque[23] sanata est.

§ IX. Fuit in conventu Papiensi[25] b) frater Isnardus[26] c), vir religiosus et fervens et graciosus admodum predicator, per quem Deus[27] multa miracula fecit per testes fideles probata; inter que claudi ·V· gressum[28], surdi ·IIII· auditum, muti[29] ·II· loquelam, ceci ·III· visum, ·III· manus usum ad tactum[30] eius et invocacionem nominis Ihesu Christi plene recuperaverunt.

Puerum quendam Papyensem, qui iam ab omnibus dicebatur

---

1) duceret E. — 2) in B. — 3) vinculum E. — 4) perfecte G. — 5) imperavit E — 6) tit. om. D E G; de multiplicibus miraculis, quibus claruit frater Petrus Cathalanus. VIII. B. — 7) scilicet et *pro* Sendre D. — 8) est om. E. — 9) muti E. — 10) qui tactu... E. — 11) et om. E G. — 12) sunt om. G. — 13) tota E. — 14) adduci B. — 15) accessit E. — 16) frater om. E. 17) iuncturam D E. — 18) eius om. E. — 19) in emissione C; que extensione B. — 20) ipse B. 21) cum A B C. — 22) potum G: et add. G. — 23) statim est sanata E. — 24) tit. om. D E G; de gloriosis miraculis, quibus claruit frater Isuardus in vita. VIII. B. — 25) pari-iensi D. — 26) Ysuardus E; Isnaraldus S. Antonin. l. c. X. § III. — 27) multos convertit et add. B. — 28) quinque gressus E. — 29) muti om. E — 30) ad manum... recuperavere B.

a) De fr. Petro Sendre vide Ant. Senensem chron. p.76; obiit an. 1244. — b) Conv. Papiensis (Pavia) fundatus est circa 1220 a fr. Isnardo. Anal. II. 93. — c) Isnardus Vicentiae in Langobardia natus, ingressus est ordinem 1219. Mam l. c. p. 545, nota 2: de eo etiam cf. infra lib. V. cap. IX, § XIII.

defunctus, sancto[1] signo crucis cum invocacione Christi nominis[2] super eum multis presentibus suscitavit.

Sex iuvenes in Pado flumine periclitantes[3] invocatus mirabiliter[4] liberavit. — Cum quedam paralitica comedisset de reliquiis mense eius, curata est. — Saliva[5] linivit cuiusdam brachium aridum, et statim convaluit.

Idropicum osculatus est, illico detumuit. Paraliticum, qui per XIIII· annos iacuerat, sanitati Christo invocato plene[6]· restituit.

Dicentibus hereticis, si frater Isnardus a demonis[7] agitacione liberaverit[8] Martinum, nos eum sanctum credimus; osculatus est ipse[9] Martinum demoniacum, et expluso humani[10] generis inimico[11], continuo restituit[12] saluti[13]; qui post multis annis Deo et fratribus in Papia servivit.

Hereticus quidam deridens miracula in platea coram multis ait : « Si dolium hoc, quod est[14] ante me, venerit per se[15] et fregit[16] michi crus, credam, quod sit sanctus vir pinguis[17] Isnardus. » Continuo dolium, nullo visibili movente, super eum venit et crus eius fregit.

Quidam habens[18] campum cicerum iuxta viam, que[19] ab hominibus et bestiis vastabantur, illum fratri Isnardo commendavit; et[20] ex illa die integra[21] permanserunt.

Frater[22] quidam[23] conversus valde spiritualis vidit in visione, ut sibi[24] visum est, quod clerus et populus Papyensis veniebant ad domum fratrum predicatorum postulantes sibi unum fratrem in papam donari. Quod[25] cum dictus frater[26] suppriori et ipsi duo fratri Isnardo priori tunc[27] narrassent[28], previdens ipse prior suum finem[29] adesse, statim cecidit ad pedes supprioris et ipsi generaliter est confessus; et[30] post paucos dies feliciter decessit. Fuit[31] autem[32] virgo et carne et corde[33]. Claruit eciam[34] multis post mortem miraculis, que infra ponemus.

---

1) facto A B. — 2) nominis Ihesu Christi A C. — 3) periclitatos B G. — 4) liberavit mirabiliter E. — 5) sua *add. in marg.* C. — 6) plene om. B. — 7) demonum A C. — 8) liberavit B E G. — 9) osculatus est ipse sanctus A C G. — 10) huiusmodi C. — 11) expulso diabolo continuo... B. — 12) reddidit B. — 13) sanitati G. — 14) est om. E. — 15) ipsum add. B. — 16) fregerit B G; confregit D E. — 17) frater add. B. — 18) hereticus add. B. — 19) qui .. vastabatur... permansit B. — 20) omnia add. A C. — 21) intergre E G. — 22) Petrus add. A. — 23) Hyspanus *add. in marg.* C. — 24) ei B. — 25) que B. — 26) frater om. E. — 27) tunc priori A B C. — 28) ut add. E. — 29) finem suum E. — 30) et om. G. — 31) testatus est autem dictus supprior, quod ipsum invenerat virginem et carne et corde. A. — 32) fuitque B. — 33) corde et carne B G. — 34) autem A C: que B.

§ X. Cum frater Iohannes[2] Theutonicus *a*), qui post fuit magister ordinis, pro succursu[3] Terre Sancte predicaret crucem in Basilea[4], et inter ceteros civis quidam et canonicus quidam[5] illius[6] urbis crucem de manu ipsius[7] accepissent, audito hoc[8] uxor illius civis, que erat mater predicti canonici, turbata dixit: - Tot demones accipiant eum, qui illi[9] dedit crucem, quot in arbore pendent[10] folia. » Cuius imprecacionis culpam statim secuta est pena. Nam illico facies eius intumuit et quasi leprosa effecta est. Unde contrita valde vocavit fratrem[11] predictum et ei[12] confessa est; qui cum imposuisset ei manum[13], statim sanata est. Quod videns filius eius, dictus canonicus[14], ordinem nostrum intravit et crucem temporalem, quam acceperat, in perpetuam[15] commutavit; et postea graciosus predicator et utilis prior in ordine fuit.

Item, cum pro eiusdem[16] crucis predicacione indixisset idem frater Iohannis suam stacionem ad quendam latum campum, cum iam congregaretur populus, superveniens quidam nobilis, qui ibidem duellum indixerat, cepit predicacionem eius multipliciter impedire. Cumque frequenter et humiliter rogatus[17] a cepto desistere nollet[18], dictus frater dominum[19] Ihesum[20] devote peciit[21], ut, quod ipse non poterat, ille, qui est omnipotens, expediret. Mox dictus nobilis factus furiosus a suis cum luctu[22] est delatus, et libera facta predicacione, ipse cum suis cruce[23] signatus est, et orante pro eo[24] fratre cum[25] populo plene sanatus est.

§ XI. Narravit frater, cui hoc accidit, quod[26] cum ipse[27] per multos annos insompnietatem et capitis gravissimum[28] dolorem, sustinuisset et excso[29] corpore et spiritu vix haerente[30] in infir-

---

1) tit. ex B; de fr. Iohanne Theutonico, magistro ordinis. C. — 2) Iohannes om. E. — 3) successu B. — 4) Basilica B C. — 5) quidam om. B C. — 6) illius om. A B C. — 7) ipsius fratris accepisset A B C. — 8 quo audito B. — 9) illis A; ei B. — 10) frondes sive add. E. — 11) predictum fratrem G. — 12) eique B. — 13 manus G. — 14) eius filius canonicus dictus E. — 15) in perpetuam om. E. — 16) eius E. — 17) frequenter rogatus humiliter et om. G. — 18) nollet desistere A C. — 19) nostrum add. E. — 20) Christum add. E. — 21) rogavit, ut ipse potuit, quod ille... inpediret B. — 22) fletu B. — 23) crucem E. — 24) ipso A B C. — 25) et B. — 26) quia G. — 27) ille E. — 28) et capitis dolorem gravissimum A C; gravissimum capitis E. — 29) et ex eo... vix debilis (herente B.) in... B D E. — 30) spiritu arente iaceret in... G; haberente D.

a) De fr. Iohanne Theutonico cf. A. *Rother, Ioh. Theutonicus (von Wildeshausen) in Röm. Quartalschrift IX, 1. p. 159-171;* supra l. I, c. V, § IX; l IV, c. XVII, § IV; chron. ad an. 1241, append. nᵒ IV et V. — Praedicasse fr. Iohannem crucem an. 1225 et 1227 probat Rother, l. c. p. 143, not. 3, 144, not. 1.

maria iaceret, contigit fratres de predicacione reversos capita sua lavare in domo communi; quo ipse se faciens portari cum multa devocione et lacrimis ait : « O Deus omnipotens, bonorum laborum pius[1] remunerator, per servorum tuorum sudores, quos gratis[2] oculis intueris, respice nunc[3] ad me et fac[4] laborum ipsorum participem et consortem[5] ». Hoc dicens sordes loture suo capiti superfudit[6]; et statim non solum capitis, sed eciam tocius corporis plenam[7] sanitatem recepit[8] ita, quod post multis annis[9] ad predicaciones[10] et conventuales labores fortis et sanus vixit[11].

Explicit quarta pars[12].

---

1) post E. — 2) divinis E. — 3) nunc om. B. — 4) me add. B. — 5) et add. B. — 6) perfudit A C; superfundens statim B. — 7) plenam om. G. — 8) recepit sanitatem A C; suscepit B. — 9) et add. G. — 10) predicacionem B. — 11) ad honorem Dei et anime sue salutem add. A: fuit B. — 12) explicit — pars om. C E G; *in marg.* G. *add. man. rec.:* De Iohanne Agno, forsan Lammens Gandensi quondam priore 1272, in calce huius libri; cf. *append.* n° XIII.

DE PERTINENTIBUS AD EGRESSUM FRATRUM
DE HOC MUNDO

CAPUT PRIMUM[5]

Cum* ordo predicatorum a beato Dominico contra hereses et errores specialiter fuerit institutus Tolose a), et[6] fere XL annis fratres de partibus illis in fame et siti, in[7] frigore[8] et nuditate et in tribulacionibus multis certaverint[9] contra illas[10] et contra tirannos, qui hereticos defendebant, tandem[11] a beate memorie papa Gregorio b) nono inquisicio contra dictos[12] hereticos et eorum fautores fratribus per Provinciam est commissa, propter quam[13] fratres multis periculis sese exposuerunt Nam in Tolosa post

*44
De passis pro fide*

---

1) quinta — partis om L G tit et cap eiusdem partis A C incipit quinta mundo, cuius hii sunt tituli D — 2) num om F divisio in par a nobis est — 3) purgatorii A B C — 4) X chronica ordinis om B C — 5) tit capitulorum non rep G pars XIX, de passis pro fide Primum B — 6) et om B — 7 et C — 8) frigore om B — 9) certaverant C certavere B — 10) illos A C — 11) eadem F — 12) diccionem (?) E — 13) commissionem add B

a) De institutione ordinis et chron add 1205 ibi pariter de conv Tolosano — b) Litterae papales datae sunt die 28 aprilis 1236 (Bull tom I, p 88, n° CLV) cf Rayn ad an 1236, pag 135, n° 41 et 43, ubi Gregorius IX in suis litteris comiti Tolosano Raymundo iuniori datis eum de his minis et iniuriis fratribus illatis vituperat En verba ex Bull Gregorii desumpta « Sed ecce quod verebamur accidit, et timor quem timebamus evenit nam sicut ex insinuatione ipsius Archiepiscopi et aliorum prelatorum suae legationis accepimus, Fratrem Guillelmum Arnaldi Fratrum Praedicatorum, qui auctoritate nostri et dicti Archiepiscopi contra hereticos Inquisitionis exercebat officium et summo studio laborabat ut eructo, obstetricante ipsius manu, colubro tortuoso prodirent in lucem opera tenebrarum a Civitate Tolosana, Vicarius tuus et consules civitatis eiusdem, qui ne contra haereticos procederetur, diversa difficultatum obstacula interponunt, post illatis sibi multas non sine turpi violentia eiecerunt » — Bull l c p 89

multas minas principis[1] et suorum prohibitum est[2] per edictum publicum, ne aliquod commercium aliquis haberet cum fratribus, nec[3] eis aliquid[4] venderet neque[5] daret. Secundo[6] ad omnes portas domus fratrum positi sunt custodes, ne[7] victualium aliquid inferretur. Cumque fratres omnes confessi ad martirium pro fide et obediencia ecclesie Romane paratos se offerrent et iam cum multo[8] desiderio exspectarent, precepto principis de civitate[9] exire compulsi sunt omnes. *Ibant ergo gaudentes a conspectu*[10] *consilii, quoniam digni habiti sunt pro Christi fide*[11] *contumeliam pati;* processionaliter autem bini et bini exeuntes, alta voce *Credo in unum Deum,* dehinc[12] *salve regina* devotissime decantabant[13].

Act. V, 41.

Eadem[14] causa fidei in Narbona domus fratrum est fracta et libri sancti ab inpiis lacerati. In multis eciam aliis locis[15] fratres capti et spoliati[16] sunt; nec sine armatorum multitudine inquisitores procedere audebant[17].

Tandem anno a) domini millesimo CC°·XLII·º[18], nocte ascensionis b) dominice passi sunt Avinioneti[19] c), in[20] diocesi Tolosana, fratres ordinis predicatorum a dicto papa dati inquisitores, scilicet[21] Guilielmus[22] et Bernardus[23] de Rupeforti et Garcias[24] de Aura[25] d), et[26] de ordine fratrum minorum Stephanus et[26] Raymundus Carboni[27], et alii, qui cum eis erant, scilicet Raymundus[28] archidiaconus Tolosanus, et prior Avinioneti monachus Clusinus cum tribus aliis servientibus ibi[29] ab[30] hereticis pro fide Christi et[31] obediencia Romane ecclesie interfecti sunt cantando *Te Deum laudamus.*

Nocte vero, qua passi sunt, quedam mulier eiusdem diocesis, sed in alio castro, in partu laborans clamavit: «Ecce video celum apertum et scalam inde[32] ad terram dimitti[33] et multum de sanguine[34] in terra ista[35] effundi[36]». Cum[37] respiceret[38] claritatem

1) principum illius B. — 2) et add. E. — 3) et ne B. — 4) aliquid quis D. — 5) aut B. — 6) secundo — custodes om. E. — 7) et E. — 8) vehementi B. — 9) de civitate om. E. — 10) et ad conspectum E. — 11) *vulgata:* pro nomine Iesu: pro — fide om. G. — 12) deinde E G. — 13) cantaverunt D; cantabant E. — 14) eiusdem A C: ea de causa domus .. B. — 15) locis om. E. — 16) exspoliati A C. — 17) audebant procedere A B C. — 18) 1342 B. — 19) in castro add. G. — 20) in om. B. — 21) videlicet Guilielmus et quidam de Ruperforti.. B. — 22) V. E: W. D. — 23) B. D. — 24) Garsias D E; Gartialis G; vinachcias B. — 25) daura D: Caura E. — 26) et om. E. — 27) Carbonerii A G: Carbonensis B D. — 28) R. D E. — 29) sibi D E. — 30) ab om. E. — 31) et om. E: Christi et om. B. — 32) vite E. — 33) demitti D E. — 34) multum sanguinem G. — 35) ista om. E. — 36) infundi A C. — 37) cumque G. — 38) aspiceret A B C.

a) cf. Rayn. ad an. 1242, p. 258, nº 17. — b) die 29 maii. — c) Avignon. — d) Aure non longe a Bagnères.

scale et ascendencium per eam ruborem amiraretur[1], partum edidit[2] doloris oblita[3]. Eandem[4] apperturam[5] viderunt pastores in eadem regione vigilantes.

Item illustris[6] rex Arragonie[7] Iacobus *a*), cum eadem nocte in frontaria Saracenorum excubaret, vidit lucem magnam descendentem de celo et militibus suis dixit[9] : - Scitote, quod hac nocte Deus magnum aliquid[10] operatur -. — Item in conventu nostro Barchinonensi[11] *b*) multi fratres eadem nocte[12] celum aperiri[13] et inde[14] lucem descendere, totum aerem[15] perlustrantem viderunt.

§ II. Francus quidam Carcasone[17] commorans, audita morte fratrum, se eis devovit et statim[18] a gravi morbo, quo per biennium detentus fuerat, plene[19] convaluit. — Filia marascalci de Miropisce *c*) dictis martiribus se devovit et statim a gravissima infirmitate est plenissime liberata. — Guilielmus quidam de Murello[20] gravi febre vexatus, veniens ad sepulcrum martirum Christi, statim sanatus est; et hoc[21] pluribus factum est ad illorum[22] sepulcra[23]. — Item Arnandus[24] Rufus de Filiers[25], credens hereticorum, audita morte Raymundi archidiaconi, qui eum fidei causa frequenter vexaverat[26], dixit eadem die multis audientibus : - Vadam Avinionetum et videbo[27], si Raymundus scriptor[28] rusticus loquax[29] potuerit mori -. Qui veniens et videns sanctum archidyaconum[30] in suo sanguine volutatum, pede percussit eum dicens : - Iace rustice loquax, loquere nunc, si potes -. Statimque plaga insanabili in eadem tibia est percussus. — Paulo[31] ante passionem eorum cuidam religioso fratri in conventu Burdagalensi[32]*d*) visum est, quod sub pede[33] crucifixi tres fratres a multis armatis occisi[34] videbantur depicti; cumque[35] hoc miraretur, michi tunc ibi existenti visionem narravit[36]. — Item in domo Pruliani[37] *e*)

De eodem. [1]

---

1) miraretur A B C. — 2) sui add. E. — 3) oblita doloris E. — 4) celi add. B. — 5) doloris add. E. — 6) illustrissimus A C: illuster E. — 7) Arragonum B. — 8) atque B. — 9) ait A C D; dixit om. B. — 10) aliquid magnum A C. — 11 Barchomonensi E D: Barchillonensi B. — 12) eadem nocte om. B. — 13) apertum A C G. — 14) deinde E G. — 15) aerem om. E: aera G. — 16) de eodem om. A B D E G. — 17) Carosone E. — 18) statim om. E. — 19) plenus E. — 20) Mirtello C: Nucello A: Muscello B. — 21) hoc om. E. — 22) eorum B. — 23) tit.: de eodem add. C. — 24) Arnaldus A C: Arnoldus B. — 25) Giliers A C: de siliens B. — 26) vexabat B. — 27) video E. — 28) scriptor poterit loqui rusticus poterit mori E. — 29) loquax rusticus D. — 30) dyaconum E. — 31) post add. B. — 32) igitur add. E. — 33) Ihesu Christi add. E. — 34) occisi om. E. — 35) cum E. — 36) enarravit B. — 37) Prulianensi B.

a) Iacobus I. 1213-1276. — *b*) Conv. Barchinonensis (Barcellona) an. 1219 fund. cf. Mam. l. c. p. 508. — *c*) Mirepoix prope Pamiers. — *d*) Conv. Burdegalensis (Bordeaux) circa an. 1222 fund: conv. formalis 1230. Anal. I. p. 208. — *e*) De conv. Prulianensi vide chron. ad 1205.

contigit sororem quandam, nomine Blancam[1], in maxilla graviter
infirmari, intantum[2], ut nec cibum sumere nec loqui valeret. In[*]
nocte autem sancti Vincencii martiris a), cum sorores quedam
circa[3] ipsam vigilarent, dixerunt eidem, si vellet[4] habere pannos
fratris[5] Guilielmi apud Avionetum pro fide Christi occisi, ad tan-
gendum locum infirmitatis ; quibus, ut potuit, annuit, quod[6]
volebat. Quibus apportatis cum magna reverencia et devocione
accepit et posuit super maxillam ; et statim locuta est dicens :
« Ego curata sum meritis fratris Guilielmi, martiris Christi ».

Item frater Raymundus[7] Carbonus[8] predictus vidit in sompnis
coronam auream gemmis novem[9] micantem super domum, in[10]
qua passi sunt, de celo dimitti[11] cum inmenso lumine ante aliquot
dies passionis eorum. Qui[12] admirans dicebat : « Heu, quam
miseri sunt homines istius terre ; qui videntes nos pro fide, qua
stamus[13], taliter coronari, non convertuntur ad chatolicam fidem ».
Cumque evigilasset priori Pruliani et aliis sociis[14] pluribus totum[15]
per ordinem narravit. Quod cum dictus[16] frater Guilielmus audisset, dixit : « Scitote, quod in brevi pro fide Ihesu[17] Christi[18] occi-
demur[19] ».

Frater quidam in[20] conventu Burdegalensi positus in oracione,
vidit, ut postea retulit, Deum in cruce pendentem[21] sanguinemque
de[22] dextero latere eius fluentem copiose ; insuper et beatam virginem in calice aureo sanguinem recipientem ; fratres eciam tres
videbat[23], quos[24] beata[25] virgo de sanguine, quem receperat, res-
pergebat. Quod[26] cum videret et vehementer aspergi affectaretur[27],
visio disparuit. Non longe autem post[28] eosdem fratres, quos in
ymaginaria visione viderat respersos, pro fide Christi audivit ab
hereticis[29] interfectos.

Pridie quam[30] fratres ab impiis necarentur, scilicet[31] vigilia
ascensionis, accessit ad priorem, fratrem scilicet Columbum[32] b),

---

1) Blanciam A C ; Blanchiam D G. — 2) intantum om. E. — 3) circa om. B. — 4) velles E.
— 5) sancti add. E. — 6) quod om. E. — 7) Raymundus om. C. — 8) Carbonus om. A B ;
Carboni C ; Carbonensis D. — 9) novam E. — 10) in om. B D E. — 11) mitti B. — 12) qui
— cumque om. B C. — 13) astamus A. — 14) sociis om. A C. — 15) totum om. E ; aliisque
sociis totum B. — 16) dictus om. B. — 17) Ihesu om. A B C G. — 18) Christi om. B. —
19) occidentur B. — 20) de A C D. — 21) pendens E. — 22) de om. E. — 23) videbant B E.
— 24) quod B. — 25) beata om. E. — 26) qui G. — 27) affectaret A C D ; cupiebat B. —
28) post autem E. — 29) ab hereticis om. B E G. — 30) qua E G. — 31) scilicet — scilicet
om. E. — 32) Columba... devota ait... E.

a) Colitur die 22. Ianuarii. — b) De fr. Columbo vide infra l. V, c. II, § XV ; c. IX, § III·

mulier quedam devota et ait - Domine, hoc mane[1] cum fratres
missam[2] dicerent, ego paululum in ecclesia obdormivi, et visum
est michi, quod crucifixus, qui stat in medio ecclesie deponebat
brachium dextrum[3] et sanguinem stillabat. Quod cum ego stupens aspicerem[4], vocavit me crucifixus et ait « Vade, et dic
priori, quod[5] reliquias ponat in loco tali[6] » In crastinum igitur,
cum fratrum corpora afferrentur[7], placuit[8] episcopo et[9] priori et
fratribus, quod in loco a muliere[10] ostenso, qui eciam[11] erat com-
petencior — qui locus erat situs[12] in ecclesia fratrum et[13] ad dexteram crucifixi — sepelientur[14]

Cum autem eo tempore ecclesia Romana pastore careret[15] a),
audito huiusmodi scelere[16], scripserunt priori provinciali[17] et fratribus[18] Provincie omnes sancte Romane ecclesie cardinales in
hunc modum - *Nostis, karissimi filii, qualiter*[19] *ordo vester
ad defensionem fidei, plantacionem morum, consolacionem et
hedificacionem fidelium*[20], *extirpandas hereses ac ceterorum
repres et tribulos viciorum a sanctissimo patre Dominico in
Tholosanis partibus fuerit institutus, et*[21] *ne vestre sanctitati
possent inferre aliquid macule infideles, possessionibus ac*[22] *ceteris mundi omnibus*[23] *relegatis, subiecistis spontanee colla vestra
iugo*[24] *voluntarie paupertatis*[25] *et*[26] *ad legem et ad*[27] *testimonium
magis ac magis vestros animos convertentes obtinuistis*[28] *a Deo,
vobis dari linguas celitus*[29] *eruditas At quidam more freneti-
corum insanientium in suos medicos spirituales, quod intelleximus cum dolore, horrendam immanitatem*[30] *exercuerunt in
servos Dei inquisitores et eorum socios et*[31] *ministros, quibus
non potuerunt tantum officiendo*[32] *proficere*[33]*, quantum perse-
quendo gladiis profuerunt, nam per hoc, ut credimus, effecti
sunt martires Ihesu Christi*[34]*, concurrentibus non solum*[35] *mortis causa*[36]*, sed et tempore mortis et genere et modo et circum-
stanciis universis* -

1) et add D C — 2) missas A C officium B — 3) dextrum om C — 4) respicerem B E G
— 5) michi *add in marg* C — 6) illo B — 7) reliquie fratrum efferentur B — 8) placavit E
— 9) et om G — 10) loco mulieri L dicto add B — 11) eciam om D E — 12) situs om B
— 13) quod E ut B — 14) sepelientur B E fratres interfecti add B, tit de eodem add C
— 15) vacaret A C — 16) scelere om C — 17) provinciali om A B C — 18) eiusdem add B
— 19) quod B — 20) ad add A B C G — 21) et om C — 22) et A C — 23) omnibus om C
— 24) iugo om A B C D — 25) paupertati A B C — 26) et om C — 27) ad om A C —
28) abiustis (?) E — 29) celitas E — 30) inmanitatem in servos ministros exercuerunt (B
exercuere) A B C — 31) et om B — 32) efficiendo I — 33) prodesse E — 34) et add D
— 35) solum om C — 36) eius E

a) Sedes vacavit de XII kal Sept 1241 — 24 Iunii 1243

De beato Petro
martire. [1]

§ III. Anno domini ·M°·CC°·LII·°, sabato in albis[2], frater
Petrus a), prior fratrum predicatorum Cumis[3], civitate Ytalie, a
domino papa datus inquisitor[4] contra hereticam pravitatem martirizatus est ab impiis pro pietate fidei et obediencia ecclesie
Romane[5] occisus in territorio Mediolanensi[6], sicut in littera cano-
nisacionis eius[7] lacius continetur b).

Hic vir beatus de Verona, civitate Ytalie[8], oriundus, omnes fere
consangwineos hereticos habebat. Cum autem in etate quasi octo
annorum a scolis reverteretur domum, interrogatus a patruo,
quid legisset, respondit : - Credo in Deum omnipotentem[9] creatorem celi et terre, et cetera -. Super quo redarguens eum

· 45.

patruus, ait : « Noli dicere creatorem, cum ipse Deus[*] non sit
creator visibilium, sed dyabolus -. Ipse vero, licet puer, cepit
affirmare se velle pocius[10] dicere sicut legerat, et ita credere[11]
sicut scriptum[12] habebat. Tunc patruus[13] nisus est ei probare per
auctoritates, more hereticorum, quod dyabolus ista creaverat[14],
et quasi cum minis persuadere[15], quod ita deberet credere et
tenere. Sed mirum valde, quod ita omnes illas auctoritates[16]
contra eum[17] convertit, quod in nullo potuit ei resistere[18]; per
quod manifeste dabatur intelligi[19], qualis futurus erat pro defen-
denda[20] veritate. Quod patruus indigne ferens accessit ad patrem
et suasit illi[21], quod Petrum[22] a litteris omnino[23] amoveret[24],
referens totum, quod inter eos gestum erat et[25] qualiter ab eo
fuerat convictus[26], et ait : - Timeo enim valde[27], ne processu temporis, cum bene fuerit eruditus[28], convertat se ad meretricem
illam ecclesiam Romanam[29] et confundat et destruat fidem nostram -. In quo verum predixit, licet malus tunc[30] esset. Sed quia

---

1) tit. om. E G ; de vita fratris Petri martiris et miraculis, quibus claruit in hac vita.
Secundum. B ; de S. Petro martire apud Mediolanum ab hereticis pro fide katholica inter-
fecto. D. — 2) albo E. — 3) predicatorum tarvensis civis E ; civis in add. B. — 4) inquisitor
heretice pravitatis B. — 5) est add. E. — 6) Mediolano E G. — 7) eius om. A C. — 8) Ytalie
om. E G. — 9) omnip. — terre om. E. — 10) sic add. A C. — 11) legere E. — 12) scriptum
om. B. — 13) patruus om. B D E G. — 14) creasset B. — 15) persuadit E : et eum quasi
minis... quod ista tenerat B. — 16) auctoritates illas A C. — 17) illum A C. — 18) resistere
ei E. — 19) intelligi om. E. — 20) Dei add. D : fidei add. A B C. — 21) ei B. — 22) Petrinum
A C D ; filium suum add. B. — 23) omnino om. G. — 24) removetur E. — 25) et om E G. —
26) fictus E : in eo add. B. — 27) enim valde om. A B C. — 28) imbutus B. — 29) Romanam
om. G. — 30) tunc malus A C.

a) De S. Petro vide supra lib. IV, cap. XVII, § VI : Année Dominicaine 29 avril. — Innocentius IV commisit S. Petro inquisitionem die 13. Iunii 1251. (Bull. Ord. I, p. 192.) —
b) Bullam canonisationis S. Petri vide Bull. Ord. I, p. 228 : vel Rayn. ad an. 1253, p. 457, n° 10.

es a Deo fiebat, pater non acquievit, credens et sperans post
erudicionem litterarum eum per suos heresiarchas trahere post
se[1] et convertere ad omnem, quam voluisset, credenciam[2] Cum[3]
igitur virgo et acuti ingenii[4] iuvenis ordinem predicatorem sub
beato Dominico intrasset, totum predicacioni et hereticorum
impugnacioni se dedit

Quidam frater, qui solitus erat ire frequenter[5] in predicacione
cum eo, quesivit ab eo, ut eum[6] doceret aliquam oracionem[7]
Respondit « Hec est oracio, in qua magis afficior et delector
Cum elevo corpus domini vel video ab aliis sacerdotibus[8] elevari, rogo dominum, ut numquam permittat, me aliter mori quam
pro fide Christi[9], et istam oracionem semper feci »

Cum[10] quadam vice disputaret cum quodam heretico acutissimi
ingenii et eloquencie singularis, adtendens hastucias eius[11], noluit
diu protrahere disputacionem, sed[12] de omnium consensu assi-
gnavit diem ad respondendum super[13] hiis et proponendum de
aliis[14], que sibi videbantur Recedens vero ab eo misit ad conventus vicinos, ut fratres exercitati et[15] in disputacionibus contra
hereticos venirent ad diem assignatum talem, sed[16] omnes ne-
glexerunt Unde cum die assignata venisset hereticus cum multitudine hereticorum et stetisset in medio et[17] ad modum Golie
vocaret[18] ad singulare disputacionis certamen, venit sanctus
Petrus cum uno socio, et cum proposuisset[19] hereticus acute et
subtiliter errores suos[20] et diceret[21] « Respondete michi, si
potestis et scitis », petivit deliberacionem ad respondendum Qua
habita[22] divertit parumper ab eis et intravit oratorium, quod
prope erat, et prosternens se coram altari cum multis lacrimis
rogavit dominum ut causam suam defenderet, et ut[23] aut[24] illi
lumen vere fidei infunderet aut loquela privaret, qua ita contra
Deum abutebatur Et surgens[25] ab oracione venit et stetit in
medio eorum et dixit, ut iterum proponeret, et factus est ita[26]
mutus, quod non potuit[27] dicere verbum unum Et sic recesserunt

---

1) posse convertere F — 2) maliciam I G — 3 cum —totum om F — 4) acuto ingenio B
— 5) frequenter om E — 6) eum om F — 7) cui add B — 8) sacerdotibus om B —
9) Christi om D E G — 10) cum quadam — cum idem om G — 11) illius B — 12) et de
communi consensu (B assensu) A B C — 13) super — de aliis om E — 14) super hiis B
— 15) et om A C D — 16) et add A B C — 17) et om E — 18) convocaret B — 19) proposuit E — 20) errores suos om E — 21) dicenti E — 22) habita deliberacione divertit
parum ab E G — 23) et ut add in marg C ut om B — 24) aut om E G — 24) exsurgens autem B — 26) interim F G — 27) poterat B

heretici a loco illo[1] confusi valde, fideles vero dederunt laudes
Deo Predicta autem omnia ipse beatus Petrus duobus discretis
viris[2] et[3] fratribus enarravit

De eodem [4]

Cum idem[5] beatus Petrus examinaret quendam episcopum
hereticorum, qui illis diebus fuerat captus, et adesset fere[6] maior
pars civitatis et multi[7] episcopi et religiosi, qui ad hoc convenerant[8], et dies in multum protracta esset tum ex predicacione tum[9]
ex examinacione et esset[10] estus magnus, dixit ille hereticus
beato Petro, stans cum eo[11] super magnum gradum[12] ligneum,
quem[13] sibi ob devocionem Mediolanenses paraverant, cum predicare deberet « O Petre perverse, si tu es ita sanctus, sicut hic
stultus populus te affirmat, quare permittis eos ita[14] estuare, et
non rogas dominum, ut aliquam nubem interponat, ut non[15]
moriatur hic stultus populus tanto estu? » Tunc beatus Petrus
respondit « Si vis promittere te abnegaturum heresim tuam et
convertendum[16] ad fidem nostram, rogabo dominum et illico[17]
faciet, quod dicis » Ad quod multi[18] fautores eorum ceperunt
clamare in hereticum et dicere « Promitte, promitte, » credentes,
quod beatus Petrus non faceret, quod spopondit[19], maxime, cum
nulla[20] vel minima nubecula in aere appareret[21] Sed e converso[22]

' 45'

episcopi et multi alii chatholicorum multum[23] timere ceperunt •
super obligacionem beati Petri, ne fides ibi confunderetur Dum[24]
autem hereticus obligare se vellet[25], beatus Petrus cum magna
fiducia dixit[26] « Ad hoc, ut[27] verus Deus appareat creator visibilium et invisibilium et ad consolacionem fidelium et confusionem
hereticorum, rogo eum ut descendat nubecula[28] aliqua et interponat se inter solem et populum, quod mox factum est, prote-
gente nubecula per magnam horam populum, quasi in modo[29]
papilionis, premisso signo crucis

Insistente eo[30] semel quibusdam disputacionibus et gravibus
hereticorum conflictacionibus[31], cepit mens eius postea[32] de ali-

---

1) ab illo loco heretici A B C — 2) viris om A B C D — 3) et om B E — 4) de eodem om
B D E G — 5) idem om A C — 6) fere om B — 7) multi eciam religiosi E — 8) venerant E
— 9) cum propter E — 10) esset om E — 11) cum eo om B — 12) in magno gradu   E
— 13) quod B F — 14) ita om A C D — 15) non om E — 16) convertere E — 17) ipse D,
et ipse faciet illico A C et ipse illico faciet G — 18) multum B — 19) et add A C — 20) in
illa p o nulla E — 21) pareret E nulla nubecula vel minime in   B — 22) e contra B —
23) multum om E G — 24) dum E G, sed dum B — 25) vellet A E G se voto obligasset
crediturum B — 26) confidencia ait A C ait B, fiducia corr in confidencia D — 27) ut
om E — 28) nebula L — 29) modum B — 30) eodem B — 31) confliccionibus G —
32) postea om F

quibus articulis propulsari. Sed ubi ille comperit suggestionem esse[1] maligni, ad oracionem recurrit, et prostratus coram altari beate Marie virginis[2], cepit ipsam devotissime invocare per filium[3], ut temptacionem[4] illam sibi sua pietate auferret. Verum[5] in oracione illa leviter soporatus, audivit vocem dicentem sibi : *Ego rogavi pro te*, Petre, *ut non deficiat[6] fides tua*. Ad cuius Luc. 22, 32 vocem[7] consurgens[8], sensit continuo illum ambiguitatis scrupulum penitus recessisse[9], nec post, ut ipse retulit, aliquem circa huiusmodi sensit motum.

Transiens semel beatus Petrus cum fratre Gerardo Tridentino[11] De eodem. 10 iuxta quoddam castrum hereticorum, nomine Gathe[12], per annum ante passionem suam dixit fratri : « Istud castrum destruetur pro fide et Nosarius[13] et Desiderius, duo episcopi hereticorum, qui ibi sepulti sunt[14], comburentur et cremabuntur in turri ipsius castri ». Quod ita plene et per ordinem[15] post modum factum est[16] per ministerium fratrum inquisitorum contra hereticos, ut manifeste ostenderetur, quod per ipsum spiritus sanctus predixit[17].

Cum[19] in ramis palmarum predicaret beatus Petrus Mediolani, De eodem. 18 ubi erant congregata fere ·X· milia personarum, dixit publice alta voce : « Ego scio pro certo, quod heretici tractant mortem meam, et pro morte mea pecunia est deposita[20]; sed faciant, quod volunt, quia deterius faciam eis mortuus quam vivus ». Qui infra mensem occisus est ab eis; et verificatum est verbum eius[21] et cotidie magis[22] verificatur.

In monasterio[24] de Ripulis apud[25] Florenciam, soror quedam De eodem. 23 Deo devota et fide digna, stans in oracione die, qua beatus Petrus martirizatus est pro fide Christi[26] iuxta Mediolanum[27], vidit beatam Mariam in gloria magna super tronum[28] sedentem et duos fratres ordinis predicatorum hinc inde iuxta eam sedentes, ut ipsamet[29] retulit; et dum hoc[30] miraretur, vidit eos simul ferri

---

1) esse suggestionem A C. — 2) virginis om. B. — 3) per filium invocare A B C. — 4) illam temptacionem D E. — 5) verumptamen B. — 6) deficiet B E. — 7) ad cuius vocem om. E. — 8) assurgens A: surgens G. — 9) abscessisse A C. — 10) de eodem om. B D E G. — 11) Gerardino Tudertino B. — 12) Gade C: Gaoche A: Gaiche G: Gadoe B: Gaytho D. — 13) Nolarius C; Nazarius D; Varius E. — 14) sunt om. B: sepulti sunt ibi A C. — 15) et add. E. — 16) factum est postmodum A B C. — 17) predixerit A C: ventura predixit G; predixerat B. — 18) de eodem om. B D E G. — 19) dum E G. — 20) depositata A C. — 21) suum D E G. — 22) et magis add. G. — 23) de miraculis quibus idem frater claruit post mortem B: de eodem om. D E G. — 24) predicatorum add. B. — 25) iuxta B. — 26) Christi om. G. — 27) et add. E. — 28) in trono A B C. — 29) ipsa E. — 30) dum sic E: cum hoc A B C.

in celum[1]; et cum quereret, qui essent, audivit vocem dicentem
sibi : « Frater Petrus est Veronensis[2], qui ascendit in conspectu[3]
domini tamquam fumus aromatum ». Post paucos autem dies
audivit ipsum ea[4] die, qua predictum[5] viderat, martirizatum
fuisse. Unde multa ad eum devocione succensa devotissimis rogavit precibus, ut in[6] infirmitate[7], qua longo tempore laboraverat,
sibi succurreret; et[9] statim plenam et integram sanitatem recepit[10].

Nec discordat a visione ista societas fratris Dominici[11], qui
cum eo fuerat wlneratus[12] ad mortem et post[13] modicum tempus
mortuus creditur cum eo evolasse[14] ad celum.

Iuvenis quidam de civitate Florencia[15], qui fidem hereticorum
aliquantulum sapiebat, cum quadam die ad ecclesiam fratrum
predicatorum Florencie[16] cum aliis iuvenibus venisset et staret
coram quadam tabula[17], in qua erat ymago[18] Petri recipientis
martirium depicta, videns quendam pictum, qui ad modum[19]
satellitis evaginato gladio percuciebat eum, dixit : « Utinam ego[20]
fuissem ibi, quia validius[21] percussissem ». Quo dicto statim mutus effectus est. Cumque socii requirerent[22], quid haberet, et ipse
nichil eis respondit[23], post ceperunt eum reducere domum. Et
elapsus de manibus sociorum intravit quandam ecclesiam, et flec-
tens genua rogavit[24] beatum Petrum, ut parceret sibi; et promisit
ei corde, quod[25] ore non poterat, quod si eum liberaret, peccata
sua confiteretur, et omnem heresim abiuraret. Et statim liberatus
venit ad ecclesiam fratrum et ibi confessus est peccata sua; et
abiurata[26] heresi dedit fratri licenciam[27], quod hoc in[28] populo
publicaret. Ipse autem[29] in predicacione fratris exsurgens publice
coram multitudine[30] hominum et mulierum confessus est hec predicta[31] ».

Frater quidam in conventu Lugdunensi[32] a) cum quasi ad mor-

---

1) celo E G. — 2) Veronensis est A B C. — 3) aspectu domini sicut G. — 4) eadem A C
— 5) eadem A C. — 6) predicta B. — 7) in om. E. — 8) quadam add. C. — 9) et om. E. —
10) suscepit B. — 11) cf. supra lib. IV, cap. XXIV, § IV. — 12) usque add. B. — 13) post
ipsos mortuus modicum credebat cum... E: post tempus modicum G. — 14) volasse A B C.
— 15) Florencie A C: civitatis Florencie B. — 16) de Florencia A B C. — 17) yconia B. —
18) beati G; beati martiris add. B. — 19) quemadmodum... percucientis B. — 20) ergo om. E.
— 21) eundem Petrum add. B. — 22) inquirerent A B C. — 23) aperire (A G : respondere)
posset ceperunt A C G; responderet ceperunt B. — 24) rogabat B. — 25) quia A C G
26) adiuravit heresim deditque... B. — 27) licenciam fratri ut. A C. — 28) in om. B. —
29) enim E; eciam B D G. — 30) exsurgens multitudini hominum E. — 31) peccata E. —
32) Luducii quasi cum E.

a) Conv. Lugdunensis (Lyon) a. 1218 fund. Anal. 1, p. 269.

tem iaceret infirmus haberetque apostema in collo, de quo multum[1] medici dubitabant, peciit cum multa devocione a magistro
ordinis, qui tunc presens erat, ut reliquias beati Petri sibi faceret
deferri, quoniam sperabat firmiter[2] se recepturum ob eius merita
sanitatem Cum autem signatus fuisset cum eis, statim sensit se
convalescere et plene[3] liberatus est

Quedam mulier in Flandria, cum iam[4] tercio peperisset filium
mortuum, et ob hoc vir[5] minus diligeret eam, immo iam odiret
in tantum, ut cogitaret vel[6] dimittere eam vel amplius[7] non
iacere cum ea, quarto concepit, que in beato Petro totam fiduciam suam ponens votum emisit[8], ut si[9] meritis ipsius[10] partus
eius viveret, laboraret pro posse[11], in ordine suo eum ponere, si
esset masculus, si femina in monasterio feminarum. Sed adveniente partu cum peperisset mortuum, sicut prius, et que adstabant, vellent eam[12] celare, cognito[13] ex levi earum murmure[14]
quod mortuus esset, licet vix posset credere propter conceptam
de meritis[15] beati Petri fiduciam, portato autem[16] de ipsius mandato ad se puero, totam se[17] contulit ad rogandum beatum
Petrum, ut suum filium suscitaret Mira res! Vix oracionem
compleverat[18] et ecce qui fuerat mortuus[19], revivixit, et portatus
ad baptismum, cum definitum esset, quod[20] vocaretur Iohannes
sacerdos non advertens dixit Petrus Quod nomen ob devocionem beati Petri confirmatum est ei[21]

De eodem

Quidam puer habens morbum caducum portatus[22] ad altare
beati Petri a parentibus suis, et facto voto pio ipso, plenissime
liberatus est[23]

Quidam puer habens febrem[24] per annum et dimidium, quadam die dum actu ipsas febres[25] haberet fortissime, parentes
eum[26] beato Petro voverunt, puer autem statim voto a parentibus emisso, surrexit dicens, se liberatum, et statim peciit, ut ad
beati Petri memoriam iret, quod et[27] fecit

Quidam alius puer adeo fuit[28] longo tempore gravi[29] infirmi-

---

1) multi B E — 2) se firmiter D infirmus add A C, in quem sperabat se B — 3) plene
sanatum B — 4) tercio iam D E — 5) eius add B G — 6) vel om B vel add in marg C
— 7) non amplius D F — 8) vovit B — 9) si om E — 10) eius A B C — 11) suo add A C
— 12) ei A B C D — 13) cognovit A C G — 14) murmure (B murmuracione) earum A B C
— 15) de beati Petri martiris fiduciam B — 16) autem om B D E G — 17) se om I —
18) vix or compleverat om B — 19) mortuus fuerat E — 20) quod om E ut B D G —
21) ei om B — 22) est add A B C — 23) liberatus est plenissime F — 24) febres G —
25) febres ipsas A C — 26) eius eum G, eius ipsum B eius vovent beato E — 27) et om F
— 28) fuerat B G — 29) infirmitate gravatus quod B

16

tate detentus, quod pater et mater de eo nullam spem[1] salutis habentes mortem eius optabant. Verum cum reliquie beati Petri devote et cum[2] processione solempni ad locum fratrum deferrentur, rogavit puer, ut eum ad processionem istam[3] portarent, et ait : « Spero, quod beatus Petrus me liberabit ». Qui portatus a parentibus et facto voto ab eis statim in ipsa[4] processione perfecte[5] liberatus est.

Quidam alius[6] puer habens inflaturam in collo et[7] in gutture valde magnum, cum bibisset de aqua, que accepta erat de locione vasis, ubi erant reliquie beati Petri, illico cepit omnem insaniem[8] illam[9] evomere, ita quod infra[10] tres dies fuit plenissime liberatus.

Quedam puella cum cecidisset in aquam raptim transeuntem et stetisset ibi per spacium temporis, quo potuissent due misse privatim[11] celebrari, extracta fuit[12] de[13] flumine mortua. Mortis cuius erant quatuor argumenta : et[14] magnum spacium temporis[15], quo fuit in aqua, et[16] rigiditas corporis et frigiditas[17] et nigredo. Delata[18] autem ad ecclesiam fratrum predicatorum Senonensium a) a mulieribus eam beato Petro voventibus, ubi et vite pariter est reddita[19] et saluti; super quo[20] multe fuerunt parate[21] iurare, que aderant ibi.

Quendam abbatem[22] Pictaviensis b) diocesis, cum gravibus[23] febribus laboraret, ita quod timebat mori ex ipsis, visitavit[24] frater quidam de ordine predicatorum, cognatus eius, et dixit ei, quod si voveret se Deo et beato Petro, qui de novo pro fide Christi in Lombardia fuerat interfectus, nondum tamen canonizatus c), liberaretur a febribus. Qui statim exhortacionem fratris complens devote fecit accendi candelam[25] sue longitudinis coram quodam[26] altari in ecclesia sua in honorem beati Petri et ex tunc omnino a febribus et ab omni infirmitate recepit[27] integram sanitatem.

Accidit in civitate Chathalanensi d) Francie, quod quedam

---

1) nullam spem de eo E. — 2) et in E G. — 3) istam E; illam eum portarent A B C. — 4) ipsam processionem E. — 5) perfecte om. E. — 6) autem B. — 7) et om. E. — 8) insa - nem E. — 9) illam om. A B C. — 10) inter A C. — 11) private A C; privato B. — 12) fuit om. E. — 13) ex B. — 14) scilicet B. — 15) in add. B. — 16) et om. B D E. — 17) firmitas B. — 18) est om. E G. — 19) pariter add. B. — 20) quo om. E; super — ibi om. B. — 21) parate fuerunt A C D G. — 22) abbatem Pictaviensem E. — 23) graviter A C D. — 24) eum add. E G; visitabat B. — 25) lucernam B. — 26) quodam om. A B C. — 27) cepit A C.

a) Conv. Seuonensis (Sens) ab an. 1224-1228 fund. — b) Poitiers. — c) Canonizatus est S. Petrus 25. martii 1253. — d) Conv. Cathalaunensis (Chalons sur Marne) fund. an. 1219. Anal. I, p. 209.

mulier religiosa morbo caduco* adeo graviter vexaretur, ut in
die quandoque quinquies, quandoque sexies[1], quandoque occies
predictum morbum modo horribili coram omnibus, qui aderant,
sustineret. Contigit autem, quod cum audisset[2] predicari de beato
Petro[3], quod Deus multa miracula dignatus est per ipsum[4] operari, accessit ad ecclesiam fratrum predicatorum et coram altari
beati Petri humiliter prostrata, se totam oracioni contulit orans
in hunc modum[5] : « O beate Petre, martir gloriose, digneris preces tuas[6] pro me ad dominum fundere[7], pro cuius fide mortem
acerrimam[8] sustinuisti, ut ipse ab hac infirmitate meritis tuis[9]
me liberare dignetur, secundum quod scit anime mee utilitati
expedire ». Vix huiusmodi[10] oracionem compleverat et[11] sensit
in suo corpore[12] quandam bonam disposicionem alias[13] inexper-
tam integre sanitatis indicium. Unde cum ingenti gaudio cuidam
de[14] astantibus dixit : « Credo, quod a mea infirmitate meritis[15]
beati Petri, gloriosi martiris, ad plenum sum liberata[16] ». Quod
et factum est. Unde postmodum nec ipsam infirmitatem nec
aliquas[17] reliquias vel indicium[18] aliquod sensit, sicut priori
Chathalanensi, qui fuit eius confessor a[19] longis temporibus,
miranti de tam subita sanacione[20], devote et humiliter retulit.

Plures eciam alie[21] persone a consimili morbo in predicta civitate meritis beati Petri sunt liberate ad plenum.

In civitate Atrebatensi[22] a) iuxta domum fratrum predicatorum
mercatores et venditores lingnorum habuerunt[23] locum ad conservacionem lingnorum venalium deputatum[24]; ubi cum esset
maxima[25] congeries lingnorum, que valebat[26] mille libras Parisienses[27], lingnis dictis ignis appositus est et ex ipsis flamma
vehemens exivit. Ventus eciam flammas in ecclesiam et domum
fratrum impellebat intantum, quod crucem, que erat in capite
ecclesie accenderat[28], et iam fratres non sperabant, quod domus

---

1) sepcies E. — 2) audiret B. — 3) et quomodo per ipsum dominus dignaretur A C D ; et
quod dominus per ipsum multa miracula B G. — 4) per ipsum om. E. — 5) modum orans
D E. — 6) meas E. — 7) et add. E. — 8) deterrimam E. — 9) tuis om. E. — 10) huiusmod i
om. A B C. — 11) et om. E. — 12) corpore suo A B C ; suo corde D. — 13) vel E. — 14) de
om. E. — 15) meritis gloriosi martiris beati Petri B. — 16) liberata sum A B C. — 17) ipsas B.
— 18) modicum E. — 19) a om. D E. — 20) salvacione E; sanitate B. — 21) pluries alie
A C D; plures eciam et alie B G. — 22) Actribatensi C; Actrabatensi E. — 23) habent D ;
habuerunt — venalium om. E. — 24) reputatum E. — 25) magna A B C. — 26) valebaut E.
— 27) libris Parisiensibus A ; Parisiensium B. — 28) accenderent A C; accenderet B.

a) Conv. Atrebatensis (Arras) 1233 fund. Anal. I, p. 205.

corum posset ab incendio modo aliquo[1] liberari. Frater autem quidam conversus[2] reliquias beati Petri martiris ad quandam fenestram dormitorii pro clipeo salutis[3] flammis[4] apposuit[5], et in ipsa apposicione ventus[6] contraflans[7] flammas in latus aliud ita fortiter depulit, quod domus[8] penitus illesa permansit[9] excepta illa accensione crucis, que ante apposicionem reliquiarum fuerat facta.

Hoc ipse frater michi narravit[10] sub multorum testimonio fratrum, qui hoc viderunt.

Cum[11] quidam scolares de Magalona[12] a) ad Montem Pessulanum b) redirent contigit unum[13] eorum ex quodam[14] saltu subito[15] rupturam in inguine pati, qui pre dolore[16] iuxta quandam viam se proiecit, tibias sursum et caput deorsum deponens[17], ut sic intestina que in oscam[18] ceciderant[19], reducerentur in ventrem. Quo facto aliquantulum mitigato dolore adiutus a sociis ibat, sed dolore iterum invalescente cecidit, quasi impotens et exanimis[20]. Unde socii conturbati, querebant animal, super quo[21] cum reportarent[22] ad domum. Paciens vero[23] recordatus, quod in festo beati Petri martiris predicari[24] audierat de quadam muliere, que super cancri corrosionem[25] terram dicti martiris intinctam[26] sangwine ponens statim sanata fuerat, qui ait[27] « Domine Deus, ego de terra illa non habeo, sed tu, qui meritis[28] beati Petri dedisti tantam[29] terre illi virtutem, potes et isti dare ». Et cum signo crucis et invocacione martiris terra super locum[30] posita[31], perfecte continuo est curatus[32] et cum sociis ad altare beati Petri gracias agens[33] omnia fratribus retulit, prestito iuramento.

Frater quidam Coloniensis conversus[34] habuit strumam[35] in gutture fere duobus annis adeo magnam, quod multum deformabat cum et periculosa erat iudicio plurimorum. Hic in tali peri-

1) aliquo modo E — 2) Bartholomeus *add in marg* C — 3) salutis om B ,— 4) flammis om. A C — 5) opposuit G — 6) ventus om B — 7) constans flammas illatas (?) aliud Γ stans C — 8) eciam add E — 9) illesa penitus remansit A C — 10) narravit michi A B C — 11) cumque B, *hoc mi aculum deest in cod* A — 12) Maggloglona E — 13) quendam B — 14) quodam om B — 15) quimdam add B — 16) dolore se G — 17) ponens B — 18) ocem D occieam G — 19) defluxerant B — 20) examens E atque (B D et) exsanguis B C D — 21) quod B C D G — 22) portarent A C — 23) infirmitatem add B — 24) predicari om C D — 25) corrupcionem F — 26) infictam F — 27) dixit B C D G — 28) meritis beati Petri om B — 29) tantam om A E — 30) doloris add B D G — 31) fuisset add B C — 32) liberatus est B C — 33) ivit et hec add B — 34) conversus om E — 35) magnam add A C G

a) Maguelonne non longe distat a Montpellier — b) Conv Montepessulanus (Montpellier) fund an 1220 Anal I, 271

culo constitutus promisit beato Petro martiri, quod singulis
diebus diceret sibi[1] unum pater noster, si strumam illam evanescere faceret et[2] cum a tali periculo liberaret Statimque
emisso voto huiusmodi[3] cepit struma illa detumescere et subito
evanuit, omnesque fratres domus illius[4] egerunt gracias Deo et
beato Petro, quia prefato[5] fratri medicorum suffragia nichil prodesse potuerunt[6]* multociens attemptata

17

Clericus quidam[7] Treverensis a) indicibili dolore capitis usque
ad insaniam vexatus beato Petro martiri se devovit statimque[8]
mirabiliter est sanatus

De eodem

Fuit in regno Bohemie mulier quedam litargica ita, quod nullo
modo poterat excitari, cum autem ab amicis factum esset votum
beato Petro martiri in presensia prioris et quatuor fratrum predicatorum, statim quasi ex sompno evigilans[9] confessa est dicto
priori et dixit se vidisse[10] teterrimam personam, qui eam iugu-
labat, sed quidam sanctus in habitu predicatorum eam repulit
et mulierem liberans pristine restituit sanitati

Uxor cuiusdam nobilis in eodem regno graviter infirmata se
beato Petro novo martiri devovens, ipso sibi[11] apparente in visu
et aqua benedicta aspergente eandem[12], plene curata est[13]

Fuit in civitate Compestellis[14] b), ubi beati Iacobi corpus venerabile[15] requievit, iuvenis quidam nomine Benedictus, qui ad
tantam infirmitatem devenit, quod omnino[16] morti propinquus a
videntibus[17] crederetur Erant si quidem ipsius[18] inflate tybie in
modum utrium[19] venter tumens ut pregnantis, facies autem in
tanti tumoris horrorem excreverat, quod sicut monstrum timorem
aspicientibus inferebat, presertim cum oculi turgentes exue de
capite viderentur et totum corpus inflatum esset quasi cum fistula Vix iam poterat vel super[20] baculum se movere, hic tali
modo gravatus anno domini M° CC° LI ° in mense maio, ante
vesperas, baculo se utcumque[21] sustentans, venit ante domum
cuiusdam devoti viri, qui fratres nostros radere conswevit et ab

---

1) sibi diceret A C G sibi om B — 2) et cum a tali libe.aietur E — 3) huiusmodi om F
— 4) illius om C — 5) privato C — 6) pote ant B potuerunt C — 7) qui derevei enus F
— 8) que om F — 9) vigilans A B C — 10) vidisse om F — 11) sibi ipso F — 12) tandem
F — 13) in cod A hic inteiseritur articulus ultimus huius capitis, articulus hic et dvo
sequentes om G — 14) Compostellana A C — 15) venerabile om B — 16) modo E —
17) a videntibus om B — 18) ipsius om B — 19) utrium om C — 20) in textu fratium C
— 21) utcumque om B

a) Conv Treviiensis (Tuei) fund au 1227 Vothou l c p 311 — b) Conv Compostel-
lanus fund an 1219 Mam l c p 498

eius uxore presentibus multis elemosinam[1] pccnt Mulier vero
pietate et admiracione commota « Magis, inquit, fossa quam[2]
cibo tibi[3] opus est, sed meo[4] aquiesce consilio, et ad domum
predicatorum vadas et ibi peccata tua confitens devote beatum
Petrum novum martirem depreceris. Certa enim sum, quod si
bene oraveris, eris continuo sanitati pristine restitutus » Hec
autem devota mulier se dixisse asseruit[5] plena fide virtutem beati
Petri in se pluries iam experta[6] Infirmus vero[7] accepto pane in[8]
butyro a muliere, quod[9] dixerat se facturum promisit Sed illa
die quod[10] promiserat, non implevit, sequenti vero die mane ad
domum fratrum veniens, cum adhuc exterius hostium esset clausum, secus portam se posuit et dormivit Dum autem dormiret,
quidam venerandus frater[11] predicator eidem[12] in sompnis apparuit, cappa cooperuit[13] et per dextram manum ipsum tenens ad
ecclesiam introduxit Iuvenis vero[14] ad hec evigilans non ad hostium exterius[15], sed ad hostium interius ecclesie super gradus,
quod quidem[16] non parum distat a[17] primo, perfecte sanum et
corde alacrem se invenit Mira res! Inflatus et immobilis factus
sanus et velox ad dictam femmam statim currens in medio vico
coram aliis[18], qui eum[19] in precedenti die pene mortuum viderant,
ei dixit « Ecce feci, quod dixistis[20], videte quod beatus Petrus
suis meritis michi fecit » Mulier vero apprehendens iuvenis
tibiam, iam quidem perfecte curatam, sed in testimonium miraculi tanti adhuc lividam, viro et vicinis presentibus, qui eum[21] in
precedenti die infirmum in vico viderant, coram omnibus circa
ecclesiam beati Iacobi exclamavit « Ecce miracula, videte miracula Dei nostri, heri inflatus[22], sensu, verbo, gressu deficiens,
pene mortuus, nunc sine[23] tumore incolumis laudat[24] Deum »
Hunc iuvenem aliqui de fratribus nostris viderunt et infirmum
et sanum, similiter plus quam quingenti homines de civitate
predicta

De eodem   In civitate Maioricarum a) quidam iuvenis, dictus Dominicus,

1) ecclesiam E — 2) quam om E — 3) tibi om B — 4) inquit, quiesce add B —
5) dixisse assertur plenam virtutem B — 6) expertam E — 7) autem A B C — 8) et A B C
— 9) que E — 10) qua E — 11) frater om A C — 12) ei A B C — 13) operuit A C ope-
riens per dexteramque in B — 14) vero om A B C — 15) ubi se ad dormiendum posuerat add B D exterius, sed ad hostium om E — 16) quoddam E — 17) a om E — 18) illis
pro coram aliis D E — 19) eum om E — 20) dixisti A B C — 21) eum om A B C — 22) iste
add A B C — 23) sine om E — 24) laudavit B

a) Mallorca

paciebatur quartanam[1] fere per unum annum, qui similiter incidit in ydropisim[2], propter[3] quam totum corpus habebat inflatum, ita quod non poterat eciam per domum[4] sine baculo ire Tandem invalescente[5] morbo et gutture iam inflato, amisit usum loquele, nec aliquid[6] cibi aut potus sumere poterat; propter quod medicus suus eum tamquam mortuum iudicavit Cuius iudicium uxor egroti metuens dixit ei « Commendate vos novo* martiri beato   '47' Petro promittendo, quod in tota vita vestra ieiunabitis vigilias[7] festi sui » Quod infirmus audiens innuit uxori manu, ut candelam sue longitudinis ad[8] altare martiris deportaret Quod cum factum esset, infirmus os aperuit[9] putredinem sanguinolentam et[10] spissam in multa quantitate eiciens cepit loqui, et sic curatus est[11] simul ab infirmitate gutturis, ydropisis et quartane[12] gracias agens Deo et beato Petro, martiri eius

Quedam matrona[13] de civitate Metensi a) pepererat VII pue-   De eodem ros, quosdam in ipso partu mortuos, quosdam semivivos, qui valde modicum vixerant post susceptum baptismum Accidit autem[14] quod quidam frater cognatus eius rediret de provinciali capitulo[15] ferens[16] secum reliquias beati Petri martiris, a priore provinciali[17] missas conventui illi[18]. Et dum[19] de reditu fratris gauderent[20] cognati et[21] amici illius, iam mulier dicta[22] amarissime flebat Cum autem frater quereret ab ea[23] causam tanti fletus, illa resumpto spiritu ait « Ego misera pregnans sum et exspecto miserabilem partum, sicut iam michi[24] accidit de VII· aliis, sicut scitis » Cui frater « Ne timeas, sed de Dei bonitate et meritis beati Petri novi martiris de ordine nostro confide[25] et devove ei te ipsam et partum tuum, et promitte. quod si pepereris[26] masculum, Petrum denominari facies et singulis annis ipsum cum honestis oblacionibus ad altare beati[27] martiris presentabis et festum ipsius observabis et officium de eo audies et sermonem, et sic secura esto, quod te a periculo liberabit et puero, quem gestas in utero, vitam dabit et conservabit » Ipsa

---

1) quartana A C — 2) ydropisiam A C — 3) pei E — 4) eciam per domum om B — 5) ingravescente B — 6) aliud A C — 7) vigiliam B — 8) ad suum altare deportaret B — 9) aperiens et putredinem   E — 10) ac E — 11) est om D E — 12) et quartane om E — 13) matrona om D E — 14) autem om E — 15) capitulo provinciali A C D — 16) ferens — missas om E — 17) provinciali — illi om B — 18) missas — illi add in marg C — 19) cum B — 20) tantum add F — 21) et om E — 22) dicta mulier A C D — 23) ab ea om B — 24) michi iam E — 25) confidite A C — 26) perperis B E — 27) Petri add A B C

a) Conv Metensis (Metz) an 1219 fund Anal I, 270

hiis auditis, tota exillarata et[1] verbis fratris[2] firmiter credens[3], nichil[4] hesitans[5], merore iam mutato in gaudium ait : « Et ego omnia, que dixistis[6] voveo me facturam ». Cum autem venit tempus, ut pareret, et facillimum partum habuit et masculum vividum peperit et[7] in suscepcione baptismi a beato Petro Petrum nominari[8] fecit ; et est puer ille[9] admodum graciosus. Et fuit illud[10] tam celebre et divulgatum per civitatem Metensem, quod ex tunc[11] mulieres in partu laborantes beatum Petrum de ordine predicatorum invocare[12] ceperunt; et multe ad invocacionem eius sibi[13] subveniri senserunt.

Narravit frater Iohannes Polonus, quod, cum[14] apud Bononiam quartana laboraret[15], iniunctum ei fuisset[16], quod in festo beati Petri martiris predicaret scolaribus, accessionem ea nocte iuxta cursum naturalem exspectans timore ac pavore[17] concussus est, ne in iniuncto[18] sibi[19] sermone deficeret. Sed rediens ad cor suum et ad sanctissimi martiris conversus suffragia ad altare ipsius cum devocione accessit, orans, ut eius[20] meritis iuvaretur, cuius debebat gloriam predicare. Sicque factum est, quod illa nocte cessavit febris et postea eum numquam[21] invasit a).

CAPUT SECUNDUM.

De felici obitu fratrum.[22]

§ I. Narravit venerabilis pater, primus et ultimus ordinis nostri abbas et post multo tempore Parisius prior, frater Matheus b), quod cum sancte memorie frater Reginaldus[23] c), quondam decanus sancti Aniani Aurelianensis, morti propinquus esset, accessit ad ipsum rogans, ut se inungi permitteret, quia iam[24] lucta mortis et demonum prope erat. Cui ille beatus respondit : « Ego luctam istam[25] non timeo, sed cum gaudio[26] expeto et

---

1) et om. E ; est et B. — 2) simpliciter et add. B. — 3) et add. A C D. — 4) hoc add. E. — 5) hesitans om. B. — 6) dixisti A B C. — 7) et om. E. — 8) denominari A B C. — 9) ille om. B. — 10) istud B. — 11) per add. E. — 12) nominare B. — 13) ipsis add. B. — 14) dum G. — 15) pullularet B. — 16) iniunctumque fuisset ei B G. — 17) multo add. B G. — 18) nec iniuncto E. — 19) sibi om. B. — 20) suis A B C. — 21) numquam eum G. — 22) tit. om. E; in cod. G. add. a man. rec.; pars XX. De felici obitu fratrum; et primo de fratre Reginaldo. Primum. B — 23) Reinaldus D. — 24) iam om. A B C. — 25) illam B. — 26) sed gaudium expecto oratum quidem me memorie (?) inunxit... E.

a) De quibusdam aliis miraculis beati Petri meritis a Deo patratis vide app. no I. in fine. — b) fr. Matheus se associavit S. P. Dominico an. 1216; mortuus est Parisius circa 1226; de eo vide Quetif. 1, 15, 92. Mam. l. c. 365, 410, 641; Anal. I, p 66, not. 2. — c) de B. Reginaldo vide supra l. I, cap. V, § I, 43.

expecto[1], mater quidem misericordie me Rome inunxit[2], in ipsa confido et ad ipsam cum multo desiderio vado, tamen ne hanc quoque[3] ecclesiasticam unccionem contempnere videar, placet, et eam peto " Postquam igitur[4] inunctus est coram[5] positis fratribus et orantibus in domino obdormivit

§ II Scripsit beate memorie magister Iordanis in suo libello hoc modo " Cum intrasset Parisius[7] frater Everardus[8], archidiaconus Lingonensis a), vir multarum virtutum, opere strenuus, consilio providus, quanto fuerat magis notus in seculo, tanto plures assumpto[9] paupertatis hedificavit exemplo Hic mecum in Lombardiam vadens, ut videret magistrum Dominicum[10], apud Lausanam[11] infirmatus est, ubi quandoque in episcopum electus[12] fuerat, sed renuerat acceptare* Cum autem medicos[13] tristes mussitare videret, dixit michi " Cur celatur a me hic exitus vite? Ego mori non timeo, celetur ab eis mors[14], quibus est amara mortis memoria, nec enim[15] ei timendum est, qui etsi domus eius[16] terrestris destruitur, domum non manu factam eternam in celis felici commutacione consolatus expectat " Vitam igitur[17] hanc erumpnosam festino quidem, sed felici fine[18] complevit b) Felicis autem defunccionis eius hoc michi indicium fuit, quod in exitu spiritus eius[19], cum me anxiari crederem[20], quia tam bonum socium et tam utilem ordini[21] amittebam, e contrario subito iocunda sum[22] ilaritate et devocione perfusus, ut minime[23] flendum eum, quod[24] ad gaudium transierat, testimonio consciencie commonerer[25] c) "

§ III Frater Chunradus[27], vir religiosus et[28] in ordine lector graciosus, de cuius conversione in vita beati Dominici d) legitur, obitum suum et locum predixit Cui continuis febribus laboranti

(margin notes:)
De morte fratris Everardi
* 48
Quomodo dominus apparuit fratri Chunrado morituro [26]

---

1) expecto et expeto A B — 2) et add B — 3) hanc quoque om E quoque om G — 4) ergo B — 5) coram add in marg C — 6) tit e cod B — 7) ordinem add B G — 8) Chunradus D E G — 9) assumpte E — 10) Dominicum om E — 11) brisanam infima tum ubi E — 13) ordinatus B — 14) moibus A E — 15) enim om DFG — 16) est pro eius E — 17) ergo B — 18) modo B — 19) eius om E eius spiritus G — 20) cum vexati crederem B — 21) ordinis E — 22) cum C E sum iocunda A — 23) ad add B — 24) qui B G — 25) commoneret E, commoveret B — 26) tit e B — 27) Conradus de cuius conversione in vita beati Dominici legitur, vir religiosus obitum B — 28 et — de add in marg C

a) Langres — b) Obiit fr Everardus circa mensem Iulii 1221 cf chron ad h annum — c) Hanc par auctor desumpsit pluribus mutatis ex libello B Iordani de initio ordinis, ut ipse nobis indicat ed Berthier p 28 Quetif I, 95 — d) In vita B Dominici per fratrem Constantinum compilata apud Quetif I, p 34, n° 42 Ingressus est ordinem a 1220

apud Magdeburgium[1] a), in Teutonia, cum frater, qui ei serviebat diceret : « Frater, Christus te vocat[2]; cum[3] venerit[4] cum angelis[5] visitare te, significa nobis[6] », annuit ille capite inclinato. Vigilia igitur[7] beate Catherine, presente priore et fratribus, cepit

Ps. 149, 1. ille dulci voce cantare : « *Cantate domino canticum novum*, alleluia ». Cumque nichil aliud[8] loqui posset clausis[9] oculis quasi mortuus videbatur; et cum iam fratres septem[10] psalmos dicerent, subito apperuit oculos et circumspectis fratribus dixit : « Dominus vobiscum »; et cum respondissent « et cum spiritu tuo », ait[11] : « Fidelium anime per misericordiam Dei requiescant in pace »; et responderunt : « amen ». Cumque priori cum alloquenti nichil diceret, incepit conventus canticum graduum[12], et cum diceret

Ps. 131, 14. versum : *hec requies mea in seculum seculi*, levato brachio et extenso[13] digito versus[14] celum ore[15] iucundo et facie lucida expiravit. Tunc prior dixit servitori eius cum fletu : « Certe, frater Roberte[16], satisfecit peticioni vestre ». Iterum dixit prior : « Fratres, prosternamus[17] nos; credo enim, quod veraciter adest dominus Ihesus Christus ». Quo facto multi tantam ibidem senserunt dulcedinem et devocionem experti sunt, quantam nec exprimere nec credere valebant[18]. Illi eciam, qui defuncti corpus induerunt, testati sunt, quod fragranciam delectabilem et mirandam senserunt, que eciam[19] multis diebus manibus[20] adhesit.

Hec ipse frater Robertus[21], predicator bonus, qui eius servitor fuit et omnibus hiis interfuit[22], michi fratri[23] Gerardo[24] narravit.

Quomodo frater Petrus admonitus est, quod se pararet ad mortem.[25] § IV. Frater Petrus b) de Gircha[26], supprior[27] de Dinane[28] c) in Britania Gallica, cum multis annis post matutinas in oracione remanere[29] consswevisset[30] et quodam mane rediisset ad lectum, audivit vocem dicentem sibi : « Surge, noli corpori parcere; non est enim tempus, ut parcas ». Qui surgens[31] hoc confessori suo

---

1) Maderberch B C; Madeberth A; Madeborc G; Magdeburc D. — 2) revocat E G. — 3) cum om. E. — 4) venit E. — 5) suis add. A C. — 6) visitare significa michi B. — 7) enim E; ergo B. — 8) aliud nichil B E. — 9) clausis om. E. — 10) octo E. — 11) agit E. — 12) gaudium E. — 13) extento B E G. — 14) in A C. — 15) ore om. E; voce iocunda B. — 16) Rutberte G. — 17) prosternemus G. — 18) volebant E. — 19) et B G. — 20) eorum add. B G. — 21) Iurantinus et add. in marg C. — 22) et omnibus hiis interfuit om. B E. — 23) sive pro fratri E. — 24) Geraldo G. — 25) tit. e B; de diversis visionibus in morte fratrum D; de fratre Petro A C. — 26) Gertha E; Giocha A. — 27) prior C; tunc prior B. — 28) Dinan C; Dinam B. — 29) remanere om. E; remaneret et B. — 30) consswevit E. — 31) consurgens B.

a) Conv. Magdeburgensis fund. 1224. Berthier, p. 9. — b) De fr. Petro cf. Aut. Senens. Chron. p. 77; obiit circa 1245. — c) Conv. Dinanensis (Dinan) circa an. 1221, fund. Anal. I, p. 265.

dixit secreto et[1] ad altare cum lacrimis accessit; et ipsa die infirmitatem incurrit, de qua post paucos dies sancto fine decessit; et in terra illa sanctus[2] Dei[3] putatur a multis propter eximiam sanctitatem, que in ipso fuit, dum viveret.

§ V. Frater quidam[5] conventus Turonensis a), qui diu fuerat[6] cantor[7] in ordine, infirmus subito[8] raptus[9] in frenesim est, nondum[10] perceptis ecclesiasticis sacramentis. Cumque prior super[11] ista negligencia vehementer doleret, convocato conventu, eis pro infirmo oracionem indixit et cum luminaribus et sacra[12] communione cum eis[13] ad infirmum intravit. Qui videns adesse[14] conventum et intus visitatus[15] a domino rediit ad se cum multa devocione dicto priori confitens et ab eo recipiens[16] eucharistiam et post unccionem[17] extremam. Quibus astante[18] conventu reverenter[19] completis cum iam se[20] morti propinquare sentiret, dulci voce cantare cepit responsorium : *Libera me, domine, de morte eterna* et cetera, et versus sequentes[21]; et post modicum tempus[22] in pace quievit.

Quomodo quidam frater in extremis factus est freneticus, sed post liberatus.[4]

§ VI. Frater Gualterus[24] Remensis b), vir valde* graciosus et eloquens et animarum celator precipuus, cum multo tempore ferventer et utiliter predicasset, tandem in conventu Metensi infirmatus ad extremum vite devenit[25]. Cumque iam devote recepetis[26] ecclesiasticis sacramentis circumstantes fratres eum ad confidenciam hortarentur, respondit[27] : « Fratres, de me ne[28] timeatis; nam ego morior in fide vera et in spe certa et in caritate perfecta ». Et post paululum feliciter migravit ad Christum. Hoc ipsi fratres, qui astabant, aliis retulerunt[29].

* 48'

De felici obitu fratris Gualteri Remensis.[23]

§ VII. Frater Guilielmus quondam officialis curie Senonensis c), dum[30] in conventu Aurelianensi[31] d) esset inunctus, rogavit fratres, ut nullus sibi de peccatis vel penis inferni vel aliquibus, que ad timorem eius animum possent afficere, loqueretur, sed

De bona consciencia fratris Wilhelmi.

---

1) et om. E. — 2) sanctus deputatur E G. — 3) Dei om. B. — 4) tit. e B. — 5) Guerricius add. C. — 6) fuit G. — 7) procurator E. — 8) infirmior insolito B. — 9) raptus est in... A B C. — 10) interdum E. — 11) de A B C. — 12) sancta B. — 13) eis om. E. — 14) esse A C. — 15) se visitatum B. — 16) recipiens ecclesiastica sacramenta B. — 17) inunccionem E. — 18) astantibus et omnibus completis cum se iam... appropinquare... B. — 19) reverenter om. A C. — 20) se iam A C. — 21) ex officio mortuorum. Resp. IX. — 22) tempus om. A C D. — 23) tit. e B. et sic deinceps nisi aliter notetur. — 24) Gualterius E. — 25) devenerat E. — 26) susceptis B. — 27) ait E. — 28) non A C D. — 29) retulerunt aliis G. — 30) dum Aureliani esset B C. — 31) iam add. A.

a) Conv. Turonensis (Tours) circa an. 1221. fund. Anal. I, 330. — b) Reims. — c) Sens. — d) Conv. Aurelianensis (Orléans) fund. 1219. Anal. I, 205.

solum de gaudiis celi et iocunditatibus celi[1]. Cum autem fratres
flerent, utpote quia[2] erat valde utilis et reverenda persona in
ordine et dilectus ab omnibus, ait : « Ut quid, fratres ploratis?
Si vado ad gloriam gaudendum[3] est[4] michi et vobis; nam lucra-
tum[5] est totum; si[6] ad purgatorium et[7] ardeam ibi aliquantulum
merui; ad infernum autem sitis securi[8], quod ego non ibo[9] ».
Interim[10] quidam frater rediens de foris, qui predicta non audierat, visitavit eum et[11] ait : « Frater Guilielme, quomodo est
vobis[12]? » Respondit : « Valde bene ». Tunc frater cepit eum confortare et ad pacienciam et[13] confessionem monere; ipse autem
iam[14] in quadam securitate positus ait : « Si distulissem ad hanc
horam[15], nimis tardassem ». Et paulo post in[16] mira spe et consolacione in domino quievit.

De fratre qui in
obitu suo cantavit
gloria laus.[17]

§ VIII. In eadem provincia in conventu Divionensi *a*) cum
frater Guilielmus[18] Cabilonensis *b*), iuvenis valde devotus, morti
appropinquaret et frater[19] medicus tacto pulsu[20] et iam deficiente
dixisset ei : « Gaude[21], bone[22], quia iam vadis ad Deum », ipse in
miram leticiam excitatus[23] cepit coram fratribus alta voce cantare : *Gloria, laus et honor tibi sit rex Christe redemptor*[24],
et tres versus sequentes. Quidam autem fratres[25] videntes[26] eius
mirum et inusitatum[27] affectum obtulerunt[28] ei crucem cum ligno
domini; qui assurgens cum magna reverencia cepit eam devotissime osculari et iterum alta[29] voce cantare : *O crux, ave, spes
unica*[30], et tam[31] dulciter, quod pene[32] vox angelica videretur.
Post quod[33] nichil amplius locutus in domino obdormivit.

De alio fratre cui
morituro dominus
noster apparuit.[34]

§ IX. Frater Nicolaus[35], lector fratrum predicatorum in Bru-
gensi[36] *c*) Flandrie domo, graviter infirmatus, cum letissimo vultu

---

1) illius A C: illis E G. — 2) qui E. — 3) gaudenter et michi E. — 4) et G. — 5) lucrum B.
— 6) sed E. — 7) et quodam modo idem (B : ibi) aliquantulum B C. — 8) certo A C: securi
sitis G. — 9) vadam B; vado D. — 10) autem add. A B C. — 11) visitatum eum ait B. —
12) vobiscum B. — 13) ad add. B. — 14) iam om. B. — 15) hoc add. B. — 16) in quadam
mira spiritus consolacione in pace quievit A. — 17) tit. om. A C D G: de fratre cantante
gloria laus VIII. B. — 18) Vertus E: Wolterus D. — 19) frater vero B. — 20) pulso A C:
tactu pulsu G. — 21) frater add. A B C. — 22) benigne A. — 23) concitatus E. — 24) ex off.
dominicae Palmarum. — 25) fratrem E. — 26) cum add. E. — 27) suscitatum B. — 28) tulerunt E. — 29) leta A. — 30) ex hymno: Vexilla Regis. — 31) ita E; et cetera ita B D G. —
32) plene E. — 33) post quem cantum G: postquam cantavit B: cantum finierat D; —
34) de revelacionibus de obitu fratrum: cap. III. D. — 35) Nicolaus om. B; frater N. E G;
Nicolaus in conventu Lingonensi lector, cum graviter infirmaretur et cum... A. — 36) Burgensi C D E G.

a) Conv. Divionensis (Dijon) an. 1236 fund. Anal 1, p. 265. — *b*) Châlou-sur-Saone. —
c) Conv. Brugensis in Flandria (Bruges) fund. an. 1232. Anal. I, p. 208. — Idem fere verbotenus narrat Thom. Cantipratanus 1 c. p. 383.

appropinquare videretur morti quidam frater cum lacrimis postulavit[1], ut, si quid consolacionis interius[2] accepisset[3] a domino,
sibi dicere dignaretur Cui ille silere non valens pre gaudio
«Vere, inquit, accepi, quia dominus ipse[4] Ihesus se morti mee
presencialiter adesse[5] promisit» Cui frater «Et ego, inquit[6],
per eundem dominum te contestor ut michi digito vel[7] nutibus
innuas, cum eum videris presentem» Cui ille «Faciam, ait,
libenter[8], si quidem permiserit dominus» Dicta[9] postmodum
tercia, morbo ingravescente, tabula percussa est, et fratres in
infirmariam cucurrerunt Prestolantibus ergo et orantibus fratribus, frater moriens digitum cum[10] manu ad certum locum extendens[11] et circumfusis oculis cum cantu lenissimo[12] dicere cepit
«In Galilea Ihesum videbitis[13], sicut dixi vobis Alleluia» Quo   Marc 16, 17
finito protinus exspiravit

Qui vero presentes fuerunt[14], michi[15] cum gaudio ea retulerunt

§ X Fuit in conventu Parisiensi quidam novicius devotus Quomodo quidam
novicius moriturus
sensit aliquid de
aeterna felicitate
valde et multi fervoris, qui infirmatus, cum iam recepisset omnia
sibi debita[16] sacramenta et iam[17] amisisset loquelam, posuerunt
fratres aliquantulum de colatura[18] pulle[19] in os eius[20] cum ampulla rostrata Tunc aperiens oculos ait «Quam bonum locum · 49
paravit dominus pueris suis» Quod audiens frater Hainricus[21]
Teutonicus, qui astabat, fecit iterum[22] in os eius infundi, et tunc
iterum aperiens oculos[23] ait «In pace in idipsum dormiam et Ps 4 9
Ps 124 5
requiescam» Iterum cum tercio infudisset[24], protulit tercium
verbum dicens «Declinantes in obligaciones[25] adducet dominus
cum operantibus inquitatem, pax super Israel» Et statim in
pace quievit Currens autem predictus[26] frater[27] ad psalterium
glossatum invenit quod[28] in illo versu nomine pacis intelligitur
omne bonum in patria

§ XI In eodem conventu fuit quidam frater[29] Lombardus, Qualiter electi a
domino aliquando
ad tempus dese
runtur
nomine Iacobus qui sibi et doctrine instanter[30] attendens ad tan-

---

1) flagitavit B D E G — 2) interim C interius om B — 3) recepisset B — 4) ipse om E
quia ipse Ihesus G — 5) adesse om E — 6) inquit om A B C — 7) vel signo ipsum ostendas, cum videris eum L — 8) libenter ait I — 9) die A B C D — 10) cum om E cum
manu om B — 11) extendit B — 12) letissimo C letissime B — 13) videbimus A G —
14) fuere B — 15) michi hec eadem A C G — 16) sibi debita om E — 17) iam om F —
18) de colatatam in L — 19) pulle om G — 20) eius om I — 21) Henricus A C — 22) ite
rum poni in os eius B — 23) oculos om L G — 24) infudissent B E — 25) obligacionem
A C — 26) predictus E — 27) Henricus add A C Heinricus add D — 28) quod glossa
dicit in A C — 29) frater om A C — 30) instanter om B

tam perfeccionem venerat, quod in corde et ore nichil nisi Ihesum[1] crucifixum[2] portabat, nichil infelicius dicens, quam talem dominum non amare. Hunc quia acceptus erat Deo, miserabilis probavit temptacio. Invasit enim eum gravis infirmitas, per quam[3] sibi innotuit, et qui sibi mortem pro Christo tollerare posse videbatur, ad[4] tantam devenit inpacienciam[5], ut nichil sibi[6] fieri posset, quod ei placeret; nec cybus nec[7] lectus acceptabilis erat; ipsum[8] nomen domini nostri[9] Ihesu Christi, quod sibi consueverat esse dulcissimum, iam audire non poterat; immo[10] dicebat, quod dominus ei illuserat[11], qui sibi servientem tam violenta infirmitate oppresserat, ut neque corporis neque sui spiritus compos esset[12]; post hoc[13] orantibus pro eo fratribus cepit paulatim paciencia in eo nutriri, cepitque[14] iam in illa[15] tribulacione silere, et inde[16] ad tantam pervenit[17] pacienciam, ut iam, que prius nolebat tangere, libenter ederet[18] et[19] omnia sibi diceret[20] bona valde[21]. Verum quia[22] diuturna infirmitas carnem pene[23] totam consumpserat, nec in lecto[24] volvi poterat[25], nisi aliis[26] manibus verteretur[27]. Mirum omnibus videbatur[28], quomodo anima in tam consumpto corpore remanebat. Idcirco benignus Ihesus[29] non est oblitus pauperis sui, sed effudit in habundancia oleum gaudii[30] in visceribus afflicti, et ceperunt[31] exultare ossa humiliata in tantum, quod[32] mortem expectabat in[33] desiderio et ineffabili leticia replebatur, cum ei aliquis de huiusmodi loqueretur. Quod cum sancte memorie magister Iordanis, qui advenerat, cognovisset, statim ad eum vadens sedensque in lecto, in quo ipse[34] iacebat, ait: « Noli timere, karissime, quia in proximo es iturus ad Christum ». Ad hoc ille Dei adiutorio fultus[35] subito surrexit et erecto brachio[36] super collum magistri clamavit: « Educ, bone Ihesu, de carcere animam meam, ut confiteatur[37] nomini tuo »; et in lectum recidens[38] in domino obdormivit.

Si igitur aliquos inpacientes in[39] infirmitate videmus, non iudi-

---

1) Christum E. — 2) crucifixum om. B. — 3) ipse add. E. — 4) in B. — 5) pacienciam E. — 6) a servientibus add. B. — 7) nullus E; nullus ei cibus nullus lectus... A. — 8) eciam add. B. — 9) nostri om. B. — 10) in anima *pro* immo E. — 11) quod sibi dominus illusisset G. — 12) essent E. — 13) modum A C; hoc om. B — 14) ceperat iam A C. — 15) iam nulla E. — 16) idem A C. — 17) devenit A C; venit B. — 18) edere E. — 19) ut add. A C. — 20) dicenti E. — 21) valde bona A C. — 22) quia om. G. — 23) pene sibi totam G. — 24) loco E. — 25) poterat om. G. — 26) aliorum B. — 27) vertetur E. — 28) videbatur *add. in marg.* C. — 29) Ihesus benignus B E. — 30) sui *add. in marg.* C. — 31) cepere B. — 32) ut E. — 33) cum A B. — 34) ipse om. B E. — 35) stultus (?) E. — 36) eiecto brachio A C D. — 37) confitear A C D. — 38) decidens A B C. — 39) in om. E.

cemus neque indignemur; fortasse enim[1] dispensacio Dei[2] est,
qui facit ventis pondus, et misericordia est eterna, quod ira Dei
videtur.

§ XII. Cum quidam novicius laboraret in extremis in conventu
Argentinensi a) in Theutonia, et[3] fratres iam recommendarent
ipsius[4] animam creatori, ex insperato aperuit oculos et ait :
« Audite, karissimi fratres, michi accidit, sicut alicui[5] eunti ad
forum et pro parvo precio magnas merces ementi; ecce enim
regnum celorum accipio et causas nescio meritorum ». Et hoc
dicto requievit in pace.

§ XIII. Frater Chunradus[6] b) quondam prior Constancie c) in
Teutonia, in infirmitate sua, licet gravissima, mire paciencie fuit,
illud[7] de canticis subridendo et cum pondere et cum[8] devocionis
dulcedine sepius revolvens : *Dilectus meus michi et ego illi*[9],
donec aspiret dies et inclinentur[10] *umbre.*

Item[11] .XVI[12] diebus ante mortem suam dixit fratribus[13] : « De
hac infirmitate[14] scitote, quod in festo domine nostre moriar ».
Quod et factum est, quia in primis vesperis nativitatis[15] beate
virginis decessit et in die sepultus fuit. Ultimam* missam dixerat de beata virgine et ultimam[16] predicacionem fecerat[17] de
eadem.

Hic congregatis fratribus ante ipsum, cum iam cito mori deberet, dixit[18] : « Scitote, fratres mei, quod ego[19] morior fideliter,
amicabiliter[20], fiducialiter et letanter ». Quod exposuit sic : « Fideliter, quia in fide[21] Ihesu Christi et sacramentorum ecclesie;
amicabiliter[22], quia, ex quo intravi ordinem, spero, quod in
dileccione Dei perseveravi, et precipue semper facere[23] studii,
quod sibi maxime placere[24] putavi; fiducialiter, quia scio, quod
ad dominum vado; letanter, quia de exilio ad patriam, de morte
ad gaudium transeo sempiternum ».

*De iocunda exspi-
racione cuiusdam
novicii conventus
Argentinensis.*

*De quodam priore
qui mortem suam
predixit.*

Cant. II, 16, 17.

' 49'

---

1) ei E. — 2) Dei dispensacio A C; divina B. — 3) et om. E. — 4) eius B. — 5) aliter E;
alicui om. A B C. — 6) Corradus A C. — 7) illud domini (B : divinum) canticum A B C. —
8) cum om. B E. — 9) illi om. D E. — 10) declinent B. — 11) Idem A. — 12) quindecim E G.
— 13) suis add. E G. — 14) infirmitate hac A C. — 15) beate virginis nativitatis E; nativitatis domine nostre beate... A B C. — 16) ultimamque B. — 17) fecerat predicacionem G. —
18) ait E. — 19) ego om. E. — 20) amabiliter E. — 21) domini nostri add. G. — 22) amabiliter E. — 23) facere semper E. — 24) sibi placere maxime E.

a) De conv. Argentinensi (Strassburg) cf. supra p. 21, not. c. — b) De fr. Chunrado vide
infra cap. IX, § XI, huius libri. — c) Conv. Constantiensis (Constanz) fund. a. 1233. Chronique
de Gueboiller, p. 12.

Item[1] in suscepcione[2] corporis domini dicebat extensis manibus
« Iste Deus meus, et glorificabo eum, ecce Deus[3] salvator meus,
o anima mea ipsum lete[4] suscipias, quia ipse est amicus dulcis,
consiliarius prudens, adiutor fortis » Postea peciit a fratre Ru-
dolfo[5], qui tunc provincialis vicem habebat[6], ut eum ab omni
culpa absolveret et acerbitatem mortis iniungeret[7] satisfaccionem
omnium peccatorum, « et credo, inquit, quod hoc potestis » Quo

Ps 85 2

facto dixit « Modo bene est michi » Ultimo dixit « *Salvum
fac servum tuum, Deus meus, sperantem in te* », et collectam
Fidelium Deus[8] et cetera[9], qua dicta statim quievit in domino

Quomodo frater Be-
nedictus propinquus
morti fecit sibi legi
meditaciones Ber-
nardi

§ XIV Vir religiosus et humilis, fervens in predicacione et[10]
lacrimis habundans, frater Benedictus de Ponte, qui in[11] Hyspania et Francia et Aquitania et ultra mare in Siria predicaverat[12] diu devote, cum de conventu Claremontensi[13] *a*) ad predicacionem missus, in quadam ecclesia celebrasset[14] et predicasset,
vocato socio suo[15] et dicte ecclesie capellano, rogavit, ut quam
cicius eum iniungerent[16], quia iam ipse infirmabatur ad mortem
Quo[17] cum multa instancia impetrato, peciit, ut socius librum
suum sibi cito afferret et quod meditaciones beati[18] Bernardi
legeret, ut in eis magis afficeretur Cum igitur dictus socius capitulum illud O[19] *anima insignita Dei imagine*[20] legeret, infirmo
ubertim flente post modicum[21] illa sancta[22] anima ad dominum,
quem sicierat, ivit Placita[23] enim erat Deo, ideo illam educere
festinavit

Quomodo quidam
iuvenis moriturus
cantavit antipho-
nam de sancto
Iohanne ewange-
lista

§ XV In conventu Montispessulani[24] cum iuvenis quidam et
optime cantor morti appropinquaret, vir venerabilis et sanctus
frater Columbus*b*), tunc temporis ibi prior, post datam sacram[25]
unccionem rogavit eum[26], ut illam dulcem antiphonam beati
Iohannis ewangeliste diceret *Domine, suscipe me, ut cum fratribus meis sim, cum quibus veniens invitasti*[27] *me, aperi michi*

---

1) item om B item *add in marg* C — 2) autem add A C — 3) Deus om G — 4) ipsum
lete om F, letanter A, in te add E — 5) Radulfo D G — 6) gerebat B — 7) in add B G
— 8) deus om F — 9) et cetera om E G, omnium conditor add B — 10) in add A C —
11) in om E — 12) predicavit B — 13) Claremoncelli E, Claremontanensi B — 14) cele
brasset missam et *add in marg* C, celebrasset om B — 15) suo om A B C — 16) inun-
geret E — 17) sibi om B — 18) sancti A B C — 19) de A C — 20) S Bernardi op omnia
Antwerpiae 1609, Liber de anima, cap III — 21) modium E — 22) sancta om B G —
23) placita — festinavit *add in marg* C placita — festinavit om G — 24) Pessulani E —
25) sanctam C — 26) illum G — 27) visisti A C, visitasti B

a) Conv Claramontis (Clermont en Auvergne) fund 1219 Anal I, 263 — *b*) De fr Columbo
vide supra lib V, cap I, p 234

ianuam vite et perduc me ad convivium epularum tuarum. Tu es enim filius Dei vivi, qui precepto patris mundum salvasti, tibi gracias referimus per infinita seculorum *secula*[1]. Cum igitur illam dulcissime presentibus fratribus[2] et lacrimantibus cantans dixisset : tibi[3] gracias referimus, illico[4] quievit in Christo.

§ XVI. In conventu Avinionensi eiusdem provincie fuit prior frater Nicholaus, predicator admodum graciosus. Qui cum morti appropinquaret viris religiosis astantibus dixit : - Cras, scilicet in festo beati Michaelis[5] erunt XIII· anni, quod intravi ordinem predicatorum et confido in domino, quod cras intrabo ordinem angelorum ». Die igitur predicta defunctus est et ab uno cardinali et multis episcopis honorifice sepultus est[6].

Quomodo frater Nicholaus mortem suam predixit.

CAPUT TERCIUM.

In conventu Montispessulani duo fratres infirmi graviter, scilicet Petrus et Benedictus, cum secundum consuetudinem ordinis a priore visitarentur frequenter, contigit[8] quadam die quod prior dictus[9] uni eorum diceret : « Quomodo est tibi, karissime frater Petre »? Cui respondit : « Optime, nam certus sum, quod ad dominum[10] vado; et hoc vobis signum[11], quia frater Benedictus eadem die migrabit[12] ». Tunc[13] prior ad fratrem Benedictum accedens quesivit, quomodo sibi esset; qui respondit : « Optime[14] » et adiecit : « Cum heri cogitarem, quam bonum sit *dissolvi et esse Christo* et ad hoc vehementissime anhelarem et invocarem beatam[15] virginem[16], ut ad hoc me iuvaret, subito spiritus meus tanta devocione[17] attractus est, quod aliud nec volo nec valeo cogitare quam[18] Christum. » Cum igitur post aliquot[19] dies predictus frater Petrus defunctus[20] a psallentibus fratibus portaretur[21] ad ecclesiam, quesivit frater[22] Benedictus[23] a servitore, quis erat ille defunctus; et audiens, quod frater Petrus esset, clamavit : « Efferte me, fratres, quia ego debeo[24] die qua ille ad dominum

De diversis visionibus in morte fratrum.[7]

Phil. I, 23.
· 50.

---

1) secula seculorum amen. A B C; ex off. S. Ioh. 22. dec. Ant. III. noct. III⁰. — 2) fratribus presentibus G. — 3) gracias tibi E. — 4) illico om. A C. — 5) celebratur h. festum 29. Sept. — 6) est sepultus C. — 7) item D: de diversis visionibus fratrum moriencium. Quomodo quidam moriturus vidit beatam virginem. XVII. B; tit. om. E. — 8) contingit E. — 9) predictus A C. — 10) Deum B. — 11) significo C. — 12) migravit E. — 13) frater add. E. — 14) quod add. A C. — 15) Mariam add. E. — 16) virginem om. B. — 17) perfusus et add. B. — 18) nisi B. — 19) esset et add. B. — 20) aliquos A C. — 21) ad ecclesiam portaretur A C G; deportaretur D. — 22) frater Benedictus om. B. — 23) Petrus E. — 24) eadem add. B.

ire. » Mox igitur redeunte conventu, ille defunctus est et cum socio, quem ei dominus dederat traditus[1] est sepulture. Qui hec scripsit, sepulture interfuit illorum[2] et hec omnia ab ore dicti prioris audivit.

De felici obitu duo-
rum germanorum. § II. In conventu eodem duo gemini fratres[3] fuerunt, in eadem die orti[4], una die ad litteras positi, qui una[5] in artibus[6] Parisius inceperunt et eodem die ordinem predicatorum intraverunt et post sanctam conversacionem[7] eodem die[8] ad dominum migraverunt. Quorum alter[9] frater Petrus, cum confessus generaliter, inunctus fideliter, Christi corpore munitus devotissime fuisset, astanti fratri[10] Poncio, priori, dixit : « Pater[11], quo me mittere vultis? » Cui prior videns, quod iam moriebatur, respondit : « Ad Dominum Ihesum Christum ». « Et quem, inquit[12], michi socium datis ?» Tunc prior dixit : « Ipsum[13] dominum Ihesum Christum, quem sub sacramento suscepisti[14] ». Tunc frater exillaratus corde et facie osculum pacis more[15] fratrum recedencium peciit et accepit et post modicum ad pacem perpetuam evolavit[16].

§ III. Huius[17] uterinus frater, Arnoldus[18], cum morti appropinquaret, ut moris est, conventus ad locum accessit, et cum eius[19] animam domino[20] commendarent, frater quidam, Vincencius nomine, qui in eodem infirmitorio iacebat, vidit, ut sibi videbatur, manifeste processionem pulcerrimam[21] beatorum infirmum circumstancium, inter quos beatus Dominicus erat, mirabili gloria[22] decoratus, fratre autem Arnoldo migrante ad dominum omnes illi beati, precedente beato Dominico exierunt; quorum unus dixit fratri Vincencio : « Paratus esto, quia et tu ibis nobiscum ad dominum ». Qui hoc[23] narravit fratribus; et infra paucos dies decessit.

Quomodo
unus frater moritu-
rus predixit obitum
alterius fratris. § IV. In eadem provincia in conventu Aralatensi a) fuerunt duo fratres infirmi scilicet Guillelmus[24] et Iohannes. Cum ergo[25] frater Guillelmus a priore et fratribus visitaretur, ait : « Scio, quod hac infirmitate moriar, sed non solus; ego enim in vigilia assumpcionis beate Marie et frater Iohannes in crastinum[26] ». Cum autem

---

1) reditus E; est om. B G. — 2) interfuit illorum sepulture G. — 3) fratres germini A C D; germani B. — 4) una die nati B. — 5) una die Parisius in... A C. — 6) arte B. — 7) conversionem C. — 8) eodem die om. C; tempore A D G. — 9) scilicet add. B. — 10) fratri om. A C. — 11) pater om. A C. — 12) inquit om. E. — 13) ipsum, inquit, prior B. — 14) suscepisti E G. — 15) more om. B. — 16) advolavit B. — 17) cuius A B C. — 18) Arnoldus om. E. — 19) animam eius E. — 20) domino om. E. — 21) pulchram B. — 22) spiritus add. B. — 23) quod E. — 24) Gerhardus B G. — 25) ergo om. E; igitur B. — 26) crastino E.

a) Conv. Arelatensis (Arles) circa a. 1225 fund. Anal. I, 205.

fratres quererent, qualiter hoc sciebat, respondit : « Videbatur michi, quod in navicula per fluvium[1] ab albatis fratribus transvehebar, et[2] ecce frater Iohannes dictus occurrens clamavit : « Expecta me, karissime frater, quia[3] ego ibo[4] vobiscum. » Sic ergo, ut predixerat, est ipsa septimana completum.

§ V. Eiusdem conventus duo fratres alii, cum in predicando[5] diucius laborassent, sibi invicem et fratribus minoribus, ad quorum domum declinaverant, obitum et diem predixerunt, quod simul tumularentur rogantes[6]. Post dies paucos infirmati et ibidem defuncti sunt et sepulti[7] in domo fratrum ipsorum minorum in urbe Vapinguo a) in festo beati Laurencii[8], sicut eis fuerat a domino revelatum.

Simile de duobus aliis.

§ VI[9]. Frater Egidius b), Hyspanus supradictus[10], vir auctoritatis et veritatis indubitate, fratri Humberto, magistro ordinis, cuius fuit circa noviciatum Parisius socius karissimus, scripta misit hec que sequuntur :

a) Fuit in conventu Sanctarene[11]c) frater Petrus, medicus mire mansuetudinis, qui infirmis ad se confluentibus libenter consilium et auxilium[12] inpendebat et fratrum, quantum poterat, alleviabat[13] dolores. Dum igitur quadam die[14] post prandium cum aliis[15] duobus infirmis iaceret[16], unus ex illis, frater[17] conversus, visibiliter vidit cum elevari[18] paulatim a[19] lecto fere[20] usque ad infirmitorii tectum ibique diu stetisse, donec iterum paulatim descendit. Post nonam autem dictus[21] frater Petrus venit ad me, qui eram tercius[22] et revelavit michi aliqua de hiis, que viderat, in confessione. At ego dedi* consilium, quod id[23] nulli alii diceret ; frequenter enim et facile vana gloria in cordibus contemplancium repere[24] consuevit, maxime si visionis excellencia publicetur. Postquam ergo confessus est michi, recessit. Frater autem Martinus statim vocavit me[25] et ait : « Frater Egidi, dixitne vobis

Quomodo frater Petrus medicus visus est elevari usque ad tectum.

* 50'

1) fluvium et alterius fratris cum (?) et ecce E. — 2) et om. A C. — 3) qui C. — 4) sto B. — 5) predicacione A B C. — 6) rogantes om. B. — 7) sunt add. E G. — 8) i. e. die 10. Augusti. — 9) Octo infrascripta exempla refert frater Egidius Hispanus add. A C; sequencia octo exempla scripsit frater Egidius Hispanus add. B. — 10) supradictus om. B; sauctus dictus *pro* supradictus A C. — 11) Sanctarenensi A G : Sanctarensi B. — 12) et auxilium om. E. — 13) allevabat E G. — 14) vice B. — 15) aliis om. G. — 16) iacebat E. — 17) Martinus add. in marg. C. — 18) et add. E. — 19) de G. — 20) super B. — 21) dictus om. B. — 22) intus C; territus B. — 23) illud E; id om. B. — 24) subripere B; tempore E. — 25) me om. E.

a) Vapinguum hodie Gap in territorio Narbonensi. — b) de fr. Egidio vide supra lib. IV, cap. III, § I, p. 154; cap. XVII, p. 199; cap. XXV, § V, p. 225. — c) Conv. Santarenensis (Santarem) fund. an. 1221, Mam. l. c. p 123.

frater Petrus, qualiter ad cclum est raptus? » Et ego dixi : « Unde hoc nosti[1]? » Et ille : « Ego eum propriis oculis vidi de lecto usque ad tectum domus huius elevari[2]. » Tunc ego et huic dixi, quod nulli alii interim[3] revelaret. Cum autem dictus frater Petrus quadam nocte ante altare oraret, subito dyabolus in specie fratris trahens eum cum[4] pede[5] percussit in crure; qui dolore vehementissimo tactus[6] vix ductus est ad infirmatorium[7] et fistula generata in loco percussionis, in brevi defunctus est cum multa devocione et post ineffabilem consolacionem, quam pregustaverat, perrexit ad ineffabiliorem[8], quam iam haurit. Frater cciam[9] conversus predictus, qui eum elevari viderat, post paucos dies decessit. Fratres autem, qui eius obitui affuerunt[10], viderunt faciem eius mirabili claritate splendere[11] intantum, quod totus locus et liber, in quo prior commendacionem legebat, multum resplenduerunt.

Quomodo prior post mortem nunciavit fratribus supprio-rem agonisantem. *b)* Eiusdem conventus cum supprior moreretur, prior, qui in eodem anno defunctus fuerat, venit ad quendam fratrem in dormitorio quiescentem et magnis clamoribus nominans eum ait : « Surgite, fratres, quare dormitis? ite cito ad suppriorem, qui moritur ». Statim ergo ipso excitante nos audivimus sonitum[12] tabule et currentes[13] ad infirmatorium, dicentes[14] symbolum invenimus[15] verum esse.

Per quod patet, quod sancti defuncti de viventibus curam gerunt.

Quomodo frater Martinus pre-dixit diem mortis sue. *c)* In eodem conventu cum quidam frater conversus, Martinus nomine, in extremis laborare videretur, ego astantibus dixi[16] : « Hunc morientem[17] ad horientem vertite, ut spiritus eius ad dominum dirigatur. » Quod ipse audiens dixit[18] : « Non modo moriar, sed post octo dies ad dominum ibo ». Item[19] octava die ipsa[20] scilicet[21] nocte natalis domini, quando incepimus : *Christus natus est*[22] *nobis*[23], sonitum tabule[24] audientes cucurrimus et invenimus eum[25], ut[26] predixerat, mirgantem ad Christum.

Quomodo beata Agatha appa-ruit fratri Dominico in extremis. *d)* Quidam[27] frater Dominicus conversus ibidem ydropicus, rogavit me, ut ad locum alium serenum[28] cum[29] facerem depor-

---

1) novisti E; nostis B. — 2) levari D E; eius levari B. — 3) interim alii E. — 4) cum om. E. — 5) pedibus C. — 6) tractus E. — 7) ad infirmatorium ductus est A B C. — 8) ineffabilem E. — 9) autem A B C. — 10) interfuerunt A C. — 11) splendentem A C; fulgere B. — 12) sonum E G. — 13) currendo B. — 14) dicendo A B G. — 15) invenimus om. E. — 16) frates add. G. — 17) dormientem E. — 18) dixit om. E; frater Egidi add. A B C. — 19) ideo E. — 20) illa E. — 21) scilicet om. B. — 22) est om. G. — 23) verba invitatorii Nativitatis domini. — 24) tabule om. D E. — 25) eum om. E. — 26) sicut E. — 27) quidam om. A C. — 28) secretum A C. — 29) eum om. B E.

tati, et cum eius voluntati obedissemus[1] et[2] ad collacionem que
fit apud nos bis[3] in ebdomada ivissemus, domina quedam mire
pulcritudinis et honestatis habens velum in capite et candidissimum vestimentum venit et in sponda lecti eius sedit[4], dulciter
loquens ei et post aliqua[5] recessit Superveniens autem frater ad
visitandum eum[6] invenit eum adtonitum et dicentem « Quam
malum, quod mulieres[7] claustrum predicatorum intrant et quod
peius est absque testimonio fratrum[8] » Cumque frater veloci
cursu per domum et fratres[9] quesisset[10], rediens ad infirmum
audivit ab eo precedencia[11], et ego similiter tantam seriem visionis
Sequenti autem nocte, que erat[12] vigilia sancte[13] Agathe virginis[14],
quod[15] vellet recedere, infirmus magnis clamoribus asserebat, et
in[16] ipsis clamoribus coram positis fratribus et orantibus decessit[17].
Unde[18] existimavimus[19], quod beata Agatha illa mulier, que venit
ad illum, fuit, ut virgo virginem et multa passa[20] pro Christo
graviter afflictum Christo domino presentaret Ego[21] enim novi
ipsum virginem fuisse

e) Alius frater conversus[22] in eodem conventu graviter infirmatus faciens fratrem[23] vocari dixit ei « Si cicius venissetis,
matrem meam et sororem[24], que ut nostis defuncte sunt, audire
potuissetis » Hec autem[25] mulieres fuerant[26] conversacionis sanctissime et ordini[27] benefice valde Dixit ergo iterum[28] infirmus
« Paulo ante ad me venerunt et aio illis « Cum defuncte sitis,
quomodo michi[29] visibiliter apparetis? » Responderunt « Per
beatam virginem a domino obtinuimus, ut te visitaremus, esto
paratus, nam die crastina morieris et apparebunt tibi plures[30]
demones, sed noli timere, nos enim veniemus tibi in adiutorium
cum multis fratribus predicatoribus Cum autem videris dominum[31] Ihesum Christum ad nichil aliud attendas[32]*, nisi ut te
totum in ipsum immittas » Hec dixit[33] et in[34] sequenti mane, ut
predixerat, est defunctus, quamvis secundum naturam hoc[35] incre-

Quomodo mater et
filia post mortem
visitaverunt quen-
dam conversum
moriturum

* 51

---

1) obedissem — ivissem B C — 2) et ad — domina om E — 3) bis om A B C E —
4) sedit E resedit B — 5) aliquantulum A C — 6) ad visitandum eum om E — 7) mulier
— intravit E — 8) fratrum om B — 9) frater F, currens nec aliquid invenisset B G —
10) quesivisset A C — 11) precedencia ab eo A C — 12) scilicet in B — 13) beate A C D G
— 14) eius festum cel 5 die februarii — 15) cum B — 16) in om G — 17) discessit A C
— 18) Unde — ut virgo om L — 19) existimamus B — 20) et multa passa om B — 21) et
ego A B C, qui eius confessor eram add in marg C — 22) Gunsalvus nomine add C —
23) cui preerat add A C qui preerat add D — 24) meam om D E — 25) autem om B —
26) fuere B — 27) ordinis I (τ — 28) iterum om B E — 29) michi om L — 30) plures
tibi G — 31) nostrum add A C — 32) intendas A B C D — 33) hec dixerunt C — 34) in
om B — 35) hoc om A C

dibile videretur. Et cum emitteret spiritum, ipso motu corporis[1] ostendit, quod spiritus eius in[2] dominum introibat.

De magna securitate quam habuit frater Fernandus in morte.

f) Frater Fernandus *a)*, quondam cantor Ulixbonensis ecclesie[3], venerabilis et magne auctoritatis persona, cum in conventu Sanctarenensi[4] per quatuor annos sancte et laudabiliter conversatus fuisset, ad ultimum veniens et me[5], qui consanguineus eius eram, fecit vocari; et cum venissem sollicitus magis de salute anime eius[6], quam de corporis sanitate, quesivi ab eo, quomodo sibi erat[7]. Tunc ipse respondit : « Porte inferi clause sunt michi, non descendam ad illum[8] »; et nullum[9] post protulit verbum. In obitu ergo eius prior flebat et ego ridebam; fratres dicebant : «*Domine, ne in furore tu arguas me* »; ego autem[10] dicebam : «*Laudate dominum de celis* ». Nec mirum, si gaudebam, cum viderem hominem a tantis diviciis et deliciis[11] absolutum in brevi tempore hanc[12] graciam acquisisse[13], ut in hora mortis eterne vite inicium haberet. Nam eterne retribucionis[14] indicium est in obitu securitas mentis.

Ps. 6, 2.
Ps. 148, 1.

Quomodo quidam frater predixit se moriturum in die ascensionis.

g) Fuit in eodem conventu frater quidam[15], qui Ulixbonensis episcopi capellanus *b)* cum eodem episcopo habitum nostre religionis assumpsit. Hunc cum omnipotens Deus de seculo vellet educere, febrem continuam ei misit[16]. In vigilia ergo[17] ascensionis cum ego secundum consuetudinem infirmos visitarem[18], ipse[19] me cepit[20] magno clamore vocare[21] dicens : « Frater Egidi, ego die crastina[22] moriar »; et elevans oculos et manus ad celum ait : « Gracias tibi refero, domine Ihesu Christe, quia die ascensionis tue de seculo recedam, in qua plus quam in aliis festivitatibus[23] semper[24] letatus sum[25] ». Ego vero considerans, quod secundum inferiorem naturam hoc[26] non deberet fieri, maxime quia adhuc fortis erat et de lecto surgens, que erant necessaria, faciebat, dixi[27] ei, quod post ·VII· dies non moreretur. Sed ipse contrarium firmiter asserebat; sicque receptis[28] sacramentis devote[29], presen-

---

1) ipso corpore B. — 2) in domini gaudium introibat E. — 3) ecclesie quondam cantor G. — 4) Sanctaren C. — 5) me om. A C. — 6) eius om. A B C. — 7) esset B. — 8) locum add. E. — 9) multa... verba B. — 10) autem om. B. — 11) et deliciis om. E. — 12) tantam E. — 13) acquisivisse A C. — 14) tribulacionis E. — 15) Martinus nomine add. in marg. C. — 16) inmisit B. — 17) ergo om. E; dominice add. B. — 18) visitarem infirmos A B C. — 19) ipsemet C. — 20) me add. C. — 21) michi add. D E. — 22) crastina die E. — 23) festivitatibus om. E. — 24) magis add. B E G. — 25) letatus sum semper A C. — 26) hoc om. B. — 27) dixit A C E. — 28) ecclesiasticis add. B. — 29) devote om. G.

a) De fratre Fernando vide infra c. V, § VII. — *b)* De fratre Martino vide infra c. V, § IX.

tibus[1] et orantibus fratribus, incrastinum, ut predixerat[2], ad Christum ascendit

h) Cum frater Petrus Ferandi *a)*, qui a puero in ordine sanctissime nutritus fuerat, qui et vitam beati Dominici, patris nostri, descripsit[3] et doctor in multis locis[4] Hyspanie multis annis extiterat, apud Zamoram[5]*b)* infirmaretur, quidam devotus frater vidit ipsum supra montem altissimum stantem et faciem eius resplendentem[6] ut sol et a dextris et a[7] sinistris duos iuvenes stantes splendidos[8] nimis. Cum autem sequenti die frater michi tunc existenti ibi[9] visionem hanc dixisset[10], quam viderat, intellexi fratrem Petrum in proximo moriturum, et cum venissem ad eum et sederem in lecto[11], in quo ipse iacebat, dixi[12] « Frater Petre, vos nunc iturus[13] estis ad patriam paradisi, salutate michi beatam Mariam et beatum Dominicum » Ipse autem[14] ad hec[15] totus exillaratus « De talibus, inquit, frater Egidi, de talibus michi loquamini[16], quia bonum[17] est ibi esse » Ego igitur videns eum in proximo moriturum dixi[18] « Frater karissime, rogo vos, quod me post mortem iuvetis » Ille autem manus[19] extendens ad celum tamquam iam[20] securus de premio ait « Promitto vobis[21], quod vos cum[22] Christo iuvabo » Narravit autem michi, quod viderat sibi assistentem beatam virginem et[23] sanctum Iohannem[24] ewangelistam, singulas coronas in capite illius[25] ponentes[26] « Hanc, inquit, visionem, vestre dileccioni committo, rogo autem, ut dicatis michi, quid significet » Ego igitur[27], qui vitam et conscienciam eius plene cognoveram, dixi « Una illarum[28] virginitati tue debetur, altera predicacioni atque[29] doctrine, et quia[30] virgo et doctor es, eas beate virginis et Christi discipuli adiutorio[31] aquisisti[32] » Tunc rogavit me ut fratres[33] ad eum vocarem, quibus astantibus ait « Fratres[34], non est ordo, quem Deus tantum[35] diligat, tenete eum » Et iterum ait « Quidam magnus

Quomodo facies beati Petri Ferrandi visa est ante mortem ut sol splendere

---

1) presentibus fratribus et A C — 2) predixit B C — 3) scripsit E — 4) doctor Hispanie multis annis extiterat E — 5) Zamoriam A C, Camonyan B — 6) splendentem E — 7) a om A C — 8) splendidissimos valde (B om valde) nimis A B C — 9) ibi om E, ibi existenti G — 10) quam viderat dixisset A C — 11) loco B — 12) ei add A B C — 13) ituri A — 14) vero A B C — 15) ex hoc C — 16) loquimini A C — 17) bonum est mihi E — 18) ei add A B C — 19) manum F — 20) iam om B — 21) vobis om E — 22) apud Christum B — 23) et om E — 24) Iohanem om L ewangelistam Iohannem G — 25) capite ipsius A C eius B caput B — 26) imponentes B — 27) autem B — 28) illarum om B — 29) et A B C — 30) quod E — 31) adiutorio om E tunc add B — 32) acquisivisti A C — 33) omnes add B — 34) fratres om A C — 35) tantum om E

a) De fr Petro vide Quetif I, p 127 utinam haec vita b Dominici demum inveniatur — *b)* Conv Zamorensis (Zamora) fund an 1219 Mam l c p 496

odit Syon[1]; sed nichil, fratres, timeatis, quia vobis nocere non
potest[2] ». Finitis hiis verbis coram cunctis obdormivit in domino*.

· 51·
Quomodo qui-
dam frater mo-
riens diabolum
in extremis
vidit.

§ VII. Narravit frater Raymundus a) de Lausana[3], vir sanctus
et antiquus in ordine, quod in conventu Lugdunensi b) fuit quidam frater c), nomine Iohannes, valde religiosus[4], qui cum laboraret[5] in extremis, presente priore et ipso fratre Raymundo[6]
dixit[7] : « Quid hic facis[8] cruenta belua[9] ». Cui cum diceret prior :
« Ubi est? » Ait : « Hic est demon portans pelles[10] vetule turpis ;
sed eum Deo[11] gracias non timeo, quia fides vera me salvum
facit[12] ». Et post modicum in domino obdormivit.

Quod prelati et
maxime minis-
trantes circa in-
firmos erunt pii.

§ VIII. Narravit idem frater, quod in conventu Aniciensi[13] d)
in Provincia frater alius, Guilielmus nomine, et[14] sacerdos, cum
post extremam unccionem fuisset super cineres positus, quasi de
gravi sompno evigilans manum dextram elevans[15] tersit[16] oculos
suos et toto presente conventu ait : « Gaudete, fratres, quia gaudium est in celis et vos omnes eritis in gaudio illo. Ecce totus
ortus[17] plenus est angelis, qui expectant ». Et conversus ad priorem dixit : « Numquid vidistis angelum, qui dedit michi osculum
pacis? » Tunc priori requirenti[18], an sibi[19] vellet aliquid dicere,
ait[20] : « De cetero non sum tui[21] iuris ; dominus autem reddet
pro me ». Hoc autem dixit, quia prior aliquando fuerat sibi[22]
durus in illa infirmitate. Et post in domino decessit.

Hec dictus frater Raymundus[23] audivit et scripsit. Ex quo[24]
multum debent cavere[25] prelati et servitores, ne contristent[26]
infirmos, quos sancti[27] angeli visitant et suo obsequio consolantur.

Quomodo Chris-
tus apparuit
fratri Vigoroso.

§ IX. In Provincia fuit quidam frater, nomine Vigorosus, qui
cum in ordine de Corona e) sine Carnibus[28], annis pluribus domino

---

1) vos E. — 2) poterit G. — 3) de Lausana Raymundus E; Raymundus add. in marg. C;
Rodolfus de... D. — 4) et graciosus add. A C. — 5) laborasset G. — 6) supradicto add. A;
fratre quodam, qui ista retulit, dixit B. — 7) dixit om. E. — 8) facitis E. — 9) bestia A B C.
— 10) pellem A B C — 11) gracias Deo nostro A C; gracias Deo D G. — 12) fecit C D. —
13) Amiciensi C. — 14) et om. D E. — 15) manum dextram elevans om. E. — 16) clausit B C.
— 17) chorus A. — 18) inquirenti B. — 19) vellet sibi A B C. — 20) respondit A C D. —
21) vestri E. — 22) ei A B C; sibi fuerat G. — 23) Raymundus om. B; Rodolfus D; frater R.
C. — 24) ideo B. — 25) cavere debent A C. — 26) tristent E. — 27) sancti om. A B C. —
28) sive crinibus B C; sive carnibus A E.

a) De fr. Raymundo vide infra § XVII, lib. V, cap. VI. — b) Idipsum Gerardus iisdem
prorsus verbis Petro cuipiam in coenobio Lugdunensi accidisse alio loco (iufra cap. VI)
refert atque a Raymundo Lausanensi ad magistrum ordinis scriptum testatur ; at in scribendo lapsu memoriae erratum in nomine a Gerardo fuisse videtur. Mam. l. c. p. 491. —
c) Conv. Lugdunensis (Lyon) 1218 fund. Anal. I, 269. — d) Conv. Aniciensis seu Podiensis
(Le Puij en Velay) an. 1221. fund. Anal. I, p. 204. — e) Canonicorum Regularium S. Augustini abbatia « de la Couronne » prope Angoulême.

deservisset. ordinem predicatorum, qui sibi maxime complacebat, licencia petita[1] intravit; in quo religiose proficiens diligenter studens, ferventer predicans, libenter et discrete confessiones audiens. gratus[2] fratribus, Deo humilis et prelatis devotus[3], plus quam annis XV[4] fideliter[5] decertavit. Tandem cum in conventu Burdegalensi graviter egrotaret, suo provinciali generaliter est confessus. Cum autem pulsus et[6] urina[7] in crastinum meliorata dicerentur[8] a medicis, quasi gaudens dictus prior coram duobus fratribus et medico dixit[9] : « Noli timere, karissime, quia ut dicunt medici, de ista infirmitate evadis[10] ». Cui ille respondit : « Ego hoc nec credo nec volo ». Tunc prior fecit recedere alios et eum adiuravit per Christum, quod[11] sibi dicti sui notificaret causam[12]. « Heri, inquit frater, cum post confessionem recessistis a me, cum de peccatis, que vobis dixeram[13], veniam a domino postularem, apparuit michi ipse Christus et ait : « Prior tuus confessionem tuam audivit et ego de omnibus[14] te absolvo; non contristeris, quod minus bene servivit tibi, quia in brevi angeli mei tibi ministrabunt ad libitum. » Infra paucos igitur dies frater obiit et prior provincialis, qui hoc audierat[15], magistro ordinis omnia per ordinem descripsit[16].

§ X.[17] Cum christianissimus Francorum rex Ludovicus[18] a) ad transfretandum[19] se pararet in Aquis mortuis, qui est portus optimus[20] regni eius, venerunt[21] multi[22] fratres ad conventum Montispessulani[23], loco illi propinquum, qui cum eo transire debebant; inter quos frater Petrus Normanus[24], infirmus graviter, confessus generaliter, inunctus fideliter[25], cum iam super cineres, ut moris est decedencium, se poni fecisset, suppriorem[26], cui confessus fuerat, requisivit instanter. Qui cum venisset, quesivit infirmus, an alius ibi esset; ex nimia enim[27] debilitate iam nichil

Quomodo fratri Petri Normanno morienti celum est apertum.

---

1) petita om. E. — 2) graciosus E G. — 3) obediens A B C. — 4) quadraginta B. — 5) fideliter om. A B C. — 6) pulsus et om. E. — 7) urinari E. — 8) diceretur E; videretur sive a medicis diceretur B. — 9) prior ei A C: ait ei B. — 10) evades A C D. — 11) ut A B C. — 12) causam om. E: certificaret B. — 13) dixeram vobis a domino veniam postularem A B C. — 14) te ab omnibus, et ne cures quod B — 15) audivit E. — 16) scripsit A B C. — 17) haec et sequens par. in cod. F. invenitur post chronicon ordinis. — 18) Ludovicus om. F. — 19) transferendum E. — 20) peroptimus F. — 21) veniunt F. — 22) multi om. E. — 23) in add. E. — 24) Normandinus C G: Romanus E. — 25) Christi corpore recepto (B : suscepto) fideliter (devote F) cum... B F G. — 26) subpriori E: supperiorem A C D. — 27) enim om. E.

a) Ludovicus IX die 12. iunii 1247 reliquit Parisios et ad Aquas mortuas (Aigues mortes) iter dirigit; proinde versus finem huius mensis fr. Petrus decessit.

videbat[1]. Cum igitur se solum audisset, ait : « Karissime pater, dico vobis, quod ostendit michi dominus ad consolacionem meam[2] et fratrum[3], quibus dicere possitis post obitum meum. Modo cum in choro diceretis[4] nonam, apertum est michi celum[5] et revelatum[6] misterium beatissime trinitatis et[7] certeficatus sum de mea salute[8] ». Modico igitur[9] spacio temporis interiecto dictus frater mortuus[10] est et, ut creditur, celi ianuam introivit. Hoc autem ipse supprior retulit[11] et scripsit.

· 52.
Quomodo frater
Iulianus mortem
suam predixit. § XI. Dulcis memorie frater Iulianus prior fratrum · apud Burdegalam[12], cum[13] iturus esset ad capitulum generale in Angliam a) pro Provincia[14] diffinitor, multis honestis obitum suum predixit, eos quasi amplius non visurus salutans. Cum igitur in conventu Bellovacensi b) in Francia infirmus[15] iam ad mortem venisset, visum[16] est eadem die cuidam religiose persone[17] oranti in ecclesia fratrum Burdegalensium[18], que distat per duodecim dictas a Belvaco[19], quod appareret ei[20] in nube lucida elevari a terra solus[21]; cumque[22] quereret ab eo, quo iret et[23] quare solus erat, respondit : « Ego vado ad dominum; non[24] timeas autem, quod solus sum, qui in brevi integrum conventum adducam[25]. » Persona autem, que hoc[26] viderat, suppriori domus, viro valde religioso, cum multo fletu dictam retulit visionem[27] et obitum prioris predixit. Qui diem et horam notans invenit eadem die et hora dictum[28] priorem migrasse. Visionem autem[29] rei probavit eventus; nam infra estatem illam[30] lector et ·XI· fratres obierunt[31] in dicto conventu[32] Burdegalensi.

Quomodo frater
Petrus Dignensis
obitum suum
prescivit. § XII. In conventu Marsiliensi c) fuit frater Petrus Dignensis[33],

1) exanimis enim debilitate iam, ut videbatur, tunc ait : Care pater... F. — 2) vestram F. — 3) fratrum, ita tamen quod hoc possitis dicere post... A C : et quod hoc... B; fratrum quibus dicere possitis post... F. — 4) dicerent E F. — 5) celum om. E. — 6) est add. B. — 7) et om. F. — 8) salute mea A B C D. — 9) autem B. — 10) mortuus — creditur om F. — 11) michi add. in marg. C. — 12) Burdegalle B: Burdalam E. — 13) cum — Angliam om. E. — 14) Provincie E F. — 15) infirmus om. A C. — 16) visus B; apparuit F. — 17) et add. E. — 18) Burdegalensi B E G. — 19) Belvaco; vidit autem eum solum in nube lucida... F. — 20) ei om. B. — 21) solus om. F. — 22) cumque — erat om. E. — 23) et om. F. — 24) ne E G. — 25) mecum add. in marg. C. — 26) hoc om. G. — 27) predicta retulit B. — 28) dictum om. A B C. — 29) visionemque F. — 30) illam om. B; illam estatem A C G. — 31) conventu obierunt in... E. — 32) monasterio B; Burdegalensi conventu D F. — 33) Dignesis B E.

a) Hoc accidit anno 1250, quo a° cap. generale Londiniis celebratum est; in cuius capituli actis legitur inter suffragia : pro diffinitore Provincie fratre Iuliano, priore Burdegalensi, in via defuncto quilibet sacerdos tres missas. Martène... Thesaurus nov. anecdotorum. t. IV, p. 1697. — b) Conv. Bellovacensis (Beauvais) an. 1225, fund. Anal. I, p. 206. — c) Conv. Massiliensis (Marseille) an. 1225, fund. Anal. I, 269.

iuvenis valde purus et admodum graciosus, cui a quadam religiosa persona dictum est, quod ipsum viderat albis indutum cereum ardentem in manibus portantem ante quandam magnam[1] sanctorum processionem. Quod dictus frater cuidam sibi familiari retulit[2] dicens : « Vere[3] credo, carissime, quod in brevi moriar, unde memento mei ». Consummatus ergo in brevi complevit cursum suum, quia placita erat Deo anima eius.

§ XIII. Frater quidam in Anglia laborans in extremis vidit catervam demonum coram se, ut sibi videbatur, et[4] post hoc[5] chorum sanctorum in candido habitu, qui bini[6] et bini incedebant processionaliter et super duos et[7] duos una corona nobilissima prominebat. Infirmus ergo paululum[8] resumpto spiritu exposuit visionem, nigros demones, albos fratres, qui ad suum adiutorium venerant ; coronam[9] super duos premium, quod non solum[10] predicatori, set et[11] socio predicacionis[12] debetur. Fuerat quidem sepe temptatus, hesitans an premium predicacionis haberet ipse, qui non predicaverat, sed libens ad predicacionem associaverat multos. Post hoc raptus in spiritu et post modicum rediens ad se dixit fratribus se assumptum in celum et vidisse pulcerrimum ewangelium secundum Lucam. « Et ecce, ait, illuc vado ad audiendum[13] illud ». Et hiis dictis in domino requievit[14].

Quomodo frater quidam in Anglia vidit turbam demonum.

§ XIV. Frater Gualterus[15] de conventu Norwicensi[16]a) Anglie, elegantis forme, sciencie et eloquencie[17] et optime indolis iuvenis, ad extremum deductus, cum fratres psalmos penitenciales et letaniam in circuitu eius post inunccionem devote[18] psallerent, dixit : « Fratres, dominus ab inicio huius officii visitavit me et ostendit michi locum valde sublimem, ubi audivi post Christum dominum et eius dulcissimam matrem[19] cantum virginum persuavem[20] et consolatus sum ». Et iterum adiunxit[21] : « Nichil de cetero terrere me[22] potest, quia initor vere fidei et me totum beate Marie commisi[23] ». Valefaciens igitur[24] fratribus ruminare[25]

Quomodo frater Gualterus moriens audit armoniam supercelestem.

---

1) magnam om. B; add. in marg. C. — 2) retulit om. E. — 3) nunc C; vere om. B. — 4) et om. E G. — 5) hanc E. — 6) qui bini om. B. — 7) in E. — 8) paululum om. B. — 9) corona C. — 10) nondum E; tantum A C D. — 11) et om. E. — 12) predicacionis om. A C; predicatoris B D. — 13) videndum B. — 14) quievit G. — 15) Gualterinus B. — 16) Nordecensi E; Norovitensi B C; Norotenensi G. — 17) et eloquencie et sciencie A C. — 18) devote om. A C. — 19) matrem dulcissimam E; dulcissimum A. — 20) suavem E. — 21) dicens add. E. — 22) me nichil E. — 23) commisit E; beate virgini B. — 24) ergo B. — 25) nominare E.

a) Conv. Norwicensis (Norwich) fund. a. 1226.

cepit nomen beate virginis[1] et quasi sompno pressus[2] gravissimo[3] presentibus et orantibus fratribus[4] in domino obdormivit.

Quomodo quidam
previdit obitum
fratris Gualteri.

§ XV. In Hybernia in conventu Corcagie[5] a) fuit frater Gualterus[6], homo magne simplicitatis et pie affeccionis, cuius obitus fratri cuidam eiusdem[7] conventus est in visu predictus. Hic sequenti die[8] infirmatus dixit cuidam fratri querenti, quomodo sibi esset[9]: « Modo[10] bene, quia orror mortis, quem[11] hucusque habui, omnino recessit a me, quia[12] dominus Ihesus Christus apparuit michi et consolatus est me dicens, quod feria tercia veniam ad eum ». Hoc dixit die dominica[13]; post mediam vero noctem sequentem missam pro defunctis cepit in lecto devotissime dicere; et dicta prefacione cum[14] nota facto intervallo, quasi canonem diceret, iterum elevata voce dixit : Per omnia secula seculorum[15], et cantato[16] pater noster emisit spiritum circa auroram ferie tercie, ut sibi[17] erat promissum. Hec prior eiusdem conventus retulit et manu sua conscripsit[18]*.

' 52'

Quomodo frater
Hainricus mo-
riens vid t do-
minum.

§ XVI. Frater Hainricus[19] b) Polonus de conventu Vartislavie c) ad extrema deductus, cum iam sacramenta eucharistie et extreme unccionis recepisset[20] devote, crucem, que ante eum[21] posita erat, intuens diligenter cepit iam deficiente spiritu finem huius[22] antiphone[23] decantare : « *Securus et gaudens venio ad te, ita ut et tu exultans suscipias[24] discipulum eius, qui pependit in te.* » Cumque frater, qui aderat et[25] hec nobis[26] propria manu scripsit, ab eo quereret, quid videret, ait : « Video dominum Ihesum Christum et apostolos eos ». Et querenti, utrum deberet eorum collegio sociari, respondit[27]: « Sic et omnes fratres, qui[28] ordinem suum servaverunt[29], sunt eorum in ordine[30] collocandi ». Et idem[31] postea iteravit; et iterum respiciens versus crucem, cepit ridere dulciter et plaudere manibus, gaudium spiritus vultu, oculis et

---

1) Marie add. A C. — 2) percussus A C. — 3) gratissimo, psallentibus et A. — 4) et astantibus add. E. — 5) Sartagie E: Cortargie D. — 6) Gualterius B E. — 7) eiusdem om. E. — 8) postmodum B. — 9) et respondit : modo bene add. A C. — 10) omnino E. — 11) quam E. — 12) eo quod A B C: quod D. — 13) dominica die A C. — 14) cum voce fecit intervallum E. — 15) amen add. E. — 16) cantando E G. — 17) a domino add. A C D. — 18) scripsit A B C. — 19) Herricus C: Henricus A. — 20) suscepisset B. — 21) eum om. B E G. — 22) huius finem E. — 23) antiph. ad II. vesperas festi S. Andreae ap. 30. Nov. — 24) me add. A B C. — 25)'et om. E. — 26) nobis add. in marg. C. — 27) ait : sic, sed et... B. — 28) per add. E. — 29) servaverint A C D; servavere B. — 30) ordine eorum E. — 31) ideo E.

a) Conv. Corcagiensis (Cork) a. 1229 fund. — b) Probabiliter est fr. Hainricus, socius S. Hyacinthi, Apostoli Polonie, qui fuit circa a. 1245 provincialis Polonie — c) Warschau.

manibus[1] ostendens. Facto autem aliquo intervallo astantibus et orantibus fratribus ait : « Hic sunt demones heretici, qui volunt subvertere fidem meam; sed ego credo in[2] patrem et filium et spiritum sanctum, unum[3] verum Deum[4] ». Et nichil amplius[5] dicens spiritum reddidit[6] creatori.

§ XVII. Frater Raymundus[7] de Lausana, vir religiosus et verax, de quo supra[8] mencio facta[9] est, retulit, quod, cum ipse esset infirmarius[10] Bononie et quidam alius frater[11], Bonifacius nomine, peteret sacram unccionem ab eo, distulit ipse vocare conventum et ivit dormitum. Post matutinas autem cum ad infirmum venisset, ait ille : « O frater, quid fecisti ? Si sero corpus domini recepissem[12] nunc essem in palacio, quod vidi, ubi erat magister Reginaldus et frater Robertus et alii sancti[13] fratres, qui obierunt. Qui occurrentes michi et[14] cum multo gaudio me recipientes inter se me fecerunt sedere[15]; cumque cum illis[16] gauderem, ecce Christus dominus intravit palacium, et ait[17] michi : « Oportet te recedere hinc, quia nondum me recepisti ». Unde conicio[18], quod, si sero[19] communicatus et inunctus, ut petebam, fuissem, utique remansissem cum sanctis et patribus nostris[20] in illo palacio tam iocundo[21] ».

Quomodo frater
Bonifacius vidit
aliquos in gloria
celesti.

CAPUT QUARTUM.

In conventu Lugdunensi fuit frater quidam, nomine Guido, multe[24] religionis, qui prior fuerat cuiusdam antiqui monasterii[25] monachorum, quod sua sanctitate et solicitudine valde reformaverat. Hic fructuose peragens cursum suum in ordine nostro, dum in extremis laboraret, videbatur in sompnis cuidam[26] antiquo et religioso fratri, quod quidam defunctus iaceret in medio chori et multitudo fratrum in albis circumvallabat[27] eum in mirabili[28] claritate. Videbat eciam quoddam[29] claustrum[30] pulcerrimum, multum bene ordinatum[31], dictumque[32] est illi : « Hic

De revelacioni-
bus factis de[22]
obitu fratrum.[23]

1) manibusque B. — 2) in om. A C. — 3) unum om. E. — 4) esse add. A C. — 5) aliud A C. — 6) reddit E. — 7) frater R. C; Robertus B. — 8) supra § II. huius cap. — 9) mencionem fecimus B. — 10) infirmatus E; iufirmus B. — 11) quidam frater infirmus A C D. — 12) suscepissem B. — 13) saucti om. E. — 14) et om. B D E G. — 15) fecerunt sedem E ; supra se me sedere B. — 16) eis B; multum add. E. — 17) dixit B. — 18) cognicio E. — 19) sero om. G. — 20) meis E. — 21) cod. G. add. hic duas par. quae in A B C D supra lib. IV, § I et II sunt positae. — 22) et A C. — 23) tit. om. E; de visionibus fratrum. Pars XXI; et primo de fratre Guidone; primum. B. — 24) magne A C. — 25) monasterii antiqui A C. — 26) magno add. E. — 27) circumvallabant A C D. — 28) inumerabili B. — 29) eciam quoddam om. E. — 30) castrum E. — 31) ornatum... ornaverat B. — 32) dictum E.

edificavit hoc claustrum[1] ». Evigilans[2] autem et recolens, quod frater Guido, qui claustrum illud refecerat[3] et spiritualibus et temporalibus ordinaverat, infirmaretur, ad ipsum referebat huiusmodi visionem, cogitans ipsum moriturum in brevi. Statimque vox facta est ad eum : « Verum est sompnium[4], quia[5] hic habitabit in Syon et requiescet in Iherusalem ». Et post modicum frater ille defunctus est.

§ II. Idem frater alia vice vidit, quod in litore rapidissimi fluminis[6] stans viderat[7] navem in medio fluctuantem et duos fratres in navi periculose[8] iactari. Unde tercius clamabat : « Heu, heu, succurrite pereuntibus illis[9] ». Responsumque[10] est ei : « Ne timeas, isti salvabuntur, quia florem habent ». Et respiciens vidit, quod uterque[11] florem celestis coloris tenebat in manu. Fluctus ergo pacati[12] sunt et ipsi subito rapti sunt[13]. Infra autem paucos dies[14] duo[15] iuvenes in conventu defuncti sunt, qui circa obitum gravissimas habuerunt temptaciones; sed quia florem iuventutis et[16] fortitudinem suam[17] ad dominum custodierant de illis gravissimis temptacionum fluctibus* evaserunt.

§ III. Cum frater Paulus a), vir honestus et predicator admodum graciosus, infirmaretur Venetiis[18] ad[19] mortem, frater qui tunc[20] ibi legebat, vir[21] valde devotus, post matutinas obdormiens videbat in sompnis, quod missa cantabatur in choro; et dum alleluia cantaretur, duo angeli descendentes concito gradu[22] ad infirmariam ibant. Evigilans autem frater narravit antiquioribus[23] fratribus[24] visionem[25] dicens : « Credo[26], quod frater Paulus morietur[27] in brevi ». Cum ergo in missa cantaretur[28] alleluia, eadem die frater obiit et[29] visio completa est[30].

§ IV. De duobus fratribus iuvenibus[31] et valde ferventibus, qui se speciali[32] affeccione diligebant, narravit frater[33] Iordanis, quod unus post obitum suum apparuit alteri sole splendidior et ait :

---

1) castrum E. — 2) evigilans — illud om. E. — 3) refecerat et ordinaverat et spiritualis et... E. — 4) sompnum E. — 5) quod A E. — 6) fluminis om. B. — 7) videbat A B C D. — 8) periculose om. B. — 9) istis A C D. — 10) que om. E. — 11) eorum add. E; usque B. — 12) parati E. — 13) sunt om. B G. — 14) dies add. in marg. C. — 15) duo om. E. — 16) ad E. — 17) suam om. B. — 18) vehemens *loco* Veneciis E. — 19) usque add. A B C. — 20) quidam ibi B. — 21) michi E. — 22) gradu om. E. — 23) senioribus B. — 24) fratribus add. in marg. C. — 25) visionem om. E. — 26) credo om. B. — 27) moreretur B. — 28) cantaretur om. E. — 29) sic add. B. — 30) est om. E; est completa D. — 31) iuvenibus qui se speciali amore B. — 32) spirituali E. — 33) magister A B C D.

a) De fr. Paulo cf. supra lib. I, cap. VI, § IV, p. 40.

« Frater, sicut audivimus et frequenter contulimus, sic vidi in civitate Dei nostri ». Et hoc dicto[1] disparuit.

§ V. In Theutonia quedam abbatissa Cysterciensis ordinis fecit per se et sorores suas multas oraciones pro quodam fratre predicatore defuncto, Alberto nomine, qui frequenter ad bonum monuerat eas. Quodam ergo mane, cum paululum obdormisset, videbat ante eum altare paratum, ut populo predicaret, sed[2] in aere stantem; et pre timore clamabat : « Heu, frater Albertus cadet[3], quia fulcimentum non habet ». Cui astans quedam veneranda persona ait : « Frater iste confirmatus est et amplius cadere non potest ». Tunc consolata auscultabat[4], que ille predicaret[5]; et ait[6] : *In principio erat verbum* et cetera usque ad *plenum gracie et veritatis*. Statimque subiunxit : « Et[7] hec[8] vidi oculis meis ».

Quomodo cuidam abatisse visus est frater Albertus mortuus.

Ioh. I. 1.

§ VI. Fratri Hermano Teutonico videbatur quadam nocte in sompnis, quod draco ingens persequebatur eum usque ad Aldenberg[9], quod est monasterium sanctimonialium, cuius priorissa erat filia sancte Elizabeth a). Cumque post paucos dies illuc ad predicandum mitteretur, predixit amicis et notis, quod ibi moreretur, licet sanus et letus iret. Cum ergo pervenisset ad locum, dicta in mane missa, vespere obiit. Eadem hora[10] transeuntes quidam peregrini ante dictum cenobium[11], viderunt crucem auream mire magnitudinis et splendoris super ecclesie tectum, et tracti pulcritudine eius ascenderunt ad monasterium, ut eam vicinius contemplarentur, et eam amplius non viderunt. Et mirati de prodigio dicte priorisse, quod viderant, narraverunt[12].

De fratre Hermanno qui mortem prescivit ac predixit.

§ VII. Cum quidam[13] frater predicaret in monasterio sancte Agnetis de Magdenburch[14] in Teutonia, quedam simplex monialis dixit abbatisse : « Interrogate, quis frater modo defunctus est in domo fratrum predicatorum? » Quod cum[15] abbatissa quesisset a fratre, respondit « Nullus ». Et ait sanctimonialis : « Immo[16] modo unus ibi defunctus est; ego enim vidi in visione quendam[17]

Quomodo quedam monialis cognovit quendam obiisse in morte factum monachum.

I) dicto om. E. — 2) et E. — 3) cadit E G. — 4) ascultabat E. — 5) predicabat A B C. — 6) aiebat B. — 7) quod E. — 8) ego add. B. — 9) Madumbruth C; Adumburg A; Aldubram E: Aldunbruth B: Aldenbure D. — 10) die E. — 11) cenobium B. — 12) narravere B. — 13) M. *pro* quidam E. — 14) Madebruth C: Madronich A: Maidebure G: Mandenbuch E; Madeburch B. — 15) eam add. E. — 16) immo om. E: immo unus modo defunctus est ibi A B C. — 17) quadam E.

a) Filia sancte Elisabethae, de qua hic sermo est, est Gertrudis, priorissa monasterii de Aldenberg, prope Wetzlar. Montalambert, Vie de Ste-Elisabeth, vol. II, p. 265, ed. 1838, Bruxelles.

magnum[1] patrem familias multis predicatoribus venientibus ad se singulos denarios dantem; et quendam novicium istius domus subito venire ante eum, cui dixit pater familias : « Frater, pene[2] nimis tarde veneras, sed tamen quia venisti, habebis denarium, sed[3] aliquanto tempore te exspectare oportet ». Reversus ergo frater ad conventum[4] invenit prepositum quendam nobilem[5] mortuum apportatum ad domum, qui in[6] infirmitate confessus habitum ordinis acceperat extra et se iusserat[7] statim ad conventum deferri[8]. Sed hoc frater iste[9] penitus ignorabat.

Quomodo quidam prior a Deo per suas preces absolutus est ab officio.

* 53'

§ VIII. In Tuscia in conventu Tudertino fuit quidam prior multe religionis, qui, dum pro absolucione sua ab honere prioratus cum priore provinciali, qui advenerat, precibus multis instaret nichil* que proficeret, flexis genibus coram eo in via, cum iam[10] dictus provincialis recederet, ait : « Ex quo vos me non vultis[11] absolvere, rogo dominum[12], ut ipse[13] sua misericordia me absolvat ». Et rediens ad conventum statim incidit in gravem infirmitatem. Statimque fratres ad provincialem miserunt, ut rediret[14], quia prior eorum moriebatur. Eadem autem nocte viderat provincialis[15] quod in exequiis cuiusdam fratris predicabat[16] de verbo

Luc. 16, 22.

illo : « *Factum est autem, ut moreretur mendicus*[17] *et portaretur ab angelis in sinum Abrahe* ». Et admirans de tam subita prioris infirmitate et conferens de visione Tudertum rediit et, ut viderat, in eius[18] exequiis de illo temate, cum infra illam dominicam, qua legitur[19], esset[20], fratribus et populo predicavit.

Quomodo frater Guillelmus mortem prescivit et aliis predixit.

§ IX. In conventu Montispessulani frater quidam, Wilhelmus[21] nomine, cum graviter infirmaretur, vocato priore, mortem suam inminere predixit et confessus generaliter rogavit, quod antequam raperetur in aera[22] — sic, ait, futurum est[23], — cum in fide confirmaret et quod eius obitui interesset; que[24] prior devote et diligenter complevit. Cum prior se in lecto[25] collocasset subito sonus ad cellam eius factus est et vox dicens : « Surge, surge,

---

1) magnum om. B. — 2) petis nimis quia tarde... E. — 3) sed alium te... E. — 4) conventum quendam nobilem invenit positum ad conventum... E. — 5) beneficio et moribus add. D. — 6) in om. E. — 7) permisit B. — 8) referri E. — 9) iste frater A C. — 10) iam om. A B C. — 11) non vultis me A B C. — 12) deum E G. — 13) ut ipse me... E. — 14) recederet E. — 15) provincialis om. E; in sompnis add. B. — 16) predicabatur C; predicabat om. E. — 17) mendicus — in eius om. E. — 18) eius om. E. — 19) legitur hoc evangelium feria V.ª post II. dom. Quadragesimae. — 20) esset om. E. — 21) W. nomine E; Guillelmus B C. — 22) raperetur in aera, nam sicut... A C; materia sua (D : om. sua); sic autem (nam sic futurum est D) futurum est D E; in aera — eum om. B; *post* raperetur *desunt quaedam verba* G. — 23) esse A C. — 24) quod D E. — 25) in lecto se A C.

nam frater Wilhelmus[1] migrat. Tunc prior cum conventu accurrens[2] fratrem in extremis laborantem invenit et eius animam, ut pecierat, domino commendavit[3]. Et illis presentibus et orantibus in fine letanie decessit; nullus autem inventus est, qui priorem excitaverit, nisi spiritus Dei bonus.

§ X. Frater Guillelmus[4], lector universitatis[5] Kantebrigie defunctus apparuit fratri Benedicto, tunc suppriori fratrum, ut ei[6] videbatur, et iuxta eum stabat quidam vir preclarissimus, qui pulcerrimam coronam auream in capite portabat[7]. Cumque supprior quereret a defuncto, qualiter sibi esset, qui iuxta eum stabat, respondit : - Ecce decoratus est una stola securusque de reliqua -.

Quomodo frater Guillelmus aparuit fratri Benedicto.

§ XI[8]. Frater Ivo[9], nacione Bryto[10] a), quondam prior provincialis in Terra Sancta, humilis, graciosus, devotus semel post matutinas erat orans in ecclesia fratrum. Cumque elevasset oculos versus lampadem chori vidit umbram, quasi fratris stantis in habitu sordido[11] et pernigro. Cumque quereret ab eo, quis esset, respondit : « Ego sum frater talis, qui nuper obii et vivens speciali tibi fui dileccione strictus[12] ». Et querente ab eo fratre Ivone[13], quomodo[14] sibi esset, respondit : « Male et dure, quia in durissima[15] pena debeo esse per ·XV· annos ». Cumque quereret ab eo, quare tam diu et tam dure deberet puniri[16], qui tam religose et devote et ferventer vixisset, respondit : « Non queras quare, quia[17] secundum iudicium Dei, quod equissimum est, bene merui tantam penam; sed rogo, ut michi subvenias ». Qui se libenter pro viribus[18] facturum respondit[19]. Cum[20] illuxisset[21], cepit dictus frater Ivo pro dicto[22] defuncto offerre Deo[23] hostiam[24] salutarem. Cumque iam consecratam hostiam teneret in manibus, cepit rogare dominum[25] quasi[26] sub hiis[27] verbis : - Domine Ihesu Christe, si soldanus Babilonie vel[28] Alapie teneret sclavum[29] unum[30] captivum[31] in vinculis et camerarius eius, qui ei annis ·XX· servisset,

Apparicio terribilis cuiusdam anime ostendentis, quantum valeat oblacio misse.

---

1) iam add. B G. — 2) concurrens E: occurrens D. — 3) commendabat B. — 4) Wilhelmus A D G; Guillus E. — 5) lector in univ. A B C. — 6) ei om. G. — 7) ferebat B. — 8) de penis purgatoriis fratrum propter diversas affecciones. Cap. V. D. — 9) Icio E. — 10) Britanus B. — 11) sordido habitu A B C. — 12) affectus E. — 13) Icione E. — 14) qualiter A B C. — 15) dirissima C; diversis penis B. — 16) puni E. — 17) quia om. E. — 18) pro viribus libenter A C G. — 19) promisit B. — 20) cumque G. — 21) dies add. D E. — 22) fratre add. A C. — 23) Deo om. C. — 24) sacrificium, salutarem hostiam A C. — 25 et add. E. — 26) quasi om. A C. — 27) piis C D. — 28) et A B. — 29) sclavum haberet E. — 30) vel add. in marg. C. — 31) et add. E.

a) De fr. Ivone vide supra lib. II, cap. 36, p. 92.

18

quando assurgeret[1] et quando intraret lectum, si pro servicio suo[2] dictum captivum peteret sibi dari, soldanus ei de facili non negaret Domine, non es[3] durior soldano saracenorum, camerarius tuus sum, astiti tibi iam[4] per multos annos et devote servivi[5] Tenes quasi sclavum[6] captivum illum dilectum fratrem meum[7], pro servicio meo peto eum michi dari[8] a clemencia tua » Cumque diu cum multis lacrimis verba ista non iam semel tantum[9] vel bis sed pluries inculcasset, post multas lacrimas missam finivit Sequenti vero nocte stans in oracione post matutinas dictum fratrem vidit[10] stantem ante se in habitu candido et preclaro quesivitque[11] ab eo, quis esset Qui respondit « Ego sum frater, qui apparui tibi heri[12] » Cumque quereret ab eo, quomodo sibi esset[13] respondit « Bene per graciam Dei, petisti enim me a domino et dedit me tibi et iam liberatus a purgatorio vado ad societatem spirituum beatorum[14] » Et statim disparuit*

54
Revelacio de morte
fratris Guerrici [15]

§ XII Vir religiosus et verax[16] frater Wilhelmus[17] de Melitona[18] a), ordinis fratrum minorum, magister in theologia Parisius, narravit fratribus nostris, quod[19] quadam nocte vidit in sompnis dolium cristallinum plenum optimo vino ante se positum Cumque admiraretur, subito fractum est[20] dolium et vinum effusum Cum[21] autem retulisset fratribus et magistris[22] Alexandro et Iohanni de Rupella[23] b), interpretati sunt aliquem magistrum[24] in theologia moriturum in brevi Post paucos autem dies frater Guerricus de sancto Quintino c), ordinis predicatorum, magister theologie[25] defunctus est[26], qui, ut ipse frater Wilhelmus dixit[27], vere dolium fuit cristallinum propter sapiencie bonitatem, profunditatem humilitatis et doctrine nitorem Cum autem de ipsius[28] obitu supra modum doleret, quia eum tenerrime diligebat, apparuit alia[29] nocte ipsi fratri Wilhelmo beata virgo Maria[30] stans

---

1) surgeret A B C — 2) suo om A C — 3) est E — 4) iam om A B C — 5) servivique pro posse B — 6) in vinculis add E — 7) quem add B — 8) eum peto michi dari A C D — 9) tautum om A B C — 10) vidit om E — 11) quesivit E — 12) heri om A C — 13) esset sibi A C — 14) bonorum G — 15) tit ex A C quomodo mors fratris Guerici preostensa fuit cuidam XXII B — 16) honestus B — 17) Guillelmus A C frater W E — 18) Militona (vel Nuhtona) C Mulletona A Miletona E G Militone B — 19) quidam vidit add B — 20) fractum est om E — 21) cumque B — 22) magistro B — 23) de Inpena E 24) magnum B — 25) in theologia A C — 26) est om E — 27) viderat B — 28) huius E — 29) illa E, alia vice B — 30) Maria om L G

a) De fr Guillelmo de Melitona vide Denifle Cartul I, p 244, anno 1248 cathedraticus fuit Parisius — b) fi Iohannes de Rupella discipulus Alexandri de Hales et primus frater Ord Min qui Parisiis recepit licentiam docendi Denifle l c p 158 — c) De fr Guerrico vide supra l IV, cap XI, p 176

cum indicibili gloria[1] in una parte capituli et in alia frater Guerricus habens capucium super oculos, sicut mos eius[2] fuerat ex humilitate portare[3]. Quem vocans beata virgo dicebat : « Veni, frater Guerrice, ad me et scribe nomina electorum[4] in libro vite[5] ». Evigilans autem dictus frater Wilhelmus super cari socii[6] obitu consolatus hec eadem fratribus per ordinem dixit.

§ XIII. Fratri Nicholao de Iuvenacio[7] a), priori provinciali Romane provincie, apparuit, ut sibi visum est, frater Rao b) Romanus supradictus, vir religiosus et fervens, qui[8] diu[9] ante[10] obierat, dicens : « Frater karissime Nicholae, beata virgo mandat tibi, quod sis paratus, quia corona tibi gloriosa[11] parata est ». Qui hec narravit fratribus sibi karis[12] et[13] infra paucos dies cum multa devocione defunctus est.

Quomodo beata virgo mandavit fratri Nicholao, quod moreretur.

§ XIV. Cum frater Rolandus[14] c), doctor quondam Parisius theologie[15], infirmaretur Bononie, lector fratrum vidit in visu noctis, quod beatus Dominicus scribebat tribus fratribus scilicet Rolando, Rodulfo[16] et Lamberto.

De preciosa morte trium devotorum fratrum.

Idem[17] alia vice videbat[18], quod dictus frater Rolandus[19] d) in camera pulcerrima et tota depicta[20] manebat. Hec autem duo pluribus fratribus[21] revelavit, antequam fratrum aliquis[22] moreretur. Post paucos autem dies sancto fine defuncti sunt frater[23] Rolandus primo et frater Rodulfus, qui fuerat ecclesie beati Nicholay capellanus, secundo et tercio frater Lambertus, qui erat prior fratrum, discretus vir et devotus.

Eodem tempore videbatur eciam[24] fratri Iohanni Vicentino e), quod in scolis Bononie[25] questio disputanda erat de amore Dei. Cum autem a fratre Rodulfo[26] hec responsio quereretur, respondit, quod in patria optime responderet.

Visio alia de quibusdam fratribus morituris.

---

1) gloria om. E. — 2) ei B E. — 3) incedere B. — 4) clericorum B. — 5) vivencium A. — 6) sui B C. — 7) Vivenacio B. — 8) qui om. E. — 9) diu om. B C. — 10) quam add. E. — 11) glorie tibi B C. — 12) carissimis E. — 13) et om. E. — 14) Orlandus B. — 15) theologus C. — 16) qui fuit capellanus sancti Nycolai, fratri Lamberto. add. B; scilicet R. vel R. Idem... E. — 17) item A B. — 18) viderat B E. — 19) Radulfus (Radulus in textu). E.— 20) depincta A C. — 21) fratribus pluribus A C; duobus narravit B. — 22) supradictorum add. A C; fratres morerentur: aliqui istorum fratrum B. — 23) frater om. A C. — 24) eciam om. A C. — 25) quo erat add. B. — 26) predicto (B : om. predicto) quereretur, respondit A C D.

a) De fr. Nicolao de Iuvenacio cf. supra lib. IV, c. XXII, p. 210. — b) De fr. Raone cf. lib. I, cap. VI, § VII, p. 43. — c) Obitus horum trium ponendus est anno 1258 (circa finem) vel a. 1259, nam ex Mon. Conv. Bon. (Anal. I, p. 399 constat Rolandum a. 1258 Bononie fuisse regentem. Leander Albertus eum obiisse refert 1259, vide Quetif. I, 125 ; de eo supra lib. I, cap. V, § I: l. IV, c. VIII. — d) De fr. Rolando vide supra lib. I. cap. VI, § I, p. 26. — e) De fr. Iohanne vide supra lib. III, c. 42, § V. p. 138.

Fratri eciam[1] custodienti infirmos videbatur, quod lecti prioris Lamberti et fratris Rodulfi uno fune ligati per funem sericum rubeum cum ipsis iacentibus trahebantur ad celum Qui[2], ut visum fuerat, eodem tempore sunt defuncti et ad dominum tracti Hec ipsi qui viderant, retulerunt

CAPUT QUINTUM.

De penis purgatorii fratrum propter diversos affecciones [3] Duo fratres, quorum unus novicius alter predicator erat antiquus, in conventu Coloniensi die eodem defuncti sunt, tercia autem die[4] post hec novicius[5] gaudens infirmario apparuit, ut ipse retulit, dicens, quod propter fervorem conversionis, quem habuit, ita cito purgatus erat Post mensem autem predicator dictus infirmario eidem apparuit gloriosus pulcerrimum monile habens in pectore et multos lapides preciosos in veste et auream coronam in capite Cumque frater[6] quereret[7] ab eo, cui novicius cito[8] et hic tardius[9] purgatus fuerat[10] et quid illa insignia figurabant, respondit « Ego propter familiaritates secularium[11] et verba solacii diucius in purgatorio fui[12], sed maiorem gloriam sum adeptus, monile signat rectam intencionem in Deum, lapides preciosi animas, quas converti, corona ineffabilem* gloriam, quam a domino sum adeptus

54'

Mors eiusdam iuvenis ostendens quam metuendum erit Dei iudicium eciam electis § II Fuit in Anglie provincia in Derbeie[13] a) frater quidam[14] iuvenis valde devotus, qui in villa quadam, ad quam exierat[15], in domo fratrum minorum infirmatus ad mortem presentibus tribus[16] fratribus nostris et duobus fratribus minoribus manu sua oculos clausit et pleno ore subrisit Cui supprior fratrum astans[17] quesivit, cui risisset, et ait « Quia modo venit sanctus Edmundus[18] rex noster et[19] martir et ecce tota domus repletur angelis » Et iterum intencius risit dicens « Domina nostra advenit[20], salutemus eam » Cumque dixissent omnes salve regina et cetera[21], ait infirmus « O quam acceptavit beato virgo hanc[22] salutacionem et ipsa gaudens subrisit » Post hec frater infirmus oculos

---

1) eciam om F — 2) quod E — 3) Pars XXII De penis purgatorii fratrum predicatorum Et primo de quodam novicio et fratre quoda n conventus Coloniensis Primum B, tit om E — 4) die om E, vero die B — 5) novicius post hec gaudens C — 6) fratre om D — 7) fratres quererent C — 8) cito om E — 9) tarde B — 10) erat A B C — 11) scolarium E — 12) fuissem E — 13) Derbene E de Beigie C Berne B — 14) Gerardus A — 15) veierat G ierat B — 16) tribus — duobus om E — 17) stans E — 18) Aymundus A C, mundus et rex E — 19) et om E — 20) venit E — 21) et ter E, et cetera om A C — 22) istam A C

a) Derbiensis (Derby) conv fund circa a 1234 Anal II p 366

ad hostium dirigens vultu in palorem mutato ait « Modo dominus Ihesus Christus[1] advenit[2] ad iudicandum me » Et factus[3] in
agonia tamquam ductus ad iudicium in omnibus membris prius
emortuis tantum contremuit et in tantum sudavit, ut, sicut testatus dictus[4] supprior est[5], vix ad tergendum sudorem vultus illius
sufficeret[6], et quasi coram iudice constitutus in[7] omni timore
disceptabat dicens aliquando verum est, aliquando[8] non est ita,
aliquando beatam virginem interpellans, ne discederet ab eo,
aliquando accusantes[9] constanter[10] redarguens, qui[11] inter cetera
dixit - O[12] bone Ihesu, condona[13] hoc modicum, ne[14] peccata
modica me dampnent » Cui supprior ait « Quid est[15], frater
karissime, conputanturne peccata modica inter magna? » « Heu,
inquit, ita », gravissime gemens Cum autem moneretur a sup-
priore, ut nullo modo diffideret[16] eciam si[17] angelus de celo[18] aliud
suaderet, quia salvator misericors est, respondit infirmus vultu
exillarato « Revera misericors est[19] » Et post modicum expiravit[20] anno domini M° CC° LVII° in festo pentecostes

§ III Cum frater Ricardus a), lector[21] in Anglia, morti appropinquasset[22], ait - Fratres, orate pro me, quia cito terribiles
apparebunt » Post hoc cepit oculos terribiliter huc et illuc[23] convertere et admirabilis timoris signa vultu et gestu monstrare
Tandem ad se[24] rediens ait « Benedictus Deus, salvatus sum ad
instanciam fratrum nostrorum[25] et fratrum minorum, quos semper dilexi - Et glorificans Deum emisit spiritum

Quomodo frater
Ricardus in extre-
mis vidit terribilem
visionem

§ IV Frater Alanus, prior fratrum predicatorum in Eborato b),
civitate Anglie, ad extrema deductus[26] cepit vultu horrescere et
terribiliter clamavit[27] - Maledicta sit hora, in qua religiosus
fui » Et siluit, et post paululum facie serenata subridens ait
- Non, non, imo benedicta sit hora, in qua intravi[28] ordinem et
benedicta sit gloriosissima mater Christi[29], quam semper dilexi »

Visio fratris Alani
in morte quam ter-
ribile erit videre
demones

---

1) Christus om A C — 2) venit A B C — 3) frater I G — 4) predictus E G — 5) fuit E
testatur G — 6) sufficiebat C — 7) cum A B cum timore Dei C — 8) verum esse aliquando
non esse ita A C D — 9) aliquando actus suos constanter E — 10) constanter add in
marg C — 11) qui inter cetera dixit om B — 12) o om A C o, inquit inter bone B G
— 13) dona E michi add A B C — 14) ne — dampnent om D E — 15) quid est om G est
om B — 16) disserceret C — 17) etsi A C — 18) celis F — 19) est om A C — 20) D incipit par III cum anno — 21) lector om E — 22) appropinquaret A C D — 23) horribiliter huc illucque A C G, illucque B — 24) ad se om A B C — 25) meorum A — 26) defunctus E — 27) clamare A B C — 28) in add A C — 29) Dei E

a) De fr Ricardo vide supra lib IV, cap VI, § II, p 165 — b) Eboracensis (York) conv
fund a 1227 Anal II 1 c

Et iterum tacuit Fratres autem, qui in circuitu[1] erant, hec audientes cum lacrimis orabant pro eo Post duas autem horas dixit fratri[2], qui ei assistebat « Voca fratres meos, quia[3] exaudivit Deus oracionem[4] ipsorum » Quibus ingressis ait « Vos de primo verbo, quod dixi, turbati fuistis[5], sed hec est[6] causa verbi Apparuerunt[7] michi demones terribiles parati[8] ad rapiendum[9] animam meam et pre timore extra me hore[10] maledixi diei mee et dico vobis, fratres, si factus esset[11] hic unus ignis de ere mixto[12] cum sulfure, qui duraret ab hoc loco usque ad finem terre et daretur michi opcio, utrum mallem per medium illum ignem transire, an[13] iterum demones in simili forma videre, eligerem cicius transire per ignem[14] Post modicum vero[15] venit illa regina celi, mater misericordie, et effugavit[16] demones, et ea visa concepi spem et pre gaudio risi et horam, qua intravi ordinem et ipsam, que me liberaverat, dominam benedixi » Hiis igitur dictis post modicum requievit in pace

De quodam seculare sacerdote, qui infirmus habitum fratrum induit, sed reiecit sanus

*55

Hec autem omnia narraverunt fratres, qui[17] presentes fuerunt[18] § V In Anglia, rector cuiusdam[19] ecclesie pecuniosus et viciosus infirmatus graviter[20] timore mortis habitum fratrum predicatorum suscepit[21] et, cum aliquantulum convaluisset, reiecit, et cum se multis exposuisset* criminibus a pio patre correctus[22] est huiusmodi visione Videbatur enim sibi soporato in hora quadam matutinali, quod videret Christum in aere sedere[23] ad iudicandum et omnia peccata sua super caput suum esse[24] scripta et infernum[25] subtus[26] hyantem ad se recipiendum Cumque territus ad Christum respiciens[27] clamaret, faciem eius vidit terribilem et sibi plus intollerabilem quam ipsum infernum Post hec apparuit ei quidam in habitu fratris predicatoris[28] dicens Christo « Domine, quid vis de isto? » Et dominus « Ut solvat precium pro peccatis aut in infernum vadat » Evigilans ergo[29] et hec secum revolvens peccata sua cum multis lacrimis confessus est fratri Martino, lectori[30] de Norhamtona[31] a), et habitum cum multa devocione

---

1) eius add E G — 2) fratribus assistebant E — 3) quoniam A C D — 4) preces A C dominus oraciones B — 5) fuistis, quod dixi G , estis B — 6) est om E — 7) apparent F — 8) parati om G — 9) rapiendam B — 10) factus E — 11) esset factus E — 12) mixtus E — 13) quam F — 14) per ignem transire A B C — 15) vero om A B C autem D — 16) fugavit A B C — 17) ibi add in marg C — 18) fuere B — 19) quidam B — 20) pie add A C — 21) induxit E — 22) conceptus B E — 23) sedentem A C — 24) tunc E — 25) infernus subtus hyans E — 26) se add B — 27) respiciens ad Christum A C — 28) predicatorum A B C — 29) autem B — 30) fratrum add G — 31) Norentana A C G Norentoria B, Nothamthona D

a) Conv Nortanonensis (Northampton) fund circa a 1233 Anal II p 370

resumpsit. Et[1] post mensem iterum infirmatus est; frater autem[2] confessor eius, cum videret[3] eum morti propinquum turbari propter peccata sua dixit : « Noli[4] timere, karissime, sed[5] audacter presume de misericordia Dei; et ego quidquid boni[6] feci in ordine tibi do, dummodo firmiter speres ». Et infirmus hec audiens confortatus gracias egit et perceptis sacramentis cum multa devocione migravit.

Post eius obitum videbat dictus[7] frater visionem, quod dictus rector sordidissimis[8] vestibus spoliabatur et candidissimis[9] induebatur[10]; et rogabat eum frater[11] ille, confessor suus, quod[12] vestes sibi[13] similes inpetraret a Christo; tunc[14] respondebat[15] defunctus: « Karissime pater, iste sufficiunt michi et tibi ». Hec autem dixit, quia[16] sibi concesserat bona sua, que data non minuuntur, sed[17] magis accrescunt.

§ VI. Frater Dominicus, prior[18] Sanctarenensis in Hyspania, per fratres, qui ibant ad provinciale capitulum, absolucionem a prioratu petebat. Cumque hoc fratres sibi diswaderent, ait : « Certus sum, quod si me non absolvunt[19] diffinitores, dominus, qui summus prior[20] est, antequam redeatis[21] de capitulo, me absolvet ». Quod ita completum est; nam mortuus fuit ante regressum eorum; paulo autem[22] antequam moreretur, fratri cuidam coram[23] se sedenti ait : « Ubi est illa domina, que modo hic erat? » Cui frater respondit[24] : « Bene scitis vos, prior, quod mulieres officinas nostras[25] non intrant ». Et ille : « De illa, inquit, muliere[26] dico, que puerum Ihesum portabat in manibus; et mirum[27], quod eam non videritis[28], cum fuerit ante oculos vestros[29] ». Post hec cepit se frequenter signo crucis munire. Deinde iunctis manibus et elevatis in celum oculis spiritum suum beate virgini, quam viderat, dedit[30].

Post mortem autem[31] suam cuidam fratri oranti[32] visibiliter apparuit, ut idem frater narravit. A quo cum[33] frater admirans

Quomodo frater Dominicus moriens vidit beatam virginem, et quam malum sit seculares esse iuxta morientes.

---

1) et om. E. — 2) Martinus add. in marg. C. — 3) viderit E. — 4) nolite E. — 5) frater E. — 6) bonum E G. — 7) dictus om. B. — 8) sordidis B; sordidissimus E. — 9) pulcerrimis E. — 10) vestiebatur B G. — 11) frater om. A C: frater ille om. B. — 12) ut D; ut... a Christo impetraret G. — 13) sibi om. A C. — 14) autem add. E. — 15) respondit A B C. — 16) quia dederat in bona B. — 17) immo E. — 18) prior om. B E. — 19) absolverint A C. — 20) prior summus E; prior om. G. — 21) recedatis E; redeatur B. — 22) autem om. B. — 23) ante E; coram se om. B. — 24) cui — respondit om. E. — 25) vestras B. — 26) muliere, inquit, B; speciosa domina D. — 27) miror E. — 28) vidisti B; vidistis E. — 29) nostros E. — 30) reddidit B. — 31) autem om. B. — 32) oranti om. E. — 33) cum quereret frater E

quereret - Nonne vos frater Dominice[1] mortuus estis? » Respondit « Mortuus quidem sum[2] mundo, sed Deo vivo[3] et rogo vos, ut denuncietis fratribus, ne in obitu fratrum seculares[4] intrare permittant, ego enim passus fui[5], quia in obitu meo seculares[6] consanguineos meos vidi et eis flentibus carnaliter sum compassus »

Quomodo facies
fratris Ferandi
splenduit et de pena
cantus

§ VII Fuit in conventu predicto[7] frater quidam, Ferandus a) nomine, qui longa infirmitate et multis languoribus fatigatus[8] decessit, cuius facies post mortem nimio fulgore resplenduit[9], sicut fratres, qui cum preparaverunt[10], testantur. Postea vero cuidam illorum[11] dormienti apparuit, qui cum quereret ab eo, an non mortuus esset, respondit - Corpore quidem mortuus sum, sed in anima vivo » Tunc frater ait - Quid est de fratre Didaco?» Hic de conventu predicto decesserat in tempore illo Respondit « Die parasceve[12] celum ingredietur[13] » Tunc iterum frater quesivit « Dicite[14] michi, quare penam sustinuit?» Tunc ille respondit - Pena[15] est propter vanam gloriam, quam habuit in cantando » Cum ergo frater iterum[16] quereret, quid esset de fratribus nostris, respondit « Bene, fratres enim, qui in ordine moriuntur, non pereunt, eo quod beata virgo in obitu eis[17] assistit » Dixit iterum[18] frater « Unde sciemus, quod ea, que dicitis, vera sunt? » Respondit « Hoc vobis signum, quod in ramis[19] palmarum futuro[20] campanam non pulsabitis nec processionem solitam facietis » Adveniente igitur[21] festo illo subito ab episcopo positum est interdictum in villa et contigit[22], ut predixerat[23] ille.

Unde non vanitatem, sed pocius veritatem intelleximus in predictis.

· 55'

Hec scripsit frater Egidius[24] Hyspanus supradictus[25] »

Pena cuiusdam,
qui habuerat uni-
sitatem circa
pulchra edificia

§ VIII Defuncto quodam fratre, qui circa edificia nimis[26] fuerat curiosus, frater alius eiusdem conventus extra in predicacione

1) frater Dominice om L — 2) sum om B — 3) vivo Deo A B C — 4) scolares E — 5) multa add in marg C, ego passus fui molestias quod in B — 6) scolares E — 7) predicto fuit A C — 8) fatigatus om E — 9) splenduit E — 10) portaverunt C preparavere B — 11) eorum B — 12) pasce E, parasceves A C futuro add G — 13) in celum ingreditur E — 14) die michi, queso, quare B — 15) eius add B G — 16) iterum om A C, qui cum quereret B — 17) semper add in marg C — 18) et B — 19) ramis om C, die ramis B — 20) futura die C — 21) igitur om B — 22) contingit C — 23) predixit C — 24) Dominicus B — 25) predictus A B C — 26) nimis om B

a) Continuatores Annalium Ord (Ad an 1222, Archiv gener) identificant hunc fratrem Fernandum cum eo de quo supra cap III, § VI, f , contrarium tenenet Sousa (Lib I, Historia de S Domingo, cap XXI) Obiit circa 1223 — Annee Dom I, mars, p 41

positus dixit socio suo : « Hodie mortuus est apud Bononiam frater talis senex ». Cui cum ille diceret : « Quomodo hoc scitis? » Respondit : « Vidi in sompnis illum euntem[1] per clautrum quasi manibus et pedibus[2] repentem[3] et portantem virgam, cum qua parietes mensurabat, et duos demones unum a dextris, alium a sinistris eum fortiter verberantes ». Redeuntes igitur ad conventum invenerunt, quod eadem die dictus[4] frater obierat. Quod cum audissent fratres, oraverunt pro illo[5] instanter ; et post tempus revelatum est alii, quod[6] per beatum[7] Nicholaum et Dominicum, quibus dictus senex[8] valde devote servierat[9], fuerat liberatus[10].

§ IX. Narravit venerabilis et[11] religiosus pater episcopus Ulix-bonensis *a*), frater ordinis nostri, quod frater quidam, qui circa quaternos multum fuerat solicitus et tenax, apparuit exustus cuidam familiari suo, et[12] querenti, cur ita arderet, respondit : « Ve, ve, de[13] quaternis istis, qui tantum me cremant ». Cum autem frater[14] quereret ab eo de sua consciencia, quia erat admodum scrupulosus, respondit : « Consule discretos et acquiesce eis[15] ».

§ X. Frater Gaillardus[16] *b*) supprior fratrum Orthesii[17], cum ad capitulum provinciale venisset Tholosam subito paralysi percussus[18] obmutuit. Cui cum prior provincialis diceret[19] : Hoc tibi, frater, contigit, quia priorem tuum dure exacerbasti[20] et quia lingwa peccaveras, in[21] ea puniris », ille vultu simplici[22] annuens cepit manum prioris osculari et per collum suum et labia circumducere[23] frequenter. Prior autem compassus illi[24] et de hoc maxime, quod[25] confiteri non poterat, convocatis fratribus in capitulo oracionem pro eo indixit[26]. Eadem ergo die, frater quamvis[27] febri[28] graviter estuaret, lingwe officio est plenarie restitutus et gene-

De pena alterius et remedium scrupulosorum.

Pena fratris Gaillardi de hoc quod excesserat verbis circa priorem suum.

1) euntem illum A B; eundem C. — 2) et pedibus om. E. — 3) reprehendentem E. — 4) frater dictus D ; frater ille A B C. — 5) ipso A B C. — 6) quod om. E ; aliis quod B. — 7) beatos G. — 8) dictus senex om. B. — 9) servierat om. E. — 10) liberatum E. — 11) et om. E; et religiosus om. B. — 12) et om. E. — 13) ve E. — 14) frater om. A B C. — 15) illis B. — 16) frater G. C E G; Gillardus A. — 17) Oreneusi E; Ortesii A C. — 18) percussit E. — 19) cum dixit tunc prior... E; cum autem... B. — 20) accusaveras E. — 21) eadem B; eciam ea E. — 22) supplici A C. — 23) ducere G; circaducere B. — 24) ei A B C. — 25) quia A C. — 26) fudit B. — 27) quamvis frater E. — 28) febre B E.

a) De eo cf. supra cap. III, § VIg. — *b*) Cum sec. Bern. Guid. conventus in villa Orthesiensi (Orthez seu Ourtès) regulariter positus et receptus est (Martene l. c. VI, p. 486) an. 1253 [non ut legitur in Anal. I, p. 272, anno 1258]; ea quae hic de fr. Gaillardo scribit, evenerunt vel a. 1254 vel 1258 ; utroque enim anno cap. prov. Tholosae celebratum est sub fr. Gerardo, provinciali (1251-1259.) Probabiliter obiit 1258 ; in casu nempe quod sit idem ac fr. Galbardus d'Orsaut vel d'Ursaut, de quo legitur in actis cap. prov. Provinciae (ed. Douais, p. 40, 47, 67) quod assignatus fuit an. 1250 conventui Narbonensi pro lectore, pariter 1252 Conv. Agenni pro lectore et anno 1256 ut prior in Tarascone.

raliter et devote confessus[1], communicatus et inunctus tercia die migravit.

De pena fratris quam paciebatur propter pulchra edificia. Apparuit autem eadem die[2] in sompnis in villa Orthesii[3], que distat a Tholosa per quatuor dietas, cuidam viro honesto et sibi familiari. Videbatur autem ei quasi in ecclesia predicans indutus dyaconi dalmatica, facie prefulgida, collo quasi aureo toto. Cui cum ille familiaris[4] diceret stupens[5] insolitum fulgorem : « Nonne, domine, vos estis frater Gaillardus[6] »? Respondit : « Ego sum, et noveris me[7] Tholose esse defunctum ». « Unde, inquit, tanta claritas faciei[8]? » Ait[9] : « Ex pura confessione, quam habui ». « Quare, inquit, collum vestrum est aureum? » Ait : « Signum est predicacionis et zeli, quem[10] habui animarum ». Post hec traxit eum ad partem et ostendit ei per[11] manicam dalmatice quasi totum pectus et latus combustum. Cumque[12] ille stupescens[13] quereret, quid hoc[14] esset, respondit : « Ardor nimius[15] et distraccio[16], quam habebam pro hedificiis novorum locorum sic me cremant[17]. » Cui ille : « Quomodo vos adiuvare poterimus[18]? » Respondit : « Si fratres instanter[19] orent[20] pro me, quam cicius liberabor ». Hec dictus familiaris sub iureiurando dicto[21] priori provinciali narravit, qui statim per conventus illos, in[22] quibus dictus frater multum distractus fuerat, litteras misit, mandans, ut tali[23] fratri defuncto omnia duplicia solverentur, nec protraheretur[24] datum angustianti.

Quomodo frater Iohannes Balestarii ostendit se esse in purgatorio septem diebus. § XI. In conventu Lemovicensi obiit frater Iohannes Balistarii a), habundans[25] et subtillissimus predicator; qui octava die post[26] apparuit cuidam honeste persone sibi familiari, ut ipsa retulit[27], magna gloria existens dixitque sibi se fuisse in purgatorio ·VII· diebus, maxime pro[28] ingratitudine et verbis solacii et corporis recreacione. Interrogatus de pena[29] respondit, quod non poterat[30] alicui alii[31] comparari; interrogatus de statu illius, cui apparebat, dixit[32] quod non erat ei revelatum, sed si perseveraret,

---

1) et add. D E. — 2) idem E. — 3) Prenensi E. — 4) familiaris om A B C. — 5) et add. E. — 6) Gillardus A. — 7) me om. B. — 8) faciei om. E. — 9) respondit A C. — 10) que E. — 11) quod E: quasi per B C. — 12) cum E. — 13) stupens A B C. — 14) hoc om A C. — 15) nimis E. — 16) dileccio B E. — 17) locum, si me fratres iuvarent, liberarer. Cui E: construendis add. B. — 18) te poterimus B. — 19) instanter om. E. — 20) orarent E. — 21) dicto om. A B C. — 22) in om. B. — 23) die add. E. — 24) protraherent B. — 25) facundus A. — 26) post mortem octava die B. — 27) in add. B. — 28) pro om. E. — 29) penis G. — 30) poterit E. — 31) pene add. B. — 32) dixit autem quod erat ei B.

a) fr. Iohannes Balistarii fuit unus ex fundatoribus conventus apud Petrogoram (fund. an. 1241) Bern. Guid. Hist. fund. Conv. Praed. ap. Martène l. c. VI, p. 474.

salvus esset, dixit autem[1], quod venialia[2], que hic reputabantur
parva[3], postmodum gravia inveniebantur[4] in pena, interrogatus,
quomodo de[5] purgatorio exivit[6], respondit[7], quod dominus misit
angelos[8], qui eum eduxerunt et cantando[9] ante dominum adduxerunt et quod[10] quanto* magis ascendebat[11], tanto plus gaudium
suum crevit.

§ XII In conventu Tolosano obiit frater Petrus, fervens zelator sui ordinis, et qui multos bonos[12] ad dominum[13] adtraxit, hic
in infirmitate, qua obiit, promiserat cuidam fratri sibi multum
devoto, quod postmodum[14] ad eum veniret, si Deo placeret, ut
scilicet[15], si bene esset, ei[16] congauderet, si minus bene[17] eum
fideliter adiuvaret. Post aliquot igitur menses illi[18] apparens in
sompnis dixit, quod in festo ascensionis domini[19] fuerat a purgatorio liberatus Interrogatus autem, an aliquis de notis sibi fratribus esset[20] illic, respondit quod frater G[21] qui Tolose fuerat
supprior et infra octavas pasce Lemovicis obierat, adhuc remanserat[22] ibi.

§ XIII Quidam frater valde religiosus et predicator bonus
apparuit in sompnis post paucos dies a suo obitu cuidam fratri
sibi precaro, qui territus quesivit ab illo[23], quomodo sibi esset,
respondit, quod optime et in optimo[24], interrogavit autem[25] eum
frater, quomodo in suo fine tantum territus fuerat, ut videntibus
fratribus[26] faciem frequenter averteret[27] et collum rotaret Cui[28]
ille respondit « Numquid non legisti[29], quod scriptum[30] est[31]
quia territi purgabuntur[32] - Et statim disparuit

§ XIV Cuidam fratri valde contemplativo, ut ipsemet narravit, visum est, quod videret[33] fratris cuiusdam quondam mortui
corpus in claustro caput solum[34] rotabat se super marginem
fontis, qui erat propinquus Cum ergo[35] frater quereret, quid hoc
esset, respondit « Ego sum[36] frater talis, qui[37] multum affligor,
eo quod[38] vinum purum aliis limphantibus requirebam, ut possem

Quomodo frater
Petrus aperuit
cuidam fratri se
esse liberatum
a purgatorio

De alio devoto
fratri qui post
mortem apparuit
suo familiari
socio

Iob 41, 16

Pena fratris qui
vinum purum
biberat, ut bene
dormiret

---

1) autem om E — 2) venealia E — 3) reputantur minima E — 4) reputantur in penis B
— 5) a A C — 6) exisset B — 7) dixit A B C — 8) suos add G — 9) cantantes E —
10) quod om A B C — 11) ascendebant A — 12) bonos om E — 13) ordinem B — 14) mor
tem si domino B — 15) scilicet om G — 16) ei om D I — 17) bene om B D E —
18) sibi B — 19) domini om B — 20) erat L — 21) Guillelmus A Gailardus B G —
22) remansit E G — 23) eo A B C — 24) statu add I — 25) eciam F interrogatus ab
eodem B — 26) fratribus videntibus A B C — 27) adverteret E — 28) et ille A C cui ille
om B — 29) legistis G — 30) scriptum est om G — 31) et add L — 32) turbabuntur B
— 33) viderat F — 34) autem rotabatur super rotam fontis E — 35) autem A B C —
36) sum om B — 37) qui om B — 38) ego quidem E G

dormire[1]; sed orate pro me, quia propter hoc sic est ostensum ».

Ex predictis igitur patet, quod fratres pro parentum affectu, pro vana gloria vocum, pro curiositate hedificiorum, pro amore et tenacitate librorum, pro vehemencia questus, pro aviditate bibendi, pro tarditate confitendi, pro irreverencia ad prelatos, pro distraccione secularium negociorum, pro ingratitudine beneficiorum, pro nimia recreacione corporis[2], pro solaciis et levitate verborum et pro excessu, quamvis utilis credatur, et pro aliis, que nobis videntur levia, graviter in obitu et post obitum puniuntur. Unde expedit cavere ab hiis et si contigerit[3], hic urere, hic secare, ut[4] in eternum nobis[5] parcatur.

CAPUT SEXTUM.

De insidiis diaboli qui calcaneum observat.

§ I. Narravit frater Raymundus[7] de Lausana supradictus *a*), et hoc ipsum scripsit magistro[8], quod[9] in conventu Lugdunensi Francie, cum quidam frater, Petrus nomine, laboraret in extremis dixit presentibus[10] priore et ipso fratre : « Quid facis hic, cruenta bestia? » Tunc prior ait : « Quid est hoc frater? » Respondit : « Demon hic latet[11] sub pelle vetule male[12]; sed in me non prevalebit, quia fides vera me salvat[13] ». Et paulo post[14] decessit.

Quomodo quidam novicius a dyabolo deceptus nec horas legere voluit, sed non perseverabat.

§ II. Fuit infirmus Neapoli[15] novicius quidam, cui apparens dyabolus transfigurans se in angelum lucis[16] persuasit[17], ut nulli de cetero loqueretur. Habebat autem in memoria quoddam peccatum, quod numquam fuerat confessus. Cum ergo nollet horas[18] dicere nec alicui vellet de aliquo respondere, animadvertentes fratres cum esse seductum, adduxerunt ad eum fratrem Nicholaum de Iuvenacio (*b*), virum sanctum et litteratum, qui racionibus et exemplis ostendit infirmo, illud[19], quod tacebat, seduccionem esse dyaboli, qui sic eum illaqueabat, ut secum eum pertraheret[20] ad infernum. Tandem igitur[21] racionibus et oracionibus fratrum

---

1) eo quod purum?vinum facit dormire B. — 2) corporum A C D G. — 3) contingit E; contigeriut A. — 4) ut om. E. — 5) nobis om. E. — 6) Pars XXIII. Quomodo insidiatur dyabolus morientibus. Et primo quomodo frater Petrus moriens vidit eum in specie vetule primum. B; tit. om. E. — 7) R. de Lausanria E. — 8) magistro add. in marg. C. — 9) et E. — 10) presente A B C. — 11) iacet E. — 12) male vetule A C. — 13) salvat me E, — 14) post paulo E. — 15) Neapolim B. — 16) peccatum quoddam ad memoriam reduxit, quod numquam fuerat confessus, suadens ei, ut nulli de cetero confiteretur illud vel aliquid loqueretur... A. — 17) ei add. B. — 18) hoc A C. — 19) id A C: istud G. — 20) eum secum traheret A C; protraheret E ; secum om. B. — 21) igitur om. B.

a) cf. supra cap. III, § VII, not. b, p. 264. — *b*) de eo supra lib. IV. c. XXII, p. 210: l.V. cap. IV, § XIII, p. 275.

le faucibus dyaboli erutus, locutus est[1] et confessus et dyaboli fraudem detexit; et post modicum in sancta confessione decessit.

§ III[2]. *In conventu Bononiensi cum quidam alius noviceus laboraret in extremis[3], debitis sacramentis receptis[4] devote, apparuerunt ei duo demones in specie bonorum angelorum et dixerunt ei: - Tu ita gravis es, quod non possumus te in regnum nostrum recipere, sed si vis nostrum sequi consilium, post paucos dies veniemus ad te et introducemus in eamdem gloriam, quam habemus -. Quibus cum assensum preberet, preceperunt ei, quod ita stricte servaret silencium, quod nichil amplius loqueretur. Quo promittente[5] discesserunt ab eo, reducentes ei ad memoriam unum peccatum mortale, quod nulli umquam fuerat ex ceca[6] oblivione confessus. Visitavit autem eum quidam bonus frater sibi familiaris et ex tam officioso silencio intelligens has esse malignorum astucias et[7] racionibus et sanctorum exemplis ei ostendit, quomodo demones calcaneum observantes fideles sub specie sanctitatis maxime in fine nitantur decipere; ad cuius exhortacionem inspiratus, advocato fratre Herrico[8] de Brachio, sancto viro[9], peccatum illud fuit ei confessus et auctoritate prioris plenus absolutus narrans per ordinem predictam dyaboli illusionem coram pluribus fratribus. Qui presens fuit hoc retulit.*

Quomodo duo demones in bona specie apparuerunt cuidam novicio suadentes ei servare silencium.

§ IV. In conventu Avinionensi Provincie fuit quidam frater, nomine Bertrandus[10], predicator et cantor devotus, qui quadam nocte hyemis in lecto positus cepit[11] cantare: *Crucifixus surrexit a mortuis*[12], et subito vocem audivit: « Cave tibi, frater, quia non videbis illud[13] tempus, quo ista cantantur ». Quod ipse retulit cuidam fratri bono, qui michi narravit hoc[14]. Post hoc[15] missus Arau*sicam[16] a) civitatem, in qua fuerat natus, cepit graviter infirmari; fecitque se ad domum fratrum minorum portari; ubi cum iam in mortis periculo esset, dixit[17] confessori suo astanti: « Removete[18] pro Deo[19] de super me cascos istos; multum enim me premunt ». Quesierat autem[20] pro necessitate[21] fratrum multos

Quomodo frater Bertrandus ammonitus est, ut non viveret usque ad festum pasche.

* 56'

---

1) est om. B. — 2) h. par. om. A D E G. — 3) novicius alius in extremis laboraret B. — 4) susceptis B. — 5) dicto B. — 6) execcata B. — 7) et om. B. — 8) Henrico B. — 9) plenius add. B. — 10) Bertrandus nomine A C G. — 11) ad se add. A C D; apud se add. B G. — 12) antiphona S. Crucis pro tempore Pascali. — 13) id A C. — 14) hec A C. — 15) hec A C. — 16) Aurasicam B E. — 17) dixit om. E. — 18) remove E G. — 19) propter Deum B. — 20) enim B. — 21) necessitatibus A B C.

a) Orange.

caseos in[1] illis diebus. Cumque frequenter hoc diceret et mirarentur astantes, cum nullus ibi caseus esset[2], tandem confessor eius rem intelligens ait : « Noli timere, karissime, ego auctoritate Dei et ordinis te absolvo, si[3] in querendis caseis eum[4] in aliquo offendisti ». Ille ergo statim[5] tacuit et post cepit[6] manum ante faciem ducere quasi abigens[7] muscas. Cui socius suus dixit : « Quare hoc facis, frater ? » « Demones, inquit, video ». Tunc frater crucem, que ibi erat, sibi tradens ait : « Defendite vos cum ista. » Quam infirmus fortiter[8] tenens et ea[9] se signans cepit osculari et flens ait : « *Tu es virga direccionis, virga regni* » et talia multa[9]; et reposita[10] cruce[11] in loco honesto, iterum dixit fratri : « Video beatum Augustinum » quem scilicet[12] in speciali devocione habuerat et de quo omni die memoriam faciebat. Cui socius respondit : « Ille magnus sanctus et pater est et vos bene poterit[13] iuvare ». Post hec cepit cantare, ut poterat, salve regina[14] et[15] ipsam[16] cantando migravit ad dominum. Sepultusque est cum magna devocione a fratribus minoribus et a tribus fratribus nostris, qui nobis hec omnia retulerunt[17].

Ps. 44, 7.

De quodam iuvene qui crucem in celo viderat et cui morienti apparuit diabolus.

§ V. In conventu Marsiliensi fuit infirmus quidam frater iuvenis[18]; hic cum iam quasi mortuus a fratribus circumstantibus[19] servaretur et tota nocte exaltacionis sancte crucis agonizasset, subito cepit extendere brachia et clamare : « Ecce crucem domini in celo video, cuius festum in terra hodie celebratis ». Tunc prior stupefactus crucem parvulam[20], que[21] ante ipsum more decedencium posita erat, ei offerens[22] ait : « Ecce[23], fili, crucis Dei signum ». Qui respondens ait : « Ego quam dicitis non video; sed veram Christi crucem iam cerno[24] in celis ». Et cum ei[25] crux iterum[26] offerretur, ter vel quater eadem[27] replicavit, increpans astantes et dicens : « Nonne eam rutilantem videtis? » Post hoc[28] priori cum gemitu ait : « Ecce quam fraudem michi voluit[29] facere inimicus; veniens enim cum magna caterva demonum, me ut servum suum caperet, conabatur. Cumque hoc negarem penitus

---

1) in om. A C; in diebus illis om. B. — 2) adesset B. — 3) sed E. — 4) eum om. A B C; Deum D. — 5) ergo statim om. B. — 6) suam add. B. — 7) abiens G. — 8) sortitus B. — 9) eam E. — 10) similia B. — 11) reportata A C. — 12) cruce om. E. — 13) scilicet om. B. — 14) potest B G. — 15) misericordie add. E. — 16) in add. E. — 17) ipsum A. — 18) reciderunt E. — 19) Stephanus add. in marg. C. — 20) circumstantibus om. A B C. — 21) parvam A C. — 22) sibi add. A C; ibi add. B D G. — 22) afferens A C. — 23) ecce — ego om. E. — 24) animadverto E. — 25) Christi add. E. — 26) iam E. — 27) tandem E. — 28) hoc om. A B C. — 29) voluit michi A C.

et Christi me[1] servum discipulumque[2] dicerem, ait : « Imo meus servus es, quia eri vinum contra consilium medicine et sine licencia solus bibisti ». Tunc prior frater Petrus[3] de Casis, vir[4] valde religiosus, qui hec[5] michi narravit, infirmo dixit : « Fili, confitere hoc cum[6] animi dolore et magnum dyabolo vituperium facies[7] ». Quod cum ille cum lacrimis fecisset, laudans[8] et[9] benedicens dominum[10] et beate Marie dicens gaudia obdormivit.

§ VI. Fuit in eodem conventu frater Wilhelmus[11] de Locis[12], antiquus et qui a[13] principio in ordine laboraverat multum; hic nocte, qua obiit, ut michi retulit frater bonus, qui ei assistebat, frequenter ad vicinum parietem quasi territus aspiciebat; forte astabat cruenta bestia, que Martino astitit et in crucis[14] brachio legitur expectasse. Cum autem[15] dictus servitor ab eo quereret[16], an aliquid malignum videret[17], annuit ita esse. Tunc frater contra parietem et super eum aquam benedictam cum oracione iactavit; ex[18] quo infirmus gavisus ei humiliter inclinavit. Videns autem servitor illum territum ad confidenciam[19] de Dei misericordia et Christi passione[20] et de beate Marie adiutorio et huiusmodi animabat eum. Unde cepit flere infirmus et post paululum cum illa devocione decessit. Precedenti autem dominica multum devote predicaverat de versu[21] psalmi : *Letatus[22] sum in hiis, que dicta sunt michi, in domo domini ibimus.*

Quomodo frater Petrus Guillelmus moriturus vidit quandam visionem terribilem.

Ps. 121, 1.

CAPUT SEPTIMUM.

Frater Bertrandus a), vir sanctus et socius beati Dominici et primus provincialis prior fratrum Provincie[24], fere qualibet die missam pro peccatis dicebat. Cum ergo[25] in conventu Montispessulani frater Benedictus, vir bonus et prudens, hoc advertisset, quesivit[26] ab eo, cur raro[27] pro defunctis et[28] pro peccatis sepius[29] celebraret[30]. Qui respondit : « Quia defuncti, pro quibus orat ecclesia in tuto sunt, et certum est, quod ad salutem pervenient[31] ».

De differentibus subvenire defunctis.

• 57.

---

1) me om. E. — 2) et discipulum A B C G — 3) Petrus om. E. — 4) vir om. E. — 5) hec om. G. — 6) cum om. E. — 7) facies vituperium A C. — 8) laudans om. A C. — 9) ac B. — 10) Deo A C. — 11) Gherardus B. — 12) locis A. — 13) in E. — 14) dominice add. B. — 15) autem om. B. — 16) quereret ab eo A C. — 17) videret malignum E; maligni B. — 18) ex — videns om. G. — 19) confitendum B. — 20) confessione G. — 21) illo add. A B C. — 22) beatus E. — 23) tit. om. A C ; B. add. et primo quod magis sit subveniendum defunctis quam vivis. Primum. — 24) primus provincialis Provincie fratrum... A C. — 25) ergo om. E. — 26) peciit G. — 27) non A B C. — 28) sed A B C. — 29) sepius om. E. — 30) celebrabat A C G. — 31) perveniunt G.

a) De fr. Bertrando de Garriga cf. supra p. 74, 80.

Nos autem peccatores in multiplici periculo et[1] pendulo[2] conver-
samur[3] „ Cui frater ait « Dicatis michi, priori[4] karissime, si hic
essent duo mendici equaliter[5] pauperes, sed alter omnia membra
corporis salva haberet, alter vero careret omnibus, cui prius[6]
subveniretis? » Respendit - Ei qui minus iuvare se posset „
Tunc frater Benedictus ait" « Sic sunt defuncti, qui nec os habent
ad confitendum[8], nec aures ad audiendum, nec oculos ad flendum,
nec manus ad operandum, nec pedes ad peregrinandum, sed sola
nostra expectant[9] adiutoria, peccatores autem preter[10] suffragia
predictis[11] omnibus iuvare se possunt „ Cum autem nec sic
aquiesceret prior[12], sequenti nocte quidam terribilis defunctus ei
apparuit cum[13] tumulo lingneo eum graviter comprimens, qui
plus quam decies eum in illa nocte excitavit et terruit et vexavit
Unde in aurora dictum fratrem Benedictum vocans et ad altare
cum lacrimis accedens devote ex[14] tunc pro mortuis[15] celebravit
Hec ab hore ipsius fratris Benedicti audivit, qui ista[16] descripsit

Quomodo quidam
apparens alteri nun
ciavit ei penas ani-
marum in purga-
torio
§ II[17] Frater quidam ad predicandum missus[18] villam quandam
intraverat[19] et ascenderat[20] solarium vespere ad pausandum Et
ecce in opposita domo perditi adolescentes ad funus defuncti convenerant et obscenis vacantes lusibus vigilabant Hec ut audivit
frater, flere cepit uberrime perditorum insanias[21] miseratus Nec
mora, ut se deposuit super lectum, quidam[22] astitit, ut sibi visum
est, dicens « Legacione[23] fungor animarum in purgatorio pur-
gandarum, hec enim mandant suis[24] in possessionibus derelictis
Iob 19, 21 constitutis *miseremini mei, miseremini mei, saltem vos amici
mei, quia manus domini tetigit me* „ Et ait « Frater[25], ex[26]
huis verbis cras tibi sermonis verba suscipies et refelles ludos
execrabiles, quos vidisti[27] et induces homines ut defunctorum
amicorum pie subveniant animabus „ Nec[28] distulit frater in
crastino, sepulto corpore, iniunctam legacionem convenientibus
populis indicare, tantumque in illo sermone profecit, ut omnes

---

1) in add A B C — 2) sumus et add G — 3) versamur A C — 4) priori om B — 5) equa-
lis E — 6) primo A C — 7) frater Prior, benedicis, sic E — 8) nec manus ad operandum, nec aures E — 9) expetunt adiutoria et expectant A C G expectant et expetunt B
— 10) preter om F, nostra add B G — 11) peccatis E — 12) prior om B C — 13) cum
stimulo eum graviter pungens B — 14) ex om A B C — 15) sepius add in marg C G —
16) hec G — 17) § II, III, IV desunt in cod G — 18) dimissus E G — 19) intravit E G —
20) ascendit B — 21) perditor insania E — 22) ei add B — 23) legionem animarum F —
24) suis dilectis in corporibus constitutis E — 25) fratri B — 26) ex huis cras thema suscipies et referes ludos E — 27) et audisti add C — 28) et non E

a minimo usque ad maiorem ad[1] tantam lacrimarum habundanciam et amaritudinem[2] commoveret, ut mirus[3] fervor excitaretur in populo defunctis[4] proximis subvenire et ludos, quos prediximus[5], execrabiles removerent[6] a).

§ III. Frater Rao Romanus supradictus b), vir maxime sanctitatis, dixit in collacione coram fratribus, quod unum de illis, que[7] magis semper timebat[8], erat, ne cum defunctorum debito moreretur[9].

Quam malum sit non satisfacere defunctis.

§ IV. Contigit fratrem quendam decedere cum debito defunctorum, qui post longum tempus apparuit in sompnis cuidam suo familiari tristis et totus exustus. Cumque ille quereret, quomodo tanto tempore non esset totus[10] purgatus respondit : - Quia nullam subvencionem recepi, eo[11] quod defuncti alii receperunt suffragia, que eis[12] debebam[13], et sic misericordiam Dei et vestram adhuc expeto et expecto[14] - .

Quomodo quidam defunctus cum debito defunctorum puniebatur.

§ V. In conventu Claremontensi[15]c) priore quadam nocte[16] dicente psalmos deambulando per claustrum quidam conversus illis diebus in conventu defunctus tenuit manum eius dicens : - Prior, dicatis fratribus, quod male faciunt, quia[17] non solvunt michi debitum meum -. Prior autem intelligens vocem et manum senciens neminem vidit et pavefactus[18] convocatis fratribus in capitulo, quod audivit[19], retulit et invenit, quod multi adhuc ei[20] non solverant, quod debebant. Unde monuit[21], quod non protraherent datum angustianti.

Quomodo quidam conversus apparuit suo priori conquerens, quod fratres ei non satisfacerant.

§ VI. Frater quidam Lombardus, qui magnus fuit predicator et ordinis zelator, quadam tristicia absorptus, cum causa recreacionis ivisset ad fluvium sine licencia[22] balneatum, expectante socio a foris, in satis parva aqua submersus est, licet bene sciret natare. Frater autem quidam[23], qui eum tenerrime diligebat, dedit se totum ad orandum pro eo. Cum ergo multis lacrimis frequenter[24] se mactaret pro eo, quadam nocte apparuit ei in

Pena cuiusdam qui balneando quesivit suas recreaciones.

---

1) ad om. E. — 2) et amaritudinem om. B. — 3) nimis E. — 4) populis sive add. B. — 5) predixi? A C. — 6) amoverunt C ; removere A : removerunt D. — 7) quod magis timebat semper E. — 8) timuit B. — 9) hic incipit D. cap. VII : de differentibus subvenire defunctis — 10) totus om. B : tantus E. — 11) et E. — 12) eis om. B. — 13) debebantur C. — 14) expeto et om. E. — 15) Clarimontis A C. — 16) dominice add. in marg. C. — 17) quod D E. — 18) expavescens B. — 19) audierat D E. — 20) ei om. B. — 21) ammonuit B. — 22) sine licencia om. B. — 23) quidam om. E. — 24) frequenter om. B.

a) Idem fere iisdem verbis narrat Thom. Cantiprat. l. c. p. 376 et 377, dicens hoc a fratre quodam narrante audisse. — b) Vide p. 197, § VII. — c) Clermont en Auvergne cf. p. 256 not. a.

sompnis cum cappa vili et capucio rupto. Cum autem frater quereret, quomodo sibi esset : « Non sum, inquit, dampnatus, sed
vehementer crucior[1] in flamma ». Et ostendit ei[2] brachia, que
sine licencia[3] lascive ad natandum extenderat maxime usque ad
ossa cremari. « Possumne, ait[4] frater, tibi in aliquo subvenire? -
« Potes, inquit*, orando[5], celebrando et inducendo alios fratres,
ut debitum solvant[6] et graciam superaddant ». Cumque[7] frater
hoc amicis specialibus[8] et fratribus revelasset et instanter pro eo
orare fecerat[9], idem[10] alia nocte apparuit ei in pulcro habitu[11]
et querenti, quomodo sibi esset[12], respondit, se[13] bene esse, sed
adhuc optimum[14] expectare; et multa de purgatorio et paradiso
disseruit sibi[15].

*57'

De quodam devoto
fratre Mattheo, qui
puniebatur ideo,
quod fratres non
solverant sibi debi-
tum.

§ VII. Fuit in Hyspania frater Mattheus, lector et predicator
devotus et inter fratres, cum studeret Parisius et in sua provincia cum legeret valde religiosus. Hic post ·IX·[16] dies sue defunccionis cuidam fratri oranti apparuit; et cum quereret frater[17],
quomodo sibi esset, respondit : « Bene, quia modo purgatus ad
Christum[18] vado ». Frater territus ait[19] : « Quomodo tantum in
purgatorio fuistis[20]? » At[21] ille : « Hoc fecit negligencia fratrum ;
si enim statim solvissent debitum[22],infra diem terciam evolassem ».

CAPUT OCTAVUM.

De malo eventu
apostatarum.

Cum de felici obitu fratrum[24] et penoso[25] superius dictum sit[26],
restat, ut de miserabili eorum fine, qui fraternitatem non dilexerunt nec nobiscum remanserunt[27], sed ut[28] apostate deseruerunt
domicilium suum, quedam[29] subiungamus.

§ I. Quidam antiquus in ordine et litteratus et eloquens et
valde gratus[30] magnatis amore cuiusdam fratris sui carnalis ad
hanc devenit miseriam, quod ordinem dereliquit et intendens
alchimie, ut fratrem ditaret, Sardiniam devenit, quia ibi mineras

---

1) cruciatus B. — 2) illi E. — 3) sine licencia om. B. — 4) ait om. E. — 5) et add. E. —
6) solvant debitum E. — 7) cum ergo A C; autem B. — 8) spiritualibus B. — 9) faceret B G.
— 10) iterum quadam (D : alia) A C D ; item E; iterum B G. — 11) et facie decora, sed palida
parumper, et... add. G. — 12) erat D E G. — 13) sibi A C. — 14) oportere modicum B. —
15) ei disseruit B. — 16) XIX. E. — 17) frater om. B. — 18) ad Christum om. E. — 19) et
add. A C D. — 20) fuisti B. — 21) ac A C. — 22) debita E. — 23) tit. om. E; et de miserabili fine eorum add. G; Pars XXV. De apostasia fratrum. Et primo de quodam apostata,
qui habuit tot pediculos in morte, quod sepiliri vix poterat. Caput primum. B. — 24) pariter
add. A C D. — 25) et penoso om. G. — 26) est A C E. — 27) remanserunt nobiscum A C G :
remansere subiungamus B. — 28) aliquid A C. — 29) sed ut... suum pauca exempla pona-
mus C. — 30) graciosus B E.

terre ad hoc utiles esse audierat, et quia tucius latitabat; nam fratres[1] non morabantur in insula illa a). Cum ergo annum et plus in huiusmodi fraude temere consumpsisset, infirmatus ad mortem cum nullum fratrem posset invenire, dixit duobus clericis, qui errabant[2] cum ipso: - Ecce, karissimi mei[3], morior extra sanctum[4] ordinem, quem ut[5] miser et carnalis reliqui. Habeo autem habitum ordinis in mantica mea[6], quem rogo, ut[7] michi[8] quam cicius[9] imponatis, ut saltem sepelliar in eo -. Cumque hoc illi[10] facere vellent, subito de corpore ipsius[11] tot ebullierunt pediculi, quod clerici territi et iam ipsis vermibus cooperti fugerunt, nec[12] ipsum defunctum plene[13] terra obruere propter pediculorum multitudinem potuerunt.

§ II. Alius quidam de nobilioribus provincie sue[14] ordinem exiens aborrentibus eum amicis[15] ad tantam devenit miseriam, quod rapinis et furtis se sustentabat utcumque[16]. Tandem cum quodam excommunicato et usurario publico multo tempore vixit[17], scribens eius debita et filium[18] docens; et post inter excommunicatos miserabiliter est defunctus.

De alio apostata qui furtis et rapinis se sustentabat.

§ III. Alius quidam, qui a fratribus propter peccata sua[19] fuerat[20] vinculatus, ordinis fugiens disciplinam a domino papa impetravit, quod monasterium beati Victoris b) Marsiliis[21] intraret. Quo recepto ibidem, quia valde graciosus predicator erat, multum gavisi sunt monachi; abbas autem ut magnum magistrum secum eum[22] ducebat. Infra autem paucos annos sedicionem maximam[23] inter abbatem et monachos et inter monasterium et Aquensem[24] c) archiepiscopum concitavit, in[25] quibus dictum monasterium multa millia expendit et parum profecit. Tandem abbas et monachi derisorem[26] illum eiecerunt a suo cetu et abiurare[27] totam provinciam compulerunt.

De alio apostata.

§ IV. Item alius apostata noster in monasterio Case Dei d)

De quodam doctore et inquisitore heretice pravitatis, sed apostata.

---

1) nam fratres add. in marg. C. — 2) habitabant cum illo B. — 3) mei om. B G. — 4) fratrum B C. — 5) et E. — 6) nostra A C. — 7) quod D G. — 8) ut michi om. E. — 9) quatinus E. — 10) cum illi B. — 11) illius B. — 12) super... terram A C. — 13) vix G. — 14) sne Provincie E. — 15) amicis eum rogantibus B. — 16) ubique B; aliquantulum D E. — 17) fuit E. — 18) eius add. A B C. — 19) sua om. E. — 20) fuerat om. A C E. — 21) Marsiliensis A B C. — 22) eum secum A B C. — 23) magnam A B C. — 24) Aquisiensem B; Arquensem E. — 25) pro E: in om. B. — 26) decisorem G. — 27) adiurare contra eum B.

a) Fratres nostri circa annum. 1254 primum conventum in Sardinia fundaverunt. — b) Monasterium canonicorum Regularium Massiliae (Marseille). — c) Aix. — d) Monasterium Case Dei situm est in territorio Podiensi (Puy).

receptus illud[1] multis discordiis et debitis laceravit; tandem ipsum cum dedecore expulerunt.

De quodam inqui-
sitore heretice pra-
vitatis, sed postea
apostata.
58.

§ V. Fuit alius[2] quidam in Francia habens officium inquisicionis contra hereticos in[3] tanto nomine, quod fere[4] tota Francia tremebat[5] a facie eius et ipsum in maxima[6] reverencia habebant eciam omnes magni[7]. Hunc cum propter superbiam suam et quia[8] non volebat[9] se regere secundum[10] consilium maiorum suorum confidens de populari[11] favore[12], fratres[13] Parisius[14] diu tenuissent in vinculis, tandem a domino papa[15] eius obtinuerunt amici[16], ut solveretur et alium intraret ordinem. Qui primo ad fratres de Trinitate, dehinc ad illós de sancto Victore intravit; sed ab utrisque propter mala sua expulsus tandem Claram Vallem[17] *a*) intravit; ubi cum primo in magno esset[18] honore[19], tandem[20] deprehensis[21] eius miseriis, quas Deus diu non permisit latere[22], ad vilem statum reductus[23] est in illo conventu et sic coram multis confusus[24] post tempus modicum cum[25] verecundia magna et multo dolore decessit[26].

De pena alterius
apostate.

§ VI. Alius quidam, qui Parisius sentencias legerat, cum propter quasdam restricciones sibi factas apostatasset[27] et post de curia rediens, ad quam iverat[28], ad Premonstratenses[29] intrasset[30], eo quod petens recipi[31] non potuit obtinere, quod reciperetur in provincia[32] sua[33], in qua[34] scandala fecerat, ipso die pasche morbo caduco et[35] horribili percussus[36] est; cumque nec sic resipisceret, iterum cadens paraliticus[37] Parisius, ubi in theologia rector fieri aspirabat, miserabiliter est defunctus[38].

De alio apostata
submerso.

§ VII. Alius in Francia valde[39] graciosus et in multis dotatus bene[40] cum ex quadam turbacione[41] apostatasset[42] et suus provincialis obtulisset[43] petenti misericordiam, quod in alio[44] quodam

---

1) ipsum A B C; cum G. — 2) autem B. — 3) in om. E G. — 4) fere om. E. — 5) timebat A C. — 6) magna B. — 7) magistri A C. — 8) quod E. — 9) nolebat B. — 10) ad G. — 11) proprio E; populi B D. — 12) cum add. B; et add. A C. — 13) propter insolencias suas add. in marg. C. — 14) Parisius om. A B C. — 15) papa om. B. — 16) eius amici E. — 17) Claravallem B; Clarenvallem E. — 18) esset in magno E. — 19) errore E. — 20) cepit seminare discordias add. in marg. C. — 21) premisis miseriis E. — 22) diu latere A C. — 23) redactus A B C. — 24) confessus G. — 25) cum om. E. — 26) recessit E. — 27) apostatasset om. E. et add. E. — 29) apud Monstratenses B. — 30) introisset A C. — 31) recipi om. A C. — 32) patria B E. — 33) sua om. A C. — 34) ubi B. — 35) et om. B G. — 36) passus E. — 37) sine confessione et sacramentorum percepcione Parisius G. — 38) inter Premonstratenses scolares de proprio et furtis suspectus probabilibus coniectis add. G. — 39) alius valde in Francia fuit... C. — 40) bene om. C. — 41) tribulacione B C. — 42) apostasset E. — 43) ei add. B G. — 44) aliquo B C G.

a) Clairvaux.

conventu faceret cum recipi, si vellet, propter quasdam causas racionabiles[1] nolens eum recipere in conventu, unde exierat, superbe respondens recessit ab eo; et ecce post modicum tempus, cum[2] transiret quoddam brachium maris[3], subito submersus[4] est versus Rupellam[5] a).

§ VIII. Frater quidam alius[6] valde nobilis et de comitum parentela ingressus ordinem et aliquantulum in eo commoratus[7], allegans, quod ipsum non poterat sustinere, impetravit licenciam a papa, quod ad quosdam regulares canonicos se posset transferre. Quod cum fecisset, electus est[8] in prepositum canonicorum illorum[9]; appellatum est, ivit ad curiam, litigavit diu, tandem obtinuit et, cum rediret[10], in ipsa via decessit quam cito post dignitatem obtentam.

De quodam alio apostata qui erat de nobili genere.

§ IX. Quidam alius bene dotatus in naturalibus et valde graciosus in cantando, in legendo, in scribendo, in predicando[11], in dictando, decorus corpore, acceptus hominibus, cum restringeretur a discursibus, in quibus erat[12] libenter, quia reputabant[13] hoc sui maiores expediens, impetravit licenciam a[14] papa, mediante quodam episcopo, qui ei secundum carnem attinebat, ut[15] posset se transferre ad quandam abbaciam regularium canonicorum, in qua ut creditur, intendebat[16] in abbatem promoveri illo episcopo[17] mediante. Factum est autem in die anniversaria, qua habitum nostrum deposuit et alium assumpsit, quod quidam[18] exercitarent se in curia abbacie illius ad signum cum sagittis, ipso presente et[19] aspiciente. Cum ergo unus traheret et percusisset in quodam loco, sagitta quasi retro rediens versus illum, percussit illum in uno oculo[20] et gravissime vulneravit[21]. Cum autem Parisius deportatus fuisset ad habendum remedium ibidem[22], nullo valens medicamine curari cum[23] dolore et angustia vitam quam cito finivit.

Quomodo quidam apostata promotus abbas in alio ordine interiit per sagittas.

---

1) racionabiles causas B C. — 2) dum B G. — 3) fluminis B. — 4) submersus om. B. 5) versus Rupellam om. A E; haec par. in cod. A sic sonat: Item alius in ordine valde graciosus et dilectus ab omnibus, cum quadam perturbacione apostatasset et suus provincialis obtulisset ei misericordiam, ad tantam devenit miseriam, quod vix poterat necessaria invenire. Cum autem quandam naviculam ascendisset, subito submersus est. — 6) alter B. — 7) moratus A B C. — 8) est om. E. — 9) illorum om. B C. — 10) tandem — in om. E. — 11) in predicando om. E. — 12) quibus intendebat B. — 13) indicabant A C. — 14) domino add. E. — 15) ut — intendebat om. E. — 16) attendebat G. — 17) episcopo illo E. — 18) iuvenes add. A C D; iuvenis exercitaret B. — 19) presente et om. E. — 20) oculo om. E. — 21) vulneratur in oculo E. — 22) ibidem remedium nullo medicamine valens... E. — 23) cum om. E G.

a) La Rochelle.

De lamentabili interitu alterius fratris apostate.

§ X. Alius quidam mirabiliter dotatus[1] in naturalibus[2] et graciosus et dilectus ab omnibus levitate ductus exivit ordinem et factus est monachus niger a). Datus est autem ei quidam nobilis prioratus in quadam* civitate Lombardie, que aderebat domino Chunrado[3], filio domini Frederici, quondam imperatoris[4]. Inde ergo factus familiaris domino illi Chunrado propter sensum et gracias, quas habebat, factus est magnus in curia eius; ubi exponens se[5] vanitatibus secularibus habebat canes et aves et se in venacionibus occupabat. Cum autem die quadam veniens Salernum premisisset familiam[6], ut pararet hospicium, et postea veniens posuisset se ad mensam, ecce in ipso principio comestionis reclinans ad parietem[7] caput subito exspiravit.

De alio apostata magne auctoritatis.

§ XI. Fuit quidam alius in Francia grandevus[8], veneranda persona, litteratus, predicator bonus, notus in curia regis et[9] universitate Parisiensi et fere ubique apud magnos. Hic cum diu discurrisset et fructum magnum fecisset, tandem a maioribus suis propter quedam, que audiebant, restrictus est, ne tantum discurreret; et oblatum est ei pro sui reverencia, quod esset quocumque[10] sibi placeret, in infirmitorio vel hospicio et ad labores conventus[11] communes non teneretur propter suam senectutem et debilitatem[12]. Sed ille dyabolo swadente hoc impacienter ferens ivit[13] ad curiam, que tunc erat Lugduni b), et impetravit[14] per magnos amicos, quos habebat, ut posset ad alium ordinem se transferre. Rediit cum litteris et[15] mutavit habitum. Factum est autem, Deo viudicante in eum[16], quod[17] qui ante in habitu ordinis recipiebatur ut angelus Dei ubique[18], non solum non inveniret aliquam religionem, que eum vellet recipere, sive alborum c) sive nigrorum, sed eciam vix hospicium inveniebat ad caput reclinandum. Unde et quidam eius nepos, qui per procuracionem eius[19] fuerat canonicus in[20] quadam nobili ecclesia factus[21], qui eum, dum esset in ordine in[22] omni reverencia habebat, vix eum

* 58'

---

1) indotatus E. — 2) temporalibus B. — 3) Corrado A C: Courado B. — 4) quondam imperatoris om. G: filio quondam domini Frederici imperatoris B. — 5) se om. E. — 6) familiam alios ad hospicium B. — 7) ad parietem om. E. — 8) grandeva E. — 9) in add. A B C. — 10) ubicumque A C: ubique B. — 11) communes B: conventus add. in marg. C. — 12) debilitatem om. B. — 13) illic E. — 14) et impetravit om. E. — 15) et om. D E. — 16) eo G. — 17) quod ante habitum E. — 18) ubique ut angelus A C. — 19) eius om. G. — 20) in quadam nobili ecclesia B: Cameracensis qui eum add. G. — 21) qui per eius procuracionem factus fuerat canonicus A B C. — 22) in om. A C.

a) Sub nomine monachorum nigrorum intellige Benedictinos. — b) Innocentius IV. die 2. dec. 1244 pervenit Lugdunum ibique mansit usque ad d. 19. aprilis 1251. Rayn. l. c. ad 1244 et 1251, p. 410. — c) Sub nomine monachorum alborum intellige Cistercienses.

videre volebat aut ei[1] aliquid impertiri[2]. Pergens ergo[3] de
loco ad locum tamquam miserabilis et[4] abiectus, cum venisset
ad quendam locum vicinum conventui Atrebatensi[5] a), de quo
fuerat aliquando[6], incurrit infirmitatem extremam. Sed antequam
fratres venissent, quos vocari fecerat,— et non distabant[7] nisi per
duas leucas — defunctus est. Verum[8] pietas divina meritis[9] illorum, quos ad penitenciam traxerat, ut credi potest, in fine respexit
illum. Nam coram sacerdote et domina ville et aliis pluribus[10]
graviter se accusans et ordinem supra modum extollens et se
indignum tali habitu iudicans, facta confessione et sacramentis
devote receptis[11], migravit.

CAPUT NONUM.

Ad laudem et gloriam Ihesu Christi referimus, que[13] fratres de
Hyspania nobis de fratre Pelagio Hyspano scripserunt.

De hiis qui mi-
raculis clarue-
runt post mor-
tem.[12]

Hic cum diu in predicacionis officio et confessionum[14] audicione
fideliter et[15] ferventer et humiliter laborasset, tandem in regno
Portugalie in conventu Columbrie[16] b) coram[17] positis fratribus
et orantibus in domino requievit. Post tempus aliquod cum fratris
cuiusdam[18] defuncti fossa iuxta suum[19] tumulum fieret[20], ipsum
fossorem et fratres, qui affuerunt[21], odor mirabilis et nebula de
tumulo eius[22] egrediens cum suavitate respersit. Dictus autem
fossor habebat filiam gravi infirmitate[23] detentam ita[24], ut de
lecto surgere non valeret; qui domum regrediens devovit eam
fratri Pelagio; que statim surgens accepit amphoram et plene
curata aquam de fluvio adportavit[25].

Item cum fratres illius loci campanam facerent et per errorem
operarii multum de cupro deesset[26], frater quidam surgens de
oracione accepit de terra tumuli[27] fratris Pelagii et in fornacem[28]
proiecit; et in continenti[29] in[30] cuprum excrevit; et perfecta[31]
campana superfuerunt de cupro centum viginti sex[32] libre,·

· 59.

---

1) ei om. A C. — 2) impartiri A C D. — 3) ergo om. E. — 4 et om. E. — 5) Attreban-
tensis E. — 6) aliquando om. E. — 7) distarent A C. — 8) unde B. — 9) preces A C. —
10) multis B. — 11) susceptis B. — 12) tit. om. E; Pars XXVI. De gloriosis miraculis
quibus fratres claruerunt post mortem: et primo de miraculis fratris Pelagii. Primum B;
de multis fratribus qui... A C. — 13) recurrimus et fratres E. — 14) confessionis B. — 15) et
om. D E. — 16) Colimbrie A C. — 17) cum E. — 18) cuiusdam om. B. — 19) eius B. —
20) et add. B. — 21) aderant B — 22) eius om. B. — 23) gravitate G. — 24) ita om. B.
— 25) asportavit B. — 26) esset E. — 27) tumuli om. G. — 28) formantem E. — 29) statim B.
— 30) in om. D E G. — 31) facta A B C. — 32) L·XX·L·VI· E.

a) Arras. cf. p. 243, not. a. — b) Conv. Colimbricusis a. 1227 fund. Anal. I. p. 123.

quas[1] preter illa que data[2] fuerant mutuo[3] fratres acceperunt ; secundum autem arbitrium operarii deficiebat prius de perfeccione campane[4] pars tercia.

Aliud de eodem. Item uxore cuisdam infirmitate gravata in costis et stomacho, vir eius apposuit calcionem[5], que fuerat fratris Pelagii, super locum doloris, statimque curata est. Idem miraculum contigit viro dicto.

Item apud Columbriam cum quidam scutifer vehementer laboraret febri[6] acuta et collo eius fuisset apposita ab amicis terra de tumulo fratris Pelagii[7], febris recessit[8].

Aliud eiusdem. Item frater quidam eiusdem[9] conventus cum vehementer febribus ureretur, proiecit se super tumulum fratris Pelagii, et febris deinceps eum non invasit[10].

Aliud de eodem. Item[11] quidam existens in multis mortalibus, cum non posset, licet vellet, propter cordis duriciam confiteri, venit ad sepulcrum fratris Pelagii rogans affectuose, ut sibi confessionem cum cordis contricione a domino impetraret. Post modicum autem[12] in tantam subito contricionem devenit, quod pre lacrimis et[13] singultibus, ut ipsius confessor perhibuit, vix potuit confiteri.

Item cecus quidam, qui ipsi fratri Pelagio aliquando confessus fuerat, auditis post mortem ipsius miraculis ipsi se cum multa humilitate devovit statimque visum recepit.

Aliud de eodem. Item quinque demoniaci ad[14] invocacionem eius diversis temporibus curati sunt et[15] ad sepulcrum eius venerunt Deo et sancto eius gracias referentes.

Item quod mirabilius fuit, due Saracene habebant fel res apud Columbriam vehementes; que[16] acceperunt de terra tumuli fratris Pelagii et statim divina misericordia sunt curate.

De diversis miraculis fratris Gonsalvi. § II. Item in eadem Hyspanie provincia[17] fuit frater Petrus Gonsalvi[18] a), qui in Tudensi[19] ecclesia honorifice est[20] sepultus,

1) iam E. — 2) danda E. — 3) fratres mutuo A B C. — 4) campane perfeccione A C D. — 5) calcem C: calcacionem E. — 6) febri om. D E G. — 7) statim add. A C D. — 8) et febris eum deinceps non invasit B. — 9) cuiusdam A C E. — 10) et statim febris recessit B. — 11) item om. B — 12) autem om. E. — 13) et om. E. — 14) ad eius A C. — 15) sunt et om. E. — 16) et B E G. — 17) provincia Hispanie A C. — 18) alias Gonsalin add. D. — 19) Tudertina B. — 20 defunctus et add. E.

a) Anno Domini 1240 ipso festo Resurrectionis Domini obiisse proditur fr. Petrus Gundisalvus in regno Galliciae in civitate Tudensi, cui pater fuit natione Hyspanus, patria Astorgamis, ex nobili prosapia, sed moribus nobilior, et ante ord. ingressum Canonicus fuit primo, et postea decanus factus in eadem ecclesia. Dum autem terrenorum amore

ubi ad invocacionem eius multa fiunt miracula. Unde et venerabilis eiusdem civitatis episcopus plus quam ·CLXXX· miracula[1], per[2] discretos et fide dignos examinata et per testes[3] iurata sub sigillo suo[4] transmisit capitulo generali, quod est celebratum Tolose anno domini ·M·CC·LVIII·. Inter que miracula leprosi ·V· mundati, demoniaci ·XI·[5] liberati[6], ceci, surdi, muti[7], fistulati, gutturnosi, contracti et diversis febribus laborantes[8] quam plurimi referuntur.

Cuidam[9] ex percussione fruticis due spine in oculis[10] remanserunt, que adeo alte intraverunt[11], quod nullo modo poterant extrahi vel eciam[12] videri. Invocavit auxilium fratris Petri Gonsalvi et statim ambe[13] spine per se[14] de eius oculis in eius gremium ceciderunt et perfecte curatus est. *Aliud de eodem.*

Item mulier, quedam[15] per sex septumanas lac amiserat; unde[16] filium alteri[17] tradiderat, dolens maxime, quia paupercula erat. Facta oracione ad tumulum fratris Petri, cum rediret, invenit se lacte repletam, quo filium[18] enutrivit[19]. *Aliud de eodem.*

Quidam naute[20] maris periculo constituti invocaverunt fratrem Petrum Gonsalvi; qui statim apparuit eis dicens : - Assum -. Et confortans duxit eos ad portum. *De eodem.*

Uxor quedam[21] in navi parvula, dum fluvium quendam[22] transiret, timore concussa[23] parvulum filium habens in humero cecidit, quinquies submersa in profundum[24]. Sed invocato fratre Petro ab *De eodem.*

---

1) et add. A C. — 2) per om. E. — 3) eciam add. A C. — 4) suo om. B. — 5) decem C: novem A D. — 6) liberati om. C. — 7) muti surdi D E. — 8) sanati add. B. — 9) quidam... oculo recepit B. — 10) oculo B C D. — 11) intraverant A B C. — 12) eciam om. B. — 13) ipse A C albe E. — 14) per se om. A C. — 15) que B D E G. — 16) unum B. — 17) alii E. — 18) suum add. B. — 19) enutriret A. — 20) in add. G. — 21) cuiusdam A C D. — 22) profundum C G; profundissimum B. — 23) percussa A C. — 24) profundo C.

nimium delectatus, evanesceret, providente Domino fuit equo deiectus in multo hominum conspectu. Sic autem derisus a mundo, illum deridere statuit, et nostri ordinis habitum suscepit, et maximus morum D. Dominici patris nostri imitator evasit. Qui per tempus aliquod in conventu nostro Vimarenensi in regno Portugalliae aliquando moratus, et praefectus illius fuisse dicitur et inde evangelizandi gratia ad loca circumvicina declinabat. Post plurimos autem labores in vinea Domini excolenda perpessos, ut laborum suorum retributionem perciperet a Domino, fuit in praefata civitate Tudensi infirmitate correptus, et tandem a Domino vocatus ad coenam magnam, quam illi in caelestibus praeparavit. Et vita functus fuit per episcopum illius civitatis et pium populum multa cum veneratione in Cathedrali ecclesia sepulturae traditus, quia tunc temporis ordo ibi non habebat conventum. Colitur a populo devotione summa, et navigantium habetur patronus insignis. Anno autem Domini 1258 nostri ordinis patribus in unum congregatis in generali capitulo misit eiusdem civitatis antistes ultra centum et 80 miracula per viros probos et fide dignos, ac testes iuratos probata et suo sigillo munita, quae Domino operari dignatus fuerat ibidem ad sepulchrum eius, ut refert D. Antoninus 3. p. histor. titul. 23. cap. X, 555. Ant. Senens. Chron. p. 73, 74.

ipsa cum cecidit, et a marito, qui stabat in ripa, ab illo periculo
evasit cum parvulo[1] suo*

Aliud de eodem

Quidam iuratus dixit, quod cum per sex[2] menses febribus affli-
geretur et esset valde inflatus, ita quod[3] vix[4] posset super baculum ire, apparuit ei frater Petrus[5] et dixit « Veni ad tumulum
meum et curaberis » Venit statimque curatus est

**De miraculis
fratris Columbi
post mortem**

§ III[6] Columbine simplicitatis et serpentine prudencie vir
venerabilis frater Columbus a), quondam prior Montispessulani,
consummatis diebus suis in bono[7], in atrio beate Marie Foriiu-
liensi b) in Provincia sepultus est, ad cuius tumulum duo parali-
tici erecti sunt et multi infirmi plenarie sanati, et est sepulcrum
eius[8] clero et populo venerabile et devotum

**De multiplicibus
miraculis fratris
Mauricii.**

§ IV Frater Mauricius c) predicator fervens de conventu Tolosano[9] defunctus est in domo[10] fratrum minorum de Albia d) et
honeste sepultus Retulit autem fratribus nostris frater Poncius,
vir religiosus et verax, ordinis fratrum minorum, quod plus
quam quinquaginta[11] infirmi et febricitantes convaluerunt de
infirmitatibus[12] super sepulcrum[13] fratris Mauricii iacentes, sicut
ipse fide probaverat occultata[14]

**De morte pre
ciosa fratris
Guillelmi**

§ V Item[15] frater Wilhelmus[16] de Sissaco[17] e), quondam[18] provincialis[19] prior in Provincia[20], vir religiosus et verax et affluens
visceribus pietatis, cum apud Burdegalam f) in domino obdormisset et corpus eius sepeliretur, quedam religiose femine[21] familiares sibi[22], que de morte eius multum dolebant, luminaria videbant[23] descendencia super fossam, et ex hoc consolate plurimum
hoc[24] fratribus retulerunt

**De miraculis
fratris Guillelmi
allegati supe-
rius**

Magister autem[25] Petrus, qui erat rector[26] scolarium Burdegalensium, audita morte viri Dei, confidens de eius sanctitate,
quam noverat, cum pateretur dolorem dencium, altera die accessit

---

1) puero B — 2) septem E — 3) ut A C — 4) vix om G — 5) Petrus om B E — 6) haec
par in cod A interponitur par XVI — 7) uno E — 8) et ad sepulcium eius est E —
9) Tholose B — 10) conventu B — 11) quinque C — 12) infirmitate G — 13) dicti add
A B C D — 14) oculata D G, celerata C occulta A B — 15) item om B — 16) Guillelmus
A C — 17) de Pisa C Silaco E Sysao B Sissac A G Ysac D — 18) quondam om A B C
— 19) prior provincialis A C — 20) in Provincia om D E — 21) et add D E — 22) fratrum
A C D G, fratribus B — 23) viderunt A C G — 24) hoc om B — 25) aureus B — 26) lector E

a) cf de eo supra cap I, § II, libri IV — b) Foriuliensis vulgo Freius — c) de eo supra
I IV, cap 25 — d) Albi — e) Guillelmus de Syssac fuit tertius prior prov Provinciae, hic
quievit in Domino in conventu Burdegalensi X cal Iunii a D MCCXXXVIII Bern
Guid in suo lib de magistris O Pr Martene ampl coll VI, p 420 — f) Bordeaux

ad eius sepulcrum[1] et fauces cum terra sepulcri eius fricavit et statim est a dolore dencium liberatus; quod[2] audientibus multis suis[3] scolaribus narravit.

§ VI. Frater Dominicus de Valerica[4] de conventu Orthesii[5] *a)* missus ad predicandum apud Bansas[6] *b)*, villam Vasconie, post multos labores, quos sustinuit in predicacionibus et confessionibus et regularibus disciplinis[7], ibidem in domino obdormivit in hospitali[8] pauperum et a pauperibus[9] ipse pauper[10] sepultus est[11]. Ad cuius tumulum multi a[12] diversis infirmitatibus sunt curati.

De miraculis quibus claruit frater Dominicus.

Huius fratris defuncti sotulares[13] quedam soror hospitalis reservans cuidam pauperi peregrino dedit, ut credo, sine licencia prioris domus. Cui ipsa nocte predictus frater apparuit in sompnis suos sotulares requirens. Eadem autem nocte apparuit predicto peregrino[14] iniungens ei, quod statim ad hospitale reportaret[15] eosdem; sicque factum est. Quos fratres domus per corrigias dividentes minutatim[16] infirmis pro benediccione[17] dederunt; et multi sanati sunt.

Quidam, qui diu in hospitali[18] iacuerat infirmus, cum adepta sanitate recederet, subito febre correptus est. Cumque ad priorem hospitalis[19] rediisset iterum misericordiam petens, dixit ei : « Vade ad sepulcrum fratris, qui[20] nuper extra sepultus est, et si crederis, salvus eris[21] ». Ivit et statim sanatus est.

De eodem.

Sacerdos eciam[22] quidam de ordine hospitali gravi maxillarum dolore vexatus venit ad sepulcrum predicti[23] fratris Dominici, cumque id cum devocione osculatus fuisset, plene convaluit*.

Aliud de eodem.

· 60.

§ VII[24]. Fuit frater Bernardus de Caucio[25] *c)*, vite venerabilis

Miracula fratris Bernardi.

---

1) sepulcrum eius A B C. — 2) qui A C D. — 3) hoc add. B. — 4) Valletica C; Vallencia A: Favencia G. — 5) Ortensii C: Oresii E. — 6) Boverias A; Dansas B; Busas S. Antonin. — 7) regulandis discipulis C. — 8) autem add. B. — 9) a pauperibus om. B. — 10) pauper ipse A C. — 11) est om. G. — 12) a om. E. — 13) subtelares C. — 14) peregrino predicto A B C D. — 15) reportaret ad hospitale E. — 16) minutatim om. E. — 17) beneficis dedere B. — 18) in hospitali om. A C. — 19) ideo add. E. — 20) fratris nuper sepulto E. — 21) sanaberis A C: salvaberis B. — 22) eciam om. E. — 23) dicti A B C. — 24) Item. C. — 25) Caucio C E G: Cantico B.

a) De hoc conventu vide supra, p. 281. — *b)* Bazas in territorio Burdegalensi (Bordeaux). — *c)* « Fr. Bernardus de Caucio, (vulgo Canco pres d'Agen) inquisitor et persecutor ac malleus hereticorum, vir sanctus et Deo plenus, fuit fundator praecipuus ac promotor conventus Agenensis, dum vivebat, ipsumque locum suo corpore didicavit: quod post XXVI annos et amplius elevatum a terra et in ecclesiam, ubi nunc iacet translatum totum integrum est inventum divino munere specialis gratiae tanto tempore conservatum ». (Post haec sequitur translacionis series, ordo et tempus: in cuius fine legitur « obiit in crastino S. Katherine VI. cal. Decembris anno d. MCCLII ». Bern. Guid. ap. Martène l. c. p. 481, 483.

et miri in predicacione fervoris, malleus[1] hereticorum et consolator fidelium, per quem adhuc[2] viventem dominus multa miracula fecit et per eum multas animas ad[3] fidem et veram[4] caritatem adduxit. Hic apud Agenum[5] cum magna devocione decessit. Nocte vero, qua obiit, cuidam fratri in ecclesia fratri[6] oranti Tholose[7] visus est apparere[8] in veste fulgenti dicens : « Eamus ad ecclesiam beate Marie[9] ». Qui sequens eum usque ad portam[10] ecclesie, que[11] dicitur deaurata[12], audivit eum cum[13] devocione

Ps. 21, 27. dicentem : *Edent pauperes et saturabuntur* et cetera usque ad[14] *reminiscentur.* Et cum ingressi fuissent, vidit[15] eum in alba sacerdotis preclarissima ad alta sustoli; evigilans autem frater invenit se mirabiliter consolatum et post tercium audivit eum dicta die et hora migrasse. Audivit eciam[16], quod ad[17] tumulum suum multi curati sunt.

De morte et miraculis fratris Gualteri. § VIII[18]. Cum frater Gualterus[19] *a)* Theutonicus in domo Basiliensi obdormisset in domino, lector[20] quidam fratrum apud Argentinam *b)* existens[21] audivit in sompnis choros angelorum cantantes[22] responsorium : in odoris mira fragrancia. Sciens ergo, quod ducerent aliquam animam, quesivit a transeuntibus[23], quenam esset; et responsum est ei, quod anima fratris Walteri. Et cum hoc mane nunciasset[24] fratribus, statim venit nuncius de Basilea, qui mortem dicti fratris[25] fratribus nunciavit[26].

Cum quedam matrona Argentine[27] laboraret in partu, rogavit dominum, quod propter merita fratris[28] Walteri sibi succurrere dignaretur. Quo facto statim obdormivit et peperit dormiendo, sicut ipsa fratribus narravit[29].

Quomodo in corde fratris Vollienardi inventa est crux. § IX. Item cum fratris Vollienardi[30] bone memorie, qui predicto fratri[31] Gualterio successit in prioratu, beata ossa levata fuissent de tumulo, inventa est excrevisse et preeminere[32] de osse

---

1) persecutor E. — 2) adhuc om. E. — 3) veram add. A B C. — 4) veritatem E. — 5) Agenum A C D. — 6) fratri om. E. — 7) Tholose om. E. — 8) apparuit in marg. E; aperte visus est A C. — 9) beate Marie om. E. — 10) ad fores A C. — 11) quidam de Anarcha audivit C. — 12) deaurata om. E; anarcha B. — 13) cum devocione om. B. — 14) ad om. B. — 15) induit E. — 16) eciam om E. — 17) ad cuius tumulum B G. — 18) de miraculis fratris Gualterii C — 19) tum Gualterius, tum Gualterus, tum Valterus 'eg. E: Walterius A B D. — 20) lector om. B; Argentinensis add. G. — 21) existens om. E — 22) cantantes om. E. — 23) transeuntibus om. B C. — 24) narrasset A B C D. — 25) fratris om. A C. — 26) item add. A C. — 27) Argentinensis D E G. — 28) beati E. — 29) nunciavit A C. — 30) Willionardi A; Volenandi G; Volienadi B. — 31) fratri om. F G. — 32) preeminere om. E.

a) De fr. Waltero cf. supra l. IV, cap. 25. § 11. p. 222. — Apud P. Meier O. P.: Chronicon de predicatoribus, p. 106a Walterus sextum locum priorum conv. Basiliensis tenet, Vollienardus vero seu Volkandus septimum, cf. Sutter l. c. p. 531. — *b)* Strassburg.

ectoris[1] sui, ubi crucem frequenter imprimere consuevit[2], crux
nedam adeo benefacta, quod[3] non esset dubium quin manu
uperioris artificis esset[4] formata a)

§ X Frater quidam iuvenis Chunradus Teutonicus, qui car- De morte et mira
culis fratris Chun
ra li
em suam ab annis puerilibus dedicaverat castitati, primo anno
accidocu sui dixit fratri Alberto avunculo suo, quod beata virgo
redixerat ei[5] obitum suum in brevi Hic sicut predixerat, obiit
t sepultus est in domo sanctimonialium, quia[6] fratres ab impus
xpulsi erant de suo conventu Quedam autem monialis[7] accedens
um devocione et fiducia ad eius tumulum pecit a domino prop-
er[8] fratris merita sanitatem et statim curata est a gravi infir-
itate, quam passa fuerat continue[9] quinque annis

§ XI Frater Chunradus[10]b), quondam prior Constanciensis, de De morte et mira
culis fratris Chun-
radi
uo superius mencio facta est, omnibus se amabilem prebuit[11]
Hic sepultus est in ecclesia fratrum[12] in[13] Vriburch[14]c) Huius cor-
us beatum dum fratres extumularent, ut reconderent alibi, odor
uavissimus de membris eius egrediens, omnes bono odore non
olum[15] perfudit sed ad devocionem excitavit Manus eciam[16]
angencium corpus odorem optimum diucius servaverunt, manus
ciam cuisdam fratris[17] que fuerat paralitica per dimidium annum
t digitus tremulus[18] in eadem ad tactum unius digiti de reliquis
icti[19] fratris Chunradi mox recepit perfectam et integram sani-
atem Hic[20] eciam, sicut a multis personis testificatum est,   60'
nulta et magna miracula fecerat[21] adhuc vivens

§ XII[22] Fuit in conventu Tolosano frater Bernardus de[23] Tras- De morte et mira
culis fratris Ber-
nardi
ersa[24], Vasco genere, verus obediens et devotus admodum pre-
licator Hic in Urgelensi[25] d) civitate defunctus[26] in claustro

---

1) prioris E — 2) consueverat B — 3) quia B — 4) fuisset A B C D — 5) sibi B — 6) eo
uod B — 7) monialis om G sanctimonialis B — 8) propter om F — 9) continue om
G — 10) Coriadus A C Conradus B — 11) exhibuit A C — 12) minorum add G —
3) in om B — 14) Embuick in ecclesia A Friburch C Vriburch B — 15) non solum
ono A B C — 16) autem A — 17) nomine Bertholdi qui paralyticus G — 18) digitus
remulus A C — 19) eiusdem B — 20) Item sicut fecerat predictus frater Coriadus adhuc
ivens A — 21) predictus frater Chunradus add G fecit B — 22) de miraculis fratris
Bernardi A C — 23) de om B — 24) Transiusa E Trausversa B D G — 25) Urgellana B
— 26) est add E

a) cf Thom Cant l c l I, cap 25, qui narrat idem miraculum de fr Volvando, priore
Argentinensi O P quod propriis oculis vidisse refert — b) De fr Chunrado vide supra
ib V cap II, § III p 249 — c) Conv Friburgensis (Freiburg in Breisgau) an 1233 fund
Chronik de Gebweiler ed Mossmann 1844, p 12 — d) Urgel in Catalonia

sepultus est, ubi ad eius tumulum dominus multa miracula operatur.

Puella demoniaca ibi plene mundata[1] est[2]. Ceci ·XII· diversis temporibus illuminati, surdi tres, claudi ·VII·, contracti quatuor, et alii plus quam triginta a variis langworibus ad invocacionem ipsius plene[3] a Deo sunt curati, sicut venerabiles eiusdem ecclesie canonici et infirmi, qui[4] ipsa experti[5] sunt[6] beneficia, profitentur[7].

Aliud de eodem. Cum filia cuiusdam ab assistentibus mortua putaretur et eius oculos iam clausissent, pater eius exclamavit cum fletu : « O beate Bernarde, redde michi filiam meam, tibi enim[8] eam devoveo ». Statim[9] puella[10] oculos aperiens revixit.

Aliud de eodem. Presbiter quidam cum quartana graviter[11] vexaretur, fratri Bernardo se devote conmisit statimque sanatus est.

De eodem. Alius, qui per duos annos dictam[12] febrem habuerat, invocato fratris predicti auxilio statim curatus est.

De diversis[13] miraculis fratris Hysnardi. § XIII. Duo[14] iuvenes invocato[15] fratre Hysnardo, quondam[16] priore Papiensi[17], de carcere mirabiliter liberati a Deo[18] insequentibus se custodibus[19] nec capere eos[20] valentibus, bogas[21] suas ad eius tumulum portaverunt.

De eodem. Quidam habens filium paraliticum brachio et[22] crure et lingua invocato fratre Hysnardo tetigit membra filii[23] arida[24], et statim sanata[25] sunt et vinculum lingwe eius solutum.

Aliud eiusdem. Religiosa quedam monasterii de Iosaphat[26] lingno percussit porcum quendam fortissime, ita quod mortuus videbatur ; que de[27] levitate dolens et puniri timens fratrem Hysnardum invocavit cum lacrimis rogans[28] et eius meritis[29] protinus porco[30] vitam ab eo, qui salvat homines et iumenta, impetravit.

De eodem. Soror quedam ordinis Humiliatorum vovit fratri Hysnardo tria psalteria, si eius meritis a debilitate membrorum omnium, qua[31] per annum impotens in lecto iacuerat, sanaretur ; et protinus est sanata.

De eodem. Quidam civis Papiensis[32] annis ·XV· fuerat herniosus[33] defluen-

---

1) curata B D. — 2) et add. E. — 3) plene om. B; plene curati sunt A C. — 4) qui om B. — 5) sunt experti A C. — 6) sunt om. B. — 7) fatentur B. — 8) enim om. B. — 9) que add. B. — 10) puella om. B. — 11) graviter om. B. — 12) terciam E. — 13) diversis om. C. — 14) duos A C D. — 15) bone memorie add. A B C. — 16) quondam om B. — 17) Parisiensi B. — 18) a domino liberati A C G. — 19) se custodibus om. E. — 20) eos om. B. — 21) compedes A C; boas B; bocas G; togas D. — 22) et om. A B C. — 23) filii om. B. — 24) arida filii A C. — 25) salvata B C. — 26) Iosaphat om. B; prope Papiam add. A C D G. — 27) et E. — 28) rogans om. B. — 29) meritis impetravit A B C; obtinuit B. — 30) porci B — 31) quarum C; que A. — 32) Papinensis E. — 33) herniciosus B.

tibus in oceum[1] eius[2] cum dolore maximo intestinis. Invocavit fratrem Hysnardum et statim perfecte curatus est.

Demoniaca ad tumulum eius ducta statim mundata[3] est.

Plura eciam alia ibidem[4] miracula sive remedia diversis infirmitatibus contulit et conferre non desinit[5] misericordia salvatoris.

§ XIV. Fuit in conventu Valecenensi[6] a) de provincia Francie frater quidam Iohannes de Scalinis[7] nomine, corpore[8] debilis, in infirmitate sua paciens, contemplacione sublimis, corde humilis et predicator devotus, qui cuidam fratri sibi familiari secreto[9] narravit, quod in sompnis viderat, se in quadam clarissima domo et cum nobilissima et gratissima societate gaudere et audierat ibi dulcissimam melodiam cantancium istud[10] : Iste est, qui contempsit vitam mundi[11] et[12] pervenit ad celestia regna et exoravit altissimum et inventus est[13] in numero sanctorum. Post paucos autem dies dictus frater sancto fine quievit.

De miraculis fratris Iohannis.

· 61.

De eodem.

Quidam frater conversus in eodem conventu gravi infirmitate et intollerabili dolore, quia sedere non poterat in loco verecundo, vexatus[14], cum a medicis iuvari non posset, ivit ad tumulum dicti[15] fratris et invocata divina clemencia et de[16] suffragiis predicti[17] fratris confidens omnino liberatus est nec deinceps illam[18] sensit infirmitatem.

Hec ipse frater scriptori horum veraciter narravit.

§ XV. In conventu Lugdunensi fuit quidam frater, Thabertus[19] b) nomine, zelator magnus animarum. Hic cum per annos XX vel amplius predicasset circa montana[20] Sabaudie[21] c) quasi continue, tandem veniens ad villam quandam[22], que dicitur[23] Aquabella d), in qua primam missam suam[24] celebraverat, et[25] in qua multum fructum fecerat predicando, senciens se gravatum dixit : - Parate michi[26] missam, quia in hac villa primam missam cele-

De miraculis fratris Thaberti.

1) oseum B C; ocreum A. — 2) eius om. E. — 3) curata B. — 4) ibidem alia (C. add. in marg.: diversa) remedia... A C; miracula sive om. G. — 5) non desinit om. E. — 6) Valengenensi C; Valencenensi A. — 7) Scerlinis E; Scalmis G. — 8) corpore om E. — 9) secreto om. B. — 10) illud A C; responsorium add. B. — 11) usque ibi add. B. — 12) etc. usque in numero C; et — et om. B. — 13) est et cetera. D. — 14) et add. A C. — 15) cuisdam E : eiusdem G. — 16) de om. E G. — 17) dicti A C. — 18) ullam B. — 19) Chambertus C; Caubertus A; Chabertus B D G. — 20) montana in solitudine quasi cotidie veniens C. — 21) et confinie veniens add. A; Sabaldie B. — 22) quandam om. B G. — 23) que dicitur om. E. — 24) suam om. B C. — 25) et om. E. — 26) ad add. A B C; missam michi G.

a) Conv. Valecenensis (Valencienues) fund. a. 1233. Anal. I, 331. — b) De fr. Thaberto vide supra lib. II, cap. 31, p. 85. — c) Savoie. — d) Aiguebelle.

bravi et[1] ultimam credo me celebraturum " Qua celebrata,
devote fecit se[2] ultima unccione inungi et verbis sanctis et devocione sue fidei multos, qui affuerunt, quam multum[3] edificans
post modicum in domino obdormivit Factus est igitur concursus[4]
populorum[5] non modicus ad eius sepulcrum et[6] quam plurimi[7]
dicuntur[8] a variis langworibus liberati et ecclesia canonicorum
regularium, apud quos sepultus est, ibidem[9] multum[10] oblacio-
num proventibus augmentata[11]

De miraculis
fratris Dominici
post mortem

§ XVI Cum frater Dominicus Segobiensis a), qui in Lombardia
et post in Hyspania prior fuerat fratrum provincialis, vir valde
devotus et discretus et ordinis et animarum zelator precipuus,
consummato cursu vite feliciter presente Segobiensi episcopo et
multitudine cleri et populi (cum) ad sepulturam ferretur, quidam
habens brachium aridum loculum tetigit statimque sanatus est[12]
Quod audiens quedam[13], que paralitica iacebat, tunicam suam in
crastinum misit, ut super eius tumulum poneretur Quo facto
cum relatam[14] induta cum invocacione Christi fuisset, meritis
beati viri perfecte curata surrexit magnificans Deum

De pulvere eciam[15] tumuli eius multi tacti a febribus et variis
langworibus liberati sunt[16]

FINIS[17]

libri inscripti vite fratrum[18] ordinis predicatorum

---

1) et — qua om E — 2) se ultimum devocionem sue fidei G — 3) quam multum om B
— 4) factus igitur est cursus E — 5) populi B — 6) et om B — 7) Dei misericordiam add
E — 8) dicuntur om E — 9) unde C — 10) ibidem multum om B — 11) *hic sequitur in
cod A paragr XVIa quae apud nos inter § II et IIIa ponitur*, § XVI om G manus rec
add Explicit *Sequitur in* G De Ioanne Aguo etc de quo vide appendicem numerum ulti
mum — 12) hic incipit B novam paragraphum — 13) mulier add A C — 14) relatam om
B — 15) sepulture et add B — 16) sunt om E — 17) finis — predicatorum om B D E G
— 18) vita patrum A C

a) In asserendo Dominicum fratrem Segobiensem fuisse priorem provincialem in Lombardia auctor noster errat Constat enim e catalogo priorum provincialium conscripto a
fr Galvagno Flamma circa a 1333 nullum priorem provincialem huius nominis Lombardiae
provinciam umquam rexisse ab ordinis principio usque ad a 1260 Unde loco Dominici
legendum esse puto Stephanum Hispanum, qui Lombardiae provinciam rexit ab a 1224
usque ad a 1238 Fuit Stephanus Hisp tertius prior provincialis Lombardiae Cf etiam
Quetif l c p 53 ªnotam b

Anno domini millesimo ducentesimo vigesimo primo cum magister Paulus Hungarus *b)*, qui actu legens erat[2] in iure canonico Bononie, intrasset ordinem, cum aliis quatuor fratribus missus est in Hungariam per beatum Dominicum.

Et primo venerunt in civitatem Lauriensem[3]*c)*; ad quorum predicacionem concurrebat multitudo hominum tanquam ad[4] novum et inauditum spectaculum; ubi[5] in ipsa predicacione tres de bonis scolaribus sunt recepti ad ordinem[6]. Et quia nondum locum habebant egressi inde transierunt in Pannoniam, ubi ipsa nocte fratri Sadoch *d)*, qui unus erat de quatuor et postmodum prior[7] conventus Zagrabiensis[8] *e)* exstitit, vir magne perfeccionis, multitudo apparuit demonum alta voce et magno[9] ululatu dicencium : «Venistis huc, ut auferatis ius nostrum». Et dirigentes se in illos tres novicios iuvenes aiebant : «Heu, per tales parvulos nos confunditis[10]». Quod[11] dictus frater sociis suis, dictis matutinis, narravit.

Inde procedentes venerunt in civitatem Vesprimiensem[12] *f)* et inde in Albam[13] *g)*. Tandem[14] numero fratrum accrescente, missi a fratre Paulo intraverunt[15] terram, que Ferevciensis[16] *h)* vocatur, cuius habitatores schismatici pariter et publici heretici erant. Ubi multis tribulacionibus perpessis, tandem convalescentes multos ab heresi ad veram fidem et a schismate ad ecclesie unitatem converterunt.

Deinde memores fratres peticionis[17] beati Dominici de paga-

---

1) ista — libelli om. D K. — 2) erat legens D. — 3) Iauriensem C. — 4) ad om. C. — 5) et C. — 6) scolaribus ad ordinem sunt recepti D K. — 7) factus add. C. — 8) Iabrugiensis C. — 9) multo K. — 10) confudistis C. — 11) quare (quam rem) C. — 12) Vespiniensem C. — 13) Albiam K. — 14) vero add. K. — 15) fratres add. C. — 16) Feevriensis D ; Freuriensis K ; Scevestium C. — 17) devocionis C K.

a) Appendix deest in cc. C E F G H. Animadvertendum est, commentariolum de provinciae Hungariae originibus anno 1259 a Petro sive Sviperto Bodrogiensi (Porroch (?) vernacule Patak) coenobii perscriptum fuisse, moxque Vitis fratrum paulo ante editis supplementi atque appendicis loco adiectum. — Analecta I, p. 325, nota 1. — *b)* De fr. Paulo vide Mam. I, p. 644 et ss. Année Dominicaine ad diem XVII. februarii. — *c)* Controversiam, utrum Iauriensis (Rab) Pannoniae urbs ad Rabonem fluvium, ubi is in Danubium influit, sita an Lauriensis (Lorch) legendum sit, vide Anal. l. c. — *d)* De B. Sadoco vide Année Dominicaine ad diem II. iunii. — *e)* Zagrabiensis conv. (Zagrab = Agram) fund. ante 1241, quo anno primo fit mentio eius. cf. Balics : A romái kath. egyház története Magyarországban. Budapest, II. 2, p. 356 — *f)* Vesprimiensis conv. (Veszprim) fund. a. 1222, l. c. — *g)* Annus fundationis conv. Albae regalis (Albe royale = Stuhlweissenburg) non constat : fuit unus ex prioribus conventibus, l. c. p. 355. — *h)* Vereweze terra inter Dravum (Drau) et Savum (Sau).

norum conversione et precipue Cumanorum, qui nullam Dei omnino[1] noticiam habuerunt, ordinaverunt spiritus sancti consilio fratres viros virtutis mittere ad gentem iam dictam; ubi tribulacionibus et vix credibilibus miseriis affecti repulsi sunt a paganis et nullo fructu allato redire ad propria sunt compulsi. Sed spiritu sancto inflammante et zelo animarum urgente, secundo ad dictam gentem redierunt et per multa viarum discrimina pervenerunt ad eos, iuxta quendam[2] fluvium, qui dicitur Deneper[3], ubi frequenter fame et siti et nuditate ac varia persecucione afflicti, alii ex ipsis in captivitatem sunt ducti, duo ab infidelibus sunt interempti, alii nichilominus in incepto predicacionis officio constanter permanebant a).

Tandem placuit altissimo respicere laborem et constanciam fratrum et dedit eis graciam, ut audirentur a dictis[4] paganis; et sic primo omnium ducem Cumanorum[5], nomine Burch[6] b), cum aliquibus de familia sua baptizaverunt. Qui post aliquos annos in confessione vere fidei perseverans obdormivit in domino facta prius confessione et communione, ut moris est christianorum, suscepta per manus fratrum (et) in capella beate virginis, quam fratres in eadem gente commorantes, ut se ibi aliquando colligerent, edificaverant, honorifice est sepultus.

Post hunc Membrok[7], ducem nobiliorem, cum mille circiter de familia sua ad fidem Ihesu Christi converterunt, quem de sacro fonte baptismatis, non sine magno gaudio, illustris rex Hungarie Andreas[8], sancte Elizabeth pater, levavit. Qui similiter in manibus fratrum, cum in agonia esset, dixit : « Discedant a me omnes Cumani pagani, quia video circa[9] eos demones horribiles ; remaneant fratres soli[10] et Cumani baptizati, quia ecce circastant fratres — quos supra martyrizatos memoravimus — et expectant me, ut secum ducant ad gaudia, que predicaverunt ». Et his dictis cum mirabili gaudio expiravit et in capella beate Marie virginis supra memorata traditur[11] sepulture.

Post multos autem labores fratrum cepit, Deo cooperante, ibi

---

1) omnino Dei C. — 2) magnum C. — 3) Denep C. — 4) dictis om. D K. — 5) unum C K. 6) Burg D K. — 7) Benbrorch K: Benborch C. — 8) et add. K. — 9) contra K. — 10) soli fratres K. — 11) traditus est K.

a) Ex hac narratione potest concludi Cumanos habitasse prope fluvium Deneper vulgo Dniepr, qui in Pontum Euxinum effluit. Diversas alias opiniones hac de re vide Malvenda : Annales Praedicatorum ad 1222, c. XXII. — b) De conversione ducis Burch (= Borics) et ducis Membrok vide Balics l. c. II. 1. 302.

esse conventus, et inceperunt[1] inter eos fratres confidenter predicare Numerum autem eorum, qui ad fidem domini nostri Ihesu Christi de die in diem convertebantur, ipsius solius est computare Cum hec sic agerentur et in dictorum paganorum conversione fratrum zelancium animi[2] fervor magis ac magis augeretur, supervenit occulto Dei iudicio Tartarorum persecucio a) que non solum dictam predicacionem fratrum nostrorum impedivit sed eciam multos ad regnum celorum festinancius ire compulit, adeo ut circiter nonaginta[3] fratres nostri ordinis alii gladiis[4], alii sagittis, alii lanceis interfecti sunt[5], alii ignibus concremati ad regnum celorum convolaverunt[6] Tunc intermissa est predicacio dictorum paganorum, donec ipsi Cumani post predictam Tartarorum persecucionem de diversis Grecie Bulgarie et Servie et aliorum vicinorum regnorum partibus, in quibus erant dispersi, in regnum Hungarie ad dominum regem pro maiori parte convenerint, et[8] fratres eorum salutis emulatores, ut supra[9] diximus decem fratres de communi consilio, procurante[10] domino rege et regina[11] qui zelatores sunt fidei, — quia sine ipsorum adiutorio contra eos stare non poterant — ad predicandum eisdem ordinaverunt Qui usque hodie cum eisdem die noctuque in officio predicacionis permanentes baptizaverunt ex eis multa millia, et de die in diem cum Dei adiutorio per fratrum sollicitudinem et laborem ad fidei unitatem conveniunt baptizandi b)

Item in Bosnia et Dalmacia, que apud eos ecclesia Slavonie[12] nuncupatur, missi sunt eciam fratres ad hereticos, ubi scientes[13] fratres innumeram animarum multitudinem[14] perire per hereticorum errorem Cum autem[15] archiepiscopus Colociensis[16]c), apostolice sedis tunc legatus cruce signatus[17], contra eos pluries exercitum perduxisset et modicum vel parum proficeret, tandem fratribus nostris tanquam negocium alias desperatum a summo pontifice[18] per plures litteras est commissum[19]d) Qui predicacioni[20]

1) ceperunt C — 2) animas K — 3) centum et nonaginta C — 4) gladio C — 5) sunt om D — 6) convolarunt D — 7) ac K — 8) tunc add C — 9) superius C — 10) procurantibus K — 11) regi et regine D K — 12) Clavonie C — 13) sciebant C — 14) multitudinem animarum C — 15) autem om D K — 16) Colomiensis ita cc omnes — 17) predicata C signatum K — 18) a summo pontifice om D K — 19) commissum est C — 20) et oracioni add K

a) De Tartarorum persecucione a. 1241 cf Balics I c II 1 302 — b) De missionariis nostris apud Cumanos etc cf Balics I c II, 1 330 333, 370 — c) Archiepiscopus Colociensis (Kalocsa) in Hungaria inferiori tunc temporis exstitit Iacobus Praenestinus de quo Ciaconius I c vol II, p 86 ad annum 1237 — d) Bullam Gregorii IX, dat 6 aug 1239 habes in Bullario Ord I p 106

et disputacioni contra hereticos insistentes, beate memorie rege Colomano a) eis astante, mirabiliter profecerunt[1] ita, ut multos hereticorum et credentes eorum ad fidei converterent veritatem, et multi ex iisdem, qui converti nolebant, per ministrales dicti regis Colomani ignibus traderentur et ecclesie destructe, in quibus iam[2] spine et virgulta nata erant, fuerunt reparate. Ubi eciam duos conventus habuimus, quos postea heretici combusserunt.

De mandato eciam domini pape et auctoritate[3] b) missi sunt fratres de provincia nostra in Romaniam[4] c) ad predicandum schismaticis; et intraverunt provincias, scilicet Durachium[5] d), Arabaurum, Vernanicam[6] e), Poloniam[7], in quibus diverse habitant naciones et sunt in maxima parte sub dominio[8] schismaticorum; multumque fecerunt in eis fructum animarum predicando et confessiones eorum audiendo multosque errores, qui ibidem[9] vigebant, eliminarunt[10]. Recipiuntur autem[11] tam a clericis quam a laicis et obtemperant eis; et ubi[12] guerre principum, quas inter se habere ceperunt, sopite sunt[13], maximus profectus patet verbi Dei.

Noveritis eciam, quod quasi infinita miracula per graciam Dei et merita beati Dominici in pluribus conventibus nostris facta sunt in Hungaria, adeo ut[14] eciam numerum excedant. Sed et noviter anno domini millesimo ducentesimo quinquagesimo nono, cum populus venisset ad ecclesiam fratrum nostrorum de Porroch f) in vigilia translacionis beati Dominici g) et post celebracionem misse de beato Petro martyre, causa devocionis accederet populus ad reliquias martyris[15] et quedam mulier Ruthenica in manu dextra a gravi infirmitate, quam paciebatur, recipit sanitatem, videntibus omnibus tam religiosis quam secularibus, qui interfuerunt.

Item cuiusdam mulieris infans defunctus positus sub altari beati Petri martyris vivus est receptus.

---

1) profecerunt, et aliqui fratres ab hereticis sunt occisi et alii multos .. ad fidem converterunt et multi ex... traditi sunt. C. — 2) iam nata erant. C. — 3) et auctoritate om. C. — 4) Romauam provinciam C. — 5) Daurachium K. — 6) Uuaricam C. — 7) Dilacum C. — 8) hereticorum et add. C. — 9) ibi K. — 10) eliminaverunt C. — 11) et audiuntur add. C. — 12) nisi C. — 13) ceperunt impediant C; sopite sunt om. K. — 14) quod D K. — 15) martiris, mulier Nichenica a gravi infirmitate, quam paciebatur in manu dextra, recepit... C.

a) De eo cf. Balics l. c. II. 1, 370 ubi pariter de Iacobo archiep. Colociensi. — b) Mandatum Innocentii IV vide in Bull. Ord. I, pag. 186 ad an. 1250, Augusti 8. — c) Rumaenien. — d) Durazzo. — e) Arabaurum puto esse Arbaniam sive Albaniam, Vernanicam vero Unaviam Hungariae confinem; de utraque enim est sermo in bulla citata. — f) ćf. p. 305 not. a. — g) Festum transl. S. Dominici cel. 25. maii.

Quidam obsessus pluribus annis per merita beati Dominici et Petri martyris a demone est liberatus. Cui eciam ego frater Svipertus[1], tunc prior eiusdem conventus dedi manducare.

Quidam contractus in pedibus accedens ad altare beati Petri martyris recepit sanitatem.

II. *Magistro ordinis frater Benedictus et ceteri commorantes[2] inter Cumanos salutem.*

Quia illius magistri[3] vices super nos geritis, cuius primitivi discipuli a predicacionis officio revertentes profectum gracie, quia eis prospere successit, suo magistro cum gaudio retulerunt, congruum visum est eciam[4] nobis, qui de mandato ordinis in nostra provincia per eiusdem dominici verbi ministerio[5] in Cumanorum gente laboramus, ea que circa nos geruntur vestre paternitati litteris presentibus intimare.

Noveritis igitur, pater reverende[6], quod ab eo tempore, quo nobis existentibus in Hungaria aliqui principes memoratorum Cumanorum fuerunt[7] baptizati successive, annis singulis cooperante nobis Dei gracia plura millia nobilium et inferiorum utriusque sexus de ipsa gente baptismi graciam suscipientes[8] tam in ieiuniis quadragesimalibus, quam alii christiani ritus observanciis fidem catholicam pro viribus imitantur. Et quod[9] hec omnia beneficio nostri ordinis provenerint, cum dignis graciarum accionibus recognoscunt. Verum quia Tartarorum crudelitas non minus ipsis Cumanis quam ceteris orientalibus, imo eis eo gravius quo et vicinius imminet[10] periculum, rogant ipsi et nos cum ipsis, supplicantes quatenus universitatem ipsorum[11], utpote novellam ordinis in fide plantacionem quod[12] dominus per suam misericordiam et[13] clemenciam protegat et conservet, omnium fratrum oracionibus in capitulo generali prima sollicitudine commendetis.

III. *Magistro ordinis frater Raymundus de Pennaforti salutem.*

Fructus qui fit per ministerium fratrum in Africa et in Hispania[14] summatim comprehenditur in sequentibus :

---

1) Petrus C; superpectus (?) K. — 2) manentes D. — 3) magistri cuius super nos vices geritis... C. — 4) et C. — 5) ministerium C. — 6) pater reverende om. D K. — 7) fuerant D. — 8) recipientes C. — 9) in add. K. — 10) in add. K. — 11) eorum D. — 12) quod om. C. — 13) misericordiam et om. D K. — 14) in Hispania et in Africa C.

Primo inter milites christianos commorantes ibidem, quorum est non modica multitudo, qui esuriunt verbum Dei

Secundo inter Aramos[1], qui sunt christiani, sed Sarracenorum servi, nec intelligunt nisi linguam Arabicam et desiderio magno desiderant fratres, ut instruantur et confirmentur ab ipsis

Tercio in apostatis, qui per diligenciam fratrum revocantur ad fidem, et multi christiani ad apostatandum parati sive propter[2] nimiam paupertatem sive propter Sarracenorum seduccionem per sollicitudinem fratrum retinentur et conservantur in fide

Quarto quia tam Sarraceni quam eciam[3] multi Christiani seducti ab eis, qui credebant omnes Christianos esse idolatras propter imagines, quas in ecclesia venerantur, sunt per graciam Dei per doctrinam fratrum ab errore huiusmodi revocati

Quintus fructus est circa christianos captivos, qui instruuntur et confirmantur a fratribus et frequenter liberantur omnino

Sextus fructus est inter Sarracenos, apud quos et maxime[4] potenciores[5] et eciam apud ipsum miramolin[6] sive regem Tunicii[7] tantam contulit eis Dei graciam et favorem, ultra quam ad presens expediat scribere, quod ianua videtur aperta quasi ad mestimabilem fructum, dum tamen messores non desinunt, et eciam iam multi ex eis[8], maxime apud Murciam[9] tam in occulto quam in manifesto sunt conversi ad fidem

IV *Bela*[10]*a) Dei gracia rex Hungarie viris Deo amabilibus fratribus*[11] *reverendis, magistro ordinis fratrum predicatorum et diffinitoribus capituli eorumdem generalis salutem et sincere dileccionis affectum*

Quam preclara fuerit virtus ac virtuosa fuit vita sancte recordacionis Ioannis Bosniensis[12] episcopi *b)*, tunc apud nos degentis deinde[13] magistri ordinis vestri, adhuc dum in memoriam a nobis et ab hominibus regni habitatoribus revocatur, dulcior est in aure et in corde devocionis ardor et contricionis exori-

---

1) Aramos C, Aromos K — 2) per D — 3) eciam om D — 4) apud add C — 5) et nobiliores add C — 6) Miramolinum C Miramomilin K — 7) Nuacii C — 8) ipsis D — 9) Mustiam C — 10) B Dei D K Bela om C — 11) patribus K — 12) Bosniensis C — 13) demum C

a) Bela IV 1235-1270 — b) De fi Iohanne cf supra lib IV, cap 25, § λ, pag 229 et chron add 1241

tur[1] Quociens animadvertitur quod pater pius super afflictos
pia gestans viscera hoc solum suum autumabat quod de suo
episcopatus peculiolo Christi pauperibus poterat erogare, et ne
verbosa circa hoc fiat immoracio, breviter ipsius erat miserabilibus misereri et pro[2] infirmantibus infirmari predicacionis[3]
quoque verbum, quod mellifluo[4] affectu dabat in auditores eloquio spiritus sancti illustratus dono, tam graciosum cum reddi-
derat apud omnes, ut vere sibi competeret laus martyris, de quo
scribitur quem perfuderat Dei gracia Ab omnibus amabatur,
et ne lumen lateret in tenebris sed merita ipsius per miraculorum
ostensionem[5] patefacta, suffragium afferret[6] poscentibus et corde
credentibus mansueto. nobis aliisque notum est, quia et mortuum
suscitavit, claudis gressum et visum restituit non videntibus
Nobis quoque, qui in ipsius sancta conversacione, oracionibus
eciam pro nobis pollicitis spem habentes, medelam sperabamus
languoribus[8] hominis utriusque in quodam gravi morbo, quo
frequenter affici soliti[9], quandocumque morbo ipso attemptati,
signo crucis doloribus obiecto, suffragia eiusdem imploramus,
ad que vehemencia doloris atque[10] miseria corporee condicionis
compulit imploranda, illico quasi sensibiliter graciam sencientes
invocati. dolor cessat quieti et morbus sanitati Invigilate igitur[11],
patres dilectissimi[12], quod vita et miracula eiusdem prodire possint
in publicum et sancta mater ecclesia tanti filii gloria incrementum recipiat[13] spirituale et populus christianus per patrocinium
eiusdem augeat et salutem Datum[14] apud auream[15] curiam in
dominica, qua cantatur Letare

V *Reverendis in Christo fratribus et dominis magistro ordinis
fratrum predicatorum et diffinitoribus capituli generalis
M(aria) Dei gracia regina Hungarie et ducissa Sivie, ancilla
Christi, caritatis vinculum cum debita reverencia et devocione*[16] a)

Licet diversa signa et prodigia, que per merita fratris Ioannis episcopi Bosniensis, magistri ordinis, felicis memorie inter

---

1) et contricionis exortitur om C — 2) pro om K — 3) predicacio quoque verbi C —
4) mellifluo fundebat K — 5) contestacionem C populo add K — 6) afferrent K — 7) pre
clara et add C — 8) sperabamus languoribus om C — 9) solliciti sumus C — 10) et C
— 11) ergo C — 12) reverendissimi C — 13) recipiet C — 14) datum — letare om C —
15) nostram *Fejer cod dipl Hungariae* t IX v III p 22 — 17) devota D K

a) Has litteras regis et reginae Hungariae Rother l c 169 datas esse refert patribus in

homines pauperes enarrantur, sercatim explicare nequeamus,
tamen miraculum, quod de novo nobis per merita ipsius factum est, inter cetera sub silencio nolumus preterire; scilicet[1]:
Cum inter carissimum dominum nostrum B(elam)[2] regem Hungarie ex una parte et carissimum[3] filium nostrum regem Stephanum ex altera parte per suggestionem infedilium servorum
vehemens discordia orta fuisset, ita ut pars utraque, collecto ibi[4]
exercitu, facie ad faciem pugnare quodam die debuissent[5] et nos
sicut mater ex utraque parte maximo timore incusso vehementi
dolore affligi incepissemus et suffragia eiusdem Ioannis[6] invo-
cassemus, eadem nocte apparuit nobis idem frater Ioannes cum
quodam fratre bone memorie Gerardo, priore eiusdem ordinis; et
cum nos posite in tanta anxietate, ut filium nostrum prenomina-
tum redderent, rogaremus, tunc[7] frater Ioannes, apposito nobis
signo crucis, respondit: « Ecce filium vestrum vobis restituimus ».
Tunc nos de sompno evigilantes secundum nostram simplicitatem
domino nostro Ihesu Christo et beate virgini grates retulimus, ut
decebat. Mane autem facto recepimus nuncium et litteras domini
nostri regis Hungarie, in quibus continebatur, quod filius suus
rex Stephanus se in omnibus sibi traddisset[8] et suam in omnibus
fecisset voluntatem.

Nos igitur merita ipsius[9] sanctissima et auxilium nobis impen-
sum vestre devocioni per presentes litteras[10] duximus intimandum;
unde sanctitatem vestram requirimus, quatenus miracula, que
vos per ipsum facta scitis, nobis in vestris litteris rescribatis.

VI. Frater quidam in conventu Metensi a) Deo devotus et in
oracione assiduus dum quadam nocte post matutinas recoleret
Christum passum, visum est ei oculis mentalibus[11], quod videret
Christum crucifixum presentem, quasi recenter de cruce deposi-
tum; et prosternens se primo ad pedum, dehinc[12] ad utriusque
manus vulnera devotissime recolens[13] passionis beneficia diutis-

---

1) scilicet om. K; quod add. D. — 2) Belam om. C. — 3) carum K. — 4) ibi om. C. —
5) debuisset C. — 6) fratris K. — 7) tunc om. K. — 8) omnibus reddidisset C. — 9) ipsius
merita C. — 10) litteras om K. — 11) mortalibus C. — 12) deinde K. — 13) recolens — diutissime om. C.

capitulo Generali Argentinensi congregatis anno 1260: cum tamen regina loquatur de sedi-
tione filii sui Stephani contra Belam, — quae seditio 1262 accidit (cf. Balics l. c. Il. 1, 387)
— saltem *reginae* lit. scriptas esse puto anno 1262 vel 1263: ipsa enim narrat miraculum,
quod « de novo » factum est per merita fr. Iohannis; cf. Fejér. l. c. p. 461. — a) Conv.
Metensis (Metz) fund. 1219. Anal. I, 270.

sime oravit Postmodum vero ad vulnus lateris accedens os suum ad illud foramen applicavit[1], sicut puer sugens materna ubera[2] consuevit, et sic ibidem[3] aliquantulum obdormivit et evigilans invenit os suum sanguinolentum et fauces suas plenas sanguine[4] in parte coagulato

VII In regno Castelle in conventu Palensi a) fuit quidam frater antiquus in ordine, Fernandus Didam[5] nomine in predicacione fervens, confessionibus audiendis intentus, animarum zelatipus, in oracione[6] assiduus Hic, cum a domino papa Innocencio quarto[7] littera predicacioni et confessioni[8] multum contraria emanasset b), anxiabatur et[9] in dolore ob hoc nimio torquebatur et in oracione proinde assidue desudabat Cum igitur quadam nocte in oracione persisteret fatigatus nimium obdormivit Qui tonitrua terribilia[10] et coruscaciones magnas vidit, ita quod timeret propter hoc tocius[11] mundi machinam dissolvendam, igitur tamquam de morte non dubitans solum pro suo spiritu dominum precabatur, quo[12] sic orante predicte cessavit periculum tempestatis Post hoc vero elevans caput, vidit quod exercitus malignorum spirituum per aera veniebat[13], qui ingenti armorum sonitu super equos vibrantes hastas versus orientem ab occidentibus partibus insurgebant, incedentes passim quasi prelium commissuri Statim conversus frater ad orientem vidit, quod filius Dei ab oriente cum angelorum armatorum in equis loricatis copiosa multitudine versus predictum exercitum veniebat per aera In proximo autem exercitu vexilla pulcerrima apparebant, inter que vexillum sancte[14] crucis portabatur, in qua scriptus est titulus Ihesus Nazarenus rex Iudeorum, cuius crucis tantus erat splendor, quod tocius mundi spacium illustraret. Filius autem Dei, relicto[15] exercitu ad predictum fratrem descendit, frater vero in terram corruit de tanta Dei dignacione miratus Dominus autem tetigit eum dicens ~ Ne timeas ad me accedere ~ Et cum magna reverencia accessit ad eum Cui dominus rursum ~ Dic fratribus, quod Deo[16] serviant diligenter et non contendant cum cleri-

---

1) applicuit D — 2) facere add k — 3) ibidem C — 4) et add D — 5) Ferdinandus nomine C — 6) oracionibus C — 7) tercio C — 8) confessionibus C — 9) et in — et in om C — 10) terribilia om C — 11) tocius om C — 12) quo — tempestatis om C — 13) veniebant C — 14) sancte om C — 15) predicto add C — 16) domino D

a) Conv Palensis (Palencia) a 1219 fund Mam I c p 497 — b) cf supra p 195, § VIII, p 215, § VI

cis, sed sustineant omnia pacienter; nam in brevi consolacionem
habebunt. Sunt enim qui predicacionum et confessionum impe-
diebant iam devicti ». Cui frater : « Domine, est visio vel illusio? »
Cui dominus : « Verum est quod vidisti ». Ad quem frater : « Domine, recipies[1] me post mortem? » Cui dominus : « Semper mecum
eris[2] a die, qua migraveris ab hoc mundo ». Post hec autem
omnia frater evigilans iterum obdormivit. Cui beata virgo apparuit dicens : « Unde meruisti, quod filius meus Ihesus veniret ad
te? » Et in magno gaudio fuit, donec pulsatum[3] ad matutinas
fuit. Facta est visio in festo sancti Albini, primo die marcii; et
post paucum tempus recepta fuit littera, in conventu continens,
quod supradicta esset Inocencii littera revocata.

Hanc autem visionem predictus frater doctori et aliis fratribus
revelavit. Cum autem appropinquaret morti, dixit ei doctor,
utrum esset vera visio[4], quam narravit; qui respondit · « Ita est
sicut dixi vobis ».

VIII. De provincia Theutonie frater Heidenricus[5] et frater
Ulricus domus Vribergensis[6] a), in monte qui dicitur ad spinas,
in una quadragesima propter multitudinem hominum, que ibi
erat, audierunt confessiones et ante nonam et post; et tantum
laboraverunt in hoc salubri officio, quod ambo ceperunt graviter
infirmari nec pre debilitate poterant ad domum adduci[7]; sed
miserante domino ceperunt iterum convalescere. In vigilia autem
pasce vix valens loqui frater Heidenricus dixit fratri Ulrico :
« Eya, frater Ulrice[8], haberemus cras unam perdicem de quo refo-
cilaremur? » — non sperans se aliud posse comedere pre debilitate. — Respondit frater Ulricus : « Unde haberemus[9] perdices hoc
tempore anni? » Cui frater Heidenricus debili voce dixit : « Vere
dominus bene potens est eam nobis dare ». In eadem vigilia frater
Ulricus misit[10] quendam[11] servum in[12] villam vicinam ad quendam militem pro quadam causa; et cum servus rediret et veniret
in vallem quandam iuxta aquam, que dicitur Molda, audivit perdices surgentes cum sonitu alarum; et concurrens[13] ad lacum,

---

1) respicies C. — 2) eris mecum C. — 3) ad matutinas fuit pulsatum. C. — 4) visio vera C.
— 5) Hesdenricus C. — 6) Urisbergensis C. — 7) duci K. — 8) si add. C. — 9) haberentur C.
— 10) misit frater... D K. — 11) quendam om. C. — 12) in villam vicinamom. C. — 13) ac-
curreus K.

a) Freiberg a. d. Mulde in Saxonia, conv. fund. anno 1233. cf. Bauch : Die Markgrafen
Iohann I. und Otto II. von Brandenburg, Breslau 1886.

unde surrexerant[1], unam perdicem adhuc ibi iacentem invenit et extendens manum accepit eam et posuit in gremium, nesciens, quod perdix esset; et veniens ad fratrem, qui miserat eum, dixit : - Ecce cepi pulcram avem -. Et cum produceret de gremio, viderunt fratres perdicem. Et dixit frater Heidenricus fratri Ulrico[2] : - Numquid non dixi vobis, quod dominus bene posset nobis de perdice providere? - Et refecti de ea[3] in sancto die pasce benedixerunt Deum.

Memoratus frater Ulricus in domo sua Vribergensi, ubi fuerat prior, in gravem incidit infirmitatem. Cui apparens[4] beata virgo et manum imponens loco, ubi gravius paciebatur, mitigavit dolorem. Et dixit ei beata virgo : - Tu adhuc pacieris gravia ante obitum tuum et postea numquam[5] amplius pacieris -. Ante mortem suam ergo[6] adeo graviter paciebatur[7], quod pre nimietate[8] doloris oculi proruperunt ei de capite.

Antequam frater idem[9] moreretur, vidit frater Nicholaus, qui in eadem infirmaria decumbebat, speciosissimas virgines multas circumstantes lectum fratris Ulrici ; et cum frater Nicholaus miraretur pulcritudinem earum, dixit eis admirans : - In nomine domini, quam pulcre estis vos, domicelle[10], et unde estis? - Et una earum respondit : - Nos sumus de terra angelarum[11] -.

IX. Cum de conventu Toletano a) duo fratres missi in predicacionem fuissent, domino cooperante et sermonem confirmante, nonnulli peccatores salutari perturbacione commoti, resipiscentes a laqueis diaboli ad penitencie presidium confluebant, peccata sua humiliter confitentes. Inter quos quidam clericus Dei miseracione compunctus devote ad alterum fratrem accedens eos ad prandium invitavit et consilium anime sue peciit. Contigit autem, ut eius confessio tum propter aliorum ad confessionem veniencium frequenciam tum eciam propter ipsius occupaciones usque ad diem tercium differretur. Nocte autem cum dictus clericus obdormisset[12], ecce subito humani generis inimicus ei terribiliter astitit et ait : - O proditor, nunc vis effugere manus meas! Iam

---

1) vivam add. K. — 2) frater Ulrice K. — 3) hac C. — 4) apparuit K. — 5) aliquid add. C. — 6) mortem igitur C. — 7) puniebatur C. — 8) propter nimietatem C. — 9) Ulricus C. — 10) bone add. C. — 11) angelorum K. — 12) obdormiret K.

a) Conv. Toletanus (Toledo) fund. anno 1222. Mam. l. c. p. 551.

vis confiteri! Non confiteberis, nec evades, quia ecce suffocabo te ». Et tenens guttur eius suffocare[1] conabatur dicens : « Proditor, non morieris confessus ». Et sic diu vexabat eum per magnam partem noctis, quousque in tantum exclamavit[2], ut serva[3] eius, que in alia domo cubabat, a clamore ipsius excitata concurreret[4] et eundem excitans, quid tam terribiliter clamaret, requireret[5]. Cui cum ille territus, que passus fuerat, retulisset, illa ait : « Ergo, mi frater, confessionem nullatenus differatis[6] ». Facto igitur[7] mane ad dictum fratrem concitus venit, visionem ei per ordinem retulit, confessus est generaliter et partem satisfaccionis statim complevit[8], mittens pro se contra Sarracenos crucesignatum idoneum bellatorem.

X. Fuit in conventu Metensi a) frater quidam, qui multum seipsum abnegaverat et quasi totaliter contempserat et in lingua Gallica et Theutonica ferventer predicabat et maxime in villulis et inter pauperes libenter conversabatur; ad silvam[9] pro domibus construendis letanter ibat et negocia communia fideliter[10] faciebat, I. Cor. XV, 10. ita ut posset dicere cum apostolo : *Plus omnibus laboravi*. In choro ita erectus stabat sine apodiacione aliqua, ut nec[11] sedes vel asseres tangere videretur. Hic in amorem beate virginis totaliter effluebat[12] et laudes eius devotissime solvebat et in omni sermone de ea predicabat et in fine sermonis de ea aliquod miraculum[13] enarrabat ad faciendum bonum os[14], ut dicebat, in suo vulgari. Cum autem apud Tullum[15] b) venisset, contigit eum graviter infirmari; et cum quidam sacerdos honestus, qui vice episcopi[16] in expensis eius[17] fratres recipiebat, eum vellet in domo sua recipere, noluit, sed ad hospitale pauperum humiliter declinavit; et cum super hoc aliqui mirarentur, alii indignarentur, ait[18] : « Valde conveniens est fratrem pauperem inter pauperes conversari, vivere et mori ». Fratres autem de hospitali eum devote[19] susceperunt et honestum locum ei preparaverunt. In illa autem[20] infirmitate per[21] aliquantulum temporis tantam tristiciam habuit

---

1) eum add. K. — 2) exclamabat K. — 3) soror K. — 4) et om. K. — 5) ageret requirens K. — 6) differas C. — 7) ergo D. — 8) implevit C. — 9) filium C. — 10) fidelissime D. — 11) non C. — 12) affluebat C. — 13) populo add. C. — 14) est add. K. — 15) Tullium D K. — 16) et add. C. — 17) eius om. K. — 18) dixit K. — 19) devotissime C. — 20) autem om. C. — 21) per om. C.

a) Conv. Metensis (Metz) fund. a. 1219. Anal. I, 270. — b) Toul super Mossellam situm.

— ut creditur in memoria suorum peccatorum, — quod gemitus inenarrabiles et alta suspiria et planctus anxios emittebat. Cum autem[1] morti appropinquaret circa mediam noctem, fratre, qui cum eo erat, vigilante, subito tanta leticia cordi eius infunditur, os eius nimio iubilo impletur et plausus[2] manuum attollitur, quod videbatur cor laguncnlam corporis velle, sed non valere disrumpere. Et suppressa voce beate virgini quasi sibi apparenti loquebatur et respondebat : « Bene veniatis, carissima domina[3] ». Et non semel, sed pluries[4] dicebat : « Quare non viderem libenter vos[5], domina[6]? » Item dicebat : « Domina, ego sum capellanus vester, ego pauper predicator vester ». Et hoc frequenter iterabat suppressa voce; et post modicum intervallum cepit clara et multum alta voce[7] cantare : « Tu Theophilum a) desperantem[8] apostatam reduxisti et revocasti ad graciam ». Istud dulciter cantando aliquociens iteravit intantum, quod frater, qui cum eo[9] erat, qui hoc nunquam alias audierat vel legerat[10], ab eo didicit. Post hec alta voce cepit cantare : « Congaudent angelorum chori gloriose virgini ». Frater vero[11], qui cum eo erat, timens, ne aliqui audientes[12] sic alta voce cantare[13], minus bene edificarentur, dixit ei : « Frater, estne bonum, quod facitis ita vos[14] audiri? » Qui respondit : « Carissime contrater[15], non credatis, quod propter[16] hypocrisim hoc faciam ; hypocrita[17] malus intrinsecus, bonus[18] extrinsecus, abominabilis est Deo, talis ego non sum ; sed laude[19] virginis gloriose non valeo continere[20] ». Instante vero[21] hora mortis, cum quasi iam obmutesceret, frater dicebat coram eo matutinas solus[22]; et cum frater diceret illum ultimum versum psalterii : *Omnis spiritus laudet dominum*, erigens aliquantulum caput et manus elevans fratri, ut potuit, silencium indixit et assumens in ore illam clausulam : *Omnis spiritus laudet dominum*, migravit ad Christum. Ps. 150, 5.

1) sic perseveraret et add. C. — 2) applausus C. — 3) domina carissima C. — 4) item add. C. — 5) libenter vos om. D K. — 6) dominam D. — 7) et multum alta voce om. K. — 8) desperatum C. — 9) illo C. — 10) tunc add. C. — 11) autem K. — 12) cum add. C. — 13) cantautem K. — 14) vos om. C. — 15) frater K. — 16) per C. — 17) hypocritus C. — 18) ab add. C. — 19) ad laudes C. — 20) continere non valeo C. — 21) vero om. C. — 22) suas C.

a) La légende de Théophile, inquit P. Danzas l. c. IV, p. 519, est celle de Marie avocate des causes désespérées. Elle était très populaire au moyen âge. Elle revient continuellement sur les lèvres des prédicateurs et dans les écrits relatifs à la Très-Sainte Vierge. — Vitam S. Theophili in Act. SS. Boll. et apud Surium ad d. IV. februarii. S. Alphonsus de Ligorio (Gloires de Marie) ed. Dujardin, Paris, Laroche 1870, citat p. 143 pariter hoc exemplum.

XI. Frater Ulricus, domus Frisacensis *a*), libenter orans non habens graciam predicandi, una dierum raptus est in tantum affectum ad dominum[1], quod in nullo loco poterat quiescere, sed amore langueus defecit viribus et macie confectus cepit pallescere et debilitatus est in tantum, quod fratres inunxerunt eum. Quibus recedentibus remansit solus supprior coram infirmo, qui clausis oculis iacuit non movens se et factus est fulgidus in facie[2] valde. Supprior autem intuens cum diu mirabatur claritatem vultus eius. Et post aliquantulum temporis infirmus cepit aperire oculos et aspicere[3]. Cui dixit supprior : - Care frater, quomodo est vobis? - Qui renuit ei aliquid de hoc dicere. Cui dixit supprior : - Ego volo quod omnibus modis[4] michi dicatis -. Et frater propter bonum obediencie non audebat reticere[5], quod ei ostensum fuit, et dixit : « Spiritus meus raptus fuit et ductus in locum amenissimum; et cum starem admirans amenitatem loci et eciam, quod ibi solus facerem, venit beatus Paulus et beatus Dominicus portans[6] crucem in manu sua, et[7] beatus Paulus dixit : «Tu stas hic solus? - Cui respondi : « Ita, domine -. Qui dixit michi : « Veni sequere nos -. Et secutus sum eos et vidi civitatem, cuius murus et turres erant de lapidibus preciosis et fulgentissimis et habebat portas duodecim de margaritis preciosis; et vidi animas quorundam, quos novi, dum viverent, duci in civitatem per illas portas; et dixi beato Paulo : « Que est ista fulgentissima civitas, quam video? - Qui respondit michi : « Ipsa est celestis Ierusalem -. Cui ego : « O domine, licet michi eciam[8] intrare in eam -. Qui dixit : - Modo non intrabis, sed cras cum primum signum datum fuerit ad terciam, tunc intrabis in eam -. Et rogavit frater Ulricus suppriorem, quod nullum verbum de hoc[9] moveret inter fratres, donec videret, quem exitum res haberet. Mane autem[10] facto, rogavit frater Ulricus[11], quod scoparet[12] et mundaret infirmariam, quia venturi essent hospites. Prima dicta, fratres, qui primo se expediverant de privatis missis, primi venerunt et postea alii, videre fratrem, quem[13] precedenti die inunxerant; et contigit casu, quod omnes fratres, qui tunc domi erant, venientes circum-

---

1) Deum K. — 2) in facie fulgidus D. — 3) respicere K. — 4) omnibus modis quod C. — 5) retinere C. — 6) que add. D. — 7) et om. D K. — 8) eciam om. K. — 9) de hoc om. K. — 10) autem om. K. — 11) infirmarium add. C. — 12) scoparent... mundarent D. — 13) in add. C.

a) De conventu Frisacensi (fund. an. 1220 vel 1221) vide Anal. I, p. 76 et sqq. ubi in nota 3 invenies varias opiniones de morte Ulrici Frisacensis et Ulrici Vribergensis, de quo supra app. n° VIII. sermo fuit.

starent fratrem infimum, et ipse extendens primo[1] manum dexteram, innuit[2] fratribus et dixit - Cedite, date locum, hospes venit dominus noster Ihesus Christus - Postea extendens manum aliam[3] innuit dicens - Cedite, date locum hospita venit domina nostra[4] beata virgo - Deinde iterum extendens manum dexteram iussit cedere fratres, ut darent locum, quia veniret Ioannes Baptista, Petrus, Paulus, et alios plures nominans et iterum extendens aliam manum iussit dari locum dicens - Beata Agnes venit Catharina, Lucia, Cecilia illa et illa venit - Et cum alternaret[5] extensionem manuum et ruminaret nomina sanctorum veniencium et fratribus circumstantibus[6] aliquibus cum magna devocione, aliis prostratis in terra pre devocione, datum est signum ad terciam et beatissima anima illa[7] migravit in celum, ducatum prestantibus iis qui convenerant ad obitum eius[8]

XII[9] Cum quedam persona ordinis in festo innocencium[10] audito primo signo surgere tardaret intendens ob quietem corporis remanere a matutinis, audivit vocem de sublimi dicentem « Surge statim et sta, si vis audire vocem in excelso -. Que statim surgens cum admiracione et gaudio venit ad matutinas, considerans, quod quicumque vult audire vocem, quam sanctus Augustinus audivit de excelso sibi dicentem - *Cibus sum grandium*[11] et cetera, oportet ut surgat a lecto corporalis quietis, quia non invenitur in terra suaviter vivencium, sed necesse est ut cum sponsa surgat querens *per vicos et plateas, quem diligit anima -* Cant III

In crastino sancti Thome Cantuariensis cum eadem persona post matutinas in ecclesia prostrata in oracione obdormisset, vidit se coram altari prostratam orantem et illum dulcem Ihesum quasi duorum annorum infantulum de altari descendentem ac super caput prostrate residentem, quod ut sensit ac videns illos dulces pedes, quibus terram nostre mortalitatis tangere dignatus est, pre gaudio ac devocione cum Thoma apostolo exclamavit *Tu es* Ioh XX 2 *dominus meus* Ihesus, tu es dominus meus Ihesus, eadem cum lacrimis sepissime clamando replicans et pedem dextrum sub manibus comprimens frequenter cum affectu deosculata est)[12]

---

1) primo extendens C — 2) innuens manu fratribus dixit C — 3) aliam dixit C — 4) domina nostra om K — 5) alteraret D K — 6) eum add C — 7) illa anima C — 8) finis add C — 9) sequens num nonnisi in cod E invenitur — 10) die 28 decembris — 11) S Augustini Confessionum l XIII ed Wangnereck Taurini 1891, l XII c X, p 230 — 12) verba in parenthesi posita om L — finis cod E

XIII[1]. *De Ioanne Agno forsan Lammens Gandensi quondam priore 1272.*

Alios inter beatos conventus Gandensis *a*) reconditus sub dio beatus Iohannes Agnus, qui tante sanctitatis fuit, ut etiam vivens miraculis claruerit. Unde tam celebris olim est habitus, ut hodie Insulis *b*) et Brugis *c*) in tapetibus inter beatos ordinis habeatur et ostendatur. Verum quot et quibus inclaruerit miraculis aut non animadverterunt maiores aut annotata devastavit incredulorum barbaries sive rabies. Omnibus tamen notissimum quod in conventus Gandavensis refectorio depi(c)tum fuit authentice. Nempe cum tota insula dicta Goess *d*) istius conventus terminus esset sive districtus, eoque soleat concionatores mittere, accidit in parochia dicta Elfdiie esset solennis supplicatio, qua crux domini circumferretur, quae maximo non abs re habebatur in honore, ut missus eo beatus Ioannes Agnus, propter tempestatem nimiam nullus nautarum se freto committere vel auderet vel vellet. Quamobrem modum non alium muneris ad quod missus peragendi superesse ratus, domino fidens, extimam vestem pullam expandit super iratum mare, stansque super eam cum socio tertiano flectente genua, signo crucis prius edito, traiiciunt inter vorticosos fluctus tranquilli. Dum igitur sic sunt, pastor, custos et edituus toti herent in ecclesia compurganda ornandave; labitur tum vox ad eos huiusmodi : « Honorate vos hunc, quem Deus sic glorificat, en concionator vester venit ». Edito mox signo convocatus populus duobus fratribus pro navi capa utentibus obviam processit crucemque suam addeduxere, huic asserere prodigium hoc conantes, depicta huius actionis serie ad parietem ecclesie. Porro hic beatus obiit anno partus virginei milesimo ducentesimo nonagesimo sexto, uti habetur in catalago defunctorum conventus Gandensis : Quondam *e*) prior circa annum domini ·M·CC·LXXII·.

---

1) Sequens num. exscribitur e cod. Gandavensi. cf. supra l. IV, cap. 25, p. 230 not. 12.

a) Gandavensis conv. (Gent) fund. an. 1221. Anal. I, p. 266. — *b*) Lille. — *c*) Bruges. — *d*) *Goes* oppidum insulae Zelandicae; fluvius qui separat Flandriam ab insulis Zelandiae, et quem b. Iohannes traiecit Le Hont vel Escaut hodie nuncupatur. — *e*) Phrasis: Quondam — 1272 alia manu scripta est.

FINIS APPENDICIS.

CRONICA ORDINIS[1].

PRIOR a).

Anno domini · M°·CC°·III°· b). Beatus Dominicus, nacione Hyspanus, sciencia Dei plenus, vita sincerus, religione conspicuus, cum Didaco[2] Oxomensi[3] episcopo Tholosam veniens, ipsa die hospitem suum hereticum convertit, ubi cum dicto episcopo post reditum[4] de Marchia Dacie[5] per biennium predicacioni[6] vacavit. Post reditum autem dicti[7] episcopi in Ispaniam[8] per ·X· annos in Narbonensi[9] provincia permansit confundens hereticos et confirmans catholicos, verbo[10] et exemplis annuncians dominum Ihesum Christum.

POSTERIOR.

Anno[11] *domini · M°·CC°·III°·.* Beatus[12] Dominicus cum Oxomensi[13] episcopo Didaco Tholosam[14] venit, ubi ipsa die cooperante Deo hospitem suum hereticum ad veram fidem reduxit. Deinde peracta legacione c) regis d), semel et iterum[15] curia visitata ab ipso episcopo, remansit cum eodem quasi per biennium in predicacionis officio in partibus Tolosanis.

Anno domini ·M°·CC°·V°·. Post reditum Didaci episcopi[16] ad suam diocesim beatus Dominicus remanens quasi solus paucis sibi adherentibus sine professionis[17] vinculo per ·X· annos per diversa loca provincie Narbonensis et precipue[18] circa[19] Carcaso-

---

1) Cronica fratrum predicatorum F M: cronica magistrorum ordinis predicatorum. N: incipit cronica ordinis A C: tit. om. E: pars ultima sive cronica ordinis B: cap. X. add. D. — 2) Didaco om. F. — 3) Oxomense F. — 4) Rodicam (?) F. — 5) Dacie om. M. — 6) predicacioni om. F. — 7) predicti M. — 8) in Ispaniam om. M. — 9) Narbone F. — 10) verbis F. — 11) anno om. A C: et sic deinceps: numerus au. om. E, et sic et in sequentibus. — 12) sanctus E. — 13) Exonensi E: Escomensi B. — 14) Tholosanam E. — 15) et add. E. — 16) anno 1205 add. B. — 17) tamen add. A C L. — 18) provincie. — 19) contra D.

a) Cronicae ordinis exstant duae redactiones, quarum primam continet cod. Tolosanus (F.) et codex quidam bibliothecae Vaticanae, quem cl. P. Mamachi in suis Annalibus ordinis pag. 306, prelo edidit; citatur a nobis sub littera M et cod. Barchilonensis qui Romae in archivo Ord. asservatur, citatur sub litt. N. — Secundam redactionem continent cc. A B C D E et cod. Viterbiensis, quem pariter Mamachi l. c. p. 299 et ss. edidit; citatur sub littera L. — Partem tractantem de S. Dominico Gerardus de Fracheto plus minusve fideliter exscripsit e libello b. Iordani de initio ordinis; pro hac parte perdoctum commentarium habes ap. Mamachi l. c. passim. — b) Controvertitur utrum anno 1202 an. 1203 S. Dominicus Tolosam venerit: an. 1202 dat c. B: cf. Mam. l. c. p. 124, 129, 130, quem sequitur P. Lacordaire, Vie de S. Dominique, c. III, pag. 39, stant pro exeunte anno 1203. — c) De causa legationis, de itinere etc. vide Iordanum l. c. (ed. Berthier, p.7). — d) nempe Alphonsi VIII, reg. Castilliae: Lacordaire l. c.: Ildephonsi (Iordanus l. c.).

nam a) et Fanum[1] Iovis b) inpugnando hereticos[2] katholicam fidem extulit, et animarum saluti datus totus officio predicacionis vacavit, multas vilitates et abiecciones et angustias lete substinens propter nomen domini nostri[3] Ihesu Christi.

Illis eciam temporibus domum sororum de Pruliano c) instituit ante ordinis confirmacionem.

Illo quoque[4] tempore comes Montisfortis pugnans contra hereticos gladio materiali et beatus Dominicus gladio verbi Dei[5] in partibus illis, facti sunt[6] adeo familiares, quod voluit comes[7] ipse, quod beatus Dominicus benediccionem[*] faceret in nupciis filii d) sui, quam accepit -- filie scilicet[8] delfini Viennensis — apud Carcasonam[9] et filiam quamdam suam baptizaret[10], que usque hodie vivens et priorissa apud sanctum Antonium Parisius religiosissima et magne sanctitatis habetur. Dedit eciam quoddam castrum e) beato Dominico in sustentacionem sui et sibi adherencium in predicacione. Unde usque hodie genus illud[11] dileccionem et familiaritatem habet ad ordinem intantum[12], quod quedam filia comitis predicti[13], scilicet domina Amicia[14] de Ioviniaco f), magni nominis et sancta mulier, voluit multociens, quod[15] filius suus unigenitus g) et[16] excellentis gracie intraret ordinem, si fratres voluissent; et in extremis agens[17] ipse apud Cyprum in exercitu regis Francorum h) habitum nostrum suscepit et[18] factus est frater. Ipsa quoque, sicut dixit, quia[19] homo non erat nec[20] poterat esse frater, ut saltem soror fieret, fecit domum sororum de Montargis i) et bene dotavit, in qua[21] taxatus est numerus quinquaginta[22] sororum, que speciali prerogativa sanctitatis et religionis fulgerent[23] in Francia; inter quas et ipsa sepulta requiescit. Fuit[24] autem tanti fervoris et animi[25] in domus[26] predicte[27] promocione, quod cum fratribus multis[28] se opponentibus licenciam constri endi[29] illam habere non posset aliquo modo ab ordine, in propria persona[30] multociens ivit ad curiam pape et[31] obtinuit litteras efficacissimas ad suum desiderium consummandum.

Porro[32] instante tempore quo prelati se parabant[33] ad eundum[34] concilium

---

1) Perhanum B. — 2) et add. E. — 3) nostri om. A C L. — 4) eciam B. — 5) Dei om. B. — 6) sunt om. B D E. — 7) comes quod ipse... B D E. — 8) videlicet B. — 9) Cenosiam E. — 10) baptizavit usque... E. — 11) istud E. — 12) nostrum E. — 13) predicta E. — 14) Amicicia E; Anicia L, Amiva B. — 15) et E. — 16) et om. B. — 17) agens terre Ciprum B. — 18) frater noster factus est B. — 19) quod B E. — 20) non A C D. — 21) bene add. B. — 22) quinque A C. — 23) fulgens E; fulgent D; fulget B; eciam add. E. — 24) haec par. om. N. — 25) et animi om. B. — 26) in domum predicatorum A C. — 27) prefate B. — 28) multis om. B. — 29) offerendi A C. — 30) patria A C. — 31) ac A C. — 32) certo A C. — 33) verterant A C. — 34) ad add. B.

a) Carcasonne. — b) Fanjeaux. — c) De institutione monasterii apud Prulianum (Prouille) 1206 cf. Bern. Guidonium ap. Martène ampl. coll. VI, pag. 437; B. Iordanum l. c. p. 10; Mam. l. c. p. 158; Lacordaire l. c. cap. IV. — d) Anno 1214 filius comitis Simonis Montisfortis nomine Almaricus (Amauri I. 1241) in matrimonium duxit Beatricem, filiam Andreae Burgundi et a matre et eius primae coniugis Beatricis Claustral et stirpe Sabran Viennensis; cf. Mam. l. c. p. 349, Quetif. l. c. I, 69b, not. I. — e) Hoc castrum B. Iordanus l. c. p. 13, nominat Cassanel; de aliis possessionibus S. Dominico datis cf. B. Iordanum l. c. et Bull. Ord. I, p. 2 et 3. — f) Ioigny prope Altissiodorum (Auxerre). — g) Probabiliter Iohannes Montisfortis. cf. Theiner l. c. ad an. 1245, p. 317. no 97. — h) Nempe Ludovici IX. — i) Montargis en Loiret.

Lateranense, quidam[1] magnus de Tolosa, Petrus Celani[2] nomine, se et domos nobiles, quas habebat circa[3] castrum in eadem civitate, obtulit beato Dominico; in quibus primo[4] apud Tolosam ipse cum sibi adherentibus habitavit et ibi moribus religiosorum se conformare ceperunt a).

Episcopus vero Tolosanus, vir sanctus et fidei zelator, Fulco nomine, sextam partem decimarum cum consensu capituli dedit b) eis[5] ad libros et[6] necessaria, sperans[7] se habiturum eos fideles pugiles ad heresim exstirpandam[8].

Anno domini ·M°·CC°·XV°· Cum venerabili Fulcone, Tholosano episcopo, Romam ivit[9] ad concilium generale. Ubi cum a domino Innocencio papa tercio peteret, ut ei et consociis[10] ordinem[11] confirmaret, qui[12] predicatorum diceretur et esset, et idem papa se in hoc difficilem exhiberet, consolatus est eum[17] dominus[18] huiusmodi

Anno domini ·M° CC°·XV°·. Beatus Dominicus Romam ivit ad concilium generale cum episcopo Tolosano Fulcone causa procurandi[13] confirmacionem[14] ordinis, qui diceretur[15] et esset ordo[16] predicatorum; et tunc accepit responsum de redeundo ad fratres et regulam eligendi.

visione : Cum[19] enim suo more in oracione pernoctaret, vidit beatos[20] apostolos Petrum et Paulum[21]: Petrum[22] in dextra tenentem claves regni celorum, et[23] sinistra sibi tradentem baculum ; Paulum autem[24] in sinistra tenentem gladium, quo fuerat[25] decollatus, et in dextra manu ewangelium, quod[26] sibi tradebat et dicebat ei : « Vade et predica, quia a domino es electus ». Cumque[27] de sociorum paucitate conquereretur[28], subito vidit[29] fratres per universum mundum incedentes[30] binos et binos et nomen domini predicantes.

Dominum vero Innocencium papam[31] predictum dominus hac visione ad peticionem beati Dominici inclinavit : Videbatur enim sibi, quod Lateranensis ecclesia minaretur ruinam ; sed[32] frater Dominicus accedens subpositis humeris totam illam casuram fabricam erigens sustentabat. Cuius visionem novitatem admirans et significacionem eius[33] prudenter intelligens, pastor ecclesie viri Dei peticionem acceptavit[34], monens, ut Tholosam ad suos fratres rediens cum eis de regula et ceteris[35] conferret[36], et ut[37], cum rediret, quecumque peteret, impetraret.

1) quedam magna de Tolosa pisallani se... B. — 2) Sciliani D E; Petrus Nicolaus A C. — 3) iuxta B D L; immo A C. — 4) primo om. B. — 5) et add. E. — 6) ad add. B. — 7) sperans om. E. — 8) expugnandnm D E. — 9) venit M. — 10) sociis M. — 11) ordinem om. F. — 12) quod F. — 13) pertractandi A C. — 14) confirmacionem om. B D E. — 15) daretur E. — 16) fratrum add. A C. — 17) est eum om. F. — 18) dominus om. M. — 19) cum — peruoctaret om. M. — 20) bonos F. — 21) Petrum et Paulum om. F. — 22) scilicet add. F. — 23) et om. M. — 24) vero M. — 25) pro Christi nomine add. F. — 26) qui sibi tradebant et dicebant F. — 27) cum M. — 28) quereretur F. — 29) videbat F. — 30) incedentes universos et duos predicantes F. — 31) papam om. M. — 32) sed concurrens fr. Dom. et accurrens M. — 33) eius prudenter om. F. — 34) acceptat M. — 35) ceterisque F. — 36) conferat M; couferies F. — 37) ut om. F.

a) De fundatione conv. Tholosani (1215) vide Bern. Guid. ap. Martène l. c. p. 456; Mam. l. c. p. 352: Lacordaire l. c. p. 118-123. — b) Actus donationis Fulconis transcriptionem habes in Année Dominicaine 1893, p. 200, eiusque translationem ap. Lacordaire l. c.

Anno domini ·M°·CC°·XVI°·. A[1] domino Honorio papa, successore dicti[2] domini Innocencii[3] ordo predicatorum confirmatus est, et de Tholosa fratres[4] in Ispaniam, Franciam et Lombardiam a beato Dominico mittuntur et post[5] per totum orbem[6] sunt dispersi. Per omnia benedictus Deus, qui per talem modum visitavit[7] plebem suam. Amen

Anno dómini ·M°·CC°·XVI°·. Redeunte beato Dominico Romam Innocencio mortuo et Honorio substituto, concessus est ordo et confirmatus.

Eodem anno data est[8] ecclesia fratribus[9] prima, quam habuit ordo, scilicet sancti Romani infra[10] Tolosam, in qua fecerunt claustrum et cellas, et erant numero[11] circiter sexdecim[12].

Anno domini ·M°·CC°·XVII°·. Disponentibus Tholosanis insurgere contra comitem Montisfortis dispersit beatus Dominicus fratres[13], electo[14] primo in abbatem fratre Mattheo, alios mittens in Hyspaniam, alios Parisius; et ipse Romam ivit; et[15] illo tempore domum sancti Sixti sororum instituit.

Anno domini·M°·CC°·XVIII°·[16]. Data est fratribus predicatoribus domus sancti Iacobi Parisius a magistro Iohanne[17], decano sancti Quintini, et universitate Parisiensi. Inde missus est frater Petrus Cellani[18] Lemovicis, qui fuit primus conventus Francie[19] post Parisiensem, sed[20] pro Lugdunensi[21]a) ab Provincialibus commutatur; in sequentibus autem Remis b) et Aurelianis c) fratres mittun'ur.

Anno domini ·M°·CC°·XVIII°·. Circa principium anni misit beatus Dominicus fratres d) de Urbe Bononiam; et eodem anno in curia fratris Reginaldi noticiam acquisivit, qui eodem anno venit Bononiam ·XII· kalendas Ianuarii e).

Eodem quoque[22] anno beatus Dominicus in Hyspaniam rediens duas ibidem domos instituit f); et eodem anno data est fratribus[23] Parisius domus sancti Iacobi; nam ante stabant in domo conducta inter domum episcopi et domum Dei[*].

Anno domini ·M°·CC°·XIX°·[24]. De Roma missi sunt fratres Bononiam a beato Dominico, quos ipse postmo-

Anno domini ·M°·CC°·XIX°·. De Hyspania venit beatus Dominicus Parisius g) et invenit ibi fratres numero

62.

1) ordo predicatorum a... M. — 2) dicti om. N. — 3) tercii add. N. — 4) fratres om. F. — 5) post om. M. — 6) ordinem dispersi sunt fratres F. — 7) visitare voluit M. — 8) est om. B. — 9) fratribus om. B; fratribus ecclesia A C. — 10) infra om. B. — 11) numero om. B. — 12) decem et sex A C. — 13) fratres om. B. — 14) electo priore abbate B. — 15) et om. E. — 16) Fratres venerunt Parisius add. in marg. M. — 17) Iordane N. — 18) Relavi N. — 19) et add. F. — 20) sed pro om. F. — 21) Lugduno F. — 22) eodemque D. — 23) fratribus om. B. — 24) Frater Reginaldus add. in marg. M.

a) Lyon. — b) Rheims. — c) Orléans. — d) Nempe « fr. Iohannem de Navarra et quendam fratrem Bertrandum; postmodum vero fr. Christianum cum fratre converso ». (Iordanus l. c. p. 18). — e) cf. Vitae fratrum lib. I, cap. V, § I, p. 25. — f) unam apud Madrid, quae nunc est monialium, alteram vero apud Segobiam. (Iord. l. c. p. 19). — g) Exeunte mense maio aut ineunte mense Iunio (Mam. I. c. p. 501).

dum subsequitur; misit inde[1] Parisius fratrem Reginaldum, iam ante a[2] regina celi inunctum; qui Parisius veniens Christum Ihesum et hunc crucifixum predicabat verbo pariter[3] et exemplo. Qui paulo post in Christo obdormiens in ecclesia sancte Marie de Campis sepultus est, quia fratres ius sepulture nondum habebant. Hic vir[4] beatus[5] nostrum[6] fratrem Iordanem eodem tempore Parisius recepit[7], qui fuit post beatum Dominicum huius ordinis magister; recepit eciam[8] fratrem Henricum, qui fuit virgo Dei et graciosissimus predicator et[9] primus Colonie prior.

ferme[10] triginta; paululum ibidem[11] commoratus divertit Bononiam a), ubi iam[12] magnus erat fratrum numerus sub fratre Reginaldo congregatus apud sanctum Nicolaium; nam ante fuerant in alio loco[13] b) et parvo numero; qui eum cum mirabili gaudio receperunt[14]. Inde[15] misit fratrem Reginaldum Parisius.

Anno domini ·M°·CC°·XX°·[16]. Primum capitulum generale Bononie celebratur a beato Dominico, et in sequenti capitulo ordinatum est, ne possessiones vel redditus fratres nostri[17] tenerent, sed et[18] hiis que habuerant[19], renunciarent[20] omnino.

Anno domini ·M°·CC°·XX°·. Primum capitulum generale celebratum est Bononie sub beato Dominico, cui[21] interfuit frater Iordanis, missus ad illud[22] de Parisius, ubi intraverat[23] paululum ante ordinem in quadragesima precedenti c). In hoc autem capitulo inter multa, que statuta fuerunt, fuit eciam[24] hoc statum quod[25] ammodo[26] possessiones et redditus non reciperentur[27], et quod aliis[28] illa[29] resignarent, que[30] habebant in partibus Tolosanis; et quod capitulum generale uno[31] anno Parisius, alio[32] anno Bononie celebraretur; ita tamen[33] quod Bononie sequens celebraretur : quod longo tempore d) observatum fuit; sed postmodum[34] aliter est statutum[35].

Anno domini ·M°·CC°·XXI°·. Frater Iordanes predictus, qui nondum annum in ordine[36] compleverat, fit prior provincialis in Lombardia[37].

Anno domini ·M°·CC°·XXI°·. Celebratum est secundum capitulum Bononie sub eodem patre[38]; et de illo[39] capitulo missi sunt fratres in Angliam,

---

1) me Parisius fratrem Reginaldum iam ante in Regina celi inventum F: enim N. — 2) ante a om. M. — 3) pariter om. F. — 4) vir om. F. — 5) sanctus N. — 6) nostrum om. M. — 7) receperat F. — 8) et M. — 9) et — prior om. F. — 10) ferme om. E. — 11) ibidem om. D. — 12) tam A C D E. — 13) loco in principio; qui... B D E. — 14) recepere B. — 15) et tunc A C: et ideo D. — 16) Ne fratres possideant add. in marg. M. — 17) non F. — 18) et om. F; in M. — 19) habuerunt N. — 20) renunciarunt F. — 21) ibi E. — 22) istud A C. — 23) introierat A C. — 24) eciam om. E: in add. E: et D L. — 25) ut A B C. — 26) omnino E. — 27) reciperent E. — 28) aliis om. B. — 29) illa om. E: illis D L. — 30) quos D. — 31) alio B. — 32) alio anno Bononie om. B. — 33) tantum E: uti tamen B: ita — quod longo om. A C. — 34) post B. — 35) statum est A C. — 36) in ordine om. F. — 37) Quare salve regina cantatur add. in marg. M. — 38) priore B. — 39) alio B.

a) Bononiam pervenit S. Dominicus circiter mense Augusto (Mam. l. c. p. 541). — *b)* Nempe apud S. Mariam Mascarellam (Mam. l. c. p. 466): cf. Vit. fr. lib. 1, cap. IV, § 1, p. 25. — *c)* « Cum mitterer, scribit de seipso B. Iordanus l. c. p. 27, necdum in ordine adhuc duos menses peregeram ». — *d)* Nempe usque ad annum 1245.

Post obitum vero beati Dominici frater quidam Bernardus Bononiensis[1] demoniacus fratres multum[2] vexavit; huius gravis vexacio fuit una de causis, quibus permoti fratres « Salve Regina » post completorium decantari[3] instituerunt apud Bononiam; et inde[4] per totum mundum[5] diffusa est.

et fratri Iordani[6], qui presens non erat, iniunctum est officium prioratus Lombardie. Ad quod officium exequendum, dum[7] iret de Parisius, frater Everardus[8] a), archidyaconus quondam Lingonensis, vir magne auctoritatis, qui suo exemplo ad ingressum ordinis multos commoverat Parisius[9], vadens cum eo, desiderio videndi beatum Dominicum et ipsius fratris Iordanis illectus amore[10], in via mortuus est apud Lausannam, ubi aliquando in episcopum fuerat electus.

Interim[11] autem eodem anno mortuus est beatus[12] Dominicus ·VIII· idus augusti et[13] intra ecclesiam fratrum honorifice sepultus.

Et frater Iordanis ceptum[14] iter perficiens Bononiam supervenit et invenit ibi quendam fratrem, Bernardum nomine, obsessum a demone[15], de quo multa[16] miranda[17] narrat idem in libello, quem composuit b) de inicio ordinis, qui sic incipit : *Filiis gracie et coheredibus glorie*, in quo multa continentur, ex quibus habita[18] est materia supradictorum[19] et eciam de legenda beati Dominici.

Anno[20] domini ·M°·CC°·XXII°·[21]. Dictus frater Iordanis Teutonicus, verus Israelita, electus est Parisius in magistrum. Qui quantus et qualis fuerit[22], in libro qui vitas (!) fratrum dicitur, habes scriptum[23].

Anno domini ·M°·CC°·XXII°·. Celebratum est tercium capitulum generale Parisius, in quo electus est frater Iordanis in magistrum, licet nondum complesset in ordine duos annos et dimidium c).

Hic fuit Teutonicus de Saxonie[24]

---

1) Bononie F. — 2) quidam F. — 3) cantari M. — 4) nunc N. — 5) modum F. — 6) Iordano B. — 7) cum A C. — 8) Corradus A C L; Chunradus E; Conradus B. — 9) Parisius om B. — 10) amore qui in via om. A C; in via om. B. — 11) interim om. E. — 12) sanctus D. — 13) et om. E. — 14) cepit E. — 15) a demone om. B. — 16) multa om. A C. — 17) narranda E. — 18) exhibita B; indicta A C. — 19) predictorum B. — 20) Secundus magister frater Iordanis add. in marg. M. — 21) anno d. 1220 F. — 22) fuit F. — 23) scriptum habes M: est descriptum N. — 24) Saxonia B.

a) De fratre Everardo cf. Vit. fr. lib. IV, cap. II, p. 249. — b) Ed. Berthier p. 33. Ex hoc loco eruitur fratrem Bernardum obsessum fuisse a daemone iam ante 1221; proinde fratre Gerardus inducens daemonem fratri Iordani loquentem : « O caece » (l. III, c. XXX, p. 124) errat, cum Iordanis, ut ex eius epistolis constat, oculum amiserit diu post, cum iam magistratum universi ordinis gereret circa annum 1235. Cf. Anal. I, p. 116 not. 1; et Vit. fr. l. III, cap. 33, p. 126 not. a. — c) Quamvis nostrum non sit quaestiones varias historicas ad vitas fratrum spectantes hoc in loco fusiori stilo tractare, tamen lectores nostros certiores faciendos esse putamus de controversia inter rerum historicarum peritos agitata, utrum B. Iordanis identificandus sit an non cum Iordane Nemorario, celeberrimo mathematico saeculi decimi tertii. Pro parte affirmativa stant inter alios Moriz Cantor in « Allgemeine Deutsche Biographie » Band XIV p. 501 et ss. (ubi et biographicae notae de B. Iordano inveniuntur, cui addendum est opus P. Mothon : Vie du Bienheureux Jourdain de Saxe, Paris 1885) et in Litter. Centralblatt 1889, n° 34, 1148, et D. doctor Heinrich Finke in « Zeitschrift für vaterländische Geschichte und Alterthumskunde » Bd. 46 p. 197 et ss. Partem negativam tenet cl. P. Denifle in « Historisches Jahrbuch » Bd. X. p. 564 et ss.

villa, que dicitur Bortege[1] a) in dyocesi Maguntina[2], oriundus[3]. Hic cum esset scolaris Parisius et probus in theologia, cogitaverat in corde suo de huiusmodi vita fratrum, quorum[4] non habebat noticiam[5], assumenda. Veniente ergo fratre Reginaldo Parisius et predicante ferventer, vovit apud[6] se ordinem intraturum. Habebat autem[7] apud se fratrem[8] Henricum, qui fuit primus prior Coloniensis, iuvenem utique angelicum, graciosissimum[9] in omnibus. Qui postea sua[10] predicacione totam universitatem Parisiensem multum commovit, de cuius laudibus[11] mira scripsit in libello supradicto, quem composuit[12]. Hunc autem laboravit[13] secum ad ordinem trahere, et emisso prius voto de ingrediendo ordine[14] in manibus predicti[15] fratris Reginaldi ab utroque[16], intraverunt ambo in die cinerum et receperunt[17] habitum[18], dum in officio[19] fratres cantarent: Immutemur habitu[20] et cetera. b) ˙62ʳ

In diebus eius ordo fuit valde dilatatus c) in provinciis, in[21] conventibus, in numero fratrum, et multi viri excellentes in nobilitate et diviciis et sciencus intraverunt.

Sub eo eciam fuerunt[22] prius licenciati[23] fratres Parisius ad legendum d) et habuerunt duas scolas.

Intravit eciam[24] frater Iohannes de sancto Egidio e), Anglicus nacione, magister in theologia facto sermone[25] prius.

Fuerunt autem inter huiusmodi fratres ab illo tempore multi valde[26] excellentis gracie et doctrine[27] f), sicut scripta eorum[28] et memoria usque hodie manifeste declarant[29].

Idem[30] est eciam, qui induxit consuetudinem de faciendis collacionibus Parisius scolaribus, et sub eo eciam inducta est consuetudo de cantando » Salve Regina » post completorium g). Sub eo eciam celebrata sunt duo capitula generalissima[31] h) Parisius, in quorum ultimo factum est statutum de silencio

---

1) Bunghei B. Borcberge D. Bocherge A C — 2) Mogintina A C — 3) primidus A C — 4) ibi add. A C — 5) unitativa B — 6) ante b. — 7) habebat autem om. b. — 8) apud se fratrem om. B — 9) graciosum B — 10) sua om. B — 11) de quibus B — 12) composuit supradicto A C. supradicto om. B — 13) laboraverunt B — 14) ordinem B — 15) predicti om. B — 16) uterque A C — 17) recepere B — 18) ordinem D — 19) in officio om. B — 20) habitum E. verba officii diei cinerum — 21) et B — 22) fuere B — 23) litterati B — 24) autem B E — 25) Parisius add. B — 26) valde om. B — 27) excellentes in gracia et doctrina B — 28) eorum scripta A B C — 29) declaravit E — 30) ipse B — 31) generalia B

a) Quantum ad locum nativitatis B. Iordani nunc temporis fere communiter tenetur sub nomine Bortege vel Bocherge intelligendum non esse hodiernum oppidum Borgentreich in Westfalia (ut in Act. SS add. XIII febr.) sed etiam sententia eorum, qui Bortege sumunt pro Padberg prope Marsberg certo adhuc probari non potest, et argumenta prolata probabilitatem non excedunt — b) de ingressu utriusque vide Vit. fr. lib. III, cap. IV, p. 102 — die XII febr. — de fr. Henrico cf. l. c. lib. IV, cap. XIV, § III, p. 191 — c) De dilatatione ordinis sub B. Iordano vide Berthier in praefatione ad B. Iordani opera, l. c. pag. 8. Mothon, Vie du B. Jourdain de Saxe, Paris 1885, p. 327-340 — d) Primatum cathedram in theologica facultate receperunt fratres Praedicatores anno 1229 post 15 mart. fuitque Rolandus primus magister et sententiarius ex ord. Praed. Denifle Cart. I, pag. 94 in nota — e) De eo cf. Quetif l. c. I pag. 100 — f) cf. infra chron. ad an. 1241 ubi habes catalogum magistrorum Parisiensium. cf. insuper Denifle Archiv etc. vol. II, 165-248. Quellen zur Gelehrtengeschichte des Predigerordens — g) Vide Vit. frat. lib. I, cap. VII, p. 58 et ss — h) Primum anno 1228 ultimum 18 maii 1236.

mense a). Eius eciam tempore et[1] quatuor minores b) provincie[2] coequate sunt aliis ·VIII·[3] in potestate quoad deffiniciones et cleccionem magistri, quod antea non habebant.

Ipse eciam induxit consuetudinem, quam habent magistri ordinis, de mittendo litteras de capitulo generali; scribebat enim fratribus sepe, quos[4] videre non poterat litteras dulcissimas sancte consolacionis et[5] exhortacionis epistolas[6], et modo omnibus[7], modo aliquibus provinciis, conventibus vel fratribus sic[8] scribebat c).

An.[9] dom. ·M°·CC°·XXX°·III°·[10]. Translatum est corpus beati Dominici[11] a venerabilibus viris archiepiscopo Ravenne et ·VI·[12] episcopis et magistro Iordane et[13] prioribus provincialibus[14] et plus quam ·CCC· fratribus aliis, qui ad capitulum venerant[15] generale, presentibus[16] potestate[17] Bononiensi cum nobilibus suis[18]. In ipsa[19] autem apercione[20] sepulcri tanta odoris suavitate repleti sunt[21], ac si celestium cella[22] aromatum patuisset[23]; et multi compuncti et plures a diversis infirmitatibus[24] sunt sanati. Eodem anno crebrescentibus miraculis a domino papa

Sub eo eciam anno domini[25] ·M°·CC°·XXX°·III°· translatum d) est corpus beati Dominici ad locum honorabiliorem, et eodem anno est sanctorum cathalogo aggregatus apud e) Reate[26] per papam Gregorium nonum; in quo tempore tanta gracia predicacionis et mirabilium per fratres effusa est in Lombardia et alibi, ut[27] patet per fratres inde venientes, quod[28] totus mundus fere ex auditu[29] stupebat.

Fuit autem magister iste multum notus et dilectus a domino papa[30] Gregorio predicto et ab aliis curialibus, et graciosus apud magnates et religiosos

1) et om. B. — 2) provincie om. B. — 3) novem B. — 4) quos — poterat om. E. — 5) et om. E. — 6) plures E. — 7) et add. E. — 8) singulariter scribebat quandoque D. — 9) Translatio B. Dominici add. in marg. M. — 10) 1232. N. — 11) beati Dominici corpus F. — 12) XI. F: IV. N. — 13) et om. M; et prioribus om. N. — 14) provincialibus om. F. — 15) fuerat F: convenerant N. — 16) presente N. — 17) potestatibus Bononie F. — 18) Videbatur enim hoc beati sacrofagium acclamare; nam cleri et populi ad ipsum devocione crescente monumentum elevabatur a terra quasi virtute interiori exterius pelleretur. add. N. — 19) prima N. — 20) apparacione F. — 21) omnes add. N. — 22) celle F. — 23) patuissent F. — 24) infirmacionibus F. — 25) domini om. A C. — 26) Perusinum D E; Reatem L. — 27) ut post A C: ut patet om. B D E. — 28) quod om. A C. — 29) auditis B E. — 30) papa predicto A C.

a) cf. Martène, Thesaurus, etc. IV, p. 1674. — b) In Capitulo Generalissimo Parisiis anno 1228 celebrato octo provinciis, quae erant Hispania, Provincia, Francia, Lombardia, Romana, Hungaria, Teutonia, Anglia (de eorum extensione cf. Anal. I, p. 49) superadditae sunt quatuor aliae, nempe Polonia, Dacia, Graecia et Terra-Sancta. — Gerardus vero errat dicendo, tempore B Iordani quatuor minores provincias aliis octo adaequatas esse; nam nonnisi in Cap. Gen. Parisiis celebrato anno 1239 legimus (Martène l. c. p. 1677, n° 2). « Inchoamus has constituciones : Statuimus ut quatuor provincie Polonia, Syria, Dacia, Graecia aliis octo per omnia adaequentur... et cap. sequenti Bononiae 1240 celebrato legitur approbatio huius inchoationis (Martène l. c. p. 1679). — c) Plures harum epistolarum inveni in bibliotheca universitatis Wirceburgensis cod. Mp. th. q. 57, quas postea in collectione epistolarum magistrorum generalium Ord. edere intendo. — d) De translatione S. Dominici vide opusculum B. Iordani (ap. Berthier l. c. p. 44). — e) Canonisatus est S. Dominicus V. nonas Iulii apud Reate 1234 (non apud Perusinum ut plures cc. scribunt); cf. Theiner l. c. ad. 1234, p. 98.

Gregorio IX°[1] qui eum optime noverat et devote sepeliverat[3], beatus pater sanctorum confessorum cathalogo
est ascriptus

et[4] clerum et populum universitatis[5]
scolarium ubique adeo, quod vix poterant saciari de verbis gracie, que procedebant[6] de[7] ore eius sive in sermonibus a) sive in sanctis collacionibus

quas habebat Unde quando erat[8] Parisius incumbebat ei omnes sermones
fratrum facere, et quando predicabat alius et sciebant[9] cum scolares presentem vix volebant in fine recedere prius quam ipse aliquid diceret post alios

Fuit autem eius summum studium ordinem dilatare propter fructum animarum, propter quod se totum dabat ad attrahendas personas bonas[10] ad ordinem
et ideo morabatur[11] quasi semper in[12] locis, in quibus erant scolares, et precipue Parisius, nisi quando eum ire ad curiam oportebat Erat autem illius[13]
consuetudo, quando erat Parisius, quasi omni die, quando non erat[14] sermo
facere collacionem novicus, ad quam eciam alii maiores[15] libenter convenientes
magnam consolacionem et instruccionem recipiebant in eis

Anno[16] dom M° CC° XXX° VI°
idibus februarii magister Iordanus, qui
in Terram sanctam iverat ad visilanda
loca sacra et fratres, in mari[17] obiit[18],
ut patet in[9] litteris infrascriptis Venerabilibus et dilectis priori et conventu fratrum predicatorum Parisiensi frater[20] Gotfridus[21] et Reginaldus, domini pape penitenciarii,
salutem et spiritus sancti consola
cionem

Noveritis quod innundante maris
sevicia et suo impetu propellente[22]

Hic cum transisset mare ad visitandam Terram[23] sanctam et fratres, in
regressu cum festinaret in galea[24] versus Neapolim ad predicandum ibidem
scolaribus, irruente[25] tempestate defunctus est versus gurgitem[26] Satalie
anno domini M° CC° XXX° VI°[27] idibus[28] februarii[9] Fratres vero[29] Aconen-
ses illuc pergentes corpus eius[30] beatum tulerunt in Achon[31] et in ecclesia
sua honorifice sepelierunt

Plura vero alia[32] de eo scripta sunt
in libri huius[33] tercia parte, nec tamen

63

---

1) nono om F — 2) ex devocione N — 3) sepelierat N — 4) et om E — 5) et universi
tati B — 6) cum autem debebant *loco* procedebant E — 7) ab A C — 8) cum esset B —
9) sentencialiter I — 10) litteratas L primas laureas A C — 11) immorabatur A C —
12) illis add L — 13) ei D illi B E — 14) fuerat A B C — 15) iuvenes C — 16) Frater
Iordanus submergitur add M — 17) in mari om N — 18) Obiit om in ecclesia fratrum de
Achon est sepultus ubi corruscat miraculis et multis multa beneficia prestat Anno domini
M° CC° XXXVI° kalendis novembris obiit Barchinone venerabilis frater Petrus Cendre,
post quem anno domini M° CC° L° XXIIII° in die epiphanie obiit ibidem venerabilis frater
Raymundus de Pennaforti, qui sepultus est in crastinum cum gloria et honore, sicut decebat eius sanctitatem qui postquam absolutus a magistratu fuit, vixit sancte et gloriose
XXXIIII or annis add N — 19) ex F — 20) fratres F — 21) Goffridus I — 22) perccel-
lente M — 23) ad Terram sanctam visitandam L — 24) galeidna D — 25) supervenit tem
pestas et B — 26) gurgantem A C — 27) 1238 B — 28) in diebus E — 29) vero om L
— 30) suum D — 31) retulerunt in Achoniam A C — 32) alia om B — 33) eius E

a) Codices manuscriptos continentes sermones fr Iordam Ord Praed tres inveni Nurem
bergae in archivo municipali cent III 51 in bibl Bambergensi Q V 38 (catalog Iaeck
n° 1924) in bibl reg Monacensi cod lat n° 1765s

ad litus galeam, in qua duclis pater noster magister Ioidanis cum duobus fratribus eiat, ipse et nonaginta[1] novem persone alie mortis vinculis

sufficienter, quia laus eius et giacia a quocumque scriptore non posset facile comprehendi

liberati sunt ab hoc seculo nequam Super hoc tamen, karissimi, non paveat cor vestrum, quia nobis orphanis pius pater et Deus[2] consolacionis remedium et post tempestatem providit tranquillum Nam dum iaceient corpora inhumata, ut testatur qui de illo naufiagio evaserunt et qui eos tradiderunt propriis manibus sepulture, luminaria de celo super eos[3] singulis noctibus effulserunt, sed et ciuces super eos multe vise sunt a multis Ad quod miraculum loci incole confluentes tanti odoris fragianciam hauseiunt, ut iuxta testimonium eorum, qui post visa miracula eos tres sepelierunt, usque post X dies odor nimius[4] ab eoium manibus non recessit, sed et per ciicuitum sepulture eiusdem odoris suavitas[5] lacius emanabat[6], usquequo[7] fratres de Acon[8] veneiunt cum barcha et eos in suam ecclesiam transtulerunt, ubi dictus pater corruscat miraculis et multa multis[9] beneficia prestat Per omnia benedictus Deus Amen a) »

An dom M° CC° XXX° VIII° Electus est in magistrum ordinis Bononie fratei Raymundus de Penna Foiti, Catalanus[10] nacione, Barchinonensis[11], domini pape capellanus et penitenciaiius Qui mandante domino Gregorio papa IX°[12] compilaverat decietales, summam eciam[13] de casibus[14] super[15] penitencia peiutilem fecit Hic cum per biennium reixisset ordinem piopter nimiam debilitatem corporis ad suam magnam instanciam in capitulo generali Bononie absolutus est[16] ab officio magistratus

An dom M° CC° XXX° VIII° Electus est Bononie in magistrum fiater Raymundus b) de provincia Hispanie, Cathalanus nacione oriundus[17] de diocesi Barcinonensi[18], villa que dicitur Pennafortis[19] Hic fuit excellens doctor in iure canonico, in quo rexit Bononie Hic ordinem ingressus c) assumptus est in socium a domino Iohanne de Abbatisvilla[20], caidinali legato[21] in Hispania, et inde[22] transiens cum eo ad curiam d) factus est familiarissimus et consiliarius secietus domino[23] pape Giegorio nono et capellanus et penitenciaiius eius et expeditoi peticionum pauperum et[24] de eius mandato com-

---

1) centum F — 2) iam dictus *loco* et Deus F — 3) supei eos om F — 4) minus F — 5) suavitatis F — 6) emanavit F — 7) usque F — 8) Acone F — 9) multis multa M — 10) Catalanus om F — 11) qui fueiat doctoi in decietis Bononie add N — 12) decimo F — 13) et M — 14) canonibus, seimo de penitencia F — 15) sive de N — 16) est absolutus M — 17) oiiundus om A C — 18) Barcinonensi om D castio add A C — 19) Pennafortis om D — 20) alba villa B — 21) caidinalis legatus F pro tunc Hispanie add B — 22) et vix (B inde) dicti caidinalis consilio vocatus ad curiam A B C — 23) domini Giegorii pape noni B — 24) qui D

a) Hanc epistolam Geiaidus inseiuit libro « Vitae fratium » et consequentei in II* iedactione Cronicae omisit cf Vit fiatrum p 129 — b) De S Raymundo vide Quetif I 106* Bull Oid V p 580 593, ex quo notae nostiae desumptae sunt Danzas l c II* serie, vol I — c) Id anno 1228 vel 1229 contigisse piobat Franciscus Peña (Bull) — d) Anno 1230

pilavit decretales *a)* in volumen unum, qui hodie est in usu, cum antea[1] essent per quatuor volumina distracte[2]. Habuit autem se ita[3] sancte et[4] prudenter in curia, per omnia servans humilitatem ordinis et omnimodam[5] honestatem, quod vix fuit unquam[6] de curialibus vel de cuntibus et[7] redeuntibus ab illa curia, qui de ipso bona[8] non predicarent et ipsum virum sanctissimum reputarent[9]. Cum autem papa vellet eum cogere ad recipiendum archiepiscopatum *b)* quendam in terra sua, tam constanter sancta quadam[10] rebellione restitit, quod revocavit papam coaccionem[11] quam ceperat, videns eius tam[12] contrariam voluntatem. Hic obtenta licencia, licet cum difficultate, a papa recedendi a curia *c)* propter suas debilitates et infirmitates, quas incurrisse reputatur in parte propter labores et vigilias, quas ibidem sustinebat, et vitam asperam, quam ducebat.

Tempore sue eleccionis in conventu Barchinonensi[13], ubi tunc erat, missi sunt ad eum multi priores provinciales, inter quos unus fuit dominus Hugo, qui tunc erat prior in Francia, et alii *d)* magni fratres, ut eum inducerent ad officium recipiendum. Quibus[14] licet cum difficultate, timens de periculo ordinis[15], si se sustraheret[16], acquievit. Fuit autem vir maxime perfeccionis[17], paupertatis et[18] humilitatis et tocius honestatis zelator maximus, et apponens curam maximam, ut[19] in minimis rigor ordinis servaretur.

Hic est qui compilavit[20] summam de casibus *e)* toti ecclesie pernecessariam[21] circa consilia salutis animarum. Per eius eciam[22] diligenciam[23] constituciones nostre redacte sunt ad formam debitam sub certis distinccionibus[24] et titulis, in qua sunt hodie, que sub multa confusione antea habebantur[25] *f)*.

Cum autem quasi per duos annos rexisset ordinem, senciens sibi vires ad huiusmodi[26] officium omnino deesse, tantum institit[27] apud Bononiam in capitulo generali apud[28] diffinitores[29], quod eius cessionem receperunt[30]. Super quo tanta turbacio orta est in ipso capitulo et per ordinem diffusa est, quod dedit occasionem statuendi[31] postea, quod a diffinitoribus amodo[32] non reciperetur magistri cessio, nisi ex[33] causis ex quibus posset absolvi.

---

1) ante B D E. — 2) distincte D E. — 3) ita se A C L. — 4) sancte et om. B. — 5) modestiam et add. B E. — 6) unquam om. A C D. — 7) de cuntibus et om. A C L. — 8) bene A C. — 9) predicaret... reputaret B D E. — 10) quadam E. — 11) caucionem (?) E. — 12) tam om. A B C L. — 13) Barchionensi E; Bachiuolensi B. — 14) qui B. — 15) ordinis om. E. — 16) sibi substrahere B. — 17) perfeccionis vir A B C L. — 18) et om. B. — 19) eciam add. B. — 20) composuit E. — 21) pernecessaria consilia B. — 22) eciam om. D. — 23) industriam A B C. — 24) diffinicionibus E. — 25) habebantur ante A C L. — 26) tale B. — 27) iusterit B; instituit E. — 28) et per A C. — 29) diffinitores om. B. — 30) reciperent B; ceperunt E — 31) statuendi om. B. — 32) amodo om. E. — 33) a A C.

a) Anno 1234 septembri S. Gregorius IX. nunciat doctoribus et scolaribus Parisiensibus se edidisse volumen decretalium a fratre Raimundo redactum, et precipit, ut hac tantum compilatione universi utantur in iudiciis et in scolis. Denifle cart. I, p. 154. — *b)* Nempe Tarraconensem (Bull. Ord.). — *c)* Anno 1235. — *d)* Nempe fr. Poncius de Sparra, provincialis Provinciae, fr. Philippus, qui fuerat prior Syriae, et fr. Stephanus, qui fuerat prior Lombardiae (Bull. l. c. p. 592). — *e)* cf. Quetif. l. c. I, p. 108b. — *f)* Constitutiones Ord. Praed. secundum recensionem S. Raymundi invenies: Denifle, Archiv.etc. vol.V, p.530 et ss.; constitutiones secundum recensionem anni 1228, l. c. vol. I. p. 165 et ss.

Hie igitur[1] pater[2] in conventu fratrum de Barchinona[3] eligens commorari, licet infirmus et multum impotens adhuc vivit[4] in omni sanctitate, religionis speculum, exemplar virtutum, consolacio provincie, zelator fidei propagande inter[5] Saracenos, magne auctoritatis apud[6] magnates, consiliarius regionis[7] et omnibus odor vite in vitam *a)*.

' 63'

Anno domini ·M°·CC°·XL°·I°· Electus est in magistrum frater Iohannes Teutonicus, quondam episcopus Bosniensis[8], quem renitentem et se pontificali exempcione defendentem littera domini pape Gregorii statim deducta in[9] medium compulit, que[10] dicebat quod hoc ipso, quod eum ab honore episcopali absolverat[11] *b)* obediencie ordinis et laboribus et officiis subponebat. Hic cum Parisius ab inclusis electoribus, ut moris est, eligeretur, orans quidam religiosus frater et aliquantulum obdormiens videbat quod idem frater Iohannes in curru[12] igneo per claustrum ferebatur, et evigilans consocio dixit : « Talis erit magister ».

[13]Huius tempore frater[14] Hugo de sancto Teodorico diocesis[15] Viennensis[16] prius magister theologie Parisius, post prior provincialis Francie, promotus est in cardinalem presbiterum tituli sancte Sabine; qui multa bona fecit ordini[17] et toti ecclesie Dei[18] *c)*.

Anno domini ·M°·CC°·XL°·I°·. Electus est Parisius in magistrum frater Iohannes *d)*, Teutonicus nacione de Saxonia dyocesis Osnaburgensis[19], metropolis Coloniensis[20], de oppido quod dicitur Wildeshusen[21] *e)* oriundus. Hic antiquus in ordine[22] fuit receptus *f)*; hic predicator egregius in multis lingwis, Teutonica, Ytalica, Gallica et Latina multum fructum fecit in diversis partibus predicando. Propterea[23] fuit[24] ante multorum cardinalium socius et penitenciarius[25] in legacionibus pape. Et cum esset prior provincialis[26] *g)* in Ungaria, factus est episcopus Bosniensis[27] *h)*; sed postmodum per multam instanciam obtinuit a papa Gregorio cessionem *i)* et nulla provisione retenta ad fratrum humilitatem et consorcium est reversus manens inter illos tanquam[28] unus ex illis. Factus est autem postmodum prior provincialis[29] in Lombardia *k)* et de illo officio assumptus est in magistrum.

1) ergo B. — 2) frater B E. — 3) Barchilonia A C L. — 4) vixit B. — 5) apud A C; iutra B. — 6) inter B. — 7) religionis E. — 8) Bosinensis N. — 9) in nomine domini compulit F. — 10) qui M. — 11) et add. F. — 12) circuitu N. — 13) fr. Hugo de Saucto Theodorico add. M. — 14) frater om. F M. — 15) diocesi N. — 16) Viennensis — Parisius om. N. — 17) ordini om. N. — 18) Hic eciam postillas valde utiles super totam bibliam fecit add. N. — 19) Maburgensis E. — 20) Colonie A C. — 21) Gauldescuse E; Vildersunsen A C. — 22) valde add. A B C D. — 23) preterea A B C E. — 24) fuerat D. — 25) primarius A C. — 26) provincie A C. — 27) Bosnensis B; Boznensis D; Borvensis E. — 28) quasi A B C. — 29) proviucie in A C.

a) Obdormivit in domino S. Raymundus die Epiphanie 1275 Barchinonae: catalogo sanctorum adscriptus est a Clemente VIII. die 29. aprilis 1601. — *b)* 1238 Quetif. 112 b: Rother l. c. p. 155, a° 1240. — *c)* Quetif. I, 195; anno 1244; 28. maii. cf. Vit. fr. p. 32, 173. — *d)* De fratre Iohanne Teutonico vide : Denifle, Historisches Jahrbuch X. p. 564: Finke : Zeitschrift für vaterländische Geschichte etc. vol. 46, p. 197 et ss., vol. 47, p. 220 et ss., Quetif. I. 111: vitas fr. p. 34, 201, 284, appendicem p. 310: Thom. Cant. l. c. p. 67, 282, 459, 488-90; Mam. l c. p. 600 ss.: — praesertim Rother in : Römische Quartalschrift IX. p. 139-171; ubi et aliae notac bibliographicae. — *e)* Wildeshausen in regione Bremeusi. — *f)* Anno 1220 vel 1221. Quetif. l. c. — *g)* circa 1232 Rother l. c. p. 148. — *h)* inter 1233, 30. maii et 13. febr. 1234, Rother l. c. p. 149. — *i)* 1237. — *k)* 1238.

Item[1] frater G(uillelmus) de Peiraut[2] eiusdem diocesis, vir devotus et verax summas de virtutibus et de viciis et sermones de dominicis et festis sanctorum[3] perutilem compilavit a) 'Huius eciam[5] temporibus frater P(etrus) Veronensis, prior Cumanus, vir virtutibus et gracia plenus ab hereticis martirizatur et[6] anno sequenti canonizatur a domino papa Innocencio IIII°[7] b) Frater[8] P(etrus) Remensis c), prior[9] provincialis Francie fratrum predicatorum eodem tempore[10] fit episcopus Agennensis et frater Guido de Turre d) XV°[11] anno etatis sue Parisius recipitur et XXVII° anno sue etatis ad episcopatum Avenie provehitur[12], frater Raymundus[13] Grassensis e) episcopus[14], hic translata sede de Antipoli primus sedit in Grassa, et frater Humbertus f) fit episcopus Sistaricensis qui post annos aliquot[15] episcopatui sponte cessit Item eisdem[16] temporibus cum dominus Innocencius papa predictus de Lugduno recedere vellet[17] et versus urbem Romam redire, cum diceret cardinalibus, ut se ad recessum pararent, dominus G(uillelmus) quondam Mutinensis episcopus, tunc autem Sabinensis

Cum autem ille[18] presens existens[19] ad refugiendum officium pontificalem vellet ordinem allegare porrecta est e contrario[20] littera papalis in qua mandabat, quod, cum esset absolutus a cura pontificalis regiminis et per consequens restitutus[21] sub obediencia ordinis, debebat ordini in recipiendo officia obedire, per quam litteram compulsus fuit[22] ad recipiendum officium prioratus predicti

Hic fuit multum notus in curia pape et eciam domini Frederici g), et[23] diebus eius ordo multum sublivatus[24] est et roboratus in diversis et magnis privilegiis a curia concessis Sub eo eciam dominus Hugo factus est cardinalis et fratres multi per loca diversa[25] assumpti in episcopos cum magna displicencia sua et[26] fratrum qui vere ordinem diligebant Sub eo eciam ceperunt celebrari capitula generalia per diversas provincias h) et[27] ipse plures provincias, quam alii magistri consueverunt[28], visitavit Sub eo eciam beatus Petrus factus est martyr b)

Cum autem[29] esset inclusus cum aliis c tempore eleccionis sue Parisius, quidam frater[31] obdormiens in orando vi-

---

1) et M — 2) Parrat N — 3) sanctorum om F N — 4) S Petrus martir add M — 5) autem N — 6) et — a om F N — 7) quarto om N Quidam episcopi de ordine add M — 8) frater — cessit om F — 9) parisiensis M — 10) eodem tempore om F — 11) XV° — provehitur om F — 12) Claromontensis add F — 13) Raymundus om M — 14) episcopus om F — 15) aliquot forte cessit M — 16) eiusdem N — 17) volens F volunt N — 18) ipse B — 19) presens existens om B — 20) in contrarium B — 21) restitutus om A C — 22) fuit recipere A B C — 23) in add A B C — 24) sublimatus B — 25) loca diversa om B — 26) sua et om B — 27) et — quam om B C — 28) consueverant A C — 29) que A C — 30) cum aliis om B — 31) religiosus paululum add A C

a) Quetif I 131b — b) cf Vitae fratrum, p 236 — c) Quetif I 115b, Bull I p 256 — d) l c p 263 — e) Quetif I 160b — f) Quetif I 141b de fratribus sub Gregorio IX et Innocentio IV ad episcopatus dignitatem promotis cf Bull I 112 116 255 265 — g) Dauzas l c III p 379 ss L'attitude de l'ordre auprès de l'empereur (Frédéric II) personnifiée dans plusieurs freres prêcheurs Guala Jourdain de Saxe Jean le Teutonique — h) Usque ad annum 1245 capitula generalia celebrabantur alternando Bononiae et Parisiis per cap generale Coloniae Agrippinae 1245 celebratum hoc statutum in I° cap gen (cf supra ad annum 1221) datum, aboletur

sis[1] episcopus cardinalis, qui socius fuerat beati Dominici, vir[2] sanctus et miri[3] in Ihesum Christum fervoris, respondit : « Pater, ad vite huius recessum me oportet parare, quia[4] hac nocte apparens michi dominus Otho, Portuensis episcopus cardinalis, qui sepultus est in domo fratrum predicatorum, dixit : « Non oportet te, frater sollicitum esse de isto recessu, quia mecum remanebis Lugduni ». Sicque[5] post paucos dies completum est ; nam dictus dominus Sabinensis obiit et iuxta dictum cardinalem[6] sepultus est in ecclesia fratrum predicatorum iuxta crucem sinistram. Quum[7] ·XL· precedenti[8] consecraretur ecclesia ipsa[9] a domino Innocencio supradicto, et ipse dominus Sabinensis, cum eodem papa eam[10] pariter circuiret, veniens ad crucem illam dicebat, ut videtur prescius futurorum, « Consecretur hoc sepulcrum » quousque ab[11] assistente capellano correctus[12] « hoc templum » addebat.

[13] A tempore autem[14] sancte memorie magistri Iordanis usque ad annum[15] domini ·M°·CC°·L°·VIII°·[16] fuerunt[17] de ordine fratrum predicatorum magistri licenciati a cancellario Parisiensi et actu et[18] ordinarie[19] legentes in sacra pagina Parisius fratribus et scolaribus : fratres Rotlandus Cremonensis, Hugo Viennensis[20], postmodum cardinalis ; Iohannes de sancto Egidio, An-

dit, quod ipse ferebatur per claustrum in curru igneo, et evigilans dixit fratri cuidam : « Talis[21] erit magister ». Quod postmodum rei probavit eventus.

Sub regimine eius multum laboratum est in curia, quod ordo exoneraretur[22] a cura sororum ; et licet super hoc bone littere[23] inpetrate fuissent, tamen tandem obtinuit, quod ille que sub cura ordinis iam erant, in[24] suo statu remanerent : sed de[25] recipiendo de novo alias cessaretur a).

Eius quoque temporibus cum curia esset apud Lugdunum[26] b) sepulti sunt duo cardinales apud fratres, scilicet dominus Odo[27] Portuensis eius specialis amicus, et dominus Guillelmus Sabinensis[28], qui fuit amicissimus ordinis et beati Dominici ab inicio familiaritate cum eo in curia pape contracta. Horum primus, cum esset sepultus iam apud fratres et curia se pararet, ut dicebatur ad eundum Ianuam, secundus qui[29] fuerat amicissimus[30] illius defuncti, in sompnis erat sollicitus, ut sibi videbatur, de habendo hospicio[31] apud Ianuam. Et ecce primus apparens ei dicebat : « Domine Guillelme, ne sitis sollicitus de hospicio apud Ianuam, quia hic habetis hospicium in[32] eternum[33] ». Quod ipse narravit pape et cardinalibus ; et post paucos dies infirmatus est et mortuus[34] et iuxta eum in ecclesia fratrum sepultus. Acciderat

---

1) Sabine N. — 2) vir om. F. — 3) nimii F. — 4) in add. F. — 5) sic F N. — 6) Othonem add. N. — 7) quia F. — 8) cum add. F. — 9) ipsa F. — 10) penes eum F ; eam om. N. — 11) ab om. F. — 12) capellano correctus om. N ; capitulo F. — 13) Nomina magistrorum Parisius in theologia add. M. — 14) autem om. M. — 15) annos M. — 16) 1258. F : M C C... M. — 17) fuerant F. — 18) et om. N. — 19) ordine M. — 20) Metensis F. — 21) talis om. E. — 22) honeraretur E. — 23) licencie A C D. — 24) in — remanerent om. B. — 25) de om. E. — 26) Lugduni B. — 27) Odo om. D E ; Oddo B. — 28) Sabinensis om. E. — 29) qui sanctus qui... E. — 30) amicus A C. — 31) ospicium E. — 32) meum A C ; mecum B. — 33) eternum om. A B C. — 34) et mortuus om. E ; iam add. B.

a) De cura monialium cf. Denifle Archiv. etc. II. 641 ss. — b) 1244 die 2. dec. pervenit Innocentius IV. Lugdunum, unde die 19 aprilis 1251 recessit. Rayn. ad an. 1244 p. 280 ; ad an. 1251 p. 410 in nota.

glicus; Guerricus[1] Flandrensis, Gaufridus de Blevello, Burgundus; Albertus Teutonicus, Laurencius Brito, Stephanus[2] Altissiodorensis, Guillelmus de Stampis, Iohannes pungensasinum, Parisiensis; Bonus[3] homo Britus, Helias Provincialis, Florencius[4] Gallicus, Thomas de Aquino Apulus[5], Hugo Metensis[6], P(etrus) Tarantasiensis[7], Bartholomeus Turonensis[8], G(uillelmus)[9] de Anthona, Anglicus; Baldoinus Gallicus; Enibaldus Romanus, postmodum titulo basilice ·XII· apostolorum presbiter cardinalis. Hii omnes in domo sancti Iacobi ordinis predicatorum Parisius duo et duo legerunt et disputaverunt in scolis, presentibus scolaribus et religiosis et multis ecclesiarum prelatis, Deo et hominibus graciosi et multum fructum in[10] docendo et in scribendo in Dei ecclesia facientes a).

A tempore[11] S. Dominici usque annum M°·CC°... fuerunt de ordine fratrum predicatorum tot cardinales et tot episcopi : frater Guillelmus Sabinensis, frater Hugo de sancte Theodoricho,

autem paucis diebus ante[12], quod cum[13] super locum sepulcri sui in consecracione ecclesie fratrum ipse[14] deberet consecrare crucem, que ibi erat et inungendo[15] dicere deberet[16] secundum ordinarium «Consecretur[17] hoc templum» dicebat : « Consecretur hoc sepulcrum»; et sub illa cruce est sepulcrum suum b).

Dominus quoque[18] Raynerius[19] ibidem manens elegit sepulturam[20] apud fratres; sed[21] monachi quidam nigri, apud quos manens mortuus est, prestiterunt[22] impedimentum, et delatus est apud Cistercium c).

Post multos igitur labores et longos diu perpessos in ordine vir iste beatus, vite mundissime et valde innocentis, boni zelator et malicie persecutor, in omni sanctitate migravit[23] ad dominum apud Argentinam, ubi multociens commoratus[24] fuerat[25] et multa bona fecerat, anno domini ·M°·CC°·L°·II°·[26], et sepultus est honorifice in ecclesia fratrum d).

frater Annibaldus; frater Petrus Rhemensis episcopus Agennensis, frater Guido de Turre Claremontanensis Grassensis; Ymbertus Sistariensis; frater[27] Raymundus de Miromonte Tolosanus, Henricus Teutonicus episcopus, Iohannes de Columpna episcopus Messanus.

---

1) Evaricus M; Guaricus de sancto Quintino N. — 2) Stephanus — Britus om. M. — 3) Honorius, Humbertus *loco* Bonus homo, Britus F. — 4) Florentinus F. — 5) Tuscus M. — 6) Mathenensis N. — 7) P. Tarantasiensis om. F. — 8) Audagavensis F; anno domini 1260 frater Petrus de Tarentasia, Burgundus, Guillelmus, Anglicus. Hii omnes... N. — 9) Guillelmus — Hii omnes om. M. — 10) in — scribendo om. N. — 11) A tempore — Messanus om. F N. — 12) ante diebus A C. — 13) cum om. E. — 14) ipse debebat cruce E. — 15) ungendo A B C. — 16) deberet om. A C. — 17) consecretur — consecretur om. E. — 18) quoque om. B. — 19) Rainerus E. — 20) suam add. B. — 21) et A C. — 22) prestitere B. — 23) migravit et apud... B. — 24) demoratus B D. — 25) fuerat om. E; est B. — 26) 1251 A B C E. — 27) frater — Miromonte suppletur ex catalogo provincialium prov. Provinciae, vide finem cronicae.

a) Hunc catalogum *magistrorum* edidit P. Denifle Archiv. l. c. II, p. 171. — b) De card. Guillelmo cf. Rayn. l. c. ad an. 1251, p. 404, ubi et haec visio refertur; Ciaconium l. c. 568; obiit Guillelmus pridie kal. aprilis. En eius epitaphii verba : Hic iacet zelantissimus praedicator et laudator nominis Ihesu Christi, assertor fidei et totius veritatis, vir permagnae sanctitatis et ornamentum pietatis, pater venerabilis Dominus Guillelmus Sabinus Episcopus Cardinalis. — c) Citeaux. — d) Obdormivit in domino frater Iohannes die V. novembris;

Anno domini ·M°·CC°·L°·IIII°·.   *Anno domini ·M°·CC°·L°·IIII°·³.*
Electus est in magistrum ordinis[1] fra-   Electus est in magistrum apud Budam[4],
ter Humbertus de villa que dicitur[2]   ubi vivente adhuc magistro Iohanne

---

1) hic add. N : apud Budam in Ungaria. — 2) de add. N. — 3) de eleccione fratris Humberti *loco* a. 1254 B. — 4) Bydam E.

de eius morte duae extant epistolae Monasterii in bibliotheca Paulina cod. 519, fol. 231 et 231ᵛ. Harum epistolarum notitiam accepi per D. doctorem H. Finke, virum de historia nostri ordinis bene meritum, qui eas mihi modo gratiosissimo ad vitas fratrum complendas reliquit, quamvis iam pro saepius memorata biographia Iohannis Teutonici a Dr Rother edita essent destinatae; pro quo etiam hoc in loco cl.'doctori ex corde gratias ago. Attamen ultro fateor me characteres huius manuscripti propter nimiam eorum difficultatem discernere omnes non potuisse, quare verba illa quae adamussim legere non valui hic omittenda et punctis notanda iudicavi. Sequitur textus harum epistolarum :

Epistola de morte felicis recordacionis fratris Iohannis episcopi magistri ordinis : Paginam... dilaceratam propagine de terra longinqua recepimus, qua tenella diligencium corda diri(s) vulneris (?) asperitas transfixit, dum rumorum novitas ortum ducens ex vetuste transgressionis origine interitus (?) infestum iudicium, festivitatis nativitatis dominice appropinquantibus gaudiis, nunciavit sub pacifici·· ·· ad propositum nobis eterne vocacionis bravium ·· gubernatoris repente subtracto solacio quamquam nobis remigum plurimorum pericia necessaria esset, tremefacti et conterriti in vocem fleucium mutavimus organa gaudiorum et humanis fletibus non inhumane profudimus ora nostra; commune poculum communicare compellimur, quamquam sit amara pocio degustanti: si posset fieri hoc degustaremus singulariter singulare, set intencio nostre constitucionis non patitur et acceleranda previo nostro ·· ordini··; in mundi dudum ingressu, quem (?) posuerat ·· subito predictus nostri ordinis subtrahens gubernator submollioris etatis teneritudine iugum portans datum semitam suorum gressuum fulgencioris lucis choruscantibus radiis ampliavit, ita ut pontificali decoratus infula post cessionem optentam cum instancia vehementi professi universitatem nostri ordini exempli et verbi fideli ministerio diucius gubernasset : set sicut per litteras P(etri) prioris Argentinensis et fratris H(ermanni) quondam socii dicti magistri accepimus, quorum narracionis serie vobis serio referamus : Felicis recordacionis prenominatus magister, celebrato Bononie capitulo generali, de maudato summi pontificis ad dominum Hugonem cardinalem, apostolice sedis legatum in Alamania, remeavit et in Constancia in festo beati Laurencii ferventer et alacriter adnuncians Dei verbum corporalibus viribus cepit paulatim destitui, ne posset ulterius predicare; unde quodam quasi presagio mortis previdens sentenciam inminentis nil se aliud optare dicebat amplius nisi dissolvi et esse cum Christo (*sic legenda esse puto verba in corpore epistolae posita et in margine addita*). Cum in festivitate omnium sanctorum aspectu (?) esset integer et auditu (?) sacrosancte eukaristie ad altare sacrum, facta confessione, percepit vivifica sacramenta; sequenti vero die fratribus coram positis et orantibus extreme unccionis sacramentum humiliter suscipiens ac tandem duobus decumbens diebus domini nostri et beate virginis patrocinium imploravit et benediccione data fratribus sub intempeste noctis silencio patri spirituum extremum reddidit spiritum vite sue, quando fratres illum — cum dederit dilectis suum sompnum — (ps. 126, 2) versiculum decantarent; sicque nonis novembris migrans ad dominum mortis debito persoluto sepultus fuit in Argentinensi conventu. O mors amare mortis quantam filiorum multitudinem in parentis unius obitu momordisti; o via universe carnis universorum existencium quot filios tuo repentino accessu reddidisti orphanos ex recessu celeri patris nostri: quid fecisti de ·· ·· deserti anfractibus huius mundi. Nam inmerito ista referimus, dum vobis compatimur vobiscum pariter compacientes licet congaudendo defuncto pocius senciamus, si vis doloris vim admitteret racionis. Cum ergo compellamur frena lacrimis exigente humane condicionis debito temperancius relaxare a vestre fraternitatis caritate quam[quam] ex habundanti requirimus nec lacrimarum fluxu fervide quam humana requirit passio

Romanis, diocesis Viennensis apud Budam Ungarie Qui Parisius[1] in artibus magister, in ordine Lugduni[2] lector et prior fuerat ac prior provincialis Rome[3] a) ac[4] post Francie Vii utique in multis expertus et diversis infirmitatibus ac laboribus pluries[5] excoctus Huius viii[6] eleccionem quedam soror ordinis apud[7] Argentinam in Theutonia, ubi dictus magister Iohannes obiit et quiescit, in visu noctis hoc modo previdit Videbatur enim ei quod magister Iohannes stans in scapulari apud

fuerat assignatum capitulum[8] ob devocionem regis et regine, frater Humbertus, nacione Burgundus de dyocesi Viennensi, villa que dicitur Romanis[9] b) oriundus[10] Hic cum adhuc iuvenis missus fuisset Parisius, cum vexisset in artibus ibidem et post ius canonicum aliquanto tempore audisset[11], ingressus est ordinem, antequam redisset ad patriam, circa annum[12] M CC XXV um, primus[13] domino Hugone cardinali, qui magister suus fuerat cum eodem in eodem[14] proposito concurrente[15] c)

---

1) pater M — 2) Lugdunensis M — 3) Tuscie M — 4) ac om Γ — 5) plurimis N, pluries om F — 6) verum F patris N — 7) apud om F — 8) capellanum B — 9) Ramanis B — 10) 1254 add B — 11) audivisset A B C — 12) domini add B — 13) primus B — 14) cum idem eodem E — 15) sequitur in cod B tabula capitulorum totus appendix Vitis ti additus desideratur in cod B et Vit fi p 305

reserenato Missarum defuncto patri tamquam vere devocionis filii sciatis debitum persolventes pastoris eterni pietatis hostia precibus instancioribus pulsare curetis, ut nobis de pastore qui secundum suum (?) esse debeat, providere dignetur et nos quos dudum tanta ditavit gracia et dotavit continuatis consuete clemencie dignacionis sue piis uberibus prout expedit, consoletur.

De eadem materia Terroris sonitu repentini rumor lugubris nostris iniectus auribus mentes nostras et oculos diu vulneris aculeo vulneravit. filios promulgata sentencia in nostri premiram flebilem festinans velocius patre filios, pastore gregem, duce devotam multitudinem spoliavit patimur graviter et amare compatimur, quia communem dolorem, causam et casum communicare compellimur et amarum calicem propinare, si tamen silencio liceret triste quod accidit et amarissimas singulariter lacrimas solvere singulares verum in unius narracionis serie ordini satisfacere intendimus et defuncto, dum constitucionis impletur forma et debitum sceleris impenditur caritatis, quamquam dies talis nunc serenitatem mencium tristicie multe obducat, cum gaudendum esset pocius, si vis doloris contuitum admitteret racionis Ecce amantissimi patres et fratres, misericordiarum pater, qui nobis misericorditer de patre providerat si audemus dicere in misericordia constituens orphanos, vocato magistro ordinis tali die de hac luce, statuit sine patre in huius deserti devis inter mundi pressuras, inter hostes consertissimos, qui non dormiunt nec dormitant O mors miseriarum presencium morsus o seculis posita ad radicem arboris o decedencium portus o exitus nullatenus rediturus o casura arbor ad dextram vel sinistram et in loco, ubi cecideris, permansura, donec statutum tempus advenerit, in quo universorum dominus omnium recordetur o mors ducatus previi privans ducem o mors nautam subtrahens et relinquens, quos ipse regebat et ducebat, inter fluctus fluidos feri maris, et si per te pater noster transivit ad sanctos et ei mors exstitit scala vite, fuit solucione debiti discriminis finis, securitatis anchora Nobis quid reliquit rectoris tanti subtracta dilecti absencia, necessaria presencia consolantis, diligentis monita (?), operantis exempla verum etsi defleamus nostri iacturam in rectoris absencia morientis, et super ipso iuxta sapientis indicta (?) deploremus, licet sciamus sibi maxime congaudere (?) qui exultat percepturus in gaudio, quod in lacrimis seminavit, congratulamur tamen eidem qui memor memorum tanto nobis assistet plenius, quanto introiens in domini patrimonium (?) de recepta plenitudine pacis nostre inopie copiosius providebit — a) de 1240 — 1242 Masetti Series priorum prov Romanae Perusiae 1856, p 13 — b) Romaus — c) De ingressu fratris Humberti et Vit fi p 170-173

22

porfam sororum dicebat « Ego iam iturus sum in regionem longinquam[1] et huc amplius non revertar, non autem oportet[2] contristari sorores de meo recessu[3], quia prior provincialis Francie post me fiet magister qui multa faciet bona . Eodem die magister Iohannes bono[4] fine quievit, et in sequenti capitulo dictus prior Francie unanimiter est in magistrum electus

In predicto autem capitulo Budensi per manus fratrum, qui conversioni eorum multis[5] annis institerant baptizatus est cum uxore et exercitu suo maximus dux Cumanorum, cuius filiam bone indolis dominus[6] Stephanus primogenitus regis[7] Hungarie, iam coronatus in regem et ordini nostro valde devotus, in uxorem accepit a)

Dicti autem magistri instancia, domino Alexandro papa IIII° favente et christianissimo Francorum rege Ludovico iuvante dissensio, que inter magistros et fratres Parisienses[x] orta fuerat, ad[9] honorem Dei et ordinis est sopita b)

Item littera quedam que a domino Innocencio papa IIII° data fuerat contra[10] ordinem, ipso infra paucos dies defuncto, a domino Alexandro predicto[11] in principio sui regiminis revocatur Cum enim[12] dictus magister Humbertus[13] ad beatam virginem ordinis nostri patronam devotissime confugisset, ipsa expedivit velociter, quod hominibus « quasi[15] impossibile videbatur c)

Eodem tempore frater Iohannes de Columpna d), prior provincialis[16] Romane provincie, fit archiepiscopus Messanensis, cui[17] frater Nicholaus de Iuvenacio e), vir religiosus[18] et[19] litteratus et graciosissimus predicator, in prioratu succedit f), sed cito migrans ad Christum fratrem Iohannem de Lentino, predicatorem egregium, in prioratu habuit successorem[20] f)

Ab anno domini M° CC° XVII° usque ad annum M CC L VIII fuerunt priores provinciales in Provincia frater Bertrandus, positus a beato Dominico dictus de la Gariga secundus fuit frater Raymundus Vasco, positus a capitulo generali, tercius fuit frater Guillelmus de Sissac, Vasco, quartus fuit frater Raymundus de Miromonte, post episcopus Tolosanus, quintus frater Romeus Catalanus, sextus frater Poncius de Lespara, de diocesi Burdegalensi, septimus frater Stephanus Alvernus, octavus frater Geraldus de Frachet nonus fuit frater Poncius de sancto Egidio, decimus frater Petrus) de Valle(tica) g)

Explicit[21] cronica ordinis fratrum predicatorum

---

1) regione lontani F — 2) oportet *deletur* N — 3) discessu F — 4) vero sicut (?) F — 5) multum N — 6) dominus om M — 7) regis om F N — 8) pariter M — 9) ad — sopita om F — 10) in ordine F — 11) papa F N — 12) igitur N — 13) Humbertus om N — 14) omnibus N — 15) quasi om M — 16) provincialis Tuscie M — 17) cuius M et F — 18) religiosissimus N — 19) et — predicator om N — 20) huis cc F N — 21) explicit etc om N

a) cf Vit fr app I V — b) l c p 44 § VIII — c) l c p 57, § XXII^a, p 215, § VI — d) l c p 29, 177, § III — e) l c p 210, § l, II — f) Anno 1255 Masetti l c p 13 — g) De prioribus provincialibus prov Provinciae cf Douais Acta capitulorum prov Provinciae, Toulouse 1894 passim Bern Guidonis op De III gradibus praelatorum O Pr Arch Ord ms Ruten A 1

INDEX ALPHABETICUS RERUM PRAECIPUARUM

Sequuntur Vitae fratrum in quinque libros distributae qui rursus plura capitula complectuntur tituli vero singulorum capitulorum, cum initio uniuscuiusque libri exhibeantur, non est cur hic in extenso eosdem repetamus

A

Absolutio culparum in articulo
    mortis   256
Abstinentia   150
Ad orandum salubrius est quod
    affectum salubrius irrigat   146
Alchimia   290
Alexander papa IV revocat litteras
    Innocentii IV privilegiis ordinis
    contrarias   338
Ambitio   209
Amitia de Joviniaco domum soro
    rum de Montargis fundat   322
Angeli expellunt daemones e dor-
    mitorio   35
    — tenent lintheum fratribus
    communionem sacram recipien
    tibus   35
Angliae provinciae initium   325
Apostatae   145
Apostatarum miserabilis finis   290 ss
Apparitiones daemonum
    59, 195, 213 220, 260, 281 ss
Aqua benedicta   127
    —   daemones fugat   287
Aquam plerumque bibebant fratres
    Bononienses   27

Artistae (i e studentes philoso
    phiae) facilius intrant ordinem
    quam decretistae (i e studentes
    theologiae)   141

B

Balneatum non eant fl sine licen-
    tia   289, 290
Barbam non nutriunt fratres   40
Bembroch dux Cumanorum a fl
    ad fidem convertitur   306
    — ab Andrea, rege Hun
    gariae, e sacro baptis-
    matis fonte suscipitur   ibid
    — devotissime moritur   ibid
Benedictio itinerantium   97
Bononiensis conventus fundatio   324
Bononiensium devotio erga B Jor
    danum   116

C

Caligas portant fratres etiam dor
    mientes   44
Camerae   202
Cantor   143
Capella in honorem B V Mariae

INDEX LOCORUM

INDEX PERSONARUM

A

Abraham	18 , 57 , 272
Achilles fr prior Basiliensis	114
Achonenses fratres	329
Ademelech	16, 17
Affredus	. 83
Agapita	13
Agnes (S)	261, 319
Aimericus Palmutz	48
Alanus fr prior Eboracensis	277
Albertus Magnus (B)	47', 187 , 216, 335
— fr Bonomensis	163
— prior S Catharinae Bono-	
niae .	84
— Teutonicus	271, 301
Albigenses	8
Albinus (S)	313
Albus	134
Alexander p IV	45, 215, 338
— Ord Min mag Pari-	
siensis	274
— fr doctor Bonomensis,	
post ep in Anglia	20
Almaricus filius com Montistortis	322
Alphanus miles (vide Alphonsus)	61
Alphonsus III rex Lusitaniae	23
— VIII rex Castiliae	321'
— nepos Clementis papae	
IV	61
Amam	13'
Ambrosius (S)	154'
Amitia de Ioviniaco	322
Amos	17
Andreas (S)	17 18 , 131 173
— II rex Hungariae	306
— fr Resendius	154
— fr nuntius Ludovici IX	
ad Tartaros	151'

Andricus fr	53
Ananus (S)	25
Annibaldus fr .	335
Antonius (S)	69
Aquensis archiep	291
Arami	310
Aristoteles	141
Arnaldus Catalanus fr	70'
— Rufus	283
Arnoldus fr	258
Aswerus	16, 19'
Augustinus (S)	16, 18' 207, 319
Averardus Teutonicus	111
Avidus	16
Aymio Ord Min	218'

B

Balduinus (Baldendinus) fr Ganda-	
vensis	203
— fr mag Parisiensis	335
Balaam	3
Barnabas	14
Bartholomaeus fr Lipsiensis	47
— Tripolitanus cantor	76
— von Trient	120
— fr Turonensis .	335
Beatrix Andreae Burgundi filia .	322
— Claustral .	322
Beda (Ven)	4
Bela IV Hungariae rex	310, 311, 312
Bene fr	43
Benedictus (S)	152
— fr Compostellanus	245
— fr missionarius apud Cu-	
manos	309
— fr Montispessulanus	237, 237
— fr de Ponte	256
— fr supprior Cantebrigiensis	273

CORRIGENDA ET ADDENDA

Pag. 1 not. a *pro* cod. *lege* codd. — P. 5 lin. 17 *pro* Continet l. continet — P. 11 l. 20 *adde* ordinem *post* praedicatorum — P. 13 l. 5 not. b) *pro* Agagita l. Agapita — P. 14 § VII *adde* notam: Prophetia S. Hildegardis quam auctor pie de ordine Praedicatorum interpretatur desumitur a verbis *surgent---ment* e responso S. Hildegardis ad praepositum S. Petri totiusque cleri Treviroruin. Apud Migne P. L. CXCVII ep. XLIX. p. 257 cf. etiam l. c. p. 82 — P. 20 l. 21 *pro* l. si *pro* hic vos futuri l. hic tuturi — P. 23 l. 1 *pro* testine l. testive — P. 24 l. 8 *pro* sclam l. scalam, ibid. l. 29 *adde* sunt *post* noctuque — P. 28 l. 20 *pro* Castro l. Castro — P. 29 l. 15 *pro* reprehendum l. reprehendendum — P. 35 not. 5 l. 6 *pro* sufferare l. sufferrare — P. 36 l. 18 *pro* attuum l. autum ibid. l. 19 *pro* Cum l. Cui — P. 38 l. 4 *pro* areeticam l. arithreticam, ibid. l. 13 *pro* cumanos l. Cumanos — P. 41 l. 1 *post* pulchros *adde* notam: de novo enim tunc rasuram fecerant AC — P. 74 not. b *pro* Rupis amatoria l. Rupes Amatoria — P. 75 l. 1 *pro* leotom l. leotomia — P. 77 l. 4 *pro* cap. XIV l. cap. XIV a) ibid. l. 12 *pro* cap. XV l. cap. XV b) — P. 80 l. 9 *pro* refrigavit l. refrigeravit — P. 88 l. 21 *pro* Il l. Est. — P. 95 l. 14 *pro* ficulus l. ngulus, ibid. l. 22 *pro* porres l. porri pylatrum, viride aes Cl. *pro* hoc Acta SS. ad d. IV Aug. p. 616 n° 340 — P. 101 l. 15 *pro* contigit l. contigit — P. 102 l. 17 *lege* Christum, existimatur — P. 103 l. 16 *pro* visitaret l. visitare — P. 105 l. 18 *pro* Aliquando l. Aliquando — P. 107 not. d) *adde*: Corradus de S. Gallo prior Basiliensis exstitit infra 1233 et 1255 Sutter l. c. p. 531 — P. 113 not. c) *adde* Episcopus Lausanensis (Lausanne exstitit tunc S. Bonifacius 1231 11. III — 15. VII 1239, quo anno resignavit, obiit 19. II. 1260 cf. Saint Boniface de Bruxelles par L. F. Kieckens S. I. Bruxelles 1892. De S. Bonifacii benevolentia erga nostros fratres Lausanensis conventus l. c. p. 71 — P. 124 l. 13 *pro* quinque l. quandoque — P. 132 l. 19 *pro* chorus l. choros — P. 139 l. 18 *pro* campio l. campo — P. 158 l. ultima *pro* damulia l. dammula — P. 165 l. 12 *pro* pauca l. paucis — P. 166 in titulo ad § II *pro* ordinem l. pedem — P. 171 l. 7 *pro* polet l. polit ibid. l. 11 *pro* ingressu l. ingressu — P. 188 l. ult. *pro* avidis l. aridis, et in not. 39 *pro* aridis B l. avidis ACDFG — P. 196 l. 19 *pro* exponebot l. exponebat ibid. notam a sic corrige: De isto fratre daemoniaco nempe n. Bernardo et supra p. 126 not. a. — P. 203 not. 30 *pro* Flandrie l. Flandria — P. 205 l. 18 *pro* adultorum l. adulatorum — P. 208 l. 10 *pro* prior sanctus l. prior sanctus — P. 210 l. 10 *pro* profundum l. profundum — P. 235 l. 10 *pro* sepehentur l. sepelirentur — P. 239 l. 13 *pro* Nosarius l. Nazarius, et in not. 13 Nosarius ABG — P. 256 l. 6 *adde* in *post* mundaret — P. 264 § VIII in marg. *pro* ministrantes l. ministrantes ibid. *pro* Christus l. Christus — P. 268 l. 17 *pro* Vartislavie l. Vratislavie et in nota e) Breslau similiter in indice locorum ibid. l. 25 *pro* eos l. eius — P. 277 l. 25 *pro* Eborato l. Eboraco — P. 288 l. 12 *pro* cumulo l. tumulo — P. 298 not. b) *pro* Formuliensis l. Forum Iulii — P. 303 l. 23 *pro* Thabertus l. Chabertus — P. 305 not. 3 et c) *pro* Tauriensem l. Taurinensem, ibid. not. a *pro* GFEGH l. BREGH — P. 306 l. 29 *pro* circa stant l. circa stant — P. 308 l. 27 *pro* recipit l. recepit — P. 309 l. 12 *pro* per

l. pro; ibid. l. 17 *pro* baptizati successive, annis l. baptizati, successive annis. —
P. 319 l. 21 *pro* desinunt l. desinant. — P. 313 l. 8 *pro* zelatipus l. zelotipus. —
P. 317 l. 28 *adde virgulam post* elevans; ibid. in not. a) add. En verba sequentiae
Ave Maria gratia plena, quae frater cantavit : De lacu foecis et miseriae Theophi-
lum reformans gratiae. — P. 318 l. 4 *pro* langueus l. languens. — P. 319 l. 20 *pro*
Augistinus l. Augustinus. — P. 321 not. a) l. 3 *pro* Barchilonensis l. Barcinonensis.
— P. 327 l. 27 *pro* visionem l. visionis. — P. 325 l. 12 legendum esse puto : virgo,
verbi Dei gratiosissimus. — P. 326 not. b) l. 2 *pro* fratre l. frater; ibid. not. c) l. 7
pro cui l. quibus. — P. 330 l. 1 *pro* duclis l. dulcis. — P. 331 l. 17 *pro* sustraheret
l. subtraheret. — P. 333 p. 2. col. 2. *adde virgulam post* officium; ibid. l. 21 col. 1.
pro Sistaricensis l. Sistaricensis. — P. 334 l. 3 col. 1. *pro* respondit l. re-spondit ;
ibid. l. 13 *pro* dic-tum l. di-ctum. — P. 335 l. 28 *pro* Sistaricensis l. Sistaricensis. —
P. 337 l. 8 *adde* cor *post* secundum; ibid. l. 28 *pro* fluidos l. fervidos.

Lightning Source UK Ltd.
Milton Keynes UK
UKHW050641150421
382040UK00008B/616